はじめに

　建築士には1級建築士、2級建築士、木造建築士の3種類があり、各資格により設計または工事監理できる建築物に違いがある。これらの中からいずれかの建築士資格を前提としたものとして、管理建築士の資格がある。2級建築士の試験の傾向では、工事監理の実務内容、省エネルギー、職業倫理など、新傾向の技術や法改正を含む出題があるなど、新しい知識が必要な試験になってきている。

　まず、最近出題された2級建築士の試験問題の比率について述べる。過去問題が約55%、類似した過去問題が約20%、新規問題が20%、応用問題が5%であった。

　次に、2023年度の学科試験の配点と合格基準点について述べる。それぞれの科目の正答数をその科目の得点とし、各科目の得点の合計を総得点としている。各科目及び総得点の合格基準点は、以下のとおりである。合格基準点は、各科目25点中、学科I（建築計画）13点、学科II（建築法規）13点、学科III（建築構造）13点、学科IV（建築施工）13点、合計100点満点中60点である。各科目及び総得点の合格基準点すべてに達している者が合格した。

　さらに、試験に対応した学習においては、幅広い学習内容を限られた時間の中で、いかに効率良く行うのかが重要である。そのために、本書における施工技術や知識の詳細に関しては、多岐にわたらず、複雑な内容や細部の説明に触れないようにした。これは、受験者が限られた時間の中で最も効率よく試験問題に対応した学習ができるように、最新または最頻出の建築技術や知識に関する重要ポイントに焦点を絞って執筆をしたからである。

　最後に、執筆の分担について述べる。学科I計画の分野では、「建築計画」を大島博明氏に、「環境」を松岡大介氏に、「設備」を伊藤教子氏にそれぞれ分担執筆をお願いした。学科II法規の分野は、築比地正氏にお願いした。学科III構造の分野では、「構造力学」を北條哲男氏に、「構造設計」を山本貴正氏に、「建築材料」を栗田紀之氏に、「各種構造」は服部宏己氏をはじめ、北條氏、山本氏、栗田氏にそれぞれ分担執筆をお願いした。学科IV施工の分野では、「施工計画・請負契約・仮設工事・基礎工事・改修工事等」を佐藤考一氏に、「コンクリート工事・躯体工事等」を荒巻卓見氏にそれぞれを分担執筆していただき、「現場管理・施工管理・仕上工事等」に関しては三原が担当した。

　本書は、受験者に対して、過去10年間の最頻出問題を抜粋し、その中から、過去のものと類似した問題または新作として出題される可能性が高い最新の問題に関してその傾向を徹底して分析し、これに基づき設計・工事監理業務に必要とされる基礎から応用に至るまでの建築技術・知識の重要なポイントを的確に提供できるものである。さらに、読者の皆様には、本書を使用しての学習と並行して、数多くの過去問題に取り組み、合格にむけて万全を期していただきたい。

2023年11月吉日　三原 斉

建築知識

ラクラク突破の

2級建築士スピード学習帳

2024

X-Knowledge

Chapter 2 | 法規

Chapter **3** | # 構造

Chapter **4** | **施工**

本書の特徴と使い方

要点解説

1

出題範囲に即した、
分かりやすいタイトルなので、
解説されている分野が
ひと目で分かり、学習しやすい。

2

各分野の重要度を
5段階で表示しているので、
重要度の高い分野を
重点的に繰り返し
学習できる。

3

本文で解説できなかったところは、
側注で補足。
本文と併せて覚えておきたい内容や
重要な用語の意味を説明している。
試験直前に
重要ポイントを復習することができる。

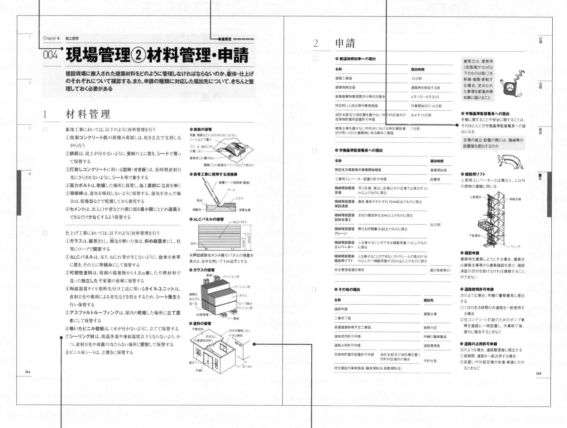

4

各項目について、コンパクトなボリュームで
分かりやすく解説している。
短い文章なので、暗記もしやすい。

5

図表を豊富に掲載。
難解な内容も図表にすることで
視覚的に理解、暗記することができるので
効率的に学習できる。

本書は、過去10年以上の二級建築士試験の出題傾向を
分野別に分析した結果をもとに、各分野の専門家が「満点合格」ではなく、
必ず合格ラインを突破する「絶対合格」をめざして執筆いたしました。
各節は、「ポイントを押さえた要点解説」と「要点解説に即した問題」の二部構成となっており、
前者で暗記を、後者で記憶の定着を図ります

問題

6

要点解説（前頁）でのポイントをしっかり理解できているのかを
問題を解くことで確認できる。
問題は、最頻出問題と実践問題に分けて掲載しているので、
重要度の高い問題から学習できる。
実践問題では、解説頁の内容+αの範囲をカバーしているので、
応用力が身に付く。

7

解答・解説。
正誤の理由や解答を導き出すポイントを絞って
コンパクトな解説となっている。
重要度の高い問題を掲載しているので、
そのまま暗記するだけで、試験の直前対策としても効果的。

試験概要[2級建築士]

　2級建築士とは、都道府県知事の免許を受け、建築物に関し、設計、工事監理、その他の業務を行う資格を有する者のことである。また、1級建築士とは違い業務の範囲には建築士法第3条に基づき制限がある。建築士法第15条の2第1項に基づき、国土交通大臣から指定を受けた、公益財団法人建築技術教育普及センターが実施している2級建築士試験に合格し、免許登録をしなければならない。

　資格取得までの流れは下図のとおりで、学科の試験の合格者のみが、設計製図の試験を受験することができる。ただし、学科の試験に合格し設計製図の試験を失敗した者は、翌年と翌々年の学科の試験が免除される。学科の試験からと設計製図の試験のみでは申込の手続が異なり、別々の受験申込書が定められているので注意が必要である。

　建築士法の改正(平成20年11月28日施行)を踏まえ、2級建築士では、平成24年度試験より、学科の試験と設計製図の試験について、一部、試験内容の見直しが行われた。学科の試験における科目構成(学科I(建築計画)、学科II(建築法規)、学科III(建築構造)、学科IV(建築施工))、科目ごとの出題数(25問)、試験時間(学科I・II：午前3時間、学科III・IV：午後3時間)及び五肢択一方式については従来のとおり。難易度もおおむね従来の水準である。詳しくは、公益財団法人建築技術教育普及センターホームページにて確認のこと。
—

↓ 受験申込

↓ 前年度学科の試験合格者　　　　　↓ 学科の試験実施

　　　　　　　　　　　　　　　　　↓ 学科の試験合格発表

↓ 設計製図の試験

↓ 合格発表

　建築士免許登録[※]

※実務経験が必要な場合は、実務を経てからの登録となる

1

受験資格

　建築士法の改正(平成30年12月14日公布)により、令和2年3月1日以降、建築士試験を受験する際の要件であった実務の経験について、免許登録の際の要件に改められることとなった。これまでは試験の前に実務の経験が必要だったが、原則として試験の前後に関わらず、免許登録の際までに実務の経験を積んでいればよいこととなった(実務経験のみで受験する場合等は除かれる)。例えば、指定科目を修めて高等学校又は中等教育学校を卒業した者は、高等学校又は中等教育学校卒業直後から実務経験を経なくても受験が可能になる(試験に合格し、その前後で建築の実務を2年以上経れば二級

建築士としての登録が可能)。これに併せて、建築士資格に係る実務経験の対象実務の見直しも行われた。詳細は、公益財団法人建築技術教育普及センターまたは各都道府県ごとに設立されている一般社団法人または公益社団法人の建築士会のホームページを参照のこと。

—

新たな受験資格要件と免許登録要件（令和2年3月1日施行）

	受験資格要件	免許登録要件	
	学歴（卒業学校）	学歴（卒業学校）	実務経験
2級	大学・短期大学・高等専門学校・高等学校（指定科目を修めて卒業した者）	大学・短期大学・高等専門学校	なし
		高等学校・中等教育学校	2年以上
	実務経験7年[＊]	—	7年以上
	都道府県知事が同等と認める者	都道府県知事が同等と認める者	所定の年数以上

＊：実務経験のみで二級建築士試験を受験する場合は、引き続き、受験資格要件として実務経験が必要

—

実務経験の要件（令和2年3月1日施行）

1——— 建築物の設計に関する実務
2——— 建築物の工事管理に関する実務
3——— 建築工事の指導監督に関する実務
4——— 建築物に関する調査又は評価に関する実務
5——— 建築工事の施工の技術上の管理に関する実務
6——— 建築・住宅・都市計画行政に関する実務
7——— 建築教育・研究・開発及びそのほかの業務

　なお、建築士法の改正（令和2年3月1日施行）による見直しで追加された実務は、施行日前に行っていたとしても、実務経験にカウントされない。施行日以後に行われた実務から実務経験年数にカウントされる。

2

受験手数料

18,500円
＊受験しなかった場合、返還不可。（ほかに、事務手続手数料が必要）

3

試験日と合否

例年3月上旬に試験日が発表され、受験申込の受付が行われる。令和3年より受験申込は、原則として「インターネットによる受付」のみとなった。インターネットによる受験申込が行えない正当な理由がある場合（身体に障がいがありインターネットの利用が困難である等）には、別途受付方法を案内している。必要な書類等は受験の区分や受験資格の区分により異なるので注意が必要。なお、令和4年の試験は、令和5年4月3日10時〜4月17日午後4時までインターネットによる受験申込が行われた。最新情報やインターネットによる受験申込については、下記「問合せ先」のホームページから。

例年学科の試験は7月上旬頃、設計製図の試験は9月上旬頃の日曜日に行われている。都道府県知事の行った合否の判定結果が通知され、不合格者には試験の成績が併せて通知される。ただし、欠席者（学科の試験においては一部の科目欠席者を含む）へは通知されない。

4

問い合わせ先

公益財団法人 建築技術教育普及センター
東京都千代田区紀尾井町3-6　紀尾井町パークビル
Tel: 03-6261-3310
https://www.jaeic.or.jp/

学科の試験の時間割［令和4年の場合］

9:45 〜 10:10 (25分)	注意事項等説明
10:10 〜 13:10 (3時間)	学科I (建築計画) 学科II (建築法規)
13:10 〜 14:10 (1時間)	休憩
14:10 〜 14:20 (10分)	注意事項等説明
14:20 〜 17:20 (3時間)	学科III (建築構造) 学科IV (建築施工)

過去5年間の合格率

［学科］

令和元年			令和2年			令和3年			令和4年			令和5年		
受験者	合格者	合格率	受験者	合格者	合格率	受験者	合格者	合格率	受験者	合格者	合格率	受験者	合格者	合格率
19,389	8,143	42.0%	18,258	7,565	41.4%	19,596	8,219	41.9%	18,893	8,088	42.8%	17,805	6,227	35.0%

［製図］（令和4年試験については、令和4年11月15日現在未発表）

令和元年			令和2年			令和3年			令和4年			令和5年		
受験者	合格者	合格率	受験者	合格者	合格率	受験者	合格者	合格率	受験者	合格者	合格率	受験者	合格者	合格率
10,884	5,037	46.3%	11,253	5,979	53.1%	11,450	5,559	48.6%	10,797	5,670	52.5%	–	–	–

［総合］（令和4年試験については、令和4年11月15日現在未発表）

令和元年			令和2年			令和3年			令和4年			令和5年		
受験者	合格者	合格率	受験者	合格者	合格率	受験者	合格者	合格率	受験者	合格者	合格率	受験者	合格者	合格率
22,715	5,037	22.2%	22,628	5,979	26.4%	23,513	5,559	23.6%	22,694	5,670	25.0%	–	–	–

Chapter 1

計画

計画の出題は、概ね歴史2問、建築計画8問、環境工学8問、建築設備7問である。建築計画では、基礎的な問題が多いので、要点解説及び過去問解説をよく理解しましょう。その中で、高齢者や身体障害者に配慮した計画や、環境や省エネに関する出題は増えている傾向にある。また、設計上配慮すべき各部寸法などの基礎知識を求める傾向にあるので、注意してください。

001 住宅・集合住宅①住戸計画

住宅・集合住宅の分野からは、毎年2問程度出題されるので注意したいところ。特に集合住宅では、通路形式及び新しい住宅形式に関する出題が目立つ。住宅地の計画では、計画単位をしっかりと押さえておこう

1 計画基礎

☐ **平面計画上の考え方の基本**は以下のとおり
①日照・通風を考慮する
②動線計画は複雑にせず、単純明快に処理する
③居間・食堂は、和やかな雰囲気を演出する
④個人の空間は、プライバシーに配慮する

☐ **住宅計画上の基本原則**は、家族の団らんを楽しむ居間と個人のプライバシーを守る個室を確保すること

☐ バリアフリーは、高齢者や身体障害者等ハンディキャップのある人々の行動を阻害する障害がないことをいう。車椅子通行のための広い廊下幅、段差の解消、活動補助のための手すりの設置など

● **住宅の計画に関するキーワード**
・**食寝分離**　最小規模の住宅であっても、食事室と寝室は兼用せず、分離して設けること（戦後の我が国の住宅政策上の基本思想）
・**就寝分離**　子供が親たちと異なる部屋で独立して就寝すること
・**コアシステム**　台所・浴室・便所などの水廻り諸室をまとめて配置し、設備配管の効率化・省エネ及び家事作業動線の短縮を図る。また、外気に面してコアを計画すると、省エネルギーにつながる
・**ユーティリティスペース**　家事作業のために設けられる多用室。洗濯・乾燥・アイロンがけなどのための設備を1室にまとめ、整理と家事作業を能率よくこなすために設ける部屋

2 高さによる分類

☐ 住宅、集合住宅を高さで分類すると以下のとおり
①**低層（1～2階建て）：各戸が土地に接している**独立住宅、又は連続住宅の形式（接地型住宅）
②**中層（3～5階建て）：共用通路部分の面積が小さく**、壁構造による経済設計が可能。**公共住宅では最も例が多い**
③**高層（6階建て以上）：**エレベーターを必要とし、高密度住居が可能。**超高層とは、60mを超えるものをいう**

● **低層集合住宅**
・**コートハウス**　中庭を囲みプライバシーを高めた低層住宅
・**テラスハウス**　各戸に専用庭をもつ連続住宅
・**タウンハウス**　コモンスペース（共用の通路・広場・庭・駐車場など）をもつ低層集合住宅

3 接地型集合住宅のアクセス方式

☐ **路地アクセス**は、共用庭とアクセスが分かれる方式。日常の触れ合いにより行動はアクセス路側に広がり、共用庭の利用は不活発になりやすい

● **路地アクセス**

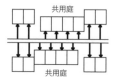

コモンアクセスは、共用庭とアクセスを兼ねる方式。日常生活はアクセス路側の共有庭を核としてコミュニティが形成されやすい。また、コモンスペースはプライバシーを確保するための緩衝スペースとして機能する

● コモンアクセス

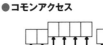
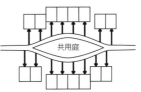

4 集合住宅の通路形式・住戸の形式

● 通路形式による分類

形式		長所	短所
① 階段室型	階段室又はエレベーターホールから直接各戸に達する形式	共用通路部分が通り抜けにならないため、各戸の**プライバシー**は高い。各戸が棟の両側に開口部をもてるので、**採光・通風**はよい	エレベーター利用は各階2〜3戸程度なので、利用効率は悪い。**二方向避難**の計画がやや難しい
② 片廊下型	階段又はエレベーターで各階に達し、片廊下によって各戸に達する形式	エレベーター1基当たりの住戸数を多くできるので、利用効率はよい。**二方向避難**の計画が容易である	共用廊下側の**採光・通風**に限度がある。各戸の前を廊下が通るので、**プライバシー**が失われやすい
		リビングアクセス型は共用廊下側に居間や食事室を設けて、各戸の表情を積極的に表に出す形式	
		光庭を挟んで片廊下型を対称形に2棟合体させた**ツインコリドール型**は、中廊下型に比較すると採光・換気の点でやや改善されている	
③ スキップフロア型	2階おき程度に廊下を設け、廊下のない階では廊下階から階段によって各戸へ達する形式	エレベーターの停止階が少なく、共用廊下部分の面積割合を**低く**できる。階段室型の長所（プライバシーの確保、両面開口の可能性）をもつ	各戸へのアクセスが長く、**避難計画**が難しい
④ 中廊下型	階段又はエレベーターによって各階へ上がり、中廊下を通って各戸に達する形式	共用部分の面積割合を**低く**でき、高層化する場合、片廊下型などに比較して、工事費・構造とも有利	住棟の方位により、日照条件等の違いが中廊下を挟んだ住戸間で生じる。中廊下側の**採光・通風**、**プライバシー**の確保が難しい
⑤ 集中型	エレベーター・階段を中央に置き、その周辺に住戸を配置する形式（コア型又はホール型）	共用部分の面積割合を**低く**でき、高密度な住戸配置が可能。超高層住宅では多く用いられている	**採光・通風**に不利な方位あり。ホール側のプライバシーの確保と**二方向避難**の計画が難しい
		ボイド型 中央に吹抜けを設け、共用部分の**閉塞感が緩和**される	

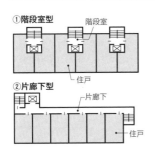

① 階段室型　階段室

住戸

② 片廊下型　片廊下

住戸

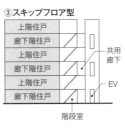

③ スキップフロア型

| 上階住戸 |
| 廊下階住戸 |
| 上階住戸 |
| 廊下階住戸 |
| 上階住戸 |
| 廊下階住戸 |

共用廊下

EV

階段室

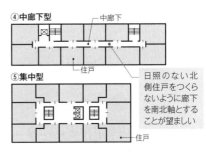

④ 中廊下型　中廊下

住戸

⑤ 集中型

住戸

日照のない北側住戸をつくらないように廊下を南北軸とすることが望ましい

● 住戸形式

形式		特徴
フラット型	1住戸が1層で構成された形式	階段がなく、構成が自由で、小さい規模でも可能。各室が隣接するため、プライバシーが乱されない室配置・間仕切など、設計上の配慮が必要
メゾネット型	1住戸が2層以上で構成された形式	公共廊下のない階では、2面からの採光・通風が可能であり、プライバシーも確保される。共用部分の割合は廊下型フラットより少ない。住戸内に階段を設けるため、比較的大規模な住戸に適する

● フラット型とメゾネット型

フラット型

| 住戸A | 廊下 |
| 住戸B | 廊下 |

メゾネット型（片廊下式）

住戸A	
	廊下
住戸B	
	廊下

QUESTION

1 最頻出問題 | 一問一答

次の記述のうち、正しいものには〇、誤っているものには×をつけよ

1 ☐☐ 専用面積が小さい住戸で構成する集合住宅はメゾネット型とし、専用面積が大きい住戸で構成する集合住宅は階段室型とした

2 ☐☐ 集合住宅の計画において、片廊下型は各住戸の採光等の均一化は図れるが、共用部分の廊下側に居室を設けた場合、その居室のプライバシーを確保しにくい

3 ☐☐ 集合住宅の計画において、スキップフロア型は、共用廊下を介さずに、外気に接する二方向の開口部を有する住戸を設けることができる

4 ☐☐ リビングアクセス型の住宅は、一般に、各住戸の表情を積極的に表に出すことを意図して、共用廊下側に居間や食事室を配置する

5 ☐☐ 接地型の低層集合住宅において、コモンアクセスは、共用庭に接したアクセス路を通って各住戸に入るので、居住者どうしの交流を促しやすい

6 ☐☐ 集合住宅の計画において、中廊下型は、日照条件を考慮すると、住棟を東西軸に配置することが望ましい

2 実践問題 | 一問一答

1 ☐☐ 高齢者等に配慮した一戸建て住宅の計画において、室内の各出入口の戸は、できるだけ引戸とした

2 ☐☐ 三世帯住宅の計画において、老人世帯の操作性を考慮して、洗面所の水栓は、シングルレバー式とした

3 ☐☐ 三世帯住宅の計画において、老人世帯の書斎における机上の照度は、JISにおける照度基準の2倍程度とした

ANSWER

→→→

1 ×｜メゾネット型は、1住戸が2層以上で構成される住戸形式であり、住戸が階段室を取り込むため、比較的占有面積が大きな住戸に適する

2 〇｜採光·通風に限度があり、プライバシーは失われやすい

3 〇｜スキップフロア型は、片廊下と階段室型を組み合わせた形式で2·3階おきに通路階を設けたもの。共用廊下のない階の住戸は、2面開口を設けることができる

4 〇｜リビングアクセス型とは、共用廊下側に居間や食事室を設けて、各住戸の表情を積極的に表に出す意図で造られる。視線に対しては、レベル差·窓台·ブラインドなどで対応する

5 〇｜接地型の低層集合住宅には、専用庭を有するテラスハウスと、コモンスペース（共用庭）を有するタウンハウス等がある。共用庭から直接各住戸へアクセスするコモンアクセスは、コミュニティの活性化が期待できる

6 ×｜中廊下型において、住棟の廊下を東西軸に配置すると半数が北向住戸となり、住戸環境に大きな違いが出る。したがって住棟を南北軸に配置するのが一般的

→→→

1 〇｜開戸は、手前に開くときは体を移動しながら開く動作が必要になるが、引戸は体の移動をしなくても開閉が容易にできる

2 〇｜老人にとって、ワンタッチで操作できるレバー式（シングルレバー式）の水栓（蛇口）が使いやすい

3 〇｜高齢者を対象とした照明は、グレアが生じないように照明器具の位置な

4 ☐☐ 中高層集合住宅の計画において、集中型は一般に、片廊下型に比べて廊下などの共用部分の面積を大きくすることができる

5 ☐☐ テラスハウスは、各住戸が区画された専用の庭をもつ連続住宅であり、各住戸が戸境壁を共有しながらも、庭があることで独立住宅としての要素を有する

6 ☐☐ 都市部の狭小敷地において、プライバシーを高めるため、建築物や塀で庭を囲い中庭とする住宅形式を、タウンハウスという

7 ☐☐ 寝室の気積を1人当たり6㎥とした

8 ☐☐ 中層又は高層集合住宅の計画において、一般に片廊下型は、集中型に比べて避難計画が難しい

9 ☐☐ 中層又は高層集合住宅の計画において、一般にツインコリドール型は、中廊下型に比べて通風や換気がしやすい

10 ☐☐ 集合住宅の計画において、スキップフロア型は、一般に集中型に比べて、エレベーターから各住戸への動線が短くなる

11 ☐☐ 地階における居室に採光や通風を得るために、光庭を設け、その庭に面して開口部を設けた

12 ☐☐ 階段室型や集中型は、一般に、階段又はエレベーターから各住戸への動線を短くできる

13 ☐☐ 集合住宅の計画において、集中型やスキップフロア型は、一般に、各住戸の居住性を均質にしやすい

MEMO | 目で覚える！ 重要ポイント

●集合住宅の新しい通路形式

Ⓐリビングアクセス型　　Ⓑツインコリドール型　　Ⓒボイド型

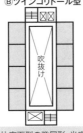
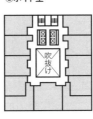

片廊下型の発展形。共用廊下側に居間などを設け、各戸の表情を積極的に表す

片廊下型の発展形。光庭を挟んで片廊下型を対称に配置。中廊下型に比べ、採光・換気が改善

集中型の発展形。共用部分の閉塞感が緩和される

どに注意し、一般照度の2倍程度の明るさが得られることが望ましい

4 ✕ | 集中型は、階段室・エレベーターホールを中心に置いてそのまわりに住戸を配したもので、片廊下型に比べて廊下などの共用部分の面積を少なくすることができる

5 ○ | テラスハウスは、各住戸にそれぞれ専用庭をもつ低層連続型住宅をいい、日照・通風・プライバシーの条件が一戸建て住宅に近い

6 ✕ | タウンハウスは、一戸建住宅のような独立性と、集合住宅のような屋外環境の良さを併せもつ低層の集合住宅の形式である。設問はコートハウスについての記述

7 ✕ | 狭い。10㎥／人以上必要

8 ✕ | 片廊下型は、集中型に比べて二方向避難の計画が容易

9 ○ | ツインコリドール型とは、2本の共用廊下の間を地上からの吹抜けとし、各々の廊下の片側に住戸が面して並ぶ形式

10 ✕ | スキップフロア型は、エレベーターの停止階からその上下階に階段でアプローチすることになることから、各住戸への動線が長くなりがちである

11 ○ | 原則として地階の居室は、からぼり（光庭）に面した開口部を設け、通風・採光を得る必要がある

12 ○ | 設問記述のとおり

13 ✕ | 集中型やスキップフロア型では、共用廊下のない階の住戸は、アクセス動線が長くなり、共用廊下のある階の住戸は、廊下の人通りが多くプライバシーが損なわれやすい

002 住宅・集合住宅②地域計画

集合住宅の計画基礎、新たな流れ及び地域計画について学ぶ。コーポラティブハウス等の集合住宅の新しい住宅形式も取り上げる。特に、新しい住宅形成及び実例に関する出題が多い

1　集合住宅の新しいスタイル

☐ **コーポラティブハウス**は、住宅建設希望者が集まって組合をつくり、住戸に各自の希望を取り入れて設計する集合住宅である。計画から土地取得、建築設計、工事発注、入居・管理まで組合で運営する

☐ **コレクティブハウス**は、個人のプライバシーを尊重しつつ、子育てや家事などの作業を共同で担い合う相互扶助的なサービスと住宅を組み合わせた集合住宅をいう

☐ **ハーフウェイハウス**は、病院での治療・訓練を終了した患者などが、日常生活への復帰に向けてADL(日常生活動作)訓練を受けることのできる施設をいう

☐ **モビリティハウス**は、車椅子使用者などを対象にしたもので、生活に支障のないように、通路幅の必要寸法の確保、段差の解消などの条件が満たされた住宅をいう

☐ **環境共生住宅**は、地球環境の危機に対応し、省資源、省エネルギー、CO_2ガスの縮減に応えるために工夫されている住宅の総称

☐ **スケルトン・インフィル住宅**(二段階供給方式住宅)は、第一段階はスケルトン(公共性の高い躯体や共用部分)を、第二段階はインフィル(間仕切や内装)を分離供給する方式

●**コーポラティブハウスの事例**
・**Mポート**　熊本市、1992年。もやい住宅設計集団。16世帯。居住者が参加して計画。すべて異なる間取り
・**ユーコート**　京都市、1985年。京の家創り会。3〜5階建て。広場を囲んでU字型に配置。公園との連続性を意識。コモンアクセス方式

●**コレクティブハウスの事例**
・**真野ふれあい住宅**　神戸市、1997年。RC造3階建、高齢者を中心に自立した生活を支えるために計画された

●**環境共生住宅の事例**
・**アクティブソーラーハウス**　太陽熱をエネルギーとして冷暖房、給湯を行う住宅で、太陽集熱器・蓄熱槽及びファンやモーターなどを用いる
・**パッシブソーラーハウス**　機械設備を用いず、方位や間取りの工夫による日射熱の自然循環を利用するもの、あるいは床・天井・壁などに日射を蓄え夜間の自然放熱で暖房効果を得ようとするもの
・**世田谷区深沢環境共生住宅**　世田谷区、2007年。世田谷区と市浦、岩村共同企業体。生態系の保全に配慮

●**スケルトン・インフィル住宅の事例**
・**NEXT21**　大阪市、1993年。大阪ガスNEXT21建設委員会。スケルトン・インフィル方式や環境負荷の低減(環境共生)を目指す

2　集合住宅の基礎知識

☐ 居住者が共通に利用する玄関、通路、集会室などを**共用部**と呼ぶ。広さやつくり方を工夫することにより、魅力的で暮らしやすい集合住宅が計画される

☐ エレベーターは、1台が負担できる居住者数は、速度、階数などに

●**専有率**
居住者の住戸部分の面積比率を「専有率」という。専有率が高いと住戸数などが増えるので収益性は高くなる。住戸の計画とともに、共用部の計画も大切である

よって異なるが、中高層で1台当たり100人程度まで負担できる。かごは通常小規模（9～12人乗り程度）のものでよい

□ バルコニーの手すりの高さを**1.1m以上**（建築基準法）とし、足掛かりとなる横桟（さん）を避け、縦桟（すき）の隙間もなるべく狭く11cm以下とする。バルコニーは、避難上有効であり、災害時には、隣り又は上下階のバルコニーに避難できるようにする

□ 中廊下≧**1.6**m、片廊下≧**1.2**m

●**トランク付きエレベーター**
引っ越し荷物や病人用のベッドを運搬できるよう下部にトランクが付いたものが望ましい

●**リビングバルコニー**
居間の延長として使用する

●**サービスバルコニー**
洗濯・物干しのほか、簡単な作業スペースとして使用する

3 地域計画

□ ●**C・アーサー・ペリー（アメリカ）による近隣住区の6原則（近隣住区論）**

①規模	小学校を日常生活圏の中心とした人口・面積
②境界	近隣住区は境界を幹線道路で区画し、住区内の通過交通を排除
③公園	小公園・レクリエーション用地の確保（近隣住区面積の10%以上）
④公共施設	小学校・教会・コミュニティセンター等を住区の中心に配置
⑤地区店舗	住区の人口に適した店舗の設置
⑥住区内道路	交通量に比例した幅員を確保し、かつ通過交通に利用されにくい計画

近隣住区論は、この6原則に沿って設けた近隣住区を1つの単位として、住区を組み合わせて住宅地を計画するという理論だね

□ 集合住宅地の公共施設は、人口及び日常利用の必要度に応じて各種のものが必要となる

●**近隣分区と近隣住区の規模**
近隣分区は、幼稚園が1つ必要な規模。
近隣住区は小学校が必要な規模のこと

●**住宅地の段階構成と公共施設計画**

単位	戸数	人口	公共施設	利用圏
隣保区	100～200戸	400～800人	子供の遊び場	―
近隣分区	1,000～1,200戸	4,000～5,000人	幼稚園・保育所・日用品店舗・児童公園（街区公園）・診療所・集会所・管理事務所・警官派出所	300～500m
近隣住区	2,000～2,500戸	8,000～10,000人	**小学校**・近隣公園・近隣センター・スーパーマーケット	500～800m
地区（2単位の近隣住区）の場合	4,000～5,000戸	16,000～20,000人	中学校・市区役所出張所・消防派出所・郵便局・病院・ショッピングモール・地区公園など	―

□ 住棟の配置のポイントと用語
①隣棟間隔：前面建物に妨げられることなく冬至における日照を確保する
②住棟の方位：居室の窓を、正南を中心とする**東西30度程度の範囲内**に向けること、及び夏の恒風方向の考慮
③人と車の動線分離（**ラドバーン・システム**）：人間と自動車の動線を分離し、自動車は、街区を囲む幹線道路から直角に引き込まれた袋小路（**クルドサック**）により住戸に達するように計画
④人と車の共存道路（**ボンエルフ**）：車の速度低下のための蛇行（**シケイン**）や道路上の盛り上がり（**ハンプ**）を設ける手法

●**都市交通計画の用語**
・**トランジットモール**：一般車の通行を制限し、公共機関であるバスや路面電車のみが通行できる歩行者優先の街路。ニコレットモール（アメリカ・ミネアポリス）等
・**パークアンドライド**：郊外の鉄道駅・バスターミナルに駐車場を整備し、自家用車から鉄道・バスに乗り換えることにより、中心市街地への自家用車の流入を減らす手法

QUESTION

1 最頻出問題 | 一問一答

ANSWER

→→→

次の記述のうち、正しいものには○、誤っているものには×をつけよ

1 ☐☐ スケルトンインフィル住宅は、「建築物の躯体や共用設備部分」と「住戸専有部分の内装や設備」とを明確に分けて計画することによって、住戸の更新性や可変性を高めた集合住宅である

2 ☐☐ コーポラティブハウスは、住宅入居希望者が集まり、協力して企画・設計から入居・管理までを運営していく方式の集合住宅である

3 ☐☐ コーポラティブハウスは、各居住者が独立した生活を確保しながら、厨房や食堂等を共用する方式の住宅であり、高齢者住宅にも適している

4 ☐☐ 住宅地の計画において、近隣分区ごとに、その中心に小学校を配置した

5 ☐☐ 住宅地の計画において、近隣住区における住宅地総面積の約10%を、公園や運動場等のレクリエーション用地とした

6 ☐☐ ラドバーン・システムは、中心市街地への自動車の流入を減らすために、周辺の駅に整備された駐車場まで自動車で行き、そこから公共交通機関を利用して中心市街地へ移動する手法である

7 ☐☐ ボンエルフは、住宅地において、通過交通を排除し、歩行者と自動車の動線を完全に分離させるための手法である

8 ☐☐ イメージバンプは、車道の色や材質の一部を変えて車の運転者に速度抑制を心理的に促すために設けるものであり、路面に高低差はない

9 ☐☐ 居住部分の内装仕上げや設備等を入居者が社会の変動に応じて容易に改修、更新することができるスケルトン・インフィル住宅とした

1 ○│二段階供給方式住宅。住宅建設において、第一段階は、スケルトンと呼ぶ構造部及び共用部をつくり、第二段階は入居者が決まってから、個別の要望を反映させて、インフィルと呼ぶ間仕切や内装を設計・施工する方式

2 ○│コーポラティブハウスとは、住宅建設希望者が集まって組合をつくり、各自の希望を取り入れて設計・施工された集合住宅。敷地の購入・企画・設計から工事の立会い、入居・完成までも運営していく方式である

3 ×│コーポラティブハウスは上記2の解説を参照。設問文は、コレクティブハウスについての記述である

4 ×│近隣分区の規模は、幼稚園が1つ必要な戸数とする。小学校1校が必要な戸数となるのは、近隣住区である

5 ○│条件によるが、近隣住区の計画で一般に、住宅地総面積の約60%が住宅用地、約20%が道路用地、約10%が公園・運動場等のレクリエーション用地、約10%が小学校、郵便局・図書館等の公共施設用地とされている

6 ×│ラドバーン・システムは、住宅地において、通過交通を排除し、歩行者と自動車の動線を完全に分離させるための手法である。設問はパークアンドライドについての記述

7 ×│ボンエルフとは、自動車の速度を抑えるために、道路を蛇行（シケイン）させたり、凹凸（ハンプ）をつけたりして歩行者と自動車の共存を図るための手法である

8 ○│設問記述のとおり

9 ○│設問記述のとおり

2 実践問題｜一問一答　→→→

1 ☐☐ ハーフウェイハウスとは、老人施設と子供施設が併設された施設の呼び名である

2 ☐☐ コレクティブハウスは、個人のプライバシーを尊重しつつ、子育てや家事などの作業を共同で担い合う相互扶助的なサービスと住宅を組み合わせた集合住宅である

3 ☐☐ ペデストリアンデッキとは、立体的に処理された歩行用の路である

4 ☐☐ スプロールは、一端が行止りの街路において、その端部で車の方向転換を可能としたものである

5 ☐☐ 2,000～2,500戸程度の住宅地の計画において、周囲を幹線道路で区画した

6 ☐☐ フライングコリドー（立体街路）は、共用廊下を住棟本体から離して住戸の通風・採光を確保し、プライバシーを守るとともに独立した街路としての雰囲気をつくり出すことができる

7 ☐☐ 地区公園は、2～3の近隣分区を合わせた程度の住民の利用を対象とした公園である

8 ☐☐ 景観法の特色の一つは、住民等による景観計画の策定・提案ができることである

9 ☐☐ パークアンドライドとは、中心市街地への自動車の流入を減らすため、周辺の駅に整備された駐車場まで自動車で行き、そこから公共交通機関を利用して、中心市街地へ移動する手法である

10 ☐☐ トランジットモールは、歩行者用の空間であるモールの形態の一つであり、一般の自動車の進入を排除して、路面電車やバスなどの公共交通機関に限って走行を認めたものである

11 ☐☐ パタン・ランゲージは、クリストファー・アレグザンダーが提唱した建築や環境の合理的な設計手法で、住民参加のまちづくりや建築を目指したものである

12 ☐☐ 公開空地は、総合設計制度の適用によって確保される敷地内の広場等であり、歩行者が自由に通行、利用できる

1 ×｜ハーフウェイハウスとは、病院での治療・訓練を終了した身体障害者や老人が、日常生活への復帰に向けて予備的な訓練を受ける施設である

2 ○｜人それぞれが独立した住居といくつかの共用スペースをもち、生活の一部を共同化する合理的な住まい

3 ○｜ペデストリアンデッキ（公共歩廊）とは、人と車を分離するため、立体的に処理された歩行者用の路をいう

4 ×｜スプロールとは、市街地が無秩序に虫食い状に拡大していくこと

5 ○｜設問の住宅の規模は近隣住区。近隣住区は周囲を幹線道路に囲まれた小学校1校程度の規模とし、住区内に通過交通を生じないようにする

6 ○｜中高層の住宅では、上階での接地性が低下していく。それを補うために、共用廊下の幅を広くし街路的な雰囲気を持たせた上で上階まで導く、立体街路の手法である

7 ×｜地区は近隣住区が集まって構成される

8 ○｜景観計画は、景観行政団体が策定するが、住民が提案することもできる

9 ○｜自動車と公共交通を結合させ、都心の道路事情を好転させるための施策

10 ○｜トランジットモールとは、中心街の通りを、一般の車両通行を抑制した歩行者専用の空間とし、公共交通機関だけが通行できるようにした街路のこと

11 ○｜著書『パタン・ランゲージ』において、快適な環境を252個のパタンに集約し、その組み合わせによる制作を提唱

12 ○｜設問記述のとおり

003 住宅・集合住宅③事例

住宅の事例に関する出題が多い。各住宅の名称と特徴及び設計者を関連付けて覚える
必要がある。

1　住宅の事例

住宅名 （建設場所）	設計者	概要
立体最小限住宅 （東京都）	池辺陽	1950年、木造2階、47㎡。池辺陽は、**合理的な工業化住宅**について研究してきた。戦後の建設資材不足の中で、玄関の省略、通路と居室の融合及び吹き抜け空間によって狭小性の克服を目指した。多くの**小住宅の先駆となった**「**15坪住宅**」である。
増沢洵邸 （東京都）	増沢洵	1952年、木造2階、50㎡。自邸。**最小限住宅**（延床面積15坪）の先駆的作品であり、玄関は省略され、南面居間がエントランスとなり、全面開口の吹き抜けによって平面の狭小性を補っている。**2階を含めてワンルーム的な空間構成**になっており、木造軸組みの構造材をそのまま仕上げとしている。
斎藤助教授の家 （東京都）	清家清	1952年、木造平屋、63㎡。**日本の伝統と近代技術をうまく融合させた作品**と言われる。建築と庭とが縁側のようなテラスを介して連続している。私室部分を圧縮し、居間を広く取ることで、開放的な空間となっている。可動の家具を配置することで、空間を状況に応じて変更することができる。
私の家 （東京都）	清家清	1954年、RC造平屋、70㎡。自邸。**日本の伝統と近代技術を融合**し、斎藤助教授の家の考えを発展させている。広い庭との連続性を意図し、床レベルを庭とレベルを揃え、仕上げも内外ともに鉄平石を敷く。内部は扉を設けず、カーテン程度の間仕切りだけで区切り、徹底したワンルーム化を行っている。玄関は無く、直接居間から入る。
スカイハウス （東京都）	菊竹清訓	1958年、RC造2階建。98㎡。自邸。**メタボリズム**（新陳代謝）の考え方に基づき、一辺約10mの正方形平面の生活空間とHPシェルの屋根が、4枚の壁柱で空中に支えられた住宅である。居間、寝室及び食堂となる部分は「空間装置」と呼ばれ、台所や浴室などは「生活装置」とされ、取り替え可能な「**ムーブネット**」と呼ばれた。
正面のない家 （兵庫県）	坂倉建築研究所	1962年、RC＋木造平屋、80㎡。敷地全体を建築化したコートハウスであり、市松模様に配置された**4つの中庭**により、採光、通風、プライバシーを確保をしながら、空間に広がりを持たせている。内部に開き外に閉じ、高密度化した都市の中で、自然との豊かな関係性を追求した建築である。
から傘の家 （東京都）	篠原一男	1961年、木造平屋、55㎡。単純化された正方形の平面を持つ住宅であり、**垂木が方形の屋根**の頂点から「**から傘**」のように放射状に広がっているのが、名称の由来である。南側に居間食堂があり、北側は水廻りと寝室（畳の部屋）がある。襖をあけるとワンルームとなる簡素な構成は、伝統的な民家にも通じる力強さがある。
軽井沢の山荘 **（家）** （長野県）	吉村順三	1962年、1階RC造2階木造、80㎡。設計者の山荘。1階はRC造の土台を兼ねた機械室、倉庫及び玄関で構成されている。居間、寝室及び水廻り等の**主体空間はオーバーハングする正方形平面**で作られている。大きな建具は、すべて引き込むことができ、開口部全体を開け放つことができる。森の中で軽井沢の自然と一体化したデザインとなっている。
塔の家 （東京都）	東孝光	1966年、RC造5階建、地下1階。65㎡。自邸。**変形の狭小敷地に建つ都市住宅**の代表例、敷地21㎡の中に地階書庫、1階玄関・駐車場、2階居間・食堂、中3階浴室・トイレ、3階主寝室、4階子供室・テラスの構成。原則建具は無く、垂直の**ワンルーム形空間**となっており、広がりを持たせている。
夫婦屋根の家 （神奈川県）	山下和正	1968年、コンクリートブロック造2階、130㎡。画家とピアニストである芸術家夫婦の互いの自立性の高い生活を無理なく融合させた住宅である。**1階を生活空間、2階を仕事場**に分けた明快な平面構成としている。2階のアトリエとピアノ室は、それぞれトップライトのある**ペアーの寄棟屋根**としている。
住吉の長屋 （大阪府）	安藤忠雄	1976年、RC造2階、65㎡。**細長い敷地を3分割し、中央に光庭を設ける。**この光庭を中心に、両側に居間・食堂及び寝室などが配置されている。**廊下は無く、中庭が諸室を繋ぐ**、都市の中での自然を意図した構成となっている。内部外部とも打ち放しコンクリート仕上げとなっている。

QUESTION

1　最頻出問題｜一問一答

次の記述のうち、正しいものには○、誤っているものには×をつけよ

1 □□　小篠邸(1951年、兵庫県)は、安藤忠雄が設計した斜面地に建てられた住宅である。エントランスや居間のある北棟と個室が連続する南棟が中庭を挟んで平行配置されている。円弧状のアトリエ棟が北側に増築された。敷地の段差を巧みに利用し、開口部から自然光が豊かに取り込める構成となっている

2 □□　シルバーハット(1984年、東京都)は、安藤忠雄の自邸である。鉄筋コンクリート造の柱の上に鉄骨フレームのボールト屋根を各室に架けた住宅である。エントランスでもある中庭を中心に各室が取り巻く構成になっている。中庭のボールト屋根は、開閉可能なテントにより、通風や日照を調節することのできる半屋外空間となっている

2　実践問題｜一問一答

1 □□　聴竹居(1928年、京都府)は、建築家安藤忠雄の設計した打ち放し高瀬川沿いにある打ち放しコンクリートの住宅である

2 □□　土浦亀城邸(1936年、東京都)は、平屋片流れの木造住宅であり、広い平坦な敷地に建築された純和風建築である

3 □□　まつかわボックス(1971年、東京都)は宮脇檀の設計、三方を建物で囲み、一方は壁で塞いだ準コートハウス形式の住宅。RC造の内側に木構造の空間を対比的に収めた形式は、混構造住宅の典型となっている

4 □□　原広司邸(1974年、東京都)は、建築家原広司の自邸であり、豊かな緑に囲まれた敷地に建つ。玄関からバルコニーまでおりていく中央吹き抜けの両側に居室が配置され、トップライトから自然光を取り入れる構成になっている

5 □□　惜櫟荘(1941年、熱海市)は、吉田五十八が設計した岩波茂雄の別邸である。現在の建物は、解体修理が行われ1941年竣工した。近代数寄屋建築の傑作と言われる

ANSWER

→→→

1 ○｜設問記述のとおり

2 ×｜建築家伊藤豊雄の自邸である。1984年、RC造一部S造2階、138㎡。都市の自然と親しみやすい開放的なつくりである

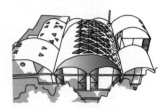

シルバーハット

→→→

1 ×｜1928年環境工学の先駆者藤井厚二により、日本の気候風土に合わせて設計された自邸。通風換気などの工夫に満ちた環境共生住宅である。和洋の生活の両立を考え、和風デザインの中に当時の洋風デザインの流れを感じる

2 ×｜1936年、木造2階 地下1階、116㎡。石綿スレートの乾式工法による「白い箱」型の外観を持つモダニズムの木造住宅。内部空間は居間の吹き抜け空間を中心に連続し、南向きの斜面に立地し、4つのスキップフロアによって構成されている

3 ○｜1971年、RC造+木造、2階建+平屋。107㎡。後に南東側に建物が増築され、コートハウス形式の住宅となった

4 ○｜1974年、木造2階、138㎡。住居の中に「都市を埋蔵する」構成を意図したと言われる

5 ○｜設問記述のとおり

004 公共建築①保育所・幼稚園、小・中学校

公共建築からは学校の運営方式に関する出題が多く、小学校・中学校での運営方式の違いについて理解する必要がある。保育所・幼稚園は年齢による差異に注意しよう。相互に関係付けて学習すること

1　保育所・幼稚園の計画

● 保育所と幼稚園の違い（運営方式）

	管轄	目的	対象年齢	在所・在園時間
保育所	厚生労働省	職業をもつ保護者や疾病などのために保育できない保護者に代わって保育する	乳児（1歳未満）、幼児（1歳〜学齢前）、児童（特に保育が必要な小学校低学年）	1日8時間程度
幼稚園	文部科学省	小学校入学前の社会訓練	3〜5歳	1日3〜4時間（4時間保育が原則）

□　敷地は、静かで環境のよいところで、幼児の徒歩圏（300〜600m）以内。保育所は保護者の送迎に便利なところで、幼稚園は住宅地内で交通上安全なところが望ましい

□　配置計画は、建物と屋外遊戯場が同一敷地内にあることが大原則。そのほか、以下を考慮した計画とする
　①原則、平家建（2階に保育室・遊戯室を設ける場合、耐火構造又は準耐火構造とし、スロープなど幼児の避難設備が必要）
　②保育室は、できるだけ南面になるようにする
　③幼児の出入口は、通過交通量の少ない側に設ける。さらに、車などのサービス用出入口とは別にする
　④保育士が乳幼児の行動を観察しやすいように計画し、管理部門は全体を掌握できる位置であること

□　各部計画としては、以下を考慮して計画する
　①遊戯室は独立して設けることが理想。ただ、1つの保育室を大きくして兼用したり、2保育室間の間仕切を可動式にしたりして、一体で使う方法もある。独立の場合は90㎡以上必要
　②一般に、1人当たりの床面積は**低年齢児のほうが大きい**
　③幼児用便所は、保育室に近く、保育士の見守り指導ができること。大便所の扉の高さは、保育士が外から安全確認ができる**100〜120cm**程度の高さにする
　④出入口の扉は、引戸とする

● 幼保一体化
認定こども園の3つの機能
「**認定こども園**」は**幼児教育、保育及び地域の子育て支援**を一体的に行う施設で、都道府県知事等が認可（認定）を行う
認定こども園の4つのタイプ
・**幼保連携型**　幼稚園機能と保育所機能を持つ単一の認可施設（学校及び児童福祉施設）施設計画においても、原則両方の機能を満足する必要がある
・**幼稚園型**　認可幼稚園に保育所機能（預かり保育又は認可外保育施設）を付与した施設（認定）
・**保育所型**　認可保育所に幼稚園機能（保育の必要がない子ども（3歳以上）の教育・保育）を付与した施設（認定）
・**地方裁量型**　幼稚園機能と保育所機能を持つ認可外保育施設（認定）

● 保育所の計画
①**乳児と幼児の生活領域を分け**、乳児室は出入りを乱されない静かな場所とする
②**乳児室・ほふく室と保育室の兼用禁止**
③**調理室が必要**であり、乳児や満2歳未満の幼児が入所する保育所では、**乳児室又はほふく室も設ける**
④設置基準は以下のとおり
　・屋外遊戯場**3.3㎡／人以上**
　・保育室又は遊戯場**1.98㎡／人以上**
　・乳児室**1.65㎡／人以上**
　・ほふく室**3.3㎡／人以上**

● 図書室・絵画室・工作室等の設置
保育室は、年齢及びクラスに分かれる場合が多いので、4・5歳児の場合は、交流できる場所を計画する

2 小学校・中学校の計画

配置計画では、南側教室、北側廊下、左側採光が原則となっているが、学習の多様化や教育環境の変化により、片廊下型、フィンガー型、中廊下型、クラスター型なども増えている

児童・生徒・教師が時間割に基づいて、教科・科目などで教室・学習スペースを使い分けるシステムを運営方式という。教室などの学習スペース、児童・生徒の生活スペース、管理諸室などの配置関係はこの方式に大きく左右される。運営方式によって学習空間の充実度、居場所や移動など、児童・生徒の学校生活に違いがあるので、学校種別・規模・教育目標などに応じて適切な方式を選択する必要がある

● 学習の多様化と学習の場

近年はクラスを固定化して教えるのではなく、複数の教師で分担し、授業を行うチームティーチング方式やプログラム学習方式、無学年制方式など、学習形態が多様化している。またフレキシブルな学習に対応できるオープンスペースの確保や教室まわりの情報化等がテーマとなっている

● ホームベース

教科教室型のクラスや生徒の生活拠点となるスペースで、教室移動の際に立ち寄りやすい位置に設けることが望ましい

● 小学校・中学校の運営方式

運営方式	内容	特徴
総合教室型	クラスルームまたはクラスルーム周りで大部分の学習・生活を行う方式	クラスルームのまわりの面積に余裕をもたせ、作業・図書のコーナーやロッカー・便所等の生活施設を付属させる。小学校低学年に適する
特別教室型	普通教科や講義的な授業はクラスルーム・普通教室で行い、実験・実習的な授業は、専用の設備を備えた特別教室で行う方式	教科担任制の中学校・高校では、チームティーチングや主体的学習のための多様な学習メディアの配置による教室内外の学習環境が整えにくい。小学校高学年に適する
教科教室型	各教科が専用の教室を持ち、生徒が時間割に従って教室を移動して授業を受ける方式	各教科の要求に応じた空間・設備・家具・メディアを備えた教室設計が可能。教科ごとに必要教室とオープンスペースを組み合わせて配置する。ロッカースペースを設ける必要がある。中・高等学校に適する
	ホームルーム教室確保型	教科教室をホームルーム教室として各クラスに割り当てる方式	クラス数に相当する数だけホームルームとなる教科教室を確保し、ホームルーム教室は、学年のまとまりを持たせて配置することが望ましい
	ホームベース併設型	各クラスにホームルーム教室を割り当て、それにホームベースを付属させる方式	ホームベースはクラス専用の場となり、ロッカーや掲示板を用意する。ホームベースは全員同時に着席できる必要はない
	ホームベース独立型	クラスの生活拠点としてホームベースを設ける方式	ホームベースには、クラス全員が席に着ける広さと、机・いすを用意する考え方もある
系列教科教室型	複数の教科を関連づけて（人文・理数・芸術等）教科教室を配置する方式	教室の利用率が高まる。教科独自の性格は弱まるが、教科の枠を超えた弾力的な学習展開に有効である
学年内教科教室型	国・社・数・英の教室を学年ごとのまとまりをつくって配置し、その中で教科教室型運営を行う方式	移動が学年フロアで完結するので安定する。学年クラスが4クラス以上の場合、有効である

● 小学校・中学校の各部計画

教室種別	設置条件		考慮すべき事項
普通教室	1.6㎡／人程度必要。7×9mの教室が一般的だったが、様々な学習形態に対応できるように正方形に近いものが望まれるようになった。中学校の教室では、机と机の前後間隔が85cm前後が適当		学習しやすいように、照度分布が均等で、強い影が生じないことや、音・色彩に対する配慮が必要である。出入口は2か所以上必要で、安全上引戸とする
特別教室	理科、図工、家庭科などの特別教室はまとめて配置することが望ましい。小学校では、特別教室の利用率の高い**高学年側に配置**する		まとめて配置することは、打合せや準備室の共用などのためにもよい。音楽室は、他の教室から離れたところに設け、遮音に留意する
体育館・講堂	別設置が望ましいが、体育館と講堂を兼用する場合は、利用率の高い**体育館機能を優先**させる。体育館は運動場との関連を考えて配置する		地域開放等を考慮する場合は、入口に近いところに配置する
管理諸室	職員室は、休憩のためのスペースとする。学級事務は学級教室で行い、教科の準備・研究などは準備室で行うとよい		会議室・応接室・事務室は、職員室と校長室に近接させ、まとめて配置する。また、必要に応じて学年ごとの教師コーナーを確保する
廊下	片廊下は幅員1.8m以上、**中廊下は幅員2.3m以上**必要		—
階段	けあげ	16cm以下（小学校）／18cm以下（中学校）	高さが3mを超える階段は、高さ3m以内ごとに踊り場を設ける
	踏面	26cm以上	
	階段・踊り場の幅	140cm以上	

公共建築①保育所・幼稚園、小・中学校

1　最頻出問題 | 一問一答

次の記述のうち、正しいものには○、誤っているものには×をつけよ

1 ☐☐ 保育所において、幼児用便所のブースの仕切りの高さは、安全の確認と幼児の指導のために1.2mとした

2 ☐☐ 保育所において、幼児用便所は、保育室の近くに設けた

3 ☐☐ 保育所において、昼寝の場と食事の場とを分けて設けた

4 ☐☐ 小学校において、低学年は特別教室型とし、高学年は総合教室型とした

5 ☐☐ 保育所において、保育室は、乳児用と幼児用とを間仕切りのないワンルームとし、乳児と幼児の人数比の変動に対応できるようにした

6 ☐☐ 教科教室型の中学校において、学校生活の拠点となるホームベースを、教室移動の動線から離して、落ち着いた奥まった位置に設けた

→→→

1 ○｜幼児用の便所ブースは、生活指導や安全確認のため、大人が上から中の状況を把握できるよう、仕切りや扉の高さは100〜120cm程度とする

2 ○｜幼児用便所は、保育士が用便中の幼児の様子を常に把握できるように、保育室に隣接させて設置する

3 ○｜一般的に、保育所では幼児の昼寝時間が設けられている。食事と昼寝の場を分けてあれば、食事から昼寝へスムーズに移行でき、また、衛生的

4 ×｜総合教室型とは、すべての学習を各ホームルームで行う方式で、主に小学校低学年で採用される。特別教室型とは、普通教科の学習はホームルームで、特別教科の学習は特別教室で行う方式。小学校中学年以上、中学校、高校で採用される

5 ×｜乳児室と幼児の保育室は、分離しなければならない

6 ×｜ホームベースとは、生活拠点として、ロッカーやテーブルなどを設けたスペースであり、移動の際に立ち寄りやすい場所がよい

2　実践問題 | 一問一答

1 ☐☐ 保育所において、4歳児を対象とした定員20人の保育室の床面積を44㎡とした

2 ☐☐ 中学校において、図書室の出納システムは、開架式とした

3 ☐☐ 教室の計画においては、「黒板や掲示板」と「その周辺の壁」との明度対比が大きくなりすぎないように、色彩調整を行った

4 ☐☐ 保育所の計画において、遊戯室と保育室に、床暖房を設けた

→→→

1 ○｜児童福祉施設最低基準により、保育所の保育室の所要床面積は、幼児1人につき1.98㎡以上と定められている

2 ○｜中学校の図書室の出納システムは、自由に図書を閲覧することのできる開架式がよい

3 ○｜教室の黒板・掲示板の色と周囲の壁の明度対比が大きいと、目が疲れやすい。色彩調整を行い、明度対比を抑える配慮が必要

5 ☐☐ 学校の敷地内においては、環境教育の教材として、自然の生態系を観察できるビオトープを設置した

6 ☐☐ 保育所の計画において、年齢が異なる幼児が交流できる場として、図書コーナーを設けた

7 ☐☐ メディアセンターとは、テレビやビデオ、オーディオ機器、PCソフトなどの情報媒体を集中設置した部屋のことである

8 ☐☐ 小学校において、理科、図工、家庭科などの特別教室は、低学年が利用しやすいように、低学年側に配置する

9 ☐☐ 特別教室型で運営される学校は、クラスごとに居場所が常に確保され、生徒の安心感の形成につながる

10 ☐☐ 教科教室型は小学校に適した運営方式である

11 ☐☐ 幼稚園の保育室は西面させることが望ましい

12 ☐☐ 小学校において、児童の出入口と自動車の出入口とは、分離して計画する

13 ☐☐ 小学校のブロックプランにおいて、学年ごとの配置が容易で、普通教室の独立性が高いクラスター型とした

14 ☐☐ 高等学校の教室については、教科教室型とする場合、各教科に応じた施設や設備を整える必要がある

15 ☐☐ 近年の我が国のオープンスクールでは、学級の壁を取り外して、2〜3クラスが共用する広い多目的なオープンスペースをもつ形式がみられる

16 ☐☐ 幼稚園において、保育室の1人当たりの床面積は、5歳児学級より3歳児学級用のほうを広くした

17 ☐☐ 保育所において、乳児室及び2歳未満の幼児を対象とした定員10人のほふく室の床面積を28㎡とした

4 ○｜幼児は床に触れて活動する場合が多いので、床暖房は適切である。輻射式床暖房は快適性に優れる

5 ○｜学校ビオトープは、環境教育の場としての活用を目的としている

6 ○｜遊戯室等の共用ゾーンに図書コーナーをまとめて設けると、幼児が多様な図書の中から自由に選べる点や幼児の交流が活性化する点で優れる

7 ○｜メディアセンターとは、従来の学校図書館機能を充実させ、視聴覚・情報教材などをまとめて管理し、教職員・児童・生徒が自由に利用できるようにした場所

8 ×｜特別教室は、高学年の利用が多いので高学年側に配置する

9 ○｜特別教室型の運営方式は、教科教室型より移動が少なく、クラスごとの居場所が確保されていることから、生徒の安心感の形成につながる

10 ×｜教科教室型は中学校以上で採用される運営方式

11 ×｜保育室は園児の活動の中心となるので、環境のよい南面設置が望ましい

12 ○｜児童の安全を確保するために、児童の出入口と自動車の出入口とは、明確に分離して計画する

13 ○｜校舎プランは、片廊下型が主流であったが、近年クラスター型も提案されている

14 ○｜設問記述のとおり

15 ○｜設問記述のとおり

16 ○｜一般に、1人当たりの床面積は、低年齢児のほうが大きい

17 ×｜児童福祉施設最低基準により、保育所のほふく室の所要床面積は、2歳未満の幼児1人につき3.3㎡以上と定められている。定員10人のほふく室の床面積は33㎡以上必要である

005 公共建築②高齢者・医療・図書館等

各公共施設の計画上のポイントや、各公共建築物の施工に関連する留意点や用語の組合せに注意する。また社会福祉施設、特に老人関係施設についての問題が多く出題される傾向にある。各種形態の特徴と必要な室名を押さえておこう

1　高齢者施設の計画

●高齢者施設の種類

	詳細	備考
①特別養護老人ホーム	65歳以上で身体及び精神上**著しい障害**があって**常時介護**を要し、居宅で適切な介護が困難な人が入所。入居者専用居室の床面積は10.65㎡／人以上	近年主流となりつつあるユニット型は、1介護単位として食堂とデイルームからなる共同スペースと個室をユニットとし、複数のユニットを分配して配置する
②養護老人ホーム	65歳以上で自宅での**生活が困難**な老人が入所し、生活援助を受ける	身体及び精神上のほか、住宅事情や家族関係及び経済的理由も入所対象
③軽費老人ホーム	60歳以上で家庭環境及び住宅事情などにより、自宅で生活することが困難な人が、**低額料金**で入所	A型（給食）、B型（自炊）、ケアハウス（外部サービス）の3タイプがある
④介護老人保健施設	入院治療は必要ないが、機能訓練や看護・介護が必要な高齢者が対象	自立し、家庭復帰をめざして、医療ケアとデイサービスを行う。8.0㎡／人以上
⑤認知症高齢者グループホーム	食事の支度・掃除・洗濯などを介護者と共同で行う居住・ケアの形態。5人以上9人以下の小グループによる生活	認知症の進行を穏やかにし、家族の負担を軽減する

●在宅サービスの種類

形式	特徴
①デイサービス	送迎バス等で**デイサービスセンター**に通う高齢者に、入浴・食事・健康診断・日常動作訓練等のサービスを行う
②デイケア	介護老人保健施設や病院・診療所に通い、日常生活の自立を助けるために理学療法や作業療法などのリハビリテーションを受ける

●施設計画の考え方

・老人ホーム等の入所型施設は、共有空間を数室の居室とともにグルーピングし、少人数の介護ユニットをつくる。介護単位を小規模（入所者10人前後）にし、小規模ケアを行うことをユニットケアと呼ぶ
・段差を避け、手すりを各所に設ける等、車いす対応を考える
・共有空間を充実させながら、個室空間のプライバシーを高める
・日照・通風を確保する等、安全で快適な設備計画とし、暖房時の温度は多少高めとする

2　医療施設の計画

●医療施設の種類

①診療所	ベッド数19以下
②病院	ベッド数20以上
③総合病院	ベッド数100以上

●総合病院

内科・外科・産婦人科・眼科・耳鼻咽喉科の診療科目をもつ

●病棟

病室の管理がしやすい位置に看護ステーション（看護スタッフ勤務室）を置く

● 医療施設内の部門・部屋

①病室（内法）	個室≧6.4㎡以上／人 2人室以上≧4.3㎡以上／人
②手術室	通り抜けのない位置に置く。汚染対策を考えて前室を置き、空調設備も専用とする。前室及び手術室の出入口は細菌等の侵入を防ぐため自動ドアとする
③分娩室	通過交通を避け、手術室の近くが望ましい
④サプライセンター （中央材料室）	病院全体の医薬品や医療機器を消毒・支給する。手術機器・各種器具・衛生材料・薬品等を扱う。手術室に近いところがよい
⑤放射線部・検査部	外来部と病棟の利用に便利な位置がよい
⑥ICU（集中治療室）	手術直後や重症患者を集中治療し、看護する室
⑦診療室	診療所の診察室は、処置室と隣接して配置する

● 病院の部門構成

・管理部：受付、医局、管理、事務
・病棟部：病室、ナースステーション、デイルーム、
　　　　　配膳室、処置室、洗面所、洗濯室、
　　　　　リネン室、便所、浴室、医師室
・中央診療部：手術部、分娩部、中央材料部、
　　　　　　　放射線部、検査部、薬局など
・外来診療部：各科外来診療部、待合室
・供給部：給食、洗濯、物品、廃棄、設備

● デイルーム

患者がくつろいだり、談話ができるスペース

3　図書館の計画

中央図書館は多くの蔵書をもち、専門的な調査研究にも対応する。一方、地域図書館の分館は地域住民へのサービスが主目的であり、**貸出業務を重視**し、閲覧者が自由に図書を手に取れる開架式とする。児童と成人の閲覧室は分離し、コントロールデスクは、入館者動線の中心に置く。一般閲覧室は、静かな雰囲気づくりを考慮して**採光**に留意する。カウンターまわりや中央部で見通しを考慮する場合は、4段以下の**低書架**とする

一般閲覧室面積：

数人掛の場合1.3 〜 2.0㎡／人（成人）

個人掛の場合2.5 〜 3.5㎡／人（成人）

● 図書の出納方式

①自由開架式	本を自分で取って検閲を受けずに閲覧。小規模な閲覧コーナーに適する。約**170冊**／㎡収蔵
②安全開架式	閲覧者が書庫より選び出し、閲覧室の途中で検閲を受ける
③半開架式	ガラス又は金網張りの書架より見て、係員に出してもらう
④閉架式	カードから本を選び、出入れは係員が行う。大規模図書館・貴重図書の収蔵に適する。約**230冊**／㎡収蔵

● レファレンスルーム

利用者が調査研究するための資料や機器を備えた部屋。専門の係員が配置されている場合もある。コーナーとして設ける場合もある

● ブラウジングルーム（又はコーナー）

新聞や雑誌等、くつろいで閲覧できる場所。図書館の入口近くに設ける場合が多い

● BDS（ブックディテクションシステム）

電波方式で、貸出処理されていない資料の持ち出しを防止するシステム。カウンターと出入口の間に設置される。BDSの採用により、利用者は私物を館内に持ち込めるようになった

● 児童閲覧室

小学校低学年までを対象としたお話コーナーやカーペットコーナーを設ける。周辺への音の配慮と子供が集中できる雰囲気づくりが大切

4　美術館・博物館の計画

動線は、原則的に逆戻り、交差がないよう、**ワンウェイ**で計画する。また、収蔵庫は荷さばき室と近接した位置に設ける。**湿度調整**が重要で、展示室は洋画**300 〜 750**lx、日本画**150 〜 300**lxで人工照明が一般的

● 展示室

展示ケースガラス面は照明の映り込みを避け、傾斜させる等の配慮が必要。展示室の床面積の割合は、一般に延べ面積の30 〜 50%程度が多い

QUESTION　　　　　　　　　　　　　　　　　　　　　　　　　　　　　　　　　**ANSWER**

1　最頻出問題｜一問一答　　　　　　　　　　→→→

次の記述のうち、正しいものには○、誤っているものには×をつけよ

1 ☐☐ 地域図書館において、新聞や雑誌などを気軽に読む空間として、レファレンスルームを設けた

2 ☐☐ 特別養護老人ホームは、常時介護の必要はないが、自宅において介護を受けられない高齢者のための施設である

3 ☐☐ 美術館において、絵画を展示する場合の展示壁面の照度は、一般に、日本画より油絵のほうを低くする

4 ☐☐ 診療所において、診察室は処置室と隣接させて配置した

5 ☐☐ 図書館の閲覧室の床の仕上げは、歩行音の発生が少なくなるように、タイルカーペットとした

6 ☐☐ 地域図書館の分館では、貸出用の図書をできるだけ多く開架式として提供した

1 ×｜設問はブラウジングルームについての記述である

2 ×｜養護老人ホーム、軽費老人ホーム（ケアハウス）とともに入所型老人福祉施設として老人福祉法に規定されていて、身体及び精神上著しい障害があり、自宅での介護が困難な65歳以上の高齢者のための施設

3 ×｜美術館において、洋画の展示用の壁面照度は、300 ～ 750lx程度であり、日本画の展示用の壁面照度は、150 ～ 300lx程度

4 ○｜診察室で診察し、直ちに処置・治療できるように、診察室と処置室は隣接して配置する

5 ○｜歩行者の履物と床とが発する音を和らげるために、柔らかな床材を選ぶ

6 ○｜地域図書館の分館は、地域住民への図書の貸出を主とし、閲覧者が自由に図書を手に取れる開架式とする

2　実践問題｜一問一答　　　　　　　　　　→→→

1 ☐☐ ケアハウスは、家族による援助を受けることが困難な高齢者が、日常生活上必要なサービスを受けながら自立的な生活をする施設である

2 ☐☐ 介護老人保健施設は、病院における入院治療の必要はないが、家庭に復帰するための機能訓練や看護・介護が必要な高齢者のための施設である

3 ☐☐ 認知症高齢者グループホームは、介護を必要とする認知症の高齢者が、入浴や食事等の介護を受けながら共同生活を行う施設である

1 ○｜ケアハウスは、栄養管理をはじめとする日常生活に必要なサービスを受けながら自立的な生活をする施設

2 ○｜介護老人保健施設は、病状安定期にあり、入院治療を必要としないが、寝たきりの高齢者などの要介護者のために、機能訓練や看護・介護のほか、日常生活上の世話を行う

3 ○｜食事の支度や掃除・洗濯など介護職員と共同で行うことで、認知症の進行を遅らせ、高齢者の残された能力を最大限に生かしている

4 ○｜老人デイサービスセンターは、介

4 ☐☐　老人デイサービスセンターは、在宅介護を受けている高齢者が、送迎等により通所して、入浴や日常動作訓練・生活指導などのサービスを受ける施設である

護福祉法に基づく老人福祉施設の一つ。在宅介護を受けている65歳以上の高齢者が、送迎バス等を利用して通所し、入浴・食事の提供、機能訓練・介護指導などのサービスを受ける施設

5 ☐☐　地域図書館において、一般閲覧室と児童閲覧室を分けて配置し、貸出カウンターを共用とした

5 ○｜児童の利用が多い場合は、一般閲覧室とは別に児童閲覧室が必要

6 ☐☐　郷土資料館において、収蔵庫の近くに荷解き室を配置した

6 ○｜郷土資料館等の展示館において、外部から搬入された展示資料は、荷解き室で荷解きされてから収蔵庫へ収蔵される

7 ☐☐　診療所の計画で病室における全般照明を、間接照明とした

7 ○｜病室のベッドで寝ている患者には、全般照明を直接照明とすると、まぶしくて安眠できない。天井面は明度の高い白色を避け、間接照明とするとよい。また、各病床ごとに局部照明を設けて個人に配慮する計画とする

8 ☐☐　美術館において、展示室の巡回形式は一筆書き型とした

8 ○｜展示室の利用者動線は、逆戻りや交差の生じない一筆書き型を原則とする。大規模な場合は、利用を中断できるようにしておく配慮も必要である

9 ☐☐　美術館における展示室の床面積の合計は、延べ面積の30～50%のものが多い

9 ○｜収蔵室・学芸員室などの保管研究部門や管理部門等との配分によるが、展示室の床面積の割合は、一般に延べ面積の30～50%程度が多い

10 ☐☐　診療所の計画において、X線撮影室の床材には、電導性のものを便用した

10 ×｜X線撮影室は、高圧電流を必要とするので、床材には電気的に絶縁性の高いものを使用する

11 ☐☐　診療所の待合ホールにおける、椅子のレイアウトについては、玄関に対面するように計画した

11 ×｜待合ホールのいすのレイアウトは、患者のプライバシーを守るため、玄関に対面しないように計画する

12 ☐☐　地域図書館の分館の計画において、館内の図書などを無断で持ち出されることのないように、BDS（ブックディテクションシステム）を採用した

12 ○｜BDSは主に開架閲覧室の出入口に設置される

13 ☐☐　博物館の荷解室及び収蔵庫は、収蔵品に付着した害虫等を駆除するための燻蒸室からできるだけ近接させて配置する

13 ○｜博物館の荷解室及び収蔵庫は燻蒸室と近接した位置に設けることが望ましい

14 ☐☐　特別養護老人ホームの定員2人の居室の最小床面積は、18㎡である

14 ×｜特別養護老人ホームの入所者1人当たりの居室の床面積は10.65㎡以上必要である

15 ☐☐　病院において、患者4人収容の一般病室の内法面積を、20㎡とした

15 ×｜病室面積は、内法で患者1人当たり、6.4㎡以上必要

16 ☐☐　サービス付き高齢者向け住宅は、居住者の安否確認や生活相談のサービスが必ず受けられるバリアフリー構造を有する賃貸等の住宅である

16 ○｜設問記述のとおり

17 ☐☐　博物館において、学芸員の研究部門は収蔵部門に近接して配置した

17 ○｜近接させることで移動をおさえる

006 商業建築①事務所・劇場

商業建築に関する問題は、ショーウィンドウについて、又は店舗の計画が中心に出題される。駅・飲食店・百貨店等の商業施設を、実際に見学に行くとよいだろう。事務所建築に関しては、コアプランの種類・レンタブル比についての出題が多い

1　事務所建築

●事務所の種類

専用事務所	単独の**企業**が、自己専用の事務所として建てるもの
準専用事務所	数社の企業が集まって管理会社を設立し、建設から管理まで行うもの
貸事務所	建築物の全部又は大部分を賃貸し、収益をあげるもの

延べ面積に対する収益部分の床面積割合を**レンタブル比**（有効面積率）という

レンタブル比＝収益部分面積÷延べ面積×100%

基準階において、**事務室**以外の①交通部門（廊下・階段・エレベーターなど）、②サービス部門（便所・洗面所・湯沸室など）、③設備部門（ダクトスペース・配管スペースなど）をまとめて**コア**と呼ぶ。コアの位置は平面計画に大きく影響する

●貸事務所と準貸事務所

準貸事務所とは、建物の主要部分を自己専用にあて、残りの部分を賃貸にして収益をあげるもの。なお、貸事務所の賃貸形式には、全館貸し・フロア貸し・ブロック貸し・小部屋貸しがある

●一般的な貸事務所の場合のレンタブル比

延べ面積の65〜75%（基準階では75〜85%）

●事務所の平面計画

・床面積：8〜12㎡／人
・扉：事務室の廊下に面する扉は、内開き（避難用の扉以外）
・床：OA化した事務室は、フリーアクセスフロアの採用が多い
・モジュール割り：事務所空間の標準化や合理化ができる

●コアプランの種類

種類	概要	特徴
センターコア	コアを**平面の中央**に配置した形式で、高層用	レンタブル比が高い／事務室とコアとの距離を等しくとりやすい／二方向避難の明快さに欠ける
オープンコア	コアを**平面の中央部全体**に配置した形式で、高層用	二方向避難が明快である／コアによって事務室スペースが分離されるため、ある程度以上の基準床面積を必要とする
偏心コア	コアを**平面の一方**に寄せて配置した形式で、低層・中層用	比較的レンタブル比が高い／事務室とコアとの距離が一定でない／二方向避難の明快さに欠ける
ダブルコア	**事務室の両側**にコアを配置した形式で、中層・高層用	二方向避難が明快である／事務室とコアとの距離を等しくとりやすい／事務室の独立性に欠ける
分離コア	コアを事務室から独立させて配置した形式で、中層・高層用	事務室の独立性が優れている／事務室が大きくなると、コアとの距離が長くなる

エレベーター計画においては、最大ピーク時の**5分間**の利用人数によってエレベーター台数を決定する。一般的には、朝の出勤時の人数を対象に算定する

● 机の配置・配列方法

名称	対向式	同向式（並行式）	スタッグ式
配置	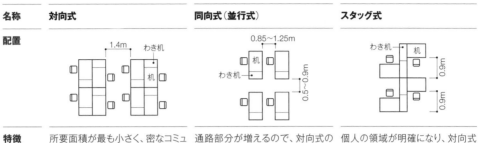		
特徴	所要面積が最も小さく、密なコミュニケーションが可能	通路部分が増えるので、対向式の1.2～1.3倍の所要面積となるが、視線が対面しないので、プライバシーが要求される仕事に適する	個人の領域が明確になり、対向式と同向式の特性を併せもつ方式

注　そのほか「オフィスランドスケープ方式」がある。固定間仕切りを使わずにローパーティションや家具、植物等によってプライバシーを保ちながら、変化のある執務空間をつくる方式。パーティションの高さを110cmとすると椅子に座った状態でも見通しが利き、120cmとすると椅子に座った状態で見通しを遮ることが可能

2 劇場・映画館・コンサートホール

● 観客席平面の限界

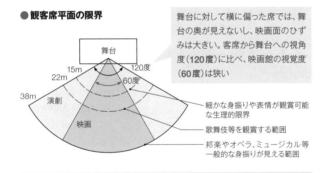

舞台に対して横に偏った席では、舞台の奥が見えないし、映画画面のひずみは大きい。客席から舞台への視角度（**120度**）に比べ、映画館の視覚度（**60度**）は狭い

● 映画館の平面計画
客席の所要床面積は、1人当たり**0.5～0.7㎡／席**程度

● プロセニアムアーチ
舞台と客席を仕切る舞台前面に設けられた額縁状の壁

● 上手・下手
客席から見て舞台の右側が上手、左側が下手となる

劇場舞台（プロセニアムステージ）の平・断面構成は下記のとおり。主舞台幅は一般的にプロセニアム幅の2倍以上とする

● 劇場舞台

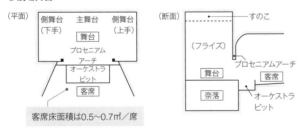

客席床面積は0.5～0.7㎡／席

● フライズ（フライロフト）
舞台上部に背景や照明器具などの道具類が吊るされて収納されている空間。プロセニアムアーチの2～3倍の高さが必要

● 奈落
舞台床下の部分で、舞台転換のためのせり等の機械設備がある

● オーケストラピット
オーケストラ演奏のために舞台と客席の間に設けられた、床が下がった空間

● コンサートホール

シューボックス型	客席と演奏者が対面して並ぶ形式
アリーナ型	客席が演奏者を取り囲む形式。演奏者と客席の一体感がある

● シューボックス型
シューボックス型は、靴を入れる紙箱の形から名付けられた長方形のホール。平行な側壁と天井面からの拡散反射により、美しい残響効果を生じる

QUESTION

ANSWER

1 最頻出問題 | 一問一答

→→→

次の記述のうち、正しいものには○、誤っているものには×をつけよ

1☐☐ レンタブル比は、貸事務所ビルの収益性に関する指標の一つであり、延べ面積に対する収益部分の床面積の合計の割合である

1 ○ | 設問記述のとおり

2☐☐ 事務室の机の配置形式においては、個人の明確なワークスペースが必要な場合、並行式より対向式のほうが適している

2 × | 対向式は、机を対面に配置する形式で、密なコミュニケーションを必要とする事務に適する。並行式は、机を同一方向に配置する形式で、プライバシーが要求される業務に適する

3☐☐ 事務所ビルのコアプランについて、より明快な二方向避難を計画するためには、センターコアよりダブルコアのほうがよい

3 ○ | ダブルコアは、建物の両側に設備や階段室・エレベーター等のコアを配置した形式で、二方向避難が明快。センターコアは、平面の中央にコアを配置した形式

4☐☐ 事務室における1人当たりの床面積は、一般に、8～12㎡程度である

4 ○ | 設問記述のとおり

5☐☐ 劇場において、側舞台がないプロセニアムステージの舞台幅を、プロセニアムの開口幅の1.5倍とした

5 × | 劇場の額縁舞台をプロセニアムステージといい、主舞台幅は一般にプロセニアム幅の2倍以上

6☐☐ コンサートホールにおいて、演奏者と聴衆との一体感を得ることを意図して、客席が演奏者を取り囲むシューボックス型の空間形式を採用した

6 × | シューボックス型は、箱型で客席前方にステージがあるコンサートホールの伝統的な形式。設問はアリーナ形についての記述

2 実践問題 | 一問一答

→→→

1☐☐ 事務室において、人が椅子に座ったときの視界を遮り、立ったときに全体を見通すことができるようにパーティションの高さを120cmとした

1 ○ | 120cmだと、椅子に座った状態で見通しを遮る

2☐☐ コアプランにおける分離コア型は、耐震構造上、設備計画上の対応が必要であるが、自由な執務空間を確保しやすい

2 ○ | コアプランにおける分離コア型は、コアを事務室から独立させて配置した形式をいう。事務室の利用効率はよく、事務室の独立性が優れているため自由な執務空間を確保しやすい

3☐☐ エレベーターの設置台数の算定に用いる「ビルの在籍者数に対する最も利用者が多い時間帯の5分間に利用する人数の割合」は、一般に、複数のテナントが入る貸事務所ビルより自社専用の事務所ビルのほうが大きい

3 ○ | 事務所におけるエレベーターの設置台数は、「ビルの在籍者数に対する最も利用者が多い時間帯の5分間に利用する人数の割合」によって算定する

4 ☐☐	フリーアクセスフロアは、床を二重とし、OA機器等の配線を円滑に行うことができる	4 ○｜設問記述のとおり
5 ☐☐	貸事務所におけるフロア貸しは、階を単位として賃貸する形式である	5 ○｜設問記述のとおり
6 ☐☐	劇場の舞台において、下手とは客席側からみて右側をいう	6 ×｜客席側からみて舞台の右側が上手、左側が下手となる
7 ☐☐	客席の床面積の合計が100㎡の映画館において、収容人数の計画を250人とした	7 ×｜映画館の客席の所要床面積は、1人当たり0.5〜0.7㎡／席程度必要である。客席の床面積100㎡の映画館において、250人収容の場合、100㎡／250席＝0.4㎡／席となる
8 ☐☐	劇場において、舞台の床下の空間に、回り舞台やせり出しなどの機械設備が設置される奈落を計画した	8 ○｜奈落とは、舞台の下や花道の床下の空間のことで、回り舞台やせり出しの装置、通路がある
9 ☐☐	劇場のプロセニアムステージから火災が観客席に広がるのを防ぐために、プロセニアムアーチのステージ側に防火幕を設けた	9 ○｜劇場の舞台では火気を扱う場合も多く、また可燃物も多いので、火災に対する注意が必要
10 ☐☐	劇場においてプロセニアムステージの主舞台からフライロフト上部までの高さは、プロセニアムの開口部の高さの1.5倍程度必要である	10 ×｜フライロフトとは、舞台上部に背景や照明器具などの道具類が吊るされている空間。プロセニアムアーチの2〜3倍の高さが必要
11 ☐☐	事務室において、在席率が50%から60%と想定されるので、個人専用の座席を設けず、在席者が座席を共用し、スペースを効率的に利用するために、オフィスランドスケープ方式で計画した	11 ×｜オフィスランドスケープ方式は、対向式や同向式、スタッグ式等を自由に組み合わせた形式であるが、所要面積が広く必要となる（22㎡／人程度）
12 ☐☐	オープンコアは、コアを平面の中央部全体に配置した形式であり、基準階の床面積が小さい事務所に適している	12 ×｜オープンコアは、コアによって事務室スペースが分断されるため、比較的面積の大きい事務所に適する
13 ☐☐	ダブルコアプランにおいて、ブロック貸しや小部屋貸しの賃貸方式は、一般に、レンタブル比を高めることができる	13 ×｜ダブルコアプランでは、フロアを分割して貸す場合、両端のコアを廊下でつなぐためレンタブル比は下がる
14 ☐☐	事務所ビルの避難経路は、避難による混乱を起こさないため、日常の動線と明確に区別する	14 ×｜避難経路は、人の避難行動の特性を考慮して日常使用する動線にできるだけ一致させる
15 ☐☐	システム天井は、モジュール割りに基づいて、設備機器を合理的に配置することができるユニット化された天井である	15 ○｜システム天井とは、格子状や線状に構成されたランナーや枠にボードや設備機器をはめ込みセットする天井方式である。レイアウトに合わせて天井を自由に配置換えでき、機能性や適応性が高い
16 ☐☐	劇場において、演目に応じて舞台と観客席との関係を変化させることができるように、アダプタブルステージ形式を採用した	16 ○｜アダプタブルステージとは、舞台と客席をそれぞれ可動型とし、内容と目的に応じて空間構成を変化できる舞台形式のことである

007 商業建築②物品販売店・ホテル・駐車場等

商業建築に関する問題は、一般的に店舗の計画が中心で、床面積比に関する問題が多い。特に売場、厨房の面積比及びホテルの客室面積などに関する問題が目立つ。物品販売店のショーウィンドウについても確認しておく

1 物品販売店の計画

● 物品販売店の敷地条件

	条件	補足
接道	・敷地の2面以上が道路に接する角地は有利 ・道路に長く接する敷地はよい	・客の動線と店員・商品の**動線分離**がしやすい ・接道が十分に確保できれば、店構えを大きく造れて店舗計画に有利
日照	・直射日光により商品が傷まない方位を考慮する	・洋品・食料品店舗等には、午後の日射が入る西向きは不利 ・日照・日射を嫌う商品には、人工照明と空気調和設備を使う

● 店舗内の各種計画

	検討事項	補足
店頭計画	・親しみやすく、入りやすいファサードにする ・内部を見やすくする配慮が必要	屋外に面したショーウィンドウは、以下のような配慮で見やすくなる a　庇を設け直射日光を遮る b　ガラスを傾斜させる c　内部を明るくする
平面計画	**顧客と商品搬入の動線は交差しない**ように動線分離する	・客の動線は、ショーケースの配列を工夫して**長くなるように計画**する ・店員の動線は、客の動線との交差を避け、能率のよい短い動線とする
売場計画① （全体）	開放型　日用品を扱う店向き	レジスターは出入口近くに置く。スーパーマーケットなど
	閉鎖型　高級品や固定客を対象とする店向き	レジスターは奥に設けられる場合が多い。宝石店、高級ブティックなど
売場計画② （陳列ケース）	客側から商品が効果的に見え、店員側からは監視しやすいこと。客・店員の動線の流れがよく、多数の客に対して、少人数の店員で効率よく対応できるレイアウトとする	店員用の通路幅は、0.9～1.1m程度必要
売場計画③ （売場面積）	量販店　売場面積は延べ面積の60～65%[*]	売場面積の割合は、量販店のほうが百貨店より大きい。ただし、レイアウト上の広さや共用部分、後方施設等の割合による
	百貨店　売場面積は延べ面積の50～60%[*]	
改装計画	陳列方法の変更や模様替が容易にできる計画とする	随時模様替ができるように、構造は大スパンとし、固定壁をつくらない

*：売場内通路を含む

2 飲食店・ホテルの計画

●レストランと喫茶店の厨房面積

	厨房面積	備考
レストラン	全体床面積の**25～35%** 客席床面積の**35～45%**	・レストランの厨房面積比は、喫茶店より大きい ・レストランの厨房は、喫茶店に比べ、必要機器や収納スペース及び必要諸室が多い
喫茶店	全体床面積の**15～20%**	

バー・喫茶店は、カウンター内の床は客席の床より20cm程度下げて計画する。店員は立ってサービスし、客はいすに座って飲食する

セルフサービス形式のカフェテリア・食堂等は、配膳用と下げ膳用の動線が混交しないように、カウンターは分離して計画する

●シティホテルとビジネスホテルの違い

	コンセプト	部屋の広さ
シティホテル	宿泊施設・宴会施設・レストラン等を**総合的に装備**	シングルルーム：18㎡程度が多い ダブルルーム：22㎡程度が多い ツインルーム：30㎡程度が多い
ビジネスホテル	**宿泊機能主体の**ホテル	シングルルーム12～15㎡程度

●対面式カウンターの高さ

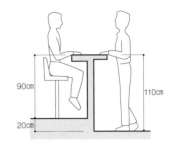

90cm　110cm

20cm

●ホテルのレストラン・宴会場

・レストラン：1.0～1.5㎡／席
・宴会場：1.5～2.5㎡／席

●シティホテルの面積構成

延べ面積に対する客室部面積は45～50％程度であり、基準階面積に対する客室部面積は65～75％程度。延べ面積に対する客室部門面積は70％強となる

●ビジネスホテルの面積構成

宿泊部分の比率を高くし、経済効果を優先しているので、ロビー・食堂等のパブリックスペースの比率がシティホテルに比べて低い

3 駐車場の計画

駐車場は自走式と機械式に大別される。また、駐車場法による基準が定められている

●駐車方式の違いとその特徴

自走式	・自動車本体により、駐車区画まで行く形式 ・一般の自走式立体駐車場では、1台当たり**40～50㎡**（車路含む）必要 ・1台当たりの駐車スペースは、普通乗用車で**幅3m×長さ6m**程度、車いす用乗用車で**幅3.5m×長さ6m**程度
機械式	機械の操作により、立体的あるいは平面的に自動車を格納する形式

●駐車場法の基準

車路幅員	車路 回転半径	梁下高さ	車路勾配
両側通行：≧5.5m 片側通行：≧3.5m	≧5m	車路：≧2.3m 駐車スペース：≧2.1m	**≦1／6（17%）** 傾斜路の始終点に長さ3.5～6m、1／12程度の緩和勾配をつける

●自走式駐車場

自走式の立体駐車場ビルは、車路、スロープ、階段等を考慮すると車室面積（約18㎡）の**約2.5倍程度**の延べ面積となる。また、直角駐車方式より斜め駐車方式のほうが、1台当たりの所要面積は大きくなる。有料駐車場の出入口は、300～500台に1組必要とされている

●機械式駐車場

中小ビルやマンションに付属する立体型の機械式駐車場（スカイパーキング）は、格納時間等の制約により、**1基当たり30台**が限度

●駐車場料金の徴収施設のある場所

片側通行の自動車車路のうち、当該車路に接して駐車料金の徴収施設が設けられており、かつ歩行者の通行の用に供しない部分は、2.75m以上とする

QUESTION

ANSWER

1 最頻出問題│一問一答

→→→

次の記述のうち、正しいものには○、誤っているものには×をつけよ

1 ☐☐ 喫茶店において、厨房の床面積を、喫茶店全体の床面積の15%とした

2 ☐☐ 百貨店の売場の床面積(売場内通路を含む)を、延べ面積の60%とした

3 ☐☐ 延べ面積に対する客室部分の床面積の合計の割合は、一般に、ビジネスホテルよりシティホテルのほうが大きい

4 ☐☐ バーにおいて、カウンター内の床の高さは、客席の床の高さに比べて、低く計画する

5 ☐☐ シティホテルにおいて、ツインベッドルーム1室当たりの床面積を30㎡とした

6 ☐☐ 商店建築の計画において、高級品や固定客を対象とする店舗では、店頭形式を閉鎖型とした

7 ☐☐ 自走式の地下駐車場にある高低差4mの自動車専用傾斜路において、傾斜路の始まりから終わりまでの水平距離を20mとした

1 ○│喫茶店の店全体の床面積に対する厨房床面積の割合(厨房の面積比率)は、15〜20%が標準的である

2 ○│百貨店の売場床面積(売場内通路を含む)の割合は、延べ面積に対して50〜60%程度が標準的である

3 ×│一般に、宿泊室のほかに、式場や集会、飲食施設等のパブリックスペースをもつシティホテルでは、延べ面積に対する客室部分の面積割合が低くなる。一方、ビジネスホテルでは主に業務上の宿泊者を対象としており、客室以外の施設は簡略化されているので、客室部分の面積割合は、シティホテルよりも高くなる

4 ○│立って作業を行う従業員には110㎝程度のカウンター高さが必要であり、客が椅子に座って飲食をするためにはカウンター高さ90㎝程度が望ましい。カウンター内の床は、客席の床より20㎝程度低くするとよい

5 ○│シティホテルの客室1室当たりの床面積は、シングルルームが18㎡程度、ツインルームが30㎡程度、ダブルルームが22㎡程度のものが多い

6 ○│高級品や固定客を対象とする店舗では、商品管理上、店頭形式を閉鎖型とし、入口を1か所とする

7 ×│車路の勾配17%(約1/6)以下

2 実践問題│一問一答

→→→

1 ☐☐ 量販店の基準階において、売場部分の床面積(売場内の通路を含む)をその階の床面積の50%とした

2 ☐☐ 物品販売店の売場のショーケースは、模様替を考慮して可動式とした

1 ×│量販店(スーパーマーケット)の売場面積(売場内通路を含む)は、延べ床面積の60〜65%程度が一般的である。基準階においては、売場が中心となるため、それ以上となる。売場部分の床面積をその階の床面積の50%とするのは不適当である

3 ☐☐ スーパーマーケットのレジカウンターの包装台の高さを、床面から105 cmとした

4 ☐☐ セルフサービス形式のカフェテリアにおいて、配膳用と下げ膳用との動線を分離した

5 ☐☐ 物品販売店舗における売場内の通路幅については、一般に、客の流れを円滑にするために、客や店員が商品を扱う姿勢や動作の基本寸法を考慮する

6 ☐☐ 屋内駐車場において、自動車1台当たりの駐車所要面積は、一般に、直角駐車より60度駐車のほうが小さい

7 ☐☐ 量販店において、床面積当たりの販売効率を高めるためには、一般に、低層の建築物とし、かつ、延べ面積に対する売場面積の割合を大きくする

8 ☐☐ スーパーマーケットにおける客用の出入口を、店員用の出入口と分離した

9 ☐☐ 事務所ビルのエレベーターの設置台数の算定に用いる「ビルの在籍者数に対する最も利用者が多い時間帯の5分間に利用する人数の割合」は、一般に自社専用ビルより複数テナントの入る貸ビルのほうが少ない

10 ☐☐ 地下階に設ける駐車場において、各柱間に普通乗用車が並列に3台駐車できるように、柱スパンを9mとした

11 ☐☐ 機械式駐車場において、垂直循環式は、一般に、収容台数が同じであれば、多層循環式に比べて設置面積を小さくすることができる

MEMO | **目で覚える！　重要ポイント**

●**駐車場法の基準**

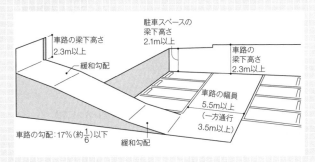

車路の梁下高さ
2.3m以上

緩和勾配

駐車スペースの
梁下高さ
2.1m以上

車路の
梁下高さ
2.3m以上

車路の幅員
5.5m以上
（一方通行
3.5m以上）

車路の勾配：17%（約$\frac{1}{6}$）以下

緩和勾配

---

2 ○｜物品販売店の売場のショーケースは、季節などに応じた模様替が容易にできるように、可動式とするのが望ましい

3 ×｜スーパーマーケットのレジカウンターの包装台の高さは、荷物の上げ下げや移動を考慮して、床面から70 cm程度が標準である。一般的に、重量物を扱うカウンターほど低い

4 ○｜セルフサービス形式のカフェテリアの場合、配膳用と下げ膳用の動線が混交しないように、配膳用カウンターと下げ膳用カウンターは分離して計画する

5 ○｜百貨店等の大型物品販売店舗の通路は主通路幅員2.7～3.3m、副通路幅員1.8～2.6m程度必要

6 ×｜自動車1台当たりの駐車所要面積は、直角駐車が最も少なく、60度駐車、45度駐車の順に大きくなる。直角駐車の場合が最も効率がよい

7 ○｜量販店（スーパーマーケット）の床面積当たりの販売効率は、低層で売場が大きいほどよいとされている。また、敷地形状、建築物の大きさ及び接する道路も販売効率に影響する

8 ○｜スーパーマーケットの客の動線と商品搬入及び従業員の動線は分ける必要があり、出入口についても別々に設ける。建築計画において、異種の動線を分離することは、原則である

9 ○｜一般に、最も利用者が多いのは朝の出勤時間帯であり、その5分間を算定基礎とする。また、自社専用ビルのほうが出勤時間帯が同じとなり、集中する結果となる

10 ○｜自走式駐車場の駐車スペースは、普通乗用車で1台当たり3m程度の幅を確保する必要がある

11 ○｜垂直循環式は、小さい建築面積で多数の自動車を格納できるが、車の出入りに時間がかかる

008 建築計画

建築計画の中でも、建物を利用する人の特性を把握することが求められる「計画基礎」は、大切な分野といえるだろう。出題数は少ないものの、出題範囲は広い。ここでは、寸法計画・規模計画・動線計画を含めた「計画基礎」を概説する

1 計画基礎

□ 動線とは、**人や物の動き**を平面図中に**線として表現**したものである。動線計画は単純・明快なものにし、**異種の動線は分離**し、**交差を避ける**。**頻度の多い動線は、短く**する

□ 計画は、建築を利用する人の人体寸法と動作寸法を考慮し、**利用者集団の平均的寸法**に合わせる

□ **標準化設計**とは、構造、仕上げ、家具及び間取りなど、複数案を事前に設計し、本設計で条件に合うものを選択、設計する方式

□ **モデュール**とは、建築の工業生産化の中で、材料や部品生産から設計施工に至る寸法秩序を定める寸法体系

□ **プレファブリケーション**とは、事前に工場で部材の生産・加工及び組立などを行い、現場に運び、組立・完成させる方式。この方式によるプレファブ工法には以下のようなものがある

●プレファブ工法の種類

軸組工法	プレファブ化した柱・梁などの構造体に、床材や壁材をパネル化し、はめ込む形式	鉄骨系の住宅や共同住宅など
枠組壁工法（ツーバイフォー工法）	枠組と構造用合板から壁や床を構成する壁式構造。2×4インチなどの断面の枠材を使用	木造住宅など
パネル工法	パネル状の構造壁及び床をプレファブ化した壁式構造	プレキャスト鉄筋コンクリート版による共同住宅など
ボックスユニット工法	ボックス形状のプレファブを組み合わせる形式	ユニットハウス、カプセルハウスなど

□ **プレカット方式**とは、木造住宅の継手や仕口などの手加工を工場での機械加工で行うもの

□ **ファシリティマネジメント**とは、建築物の設備、備品などの施設を統合的、経済的に管理することである

●動線
動きの多い部分や重要度の高い動線を太く表現したい。動きの種類別に色を変えたりして、人や物の動きを**分かりやすく表現**する

> 洗濯や物干し場として使われる屋外スペース「リービスヤード」は、勝手口やキッチン周辺への動線を考慮して配置しよう

●人体寸法と動作寸法
幼児施設を計画する場合は、年齢や体位に適した寸法を考慮する

●標準化設計の特徴
設計の質を確保しながら量産化に対応し、労力を軽減できる反面、画一的な設計になりやすい

●モデュラーコーディネーション
作業の合理化のため、モデュールに合うよう各部寸法を調整し、計画すること
京間：木造軸組工法の京間はモデュラーコーディネーションにおけるダブルグリット工法である

●プレファブ工法の特徴
①コスト管理が容易でコストダウンが可能
②現場工程管理が容易で、工期短縮が可能
③現場作業の単純化と熟練技術者の削減が可能

●プレカット方式
在来軸組工法やツーバイフォー工法等で採用される方式。加工精度と速度が期待できる反面、大工棟梁の技量は失われる

QUESTION

ANSWER

1 最頻出問題｜一問一答 →→→

次の記述のうち、正しいものには○、誤っているものには×をつけよ

1 ☐☐ 一戸建て住宅において、家事を能率的に行うために、サービスヤードへの動線を考慮して、ユーティリティを配置した

2 ☐☐ 診療所の計画において、患者の動線とカルテを搬送する動線とが交差しないように配慮した

3 ☐☐ 住宅の台所は、家事室やサービスヤード等との動線を考慮して計画した

4 ☐☐ 枠組壁工法(ツーバイフォー工法)は、木材を使用した枠組に構造用合板等を打ち付けることにより、壁及び床を構成する工法である

1 ○｜サービスヤードとは、屋外で洗濯や物干しなどの家事に使われる場所のこと。あくまでも裏方スペースなので、周囲から見えない工夫も必要

2 ○｜診療所においては、患者の動線とカルテの搬送経路が交差しないように、動線計画を行うことが重要になる

3 ○｜ユーティリティ・浴室・勝手口・サービスヤードとの関係を考慮すれば、家事の効率が上がる

4 ○｜枠組壁工法(ツーバイフォー工法)とは、木材を枠組に使い、構造用合板を張って作った部材で、壁や床を構成する壁式構造

2 実践問題｜一問一答 →→→

1 ☐☐ パッシブデザインとは、建物自体のデザインの工夫により建物内外に生じる熱、空気の流れや光をコントロールし、暖房、冷房、及び照明などの効果を得ることを意図した設計手法である

2 ☐☐ モデュラーコーディネーションは、基準として用いる単位寸法等により、建築及び建築各部の寸法を相互に関連づけるように調整する手法である

3 ☐☐ ボックスユニット工法は、プレキャストコンクリート版を使用して、現場で箱状に組み立てる方式である

4 ☐☐ プレカット方式は、枠組壁工法(ツーバイフォー工法)特有の工場加工方式である

5 ☐☐ 非常用の照明装置は、避難時にまぶしさを感じさせないように間接照明とした

1 ○｜設問記述のとおり

2 ○｜作業の合理化のため、モデュールに合うよう各部寸法を調整し、計画すること。京間:木造軸組工法の京間は、モデュラーコーディネーションにおけるダブルグリッド工法である

3 ×｜ボックスユニット工法とは、あらかじめ工場で箱状に組み立てられたユニットを現場に搬送し、建築物を構成していく工法。設問はパネル工法についての記述

4 ×｜在来軸組工法などでも採用されていて、ツーバイフォーのみの工法ではない

5 ×｜非常用照明装置の器具は、主として白熱灯や蛍光灯が利用され、床面で1ルクス以上の照度が必要。非常用照明は、「直接光」で避難経路を照らすのが原則であり、間接照明などでは原則として認められない

009 各部計画①各部寸法

住戸各部の計画は、暮らしに及ぼす影響を詳しく分析し、具体的にどのようにかかわり合う
かを明らかにする必要がある。基本寸法を整理し、まずは数値を覚えることが大切である。
また各施設の所要床面積についても押さえておこう

1　寸法設計

□ 階段の踏面寸法には、蹴込み寸法を含めない

●けあげ・踏面・蹴込み寸法

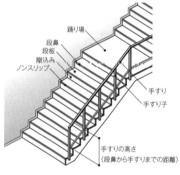

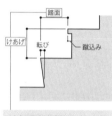

けあげ寸法を小さくした場合、踏面は大きくしたほうが昇降しやすい(歩幅が適切な範囲である必要がある)

□ 回り階段の踏面の幅は、**端部から30㎝**の位置で、所定の寸法が必要。また、階段に代わる傾斜路の勾配は**1／8以下**と定められている(建築基準法施行令26条)

□ 設計の際は、下記のように基本となる寸法を押さえておく

●トイレのスペースと設置間隔(単位:㎝)

洋便器の高さは38㎝程度、小児用は27㎝程度

車椅子使用者の流し台は、健常者より低い(75㎝程度)

● 小便器間隔(単位:㎝)

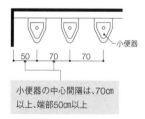

小便器の中心間隔は、70㎝以上、端部50㎝以上

● 手洗器間隔(単位:㎝)

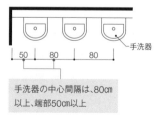

手洗器の中心間隔は、80㎝以上、端部50㎝以上

● 手すりの高さ

階段の手すりは昇降補助として80〜85㎝の高さが必要。幼児や高齢者を考慮する場合は、高さ65㎝程度のものも設け、2段とする。バルコニーや踊り場の手すりは、転落防止として110㎝以上必要

● 駐輪スペース

自動二輪(オートバイ)(㎝)

自転車(㎝)

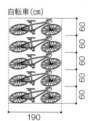

● 主要高さ寸法

・出入口内法(住宅):180〜200㎝
・出入口内法(一般):200〜210㎝
・作業台、調理台、アイロン台:80〜85㎝
・開き戸のにぎり玉:90㎝
・電灯スイッチ:130㎝
・インターホン:130〜140㎝

● 台所高さ寸法(単位:㎝)

台所の流し台高さは80〜85㎝、奥行きは55〜60㎝、流し台上部吊戸棚の高さは180㎝程度

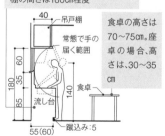

食卓の高さは70〜75㎝。座卓の場合、高さは、30〜35㎝

2 所要床面積

● 建築物種別ごとの所要床面積（概算）

建物	小中学校	保育所	図書館	総合病院	映画館・劇場	事務所
主体室	①普通教室 ②理科教室	①乳児室 ②ほふく室 ③保育室又は遊戯室	成人用閲覧室	①一般病室 ②小児病室 ③ICU（重度治療室） ④病棟部 ⑤外来診療部	客席	①会議室 ②純事務室
主体室の面積	①1.5 ～ 1.8㎡／人 ②3㎡／人	①**1.65㎡／人以上** ②**3.3㎡／人以上** ③**1.98㎡／人以上**	1.5～3.0㎡／席	①**6.4㎡／床以上（最低基準）** ②**6.4㎡×2／3㎡／床（最低基準）** ③40～60㎡ ④延べ面積の40％ ⑤延べ面積の15％	0.5 ～ 0.7㎡／席	①**2.0～3.0㎡／席** ②約8～12㎡／人
延べ面積	5～7㎡／人	—	—	40～60㎡／人	1.5～2㎡	10～20㎡／人（約15㎡／人）
備考	40人クラスで約65㎡	屋外遊戯場は3.3㎡以上	—	—	—	—

建物	ホテル	ビジネスホテル	レストラン	百貨店	スーパーマーケット
主体室	①シングルルーム ②ツインルーム	シングルルーム	①客席 ②厨房	売場	売場
主体室の面積	①18㎡程度が多い ②30㎡程度が多い	12～15㎡が多い	①**1.0 ～ 1.5㎡／席** ②客席の1／2～1／3	①**25～30㎡／人 [*]**（純売場＋売場内通路） ②延べ面積の50～60％	延べ面積の60～65％
延べ面積	—	—	—	—	—
備考	—	—	サービス形式によって異なる	＊：従業員1人当たりの面積	—

3 屋根の計画

屋根勾配は、材料・工法の防水性能、風圧に対する強さ、勾配面の大きさによって異なる。一般に、防水性能の劣るものほど、勾配をきつくする

● 屋根形式

①切妻

②寄棟

③入母屋

上部を切妻とし、下部の屋根は四方に葺きおろした形式

大棟から四方に葺きおろした形式

④腰折れ屋根

⑤陸屋根

勾配が上部と下部とで異なり、下部が急勾配の形式

勾配が極めて小さく平坦な屋根

● 屋根材料と勾配

屋根材料	最小勾配
かや（草）葺き	6／10～
波型石綿スレート葺き	4.5／10～
日本瓦（引掛けさん瓦葺き）	4／10～
アスファルトシングル葺き・金属板平葺き	3／10～
金属板瓦棒葺き	2／10～
長尺鉄板瓦棒葺き	1／10～
シート防水・アスファルト防水	1／100～

● すがもれ

屋根裏の暖かい空気で解けた雪が、軒先で再凍結し、融雪水が溜まって雨漏りすることを「すがもれ」という

QUESTION

ANSWER

1　最頻出問題｜一問一答

→→→

次の記述のうち、正しいものには○、誤っているものには×をつけよ

1 ☐☐　階段における手すりの高さは、踏面の先端の位置から1,100 mmとした

2 ☐☐　階段に代わる歩行者用傾斜路の勾配を1／10とした

3 ☐☐　入母屋屋根とは、上部を切妻とし、下部の屋根を四方に葺きおろした屋根である

4 ☐☐　腰折れ屋根は、勾配が上部と下部とで異なり、上部が急勾配、下部が緩勾配の屋根である

1 ×｜階段の手すりの高さは、踏面の先端の位置から80～85 cm程度とする

2 ○｜建築基準法施行令26条で定める「階段に代わる傾斜路」の勾配は1／8以下と規定されている

3 ○｜入母屋屋根は、屋根面を上下で二分し、上部の屋根は切妻風、下部の屋根は四方に庇屋根を付けた形式のものをいう

4 ×｜腰折れ屋根は、切妻屋根の屋根面を上下で二分し、勾配が上部と下部とで異なり、下部が急勾配の形式のものをいう

2　実践問題｜一問一答

→→→

1 ☐☐　収納スペースは、延べ面積の20%程度とし、その一部をウォークインクロゼットとした

2 ☐☐　乳幼児連れの親子が利用する便所ブースの広さは、ベビーカーを折りたたまずに入ることを考慮して、内法寸法を幅1,000 mm、奥行1,200 mmとした

3 ☐☐　小学校の35人学級の普通教室の床面積を56㎡とした

4 ☐☐　小学校において、出入口をガラス張りにするに当たって、安全性を考慮して、強化ガラスを用いた

5 ☐☐　一戸建て住宅において、一方を片引き、他方をはめごろしとした外窓の場合、雨仕舞を考慮して、片引き部分を屋内側に設けた

6 ☐☐　ツインベッドを用いる夫婦寝室の広さを、収納スペースを含めて、内法面積で9㎡とした

7 ☐☐　駐輪場において、自転車1台当たりの駐輪スペースを、700 mm×

1 ○｜住宅の収納スペースは、延べ面積の12～20%が望ましい

2 ×｜狭い。一般にベビーチェア付洋式便所ブースは、幅1,400～1,500 mm、奥行1,300～1,500 mm程度必要である

3 ○｜小・中学校普通教室の所要床面積の基準は、1.5～1.8㎡／人

4 ○｜強化ガラスは、板ガラスが加熱後、急冷したもので、通常の板ガラスの3～5倍の強度を有し、破損したときに粒状になるので安全性が高い

5 ×｜はめごろし部分を屋内側とし、片引き部分を屋外側としたほうが、雨水が浸入しにくく、雨水が浸入したとしても屋外側に排水されやすい

6 ×｜ツインベッドを用いる夫婦寝室の広さは、収納スペースを含めて12㎡以上必要

1,900mmとした

8 ☐☐ 劇場において、座席の幅(1人分の間口)を550mmとし、前後間隔(背もたれ相互の間隔)を1,000mmとした

9 ☐☐ 欄間は、通風、換気等のために、小屋裏に設ける開口部である

10 ☐☐ 一戸建て住宅の防犯効果を考えて、庭へ出入りする掃出し窓に網入り板ガラスを使用する計画とした

11 ☐☐ 病院において、定員4人の小児用病室の内法寸法による床面積を24㎡とした

12 ☐☐ 保育所において、定員24人の保育室の床面積を36㎡とした

13 ☐☐ 和室を江戸間とするに当たって、柱と柱の内法寸法を、基準寸法(畳の短辺寸法)の整数倍とした

---

7 ○│駐輪スペースは、器具等を用いず同一方向に配置する場合、1台当たり幅600mm×長さ1,900mm以上必要

8 ○│劇場の客席の前後間隔(背もたれ相互の間隔)は、一般に、1,000mm程度であり、1席当たりの幅は500mm程度必要

9 ×│採光、通風、装飾のために天井と鴨居との間に設けられる開口部材

10 ×│網入りガラスに防犯効果はない。防犯効果があるものとして、防犯用特殊中間膜(防犯膜)を挟んだ防犯ガラス(合わせガラス)がある

11 ○│病室の床面積は内法で患者一人につき6.4㎡以上、小児だけを入院させる場合はその2／3以上とする

12 ×│保育所の保育室の所要床面積の基準は、幼児1人につき1.98㎡以上とする

13 ×│木造軸組み工法の江戸間は、柱芯の間隔を基準寸法(畳の短辺寸法)の整数倍とし、京間は柱と柱の内法寸法を基準寸法の整数倍として畳を割りつける

MEMO | **目で覚える! 重要ポイント**

●窓の種類と特徴

窓の種類	特徴	窓の種類	特徴
引違い窓	・構造は簡単で最も一般的な窓、安価 ・気密性と雨仕舞が難である ・窓面より出ないので、網戸・雨戸の取付けが容易である ・外部清掃が可能 ・下枠の雨仕舞が悪いので、水返しをつける	**滑り出し窓**	(横滑り出し窓) ・戸の上框を回転軸とし、開閉すると回転軸が上下し、窓が外に滑り出る方式 ・開放位置を任意に止めることが可能 ・外部清掃が難しい ・オペレーターやフック棒による操作が可能のため高所にも使用される ・上下に開口が生じるので、換気通風に有効。気密性、水密性は比較的よい ・縦滑り出し窓もある
開き窓	(外開き窓) ・雨仕舞・気密性・遮音性は高い ・開閉は窓止め金具で調整する ・雨戸が取り付けられない ・外面の清掃が難しい (内開き窓) ・雨仕舞が悪い	**回転窓**	・窓枠中央の回転軸を中心に回転する方式 ・縦軸回転窓と横軸回転窓がある ・開閉の調整が容易であり、外面清掃もできる ・排煙窓として使用可能
上げ下げ窓	・上下に開閉することができ、開口面積を調整しやすい ・通風換気に有効である ・ガラス面の外部清掃が難しい ・網戸・雨戸を外部に取り付けやすい	**ルーバー窓**	・開口率を自由に調整できる ・ガラスの隙間が多いので、気密性は劣る ・採光と通風・換気が同時に得られる
突き出し窓	・上框を回転軸として、下框部分を突き出す方式 ・開放位置を任意に止めることが可能 ・通気、換気用の横長窓 ・気密性、水密性は比較的よい ・外部清掃が難しい	**はめごろし窓**	・採光が主目的である ・気密性・水密性に優れる ・外面の清掃が難しい

010 各部計画②バリアフリー

一般寸法の中で、車椅子関連及び住宅関連の諸寸法を理解する。また、バリアフリー法（高齢者・障害者等の移動等の円滑化の促進に関する法律）による基準寸法（円滑化基準及び円滑化誘導基準）の概要について理解しよう。主要寸法を整理し、確実に覚えたい

1　高齢者・身体障害者対応

□　高齢者・身障者に配慮した計画には、高齢者・身体障害者が生活するうえで、**障壁となるものを取り除く**ことが必要。またユニバーサルデザインの考え方も取り入れるとよい

●高齢者・身障者に対応するための設計方針

設計方針	建物内外	**段差をなくす**
	出入口	外部出入口は**自動扉**を設け、内部出入口の幅は**90cm以上**とする
	廊下	**段差をなくし、壁の凹凸を避ける**
	階段	**手すりを設ける**
	エレベーター	車椅子の乗降できる大きさをとる
	便所	**介助設備**などを取り付ける
	電話・ポスト	車椅子使用者のための**高さを配慮する**
	駐車場	**車椅子使用者のスペースを設ける**

●ユニバーサルデザイン

すべての人が、可能な限り最大限まで利用できるように配慮された製品や環境のデザインのこと

●高齢者等に配慮した住宅の計画①

便所	・介助スペースを考慮した洋式便所の広さは、内法1,400mm×1,400mmとなる
廊下	・手すりの高さは、一般に、750～850mm程度とし、断面の形状は、握りやすいことを条件とし、直径30～40mm程度 ・手すりの太さは直径が30～40mm、手すりと壁の空き寸法は40～50mmが標準とされている

□　**●高齢者等に配慮した住宅の計画②（単位：cm）**

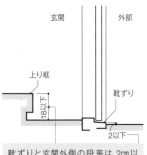

靴ずりと玄関外側の段差は、2cm以下、土間と上り框の段差は、18cm以下とする

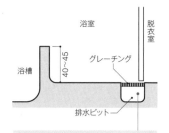

浴槽のエプロン高さは、40～45cm程度、洗い場と脱衣室は、グレーチングを用いて段差をなくす。浴槽の背もたれは傾斜させない

車椅子使用者キッチンカウンターの高さは、床から75cm程度（下部に高さ60cm、奥行き45cm程度のクリアランスが必要）。移動が少なく調理ができるように、調理台はL字型又はU字型がよい

□　直径150cmの円は、車椅子の最小回転軌跡であるが、車椅子使用者の使い勝手を考慮すると、内法170cmが必要である

●車椅子使用者用の屋外傾斜路

敷地内の傾斜路は勾配1／12以下（ただし高さが16cm以下の場合は1／8とできる）とし、高さ75cm超のものは、高さ75cm以内ごとに踏み幅150cm以上の踊り場を設けなければならない

● **車椅子使用者の利用に配慮した公共建築物の計画**（単位：cm）

① 洗面台を使用する場合

鏡
ひざより下が入ることに配慮する
鏡高さ ≒100
鏡下高さ（カウンターの直上）≒65
座面の高さ 40

鏡の高さは、カウンターの上端から100cm程度とし、回転しなくても後ろの状況が確認できること

② 廊下幅（すれ違いのとき）

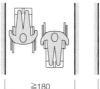

≧180

≧120

③ カウンターを使用する場合

電話
70～80

④ 介護なし1人用便所

手洗
80以上
200
200
車椅子の回転半径

● **車椅子の最小動作空間**（単位：cm）

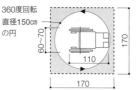

360度回転
直径150cmの円
60～70
110
170
170

● **駐車場の寸法**（単位：cm）

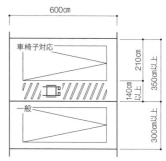

600cm
車椅子対応
210cm
350cm以上
140cm以上
一般
300cm以上

その他、車椅子使用者への配慮は、
① 車椅子のフットレスト（足のせ台）当たりとして、床上35cm程度補強する
② 扉にガラスを用いる場合、安全ガラス（合わせガラス・強化ガラス）を用いる等

2 バリアフリー法による基準

● **バリアフリー法の対象となる建築物**

① 銀行・ホテル等、誰もが利用する建築物

② 老人ホーム・福祉施設等、高齢者や障害者が利用する建築物

③ 事務所・学校・マンション等、多くの人が利用する建築物

● **バリアフリー法の義務づけ対象**

2,000㎡以上の新築・増築・改築をする建築物（公衆便所は50㎡以上）。ただし、地方公共団体の条例による面積の減少や増加が可能

● **バリアフリー法における基準**

場所	部位	円滑化基準	円滑化誘導基準	計画方針
出入口	玄関	80cm以上	120cm以上	車椅子で円滑利用できるように、幅と前後のスペースを確保する
	居室等	80cm以上	90cm以上	
廊下等	廊下幅	120cm以上	180cm以上	車椅子での通行が容易なように配慮する
傾斜路	手すりの設置	片側	両側	スロープは緩やかなものとし、手すりを設け、上端には点状ブロック等を敷設する。長いスロープは高さ75cmごとに踊り場を設ける（階段に併設する場合は、幅90cm以上）
	スロープ幅	120cm以上	150cm以上	
	スロープ勾配	1／12以下	1／12以下（屋外は1／15以下）	
アプローチ	通路幅	120cm以上	180cm以上	出入口に通じる通路は車椅子で円滑に利用できるようにする。広い幅で滑りにくくし、高低差のある場合は緩やかなスロープ等を設ける
駐車場	車椅子使用者用駐車施設の数	1つ以上	原則2%以上	車椅子使用者や身体障害者のために、建物の出入口近くに十分な幅の駐車スペースを確保する（駐車施設の奥行きは、一般の場合と同様600cm必要）
	車椅子使用者用駐車施設の幅	350cm以上	350cm以上	
エレベーター	出入口の幅	80cm以上	90cm以上	階と階の間の移動には、エレベーターで行けるようにする。車椅子使用者や視覚障害者の利用に配慮した仕様とする
	かごの奥行き	135cm以上	135cm以上	
	かごの幅[*]	140cm以上	160cm以上	
	乗降ロビー	150cm角以上	180cm角以上	
トイレ	車椅子使用者便房の数	建物に1つ	各階ごとに原則2%以上	車椅子使用者や足の弱っている人も使えるようにする
	オストメイト対応便房の数	建物に1つ	各階ごとに1つ以上	
	低リップ小便器の数	建物に1つ	各階ごとに1つ以上	

注 円滑化基準は最低限のレベルのことで、円滑化誘導基準は望ましいレベルを示す ＊：「移動等円滑化経路」の規定に関わる

QUESTION

ANSWER

1　最頻出問題｜一問一答

次の記述のうち、正しいものには○、誤っているものには×をつけよ

→→→

1 □□　車椅子使用者が利用するキッチンカウンターの下部には、高さ400㎜、奥行き450㎜のクリアランスを設けた

2 □□　車椅子使用者用の屋外傾斜路の勾配を、1／20とした

3 □□　戸建住宅の計画で、介助スペースを考慮して、洋式便所の広さを、内法寸法で1,400㎜×1,800㎜とした

4 □□　車椅子使用者の利用に配慮した公共建築物の階段に併設する屋内傾斜路の幅を1.2mとした

5 □□　車椅子使用者に配慮し、エントランスから道路境界線まで50㎝の高低差が生じるアプローチを計画する場合、スロープの勾配は1／8程度を基本とした

6 □□　車椅子使用者専用の駐車スペースを、1台当たり幅300㎝、長さ550㎝とした

7 □□　車椅子使用者に配慮し、記帳などを行う受付カウンターの上端の高さを、床面から720㎜とした

1 ×｜車椅子使用者が使用するキッチンカウンターの高さは、床から750㎜程度であり、下部には車椅子の使用に配慮し、高さ600㎜、奥行き450㎜程度のクリアランスを設ける

2 ○｜車椅子使用者用の敷地内通路の傾斜路の勾配は、1／12以下(望ましいのは1／15)としている

3 ○｜介助スペースを考慮した洋式便所の広さは、内法寸法で1,400㎜×1,400㎜となる。内法寸法で1,400㎜×1,800㎜とする計画は望ましい

4 ○｜階段に併設する傾斜路の幅は、90㎝以上としなければならない

5 ×｜敷地内の傾斜路は、勾配を1／12以下(望ましいのは1／15)とし、高さが75㎝を超えるものにあっては、高さ75㎝以内ごとに踏幅150㎝以上の踊り場を設けなければならない

6 ×｜車椅子使用者用駐車施設の幅は、350㎝以上としなければならない。奥行きは、一般の駐車スペースと同様、600㎝程度必要である

7 ○｜車椅子使用者が使うカウンターの高さは700～800㎜が適切

2　実践問題｜一問一答

→→→

1 □□　高齢者等に配慮した建築物の廊下の手すりは、直径を35㎜とし、手すりと壁面とのあき寸法を40㎜とした

2 □□　車椅子使用者が利用する浴室において、浴槽の縁の高さは、洗い場の床面から55㎝程度とする

3 □□　車椅子使用者の利用に配慮した建築物において、エレベーターのかご内の車椅子使用者用操作盤の位置は、床面から操作盤

1 ○｜手すりの高さは一般に750～850㎜程度とし、手すりと壁面とのあき寸法は40～50㎜が標準とされている

2 ×｜40～45㎝程度とする。浴槽の脇には、同じ高さの移乗台があるとよい

3 ×｜車椅子に座った状態での目の高さは1,100㎜程度で、車椅子使用者用操作盤の中心までの高さは1,000

中心までの高さを1,300mmとした

mm程度が適切

4 ☐☐ シャワーキャリーを使うと、座ったままで浴室まで移動し、そのまま体を洗うことができる

4 ○│設問記述のとおり

5 ☐☐ 室内の廊下において、キックプレートと兼用した幅木を設けるに当たり、その高さを床面から25cmとした

5 ×│車椅子のフットレストで室内の廊下の壁が損傷するのを防ぐためには、キックプレートと兼用した幅木の高さは、床面から35cm程度とすることが望ましい

6 ☐☐ リフターは、ベッドからトイレや浴槽などへの移乗介助の負担を軽減する

6 ○│リフターとは、ベッドと車椅子間の移乗等を介助する装置のこと

7 ☐☐ 屋内階段の手すりの端部は、上下階でそれぞれ水平に500mm延ばし、壁面側に曲げた

7 ○│階段の手すりの端部は、水平に300～500mm程度延ばし、衣服にひっかからないように壁側又は下側に曲げる

8 ☐☐ 車椅子使用時の洗顔を考慮して、洗面器の上端の高さを床面から600mmとした

8 ×│車椅子使用者が利用する洗面所の、洗面器上端の高さは、床面から75～80cm程度

9 ☐☐ 一戸建て住宅において、車椅子使用者のために、壁付コンセントの中心高さを、抜き差しを考慮して、床面から250mmとした

9 ×│一般に、コンセントは40cm程度、スイッチ類は110cm程度（ベッド周辺においては80～90cm程度）とすることが多い

10 ☐☐ 高齢者などに配慮した戸建住宅の計画において、車椅子使用者の利用に配慮して、L字型のキッチンタイプとした

10 ○│車椅子では、横方向への移動が不便なため、回転を主とした動作で使用できるL字型キッチンのほうが使いやすい

11 ☐☐ 高齢者等に配慮した建築物の洋式便所の手すりの直径は、横型手すりに比べて、縦型手すりを細くした

11 ○│縦型手すりはしっかりと握れるように直径が28～32mm程度、横型手すりは握るより手を添えやすい32～36mm程度が使いやすい

12 ☐☐ 高齢者を対象とした施設において、非常時に円滑に避難できるように、白地の施設の見取図に黄色で避難路を示した

12 ×│高齢者には、白地に黄色で描かれた表示は明暗差が少なく見えにくい

13 ☐☐ 車椅子使用者が利用する高低差160mmの傾斜路において、勾配を1／8とした

13 ○│傾斜路の勾配は1／12を超えてはならないが、高さが160mm以下のものにあっては1／8以下とできる

14 ☐☐ 弱視者や色弱者に配慮して、病院の呼び出しカウンターに設置した電光表示板は、黒色の下地に濃い赤色の文字で表示した

14 ×│色弱者にとって、濃い赤と黒は区別するのが難しい

15 ☐☐ JISにおける案内用図記号とその表示事項との組合せとして、最も不適当なものは次のうちどれか

15 4│男女共用の授乳室記号ではない。共用記号は男女2人の姿図が入る

1──	2──	3──	4──	5──
オストメイト用設備／オストメイト	介助用ベッド	スロープ	授乳室（男女共用）	カームダウン・クールダウン

011 日本建築史

毎年出題される。出題範囲は広く、日本建築史一覧表を中心に、各時代の概要を理解し、代表的な建築物の特徴と名称を覚えること。近年、建築物の改修等に関する問題も増えている。現代建築家の作品名及び特徴も理解しておく

●日本建築史一覧表

時代			各時代の代表的建築物と特色
古代	―	神社	**伊勢神宮**（神明造り：切妻、平入り、**棟持柱**）　**出雲大社**（**大社造り**：切妻、妻入り、左右非対称平面）　**住吉大社**（**住吉造り**：切妻、妻入り、廻り縁なし、高欄なし）
	552年〜 飛鳥時代	概要	中国・朝鮮を経て、仏教伝来
		代表的な建築物	**飛鳥寺**、**若草伽藍**（現存せず）　四天王寺（四天王式）、法隆寺西院（法隆寺式、柱に**エンタシス**）
	645年〜 奈良時代	概要	仏寺建築は木構造の技術・意匠を大きく進歩させた。都市計画は、当時の中国大陸の都城の制を取り入れ、平城京を建設した
		代表的な建築物	**春日神社**（春日造り：切妻、妻入り、向拝。奈良市）　**賀茂御祖神社**（流れ造り：平入り。京都市）　**宇佐神宮**（八幡造り：切妻、平入り、前殿と後殿。大分県宇佐市）　**薬師寺東塔**（三手先組物、和様）　**東大寺**（南大門：天竺様）　**正倉院**（校倉造りの宝庫）　**唐招提寺金堂**（桁支輪・鬼斗・三手先組物完成。屋根一重の寄棟）
	794年〜 平安時代	概要	平安京に遷都。密教寺院、阿弥陀堂の出現。寝殿造りの発生から完成
		代表的な建築物	**清涼殿・東三条殿**（寝殿造り：平安時代の貴族住宅の様式）　**厳島神社社殿**（広島県宮島の海浜に建立された神社建築）　**日吉神社**（日吉造り）　**宇治上神社**（流れ造り）　**三仏寺**（鳥取県。修験道の道場、山中寺院。投入堂は崖の窪みに建立）　**高野山金剛峯寺**、**比叡山延暦寺**、**平等院鳳凰堂**、**中尊寺金色堂**（阿弥陀堂）
中世	**1192年〜 鎌倉時代**	概要	**唐様**（**禅宗様**）、**天竺様**（**大仏様**）が中国から導入された。和様（在来）、住宅（武家造り）
		代表的な建築物	**東大寺南大門**、**浄土寺浄土堂**（大仏様：天竺様。柱の緊結に**貫**を多用）　**円覚寺舎利殿**（禅宗様：唐様。三門、仏殿、法堂等の整然とした伽藍配置。**海老虹梁**、扇垂木、**火灯窓**）
	1338年〜 室町時代	概要	貴族の邸宅である寝殿造りから、武士の住居としての**書院造り**が発生する。折衷様式
		代表的な建築物	**鹿苑寺舎利殿**（金閣：京都市。足利3代将軍義満の別荘。死後禅寺）　**慈照寺観音堂**（銀閣：京都市。足利8代将軍義政の別荘。死後開山。東求堂・同仁斎（茶室、4畳半）　東福寺竜吟庵　**吉備津神社**、**興福寺五重塔**、**法隆寺南大門**　**箱木家**（現存する最古の民家）
近世	**1573年〜 桃山時代**	概要	城郭建築意匠の確立。書院造りの完成。茶の湯の流行と茶室建築。匠明（木造建築の部材比例を数量化・体系化した木割術の代表的著作）
		代表的な建築物	**安土城**（織田信長が築いた初めての天守。現存せず）　**姫路城**（平山城。5重6層の大天守閣。優美な外観。別名白鷺城）　**円城寺光淨院客殿**（滋賀県大津市。現存する書院造りの遺構）　**二条城二の丸殿舎**（京都市。大広間、**黒書院**、**白書院**、遠侍など）　**妙喜庵待庵**（京都府大山崎町。千利休作の現存する最古の草庵建築）　**孤蓬庵忘筌**（こほうあんぼうせん）（京都市。**小堀遠州作**。12畳の方丈書院）　**如庵**（愛知県犬山市。2畳半台目、床脇に三角形の地板。建仁寺から移築）

出雲大社

1615年 江戸時代	概要	安定期に入り、市民文化が発達した。数寄屋建築、通り庭形式の町屋、土蔵技術の発達、町屋の発達、霊廟建築など	
	代表的な建築物	**桂離宮**（京都市。数寄屋造りの手法を取り入れた別荘建築の代表作） **日光東照宮**（栃木県日光市。権現造り。徳川家康の霊廟） **町屋の発達**（京都・大阪） **今西家**（奈良県橿原市） **密庵**（京都市。書院造様式を持つ茶室）	

姫路城

二条城二の丸殿舎

桂離宮

近代	**1868年～ 明治**	概要	洋風建築の伝来、外国人技師の活動とその弟子たちの活躍
		代表的な建築物	**東京帝室博物館**（東京都。設計：J.コンドル） **日本銀行本店**（東京都。設計：辰野金吾） **旧赤坂離宮**（東京都。設計：片山東熊。現迎賓館） **三菱一号館**（東京都。設計：J.コンドル）
	1911年～ 大正	概要	分離派建築会（1920年）、鉄筋コンクリート造の普及、F.L.ライトの来日、同潤会の設立（1924年）
		代表的な建築物	**東京駅**（東京都。設計：辰野金吾） **旧帝国ホテル**（東京都。設計：F.L.ライト） **東京中央電信局**（東京都。設計：山田守） **自由学園明日館**（東京都。設計：F.L.ライト、遠藤新）
	1926年～ 昭和 （戦前）	概要	国際建築様式の展開、日本工作文化連盟（1936年）、「日本美の再発見」ブルーノ・タウト（1939年）
		代表的な建築物	**東京中央郵便局**（東京都。設計：吉田鉄郎） **同潤会江戸川アパート**（東京都。設計：同潤会） **築地本願寺**（東京都。設計：伊東忠太） **パリ万国博覧会日本館**（パリ。設計：坂倉準三） **東京国立博物館本館**（東京都。渡辺仁）
現代	**1945年～ （戦後）**	概要	近代建築の発展、日本住宅公団の設立（1955年）、伝統論争、吊り構造の発展、日本万国博覧会の開催（1970年）、メタボリズムグループの出現、ポストモダニズムの流行、歴史的建造物の保全
		代表的な建築物	**香川県庁舎**（香川県。設計：丹下健三） **国立屋内総合競技場**（東京都。吊り屋根構造。設計：丹下健三） **京都国際会館**（京都府。設計：大谷幸夫） **霞が関ビル**（東京都。設計：山下寿郎ほか） **最高裁判所**（東京都。設計：岡田新一） **東京都庁舎**（東京都。設計：丹下健三） **世田谷美術館**（東京都。内井昭蔵）
		歴史的建造物の保全	**合掌造り**（草葺き屋根の建物、屋根裏を3～4層に分け、養蚕の空間としている切妻入母屋の民家。岐阜県荘川・白川地方、富山県五箇山地方。1995年、ユネスコ世界遺産登録） **首里城復元**（1992年、琉球王国の首里城が復元事業完成。2000年、今帰仁城跡や首里城跡等は世界遺産登録） **東京丸の内駅舎**（東京都。外観を創建時の姿に忠実に復元し、鉄骨煉瓦造の下に地下躯体を増設して免震装置を設置） **サッポロファクトリー**（北海道札幌市。工場跡地を公共空間や複合商業施設に再利用） **倉敷アイビースクエア**（倉敷市。紡績工場をホテルや展示などの複合商業施設に改修） **横浜赤レンガ倉庫**（横浜市。赤レンガ倉庫を劇場、ギャラリー、商業施設に改修） **東京国立西洋美術館**（東京都。免震レトロフィット工法による地震対策。2016年「ル・コルビュジエの建築作品」の構成資産の1つとして世界遺産登録） **門司港レトロ地区**（福岡県。門司港駅前地区を修復・復元） **アートプラザ**（大分県。大分県立図書館を芸術文化の複合施設に転用） **三井本館**（東京都。重要文化財特別型特定街区制度を適用して超高層ビルと一体的に再生） **中京郵便局**（京都府。ファサードの一部を保存し、内部を改築） **鎌倉文華館鶴岡ミュージアム**（神奈川県立近代美術館鎌倉館を改修保存）

倉敷アイビースクエア

横浜赤レンガ倉庫

1　最頻出問題│一問一答

→→→

1 ☐☐　円覚寺舎利殿(神奈川県)は、部材が細く、組物が精密に細工され、屋根の反りが強い等の禅宗様(唐様)の特徴をもった建築物である

1 ○│鎌倉時代の代表的禅宗(唐様)式建築であり、特色としては、屋根の勾配の美しさ、軒の反りの強いこと、柱の細いことがあげられる

2 ☐☐　伊勢神宮内宮正殿(三重県)は、倉庫として用いられた高床家屋が神社建築に転化したと考えられており、地表面に礎石がないような形式である掘立て柱が用いられた建築物である

2 ○│伊勢神宮内宮正殿は、神明造りで建てられている。掘立て柱、妻の両面に棟を支える棟持柱、切妻屋根平入りなどの特徴を持ち、高床式倉庫から発展した

3 ☐☐　法隆寺金堂(奈良県)は、構造上の特徴として、天秤(びん)式に釣り合うように計画された雲形組物を有する建築物である

3 ○│法隆寺金堂は、現存最古の木造建築といわれ、飛鳥様式を伝える仏堂である。軒を支える一木から刻み出した雲形の組物を有する

4 ☐☐　薬師寺東塔(奈良県)は、各重に裳階が付いた本瓦葺きの五重塔である

4 ×│各重に裳階(本来の屋根の下につけた差し掛けの屋根)がついた三重の塔であるが、本瓦葺の六重の屋根が重なった外観となっている

5 ☐☐　鹿苑寺金閣(京都府)は、方形造りの舎利殿で、最上層を禅宗様仏堂風の形式とし、二層を和様仏堂風、一層を住宅風とした建築物である

5 ○│鹿苑寺は、足利義満が晩年に住み、その死後に禅寺としたものである。金閣は内外を金箔で覆っている

6 ☐☐　桂離宮(京都府)は、古書院、中書院、新御殿等から構成され、書院造りに茶室建築の特徴を取り入れた数寄屋造りの建築物である

6 ○│桂離宮(京都府)は、17世紀に桂川のほとりに建てられた八条宮家の別荘で、書院造りに草庵風茶室の手法を取り入れた数寄屋造りの代表作である

7 ☐☐　平等院鳳凰堂(京都府)は、中堂の左右に重層の翼廊が配置されており、奈良時代に建てられた建築物である

7 ×│平等院鳳凰堂は、平安時代に建てられた阿弥陀堂である。本阿弥陀如来像を安置する入母屋の中堂を中心に据え、左右対称に翼廊が配置されており、背後には尾廊が伸びている

8 ☐☐　厳島神社社殿(広島県)は、檜皮葺きの殿堂を回廊で結び、海面に浮かんで見えるように配置した建築物である

8 ○│設問記述のとおり

9 ☐☐　中尊寺金色堂(岩手県)は、外観が総漆塗りの金箔押しで仕上げられた方三間の仏堂であり、平安時代に建てられた建築物である

9 ○│設問記述のとおり

10 ☐☐　東大寺南大門(奈良県)は、大仏様(天竺様)の建築様式であり、鎌倉時代に再建された建築物である

10 ○│設問記述のとおり

2 実践問題 │一問一答 →→→

1 ☐☐ 江戸時代における数寄屋造りは、寝殿造りに茶室建築の特徴を取り入れた住宅形式である

2 ☐☐ 旧正宗寺三匝堂（福島県）は通称さざえ堂と呼ばれ、堂内に二重螺旋（らせん）の連続斜路を有する建築物である

3 ☐☐ 三仏寺投入堂は、修験の道場として山中に営まれた三仏寺の奥院であり、岩山の崖の窪みに建てられた懸造（かけづく）りである

4 ☐☐ 出雲大社本殿（島根県）は、神社本殿の一形式の大社造りであり、平入りの建築物である

5 ☐☐ 日光東照宮（栃木県）は、本殿と拝殿とを石の間で繋ぐ権現造りの霊廟建築物である

6 ☐☐ 清水寺（京都府）は、急な崖に建っている本堂の前面の舞台を、長い束柱（つか）で支える懸造（かけ）りの建築物である

7 ☐☐ 倉敷アイビースクエア（倉敷市）は、連続するのこぎり屋根をもつ平屋建ての紡績工場の一部を撤去してできたオープンスペースを中心として、展示施設、ホテル等からなる複合施設にしたものである

8 ☐☐ 日本銀行本店（1896年）は、ジョサイア・コンドルによって設計された

9 ☐☐ 広島平和記念資料館（1952年）は村野藤吾によって設計され、広島市平和記念公園の中心施設であり、原爆投下による当時の惨状を伝える資料館である

10 ☐☐ 東京文化会館（1961年）は、前川國男により設計されたコンクリート打放しによる巨大な庇が特徴的な建築で、大小2つの音楽ホールを持ち、上野公園の中に建つ

11 ☐☐ 住吉造りの住吉大社本殿（大阪府）は、奥行のある長方形の平面形状で、四周に回り縁がなく、内部は内陣と外陣に区別されている等の特徴をもった建築物である

12 ☐☐ 浄土寺浄土堂（兵庫県）は、阿弥陀三尊を囲む四本の柱に太い繋虹梁が架かり、円束と挿肘木による組物が支える大仏様の建築物である

1 ×│数寄屋造りは、江戸時代初期以後に見られる貴族や武家の邸宅あるいは別荘の形式である。書院造りに茶室の意匠が採り入れられたものとして、通常の書院造りと区別し、数寄屋造りと称される

2 ○│設問記述のとおり

3 ○│三仏寺投入堂は、奥院の岩山の断崖に建てられ、懸造りとも呼ばれている

4 ×│出雲大社に代表される大社造は日本の神社建築様式の1つで、構造は掘立柱・切妻造・妻入りという特徴をもつ

5 ○│外装は黒漆、金箔、胡粉の白を基調とする。当時の美術工芸の最高技術が結集されている

6 ○│本堂は内外陣に分かれ、内陣は石敷の床に化粧屋根裏、外人は板敷で、密教本堂の形式を示している

7 ○│設問記述のとおり

8 ×│日本銀行本店は、辰野金吾により設計されたネオ・バロック建築で、日本人建築家が設計を手がけた最初の国家建築物である

9 ×│広島平和記念資料館は丹下健三の設計である

10 ○│1階はピロティ状で、ガラス壁面が多く、公園に対して開放的になっている

11 ○│切妻造り妻入りであり、破風や垂木に反りがなく、直線的な外観である

12 ○│浄土信仰に基づく阿弥陀堂。シンプルな外観であり、屋根の反りもない。柱と柱は、貫などの横架材でつながっている。軒の荷重は、柱に差し込んだ挿肘木と呼ばれる部材で、片持ち梁のように支持する。天竺様ともいう

012 西洋・東洋建築史

前年出題される。出題範囲は広く、西洋・東洋建築史一覧表を中心に、各時代の一般的特色と建築概要及び建築物の名称を覚えること。近代以降の建築作品名及び設計者名に関する出題も増えているので注意すること

☐ ● **西洋・東洋建築史一覧表**

時代		一般的特色	建築概要
古代	**古代エジプト建築** B.C.3200～	石造建築で重厚。ろく屋根、まぐさ式構造、多柱室	**マスダバ、ピラミッド**：国王の墓。**オベリスク、スフィンクス、カルナック神殿**
	オリエント建築 B.C.3500～	日干しレンガ、神殿や宮殿の遺跡では、アーチやアーチを連続させて天井をつくるヴォールトの手法	**コルサバト宮殿**：中庭式。ジグラットと呼ばれる高い塔状の神殿 ギザのピラミッド
	ギリシャ建築 B.C.1100～	西洋建築の原点。大理石による神殿が多い	**オーダー**：神殿の外壁の列柱と梁の間の一定の関係性及び柱の様式
		ドリス式：柱が太く短い、あらい。男性的、単純、素朴、力強い エンタシス（柱のふくらみ）	**パルテノン神殿**
		イオニア式：柱身や溝彫りは細く、柱頭に渦巻状の装飾。優美、女性的	エレクティオン神殿 アテナ・ニケ神殿 パルテノン神殿
		コリント式：柱頭にアカンサスの葉の飾り。ローマ建築で多用された	
	ローマ建築 B.C.400～ A.D.476	アーチ、ヴォールト、ドームによる巨大建築空間の出現。レンガ壁の間に、消石灰と火山灰を混ぜたセメントを使用した工法	**パンテオン神殿**：直径43.8mの球体が収まるドーム建築 **コロッセオ**：競技場と観覧席の部分に石材とコンクリートを併用し、ヴォールト工法で造る巨大スタジアムの原型 コロッセオ
中世	**初期キリスト教建築**	裁判所や商業の取引場として使用されていたバシリカを礼拝空間としての身廊、付属空間としての側廊などにする	**バシリカ式教会堂**：バシリカの平面を教会堂に転用 **ハギア・ソフィア大聖堂**：532年、トルコ・イスタンブール。ビザンチン建築の代表作で、直径約33m、高さ約56mのペンデンティブドーム。別称：聖ソフィア、アヤソフィア ハギア・ソフィア大聖堂
	ビザンチン建築とイスラム建築 A.D. 600～1453	**ペンデンティブドーム**：バシリカ形式の教会堂の平面にドームをかける工法	**サンマルコ大聖堂**：11～13世紀。イタリア・ベネチア。十字形平面の上にペンデンティブドームをかけ、内部は5つに区分 **アルハンブラ宮殿**：13～15世紀。スペイン・グラナダ **イスラム式の宮殿建築**：水盤や噴水のある「獅子の中庭」や「ミルトの中庭」、中庭周囲にアーケードがある。イスラム式装飾

中世 A.D. 800〜1200	**ロマネスク建築** A.D. 800〜1200	石工技術の発達、ヴォールト・連続アーチの使用、**交差ヴォールト**	**ピサ大聖堂**：1063〜1118年、イタリア。十字形平面をもち、楕円形ドームを載せる。鐘楼はピサの斜塔として名高い **ダラム大聖堂**：1093〜1133年、イギリス。西欧で最初のリブヴォールト。ノルマンの装飾が見られる	
	ゴシック建築 A.D. 1100〜1500	中世キリスト教建築の完成。**垂直線の強調**。バラ窓。ポインテッド（尖塔）アーチ、リブヴォールト、**フライングバットレス**の使用	**シャルトル大聖堂**：1194〜1250年、フランス。盛期ゴシック **ランス大聖堂**：1211年〜13世紀、フランス。西正面の彫刻が有名 **ケルン大聖堂**：1248〜1560年、ドイツ。ゴシックの代表作 **ミラノ大聖堂**：1386〜1577年、イタリア。イタリアゴシックの最大規模の教会堂	 ノートルダム大聖堂（パリ） 1163〜1250年、フランス。フランス初期ゴシックの代表作
近世	**ルネサンス建築** A.D. 1400〜1600	ギリシャ・ローマ様式の復興、安定した比例・均衡・調和をもつ静的な古典美を理想とする	**フィレンツェ大聖堂**：1296年〜、イタリア。ブルネレスキの設計。世界最大級の石積ドームは二重殻構造 **サン・ピエトロ大聖堂**：1546年〜、バチカン市国。直径約42m、高さ約119mのドーム（後期ルネサンス、初期バロック） **ヴェルサイユ宮殿**：1624年〜、フランス。バロック建築の代表作。広大な宮殿、豪華なインテリア、整然とした庭園などで知られる	 サン・ピエトロ大聖堂
	バロック建築 A.D. 1600〜1700	ルネサンス建築は古典復興であったが、バロック建築は反動として、不規則、奔放さが特徴		
	ロココ建築 A.D. 1700〜1750	フランス・バロックの末期に起こった室内装飾の新しい試みがきっかけ。軽快で優雅な装飾が特徴	マティニョン邸（パリ）、スービーズ侯爵邸「冬の間」（パリ）、アマリエンブルグ「鏡の間」（パリ）	
	ネオクラシズム **（新古典主義）** A.D.1750〜1850	厳格に古典建築を模倣。ギリシャ・ローマの考古学的研究。ギリシャ・ローマの造形を規範とする	**エトワールの凱旋門**：1836年、フランス・パリ。ナポレオンの戦勝を記念して旧エトワール広場（現ドゴール広場）に建てられた。彫刻群で埋められた外観の巨大な門。パリ凱旋門 サント・ジュヌヴィエーヴ聖堂（1792年、現在名パンテオン）	
	ロマン主義・折衷主義 A.D.1800〜1900	ロマン主義（中世建築模倣）ゴシックの模倣 折衷主義	**イギリス国会議事堂**：1860年、イギリス・ロンドン。ネオゴシック ドレスデン歌劇場：1841年、ドイツ。ネオルネサンス ドイツ国会議事堂：1894年、ドイツ。ネオバロック。ノーマン・フォスターによる改修設計	
近代	**近代建築**	産業革命による影響（鉄・ガラス・セメントの大量生産）	**クリスタルパレス**：1851年、ロンドン。設計：パクストン。ガラスと鉄による大スパンの建築 **エッフェル塔**：1889年、パリ。設計：エッフェル。高さ300m、鋳鉄製部材の記念塔	
		アーツ・アンド・クラフツ運動：19世紀後半イギリスのウィリアム・モリスの工芸運動：機械による粗製乱造から、手仕事の復活をめざした **アール・ヌーヴォー**：19世紀末、ベルギーのブリュッセルからヨーロッパ全土に広がった、自由な曲線を多用した様式		
		ゼツェッション（19世紀末、オットー・ワグナーを中心として結成されたウィーンの分離派。合理主義を建築の理念とする）	ウィーン郵便貯金局（1906年、オーストリア。設計：オットー・ワーグナー） **A.E.Gのタービン工場**：1907年、ドイツ。設計：P.ベーレンス	
		フランスの建築（鉄筋コンクリートの特性を生かした造形表現）	**ランシーのノートルダム教会**：1922年、フランス・パリ。設計：A.ペレー。鉄筋コンクリート造の構造体をそのまま表現	 サグラダ・ファミリア教会
		スペインの建築（A.ガウディは曲線デザインで建物の各部を構成）	**サグラダ・ファミリア教会**：1884年〜、スペイン・バルセロナ。設計：A.ガウディ。ネオゴシック様式。120mの尖塔が林立する。工事は現在も続行中	

| 近代 | 近代建築 | スペイン建築 | **カサ・ミラ**：1910年、スペイン・バルセロナ、設計：A.ガウディ。1階に店舗を配置。屋根裏住宅を含めて7階建ての曲面を多用した建築 |

カサ・ミラ

シカゴ派（L.サリバンは形態は機能に従うと主張した）

| | | 近代建築の発展 | 国際様式：同一機能をもつ建築の形態は同じでなければならない | **バウハウス**（1926年、ドイツ・デッサウ。設計：W.グロピウス） |

バウハウス

工作連盟運動（1907年、ドイツ・ミュンヘン）。工業製品の量産と質の向上をめざした。オーストリア工作連盟、スイス工作連盟の結成を促す

CIAM：1928年、近代建築国際会議、最小限住宅から機能都市へ。合理主義建築運動
ラ・サラ宣言：開設宣言。「合理化と標準化によって効果的な生産を可能にしよう。」
アテネ憲章：都市計画の原則を定める

| | | 近代建築の三大巨匠 | **フランク・ロイド・ライト**（1867〜1959年、アメリカ） | 旧帝国ホテル：1919〜1921年、東京。濃厚な装飾
落水荘：1936年、カウフマン邸、ペンシルベニア。有機的建築
ジョンソンワックス本社ビル：1939年、ウィスコンシン。レンガ壁とガラスチューブ、室内はマッシュルーム構造
グッケンハイム美術館：1959年、ニューヨーク。らせん状の展示空間 |

ル・コルビュジエ（1887〜1965年、フランス）

サヴォア邸

サヴォア邸：1931年、近代建築の5原則の実現
シャンディガール都市計画：1950年、インド。7段階に機能分離した道路網、通過交通の排除
ユニテ・ダビタシオン：1952年、フランス・マルセイユ
ロンシャン聖堂：1954年、フランス・ロンシャン。コンクリートの重量感を生かした美しい教会
国立西洋美術館：1959年。実施設計・増築は前川國男、坂倉準三等

ミース・ファン・デル・ローエ（1886〜1969年、アメリカ）

イリノイ工科大学：1940年、アメリカ・シカゴ
ファンズワース邸：1950年、シカゴ。ユニバーサルスペース
レイクショアドライブ・アパートメント：1951年、アメリカ・シカゴ。26階建てのガラスのツインビル

| | | 近代建築の普及 | 1960年代に入ると、近代建築運動は、世界に普及した。アメリカでは、ナチスに追われたグロピウスやミースらが活躍
アメリカ建築界は、その工業技術力によって、世界をリードするようになる | パリのユネスコ本部：1958年、設計：M.ブロイヤー
レヴァー・ハウス：1952年、設計：SOM。ピロティ・屋上庭園をもつ塔状事務所
ピレリビル：1959年、イタリア・ミラノ。高さ124m、カーテンウォール式の軽快なデザイン。設計：G.ポンティ
フォード財団ビル：1967年、アメリカ・ニューヨーク。設計：K.ローチ。ガラス張りのアトリウム庭園をもつ
モントリオール万国博覧会西ドイツ館：1967年、カナダ・モントリオール。テントを用いた吊り構造、設計：F.オットー
ケネディ空港TWAターミナル：1962年、アメリカ・ニューヨーク。コンクリートシェル構造。設計：E.サーリネン
ダレス国際空港：1962年、アメリカ・ワシントン。設計：E.サーリネン。スパン50mの吊り屋根構造 |

シドニー・オペラハウス

| 現代 | 現代建築の動き | | | ビルバオ・グッケンハイム美術館：1997年、スペイン。設計：フランク・ゲイリー。チタン板葺きの彫塑的外観をもつ3層の展示空間
アラブ世界研究所：1987年、フランス・パリ。設計：ジャン・ヌーベル。南北2つの塔がスリット状の通路と中庭を囲んで対峙する構成
ロイズ・オブ・ロンドン：1986年、ロンドン。設計：リチャード・ロジャース
香港上海銀行：1986年、香港。設計：ノーマン・フォスター。吊り橋の工法を応用した無柱空間 |

| | 建造物等の再生 | | | **リンゴット工場再開発**：イタリア・トリノ。自動車工場を多機能施設に改修
テイトモダン：ロンドン。火力発電所を近代美術館に改修
オルセー美術館：パリ。駅舎を美術館に改修
ハイライン：ニューヨーク。高架貨物鉄道跡を再利用・再開発し公園に転用
ジェミニ・レジデンス：コペンハーゲン。港湾施設のサイロを集合住宅に再生
カステルヴェッキオ美術館：イタリア・ヴェローナ。城塞建築を美術館に再生 |

QUESTION

1　最 頻 出 問 題 │ 一問一答

1 □□　ノートルダム大聖堂（パリ）は、側廊の控壁をつなぐフライングバットレスや双塔形式の正面を特徴とした、初期ゴシック建築の代表的な建築物である

2 □□　フィレンツェ大聖堂（フィレンツェ）は、頂部へと尖った二重殻の大ドームを特徴とした、ルネサンス様式の代表的な建築物である

3 □□　ミラノ大聖堂（ミラノ）は、多数の小尖塔の外観を特徴とした、ロマネスク建築の代表的な建築物である

4 □□　パンテオン（ローマ）は、れんが及びコンクリートにより造られた大ドームを特徴とした、ローマ建築の代表的な建築物である

5 □□　サン・ピエトロ大聖堂（バチカン市国）は、巨大なドームや列柱廊を用いたビザンチン建築である

6 □□　コロッセウム（ローマ）は、ローマ市内に残る古代最大の円形闘技場であり、ドリス式、イオニア式及びコリント式のオーダーを用いたローマ建築である

7 □□　パルテノン神殿（アテネ）は、ドリス式のオーダーによる周柱式とイオニア式のオーダーを用いたギリシア建築である

8 □□　シドニーオペラハウス（シドニー）は、円弧のシェル群によるシンボリックな造形を特徴とした建築物である

9 □□　ル・コルビュジエが設計したサヴォア邸（1931年、フランス）は、中央コア部分以外に間仕切りがなく、外周部がすべてガラスでできた平家建の住宅である

10 □□　フランク・ロイド・ライトが設計した落水荘（アメリカ）は、2層の床スラブが滝のある渓流の上に張り出し、周囲の自然の眺めを味わえるように意図された住宅である

ANSWER

→→→

1 ○│設問記述のとおり

2 ○│イタリアにおけるゴシック建築および初期のルネサンス建築を代表する建築物である。石積み建築のドームとしては世界最大

3 ×│世界最大規模のゴシック建築で、イタリア・ゴシック建築の最高傑作。多数のステンドグラスや建物を支える飛梁、135本の小尖塔などが特徴

4 ○│古代ローマ最大の円蓋建築（ドーム）で，本堂に16本のコリント式大円柱から成る玄関廊が付属する

5 ×│サン・ピエトロ大聖堂は、4世紀頃に建てられた旧聖堂を、16〜17世紀にかけてラファエロやミケランジェロなどルネサンス期の芸術家が改築に関わった、初期バロック建築の代表的な作品

6 ○│設問記述のとおり

7 ○│設問記述のとおり

8 ○│ヨーン・ウツソンが設計したオペラハウスで、コンクリート・シェル構造による、貝殻やヨットの帆を思わせる独創的な外観をもつ

9 ×│サヴォア邸はル・コルビュジエの唱える近代建築の5原則を巧みに取り入れた代表作であり、1階がピロティ、2階が主室、3階が屋上庭園。設問は、ミース・ファン・デル・ローエの設計したファンズワース邸

10 ○│自然との調和をはかるために滝や岩を取り入れたライトの有機的建築の代表作

2 実践問題｜一問一答　　→→→

1 ☐☐ アルハンブラ宮殿(グラナダ)は、イスラム式の宮殿建築で、複数の中庭、アーケード、塔等がある

2 ☐☐ ル・コルビュジェは、「近代建築の5原則」として、ピロティ、屋上庭園、自由な平面、水平連続窓、自由なファサードを提示し、この原則を具現化させた作品は、「サヴォア邸」である

3 ☐☐ クリスタルパレス(ロンドン)は、鉄骨、ガラス等の部材の寸法を規格化し、それらを工場でつくるプレファブリケーションの手法を用いて建築された、ロンドン万国博覧会(1851年)の展示館である

4 ☐☐ アール・ヌーヴォーは、19世紀末にヨーロッパで流行した新しい装飾美術の様式であり、有機的な自由曲線の組合せを鉄やガラス等を用いて作り出している

5 ☐☐ リンゴット工場再開発(トリノ)は、巨大な自動車工場を、大学と研究所に転用したものである

6 ☐☐ ハギア・ソフィア大聖堂(イスタンブール)は、ペンデンティブドームを用いた大空間を特徴としたビザンチン建築である

7 ☐☐ ピサ大聖堂(ピサ)は、ラテン十字形のプランをもち、交差部に楕円形のドームを架けたロマネスク建築である

8 ☐☐ テイト・モダン(ロンドン)は、煉瓦造の火力発電所を、エントランスホールを兼ねた5層吹抜けの巨大な展示空間をもつ美術館に転用したものである

9 ☐☐ グッゲンハイム美術館は、フランク・ロイド・ライトによって設計された美術館で、吹き抜けに面した螺旋状の展示空間が特徴である

10 ☐☐ カステルヴェッキオ美術館(イタリア・ヴェローナ)は、14世紀に建設された歴史的建造物であった市庁舎を美術館として保存・再生させたものである

11 ☐☐ アーツ・アンド・クラフツ運動は、手仕事とデザインを結びつけて生活と芸術を統一することを主な目的とし、ウィリアム・モリスが主導したデザイン運動である

12 ☐☐ ケネディ空港TWAターミナルは、ルイス・カーンによって設計されたプレキャストコンクリートのシェル構造によるターミナルで、コンクリー

1 ○｜設問記述のとおり

2 ○｜ル・コルビュジェは、自分の建築のイメージをまとめて「近代建築の5原則」を発表した。その5原則は、①ピロティ、②屋上庭園③自由な平面④水平連続窓⑤自由なファサードであり、サヴォア邸ではそのすべてが実現されている

3 ○｜設問記述のとおり

4 ○｜アール・ヌーヴォーは、19世紀末から20世紀の初めにかけてヨーロッパ大陸で起こった装飾美術の様式。花や植物などの有機的なモティーフや自由曲線の組み合わせによる従来の様式に囚われない装飾性を持っている

5 ×｜トリノのリンゴット工場再開発は、1997年にレンゾ・ピアノの計画により、閉鎖された巨大な自動車工場を、見本市会場、音楽ホール、ホテル、事務所、店舗等からなる複合施設へと転換させたプロジェクトである

6 ○｜設問記述のとおり

7 ○｜設問記述のとおり

8 ○｜ロンドンのテイト・モダンは、ヘルツォーク&ド・ムーロンの設計により、閉鎖され放置されたままの巨大火力発電所を美術館に改修したものである

9 ○｜設問記述のとおり

10 ×｜カステルヴェッキオ美術館は、ヴェローナのスカリジェロ城を美術館に改修した。カルロ・スカルパにより設計されている

11 ○｜アーツ・アンド・クラフツ運動は、19世紀後半、ウィリアム・モリスが主導した活動の総称。産業革命の結果、画一的な大量生産品が生み出す品質の低下に反発して、中世社会の職人のものづくりに回帰し、人間と事物との全体的な調和を図ることを目指した

12 ×｜ケネディ空港TWAターミナルは、エーロ・サーリネンによって設計された

トの可塑性を生かしたドラマティックな空間が特徴である

パリのオペラ座（フランス）は、ルネサンス建築である

13 ☐☐

レイクショアドライブ・アパートメントは、国際様式を代表する建築家のミース・ファン・デル・ローエによって設計された

14 ☐☐

西洋建築史における建築物A～Eを建造された年代の古いものから新しいものへの順番を記せ

15 ☐☐

A. ノートルダム大聖堂（ゴシック建築・パリ）

B. 大英博物館（ネオクラシズム建築・ロンドン）

C. サン・ピエトロ大聖堂（バロック建築・バチカン）

D. フィレンツェ大聖堂（ルネサンス建築・フィレンツェ）

E. バギア・ソフィア（ビザンチン建築・イスタンブール）

16 ☐☐

パリのオルセー美術館は、1990年、パリで開催された万国博覧会に合わせて建設されたオルセー駅を美術館に再生した建築である

17 ☐☐

サン・マルコ大聖堂は、ヴェネツィア（イタリア）のサン・マルコ広場にたつビザンチン建築の代表作である。平面はギリシャ十字形（それぞれの腕の長さが等しい十字形）の形式であり、正方形の平面に円形のペンデンティブドームがのる

プレキャストコンクリートのシェル構造によるターミナルで、コンクリートの可塑性を生かしたドラマティックな空間が特徴である

13 ×｜オースマンのパリ大改造によるオペラ通りの見通し（ヴィスタ）の終点に位置する。観客席は壮麗な馬蹄型平面を持つ空間であり、大きなホワイエと大階段室を持つ、ネオバロック建築である。設計：シャルル・ガルニエ、1874年

14 ○｜国際様式は、ヴォリュームとしての建築、規則性を持つこと、装飾性を避けることなどの特徴をもち、一般的には立方体や直方体でシンプルな幾何学的形態のものが多い。

15 ｜答えは　E→A→D→C→B

16 ○｜イタリアの女性建築家ガエ・アウレンティによって改修設計（1986年）。中央の彫刻を中心とした展示空間を大きなガラス屋根が覆う構成となっている

17 ○｜東ローマ帝国の建築

MEMO | **目で覚える！　重要ポイント**

● チェックしておきたい住宅作品

住宅作品名（所在地）	概要	住宅作品名（所在地）	概要
ファンズワース邸（アメリカ） 	中央の設備コア以外に間仕切壁を持たず（ユニバーサルスペース）、外壁は全てガラスで覆われている。8本のH型鋼の柱を屋根と床に直接溶接したシンプルな構造。設計：ミース・ファン・デル・ローエ、1950年	**シュレーダー邸（オランダ）** 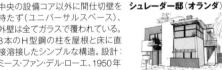	無彩色と赤、青、黄の3原色で彩色された平面と直線の要素が組み合わされた、デ・ステイル（20世紀初頭のオランダの造形運動）の代表的作品。設計：G.T.リートフェルト、1924年
母の家（アメリカ） 	ポストモダン建築の先駆けとなる作品で、平面と立面は左右対称を基本として構成され、大きな切妻型の屋根をもつ。設計：ロバート・ヴェンチューリ、1963年	**落水荘（アメリカ）** 	カウフマン邸。2層の床スラブが滝のある渓流の上に張り出し、周囲の自然の眺めを味わえるように意図された住宅。自然との調和を目指した有機的建築の代表作である。設計：フランク・ロイド・ライト、1936年
ロビー邸（アメリカ） 	プレーリーハウスの典型例とされ、軒を深く出して水平線を強調し、煙突の垂直線と対比させた住宅である。設計：フランク・ロイド・ライト、1909年	**ガラスの家（アメリカ）** 	広大な敷地の中に立つ別荘で、暖炉とコアによる明快な平面構成をもつ、鉄とガラスにより構成された設計者の自邸である。設計：フィリップ・ジョンソン、1949年
フィッシャー邸（アメリカ） 	二つの矩形のボリュームが45度の角度をもって接合され、一方には2層の個室群が配置され、もう一方には2層分の高さの居間をもつ、幾何学的な構成の住宅。設計：ルイス・カーン、1969年	**イームズ邸（アメリカ）** 	工業化時代の新しい建築の在り方を示した作品である。形鋼やスチールサッシ等の工業製品を用いて建築された住宅であり、住居とスタジオが中庭を挟んで建っている。設計：C.イームズ、1949年

013 換気

空気汚染の原因物質とそれらを除去する換気について学習する。換気方式には、機械換気と自然換気があり、その中でさらに細分化されている。それぞれの特徴を把握するとともに、必要換気量を求める式を理解し、算出できるようにすることが重要である

1 空気汚染

□ 室内の空気は調理時に発生するCO_2やNO_2等、また、人体から発生するCO_2等により汚染される。室内空気の環境基準は、建築基準法やビル管理法により定められている

□ **シックハウス対策**として、クロルピリホスやホルムアルデヒド等の建築材料は、使用の禁止又は制限がされている。原則として、**すべての建築物に機械換気設備の設置が義務付けられている**

●室内における主な空気汚染物質の許容値

汚染物質	許容値
CO_2	1,000ppm
CO	10ppm
浮遊粉塵	0.15mg/㎥
ホルムアルデヒド	0.1mg/㎥
クロルピリホス	原則として使用禁止
NO_2	0.04～0.06ppm

注： ppm(parts per million)は100万分の1、ppb(parts per billion)は10億分の1。
10ppmは0.001%（ppm:10^{-6}、%:10^{-2}）

●ビル管理法
建築物における衛生的環境の確保に関する法律

●シックハウス対策
建築基準法施行令20条の4～9。ほかに有機リン系殺虫剤も含まれる。合板やパーティクルボードなどの建材では、JISやJASでホルムアルデヒド発散速度表示記号F☆表示がされ、表示なしは0.12mg／(㎥·h)超で、基準法で使用が禁止される。☆の数によって、使用制限が示され、☆の数が多いほど発散される量は少なく、☆4つでは0.005～0.12mg／(㎥·h)以下で、使用の制限はない

●CO_2対策
1,000ppm以下にするために必要な換気量は1人当たり約30㎥／h。人に由来する室内空気汚染は、一般に人から発生するCO_2濃度に比例するとされる

2 必要換気量と必要換気回数

□ 汚染物質の濃度を許容値以下とするために必要な換気量のことを必要換気量Qといい、次式により求めることができる。また、必要換気量を室容積Vで除したものを必要換気回数Nという。一般に、CO_2の許容値を基準にして算出する

$$Q = \frac{k}{P_i - P_o} \ (㎥／h)$$

k：汚染物質発生量(㎥／h)
P_i：汚染物質の室内濃度(許容値)(㎥/㎥)
P_o：汚染物質の屋外濃度(㎥/㎥)

$$N = \frac{Q}{V} \ (回／h)$$

●必要換気回数
室内空気が容積基準で1時間に入れ替わる回数を換気回数という。住宅での必要換気回数は0.5回／hで、1時間で室容積の半分の空気が換気されるという意味である

●室内空気汚染物質の収支

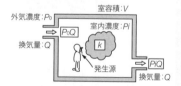

$P_oQ + k = P_iQ$

必要換気量や必要換気回数は、室内外の

□ **空気齢**は、新鮮な空気が流入口から室内のある地点に達するのに要する時間、この値が小さいほど新鮮な空気で、換気効率がよい

汚染物質の濃度と発生量に関係する
● **余命**
室内のある点から排気口までの到達時間

3 換気方式の分類

□ 換気方式は、送風機を使う**機械換気**と、風力や屋内外の温度差（空気の密度差）を利用する**自然換気**とに大別される

● **温度差換気（密度差換気）**
建物内外に温度差があると外部の風がない場合でも、空気の密度差により換気が行われる。空気は温度が高いほど密度は小さくなる。暖房時は、室内空気が上昇し、下方から外気が流入する

□ 機械換気は、送風機取付け側で、**第一種～第三種**に分類できる

● **機械換気（換気設備）の種類と特徴・適用**

換気種別	第一種機械換気	第二種機械換気	第三種機械換気
室内圧の模式図	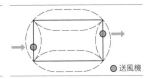	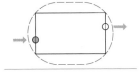	
特徴と適用	・送風機が給気側と排気側の両方にある方式 ・確実に換気量を確保でき、室内圧を正圧にも負圧にもできる	・送風機が給気側にある方式 ・室内圧は正圧となり、室外空気の流入を防ぐ ・高い清浄度が必要な手術室等	・送風機が排気側にある方式 ・室内圧が負圧になり、室内空気の流出することを防ぐ ・汚染物質が発生するトイレ等

※模式図内に「送風機」の凡例あり

□ 自然換気には風の圧力による風力換気と屋内外の温度差（空気の密度差）による換気（重力換気）がある

● **温度差換気の圧力分布**

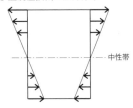

中性帯

□ 風の圧力は風上側の壁では正圧となり、屋根面や背面の壁は負圧となる。風力換気では、その圧力差によって換気を行う

● **自然換気の分類と換気量*Q*の算出式**

換気種別	温度差換気（重力換気）	風力換気
算出式	$Q = aA\sqrt{\dfrac{2gh(t_i - t_o)}{t_i + 273}}$ （㎥／h） a：流量係数　A：開口面積(㎡)　g：重力加速度 h：開口高さの差(m)　t_i：室内温度(℃)　t_o：屋外温度差(℃)	$Q = aAV\sqrt{C_1 - C_2}$ （㎥／h） a：流量係数　A：開口面積(㎡)　V：風速(m／s) C_1：風上側風圧係数　C_2：風下側風圧係数
概要	室温が外気温より高い場合、下方の開口・隙間から外気が流入し、上方から排気される。室内で外部圧力と同圧となる部分を中性帯という	建築物に風が当たることによって生じる風で換気となる

□ 風力換気の換気量は流量係数と開口部面積、圧力差（$C_1 - C_2$）の平方根に比例する

● **開口部の形状と流量係数**

名称	形状	β：角度	流量係数a
普通の窓	→|		0.6～0.7
ルーバー	→| β	90 70 50 30	0.70 0.85 0.42 0.23

□ 温度差換気の換気量は開口部の高さの差の平方根と屋内外の温度差（$t_i - t_o$）の平方根に比例する

□ 中性帯では圧力差がないため、開口部を設けても換気しない

QUESTION

ANSWER

1　最頻出問題｜五肢択一

$\rightarrow\rightarrow\rightarrow$

1 ☐☐　イ〜ホの条件の室において、最低限必要な換気回数を計算した値として、最も適当なものはどれか

1 答えは2

換気回数とは必要換気量を室容積で除したものであり、必要換気量Q（㎥／h）は次式より求める

条件
イ　室容積　　　　　　　　　　　　:100㎥
ロ　在室者数　　　　　　　　　　　:6人
ハ　在室者1人当たりの呼吸による
　　二酸化炭素の発生量　　　　　　:0.02㎥／h
ニ　室内の二酸化炭素の許容濃度　　:0.10%
ホ　外気の二酸化炭素の濃度　　　　:0.04%

$$Q = \frac{k}{P_i - P_o}$$

　k：汚染物質発生量（㎥／h）
　P_i：汚染物質の室内濃度（㎥／㎥）
　P_o：汚染物質の屋外濃度（㎥／㎥）

$$Q = \frac{6 \times 0.02}{0.001 - 0.0004}$$
$$= 200 ㎥／h$$

1——2.5回／h
2——2.0回／h
3——1.5回／h
4——1.0回／h
5——0.5回／h

換気回数Nは
　$N = Q／V$
　Q：必要換気量（㎥／h）
　V：室容積（㎥）
　$N = 200／100$
　　$= 2.0回／h$
となる
したがって、正しいものは2

2　実践問題｜一問一答

$\rightarrow\rightarrow\rightarrow$

次の記述のうち、正しいものには○、誤っているものには×をつけよ

1 ○｜$N = Q／V$のとおり、必要換気量を室容積で除した値が換気回数である

1 ☐☐　換気回数とは、室の1時間当たりの換気量を室容積で除した値である

2 ○｜温度差換気の換気量は、開口高さの差の平方根に比例する

2 ☐☐　自然換気においては、一般に、床面近くに給気口、天井面近くに排気口を設けると効果的である

3 ×｜汚染物質が発生する室では室内が負圧になる第三種機械換気が適している

3 ☐☐　汚染物質が発生する室は、第二種換気設備が適している

4 ○｜自然換気には、温度差換気と風力換気がある

4 ☐☐　自然換気は、主に、屋内外の温度差と屋外風圧力により行われる

5 ×｜設問の機械換気は第三種機械換気である

5 ☐☐　第二種換気法は、機械による強制排気と自然給気によって行われ

る方式である

6 ☐☐ 建築物内外の温度差を動力とする自然換気の換気量は、給気口と排気口の面積に関係するが、その取付け高さの差には関係しない

7 ☐☐ 住宅の居室において、二酸化炭素を基準として必要換気量を計算する場合、一般に、二酸化炭素の許容濃度は0.1%(1,000ppm)である

8 ☐☐ 汚染物質が発生している室における必要換気量は、その室の容積の大小によって変化する

9 ☐☐ 喫煙量が多い部屋の場合には、一般に1人当たり10～20㎥/hの換気が必要になる

10 ☐☐ 開放型燃焼器具が正常に燃焼するための必要換気量は、理論廃ガス量を基準として算出する

11 ☐☐ 台所用の換気扇には、燃焼廃ガスのほかに炊事にともなう煙、水蒸気、臭気等を排出するための排気能力が必要である

12 ☐☐ 機械換気においては、換気経路を考慮して、一般に、主要な居室に吸気し、浴室や便所等から排気する

13 ☐☐ 居室の必要換気量は、一般に、1人当たり30㎥/h程度

14 ☐☐ 全般換気とは、室全体に対して換気を行い、汚染物質濃度を薄めることをいう

15 ☐☐ 建築材料におけるホルムアルデヒド放散量は、「F☆☆☆☆と表示するもの」より「F☆☆と表示するもの」のほうが少ない

16 ☐☐ 住宅の居室において、機械換気設備を設ける場合、一般に、換気回数が0.5回/h以上となる機械換気設備とする

17 ☐☐ 住宅にクロルピリホスを含有する建築材料を使用してはならない

18 ☐☐ 温度差換気において、外気温度が室内温度よりも高い場合、中性帯よりも下方から外気が流入する

19 ☐☐ 空気齢とは、室内のある点の空気が流出口までに達する時間のことである

6 ×│温度差換気は室内外の圧力差で換気される。圧力差は高さによって異なるので、この設問の記述は誤りである

7 ○│設問記述のとおり

8 ×│最頻出問題の解答解説の式が示すように必要換気量Q(㎥/h)は、汚染物質の発生量k(㎥/h)を汚染物質の室内濃度P_i(㎥/㎥)と屋外濃度P_o(㎥/㎥)の差で除して求められる

9 ×│喫煙量が多い部屋は1人当たり10～20㎥/hの換気量では少ない。20㎥/(h・人)は人が安静にしているときのCO_2発生条件で推奨される必要換気量である

10 ○│設問記述のとおりである。理論廃ガス量は、燃料の完全焼却時に、酸素がすべて水蒸気と二酸化炭素に変わったとした場合の排ガス体積である。なお、理論排空気量とは酸素濃度を21%とした場合の燃料に必要な空気の体積であり、理論排ガス量とほぼ同体積である

11 ○│設問記述のとおり

12 ○│設問記述のとおり

13 ○│設問記述のとおり

14 ○│全般換気は、室全体に供給空気が行きわたる換気方法である。汚染源の位置が決まっている場合は、局所換気とする

15 ×│ホルムアルデヒドの発散量は☆の数が多いほど少なく性能がよい

16 ○│設問記述のとおり

17 ○│シックハウス対策として、使用が禁止されている

18 ×│室内温度が外気より低い場合は、上方から外気が流入し、下方から流出する

19 ×│空気齢とは、給気口から入った空気が室内のある点に達するまでの時間のことをいう。問題文は「(空気)余命」の説明

014 温冷感・熱・結露

空気線図の見方や、温冷感に関する問題は頻出度が高い。特に、温冷感にかかわる6要素（温度・湿度・気流・放射熱・着衣量・代謝量）と、温熱感覚指標との関係を把握する必要がある。熱貫流・熱伝導・熱伝達の意味の違いや、率・抵抗の違いを理解しておこう

1　湿り空気

□　人の寒暑の感覚には、水蒸気による空気密度への影響が大きく、湿り空気の状況は室内環境の要素としては重要である。**湿り空気**の状態量は相対湿度、絶対湿度、水蒸気分圧、湿球温度、露点温度、エンタルピーで表される

□　● **湿り空気線図**

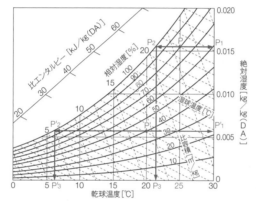

● 湿り空気の状態量

相対湿度は飽和水蒸気圧に対する水蒸気圧の割合。（重量）**絶対湿度**とは、乾燥空気1kgの水蒸気重量。**湿球温度**は、感熱部で蒸発潜熱と周囲からの顕熱がつり合った温度で、乾球温度より低い。**露点温度**は飽和（相対湿度100%）となる温度。エンタルピーは、湿り空気がもつ全熱量である

● SET*の推奨範囲

アメリカ暖房冷凍空調学会では、快適範囲の22.2～25.6℃に加え、相対湿度20～60%としている

● 飽和空気

含むことのできる最大水蒸気を含む空気

乾球温度25℃・相対湿度80%では、
①横軸の乾球温度（25℃）を垂直にたどり、曲線状に示された相対湿度との交点Pが求める相対湿度（80%）
②Pから水平に右に、右縦軸上P₁が絶対湿度（kg/kg（DA））
③Pから、水平に左に、相対湿度100%の曲線との交点P₂を垂直に下に、横軸の乾球温度が露点温度（℃）
④別の乾球温度と相対湿度をP'とし、点P'からP'₁、P'₂、P'₃を求める。縦軸の（P₁−P'₁）は、除湿・加湿された水蒸気量、横軸の（P₁−P'₃）は露点温度の変化を表す

2　温冷感と温熱感覚指標

□　人が暑く感じ寒く感じたりすることを**温冷感**という。その影響要因に空気温度、湿度、平均放射温度、気流、代謝量met、着衣量cloの6要素（温熱の6要素）がある。空気温度、湿度、平均放射温度、気流が環境側、代謝量met、着衣量cloが人間側要素である

□　**予測平均温冷感申告**（**PMV**）は、温冷感に影響を与える6要素を考慮した指標である。+3（非常に暑い）～−3（非常に寒い）の温冷感申告値で環境を評価することができる。**PPD**（予測不満足率）が**10%以下**となる温冷感申告値−0.5≦*PMV*≦+0.5が快適推奨範囲である。10%では、10%の人が不満を感じる

● 人体の熱平衡指標

人体の産熱と放熱が等しくなった場合、人は温熱環境を快適と感じる。人体の熱平衡は下式で*S*が＋の空間では暑く感じ、−になれば寒く感じる

$$S = M − E ± C ± K ± R$$

　　S：人体の熱収支量　*M*：代謝による熱生産　*E*：蒸発　*C*：対流　*K*：伝導　*R*：放射

● 代謝率（量）

58W／㎡が1met。体表面積1㎡当たりの産熱量である

新有効温度（*ET**）は、温熱の6要素を考慮し、軽い着衣（着衣量0.6clo程度）の成人が、筋肉労働なしで、微気流（0.25 m/s以下）の室内に長時間滞在するときの温冷感を示す指標である

新有効温度*ET**の気流を0.1 m/s、代謝量を1.0 met、気温と平均放射温度（MRT）を等しいとし、標準化したのが**標準新有効温度（*SET**）**であり、相対湿度50%の気温として温冷感を示す

下表に各温熱感覚指標が考慮している6要素を示す

● 温熱感覚指標とその考慮されている温熱要素

温熱要素	温度	湿度	気流	放射	代謝	着衣量
不快指数（*DI*）	○	○				
作用温度（*OT*）	○		○	○		
有効温度（*ET*）	○	○	○			
新有効温度（*ET**）	○	○	○	○	○	○
標準有効温度（*SET**）	○	○	○	○	○	○
予測平均温冷感申告（*PMV*）	○	○	○	○	○	○

● 局部温冷感

温熱感覚指標が快適で、空気温度や屋根、壁、床の放射温度の不均一性によって不快と感じる場合がある。空気温度は床上0.1mと1.1mの温度差は3℃以下、放射温度分布は天井＋5℃、壁は−10℃までにとどめ、床は19～25.6℃とし、床暖房の場合は30℃以下で、29℃以下が望ましい

● 温熱感覚指標と環境側温熱要素

- ・有効温度（*ET*）：気温・湿度・気流
- ・修正有効温度（*CET*）：有効温度の気温に代え、グローブ温度で放射熱を反映
- ・作用温度（*OT*）：気温・気流・放射熱
- ・不快指数（*DI*）：気温・湿度。乾球温度t_1と湿球温度t_2から、$DI=0.72(t_1+t_2)+40.6$。80超で多数が不快を感じる
- ・グローブ温度は、気温に周囲の放射熱の影響を加えた値であり、直径15 cmの黒く塗装した金属球に挿入したグローブ温度計で測定する

3 熱の移動プロセスと壁体の熱の伝わり方

熱は水と同じように高いところから低いところに移動する。熱の移動方法として**伝導、対流、放射**の3プロセスがある
- ・伝導：**固体中**を高温部から低温部へ移動する現象
- ・対流：**流体分子**が熱を運び去る現象
- ・放射：物体の電子の運動から放出される**電磁波**による熱移動現象

高温側から低温側へ熱が流れることを**熱貫流**という。壁体固体内部は**熱伝導**により伝わり、壁表面は**熱伝達**により伝わる。熱伝達には対流熱伝達と放射熱伝達がある

熱伝導における**熱伝導率**とは、物質の熱の伝わりやすさ、固有の値で、一般的には密度が大きいほうが高い傾向がある（下表）

地表面や建築外表面からは宇宙空間に放射される熱がある。この上向きの地表面放射と下向きの大気放射の差を**夜間放射（実効放射）**という。通常、上向きの放射量のほうが大きいため、夜間の建築外表面温度は、外気温度より低くなる

● 伝導　● 対流　● 放射

（固体）　（固体）熱　熱（真空）

熱　固体原子　　　流体分子　　　
高　低

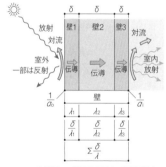

● 伝熱のプロセス

δ：壁厚、α：総合熱伝達率、λ：熱伝導率

● 対流熱伝達

自然対流：温度上昇による浮力による
強制対流：送風機など強制力をともなう

● 主な材料の密度と熱伝導率

材料名	アルミニウム	板ガラス	コンクリート	せっこうボード	木材	グラスウール	水	空気
密度（kg／㎥）	2,700	2,540	2,400	71～1,110	550	10～35	998	1.3
熱伝導率（W／m·K）	200	0.78	1.6	0.22	0.15	0.036～0.052	0.6	0.022

注　密度に比熱を乗じた容積比熱（kJ/(㎥·K)）に、体積を乗じた値を熱容量（kJ/K）といい、壁の温度を1℃上昇させるのに必要な熱量である

熱流を定量的に表す指標として**熱貫流率**Kがある。熱貫流率は次式により求めることができる。**貫流熱流量**qは熱貫流率に室内外の温度差t_i-t_oを乗じたものである

$$K=\cfrac{1}{\cfrac{1}{a_o}+\sum_j\cfrac{\delta_j}{\lambda_j}+\cfrac{1}{a_i}}\qquad(\mathrm{W/(m^2\cdot K)})$$

a_o：屋外側の総合熱伝達率$(\mathrm{W/(m^2\cdot K)})$　　δ_j：材料の厚さ(m)

λ_j：熱伝導率$(\mathrm{W/(m\cdot K)})$

a_i：室内側の総合熱伝達率$(\mathrm{W/(m^2\cdot K)})$

対流熱伝達率と放射熱伝達率を合わせて**総合熱伝達率**という。設計の総合熱伝達率には下表の値を用いる。屋外と屋内で対流熱伝達率が異なり、風速が速い屋外のほうが総合熱伝達率は高い

● **熱伝達率**（**W／m²·K**）

	対流熱伝達率	放射熱伝達率	総合熱伝達率
室内側	4	5	9
屋外側	18	5	23

● **熱貫流抵抗**

熱貫流率の逆数を熱貫流抵抗Rという

$$R=\frac{1}{K}\qquad(\mathrm{m^2\cdot K/W})$$

K：熱貫流率

値が大きいと熱は流れにくく、壁体の断熱性能が高い

● **貫流熱流量**

$$q=K(t_i-t_o)\qquad(\mathrm{W/m^2})$$

q：貫流熱流量

t_i-t_o：室内外の温度差

● **中空層**

壁体内や複層ガラス内の空気層で、空気層は厚くなるほど熱抵抗は高くなるが、20cmを超えるとほとんど変わらない

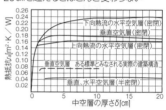

4　建物の熱特性

屋外側から室内に熱が流入することを**熱取得**といい、室内側から屋外に熱が流出することを**熱損失**という

冬期の建物全体の熱損失qは総合熱貫流率と室内外の温度差から求められる。また、総合熱貫流率$\overline{KA}$は次式により算出される

$$q=\sum_i K_iA_i(t_i-t_o)+c_p\rho n'V(t_i-t_o)$$

$$=(\sum_i K_iA_i+c_p\rho n'V)(t_i-t_o)$$

$$=\overline{KA}(t_i-t_o)\qquad(\mathrm{W})$$

$$\overline{KA}=\sum_i K_iA_i+c_p\rho n'V\qquad(\mathrm{W/K})$$

K_i：部屋のi番目の部位（外壁開口部等）の熱貫流率$(\mathrm{W/(m^2\cdot K)})$

A_i：同上i番目の部位の面積$(\mathrm{m^2})$

c_p：空気の定圧比熱$(1{,}005\,\mathrm{J/(kg\cdot K)})$

ρ：空気の密度$(1.2\,\mathrm{kg/m^3})$

　$c_p\rho$は空気の容積比熱$(1{,}206\,\mathrm{J/(m^3\cdot K)})$

$n'V$：換気量、又はすきま風量$(\mathrm{m^3/s})$

　　n'は1秒当たりの換気回数（回／s）。通常の換気回数nは1時間当たりであるので、$n'=n/3{,}600$となる

t_i：室温$(\mathrm{℃})$　　t_o：外気温度$(\mathrm{℃})$

$\sum_i K_iA_i(t_i-t_o)$：部屋のi番目部位の熱損失(W)

$c_p\rho n'V(t_i-t_o)$：換気やすきま風による熱損失(W)

● **熱取得・熱損失**

外壁面、開口部、及び隙間風や換気などから熱取得や損失があり、また、室内には照明や人間など、様々な発熱がある

● **熱負荷**

室内環境を一定に保持するために、室内に発現させたり、除去しなくてはならない熱量のこと。日射透過熱や照明器具が発生する熱などのように、一時内壁などに蓄熱され、漸次少しずつ室内へ発散される熱流もあるため、ある時刻における熱取得と熱負荷は一致しない

● **総合熱貫流率と熱損失係数**

KAは室内外の温度差1℃当たりのある部屋の熱損失量、あるいは熱取得量であり、必要暖房熱量や室温の算定には重要な指標である。隣室に面する壁は、隣室が暖房している場合は温度差はなしとし、非暖房室の場合は1／2とすることがある。熱損失係数Qは、冬期に室温1℃、外気温度0℃として、床面積1m²当たり1時間に失われる熱流量である。総合熱貫流率は貫流熱損失と換気熱損失の合計であり、総合熱貫流率を延床面積S_oで除した値が熱損失係数である。$Q=KA/S_o$。

総合熱貫流率は建物の大きさが影響している。住宅の省エネ基準において、建物の影響によらず建物外皮の断熱性能を評価する値として、総合熱貫流率から換気やすきま風の影響を除いた $\overline{KA'}$ を外皮面積の合計 A で割った**外皮平均熱貫流率U_A**がある。U_A値が小さいほど断熱性能が高い

$$U_A = \frac{\overline{KA'}}{A} \quad (\mathrm{W/(m^2 \cdot K)})$$

省エネルギー法では、日本全国を**デグリーデー**に基づき8地域に分割し、地域ごとにU_A値等を定めている

● デグリーデー

その地域の寒暖を表すバロメーターであり暖房（冷房）設定温度と日平均外気温との差を累積（温度差×日数）したもの。その値が大きいほど暖房（冷房）負荷が増える。冷暖房の地域比較などに用いられている（単位：℃·day又は℃·日、度日）

$D_{20-18} = 3,000$ （℃·day）

暖房時の室温を20℃とし日平均気温が18℃以下のときの日に暖房する場合は3,000（℃·day）である

5 結露現象

湿り空気中の露点温度以下の物体表面には、水滴ができる（**結露**）。冬に窓ガラスや外壁の温度の低い部分に生じる室内側の結露が**表面結露**、外壁などの内部に生じる結露が**内部結露**である。表面結露を防止するには室内側の表面温度（t_{si}）を**露点温度**（t_d）より高くする必要がある。表面温度は次式による

$$t_{si} = t_i - \frac{K}{a_i}(t_i - t_o)$$

t_i：室内温度（℃）　　t_o：屋外温度（℃）

K：熱貫流率（W/(m²·K)）　a_i：室内側の熱伝達率（W/(m²·K)）

壁体内に鉄筋など熱伝導率が大きいものや外気に面した室内側の入隅部があると、この部分に熱が集中して流れる。この部分を**ヒートブリッジ（熱橋）**といい、他の熱性能が高い壁と比べると表面温度が低くなり表面結露が生じやすい

カーテンは室温を上昇させ、窓ガラスの表面温度を低下させるので、ガラス面での結露防止効果がほとんどなく、逆に、**結露を生じさせやすい**。また、二重窓のサッシでは、外側よりも**内側のサッシの気密性を高くする**と効果的である。夏期における給水管等の結露防止には、**断熱被覆**が効果的である

● 結露防止対策

結露の種類	防止対策
表面結露	・断熱材を使用して表面温度を露点温度以下に下げない ・絶対湿度を下げる ・室内では水蒸気を発生させない ・屋外側に透湿防水防風層と通気層を設ける
壁体内部結露	・断熱材より室内側に防湿層を挿入する ・断熱材外気側に通気層を設ける

● 木造の結露防止対策（外壁・屋根）

断熱材を用い、室内側表面温度を露点温度以下にならないようにする。外気側に透湿防水防風層や通気層を設ける。繊維系の断熱材を用いた場合は、室内側に防湿層を設ける。外壁の断熱層内に通気が生じると、外壁の断熱性が低下するおそれがある

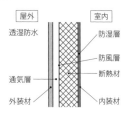

● 熱橋と熱の流れ

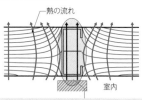

熱橋部分は温度差が小さくなり、室表面温度が下がり結露が生じやすくなる。コンクリート造では、外断熱工法は内断熱工法に比べ、熱橋が生じにくい。内断熱工法は、断熱材の継ぎ目や内装との取り合い部分に熱橋ができやすい

● 防湿層

防湿層は壁体の内部結露には効果があるが、室内の表面結露には無効である

● 結露対策

室内で水蒸気の発生を避けることが必要であり、開放型の石油ストーブなどの使用は結露現象が生じやすくなる

QUESTION　　　　　　　　　　　　　　　　　　　　　　　　ANSWER

1　最頻出問題｜五肢択一　　　　　→→→

1 ☐☐　図に示す空気線図に関する次の記述のうち、最も不適当なものは
どれか

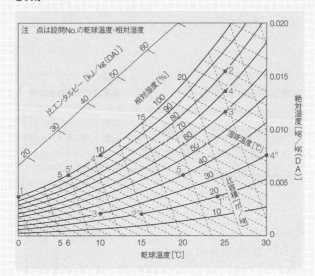

注　点は設問No.の乾球温度・相対湿度

1── 「乾球温度0℃、相対湿度100％」の空気を、乾球温度
24℃まで加熱すると相対湿度は約20％になる

2── 「乾球温度25℃、相対湿度80％」の空気と「乾球温度
15℃、相対湿度20％」の空気とを同じ分量だけ混合すると、
「乾球温度20℃、相対湿度60％」の空気となる

3── 「乾球温度10℃、相対湿度30％」の空気を、「乾球温度
25℃、相対湿度60％」の状態にするには、加熱と同時に乾
燥空気1kg当たり約10gの加湿が必要である

4── 「乾球温度25℃、相対湿度70％」の空気を、乾球温度
10℃まで冷却した後、乾球温度30℃まで加熱すると、相対
湿度は約30％になる

5── 「乾球温度20℃、相対湿度40％」の空気が表面温度10℃
の窓ガラスに触れると、窓ガラスの表面で結露する

2 ☐☐　イ～ヘの条件により計算した窓のある外壁の熱損失の値として、
正しいものは、次のうちどれか。ただし、定常状態とする
条件
イ　外壁（窓を含む）の面積　　　　：25㎡
ロ　窓の面積　　　　　　　　　　：5㎡

1 答えは5

1　24℃まで加熱した場合、絶対湿度は
変わらないので、相対湿度は約20％
となる

2　「乾球温度25℃、相対湿度80％」、
「乾球温度15℃、相対湿度20％」か
ら、それぞれの交点を求め、2つの点
を結ぶ直線上の状態として、設問の乾
球温度と相対湿度が求められる。その
直線と乾球温度20℃の交点を求める
と、相対湿度は約60％

3　「乾球温度10℃、相対湿度30％」の空
気は、その交点の縦軸の絶対湿度の軸
上の値から、乾き空気1kgに対し約2g
の水蒸気を含む。同様にして「乾球温
度25℃、相対湿度60％」の空気は、乾
き空気1kgに対し約12g水蒸気を含
まなくてはならない。したがって、10g
加湿が必要である

4　「乾球温度25℃、相対湿度70％」の
空気は10℃まで冷却する間に約
19℃で相対湿度が100％になり結露
が始まる。乾球温度10℃では、乾き
空気1kgに対して含むことができる水
蒸気量は8gになり、乾き空気1kgに
対し約8gの水蒸気を含む。空気の乾
球温度が30℃では相対湿度曲線は
約30％を示す

5　「乾球温度20℃、相対湿度40％」の
空気は、乾き空気1kgに対し約6gの
水蒸気を含む。このときの露点温度は
相対湿度100％の曲線と交点を求め
6℃。したがって、10℃の窓ガラス面
では結露しない。設問の記述は誤り

2 答えは1

熱損失は
$$Q＝KS(t_i－t_o)$$
　　K：熱貫流率
　　S：外壁・窓の面積

ハ　居室の温度　　　　　　　:25℃

ニ　外気の温度　　　　　　　:5℃

ホ　外壁（窓を除く）の熱貫流率　:0.5W/(㎡·K)

ヘ　窓の熱貫流率　　　　　　:2.0W/(㎡·K)

| 1——400 W | 2——450 W | 3——500 W | 4——600 W |

5——750 W

t_i：居室の温度

t_o：外気の温度

で求めることができる

外壁と窓の熱損失量はそれぞれ

外壁：$Q=0.5 \times (25-5) \times (25-5)$
　　　$=200W$

窓　：$Q=2.0 \times 5 \times (25-5)=200W$

よって窓のある外壁の熱損失は200W＋200W＝400Wとなり、答えは1

3 □□　イ～ホの条件に示す建物の外皮平均熱貫流率の値として、正しいものは次のうちどれか。ただし、床面の熱損失は除く

条件

イ　床面積　　　　　　:20㎡

ロ　屋根（天井）　　　:面積20㎡ 熱貫流率0.1W/(㎡·K)

ハ　外壁（窓を除く）　:面積50㎡ 熱貫流率0.2W/(㎡·K)

ニ　窓　　　　　　　　:面積 4㎡、熱貫流率2W/(㎡·K)

ホ　室内外温度差1℃当たりの
　　換気による熱損失　:20.0W／K

| 1——0.17 W/(㎡·K) | 2——0.27 W/(㎡·K) | 3——0.54 W/ |

(㎡·K) | 4——1.00 W/(㎡·K) | 5——2.00 W/(㎡·K)

3 答えは2

67頁のとおり、外皮平均熱貫流率(U_A)は以下の式で求めることができる

$U_A = \overline{KA'} \div$ 外皮面積の合計（A）

　　$\overline{KA'}$：総合熱貫流率から換気やすきま風の影響を除いたもの

　　A：外壁·窓など外皮面積の合計

まず、$\overline{KA'}$を計算すると

$\overline{KA'} = \Sigma KA$

　$= 0.1 \times 20 + 0.2 \times 50 + 2 \times 4$

　$= 20W／K$

となるので、外皮平均熱貫流率は

　$U_A = 20／74 = 0.27W／(㎡·K)$

となり、答えは2

2 実践問題① | 一問一答

→→→

次の記述のうち、正しいものには○、誤っているものには×をつけよ

1 □□　熱貫流率の単位は、W／(m·K)である

2 □□　壁体の室内側の熱伝達率は、一般に、外気側よりも小さい

3 □□　壁体の表面の熱伝達抵抗は、壁体の表面に当たる風速が大きくなるほど小さくなる

4 □□　アルミはくは、放射率が小さいので、壁体の表面に張ることにより放射による伝熱量を少なくすることができる

5 □□　建築材料の熱伝導率の大小関係は、一般に、木材＞普通コンクリート＞金属である

6 □□　放射による熱の移動には、空気が必要である

7 □□　断熱材の熱伝導率は、一般に、水分を含むと大きくなる

1 ×｜熱貫流率の単位はW／(㎡·K)である

2 ○｜総合熱伝達率は実用上、室内側：9W／(㎡·K)、屋外側：23W／(㎡·K)が用いられる。これは屋外のほうが風速が速く、対流熱伝達率が高くなるためである

3 ○｜壁体表面に当たる風速が大きくなると対流熱伝達が大きくなる。つまり熱伝達抵抗は小さくなる

4 ○｜壁表面の熱移動は、放射熱伝達と対流熱伝達で行われる。放射率が小さいと放射熱伝達も小さくなる

5 ×｜熱伝導率は密度が大きいほうが高いので、設問文の順序は逆である

6 ×｜熱の移動プロセスにおいて、放射は電磁波による熱の移動現象なので、空気は必要ない

7 ○｜設問記述の通り

8 ☐☐ 外壁内の断熱材を厚くすることで、外壁の内部結露を防止できる

9 ☐☐ 外壁の室内側に生じる表面結露は、防湿層で防ぐことができる

10 ☐☐ コンクリート構造の建築物では、外断熱工法を用いると、ヒートブリッジ(熱橋)ができにくく、結露防止に効果がある

11 ☐☐ 木造の建築物において、外壁の断熱層の室内側に防湿層を設け、その断熱層の屋外側に通気層を設けることは、冬期における外壁の内部結露の防止に有効である

12 ☐☐ 壁体の中空層にアルミはくを張ると、壁体の熱貫流率は増加する

13 ☐☐ 既存の窓に内窓を設置する場合、内窓の気密性を高くすると、既存の窓の室内側の表面結露を防止する効果がある

14 ☐☐ 開放型石油ストーブを用いて暖房すると、水蒸気が発生するので、結露が生じやすくなる

15 ☐☐ 低放射ガラスを用いた複層ガラスの熱貫流率は、普通ガラスを用いた複層ガラスに比べて小さい

16 ☐☐ 照明器具から発生する熱は、潜熱である

8 ✕│断熱材の位置や防湿層の有無による。(主に繊維系)断熱材の室内側に防湿層がない場合、断熱材を厚くしても内部結露の防止にはならないばかりか、助長することになる

9 ✕│防湿層は壁体内部結露を防ぐ。室内側の表面結露の防止にはならない

10 ○│外断熱にすることによって、壁体内部の温度低下を防ぐことができる

11 ○│設問記述のとおり

12 ✕│アルミはくは放射率が低いため放射による熱の移動が少なくなる。よって熱貫流率は小さくなる

13 ○│窓面の熱貫流率を高めることによって室内側の表面温度が下がりにくくなる

14 ○│開放型石油ストーブは燃焼に必要な空気を室内から供給し、排ガスも室内に排出する

15 ○│低放射ガラスはLow-eガラスともいわれる

16 ✕│照明器具から発生する熱は顕熱である

3 ## 実践問題 ② │ 一問一答

→→→

1 ☐☐ グラスウールの熱伝導率は、かさ比重24kg/㎡のものに比べて、かさ比重10kg/㎡のもののほうが大きい

2 ☐☐ 単位面積当たりの放射受熱量は、熱源からの距離に反比例する

3 ☐☐ 白色ペイント塗りの壁の場合、遠赤外線などの長波長放射の吸収率は高いが、日射などの短波長放射の吸収率は低い

4 ☐☐ 一般的な透明板ガラスの分光透過率は、「可視光線などの短波長域」より「赤外線などの長波長域」のほうが大きい

5 ☐☐ 冬期において、繊維系の断熱材を用いた外壁の断熱層内に通気が生じると、外壁の断熱性が低下するおそれがある

6 ☐☐ 保温性の高い建築物であっても、暖房室と非暖房室とがある場

1 ○│グラスウールは断熱材であり、かさ比重が大きいほど断熱性能が高い

2 ✕│単位面積当たりの放射受熱量は、熱源からの距離の2乗に反比例する

3 ○│ペンキの色は可視域(380〜780nm)での分光反射で決まる。白は可視域全体で分光反射率が高い

4 ✕│一般的なガラスの分光透過率は赤外域よりも可視域のほうが高い

5 ○│設問記述のとおり

6 ○│非暖房室に暖房室からの空気が流入すると非暖房室の温度の低い壁で結露が生じるおそれがある

合、非暖房室では結露が発生しやすい

7 ☐☐ 鉄筋コンクリート造の建築物において、内断熱工法を用いると、構造体の蓄熱効果を活用しやすくなり、室温の変動が小さくなる

8 ☐☐ 窓下への放熱器の設置は、ガラスの室内側表面の結露防止に効果的である

9 ☐☐ 室内の表面温度を上昇させると、室内の表面結露が生じやすい

10 ☐☐ 断熱材を充填した外壁においては、内部結露の防止のために、断熱層の室内側に防湿層を設けるとともに、室内の空気が壁体内に入らないように気密性を高める

7 ×│熱容量が高いコンクリートが内側となる外断熱のほうが蓄熱効果を活用しやすく、室温の変動が小さい

8 ○│表面温度を露点温度より高くすることにより表面結露の防止になる

9 ×│室内の表面温度を上昇させると露点温度が高くなるため結露しにくい

10 ○│設問記述のとおり

4 実践問題③│一問一答 →→→

1 ☐☐ 乾球温度が同じならば、絶対湿度が高くなると、相対湿度も高い

2 ☐☐ 乾球温度を高くすると、飽和水蒸気圧も高くなる

3 ☐☐ 冬期の暖房室の窓際におけるコールドドラフトは、室内空気が窓表面付近で冷やされて、下降することによって生じる

4 ☐☐ PMV(予測平均温冷感申告)において、その値が0のときには、中立で暑くも寒くもない熱的状態と予測される

5 ☐☐ 空気の絶対湿度に変化がなければ、その空気を冷却すると、露点温度に至るまでは、相対湿度が低くなる

6 ☐☐ 空気の温度が同じであれば、気流が速いほど、また室内の表面温度が低いほど、体感温度は低くなる

7 ☐☐ 空気の乾球温度が同じであれば、乾球温度と湿球温度との差が大きいほうが相対湿度は低くなる

8 ☐☐ 乾球温度が9℃から20℃に上昇すると、空気に含むことができる最大の水蒸気量は約2倍になる

9 ☐☐ ダイレクトゲイン方式によるパッシブソーラーハウスを計画する場合、室内の熱容量を大きくした方が冬季における太陽熱の利用効果が高い

1 ○│絶対湿度が高くなれば、相対湿度の分子部分が高くなる

2 ○│飽和水蒸気圧は空気線図上の相対湿度100%の線を見る

3 ○│冷やされると密度が大きくなる

4 ○│PMVの値は+3:非常に暑い、+2:暑い、+1:やや暑い、0:どちらでもない、-1:やや寒い、-2:寒い、-3:非常に寒い、である

5 ×│空気中の水蒸気量は乾球温度が低いほど少ない。相対湿度は飽和水蒸気圧に対する水蒸気圧で、空気を冷却すると相対湿度は高くなる

6 ○│設問記述のとおり

7 ○│空気線図参照

8 ○│空気線図参照

9 ○│パッシブシステムは、特別の集熱器や補助動力などを用いないで保温計画で省エネ効果を得る。ダイレクトゲイン方式は、窓からの太陽熱を壁や床などに蓄熱。他に「トロンブ壁」方式、温室をつくる「グリーンハウス型」等がある。動力で機械的に取り込むのがアクティブシステム

015 日照・日射・採光

太陽からのエネルギーのうち、光に関するものが「日照」、熱にかかわるものが「日射」であり、高確率で出題される。太陽の1年間の動きを把握することで日照・日射についての応用力ができる。年間の太陽位置と各面に入射する日射量との関係を把握しておく

1　太陽エネルギーと位置

□ 太陽からの放射エネルギーはその波長により**紫外線**（380nm以下、化学作用・生育作用）、**可視光線**（380〜780nm、光作用）、**赤外線**（780nm以上、熱作用）に分けられ、それぞれ作用が異なる

●**太陽放射の分光分布**

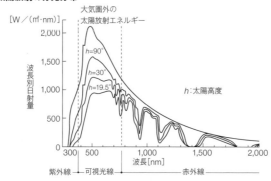

●**太陽エネルギー**

日照・日射はいずれも太陽エネルギーにかかわる領域である

●**太陽位置**

地平面から測った太陽高度hと真南からの太陽方位角Aで表す。緯度、季節、時刻で太陽位置は異なる

●**太陽高度と太陽方位角**

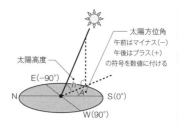

□ 太陽位置は**太陽高度**（地平線と太陽とのなす角。日の出・日没時は太陽高度0度）と**太陽方位角**（真南と太陽とのなす角。真南は0度・真東は−90度・真西は90度）で表される

□ 太陽の動きは、**春分と秋分**は真東から日が昇り、真西に日が沈む。春分から秋分までは太陽は真東よりも北側から日が昇り、真西よりも北側に日が沈む。その間は北側の面にも日が当たる時間帯がある

●**天球上の太陽の日周軌道**

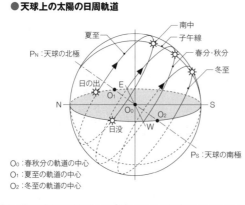

O_0：春秋分の軌道の中心
O_1：夏至の軌道の中心
O_2：冬至の軌道の中心

●**南中高度**

南中時（太陽方位角0度）の太陽高度を南中高度という

$h＝90度−35度（北緯）+δ$

$δ$：日赤緯（夏至：23.4度、春・秋分：0度、冬至：−23.5度）

ある日の南中高度は、北に位置する地点が低く、緯度が同じなら、経度が異なっても等しい

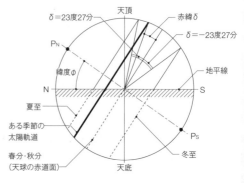

2　日影曲線図と日影図

建物を計画する際に、その建物の影が周囲に及ぼす範囲や時間帯を把握することが必要である。太陽の影は太陽位置（太陽高度と太陽方位角）が分かれば計算できる。しかし、**日影曲線図**には季節の時刻ごとの基準地点における地平面に落ちる影の方向や長さ（比率）が示されており、それを読み込むことで、その日付の1日の日影の状況を簡易に図示できる

日影曲線図を用いて建物の平面や高さに応じた1日の日影の輪郭を1時間ごとに図示したものが**日影図**である。また、日照条件の検討には日影の状況が最も厳しい冬至を基準とするのが一般的である。また、時間ごとの日影図の交点を結ぶことで、数時間の日影の状況を示すことができる

● 日影曲線図（北緯35度）

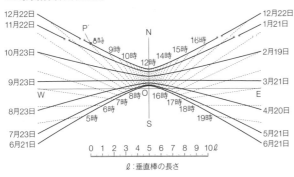

ℓ：垂直棒の長さ

日影図中で1日中日影となる部分が**終日日影**であり、1年を通し終日日影となる部分が**永久日影**である。コの字形の形状をもつ建築物は夏至の日でも終日日影となる箇所がある。夏至は上述のように太陽が北面に回り込み、また太陽高度が最も高くなるため、夏至で終日日影となる箇所は、すなわち永久日影となる。また、東西に並んでいる建物から離れたところに日影時間が長い部分ができるが、これを島日影という

日の出から日没までの時間を**可照時間**という。実際にある地点に直射日光が照射された時間を**日照時間**という。天候によっては、可照時間と日照時間は異なるが、日影の検討では天候によらないことを前提としている。可照時間に対する日照時間の割合を百分率で示したものを日照率という

$$日照率 = \frac{日照時間}{可照時間} \times 100 \,(\%)$$

● 日影図の描き方

直方体など単純な外形の建物では、隅角部の屋上の1点を基準点Oに垂直に立てた長さℓの棒の先端Pにみたてる。日影曲線図からこの点の水平面投影位置（日影）と、他点の日影位置を順次求め、当該時刻の建物の日影図を描く

①左図において12月22日、午前8時における長さℓの棒の先端Pの日影は、12月22日の曲線と8時の時刻を示す放射状の破線との交点P´に位置する。ここで、日影の方向は、直線OP´の方向である

②次にOP´の距離を求め、それを「ℓ：棒の長さ」で測れば、日影の長さは建物の高さの約6.4倍になる

③建築士試験の設問では、左図の日影曲線図にOを中心とした日影の倍率と太陽高度を示す同心円を合成した図が付される

④この場合、P´点を同心円に沿って、軸上にたどれば、数値のみの日影の倍率と太陽高度hを知ることができる

● 日影図

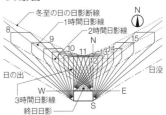

● 高層建築物の形と4時間日影の範囲

直近や近い周辺では建築物の高さが高くなっても、日影となる時間帯は変わらない。むしろ東西方向の幅が影響する

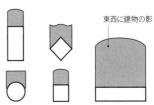

● 島日影

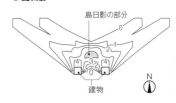

3 日射と日射遮蔽係数

太陽から到達した日射が大気を直進し平行光線として地表面に到達した成分を**直達日射**という。また、日射が大気中の水蒸気で散乱して地表面に到達する成分が**天空日射**。直達日射と天空日射の合計を全天日射。地表面等に反射した日射を地物反射日射という

直達日射量については**法線面直達日射量** J_{dn}、**水平面直達日射量** J_{dh} は、それぞれ次式によって求めることができる

$$J_{dn} = J_o P^{\frac{1}{\sin h}}$$

$$J_{dh} = J_{dn} \sin h$$

J_o：大気圏外法線面日射量（太陽定数）　　P：大気透過率
h：太陽高度

建物の各面の直達日射量は、**夏至の南面**では太陽高度が高くなり（入射角が大きい）、東面や西面よりも日射量が低い。一方、冬至の南面は太陽高度が低いため（入射角が小さい）、日射量は夏至のときよりも高くなり、また東面や西面よりも高くなる

室内への直達日射の入射による冷房負荷の抑制や冬期の日射熱利用を行うためには、カーテンやブラインドといった日射遮蔽装置や高性能ガラスにより、日射を遮蔽（調整）することが必要となる。日射遮蔽の性能は日射熱取得率（日射侵入率）や**日射遮蔽係数** SC によって表される。SC は厚さ3㎜の透明ガラスが基準となっている

$$SC = \frac{遮蔽物付きのガラスの日射熱取得率}{標準3㎜窓ガラスの日射熱取得率}$$

日射遮蔽係数は数値が**小さい**ほうが日射遮蔽効果は**高い**。また、**天空日射量**に関しては**大気透過率**が高くなるほど減少する

● 全日直達日射量の年変化（北緯35度）

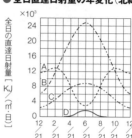

A：南面（夏季は日射量が小さい）
B：水平面（夏季に大きい）
C：東面・西面（夏季に比較的大きい）
D：北面（春分から秋分にかけて、直達日射がある）

● 法線面直達日射量
太陽からの日射は平行光線として、建物の各方位における立面や水平面（屋上面）等へ到達する。この平行光線に対して垂直の面に到達した日射量を法線面直達日射量という

● 大気圏外での日射量
―太陽定数と大気透過率
大気圏外で太陽からの平行光線に対して垂直な面に到達した日射量の年間平均値を太陽定数 J_o という。また、地表面に到達した平行光線に垂直な面での日射量を法線面日射量 J_{dn} といい、太陽定数に対する法線面直達日射量の割合が大気透過率 P であり、大気の透明度を表す。水蒸気量が多い夏よりも、冬のほうが高い傾向がある
J_o：1,367W／㎡

● 窓ガラス・日よけの日射熱取得率・日射遮蔽係数・熱貫流率

窓の種類	厚さ（㎜）	日射熱取得率	日射遮蔽係数	熱貫流率（W／（㎡K））
透明	3	0.86	1.0	6.2
透明ガラス＋カーテン（中等色）	3	0.40	0.47	—
透明ガラス＋障子戸	3	0.46	0.54	—
外付けベネシャインブラインド＋透明ガラス	3	0.13	0.15	—
透明＋low-E　シルバー系	3＋3	0.51	0.59	2.7

4 日射と採光

採光とは、太陽の光を室内に取り入れて明るさを得ること。近年ではより積極的な意味合いとして**昼光利用**が推奨されている。昼光には、大気層で拡散・吸収されずに地表面に到達した太陽からの光の**直射日光**、大気層で拡散して地表面に到達する光である**天空光**がある。**直達日射**と**天空日射**に対応する

● 昼光利用

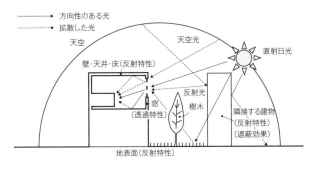

● 大気圏外法線面直射日光照度

太陽定数に対応する大気圏外法線面直射日光照度は133,800lxである。よって地表面の照度は大気層で拡散・吸収・反射するため133,800lxよりも低くなる

● 全天空照度

天候や時間で変化するため、一般には設計用全天空照度がある。特に明るい日（薄曇り、雲の多い晴天）が50,000lx、普通の日が15,000lx、快晴の青空は10,000lx

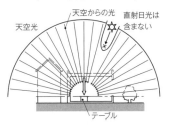

昼光は太陽位置や天候によって変動するために、明るさの基準として、照度で示すことができない。昼光による明るさを示す指標としては**昼光率**がある。**全天空照度**とは変動が大きい直射日光を除いた水平面天空光照度である。昼光率Dは直接昼光率と間接昼光率の和となる

$$昼光率 D = \frac{ある点の照度 E}{そのときの全天空照度 E_s} \times 100 (\%)$$

● 室内のある点の照度

直接照度と室内で反射を重ね入射する間接照度の和で、窓からの位置で異なる

室内のある点の照度は全天空照度に比例するため、天空の輝度分布が時間的に変化しなければ、昼光率は一定となる

● 基準昼光率

全天空照度を15,000lxとした場合の、JIS照度基準を満たす昼光率

5 採光計画

採光には、**天窓採光**（トップライト）・**側窓採光**（サイドライト）・**頂側窓採光**（ハイサイドライト）がある

室内では窓の位置が高いほど明るく、天窓は同じ面積をもつ側窓の3倍程度明るい

側窓は、同じ大きさ・形であれば、高い位置にあるほど室内の照度の均斉度を上げる

ブラインドは、室内の照度の均一化に効果的である

● 採光の種類

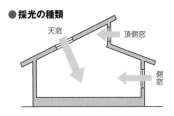

● 均斉度

室内の照度バランスを表す比率のこと。最低照度／平均照度（もしくは最高照度）で求められる

QUESTION

ANSWER

1 最頻出問題 | 五肢択一

→→→

1 ☐☐ 図は、北緯35度のある地点における晴天日の東（西）鉛直面、南鉛直面、北鉛直面及び水平面が受ける全日の直達日射量の年変化を示したものである。図中のA～Dの曲線と各面との組合せとして、正しいものは、次のうちどれか

1 答えは2

水平面日射量は夏期に最も高くなる。南鉛直面日射量は、夏期よりも太陽高度が低くなる冬期のほうが高くなる。春分から秋分にかけて太陽が北面に回り込むため、北鉛直面日射量の出現がみられる。これらに該当している2が答えとなる

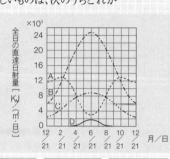

	A	B	C	D
1	南鉛直面	東（西）鉛直面	水平面	北鉛直面
2	南鉛直面	水平面	東（西）鉛直面	北鉛直面
3	水平面	南鉛直面	東（西）鉛直面	北鉛直面
4	水平面	南鉛直面	北鉛直面	東（西）鉛直面
5	水平面	北鉛直面	南鉛直面	東（西）鉛直面

2 実践問題① | 五肢択一

→→→

1 ☐☐ 図は、北緯35度の地点において、水平面に建つ建築物の概略図である。この建築物の平面配置に応じた冬至の日における終日日影の範囲として、最も不適当なものは、次のうちどれか

建築物の高さは、上記Hとする。

概略図

1 答えは5

冬至の太陽は真東より南寄りから昇り、真西より南寄りに沈むことをシミュレーションすればよい。5の影のラインが水平なのは、真東から太陽が昇ることを示している

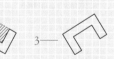

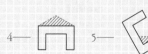

N

▨：冬至の日における
終日日影の範囲

3 実践問題② | 一問一答 →→→

次の記述のうち、正しいものには○、誤っているものには×をつけよ

1 ☐☐ 北緯35度の地点において、冬至の日における南中時の太陽高度は、約30度である

2 ☐☐ 北緯35度の地点において、夏至の日における南中時の太陽高度は、約80度である

3 ☐☐ 窓の日射遮蔽係数は、その値が大きいほど日射の遮蔽効果が大きい

4 ☐☐ 我が国における夏期の晴天日について、面積及び仕様が同じ窓からの1日当たりの日射による熱負荷は、一般に、西鉛直面の窓より南鉛直面の窓のほうが小さい

5 ☐☐ 我が国において、晴天日の大気透過率は、一般に、冬期より夏期のほうが小さい

6 ☐☐ 天空日射量は、一般に、大気透過率が高いほど大きい

7 ☐☐ 室内におけるある点の昼光率は、全天空照度が変化しても変化しない

8 ☐☐ 北向きの鉛直壁面には、約6か月間、日照がある

9 ☐☐ 側窓は、大きさ・形が同じであれば、高い位置にあるほど、室内の照度の均斉度を上げる

10 ☐☐ 室内のある点の昼光率は、窓からの距離に関係する

11 ☐☐ 直達日射の中には、人の目には見えない赤外線が含まれる

12 ☐☐ フロート板ガラスにおける直達日射の透過率は、一般に、直達日射の入射角が0～30度の範囲では、ほとんど変化しない

13 ☐☐ 夏期において、開口部から侵入する日射熱をブラインドによって防止する場合、窓の屋内側より窓の屋外側に設けるほうが効果的である

---

1 ○ | 太陽の南中高度hは次式で求める
$h＝90度－35度（北緯）＋\sigma$
σ：日赤緯（夏至：23.4度、春秋分：0度、冬至：－23.4度）

2 ○ | 上式より正しい

3 × | 日射遮蔽係数は低いほど遮蔽効果が高い。フロート板ガラスに比べLow-Eガラスといった高性能ガラスやブラインド等を装着したときのほうが日射遮蔽係数は低くなる

4 ○ | 夏至では南面より西面のほうが全日の直達日射量は高い

5 ○ | 大気透過率は一般に冬期のほうが夏期よりも大きい

6 × | 大気中の水蒸気量が少ないほど天空日射量は少なくなる

7 ○ | 全天空照度が変化しても、それに合わせ室内のある点の照度も変化するので昼光率は変わらない

8 ○ | 春分から秋分にかけて太陽は真東よりも北側から昇り、真西よりも北側に沈む

9 ○ | 均斉度とは平均照度（最高照度）に対する最低照度の割合で室内の照度の均一さを表す。側窓が高い位置にあるほど均斉度は高くなる

10 ○ | 昼光率は次式で定義されている
$$昼光率D＝\frac{室内のある点の照度}{全天空照度}×100$$
室内のある点の照度は、窓からの距離によって異なるので昼光率も変化する

11 ○ | 780nm以上の波長域が赤外線で、380～780nmが目に見える可視域で、380nm以下の波長域が紫外線

12 ○ | フロート板ガラスにおける直達日射の透過率は入射角が大きくなるほど低くなるが、0～30度の範囲ではほとんど変わらない

13 ○ | 窓の屋外側で日射を遮蔽したほうが効果的である

016 光・色彩

光と色は深いかかわりをもっている。色の見え方をとらえるうえで、両者を別々に考えることはできない。しかし、デザインの分野では物体の表面色で考えられることが多く、マンセル表色系については出題頻度が高い

1 光

人が感じる明るさは、分光視感効率を考慮した測光量で表される。物体の放射エネルギーに、各波長の比視感度を考慮した明るさの量を光束といい、これがすべての測光量のもととなっている。光を量的に表すには、**光束**(F)のほかに、**照度**(E)・**光束発散度**(M)・**光度**(I)・**輝度**(L)がある

●測光量の定義

測光量	定義	単位	光束を用いた単位
光束	単位時間当たりに流れる光のエネルギー量	lm(ルーメン)	lm
照度	単位面積当たりの入射光束	lx(ルクス)	lm／㎡
光束発散度	単位面積当たりの発散光束	lm／㎡	lm／㎡
光度	点光源からの単位立体角当たりの発散光束	cd(カンデラ)	lm·sr(ステラジアン)
輝度	光束発散面のある方向への単位投影面積当たりの光度	cd／㎡	lm／㎡·sr

●分光視感効率と明順応・暗順応

人の目の感度は可視域(380〜780nm)の380nmや780nm付近で感度が低く、中央(明所視で555nm)では高い。暗所から明所へ移動し目が慣れるのが明順応で、明所から暗所への暗順応より時間は短い

2 色の三属性

表面色は**色相・明度・彩度**の三属性によって区分できる

●色の三属性

色相	赤・黄・緑等の色あいのことで、目に入る光の分光分布が影響する
明度	色の明暗のことで、可視光反射率に対応している
彩度	色の鮮やかさ、すなわち色味の強さを表す程度のこと

●色の三属性と三原色

①三属性は色味・明るさ・鮮やかさであり、表色系はそれらを指標に色を表す
②原色を混ぜ色ができるが、色光の三原色はR(赤)・G(緑)・B(青)で、三色の混色で色が加算され白になるので加法混色、色料やフィルターの三原色のC(シアン)・M(マゼンタ)・Y(イエロー)の混色は減色され黒になり減法混色という

3 マンセル表色系

1905年にアメリカの画家マンセルが考案し、現在はアメリカ光学会の修正マンセル表色系が使われる。**色相**(Hue)・**明度**(Value)・**彩度**(Chroma)の三属性を色立体で示している

●色立体

無彩色を軸とし、明度を上下、色相を環状、彩度を放射状にとり、物体色を表す

マンセル表色系は、色の三属性のそれぞれを数値で表す

●マンセル表色系における色の三属性

色相	赤（R）、黄（Y）、緑（G）、青（B）、紫（P）の基本5色にその合成色5色を加えた10色を、それぞれ10段階に分割したもので表す（計100分割）。実用的には4段階（2.5、5、7.5、10）に分割した色相が使われている（計40分割）
明度	理想的な白を10、理想的な黒を0とした11段階で表される
彩度	無彩色が0で、数字が大きくなるほど彩度は増し、色が鮮やかになる。色相によって最大彩度は異なる

●マンセル色立体

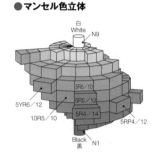

●マンセル色相環

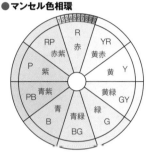

●マンセル記号

色相・明度・彩度の順で数値を用いて表される。無彩色は明度のみである

有彩色　　　　　　　無彩色

7.5YR 7 / 5　　　　　N 7

色相　　彩度　　　　　明度

明度

●有彩色と無彩色

・有彩色：色相をもつ色
・無彩色：白・灰・黒のように色相をもたない色

●補色

色相環の対角線上の2色の関係。隣り合うと彩度が高く見え、混ぜると無彩色になる

●純色

色相環で最大彩度のものを純色といい、彩度は色相によって異なる

4　XYZ表色系

XYZ表色系は、各波長の光度を測定してX、Y、Zの値を求め、次式によってX、Y、Zをx、yの関係に変換させたものである

$$x = \frac{X}{X+Y+Z} \qquad y = \frac{Y}{X+Y+Z}$$

●xy色度図

明るさを除く色味を表したもので、中央が白色（W）、外周に近いほど純度の高い色になる。また、白を通る直線上の両側の色は補色関係となる

5　光と色彩の心理的効果

色には心理的な働きがある

●光と色彩が与える心理的効果

効果	心理的な見え方
寒暖	赤、橙、黄など見た目に暖かさを感じる色を暖色、青、青緑など見た目に寒さを感じるものを寒色という
距離	実際の位置よりも手前に見える色を進出色、遠くに見える色を後退色という。暖色系は進出色、寒色系は後退色となる
重量	明度が低い色は、明度が高い色より重そうに見える
面積効果	同じ彩度、明度でも面積によって色の見え方が異なる。面積が大きいほうが彩度、明度が高く感じられる

グレアはまぶしさのこと。直接グレアは光源、間接グレアは反射光によって起こるグレア、減能グレアは高輝度対比による視認不調で、不快グレアは不快感を起こす

●演色性

物体の色の再現能力のことで、照明の分光分布光源の種類で異なる。平均演色評価数Raで示される。基準光源（自然光に近い光源）で照らした物体色の見え方を最高の100とする

●色温度

光源の色度に近似する光を放つ黒体（全入射光を吸収する仮想物体）の絶対温度（K：ケルビン）。低いと暖かく（赤味）、高いと涼しく（青味）、中間は白になる

●明視の4条件

物の見やすさの条件として対象の「大きさ」「明るさ」「対比」「時間」が指摘されている。「対比」は対象と背景の輝度の対比、「時間」には対象及び視認者の動き（見ている時間）の意味合いもある

QUESTION

ANSWER

1　最頻出問題 | 一問一答

→→→

次の記述のうち、正しいものには○、誤っているものには×をつけよ

1 □□　照度とは、ある面を一定の方向から見て明るさを表す量である

1 ×｜照度とは単位面積当たりに入射する光束の量で、単位はlxである。設問の記述は輝度（単位：cd／㎡）である

2 □□　マンセル表色系における彩度は、色の鮮やかさの度合いであり、色が鮮やかになるほど、数値が小さくなる

2 ×｜マンセル表色系における彩度は、その数値が大きいほど色が鮮やかになる

3 □□　演色性は、光源の種類と関係がある

3 ○｜演色性とは物体の色の再現能力のことで、光源の分光分布によって決まる

4 □□　補色を並べると、互いに彩度が高くなったように見える

4 ○｜設問記述のとおりである

5 □□　ある色相の中で最も明度の高い色を、一般に、純色という

5 ×｜ある色相の中で最も彩度の高い色を、一般に、純色という

6 □□　同じ色の場合、一般に、壁に塗ったときの彩度は、色見本帳で見るときに比べて、高く見える

6 ○｜面積効果で面積が大きいほど彩度や明度が高くなったように見える

7 □□　マンセル色相環において反対側に位置する2つの色は、補色の関係にあり、混ぜると無彩色になる

7 ○｜設問記述のとおりである

8 □□　同じ色の場合、一般に、面積の大きいものほど、明度及び彩度が高くなったように見える

8 ○｜面積が大きいほうが高彩度、高明度に見える

9 □□　白、黒及び灰色は、無彩色である

9 ○｜白や灰色、黒は無彩色であり、マンセル表色系では明度のみで表される。明度が高いほど白っぽい

10 □□　一般に、明度が高いものほど膨張して見える

10 ○｜一般に明るい色、つまり明度が高いほど膨張して見える

11 □□　マンセル表色系における彩度は、色の鮮やかさの度合いを示し、すべての色相において0から10までの数値で表される

11 ×｜彩度は色相や明度によりその最大値は異なる

12 □□　マンセル表色系は、色相、明度、彩度という3つの属性を用いて色を表示する体系である

12 ○｜マンセル表色系は色相、明度、彩度の順で表現される

13 □□　色の重い・軽いの感覚は、一般に、明度の高いものほど軽く感じられる

13 ○｜設問記述のとおり。逆に、明度が低いほど重く感じられる

14 ☐☐ 赤と青緑のような補色を並べると、互いに彩度が低くなったように
見える

15 ☐☐ 無彩色は、色の三属性のうち、明度だけを有する色である

16 ☐☐ 明度は、光に対する反射率と関係がある

17 ☐☐ 純色の彩度は、色相によって異なる

14 ☓｜補色を並べると、互いに彩度が高くなったように見える

15 ○｜設問記述のとおり

16 ○｜明度は可視光反射率に関係している

17 ○｜純色の彩度は色相によって異なる

2 実践問題｜一問一答 →→→

1 ☐☐ 光の色温度は、その光色の色度に近似する色度の光を放つ黒
体の絶対温度で表される

2 ☐☐ 明視の4つの条件は、明るさ、対比、大きさ、距離である

3 ☐☐ 輝度は、光を発散する面をある方向から見たときの明るさを示す
測光量である

4 ☐☐ 明順応に要する時間に比べて、暗順応の要する時間のほうが長
い

5 ☐☐ グレアは、視野内の高輝度の部分や極端な輝度対比などによっ
て、対象の見やすさが損なわれることである

6 ☐☐ 演色とは、照明光が色の見え方に及ぼす影響のことをいう

7 ☐☐ マンセル表色系における明度は、光に対する反射率と関係があ
り、完全な黒を0、完全な白を10として表す

8 ☐☐ 光の三原色は、赤、黄、青である

9 ☐☐ 演色性は、光源の種類と関係がある

10 ☐☐ 住宅の居間における団らんのための照度は、一般に、150〜
300 lx 程度がよいとされている

11 ☐☐ タスク・アンビエント照明では、一般に、アンビエント照度をタスク照
度の1／20以上確保することが望ましい

12 ☐☐ マンセル表色系における明度は、物体表面の反射率の高低を表
しており、明度5の反射率は約20%である

1 ○｜色温度が2,000Kは赤味を帯び
た光で、色温度が高いほど青白くなる

2 ☓｜明視とはものや文字の見やすさ
であり、「明るさ」「対比」「大きさ」「動
き（時間）」が4条件である

3 ○｜輝度の単位はcd／㎡である。グ
レアの評価等に用いられる

4 ○｜明順応に数分を要するのに対し、
暗順応は約30分を要する

5 ○｜ものが見えにくくなるグレアを減
能グレアという

6 ○｜照らしているものの見え方に影響
を与える光源の性質が演色性

7 ○｜マンセル表色系においては、反
射率0％の完全な黒を0、反射率
100％の完全な白を10として表す

8 ☓｜光の三原色は、赤、緑、青であり、
コンピュータのモニターやカラーテレ
ビの画面に用いられている

9 ○｜設問記述のとおり

10 ○｜読書には300〜750 lx、手芸や
裁縫には1,000 lx

11 ☓｜アンビエント照度はタスク照度の
1／10以上確保することが望ましい

12 ○｜設問記述のとおり

017 音の性質・透過損失・音響計画

ここでは音の基礎知識として音の物理現象と人の感覚量について学ぶ。人の感覚量は音の物理的単位とは異なり、ウェーバー・フェヒナーの法則に基づいて物理量の対数に比例する。音のレベル表示は光の測光量と同様に、人間の感覚に基づく

1　音の性質

□ **音波**とは物体の振動が気体や固体に伝わり、その粗密が伝搬する縦波。粗密波ともいう。粗密が一定距離で繰り返され、その密と密、粗と粗の間隔を**波長**という。**周波数**は1秒間の振幅の回数

□ 1気圧下での気温 θ℃における空気中の**音速** c は、次式により求められる。通常、気温15℃の場合の音速は340m／sとなる

$$c = 331.5 + 0.6\theta \quad (m／s)$$

□ ● 音の物理的現象と単位

	詳細	単位
音響出力 W	音源から発せられる単位時間当たりのエネルギー	**W**
音の強さ I	単位面積を通過する単位時間当たりの音のエネルギー	**W／㎡**
音圧 P	音波による大気圧からの差圧	**Pa**
音響エネルギー密度 E	単位体積当たりの音のエネルギー	**J／㎥**

● 回折

障害物の背後へ音の回り込みや、小穴からの音が穴を音源として四方へ広がる現象。高周波音と低周波音ではその挙動は異なる。波長が長い低周波音は障害物の陰に音が回折する

● 音速 c と周波数 f

$$c = f\lambda$$

f:周波数(Hz:回／s)　λ:波長(m)

● 点音源

音の強さ I は、距離 r(m)の2乗に反比例する

$$I = W／4\pi r^2 \quad (W／㎡)$$

W:点音源の音響出力(W)
音波は球面状に広がる

● 人の可聴範囲

①周波数:20〜20,000Hz
②物理量:20μpa〜20pa
　　　　20pa=20×10^6μPa
・年齢が上がると、高周波数の音域が聞き取りにくくなる

2　レベル表示

□ 物理量と感覚量の関係を対数で表すことを**ウェーバー・フェヒナーの法則**という。音の感覚もこの法則に基づいて表示される。それがレベル表示である。単位はdb(デシベル)

● 音の物理量と人の感覚量の関係

パワーレベル PWL　(dB)	$PWL = 10\log_{10}\dfrac{W}{W_0}$	W_0:最低基準値
音の強さのレベル IL　(dB)	$IL = 10\log_{10}\dfrac{I}{I_0}$	I_0:最低基準量
音圧レベル SPL　(dB)	$SPL = 20\log_{10}\dfrac{P}{P_0}$	P_0:最低基準量

注　最低基準量・最低基準値とは、1,000Hzにおいて純音を聞き取れる最低量・値

● 音の合成

左表のようにレベルは対数表記となっているので、音源が2倍になってもレベルは2倍とはならず3dBの増加となる

● 純音

単純な正弦波の単一の周波数成分からなる音

3 | 遮音

外部の騒音を壁がどれだけ遮音するかは**透過損失**TLにより評価する。透過損失TLは透過率τを用いて求める。透過損失が大きいほど、透過率は小さいほど、遮音性能がよい

$$\tau = \frac{I_t}{I}$$

$$TL = 10\log_{10}\frac{1}{\tau}$$

　　I:入射音のエネルギー　　I_t:透過音のエネルギー

JISにより遮音性能には、間仕切壁**Dr値**、床衝撃音**Lr値**の遮音等級が定められ、Dr値は大きいほど、Lr値は小さいほど、性能が高い

● 質量則とコインシデンス効果

単一材料の壁(単層壁)の透過損失は質量もしくは周波数が2倍になるごとに6dB増加する。この現象を質量則という。特定の周波数(軽量コンクリート等軽い材料では中音域(500～1,000kHz))で透過損失が落ち込む。この現象をコインシデンス効果という。一般に高音になると壁の透過損失は減少する

● 騒音レベル(単位:dB(A))

騒音の設計目標としてNC値が定められている。数値が小さいほど騒音の許容値A特性音質音レベルdB(A)は厳しくなる。設計目安は音楽堂が25dB(A)、住宅の寝室・客間や美術館・博物館が40dB、一般事務室が50～55dB

4 | 残響時間

音のエネルギーは音が発生し停止した後も完全に吸収されるまで残る。この現象が**残響**であり、音を止め音響エネルギーが10^{-6}になるまでの時間(音の強さのレベルが60dB低下するまでの時間)を**残響時間**という。最適残響時間は室用途により異なる。音楽を聴く場合、ある程度の残響時間が必要だが、会話を目的にすれば短いほうがよい

室の残響時間T_{60}はセービンの残響式で算定され、室容積V(㎥)が大きくなるほど長くなり、室の(総合)吸音力(等価吸音面積)A(㎡)が大きくなるほど短くなる。室温の影響は無視できる

$$T_{60} = 0.16\frac{V}{A}　　（秒）$$

$$A = \bar{a}S　　a:平均吸音率　S:室内表面積（㎡）$$

残響時間は室内の**吸音率**が影響しており、吸音材はその機構により吸音率が高い音域が異なる

● 吸音材

多孔質材料	グラスウール等繊維材料を板状にしたもの。高音域で吸音率が高い。水を含むと効果が低下する
孔あき板	剛壁に空気層を設け孔あき板を設置したもの。中音域で吸音率が高い
板状材料	剛壁に空気層を設け板状材料を設置したもの。低音域で吸音率が高い

● 残響時間

音を停止した後も音響エネルギー、音圧レベルは残る

音源の出力は「0」になる

音響出力　t

定常状態

音響エネルギー密度

減衰過程　$E \cdot 10^{-6}$

音を止めてから音響エネルギーが10^{-6}(100万分の1)になるまでの時間

音圧レベル　60dB　t

残響時間

音響エネルギーが10^{-6}とは音圧のレベルが60dB低下すること

QUESTION

ANSWER

1 最頻出問題 | 一問一答

$\rightarrow\rightarrow\rightarrow$

次の記述のうち、正しいものには○、誤っているものには×をつけよ

1 □□ 一般に、低音から高音になるに従って、壁の透過損失が減少する

2 □□ 残響時間とは、音源が停止してから室内の音の強さのレベルが60dB低下するまでの時間をいう

3 □□ 騒音レベルの単位には、一般に、dB（A）が用いられる

4 □□ 壁体の透過損失は、周波数によって異なる

5 □□ 一般に、講演に対する最適残響時間に比べて、音楽に対する最適残響時間のほうが長い

6 □□ 同じ音響出力を有する機械が2台ある場合、1台のみを運転したときの音圧レベルが80dBであれば、2台同時に運転したときの音圧レベルは約85dBとなる

7 □□ 壁体における透過損失の値が大きいほど、遮音性能が優れている

8 □□ 室内騒音の許容値は、住宅の寝室より音楽ホールのほうが小さい

9 □□ 多孔質材料の吸音率は、一般に、高音域より低音域のほうが大きい

10 □□ 室内の吸音力が同じ場合、一般に、室容積が大きいほど、残響時間は長くなる

11 □□ 板状材料と剛壁の間に空気層を設けた吸音構造は、一般に、低音域の吸音よりも高音域の吸音に効果がある

1 ×｜一般に、低音から高音になるに従って、壁の透過損失は大きくなる

2 ○｜設問記述のとおりである

3 ○｜人の聴覚は周波数によって異なる。人の感覚を考慮した騒音レベルの単位としてdB（A）が用いられている

4 ○｜単層壁の透過損失は質量もしくは周波数が2倍になるごとに6dB増加する。この関係を質量則という。周波数が高くなるほど、透過損失が高くなるが、ある特定の周波数で透過損失が落ち込む。この現象はコインシデンス効果という

5 ○｜残響時間は音楽では長いほうが好まれるが、講義室や会話をする室では短いほうがよい

6 ×｜音源が2倍になると音圧レベルは3dB増加する。よって、約83dBとなる

7 ○｜透過損失 TL は次式によって表される
$$TL = 10\log_{10}(1/\tau)$$
透過率 τ の逆数をレベル表示したもので、遮音性能を示している

8 ○｜設問記述のとおりである

9 ×｜多孔質吸音板は高音域で吸音率が高い

10 ○｜セービンの残響式より、室容積が大きくなるほど残響時間は長くなる

11 ×｜板状材料と剛壁の間に空気層を設けた吸音構造は、低音域で吸音率が高い

2 | 実践問題 | 一問一答　→→→

1 ☐☐ 室内の吸音力を上げることによって、室内の騒音レベルを下げることができる

2 ☐☐ JISによる床衝撃音レベルに関する遮音等級では、その数値が大きいほど遮音性能に優れている

3 ☐☐ 吸音力とは、材料の吸音率にその面積を乗じたものをいう

4 ☐☐ 20歳前後の正常な聴力をもつ人の可聴周波数の範囲は、20Hzから20kHz程度である

5 ☐☐ すべての方向に音を均等に放射している点音源の場合、音の強さのレベルは、音源からの距離に反比例する

6 ☐☐ 同じ音圧レベルの場合、一般に、1,000Hzの純音より100Hzの純音のほうが小さく聞こえる

7 ☐☐ 気温が高くなると、空気中の音速は速くなる

8 ☐☐ 厚さが同じ壁体であれば、一般に、単位面積当たりの質量が大きい壁体ほど、透過損失が大きい

9 ☐☐ NC-30とは全てのオクターブバンドで騒音レベルがNC-30曲線を上回っていることをいう

10 ☐☐ 反響（エコー）は、音源からの直接音が聞こえた後、それと分離して反射音が聞こえることであり、会話を聞き取りにくくさせる

11 ☐☐ 人の可聴周波数の上限は、一般に、年齢が上がるにつれて低下するので、高齢者は周波数の高い音が聞き取りにくくなる

12 ☐☐ 残響時間は、室容積に比例する

13 ☐☐ 音が球面状に一様に広がる点音源の場合、音源からの距離が1／2になると音圧レベルは約6dB上昇する

---

1 ○｜設問記述のとおりである

2 ×｜遮音等級はその数値が小さいほど遮音性能に優れている。床衝撃音レベルは遮音されなかった音の量を示す。よって数字が小さいほうが遮音性能が高い

3 ○｜吸音力は吸音率に面積を掛けた値で、等価吸音面積とも呼ばれている。その単位は㎡である

4 ○｜設問記述のとおりである

5 ×｜点音源の場合、音の強さのレベルは、音源からの距離の2乗に反比例する

6 ○｜人の聴覚の感度は低周波音では低い。4,000Hz付近で最も感度がよくなる

7 ○｜音の速さcは次式によって求められる
$c=331.5+0.6\theta$　　θ：気温（℃）
よって空気温度が高いほど音速は速くなる

8 ○｜設問記述のとおりである

9 ×｜全てのオクターブバンドでNC曲線を下回っている必要がある

10 ○｜音が反射により50m／s以上の遅れである程度の大きさの音が重なると2音は分離して聞こえる。このことをエコーという

11 ○｜設問記述のとおりである

12 ○｜セービンの残響時間の式より室容積が大きくなるほど残響時間は長くなる

13 ○｜球面表面積を考えた場合、距離が1／2になると面積は1／4になるので音圧レベルは6dB上昇する

018 建築設備用語

ここでは、毎年ほぼ同じ傾向で出題されているので、建築設備全般に関する名称はもちろん、設備項目ごとに関連性の有無を判断する知識も身に付けておこう。特に組合せ問題では、ひっかけ問題が多く出題されるので注意が必要

1　給排水衛生設備関連用語

● 給排水衛生設備関連用語

給水設備	クロスコネクション	飲用の上水配管と、井戸や雨水を利用した雑用配管などの配管とが接続されていること。井戸水は常に衛生的に安全な水として管理されているとはいえず、水質の悪化によって水道水を汚染する危険がある
	吐水口空間	給水栓の吐水口と洗面器や流しなどの縁との間にある空間。これを十分に確保しないと、給水管内が負圧になったときに逆サイホンが発生し、容器内の水を吸い込むことになる
給湯設備	膨張管	水が加熱されて膨張する分を膨張タンクに逃がす配管
	エコ給湯	空気熱源ヒートポンプによる給湯加熱システムをもつ給湯方式。オール電化住宅などに用いられる
衛生器具	バキュームブレーカー	給水管内の水圧変動によって衛生器具内部が真空に近い状態になることを防止する装置
排水設備	阻集器	グリースやオイルなど、排水中に含まれる有害・危険な物質の流出を、スクリーンや沈殿槽を設けて阻止・分離・収集して排水する装置
	破封	トラップの封水が破られることで、その原因には自己サイホン作用・誘導サイホン作用・はね出し作用・毛管現象・蒸発などがある

● クロスコネクション

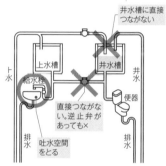

● トラップの破封現象

排水開始時　→　自己サイホン作用中　→　排水終了後

2　空調換気設備関連用語

● 空調換気設備関連用語

クーリングタワー	冷凍機の冷却水を大気により冷却して、再び循環使用できるようにするもの。一般に建物の屋上などの屋外に設置され、内蔵された送風機により外の空気を吸い込み、水滴となって落下する冷却水と接触する。そのとき冷却水の一部が蒸発し、残りの冷却水から蒸発の潜熱を奪って水温を下げる働きをする
成績係数（COP）	冷凍機の効率を表す数値。冷凍機は、低い温度の対象（冷水など）から吸熱（Q_c）し、高い温度の対象（外気など）へ放熱（Q_h）する働きがある。冷凍機を駆動するための電気・ガスなどのエネルギーをQ_iとするとき、$Q_c\,/\,Q_i$を成績係数という
ゾーニング	空調する部屋の使用条件・運転時間・部分負荷対応により、それぞれの区域ごとに空調系統を個別に設けること。この場合の各区域をゾーンというが、特に負荷の発生時間が大きく異なる方位と負荷変動の大小により、**方位別ゾーン**として**ペリメータゾーン**と**インテリアゾーン**に分けることが多い

● ゾーニングの分け方

3 電気設備用語

● 電気設備用語

フロアダクト	電気を通す床に埋め込む配線用ダクトのこと。また、コンクリート型枠として使用するデッキプレートの溝を、下面から特殊カバープレートを取り付けて配線ダクトにしたものを**セルラダクト**という
バスダクト	多数の低圧屋内配線を配置する場合に、銅又はアルミを導体とし、導体の外側を絶縁物で覆った幹線用の部材
コージェネレーション	自家発電設備の排熱を暖房・給湯などに利用して総合的な熱効率を向上させるシステム
力率	皮相電力が有効電力になる割合のこと。交流で電圧Vと電流I(ともに実効値)の積を皮相電力VAといい、変圧器や電動機の容量表示に用いる。単相交流で消費される(有効)電力P[W]は$P=VI\cos\theta$、θは電圧と電流の位相差で、$\cos\theta$を力率という
キュービクル	発電所から変電所を通して送られてくる6,600Vの電気を100Vや200Vに変圧する受電設備を納めた金属製の箱
照度計算	照度基準をもとに照明器具を選び、ランプの台数を算出する。計算式は($N=EA ∕ FUM$)が用いられる
PBX	Private Branch Exchangeの略。企業などで内線電話どうしの接続や、加入者電話網やISDN回線等の公衆回線への接続を行う機器

● フロアダクト

フロアダクト配線方式　　セルラダクト配線方式

波形デッキプレート

● キュービクル

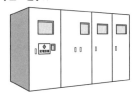

● 照度計算の式

$N=EA ∕ FUM$

N ：ランプの台数(本)

E ：所要平均照度(lx)

A ：被照明面積(㎡)

F ：ランプ光束(lm)

U ：照明率(照明器具の形式・室指数・反射率によって決定される値)

M ：保守率

4 消火・防災その他設備関連用語

● 消火・防災その他設備関連用語

主な消火設備	屋内消火栓設備、スプリンクラー設備、水噴霧消火設備、ドレンチャー設備、泡消火設備、粉末消火設備、不活性ガス消火設備、連結送水管、連結散水設備
警報設備の種類	自動火災報知設備(熱感知器、煙感知器、空気管、受信機)、住宅用火災警報器、ガス漏れ火災警報器等
防災設備の種類	非常用照明設備、誘導灯、非常電源設備、非常コンセント、非常用エレベーター、避雷設備(保護レベル、外部雷保護システム)、棟上げ導体
昇降機関連用語	平均運転間隔、可変電圧・可変周波数制御、P波感知器、頂部すき間

● 防災設備の例(非常用照明)

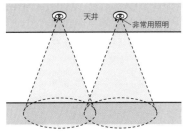

天井　　非常用照明

● 消火設備の例

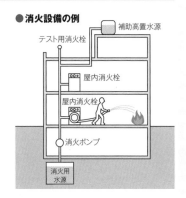

補助高置水源

テスト用消火栓

屋内消火栓

屋内消火栓

消火ポンプ

消火用水源

● 警報設備の例

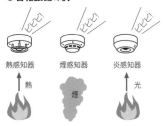

熱感知器　　煙感知器　　炎感知器

熱　　煙　　光

QUESTION

ANSWER

1　最頻出問題｜一問一答

→→→

建築設備に関する次の用語の組合せのうち、関係のあるものには○、関係の少ないものには×をつけよ

1 ☐☐　給湯設備——膨張管

2 ☐☐　排水設備——阻集器

3 ☐☐　衛生器具設備——バキュームブレーカー

4 ☐☐　空調設備——ペリメーター

5 ☐☐　電気設備——セルラダクト

6 ☐☐　空調設備——バスダクト

7 ☐☐　配管設備——ストレーナ

1 ○｜膨張管とは、水が加熱されて膨張する分を膨張タンクに逃がす配管

2 ○｜阻集器とは、排水中に含まれる油脂分を冷却及び凝固により除去して、排水系統の詰まりを防止するもの

3 ○｜バキュームブレーカーとは、給水管内の水圧変動によって衛生器具内部が真空に近い状態になることから発生する振動や騒音を防ぐ装置

4 ○｜ペリメーターは、ある平面(またはエリア)の周辺部分のことで、一般に窓及び外壁から3〜5mの範囲をさす

5 ○｜セルラダクトは、コンクリート型枠のデッキプレートの溝を、配線ダクトにしたもの

6 ×｜バスダクトとは、銅又はアルミを導体とし、導体の外側を絶縁物で覆った電気設備の幹線用の部材のこと

7 ○｜液体から固形成分を取り除くための網状の器具。給水、給湯、空調配管等に使用される

2　実践問題｜一問一答

→→→

建築設備に関する次の用語の組合せのうち、関係のあるものには○を、関係の少ないものには×をつけよ

1 ☐☐　給水設備——クロスコネクション

2 ☐☐　給水設備——キュービクル

3 ☐☐　給水設備——スロッシング

4 ☐☐　排水設備——ミキシングバルブ

5 ☐☐　排水設備——成績係数

1 ○｜クロスコネクションとは、飲用の上水配管とそれ以外の配管とが誤って接続されていること

2 ×｜キュービクルとは、発電所から変電所を通して送られてくる6,600Vの電気を100Vや200Vに変圧する受電設備を納めた金属製の箱のこと。電気設備に関係する用語

3 ○｜スロッシングとは、地震等で水槽内で水面が波立つ現象

4 ×｜ミキシングバルブとは、給水、給湯の量を適温に混合する弁で、配管に取付けるものと、水栓と一体となったものとがある

6 ☐☐	照明設備──保守率	
7 ☐☐	空調設備──クーリングタワー	
8 ☐☐	空調設備──エアハンドリングユニット（AHU）	
9 ☐☐	空調設備──PMV	
10 ☐☐	消火設備──フラッシュバルブ	
11 ☐☐	換気設備──室指数	
12 ☐☐	電気設備──アウトレットボックス	
13 ☐☐	電気設備──摩擦損失	
14 ☐☐	電気設備──力率	
15 ☐☐	電気設備──UPS	
16 ☐☐	照明設備──グレア	
17 ☐☐	空調設備──アスペクト比	
18 ☐☐	空調設備──ウォールウォッシャー	

MEMO | 設備略語集

- **MRT(mean radiant temperature):平均放射温度（空調設備）**
- **SHF(sensible heat factor):顕熱比（空調設備）**
- **BOD(biochemical oxygen demand):生物化学的酸素要求量（排水処理設備）**
- **UPS(uninterruptible power supply):無停電電源装置（電気設備）**
- **AHU(air handling unit):エアハンドリングユニット（空調設備）**
- **LCC(life cycle cost):ライフサイクルコスト（環境計画）**
- **PBX(private branch exchange):構内電話交換機（電気設備）**
- **APF(annual performance factor):通年エネルギー消費率（空調設備）**
- **COP（Coefficient Of Parformance）:成績係数　エアコン等のエネルギー消費係数**
- **BF（Balanced Flue）方式:ガス湯沸器の密閉式自然給排気式燃焼器（バランス回路）**

5 ×｜成績係数とは、熱源機器の効率を表す数値のこと

6 ○｜保守率とは、照度計算に使用する値で、照明設備をある期間使用した後の劣化分を、初期の時点であらかじめ見込んでおく安全率のこと

7 ○｜クーリングタワーとは、冷凍機の冷却水を大気により冷却して、再び循環使用できるようにする冷却塔のこと

8 ○｜エアハンドリングユニット（AHU）とは、中央空調方式に用いられる空気調和機のことであり、エアフィルター、熱交換機、加湿器、送風機などにより構成される

9 ○｜PMVとは、予測平均温冷感申告のことであり、温度・湿度・気流・放射の4つの温熱要素に加え、着衣量と代謝量を考慮した温熱指標

10 ×｜フラッシュバルブとは、水洗便器の洗浄水を吐出するための弁のこと。洗浄弁ともいう。衛生設備に関する用語

11 ×｜室指数とは、照度計算に用いる部屋の天井高さや間口、奥行きの比、率によって、照明の効率を算出する値。照明設備に関する用語

12 ○｜アウトレットボックスとは、電気配線工事の配管の中間又は端末に取り付けられるボックスのこと

13 ×｜摩擦損失とは、配管中を流体が流れるときに発生する抵抗。給水設備に関する用語

14 ○｜力率とは、交流回路における電流と電圧の位相差の余弦で表される量

15 ○｜UPSとは、無停電電源装置

16 ○｜グレアとは、視野における照度の分布が不均等なため見えにくくなったり、一過性の盲目状態になる現象

17 ○｜アスペクト比とは、長方形ダクトの断面の長辺と短辺との比であり、4以下とすることが望ましい

18 ×｜ウォールウォッシャーは、壁面全体をまんべんなく明るくする照明方法

019 空調設備

空調方式のうち、定風量単一ダクト方式（CAV方式）と変風量単一ダクト方式（VAV方式）のそれぞれの長所と短所を理解する。またファンコイルユニット併用方式の特徴も併せて理解する。さらに冷却塔の原理を理解する

1　単一ダクト方式（全空気方式）

☐ **単一ダクト方式**は最も典型的な**空調方式**であり、空調機から1本のダクト及びその分岐ダクトからの給気により空調空気を送風する（全空気方式）[※1]。定風量（CAV）方式と変風量（VAV）方式がある

● **単一ダクト方式**

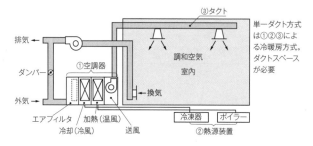

単一ダクト方式は①②③による冷暖房方式。ダクトスペースが必要

☐ **定風量（CAV）方式**は給気風量を一定にし、給気温湿度を変化させて制御を行うシステムなので、安定した空気質の確保と気流分布維持が可能である

● **CAV方式**

定風量単一ダクト方式。ホールや会議室等大きな空間に向く。搬送動力が大きく、きめ細かい制御を必要とする用途には不向き

☐ **変風量（VAV）方式**は、空調機の受持ちゾーン内に負荷偏差があり、細かい制御が必要な場合に採用される。給気温湿度を一定として、分岐ダクトに設置したVAVユニットにより風量を調整することで制御する。CAV方式に比べて変風量による搬送動力の低減化が図れる

● **VAV方式**

変風量単一ダクト方式。事務所等に多用される。近年ではOA機器による発熱の影響で、対人空調としての低負荷運転時の換気量不足が指摘されている

● **VAV方式の長所・短所**

長所	短所
①熱負荷に応じて必要な風量を送るため省エネ ②部分負荷時の送風量の減少、不使用室への全閉ユニット使用による送風停止等、**送風機動力を節減**できる ③部分負荷制御が可能なため同時使用率を考慮でき、最大負荷時で装置容量を決定するCAV方式よりも同容量を削減できる	①風量変化により気流分布が変わり、特に小負荷時にはコールドドラフト（下降冷気流）が生ずる可能性がある。そのため、良好な分布が得られる拡散性のよい吹出口の選定が必要 ②小負荷のとき、風量が少なくなりすぎて室内の清浄度が落ちたり、外気導入量が不足するおそれがある。そのため、給気温度を変えたり最少風量設定機構を設ける必要がある ③冷房・暖房が混在するところでは、風量制御だけでは処理できないので、ファンコイルユニットや放熱器を設ける必要がある

● **VAVユニット構成図**

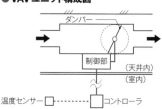

※1：熱輸送に空気のみを用いるものを全空気方式、水を用いるものを水方式という。水方式は単独空調も可能だが、温度制御と空気清浄度の面で若干難点がある

2 ファンコイルユニット方式（水方式）

☐ **ファンコイルユニット**とは、熱源機械室から冷水・温水を供給し、ユニット内の循環送風機により室内空気と熱交換して冷暖房を行う（水方式[※1]）。新鮮な空気（外気）ではなく室内の空気を吸い込むため、別途、換気が必要になるので、ダクト併用ファンコイルユニット（主に外気処理を行う単一ダクト方式［全空気方式］との併用型）が一般的である（**空気・水方式**）[※2]

☐ ダクト併用ファンコイルユニットでは、ファンコイルユニットをペリメータの窓下に設置し、外壁を通して入ってくる放射・伝熱等の外部負荷（スキンロード）の処理を担わせる。一方、内部負荷は、新鮮な空気により単一ダクト方式（CAVやVAV）で処理する

●ダクト併用ファンコイルユニットの長所・短所

長所	短所
①ファンコイルユニットごとあるいはグループごとに単独運転ができ、個別・ゾーン制御が簡単である ②時間外ではファンコイルユニットの運転だけに抑えた省エネが図れる ③将来の負荷増に対しファンコイルユニットの増設が比較的容易である ④定風量単一ダクト方式に比べて、必要とするダクトスペースが小さくなる	①室内の浮遊粉じんの除去が困難である ②定期的なメンテナンスが必要である

●ダクト併用ファンコイルユニット方式

事務所・建物のペリメータまわり、ホテルの客室、病院の病室等の多数室の建物では、簡便に個別制御できることから多用されている

●ペリメータレス空調

エアフローウィンドウ方式やダブルスキン等があり、窓まわりにおける外部からの熱を処理するために窓と設備を一体としたもの

ダブルスキン　　　エアフローウィンドウ

3 冷却塔・パッケージ型空調方式

☐ **冷却塔（クーリングタワー）**は、冷凍機内の冷却水を大気で冷却し、再び循環使用する装置。一般に屋上に設置され、冷却水が外気と接触して蒸発、潜熱により水温を下げる

☐ **パッケージ型空調機**とは、小容量の冷凍機と送風機・エアフィルタ・加湿器・自動制御機器を一体化し、標準機として工場生産される機器をいう。熱源設備でいう個別型熱源方式に相当する

☐ 近年はほとんどのパッケージ型空調機にマイコンが搭載されており、**VAV**（風量制御）や**VRV**（冷媒流量制御）をはじめ**全熱交換器**を組み込み、各季節に応じて最適モードの運転ができる高機能制御機種がある

☐ **空気熱源ヒートポンプ方式**のパッケージ型空調機は、外気温が低下すると暖房能力も低下する。これは、外気熱を利用して暖房を行うためである

●冷却塔外観

電動機

充填材

下部水槽　　脚

●パッケージ型空調機

①冷房専用型（暖房にする場合はコイルを組み込む）

②ヒートポンプ型

それぞれ水方式（水熱源）と空冷式（空気熱源）がある。一般に、ルームエアコンディショナーと呼ばれる1.8〜28kW程度のものから、業務・産業用に使用される3.6〜180kW程度までの容量がある。なおマルチパッケージ型空調機とは1つの屋外ユニットと複数の屋内ユニットとを組み合わせたシステム

※2：水方式のファンコイルユニットは、外壁から外気を導入したり、全熱交換器を組み込むなどのバリエーションをもったものもあり、単独空調も可能。だが、温度制御と空気清浄度の面で若干難点がある

QUESTION

1　最 頻 出 問 題 ｜ 一問一答

次の記述のうち、正しいものには○、誤っているものには×をつけよ

1 ☐☐　定風量（CAV）単一ダクト方式は一般に、ダクト併用ファンコイルユニット方式に比べて、ダクトスペースが大きくなる

2 ☐☐　定風量単一ダクト方式は各室の熱負荷の変動に対して、容易に対応することができる

3 ☐☐　変風量（VAV）単一ダクト方式は、定風量単一ダクト方式に比べて、エネルギー消費量を低減することができる

4 ☐☐　冷却塔の冷却効果は、主として、冷却水と接触する空気との温度差により得られる

5 ☐☐　空気熱源ヒートポンプ方式のエアコンの暖房能力は、一般に、外気の温度が低くなるほど低下する

2　実 践 問 題 ｜ 一問一答

1 ☐☐　定風量単一ダクト方式は十分な換気量を、定常的に確保しやすい

2 ☐☐　気化式加湿器は一般に、加湿素子を水で濡らし、これに送風するなどにより空気を接触させ、空気のもつ顕熱により水を蒸発気化させることで加湿を行うものである

3 ☐☐　変風量（VAV）単一ダクト方式は、空気調和機から各室まで同一のダクトにより、冷風又は温風を送る方式である

4 ☐☐　低温送風空調方式では10～12℃程度の低温冷風とし、送風搬送動力の低減が可能である

5 ☐☐　変風量（VAV）単一ダクト方式は、低負荷時においては、必要外気量を確保し、空気清浄度を維持する必要がある

ANSWER

→→→

1 ○｜定風量単一ダクト方式は、ファンコイルユニットと定風量単一ダクトを併用した方式に比べて、必要とするダクトスペースが大きくなる

2 ×｜室の熱負荷に応じて給気量の変動に対応できるのはVAV方式

3 ○｜風量を一定に保つCAV方式に比べて、送風機のエネルギー消費量を節減することができる

4 ×｜冷却塔は、冷凍機により奪われた熱を冷却水と外気との接触により外部に潜熱を放出するもの。温度差のみでは冷却効果は得られない

5 ○｜空気熱源ヒートポンプシステムは、冬期暖房が最大のときに外気温度が低くなると、暖房能力・成績係数（COP）が低下する

→→→

1 ○｜送風量が一定であるから、常に一定の換気量が確保できる

2 ○｜設問記述のとおり。長所は電気消費が少ないこと。短所は20℃以下では効果が少ないこと

3 ○｜変風量（VAV）単一ダクト方式は、部屋ごとあるいはゾーンごとに変風量（VAV）ユニットを設置し、温度センサーの信号によりVAVユニットの吹出し風量を制御して室温を一定に保つ

4 ○｜低温送風空調方式は、空調機やダクトスペースを小さくすることができる

5 ○｜VAV方式は、低負荷時には送風量が少なくなるので、換気の確保のために必要外気を確保し、空気洗浄度を

維持する必要がある

6 ☐☐ 空気熱源ヒートポンプ方式のパッケージ型空調機は、室内の熱を利用して暖房を行う

6 × | 空気熱源ヒートポンプ方式のパッケージ型空調機は、屋外機において外気の熱を汲み上げて暖房に利用する空調機

7 ☐☐ 直炊き吸収冷温水機は、夏期、冬期ともに燃料を燃焼させ、冷水又は温水を1台でつくることができる

7 ○ | 直炊き吸収冷温水機は、ガス又は油を高圧再生器内で直接燃焼させる直炊き式のもので、冷房時には二重効用型の吸収冷凍機として運転され、暖房時には温水を取り出せるもの

8 ☐☐ マルチパッケージ型空調機の冷房暖房同時型は、冷房負荷と暖房負荷が同時に発生する場合、消費電力を軽減することができる

8 ○ | マルチパッケージ型空調機の冷房暖房同時型は、冷房負荷≒暖房負荷の場合、屋外機内のコンプレッサーの動力が一般型に比べて約50%となる

9 ☐☐ ガスエンジンヒートポンプは、一般に、契約電力を低減させたい場合や、暖房負荷の大きい寒冷地で使用する

9 ○ | ガスエンジンヒートポンプはコンプレッサーをガスエンジンにて駆動させるため、電気消費量は小さく、暖房運転時にエンジンの排ガス熱が利用できるので寒冷地で使用するのに適している

10 ☐☐ 空気熱源パッケージ型空調機方式は、圧縮機の容量制御として、インバータによるものが一般的である

10 ○ | インバータで圧縮機のモーターを回転数制御し、VRV（冷媒流量制御）で、きめ細かな容量制御ができる

11 ☐☐ ボイラー室は、燃焼ガスが他の室に漏れないように、第三種換気方式とした

11 × | ボイラー室の換気には、熱処理用の換気以外に、ボイラー燃焼用の空気が必要で、排気よりも給気量が多く必要となる。さらに燃焼のためには、室内が常に正圧でなければならない。よって第一種換気方式とする

12 ☐☐ ファンコイルユニット方式は、中央機械室から冷水又は温水を供給し、各室に設置したユニットによって冷暖房を行う

12 ○ | ファンコイルユニット方式は、建物の外周部の窓下や個室に設置され、中央機械室から冷水又は温水を供給し冷暖房を行う空調方式

13 ☐☐ 放射冷房を行う場合は、放射パネル表面における結露を防止するために、放射パネル表面温度を下げ過ぎないように制御する必要がある

13 ○ | 放射パネルの表面温度が室内の露点温度以下にならないように、冷水温度を制御する

14 ☐☐ 暖房時において、ガスエンジンヒートポンプはヒートポンプ運転により得られる加熱量とエンジンの排熱量と合わせて利用できる

14 ○ | 設問記述のとおり

15 ☐☐ 外壁の室内側の窓下に床置型ファンコイルユニットを設置し、上向きの吹出しとすると、コールドドラフトの防止に有効である

15 ○ | 設問記述のとおり。また、個別制御が容易なので、病室やホテルの客室の空調に用いられることが多い

16 ☐☐ 空気熱源マルチパッケージ型空調機方式においては、室外機から室内機に冷水を供給して冷房を行う

16 × | 空気熱源マルチパッケージ型空調機方式は室外機から冷媒配管で冷媒を供給して冷房を行う。水ではない

MEMO **目で覚える！ 重要ポイント**

●コールドドラフトを防止する暖房機器の設置

不適切な暖房機器の設置位置 　　　適切な暖房機器の設置位置

コールドドラフトが室内に侵入してしまう　　コールドドラフトは窓面の暖房器具で止まる

020 給排水衛生設備①給水・給湯設備

各種給水方式、クロスコネクション、ウォーターハンマー、給水量、器具の必要給水圧力等給水設備の重要項目と、中央給湯方式と局所給湯方式について、また給湯熱源に関する基本を理解する

1　給水設備

●給水方式の種類

給水方式	説明	特徴	問題点
水道直結方式	水道管の水圧により建物内の必要箇所に直接水を送る方式	水道管と建物内の器具は配管で直接つながっている。戸建住宅に多く使われているが、夏期など水圧が低下する時期の水道管の水圧を調べ、圧力計算によって給水が可能か否かを検討する必要がある	水道管の水圧によって給水箇所が限られ、一般には2階建てまでの小規模な建物に使われる(5階建て可の地域もある)
高置水槽方式（高置タンク方式）	水道水をいったん受水槽に貯水し、ポンプで建物の最高所にある高置水槽あるいは給水塔の水槽に揚水し、その重力によって給水する方式	3階建て以上の建物に使われていたが、近年では採用されることは少ない。高置水槽は、建物の最高所にある水栓器具が必要とする水圧が得られるように、その設置位置を決定する	受水槽や高置水槽は貯水するので、常に衛生面を考慮する必要がある。建設省告示によって衛生上の安全確保のための技術上の基準が定められている。建物への荷重が多くなるため、構造設計との調整が必要となる
ポンプ直送方式	受水槽の水をポンプによって必要箇所に直送する方式	送水量は、ポンプの台数や出口の圧力、流量、回転数によって変えることができる。大規模な給水設備ではポンプの台数を増やし、かつ、回転数を上げる形をとる。最近では送水量の制御方式が発達し、中・大規模の建物はこの方式の採用が多い	
圧力水槽方式（圧力タンク方式）	水道水を受水槽（圧力水槽）に貯水・加圧してからポンプにより給水する方式	高置水槽を設置することが困難だったり、意匠上設置できない場合等に使われる。圧力水槽とは空気を封入した密閉水槽で、この水槽内にポンプで水を送り、空気を圧縮させて圧力を上げ、水を加圧して送出。水が使われると圧力が下がってポンプが起動し、また一定の圧力になるとポンプが停止する、といった動作の繰返しによって給水が行われる	ポンプの起動・停止が繰り返されるため、断続的な騒音が発生し、給水圧力が変動する欠点がある
水道直結増圧ポンプ方式	給水ポンプを水道管に直接接続し、水道管の水圧では給水できないような高所の給水器具に給水する方式	建物内の水が水道管に逆流しないように逆流防止装置を設置することや、水道管の供給能力を超えないことが条件になり、水道引込管の管径に制限を設けている場合が多い。受水槽を必要としないため、水が汚染される危険が少なく、常時新鮮な水道水を供給できる利点がある	建物の瞬時最大給水量によってポンプを選定する必要があり、建物内での給水使用を的確に把握しなければならない。また、地域によっては使用できない場合もあり、事前に所轄の水道事業者に相談する必要がある

●水道直結方式	●ポンプ直送方式	●水道直結増圧ポンプ方式
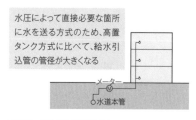	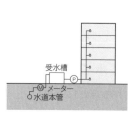	

水圧によって直接必要な箇所に水を送る方式のため、高置タンク方式に比べて、給水引込管の管径が大きくなる

上水の水質汚染の防止対策として、①**クロスコネクション**を避けること、②吐水口空間を確保すること、が必要である。吐水口空間が十分にとれない場合、逆サイホン作用により汚水が上水管に逆流してしまうので、**バキュームブレーカー**を設置する

●クロスコネクション
上水の給水・給湯系統とその他の系統が、配管・装置によって直接接続されること

●吐水口空間
給水栓の吐水口端と水受け容器のあふれ縁との垂直距離をいう

☐ **ウォーターハンマー**とは、給水管の開閉弁等から発生する圧力変化によって管の衝撃音が激しくなることをいう。管内の流速が速くなるほど発生し、破損・漏水につながる

☐ 飲料水用の受水槽を建築物内に設置する場合、原則として、周囲及び下部に600㎜以上、上部に1,000㎜以上の保守点検スペースを設ける（六面点検スペース）。点検マンホールは有効内径600㎜以上とする

● 受水槽の保守点検スペース

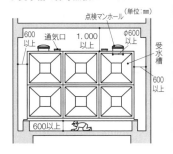

● 建物種類別の設計給水量

建物種類	設計給水量（1日当たり）	使用時間（h／d）
戸建住宅	200～400ℓ／人	10
集合住宅	200～350ℓ／人	15
官公庁・事務所	60～100ℓ／人	9
保養所	500～800ℓ／人	10

● 器具の最低必要圧力

器具	最低必要圧力（kPa）
一般水栓	30
大便器洗浄弁	70
小便器洗浄弁	70
シャワー	70

2 給湯設備

☐ 水は4℃のときに比体積（単位質量当たりの体積）が最小で、その値は1ℓ／kgである。水は熱せられると、その比体積が大きくなり、膨張する

☐ **局所給湯方式**では湯を使用する近くに加熱装置を設置し、配管は短く単管式である。加熱装置も小型なものが多い。一方、**中央給湯方式**では**給湯配管**が太く長いので、湯温を一定に保つために**給湯循環ポンプ**を用い、配管内の湯を強制的に循環させる

☐ ボイラーなどの加熱装置には、膨張量を吸収するための大気に開放された**膨張管**（逃し管）が必要になる。あるいは膨張量を排出する逃し弁の設置を義務付けている

☐ ガス瞬間湯沸器には**元止め式**と**先止め式**がある

● 給湯用燃焼器具の種類

	種類	特徴
開放形燃焼器具	小型ガス瞬間湯沸器など	燃焼空気を室内から取り入れ、発生する廃ガスを室内に放出する
半密閉形燃焼器具	旧式ガス風呂釜など	燃焼空気を室内から取り入れ、発生する廃ガスを、煙突や排気筒により屋外に排出する
強制排気形燃焼器具（FE式）	屋内設置型ガス給湯器など	燃焼空気を室内から取り入れ、発生する廃ガスを、内蔵したファンを用いて、排気筒等により屋外に排出する
強制給排気形燃焼器具（FF式）	FF暖房器など	内蔵したファンを用いて給排気筒等により、屋外と直接給排気を行う

● 水を加熱するときの注意

水は非圧縮性であるから、密閉した容器や配管内の水を加熱すると、圧力が異常に上昇し、これらの容器や配管を破損させ、危険でもある

● 膨張管

給湯設備における加熱装置と膨張タンクをつなぐ膨張管には、止水弁を設けてはならない

● 元止め式

湯沸器に付属の給水を兼ねる給湯栓を開くことで着火し給湯するもの。そのため、一般に、給湯配管に接続しない

● 先止め式

接続された給湯配管に設置されている給湯栓類が開放され湯が出湯し、低下管内の圧力を感知してガスが着火するもの

QUESTION

ANSWER

1 最頻出問題｜一問一答

→→→

次の記述のうち、正しいものには○、誤っているものには×をつけよ

---

1 ☐☐ 水道直結方式は、一般に高置水槽方式に比べて、給水引込管の管径が大きくなる

2 ☐☐ 一般的な事務所ビルにおける1日の在勤者1人当たりの設計給水量は、60〜100ℓ程度である

3 ☐☐ クロスコネクションとは、上水の給水・給湯系統とその他の系統が、配管・装置により直接接続されることをいう

4 ☐☐ シャワーの最低必要圧力は、一般に30kPaである

5 ☐☐ ウォーターハンマーの発生を防止するためには、管内流速を速くする

6 ☐☐ 高置水槽方式は、揚水ポンプの圧力により直接建築物内の必要箇所に給水する方式である

7 ☐☐ 元止め式のガス瞬間湯沸器は、一般に給湯配管に接続しない

8 ☐☐ 吐水口空間を設けることができない衛生器具には、その器具のあふれ縁よりも高い位置に自動空気抜き弁を設ける

9 ☐☐ 深夜電力温水器において、レジオネラ属菌の繁殖を防ぐためには、貯湯槽内の湯の温度を50℃程度に保つ必要がある

---

1 ○｜水道直結給水方式は、水道本管に給水管を直結し、その水圧により各箇所に給水する方式

2 ○｜共同住宅は住居者1人当たり200〜350ℓ／日、総合病院では1ベッド当たり1,500〜3,500ℓ／日

3 ○｜上水以外の配管には、井水、中水、空調設備配管、消火設備配管、排水管等がある

4 ×｜浴室のシャワーの最低必要圧力は、一般に70kPa

5 ×｜ウォーターハンマーは、水栓や弁を急に閉じたときに管内の急激な圧力変化で、ハンマーで叩いたような衝撃音が発生すること

6 ×｜受水槽に貯水した水を揚水ポンプで高置水槽に揚水し、そこから重力により給水する方式

7 ○｜ガス瞬間湯沸器の元止め式は湯沸器に付属の給水を兼ねる給湯栓を開いて着火し給湯する

8 ×｜吐水口空間を設けることができない衛生器具に、逆流防止のために設けるものはバキュームブレーカー

9 ×｜レジオネラ属菌対策の貯湯槽内温度は60℃以上が望ましい

2 実践問題｜一問一答

→→→

1 ☐☐ 上水道の給水栓からの飲料水には、所定の残留塩素を含まなければならない

2 ☐☐ 逆サイホン作用による汚染を防止するため、洗面器のあふれ縁と水栓との間に吐水口空間を確保する

---

1 ○｜水道法により0.1mg／ℓ以上の残留塩素を含む必要がある

2 ○｜吐水口空間とは、給水栓の吐水口端とその水受け容器のあふれ縁との垂直距離で、吐水口径の約3倍の吐水口空間をとる

3 ☐☐ 給水設備において、水道直結直圧方式は、水道直結増圧方式に比べて維持管理がしやすい

4 ☐☐ さや管ヘッダー工法は、ヘッダーから器具までの配管に継手を使用しないため、管の更新性に劣る

5 ☐☐ 循環式の中央給湯設備の給湯温度は、レジオネラ属菌対策として貯湯槽内で60℃以上に維持する必要がある

6 ☐☐ 中央給湯方式の給湯循環ポンプは、配管内の湯を強制的に循環させるもので、湯の温度低下を防ぐために設ける

7 ☐☐ バキュームブレーカーは、逆サイホン作用によって汚水が逆流するのを防止するために設ける

8 ☐☐ FRP製の水槽は、内部で藻類が増殖することを防ぐため、水槽内への光の透過率を下げたものとなっている

9 ☐☐ 集合住宅の給水において、揚水ポンプから高置水槽への横管の配管が長くなる場合は、その低層階で横引きを行う

10 ☐☐ 事務所ビルにおける飲料水の受水槽の有効容量は、一般に1日当たりの予想給水量の1／3～1／2程度とする

11 ☐☐ 給水設備において、高置水槽方式は、一般に水道直結増圧方式に比べて、給水引込管の管径が大きくなる

12 ☐☐ 水の再利用に当たって、汚水を原水として雑用水の水質基準に適合するように処理した中水を、植栽散水、噴水の補給水に利用した

13 ☐☐ 給湯設備における加熱装置と膨張タンクをつなぐ膨張管には、止水弁を設けてはならない

14 ☐☐ 屋内の給水管には結露防止のために、保温材を用いて防露被覆を行う

15 ☐☐ ガス瞬間式湯沸器の20号は、1分間で20ℓの水を20℃上昇させる能力を有することを示している

16 ☐☐ 短時間に出湯する必要があるホテル等の場合、給湯方式には、一般に、単管式を採用する

3 ○ 設問記述のとおり

4 × 管の更新性が高い

5 ○ レジオネラ属菌は60℃以上で死滅するので、貯湯槽内温度は60℃以上とする

6 ○ 配管内の湯の温度低下を防ぐために、湯を強制的に循環させる

7 ○ 吐水や使用した水が、逆サイホン作用で給水管に逆流するのを防止

8 ○ 藻の増殖を防ぐためには遮光ライニングを施すか、又はFRP複合板とする

9 ○ 高置水槽と揚水ポンプが離れている場合は、ウォーターハンマー防止のためポンプの横走配管は低いところで行う

10 ○ 飲料水の受水槽の有効容量は、一般に、1日当たりの予想給水量の1／3から1／2程度とする

11 × 高置水槽方式では、いったん受水槽に貯めるために、給水引込管の管径は細くできる

12 × 中水を散水・噴水等に使用する場合は、し尿を含む水（汚水）を原水として使用しない

13 ○ 間違って止水弁を閉めたまま、加熱すると湯の膨張により加熱装置が破壊されるので、止水弁の設置は禁止されている

14 ○ さや管に入れた架橋ポリエチレン管には防露被覆は不要だが、一般の給水配管には必要

15 × ガス瞬間式湯沸器の号数は、1分間に25℃上昇させる能力を示すので、20号は20ℓの水を25℃上昇させることになる

16 × ホテル等の給湯方式は一般に複管式とし、給湯循環ポンプを組込む

021 給排水衛生設備②排水設備

ここでは、排水設備、及び通気設備に関する重要項目を理解する。過去の傾向では、例年、必ず1問出題されている項目である。実生活との結び付きも強く、イメージもしやすい単元なので、ここで知識を確実なものにしておこう

1　排水設備

☐　飲料用受水槽・貯水槽・水飲み器・製氷器等、常に衛生的に保たなければならない機器や器具の排水は、排水管に直接接続せず、一度大気中に開放し、空間を設けて排水を受ける**間接排水**にする

☐　排水槽(そう)・汚水槽は、臭気の漏れない構造とし、その中に汚物・厨芥その他の異物が溜まるので、底部は清掃をしやすくする。また、沈殿した汚泥が槽内に残らないように**吸込みピット**を設けるとともに**1／15〜1／10の勾配**を付ける

☐　排水管の掃除口は、配管の曲がり部分等に設けるとともに、管径が**100mm**を超える配管には**30m**以内に設ける

☐　自然流下式の**排水立て管**は、トラップの破封を防止するために、いずれの階においても、最下部の**最も大きな排水負荷を負担する部分の管径**と**同一管径**とする。中高層の建物の場合、1階の衛生器具からの排水管は、単独に屋外の排水ますに接続させる

☐　**排水トラップの封水深さは50mm以上100mm以下**とする。また、排水管路中に、トラップは器具トラップを含めて**1つ**とする。二重に取り付けることを**ダブルトラップ**といい、排水の流れが悪くなる

☐　汚水が油脂・ガソリン・土砂その他排水のための配管設備を著しく妨げ、又は排水のための配管設備を損傷するおそれのあるものを含む場合には、有効な位置に以下に記すような**阻集器**を設けなければならない

☐　**グリース阻集器**は、営業用厨房等からの排水に含まれる脂肪分を回収するもの。内部にはいくつかの隔壁が設けられ、脂肪分を冷却、凝固させて阻集する。また、流入口付近には網状のバケットを設けて、厨芥等を阻集する

● **間接排水**

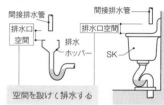

● **排水槽**

排水槽には内部の点検、清掃等のためにマンホールを設ける。マンホールの有効内径は60cm以上とする

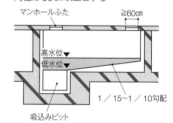

● **排水トラップの種類**

トラップ名	主な用途
Sトラップ	大便器、洗面器
Pトラップ	洗面器、流し
Uトラップ	横走管
ドラムトラップ	床排水、厨房用流し
わん（ベル）トラップ	小便器、台所流し

□ オイル阻集器（ガソリントラップ）は自動車修理工場・駐車場などガソリン・油類が排水系統に混入し爆発・引火等の事故を起こすおそれのある場所に設ける。阻集器の水面にガソリン油類を浮かべて回収する。また、洗車場等では土砂も阻集させる

□ **雨水排水管**（雨水排水立て管を除く）を汚水排水のための配管設備に連結する場合は、雨水排水管に**排水トラップ**を設ける

□ トラップますは、下水、ガス等の臭気が侵入しないようにトラップ機能を有する排水ます。雨水管やトラップ機能のない器具から、水を汚水に接続させる部分に設置する

□ 雨水排水ますには、雨水中に混存する泥などが下水配管などに流入しないように泥溜めを設ける

● **グリース阻集器とオイル阻集器**

グリース阻集器

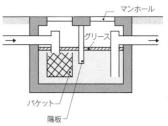

オイル阻集器

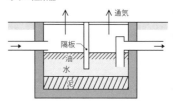

2 ── 通気設備

□ 排水管内を水が流れるとき、管内の空気は水流により圧縮あるいは吸引される。また、排水管内の流れは複雑に変動し、管内の気圧は正圧又は負圧に変動する。この変動幅がある限度を超えるとトラップは破封し、トラップ機能が果たされなくなる。それを防止するのが**通気管**である

□ 排水系統の配管内の末端に至るまで、十分に空気の流通が行われるように排水管に通気管を設けなければならない。通気方式には**各個通気、ループ通気、伸頂通気**がある

□ 通気管内には排水が流入してはならない。このためには、通気管どうしの接続はその受け持つ器具のあふれ線よりも**150㎜以上**高いところで行う必要がある

□ 通気管末端の開口部は、その建物又は近隣の建物の出入口、窓、換気口、外気取入れ口等に近接して開口する場合は、少なくとも**600㎜以上**立ち上げ、それができない場合は水平距離で**3m以上**離す

□ **排水横枝管**から通気管を取り出す場合には、水平面から**45度以上**の角度で取り出さなければならない

● **通気管**

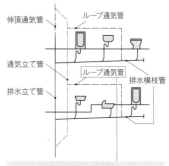

横走りする通気管（ループ通気管）は、その階の最高位にある衛生器具のあふれ縁より15㎝以上立ち上げ、通気立て管に接続する

● **各個通気方式**
器具トラップ各個に通気を設ける最も望ましい方式

● **ループ通気方式（回路通気）**
ある系統の排水管の末端から通気を取り出し、それをメインの通気管に接続する方式

● **伸頂通気方式**
排水立て管までの距離が比較的短い場合に、排水立て管の頂部を延長させ通気管としたもの

QUESTION

ANSWER

1　最頻出問題 | 一問一答

→→→

次の記述のうち、正しいものには○、誤っているものには×をつけよ

1　□□　飲料用受水槽のオーバーフロー管の排水は、一般排水系統の配管に間接排水とする

2　□□　排水立て管の上部は、伸頂通気管として延長し、大気に開放する

3　□□　自然流下式の排水立て管の管径は、一般に、上層階より下層階のほうを大きくする

4　□□　横走りする通気管は、その階の最高位にある衛生器具のあふれ縁より15cm以上上方で横走りさせてはならない

5　□□　飲料用冷水器は、一般排水系統からの逆流等を防止するために、間接排水とする

1　○ | 飲料系統の機器からの排水は、必ず間接排水とする

2　○ | 排水立て管の上部は、管径を縮小せずに延長し、大気に開放して伸頂通気管とする

3　× | 排水立て管は、負荷流量の最大となる最下部において計算した管径により、下層階から上層階まで同径で設置する。これはいわゆる「たけのこ配管の禁止」と呼ばれるものである

4　× | 横走りする通気管（ループ通気管）は、その階の最高位にある衛生器具のあふれ縁より15cm以上立ち上げ、通気立て管に接続する

5　○ | 設問記述のとおり

2　実践問題 | 一問一答

→→→

1　□□　雨水排水管（雨水排水立て管を除く）を敷地内の汚水排水管に接続する場合は、トラップますを設ける

2　□□　営業用厨房の排水管系統には、グリース阻集器を設ける

3　□□　中高層の建築物の場合、一般に、1階の衛生器具からの排水管は、単独に屋外の排水ますに接続する

4　□□　間接排水の目的は、汚水や臭気などの逆流・侵入防止である

5　□□　通気立て管の下部は、最低位の排水横枝管より低位置に置き、排水立て管又は排水横主管に接続する

6　□□　通気管は、排水管内の圧力変動を緩和するために設ける

7　□□　重力式の排水横主管や排水横枝管などの排水横走管には、管径

1　○ | 雨水排水管を直接汚水管、雑排水管と接続すると、ベランダ等のルーフドレイン部から下水臭や衛生害虫が出てくるので、トラップますで接続する

2　○ | 飲食店の厨房の排水系統に設けるグリース阻集器は、排水管からの臭気を厨房内に出さないことを主な目的として設置される

3　○ | 中高層の建築物の場合、一般に1階の衛生器具からの排水管を、上階からの排水立て管に接続すると、空気圧が高くなり封水が逆流してはね出すおそれがある

4　○ | 間接排水は、汚水や臭気等の逆流・侵入を防止するため、機器の排水系統をいったん大気中で切り、一般の排水系統へ直結する水受け容器又は排水器具の中へ排水する方法

に応じて1／50〜1／200の勾配が必要である

8 ☐☐ 通気弁は、通気管内が負圧のときは空気を吸引し、排水負荷のないときや通気管内が正圧のときは臭気などの室内への侵入を防止する器具である

9 ☐☐ 通気管の末端を、建築物の出入口・窓・換気口などの開口部付近に設ける場合は、それらの開口部の上端から60㎝以上立ち上げるか、又は水平に3m以上離す

10 ☐☐ 排水トラップを設ける目的は、排水管内の臭気・衛生害虫などの室内への侵入を防止することである

11 ☐☐ 敷地内に埋設する排水管の合流箇所や方向変換箇所などには、排水ますを設ける

12 ☐☐ 雨水排水立て管は、通気立て管と兼用することができる

13 ☐☐ 汚水や雑排水を貯留する排水槽の底部には吸込みピットを設け、その槽の底部はピットに向かって下り勾配とする

14 ☐☐ 通気管を設ける目的の一つとして、排水トラップの封水の保護がある

15 ☐☐ Sトラップは、Pトラップに比べて、自己サイホン作用による封水損失を起こしやすい

16 ☐☐ 排水横枝管接続部に特殊継手排水システムを用いることにより、通気管を伸頂通気管のみとすることができる

17 ☐☐ 排水槽に設けるマンホールは、有効内径60㎝以上とする

MEMO | **目で覚える！ 重要ポイント**

●トラップます

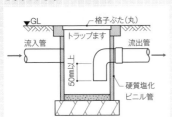

● 特殊通気継手方式

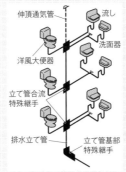

---

5 ○｜通気立て管の下部は、最低位の排水横枝管より0.5m以上低い位置において、排水立て管又は排水横主管に45度の角度で接続する

6 ○｜設問記述のとおり

7 ○｜設問記述のとおり

8 ○｜設問記述のとおり

9 ○｜設問記述のとおり

10 ○｜設問記述のとおり

11 ○｜設問の記述のとおり。また、塩ビ管を埋設する場合は、簡便な小口径塩ビますでもよい

12 ×｜通気立て管とは主に排水管の圧力を逃がすために設置するものである。雨水と排水とは兼用できない

13 ○｜下り勾配は、1／15〜1／10とする

14 ○｜排水管内に圧力変動があると、破封のおそれがあるため、それを防止する通気管が必要

15 ○｜サイホン式トラップには、Sトラップ、Pトラップ等があるが、Sトラップは自己サイホンを起こしやすい

16 ○｜特殊通気継手方式は、伸頂通気管以外の通気管のほとんどを省略する。主管と横枝管との接合部に排水の流速が減速するため、排水が円滑に流れるような継手を用いる

17 ○｜排水槽内は、定期的に清掃点検をするため、人が楽に入れる大きさの直径60㎝以上のマンホールを設ける

022 電気・照明設備

電気・照明設備は交互に出題されている。電気設備については、電源設備、配線・交流方式の特徴を、照明設備については、光源と器具を関連付けて覚えるとよい。用途に応じた適切な設備設計ができるための知識を深めよう

1 電源設備と配線方式

☐ 建物の**電源設備**には、受電・変圧して電力を供給する設備、みずから発電して電力を供給する設備、蓄電（充電）した電力を必要時に供給（放電）する設備がある。主な種類は、以下のとおり
受変電設備・非常電源設備・蓄電池設備・無停電電源設備・太陽光発電設備・風力発電設備・コージェネレーション設備（非常発電設備）等

● 電圧区分

低圧	600V以下
高圧	600 ～ 7,000V
特別高圧	7,000V以上

注 一般に、受電電圧は契約電力により決定する

☐ 単相2線式100Vは、住宅等の小規模建築物の電灯・コンセントに、単相3線式100V／200Vは、中小規模の事務所等の電灯・コンセント用幹線に用いられる。また、動力用幹線は三相3線式200Vとする

● 電源設備の基本構成

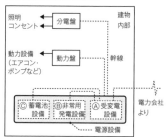

☐ OA機器対応等における床配線方式の種類とその特徴は以下のとおり

● 床配線方式の種類

方式名	特徴
フロアダクト方式	コンクリート内にフロアダクトを格子状に埋め込んで敷設し、必要に応じてジャンクションボックスを取り付けて電力線や通信線等の引出しに応じられるようにした方式
セルラダクト方式	床の構造体として使用されるデッキプレートの波形空間を閉鎖し、配線スペースとして使用できるようにし、その中にダクトを敷設した方式
フリーアクセスフロア方式	床を二重にすることによってできた空間を利用し、電力・LANケーブル等を配線する方式
バスダクト方式	金属性のダクトの中に、絶縁材により支持された銅帯等の導体を配線し、大容量を可能にした方式
アンダーカーペット方式	床面（一般には、コンクリート床面）に1mm厚のフラットケーブル（平形導体合成樹脂絶縁電線）で配線図を作図するように敷設した上にピース状のカーペットを敷いた方式

● フロアダクト方式

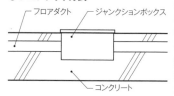

● フリーアクセスフロア方式

☐ その他、電気設備関連では以下の点に留意する
①低圧屋内配線の場合、**合成樹脂製可とう管はコンクリートに埋設できる**

②分電盤は**負荷の中心に近いところ**に設置する

③水気のある場所のコンセントには、**漏電遮断器**を設置する

④同じ電線管に納める電線の本数が多くなると、**電線の許容電流は小さくなる**

⑤事務室のOA用コンセントの負荷容量は、**1㎡当たり30〜40VA**と想定する

⑥回転球体法は雷保護システムの一種

2 照明の光源・器具・照度

● 主な照明の光源の特色

光源	特色
白熱電球	**取扱いが容易**で、**演色性がよい** 放熱損失が大きく、照明効率が悪い 地球温暖化問題の流れで、縮小・製造中止の方向にある 色温度は、**約2,800K**で赤味がある
蛍光ランプ	**高効率・低輝度・長寿命・放電が少ない** 管内面に塗布する蛍光物質によって各種光色がある 波長域の発光特性・演色性等を改良した三波長域発光型蛍光ランプが主流で、電球色蛍光灯も普及している 近年では、省エネの観点から**Hf蛍光ランプ**（高周波点灯専用）が使われている 色温度は、**約6,500K**で青白い光源
HIDランプ	高輝度放電ランプの総称 高圧水銀ランプ・メタルハライドランプ・高圧ナトリウムランプ等 高効率で光束は大きい 屋外照明だけでなく、屋内の高天井空間での利用も進んでいる
LEDランプ	**長寿命・小型・軽量** 白熱電球や蛍光灯と比べて、熱放射が少なく、寿命が長く、消費電力も少ない

● 各照明方式の特徴

照明方式	特色
直接照明	光源からの直接光で作業面を照らすもの **効率はよい**が、照度が不均一になりやすく、まぶしさを感じて目が疲れやすい場合がある
半直接照明	半透明の笠により、周辺にも光が漏れる照明器具からの照明のこと 直接照明より多少柔らかな明るさ
全般拡散照明	室内全体が均一の照度となるように、一定の間隔で照明器具を配置するもの
半間接照明	直接光と反射光を組み合わせて作業面を照らすもの
間接照明	光源からの直接光を使用せず、壁面・天井面等で反射させてから作業面を照らすもの 効率は悪いが、**照度を均一にしやすく**、雰囲気づくりの照明が可能
タスク・アンビエント照明	人や書物など照らすべき対象物（タスク）を照らす照明と天井や壁、床などの周辺（アンビエント）を照らす照明の両方を組合せる照明方法

光束法は照度分布が一様になるような広い部屋で、**逐点法（ちくてん）**はある部分だけを照明する局部照明等の計算に使われる方法である

● 照明器具の種類

通常、光源は、照明器具と一体化して使われる。その器具は配光によって、直接照明・半直接照明・全般拡散照明・半間接照明・間接照明に分類できる

● 演色性

例えば、白熱電球の光色には暖かみがあるといったように、光源のもつ性質のことをいう

● 色温度

単位はK（ケルビン）で表される。青味がかった光ほど色温度が高く、赤味がかった光は低く表される

● 光天井照明

光天井照明とは、天井全面に乳白ガラス等のパネルを張り、その上に多数の光源を配置した照明方式。間接照明に比べて、明るく拡散性が高い

● 全般照明 [※]

設計時には、天井、壁、床等の反射率を考慮する。また、白いものほど反射率が高く、照明の効率がよい。タスク・アンビエント照明の場合などの全般照度は局部照度の1／10以上とすることが望ましい

● 光束法での照度計算

日時経過による照度の低下を考慮する

● 主な照度基準

細かい視作業を行う室では1,000lx程度、それ以外の一般的な事務所の作業面等では300〜750lx程度必要。照度は、点光源からの距離の2乗に反比例する

※:空間全体を広範囲に明るくする照明を全般照明、視作業など特定の作業を行うのに必要な明るさを得るための照明を局部照明という。また、空間での雰囲気づくり的な照明を装飾照明という

QUESTION

1　最頻出問題 | 一問一答

次の記述のうち、正しいものには○、誤っているものには×をつけよ

1 ☐☐　同一電線管に収める電線本数が多くなると、電線の許容電流は小さくなる

2 ☐☐　全般照明の照度設計においては、天井、壁、床などの反射率を考慮する

3 ☐☐　照明方式の一つであるタスク・アンビエント照明は、ある特定の部分だけを照明する方式である

4 ☐☐　照明器具の初期照度補正制御を行うことは、明るさを一定に保つ効果はあるが、省エネルギー効果は低い

5 ☐☐　低圧屋内配線において、合成樹脂製可とう管は、コンクリート内に埋設してはならない

2　実践問題 | 一問一答

1 ☐☐　かご形三相誘導電動機の始動方式の一つであるスターデルタ始動は、直入始動に比べて始動電流を小さくすることができる

2 ☐☐　事務所ビルにおける分電盤は、一般に、負荷の中心に近く、保守・点検の容易な場所に設ける

3 ☐☐　電力の供給で、負荷容量、電線の太さ・長さが同一であれば、配電電圧を低くするほうが、配電線路の電力損失が少なくなる

4 ☐☐　電力の供給において、契約電力が50kW以上となる場合には、一般に、需要家側に受変電設備を設置する必要がある

5 ☐☐　低圧屋内配線のケーブルラックには、絶縁電線を敷設できる

6 ☐☐　建築物の受電電圧は、一般に、契約電力により決定される

ANSWER

→→→

1　○｜同一電線管に収める電線本数が多くなるほど、電線の許容電流は小さくなる

2　○｜光束法による全般照明の照度設計においては光源からの直接光のみならず、天井・壁等の反射光も考慮する

3　×｜タスク・アンビエント照明は、「アンビエント」（周囲環境）照明として控えめの照度で室全体を照明し、「タスク」（作業）照明として局部的に作業面を明るく照明する方式

4　×｜照明器具の初期照度補正機能とは、照明器具内にタイマーと調光装置を内蔵し、常に同一の光速が発現するように調光することで、省エネルギー効果が高い

5　×｜合成樹脂製可とう管はコンクリート内に埋設してもよい

→→→

1　○｜スターデルタ始動とは、電動機巻線を始動する際に、一時Y（星形）結線に切り換え、始動完了後△（三角）結線にする始動方法で、最も簡単な減電圧始動方式である

2　○｜分電盤よりの配線が極端に長くならないように、負荷の中心に設置する

3　×｜電力＝電圧×電流であり、一定の電力を供給する場合、電圧を低くして電流を上げる、又は電流を低くして電圧を上げる。電圧＝抵抗×電流で、電圧を低くすると流れる電流が小さくなり、結果として電力損失が多くなる

4　○｜50kW以上の電力を必要とする場合は高圧のまま引込み、受変電設備にて低圧したほうが引込みケーブルを小さくできる

7 ☐☐ 分電盤における分岐回路の数は、建築物の規模や負荷の数によって異なる

8 ☐☐ 受変電設備における進相コンデンサは、主に力率の改善を目的として使用される

9 ☐☐ 電気配線の許容電流値は、周囲温度や電線離隔距離に影響されない

10 ☐☐ 発光ダイオード(LED)は、電流を流すと発光する半導体素子であり、消費電力が少なく寿命が長いなどの特徴がある

11 ☐☐ 住宅の配電方式は、一般に、単相2線式100V又は単相3線式100V／200Vが用いられる

12 ☐☐ 搬送動力を削減させるために、送風機やポンプ等の電動機をインバーター制御とした

13 ☐☐ 接地工事には、接地工事の対象施設、接地抵抗値及び接地線の太さに応じて、A種、B種、C種及びD種の4種類がある

14 ☐☐ コンピュータの作業をする事務室では、照明器具の輝度は高いほうがよい

15 ☐☐ インバーター制御は、省エネルギー性に優れているうえ、ほかの電気系への影響も少ない

16 ☐☐ 室指数は、対象の室の光源の高さにかかわらずその室の間口と奥行から求められる

17 ☐☐ 点光源による直接照度は光源からの距離の2乗に反比例する

MEMO | **目で覚える！ 重要ポイント**

● 屋内照明器具の配光

分類	直接照明型		半直接照明型	全般拡散照明型	半間接照明型	間接照明型
配光曲線	上方光束(%) 0	10	40	60	90	100
	下方光束(%) 100	90	60	40	10	0
照明器具	ダウンライト	金属製反射笠	ガラス製(半透明)グローブ	半透明反射皿	金属製反射皿	
	下面開放型	富士型	カバー付	コープ照明		

---

5 ×｜絶縁電線は被覆保護されていないコードなので、被覆されたケーブル用のラックには敷設できない

6 ○｜受電電圧は電力会社の供給規定により、契約最大電力の大きさに応じた供給電圧が決まる

7 ○｜設問記述のとおり

8 ○｜設問記述のとおり

9 ×｜周囲温度や離隔距離に大いに影響される

10 ○｜白熱電球と交換するだけで使える家庭用の電球形LEDは低価格化が進み、急激に普及している

11 ○｜最近の住宅には200V電源が使用できる単相3線式100V／200Vが多い

12 ○｜空調等の負荷に応じてファン、ポンプ等をインバーターによる回転数制御をすると消費電力が削減できる

13 ○｜A種：10Ω以下、B種：変圧器の高圧側又は特別高圧側の電路の1線地絡電流のアンペア数で150を除したオーム数以下、C種：10Ω以下、D種：100Ω以下

14 ×｜輝度の高い光源(窓や照明器具)が視線近くにあると、直接グレア(まぶしさ)を受けディスプレイが見えにくくなる。したがって、コンピュータの作業室に使用する照明器具は輝度の高くないものにする

15 ×｜インバーター制御は、省エネルギー性には優れているが、電気系にノイズを発生させる原因となることがある。その対策としては、インバーターの電源側にノイズフィルターを設置する

16 ×｜室指数とは、照明計算に用いる部屋の天井高さや間口、奥行の比率によって、照明効率を算出する値

17 ○｜設問記述のとおり
$E=\dfrac{I}{\ell^2}$
E:照度 I:光源
ℓ:光源からの距離

023 防災設備

防災設備のうち、消火設備を中心に解説する。消火設備では、消火の原理（消火法）を押さ
えれば、消火設備の特徴が理解できる。排煙設備は、設置基準及び技術基準を理解する
必要がある。避雷設備は外部保護と内部保護の両方の理解が必要である

1　消火設備

● 消火設備とその内容・設置対象

設備名	内容（消火の原理）	設置対象
屋内消火栓設備	火に直接水をかけて（手動）、冷却消火する設備。消防法では、**加圧送水装置**として**高置水槽・圧力水槽・ポンプ**を用いるものが認められているが、一般にはポンプが使用されている	一般の建物に設置。1人でも操作できる2号消火栓と、2人で操作する1号消火栓がある 1号：工場・倉庫・可燃物を取り扱う建物 1号・2号とも可：操作のしやすい場所。特に旅館・ホテル・福祉施設・病院・物販店など
スプリンクラー設備	火災を感知して自動的に火源に水をかけて冷却消火する設備。**開放型**と**閉鎖型**とに分けられ、閉鎖型は**乾式・湿式・予作動式**に分けられる	不特定多数の人が使用する劇場・集会所・百貨店・福祉施設等、またそれ以外の建物でも11階以上の階には設置する。これらの建物の中でも、階段・浴室・便所・機械換気設備室等には**補助散水栓**[＊1]又は屋内消火栓を設ける
ドレンチャー設備	水膜によって延焼を防止する設備。機構は開放型スプリンクラー設備とほぼ同様であり、開放型ヘッドの代わりに水膜を形成する**ドレンチャーヘッド**を開口部の上枠などに設置する	開口部に防火戸が設置できない場所などに設ける
水噴霧消火設備等	水を微細な霧状にして放射し、火災を冷却作用及び空気遮断による窒息作用によって延焼を阻止して消火する設備	油や電気火災の危険のある部分に設置する
泡消火設備	泡を放射して可燃性液体の表面を覆い、室息作用と冷却作用とによって消火する設備。**固定式・移動式**[＊2]とがあり、固定式には**全域放出方式・局所放出方式**とがある	油タンクや駐車場など油火災に特に有効 全域放出方式：建物内の地下駐車場など 局所放出方式：火源の周囲にのみ設ける 移動式：煙が充満するおそれのない開放された駐車場など
不活性ガス消火設備	密閉した室内に不活性ガスを放射し、空気中の酸素濃度を低下させて窒息消火を行う設備	駐車場・電気室・通信機器室等に設置する
粉末消火設備	炭酸水素ナトリウムなどの粉末が分解する際に発生する不燃性ガスによって消火する設備。引火性液体の表面火災に即効性があり、電気的絶縁性が高いといった利点がある。全域放出方式・局所放出方式・移動式がある	粉末なので凍結の心配がないことから、開放された駐車場や寒冷地の駐車場、危険物等の消火設備に適用される

＊1：スプリンクラー設備の流水検知装置又は圧力検知装置の二次側配管から分岐して設けるもので、その性能は2号消火栓と同等
＊2：消火栓・泡原液タンク・泡混合器・ホース・ノズルなどを納めた泡消火栓箱を設置して、消火の際にはホースを延長して泡を放出する設備

2　排煙設備

排煙設備は、火災発生時の煙をすみやかに排除することによって、在室者の避難経路を確保し、消防隊の活動を助ける重要な設備である。**建築基準法**と**消防法**によって規定されており、一定以上の規模・階数の建物、特殊建築物などに設置が義務付けられる

● **機械排煙方式**

排煙口の位置・構造、排煙ダクトの構造、排煙機の分担すべき排煙口の数、非常電源の確保などの技術基準が、別途定められている。高層建築などの特別避難階段の附室や乗降ロビーには設置が義務付け

排煙方式には**自然排煙**と**機械排煙**がある

●排煙方式の違い

自然排煙方式	煙が天井面に沿って拡散することを前提に、外気に面した開放可能な窓（開口部）の排煙に有効な面積を、床面積500㎡以下に区画した防煙区画面積の1／50以上確保する必要がある
機械排煙方式	500㎡以下の防煙区画ごとに配置された排煙口から、居室等では床面積1㎡につき1㎡／分の風量を、排煙ダクトを経て排煙機で屋外に排気するもので、自然排煙方式より信頼性が高い

られている。特に加圧防煙方式（後述）の機械排煙方式の一つ

●加圧防煙方式

煙の流入を確実に防止できるが、加圧によって避難扉の開閉に支障の出ないことを確認するなど、国土交通大臣の特別認定を受けること

機械排煙設備の電気配線は、耐熱性を有する電線を用いて、電源から単独回路とするよ

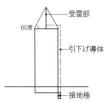

3　自動火災報知設備

自動火災報知は、感知器により火災（熱や煙）を自動的に検知すると直ちに、受信機・音響装置により建物内へ自動的に警報を発する。火災発生の初期段階で、館内の人たちを安全に避難させることを目的としている。自動火災報知設備は、主に火災を感知する感知器と、火災情報を知らせる地区音響装置、火災情報を監視する受信機により構成される

非常警報設備とは火災発生時に音響・音声等によって建物内部の人々に的確に通報・誘導するための設備

●感知器

火災を発見する方法により、熱を感知する熱感知器、炎から発生する赤外線量を感知する炎感知器、火災時に発生する煙を感知する煙感知器などに区分される

●地区音響装置

建物内の収容人員により設置が義務付けられる非常警報設備（地区ベルや非常放送設備など）で代用することが多い

●受信機

通信種別により中小規模向けのP型受信機、大規模向けのR型受信機に分けられる

4　避雷設備

直撃雷による建築物の被害を防護するために、建物を守る**外部雷保護**と、建物内部にあるエレクトロニクス機器を守る**内部雷保護**が必要になる

●避雷設備の分類と主な特徴

保護	防止箇所	構成
外部雷保護	直撃雷による建築物の損傷を防ぐためのシステム	直撃雷を受け止める**受雷部**、雷電流を接地極に導くための**引下げ導体**、雷電流を大地に放流するための**接地極**で構成
内部雷保護	電子・情報機器等、いわゆる弱電機器が受ける過電圧による障害を防止するためのシステム	建築物内における等電位ボンディング、電磁界からの遮蔽あるいは隔離・**雷サージ保護装置（SPD）**・接地極等で構成

●避雷設備

高さ20mを超える部分を雷撃から保護。突針の保護範囲は保護角60度以内となる

```
        受雷部
   60度
        引下げ導体

        接地極
```

●外部雷保護の代用

引下げ導体には、外部雷保護専用もしくは建築物の鉄骨（あるいは主鉄筋）を代用する場合がある。また、接地極も独立した接地極の施工もしくは建築物構造体の基礎を代用する場合がある

QUESTION　　　　　　　　　　　　　　　　　　　　　　ANSWER

1　最頻出問題│一問一答

→→→

次の防災設備に関する記述のうち、正しいものには○、誤っているものには×をつけよ

1 □□　水噴霧消火設備は、油火災の消火には適さない

2 □□　屋内消火栓設備は、火災を自動的に感知し、放水して消火する設備である

3 □□　閉鎖型スプリンクラー設備は、火災を自動的に感知し、散水して消火する設備である

4 □□　非常警報設備は、火災を自動的に感知し、音響装置により報知する設備である

5 □□　一般の建築物に避雷設備を設置する場合、突針から保護角60度以内が、保護範囲となる

1 ×｜霧状の水を放射するので、油を含む可燃性液体をはじめとした危険物用に使用される。水の特徴である冷却効果・希釈効果及び窒息効果により、火災の消火・抑制を行う

2 ×｜屋内消火栓は手動で消火する設備。廊下などの扱いやすいところに設置し、主に初期消火に用いられる。1号消火栓及び2号消火栓の2種類がある

3 ○｜閉鎖型スプリンクラー設備は、火熱によりヘッドが開き自動的に散水する、一般ビル用の設備である

4 ×｜非常警報設備とは火災発生時に音響・音声等によって建物内部の人々に的確に通報・誘導するための設備。感知システムではない

5 ○｜避雷設備は、高さ20mを超える建築物において、その高さ20mを超える部分を雷撃から保護するように設ける。突針から保護角60度以内が保護範囲となる

2　実践問題│一問一答

→→→

1 □□　不活性ガス消火設備は、電気火災には適さない

2 □□　屋内消火栓設備における易操作性1号消火栓は、1人で操作が可能な消火栓である

3 □□　機械排煙設備の電気配線は、耐熱性を有する電線を用いて、電源から単独回路とする

4 □□　自動火災報知設備は、熱又は煙を自動的に感知し、受信機・音響装置により報知する設備である

5 □□　自動火災報知設備の発信機は、手動によって火災信号を受信機

1 ×｜不活性ガス消火設備は、電気室や美術館・精密機械・電気通信機室などに用いられる。消火剤等による汚損が少なく、早急な復旧が必要な場所に設置される

2 ○｜1号消火栓は2人で操作する消火栓であるが、易操作性1号消火栓は1人で操作可能であり、主流となっている

3 ○｜機械排煙設備に用いる配線は、耐熱性が要求される。耐熱配線はその耐熱性能から耐熱A種、耐熱B種、耐熱C種に分類し、用いる

に発信するものである

6 ☐☐ 自動火災報知設備の定温式感知器は、周囲の温度の上昇率が一定値以上になったときに作動する

7 ☐☐ 光電式スポット型煙感知器は、煙の濃度が一定値以上になっても作動しない

8 ☐☐ 自動火災報知設備の配線に使用する電線と一般照明用の電線とは、一般に、同一の配管の中に設けてはならない

9 ☐☐ 泡消火設備は、油火災に対して有効な消火設備である

10 ☐☐ 非常電源には、非常電源専用受電設備、自家発電設備、蓄電池設備及び燃料電池設備の4種類がある

11 ☐☐ 連結送水管は、消防隊専用の消火栓であり、消防ポンプ自動車により送水して使用する

12 ☐☐ 連結散水設備は、地階の火災発生に備えて天井部分に散水ヘッドを設置しなければならない

13 ☐☐ 非常用の照明装置の予備電源は、停電時に30分間継続して点灯できない

14 ☐☐ 誘導灯には、避難口誘導灯、通路誘導灯、客席誘導灯の3区分がある

15 ☐☐ 防火ダンパーは、空気調和設備や換気設備のダクト内に設けられ、火災時の空気流動を遮断する設備である

16 ☐☐ 屋外消火栓設備は、屋外から建築物の1階及び2階の火災を消火し、隣接する建築物への延焼を防止するための設備である

17 ☐☐ 非常警報設備の非常ベルは、音響装置の中心から1m離れた位置で90dB以上の音圧が必要である

4 ○｜自動火災報知設備は、感知器で熱や煙を感知し、受信機に火災の発生と場所をブザーとランプで知らせる設備である

5 ○｜人が火災を発見したときに、押しボタンを手動で押して火災信号を発信する装置である

6 ×｜温度上昇率により作動するのは差動式感知器である

7 ×｜作動する。感知器の内部にある発光素子から光が発せられ、内部に煙が侵入し、煙の濃度が一定値以上になったときに錯乱光となり、作動する

8 ○｜設問記述のとおり

9 ○｜泡消火設備は、泡により燃焼面を覆うことで空気の供給を絶つとともに、冷却効果により消火を行う、油火災に対して有効な消火設備である

10 ○｜従来は3種類であったが、2006年から新しく燃料電池設備が認定され4種類となった

11 ○｜消防隊専用栓とも呼ばれ、送水口、送水配管、放水口で構成され、ポンプ車より加圧された消火用水を送水口から放水口へ送水する

12 ○｜700㎡以上の地下階に設ける。地階の火災発生時に備えて、天井に散水ヘッドを設置し、火災時に消防ポンプ車から送水口・配管を通じて送水を行い消火する設備

13 ×｜点灯できる。非常用の照明装置は、常温下で床面において水平面照度で1ルクス（蛍光灯を用いる場合には2ルクス）以上を確保すること

14 ○｜設問記述のとおり。非常時に防火対象物内の人を安全に避難させるために設置する防災設備

15 ○｜別名ファイヤーダンパー（FD）。火災によるダクト内の温度上昇時に、ヒューズ又は形状記憶合金の作動によって閉鎖するダンパーのこと

16 ○｜設問記述のとおり

17 ○｜設問記述のとおり

024 省エネルギー、環境配慮

省エネルギーに関しては、要注意のキーワードとして覚えておきたいPAL、CECなど、省エネ法に関する知識を身に付ける。また、環境配慮に関しては、CASBEE関連の用語を理解することが重要である

1 省エネルギー対策

☐ わが国では2050年までに**カーボンニュートラル**を達成することを宣言している

☐ 建物全体の省エネ性能を「一次エネルギー消費量」で客観的に評価する。ただし、住宅の外皮（外壁・窓等）の熱性能については、一定の水準（平成25年基準相当）を別途確保する（平成28年4月施行）

☐ 建築物の一次エネルギー消費量の基準では、地域区分や床面積の共通条件のもとに、実際に設計した建築物の仕様で算定した設計一次エネルギーが基準仕様（平成25年基準相当の外皮と標準的な設備）で算定した省エネ基準一次エネルギー消費量以下になることを基本とする

☐ **ZEH**（**ゼッチ**）とはnet Zero Energy House（ネット・ゼロ・エネルギー・ハウス）の略語。住宅で消費する年間の一次エネルギーの収支をゼロもしくはマイナスにすることを目指した建物。**ZEB**（**ゼブ**）とはnet Zero Energy Building（ネット・ゼロ・エネルギー・ビルディング）の略語。建物で消費する年間の一次エネルギーの収支をゼロもしくはマイナスにすることを目指した建物

☐ **CASBEE**（**キャスビー**）とは建築環境総合性能評価システムの略語。建築物の環境性能で評価し格付けする手法である。省エネルギーや環境負荷の少ない資機材の使用といった環境配慮や、室内の快適性や景観への配慮なども含めた建物の品質を総合的に評価するシステム

☐ **BELS**（**ベルス**）（Building-Housing Energy-efficiency Labeling System、建築物省エネルギー性能表示制度）とは、「建築物の省エネ性能」を認証するための制度。建築物の一次エネルギー消費量に基づきBELS評価機関が5段階で評価し、省エネルギー

●カーボンニュートラル
わが国では温室効果ガス排出量を2030年までに2013年比46％削減、2050年までにカーボンニュートラルを達成することを宣言している

●算定の対象となる設備
「空調・冷暖房」、「換気」、「照明」、「給湯」、「昇降機」、「その他」（事務機器など）および「エネルギー利用効率化設備」（太陽光発電、コージェネレーション設備）。「その他」の基準値は床面積に対応

●省エネ性能の評価
設備の前5項目の消費量合計から第6稿の効果を削減。太陽光発電については、自家消費相当分のみ削減できる（売電の場合は0、売電しない場合は100％削減できる）

●エアバリアシステム（方式）
ガラス面とブラインドの間にこもった空気を確実に効率的に排気する省エネシステム。ブラインドを高気密化する必要があり省エネ効果はダブルスキンやエアフローウィンドよりも劣る

●エアフローウィンドウシステム
ガラスとガラスの間にブラインドを入れて、ガラス間を強制換気するシステム

●COP
Coefficient of Performance。冷凍機やヒートポンプの入力に対する出力の比で、成績係数が大きいほど効率が高い

性能を表示する制度

☐ **オフグリッド**とは建物が電力会社の送電網につながっていない状態、あるいは電力会社に頼らず電力を自給自足している状態。太陽光発電等による創エネが必須となる

☐ **カーボンニュートラル**とは、日本においては温室効果ガスを対象にしたものであり、排出量から吸収量と除去量を差し引いた合計をゼロにすることを意味する。CO_2排出量を削減し、さらに森林などでCO_2吸収量を増やし、差し引きゼロ、中立(ニュートラル)とすること

☐ 有効な省エネルギーの取組みとして下記の項目が考えられる
①建築物全体の**熱負荷**のうち、**外気負荷**の割合は大きいので、外気負荷を少なくする
②事務所ビルでは、日射による窓部からの熱負荷を抑制するために、**ダブルスキン、エアバリアシステム、エアフローウィンドウシステム**を採用する
③**氷蓄熱**は氷の状態で蓄熱するもので、水蓄熱に比べて蓄熱槽を小さくできる
④機械室やシャフトの位置は、**負荷までの経路が短く**なるように計画する
⑤受変電設備に高効率変圧器を用いる
⑥換気設備において全熱交換型換気扇を用いる
⑦給湯設備において、太陽光エネルギーにより水を加熱する**集熱器**を用いると有効
⑧配電線路において、**電力損失(配電損失)**を少なくするには、配電電圧を適正に保つことが必要
⑨屋根に**太陽光発電設備**を設置し、電力会社からの電力と併用利用すると電力消費を抑えることができる
⑩**雨水利用システム**は水道水の使用量を抑制できる

☐ 冷暖房・空調設備の省エネルギーの取組みとして下記の項目が考えられる
①エアコンは、**成績係数(COP)**の大きい機器を採用する
②夏期の冷房時の窓面からの**日射負荷を低減**するために、外壁面の窓まわりにルーバーを設ける。外付ルーバーがより効果的である
③**外気冷房**[※]は、中間期や冬期において冷房負荷が存在するときに活用する。夏期の昼間における冷房負荷を低減するために、外気温が低下する**夜間に自然換気**(ナイトパージ)を行い、昼間に蓄熱された熱を排除すると効果的である

● **高効率変圧器**
鉄心に使用する材料を励磁電流が少なくてすむものにして無負荷損を少なくして省エネ効果を高めた変圧器

● **雨水利用システム**
雨水の集水場所は一般に、屋根や屋上となり、雨水貯留槽に貯めた水を散水や洗車に利用できる

● **ルーバーの夏期使用の効果**
日中の太陽の移動位置を考慮し、南面の窓には水平ルーバーを、西面の窓には垂直ルーバーを設ける

● **外気冷房の効果**
事務所ビルで採用した場合、年間10～20%程度の省エネ効果が期待できる

● **夜間の自然換気(ナイトパージ)**
建物の年間冷房負担を15%低減できる。照明負荷は年間を通しての全体としての負荷となり、また熱の発生があるため照明負荷を10%低減させると冷凍機の電力消費を5%低減させる

● **タスク・アンビエント照明方式**
局部照明するタスクライトと、目の疲労を防止するために、タスクライトの1／2～1／3の全般照明を得るための方式のこと

● **クールチューブ**
屋外より取り込んだ外気を地中に埋めた管を通して室内へ入れ込む。年間を通じて安定した地中温度を利用して外気を少し冷やしたり温めたりすることが可能

111

※:外気冷房とは、外気温が室温より低い場合、外気を取り入れて冷房すること。冬期でも冷房負荷が発生する場合に有効

④**空調用冷水ポンプの台数制御による変水量方式**を採用すると、**搬送動力を少なくできる**

⑤**クールチューブや地中熱ヒートポンプ等、地中熱利用**を採用する

照明設備の省エネルギーの取組みとして下記の項目が考えられる

①照明計画において使用電力量を削減するために自然光と人工照明を併用する

②**タスク・アンビエント照明方式**は、在席率が低い事務所の執務空間などでは、特に効果が大きい

2 　環境配慮

省エネに対する有効な手段を施すことはもちろん、以下のような環境に対する配慮も重要な要素である

①環境への配慮の度合いを、**ライフサイクル二酸化炭素排出量（LCCO₂）**により評価する

②設備材料には、**エコマテリアル（低環境負荷材料）**を積極的に使用すると、地球の温暖化の抑制に有効である

③建築計画を行う際には、建設費などのイニシャルコストと同様に、**ライフサイクルコスト（LCC）**やライフサイクルエネルギー（LCE）にも配慮した建築計画を行うことが望ましい

④使用する設備機器を、**ライフサイクルアセスメント（LCA）**により評価し、選定することが望ましい

⑤建築物の環境性能を高めるために、CASBEE（建築物総合環境性能評価システム）により算出される、**BEE（建築物の環境性能効率）**の数値が大きくなるような環境対策を行う

⑥建築物の運用段階における省エネルギー化と建築物の機能の長寿命化を図るために、**BMS（ビルディング・マネジメント・システム）**を導入する

●**LCCO₂**
建築物や設備の建設から取り壊しまでに発生する二酸化炭素の量のこと。地球の温暖化に関する負荷を示す指標

●**LCCM（ライフサイクルカーボンマイナス）**
LCCO₂に対して、太陽光発電などによる再生可能エネルギーの利用により、ライフサイクルでCO₂排出をマイナスにすること

●**LCE（ライフサイクルエネルギー）**
建築物の生涯に消費される総エネルギー量のこと

●**LCA**
主に個別の商品の製造・輸送・販売・使用・廃棄・再利用までの、各段階における環境負荷を明らかにすること

●**BEE**
BEEによる評価は「建物の環境品質・性能」が高く、「建物の外部環境負荷」が低いと数値が大きくなる

●**BMS**
ビル全体の安全防災・修繕計画・警備・光熱水費等を管理すること

●**LCC（ライフサイクルコスト）**
建築物の生涯にかかる総費用。企画や設計、建築にかかる費用のほか、保守管理や修理の費用、設備費、解体費、廃棄にかかる費用なども含まれる

※1：ただし、○○のときは××になる場合もある

024   省エネルギー、環境配慮   QUESTION & ANSWER

QUESTION

ANSWER

1 　最頻出問題｜一問一答

→→→

建築設備の省エネルギー・省資源・環境配慮に関する次の記述のうち、正しいものには○、誤っているものには×をつけよ

1 □□　Low-Eガラスを使用した複層ガラスにおいて、一般に屋外側よりも屋内側にLow-Eガラスを用いたほうが、暖房時の断熱性が高い

2 □□　換気設備において、外気負荷を少なくするために、全熱交換型換気扇を用いた

3 □□　電気設備において、配電線路の電力損失を少なくするために、配電電圧をなるべく低くした

4 □□　エアコンは、成績係数(COP)の小さい機器を採用した

5 □□　氷蓄熱は、氷の状態で蓄熱するもので、水蓄熱に比べて、蓄熱槽を小さくすることができる

6 □□　環境への配慮の度合いを、ライフサイクル二酸化炭素排出量(LCCO₂)により評価した

1 ○｜複層Low-Eガラスは、冷房用は屋外側に、暖房用には屋内側に設ける

2 ○｜一般に、全熱交換型換気扇を使用すると、排出される熱を70%程度回収できる

3 ×｜電力損失は、電流の大きさの2乗に比例するため、同じ電力を送るには、電圧が高いほど、流す電流と電力損失は少なくて済む

4 ×｜成績係数(COP)は、冷凍機やヒートポンプの入力に対する出力の比であり、成績係数が大きいほうが効率がよい

5 ○｜氷充填率(IPF)が10%のとき、氷蓄熱槽は水蓄熱槽の1／3の大きさとなる

6 ○｜ライフサイクル二酸化炭素排出量(LCCO₂)は、建築物や設備の建設から取り壊しまでに発生する二酸化炭素の量であり、地球の温暖化に関する負荷を示す指標である

2 　実践問題｜一問一答

→→→

1 □□　居室の南側に付室を設け、そこで集めた熱を室内に循環する方式であるソーラーチムニー方式を採用した

2 □□　事務所ビルにおいては、全消費エネルギーに対する照明に使用されるエネルギーの割合は小さく、照明負荷を低減することによる省エネルギーの効果は少ない

3 □□　タスク・アンビエント照明方式による省エネルギー効果は、在席率が低い事務所の執務空間の場合、特に期待できる

4 □□　給湯設備において、潜熱回収型給湯機を採用したシステムの採用は、省エネルギーに有効である

1 ×｜ソーラーチムニー方式とは、太陽光による温度上昇と通風を利用した建物の自然換気システムのことである

2 ×｜照明負荷は年内を通しての負荷となり、また熱の発生もあるので照明負荷の低減は省エネルギーに十分有効

3 ○｜在席率の低い事務所の執務室の場合、局部照明を利用することで省エネルギーに有効

4 ○｜潜熱回収型給湯機は従来型給湯機の一次熱交換機に加えて、二次熱交換機を設置し、排気ガスから潜熱を回収することで効率を向上させる

5 ☐☐ 外気冷房は、中間期や冬期において冷房負荷が存在するときに、省エネルギー効果が期待できる

5 ○｜一般的に事務所ビルで外気冷房を採用した場合、年間10〜20%程度の省エネルギー効果が期待できる

6 ☐☐ 空調方式は、エネルギー消費係数（CEC）ができるだけ小さくなるシステムを採用した

6 ○｜エネルギー消費係数（CEC）は、空調のエネルギー消費の判断基準に用いられる指標であり、この値が小さいほどエネルギー消費量は小さい

7 ☐☐ 夏期の冷房時における窓面からの日射負荷を低減するため、東西面の窓に水平ルーバーを計画した

7 ×｜東西面には垂直ルーバー、南面には水平ルーバーを設ける

8 ☐☐ 事務所ビルにおいて、日射による窓部からの熱負荷を抑制するために、エアフローウィンドウシステムを採用した

8 ○｜エアフローウィンドウシステムとは、ガラスとガラスの間にブラインドを入れ、ガラス間を強制換気するシステムである

9 ☐☐ ライトシェルフは、窓の外側に設ける水平庇により、庇下部の窓面からの日射を遮蔽しつつ、庇上部の窓面から自然光を室内に導く採光手法である

9 ○｜設問記述のとおり

10 ☐☐ 設備スペースにゆとりをもたせ、設備機器の保守・更新に対応可能とした

10 ○｜設置スペースは、機器の更新が可能であるように配慮されていなければならない

11 ☐☐ 設備材料には、エコマテリアル（低環境負荷材料）を積極的に使用した

11 ○｜設備材料にエコマテリアル（低環境負荷材料）を使用すると、地球の温暖化の抑制に有効である

12 ☐☐ 使用する設備機器を、ライフサイクルアセスメント（LCA）により評価し、選定した

12 ○｜ライフサイクルアセスメント（LCA）とは、主に個別の商品の製造・輸送・販売・使用・廃棄・再利用までの各段階における環境負荷を明らかにすることである

13 ☐☐ 建築物の運用段階における省エネルギー化と建築物の機能の長寿命化を図るために、BMS（ビルディング・マネジメント・システム）を導入した

13 ○｜BMS（ビルディング・マネジメント・システム）は、ビル全体の安全防災・修繕計画・警備・光熱水費等を管理すること

14 ☐☐ 建築物の環境性能を高めるために、CASBEE（建築物総合環境性能評価システム）により算出されるBEE（建築物の環境性能効率）の数値が小さくなるような環境対策を行った

14 ×｜建築物の環境性能効率の評価は、「建物の環境品質・性能」が高く、「建物の外部環境負荷」が低いと数値が大きくなる

15 ☐☐ 年間を通じて安定した給湯需要のある大きな建物に対して、コージェネレーションシステムを採用した

15 ○｜コージェネレーションシステムは発電と同時に廃熱が出るために、この廃熱を給湯熱源に利用すると熱効率を70〜80%にアップすることが可能となる

16 ☐☐ 空調負荷を低減するために、地中熱を利用したクールチューブを採用した

16 ○｜設問記述のとおり

17 ☐☐ 大空間や吹抜けのある部屋など天井が高い室において、居住域を中心とした床吹き出し空調とした

17 ○｜設問記述のとおり

18☐☐ 外皮平均熱貫流率（U_A値）とは、建物内部から床、外壁、屋根や開口部などを通過して外部へ逃げる熱量を外皮全体で平均した値であり、数値が大きいほど性能が良い

19☐☐ CASBEE（建築物環境総合性能評価システム）は、省エネルギーや環境負荷の少ない資機材の使用といった環境配慮や、室内の快適性や景観への配慮なども含めた建物の品質を総合的に評価するシステムである

20☐☐ ZEBとは達成するためには外皮性能と一次エネルギー基準の双方の一定以上の削減が必要である

21☐☐ SDGs（持続可能な開発目標）は、2030年を年限とする国際目標であり、建築関連では「水・衛生」、「エネルギー」、「まちづくり」などに関する項目が含まれている

22☐☐ 再生可能エネルギー利用とは排水の再利用や浴槽やプールのオーバーフロー改修などエネルギーや資源を無駄にしない手法のことである

18 ×｜熱損失の合計を外皮面積で除した値で、値が小さいほど省エネルギー性能が高いことを示す

19 ○｜設問記述のとおり

20 ×｜ZEBの達成に外皮性能については基準値からの削減は不要

21 ○｜設問記述のとおり

22 ×｜太陽光やバイオマスなど温室効果ガスを排出しないエネルギー利用を示す

分野別・出題傾向［平成26−令和5年］

DATA

分野	H26	H27	H28	H29	H30	R1	R2	R3	R4	R5	合計
日本建築史	1.0	1.0	1.0	1.0	1.0	1.0	1.0		1.0	2.0	10.0
西洋・東洋建築史		1.0	1.0	1.0	1.0	1.0		1.0	1.0		7.0
建築史融合							1.0				1.0
計画基礎・建築計画		1.0	2.0		1.0	1.0					5.0
各部計画	3.0	1.0	1.0	2.0	2.0	3.0	3.0	2.0	2.0	3.0	22.0
住宅・集合集宅	2.0	2.0	2.0	2.0	2.0	2.0	3.0		2.0	2.0	19.0
公共建築	1.0	1.6	2.0	2.0	2.0	2.0	1.0	2.0	2.0	2.0	17.6
商業建築	2.0	1.4	2.0		2.0	2.0		2.0	2.0	1.0	14.4
地域計画	1.0	1.0		1.0	1.0		1.0	1.0			6.0
環境工学 単位・用語	1.0	1.0	1.0	1.0	1.0	1.0	1.0	1.0	1.0	1.0	10.0
換気	1.0	1.0	1.0	1.0	1.0	1.0	1.0	1.0	1.0	1.0	10.0
温冷感・熱・結露	2.0	2.0	2.0	2.0	2.0	2.0	2.0	2.0	2.0	2.0	19.0
日射・日照・採光	3.0	1.0	1.0	1.0	1.0	1.0	0.5	1.0	0.5	1.0	11.0
光・色彩		1.0	1.0	1.0	1.0	1.0	0.5	1.0		1.0	7.5
音	1.0	1.0	1.0	1.0	1.0	1.0	2.0	1.0	1.0	1.0	11.0
環境工学融合		1.0	1.0	1.0	1.0	1.0	1.0	1.0			7.0
建築設備用語		1.0		1.0	1.0	1.0	1.0		1.0	1.0	7.0
空気調和設備	3.0	2.0	3.0	2.0	1.0	1.0	1.0	1.0	1.0	2.0	17.0
給排水衛生設備	2.0	1.0	1.0	1.0	2.0	2.0	2.0	2.0	1.0	2.0	16.0
電気・照明設備	2.0	1.0	1.0	3.0	2.0	2.0	1.0	1.0	2.5	1.0	16.5
防災設備	1.0						1.0	1.0		1.0	6.0
省エネ環境設備	1.0	1.0	1.0	1.0	1.0	1.0	1.0	1.0	1.0	2.0	11.0
設備総合	1.0							1.0	2.0		4.0

ADVICE　令和5年度の出題範囲は、歴史2問、建築計画8問、環境工学8問、建築設備7問であった。歴史分野では、建築物とその設計者について出題があった。住宅中心に過去にも出題があったが、一般建築にまで範囲が拡大してきた点を注意すること。住宅・集合住宅に関する問題と高齢者や身体障害者に配慮した計画に関する問題が例年通り出題されている。実務計画上必要となる知識に関する出題が増える傾向にある。防犯に配慮した一戸建住宅に関する問題も出題されたが、これらも実務計画で配慮すべき知識内容である。環境・設備の分野では、令和に入ってから、ZEH・ZEB、SDGs、LCA、CASBEEやカーボンニュートラルなどの語句が初出したように、R5年でも2問となった省エネ関係の出題が今後は多くなると思われる。法令用語から建築手法（システム）までトレンドを学習しておく必要がある。設備総合が環境省エネルギー分野で1問増え、昨今の社会的要請からこの分野の設問は維持されると思われる。全体の出題の傾向としては例年通りであるが内容は難しくなっており、1級建築士の問題と被る傾向にある。

Chapter 2

法規

「法規」分野は、建築士法や関連
法規から出題されるので、基本的
には、法令集を覚えることがこの
分野の最も効果的な学習ポイン
トになります。
本章末の「分野別・出題傾向」の
分析をよく読み、出題の選択肢が
何法の何条の何項に該当してい
るのか、法令集の条文に照らしな
がら十分に理解することが重要
となります。

001 用語の定義

「**法規**」科目は、受験会場への法令集の持ち込みは可能だが、法令集を見る時間はあまりないので「**用語**」の意義は、できるだけ理解しておくようにしたい。防火に関する用語は類似しているので注意したい

1 建築物と特殊建築物

☐ 建築物とは、以下のものをいう
①**土地**に定着する**工作物**のうち、**屋根及び柱**もしくは**壁**を有するもの。なお、これに類する構造のものを含む
②これに附属する**門・塀**
③**観覧**のための工作物
④地下又は高架の工作物内の事務所・店舗・倉庫等
⑤**建築設備**

☐ **特殊建築物**は、法の適用により大きく2つに分けられる
● **特殊建築物の種類**

種類	内容
特殊建築物（基本）	学校（専修学校・各種学校を含む）、体育館、病院、劇場、観覧場、集会場、展示場、百貨店、市場、遊技場、公衆浴場、旅館、共同住宅、寄宿舎、下宿、工場、倉庫、自動車庫、危険物の貯蔵場、火葬場、汚物処理場等
耐火建築物等にしなければならない特殊建築物	「法別表第1」と「**令115条の3**」に規定されている 例：学校・体育館その他これらに類するもので政令で定めるもの［法別表第1］ ↓ 博物館、美術館、図書館、ボーリング場、スキー場、スケート場、水泳場又はスポーツの練習場［令115条の3第二号］

本章では、特記なき限り、建築基準法を「法」、同法施行令を「令」とする。建築士法は「士法」とする

● **建築物** 法2条一号
「これに類する構造のもの」の一例に、鉄道車両・コンテナ等を土地に定着させ、飲食店舗等として利用する場合がある

● **建築物に該当しないもの**
鉄道及び軌道の線路敷地内の運転保安に関する施設並びに跨線橋・プラットホームの上家・貯蔵槽その他これらに類する施設がある

● **建築設備** 法2条三号
建築物に設ける電気、ガス、給水、排水、換気、暖房、冷房、消火、排煙もしくは汚物処理の設備又は煙突、昇降機もしくは避雷針をいう

● **特殊建築物** 法2条二号
主として不特定多数の人が使用するもの、火災発生の危険のおそれがあるもの、環境の悪化のおそれがあるもの等。事務所、戸建個人住宅は該当しない

2 主要構造部と構造耐力上主要な部分

☐ 主要構造部とは、壁・柱・床・梁・屋根又は**階段**をいう。ただし、建築物の**構造上重要でない**間仕切壁・間柱・最下階の床・小梁・庇・局部的な小階段・屋外階段等を除く

☐ 構造耐力上主要な部分とは、基礎・基礎杭・壁・柱・小屋組・土台・斜材（筋かい・方づえ・火打材等）・床版・屋根版・横架材（梁・けた等）で、建築物の**自重**・積載荷重・積雪荷重・風圧・土圧・水圧・地震その他の震動・衝撃を支えるものをいう

● **主要構造部** 法2条五号

● **構造耐力上主要な部分** 令1条三号
「主要構造部」と類似した用語であるが、定義が異なる

3 建築、大規模の修繕・模様替、地階・居室

□ 建築とは、建築物を**新築**し、**増築**し、**改築**し、又は**移転**すること

● **建築** 法2条十三号

□ 大規模の修繕とは、建築物の**主要構造部の一種**以上について行う**過半の修繕**をいう。例えば屋根の2/3の修繕は大規模の修繕にあたる。一方、大規模の模様替とは、建築物の**主要構造部の一種**以上について行う**過半の模様替**をいう

● **大規模の修繕** 法2条十四号
● **大規模の模様替** 法2条十五号
● **地階** 令1条二号

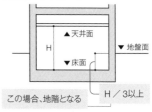

□ 地階とは、**床**が**地盤面下**にある階で、床面から地盤面までの高さがその階の天井の高さの**1/3**以上のものをいう

この場合、地階となる $H／3$以上

□ 居室とは、居住、執務、作業、集会、娯楽その他これらに類する目的のために継続的に使用する室をいう

● **居室** 法2条四号
住宅の便所・浴室・収納等は通常の使用形態では居室ではない

4 防火に関する用語

□ 延焼のおそれのある部分とは、以下の線から、1階で3m以下、2階以上で5m以下の建築物の部分
① 隣地境界線または道路中心線
② 同一敷地内の2以上の建築物相互の外壁間中心線［※］
ただし、次のイ又はロを除く。
イ 防火上有効な公園、広場、川等の空地又は水面、耐火構造の壁等に面する部分
ロ 建築物の外壁面と上記②の建築物相互の外壁間の中心線との**角度に応じて**、当該建築物の周囲において発生する通常の火災時における火熱により燃焼するおそれのないものとして大臣が定める部分

● **延焼のおそれのある部分** 法2条六号
基本

2以上の建物（＞500㎡） 2以上の建物（≦500㎡）

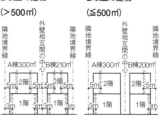

3m又は5m
告示により角度θに応じて距離が短縮
②の線 角度θ 建築物

□ 耐火性能とは、通常火災が終了するまでの間、建築物の**倒壊・延焼**を防止するために当該建築物の部分に必要な性能。一方、準耐火性能とは、通常火災による**延焼を抑制**するために建築物の部分に必要とされる性能

□ 防火性能とは、建築物の周囲において発生する通常火災による延焼を抑制するために**外壁・軒裏**に必要とされる性能

● **耐火性能と準耐火性能** 法2条七号・令107条、2条七号の二・令107条の2
● **防火性能** 法2条八号・令108条
● **防火設備** 令109条1項

□ **防火戸・ドレンチャー**その他**火炎**を遮る設備を防火設備という。国土交通大臣が定めた構造方法を用いるもの又は大臣認定品をいう。通常の火災時における火炎を有効に遮るために防火設備に必要とされる性能を遮炎性能という

● **遮炎性能** 法2条九号の二 ロ、令109条の2
● **準防火性能** 法23条、令109条の9

※：ただし、建築物の延べ面積合計≦500㎡は1棟とみなして考える。合計＞500㎡の場合、1階では3m以下、2階以上は5m以下

QUESTION

ANSWER

2

1 最頻出問題｜一問一答

→→→

次の記述のうち、建築基準法上、正しいものには○、誤っているものには×をつけよ

1 ○｜法2条一号。地下又は高架の工作物内の事務所・店舗・倉庫等は建築物である

3

1 ☐☐ 地下の工作物内に設ける倉庫は、「建築物」である

2 ☐☐ ボーリング場の用途に供する建築物は、「特殊建築物」である

3 ☐☐ 建築物の壁について行う過半の修繕は、「建築」である

4

4 ☐☐ 建築物の自重を支える基礎は、「構造耐力上主要な部分」である

5 ☐☐ 延べ面積1,000㎡の事務所は「特殊建築物」である

6 ☐☐ 風圧又は地震その他の震動もしくは衝撃を支える火打材は、「構造耐力上主要な部分」である

7 ☐☐ 鉄道のプラットホームの上家及び貯蔵槽は、共に「建築物」である

8 ☐☐ 娯楽のために継続的に使用する室は、「居室」である

9 ☐☐ 老人福祉施設の用途に供する建築物は、「特殊建築物」である

2 ○｜法2条二号と法別表第1の(い)欄(三)項の用途に類するものとして、令115条の3第二号を見て確認する

3 ×｜建築とは、法2条十三号により、新築、増築、改築、移転をいう。法2条十四号「大規模の修繕」に該当する

4 ○｜令1条三号

5 ×｜法2条二号、法別表第1。事務所は特殊建築物ではない。警察署も事務所である

6 ○｜令1条三号。構造耐力上主要な部分とは、建築物にかかる自重、荷重、風圧、地震等に対して建築物を支える基礎、壁、柱、斜材(筋かい、方づえ、火打材)、床、屋根、横架材(梁、けた)等をいう

7 ×｜法2条一号。鉄道及び軌道の線路敷地内の運転保安施設、跨線橋、プラットホームの上家等は、屋根及び柱・壁があっても建築物ではない

8 ○｜法2条四号。居室とは、居住、執務、作業、集会、娯楽その他これらに類する目的のために継続的に使用する室をいう

● **移転について** 法86条の7第4項、令137条の16

法3条2項の規定により建築基準法令の規定の適用を受けない建築物を移転する場合、次のいずれかに該当すれば法3条3項三号・四号の規定にかかわらず、建築基準法令の規定は、適用しないよ

①移転が同一敷地内におけるもの
②移転が交通上、安全上、防火上、避難上、衛生上及び市街地の環境の保全上支障がないと特定行政庁が認めるもの

9 ○｜法2条二号、法別表第1(い)欄(二)項、令115条の3。第一号の児童福祉施設等として令19条1項による

2 実践問題｜一問一答

→→→

1 ☐☐ 建築物に設ける消火用のスプリンクラー設備は、「建築設備」である

2 ☐☐ 建築物に設ける消火用の貯水槽は、「建築設備」である

1 ○｜法2条三号。建築物に設ける消火設備は建築設備である

2 ○｜法2条三号・35条。消火栓、スプ

3 ☐☐ 住宅の屋根について行う過半の修繕は、「建築」である

4 ☐☐ 床が地盤面下にある階で、床面から地盤面までの高さが1m以上のものは、「地階」である

5 ☐☐ 構造上重要でない最下階の床は、「主要構造部」ではない

6 ☐☐ 耐火建築物の3階で、道路中心線から4m以下の距離にある建築物の部分は、原則として、「延焼のおそれのある部分」に該当する

7 ☐☐ 「耐火性能」とは、通常の火災が終了するまでの間、当該火災による建築物の倒壊及び延焼を防止するために当該建築物の部分に必要とされる性能をいう

8 ☐☐ 「準耐火性能」とは、通常の火災による延焼を抑制するために当該建築物の部分に必要とされる性能をいう

9 ☐☐ 「防火性能」とは、建築物の周囲において発生する通常の火災による延焼を抑制するために屋根に必要とされる性能をいう

10 ☐☐ 「遮炎性能」とは、通常の火災時における火炎を有効に遮るために防火設備に必要とされる性能をいう

11 ☐☐ 「不燃性能」とは、通常の火災時における火熱により燃焼しないこと、その他の政令で定める性能をいう

12 ☐☐ 設計図書には、建築物の設計にかかる仕様書は含まない

13 ☐☐ 「工事監理者」とは、工事現場における施工の技術上の管理をつかさどる者をいう

MEMO | **目で覚える！ 重要ポイント**

● 老人福祉施設の用途を調べる方法

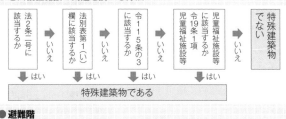

● 避難階

避難階とは直接地上へ通ずる出入口のある階をいう。通常は1階だが、斜面地では2階や地階となることがある
[令13条1項一号]

リンクラー、貯水槽等の消火設備は建築設備である

3 ×｜法2条十四号・2条五号。屋根は主要構造部であり、その一種以上について行う過半の修繕は「大規模の修繕」である

4 ×｜令1条二号。地階とは、床が地盤面下にある階で、床面から地盤面までの高さがその階の天井の高さの1／3以上のものをいう。例えば天井高さが3.6mであれば、3.6÷3＝1.2m以上となる

5 ○｜法2条五号。構造上重要でない間仕切壁・間柱・最下階の床・小梁・庇等は、主要構造部ではない

6 ○｜法2条六号。延焼のおそれのある部分は、原則として、隣地境界線、道路中心線から、1階は3m以下、2階以上は5m以下の距離にある建築物の部分をいう。3階は5m以下

7 ○｜法2条七号。耐火性能とは、通常の火災が終了するまでの間、火災による建築物の倒壊、延焼防止のために建築物の部分に必要とされる性能

8 ○｜法2条七号の二。準耐火性能とは、通常の火災による延焼を抑制するために建築物の部分に必要とされる性能

9 ×｜法2条八号。防火性能とは建築物の周囲で発生する通常の火災による延焼を抑制するために外壁・軒裏に必要とされる性能

10 ○｜法2条九号の二 ロ。通常の火災時における火炎を有効に遮るために防火設備に必要とされる性能

11 ○｜法2条九号、令108条の2

12 ×｜法2条十二号。設計図書とは、建築物、その敷地、所定の工作物に関する工事用の図面（現寸図等を除く。）及び仕様書をいう

13 ×｜法2条十一号、士法2号七号。「工事監理者」とは、その者の責任において、工事を設計図書と照合し、それが設計図書のとおりに実施されているかいないかを確認する者をいう

002 面積・高さ等の算定

建築物の規模や高さは、敷地や建築物の条件により決まる。各条件には例外的事項が規定されているので、その内容を確認する。法42条2項道路について十分理解する

1　敷地面積

□　**敷地面積**は敷地の**水平投影面積**による。ただし、法42条2項等の道路に接する場合は、「敷地と現道との境界線」と「道路境界線とみなされる線」の間にある敷地は、敷地面積に入らない

□　**法42条2項道路**に接する敷地は、道路の中心線からの水平距離**2m**(指定区域内[※]は**3m**)の線を**道路境界線**とみなして敷地面積を算定する。ただし、がけ地、川等に沿う場合は、がけ地等の側の境界線から水平距離**4m**の線をその道路の境界線とみなす

● **敷地面積**　令2条1項一号

● **法42条2項道路**
幅員4m未満の道で、特定行政庁の指定したもの

※：特定行政庁が地方の気候、風土の特殊性等により都道府県都市計画審議会の議を経て指定する区域

● **敷地面積**

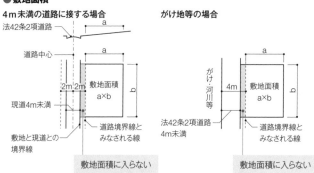

2　建築面積、床面積と延べ面積

□　建築面積は外壁又は柱の中心線で囲まれた部分の水平投影面積による。ただし、下記のものは建築面積から**除外**する
①地階で地盤面上**1m**以下にある部分
②軒、庇、はね出し縁等で外壁等の中心線から水平距離**1m**以上突き出たもの[※1]は、その先端から**1m**後退した線[※2]
③国土交通大臣が高い開放性を有すると認めて指定するものは、その端から水平距離**1m**以内の部分

● **建築面積**　令2条1項二号
※1：建蔽率算定の場合の建築面積に限り、工場・倉庫で専ら貨物の積卸し等の軒等で、その端と敷地境界線との間の敷地に有効な空地がある等により国土交通大臣が定める軒等(「特例軒等」という)のうち外壁・柱の中心線から突き出た距離が水平距離1m以上5m未満のもの除く
※2：建蔽率算定の場合の建築面積に限り、特例軒等のうち外壁・柱の中心線から水平距離5m以上突き出たものは、その端から水平距離5m以内で特例軒等の構造に応じて国土交通大臣が定める距離後退した線

● 建築面積

地階が地盤面より1m超出ている場合　　ピロティの場合

● 建築面積の除外

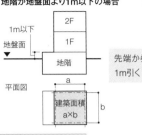

地階が地盤面より1m以下の場合

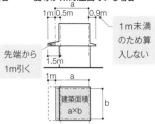

庇等が1m以上出ている場合

床面積は建築物の各階又はその一部で壁その他の**区画の中心線**で囲まれた部分の**水平投影面積**による

延べ面積は建築物の各階の床面積の合計による。容積率算定の場合の延べ面積には、自動車車庫・自転車車庫は全床面積の1／5、エレベーターの昇降路部分（制限なし）、共同住宅・老人ホーム等の共用の廊下・階段部分（制限なし）、住宅・老人ホーム等に設ける特定行政庁の認定による機械室（規則10条の4の5より全床面積の1/50）、**地階の住宅及び老人ホーム等**は、それぞれ住宅及び老人ホーム等の部分の1／3、防災用備蓄倉庫は全床面積の1／50、蓄電池の設置部分は全床面積の1／50、自家発電設備の設置部分は全床面積の1／100、貯水槽の設置部分は全床面積の1／100、宅配ボックス設置部分は全床面積の1／100まで算入しない（206頁参照）

● **延べ面積の計算法**

床面積 4㎡　　床面積 a㎡

① 左図の延べ面積は5×a=5㎡
② 容積率対象延べ面積は車庫1/5
　=5a／5なので5a−a=4㎡

車庫の床面積a㎡は容積対象外

● **床面積**　令2条1項三号

● **延べ面積**　令2条1項四号
容積率算定の延べ面積は令2条3項
● ■**工作物の築造面積**　令2条五号
水平投影面積による
● **地階の住宅及び老人ホーム等**　法52条3項
建築物の地階でその天井が地盤面からの高さ1m以下にある住宅又は老人ホーム、福祉ホーム等（「老人ホーム等」という）の用途部分をいう

3　建築物の高さと軒の高さ

建築物の高さは、原則として**地盤面**からの高さによる。ただし、**道路高さ制限**の場合は、前面道路の**路面の中心**からの高さによる

階段室、昇降機塔、装飾塔、物見塔等の屋上部分の水平投影面積の合計が建築面積の**1／8**以内なら、その部分の高さは、**12**mまで高さに算入せず、①、②の場合は高さ**5m**まで算入しない
①第一種低層住居専用地域、第二種低層住居専用地域又は田園住居地域内における**絶対高さ制限**（法55条1項〜3項）
②**日影規制**の対象建築物になるかの基準（法56条の2第4項及び法別表第四（ろ）欄2項、3項、4項ロ）

以下の場合、屋上部分を高さに算入する（令2条1項六号ロ）
①高さ**20m**超の建築物に**避雷設備**を設ける場合（法33条）
②**北側高さ制限**（法56条1項三号）
③**高度地区**（法58条）の規定で北側からの高さ制限がある場合

● **建築物の高さ**　法56条1項一号・130条の12、令2条1項六号・131条等

原則

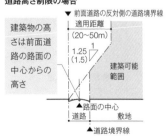

道路高さ制限の場合

□ **棟飾、防火壁の屋上突出部分は高さに算入しない**

□ **● 屋上部分の扱い**（令2条1項六号ロ）

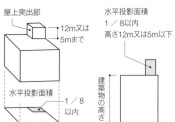

高さに算入しない場合

屋上突出部
12m又は5mまで
水平投影面積 1／8以内
建築物の高さ

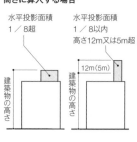

高さに算入する場合

水平投影面積 1／8以内 高さ12m又は5m以下
水平投影面積 1／8超
水平投影面積 1／8以内 高さ12m又は5m超
12m（5m）
建築物の高さ

避雷設備の設置が必要な高さの算定。搭屋までが高さ20m超の場合、設置が必要

避雷設備
北側高さ制限
建築物の高さ

□ 軒の高さは原則、地盤面から建築物の**小屋組**又はこれに代わる**横架材を支持する壁**、**敷げた**又は**柱の上端**までの高さによる

● 軒の高さ　令2条1項七号

4 　階数

□ 階数は建築物のすべての階がいくつあるかによるが、以下のような屋上部分や地階は、階数に算入しない

・屋上部分（**昇降機塔**、**装飾塔**、**物見塔**等）又は地階の**倉庫**、**機械室**等で、水平投影面積の合計がそれぞれ建築面積の**1／8**以下のもの

＊：屋上部分を階数に算定しない場合と高さに算定しない場合の相違に注意

● 階数　令2条1項八号

●屋上部分の階数の不算入

水平投影面積のA+Bが1／8以下で用途が昇降機塔等

Ⓐ Ⓑ

●地階の階数の不算入

水平投影面積のA+Bが1／8以下で用途が倉庫、機械室等

Ⓐ Ⓑ

● 吹抜き

この建物は階数6となる

4	5F	⑥
3	4F	5
	3F	4
吹抜き	2F	3
2	1F	2
1	地下1F	1

□ 吹抜きがある場合は、**建築物の階数のうち最大**なものによる

5 　地盤面、平均地盤面

□ 建築面積（令2条1項二号）、建築物の高さ（令2条1項六号）又は軒の高さ（令2条1項七号）の**地盤面**とは、建築物が周囲の地面と接する位置の平均の高さにおける水平面をいう。その接する位置の高低差が**3m**を超える場合は、その高低差3m以内ごとの平均の高さにおける水平面をいう

● 地盤面の算定

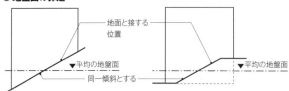

地面と接する位置
▼平均の地盤面
同一傾斜とする

● 地盤面　令2条2項

● 高低差＞3mの場合の地盤面の算定

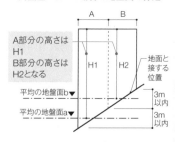

A部分の高さはH1 B部分の高さはH2となる

A B
H1 H2
地面と接する位置
平均の地盤面b
平均の地盤面a
3m以内
3m以内

QUESTION

1　最頻出問題 | 一問一答

ANSWER

→→→

次の記述のうち建築基準法上、正しいものには○、誤っているものには×をつけよ

1 ☐☐　老人ホームの共用の廊下及び階段の床面積は、容積率算定の基礎となる延べ面積に算入する

2 ☐☐　自動車車庫及び自転車車庫の床面積は、敷地内の建築物の床面積の合計の1／10までは、容積率算定の基礎となる延べ面積に算入しない

3 ☐☐　宅配ボックス設置部分の床面積は、敷地内の建築物の床面積の合計の1／50までは、容積率算定の基礎となる延べ面積に算入しない

4 ☐☐　建築物の屋上部分で、水平投影面積が当該建築物の建築面積の1／8以下の塔屋において、その一部に物置を設けたものは階数に算入する

5 ☐☐　避雷設備の設置を検討するにあたっての建築物の高さの算定について、建築物の屋上部分である階段室で、その水平投影面積の合計が当該建築物の建築面積の1/8以内の場合は、その部分の高さは、当該建築物の高さに算入しない

6 ☐☐　北側高さ制限において、建築物の屋上部分に設ける高さ4mの階段室の水平投影面積の合計が当該建築物の建築面積の1／8である場合は、その部分の高さは当該建築物の高さに算入しない

7 ☐☐　建築面積の算定において、地階で建築物の周囲の地面と接する位置の平均の高さにおける水平面である地盤面より高さ1m超出ている場合は、当該地階は建築面積に算入する

8 ☐☐　斜面地に建つ建築物の場合であっても、避難階は1でなければならない

1　×｜法52条6項。老人ホームの共用の廊下・階段は、共同住宅の共用の廊下及び階段と同様に、容積率算定の基礎となる延べ面積には算入しない

2　×｜令2条1項四号イ、3項一号。自動車車庫及び自転車車庫の部分は、1／5までである

3　×｜令2条1項四号ヘ、3項六号。1／100までである

4　○｜令2条1項八号。屋上部分に昇降機塔、装飾塔、物見塔等以外の用途を設けた場合は、階数に算入する

5　×｜法33条、令2条1項六号ロ。避雷設備を設置する場合の高さ20m超の算定においては、階段室等の屋上部分が建築面積の1／8以内でも高さに算入する

6　×｜法56条1項三号、令2条1項六号ロ。北側高さ制限の場合は、屋上部分の階段室の水平投影面積が1／8以内で、かつ、高さ5m以内であっても、建築物の高さに算入する

7　○｜令2条1項二号、2項。この場合の地盤面とは、建築物の周囲の地面と接する位置の平均の高さにおける水平面をいう

8　×｜令13条1項一号。避難階とは、直接地上へ通ずる出入口のある階をいい、建築物が斜面地に建つ場合は、必ずしも1とは限らない

2　実践問題① | 計算問題　　→→→

1 ☐☐ 図のような一様に傾斜した敷地に建てられた建築物について、敷地面積、建築面積及び建築物の高さを求めよ。ただし、国土交通大臣が高い開放性を有すると認めて指定する構造の部分はないものとする

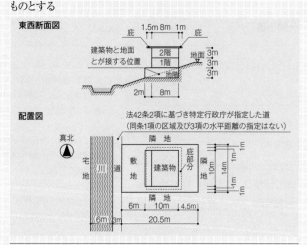

1　**敷地面積　273㎡**
　　建築面積　100㎡
　　建築物の高さ　7.5m

●敷地面積
前面道路が法42条2項道路であり、かつ、前面道路の反対側が川のため、川と道との境界線から4m敷地側に入ったところが「道路境界線とみなされる線」となる
　　（20.5−1）m×14m＝273㎡

●建築面積
建築物が地面と接する部分は高低差が3mあるため、敷地の傾斜が同一であることから、平均地盤面は1.5mである。これより地階は平均地盤面から1m超出ているため、建築面積に算入される
庇については、庇より地階が出ているため、地階の面積で決まる
　　（2+8）m×10m＝100㎡

●建築物の高さ
平均地盤面から測る。地階1.5m、1階3m、2階3m　合計7.5m

2 ☐☐ 図のような建築物に関する、敷地面積、建築面積、延べ面積、階数を求めよ。ただし、国土交通大臣が高い開放性を有すると認めて指定する構造の部分はないものとする

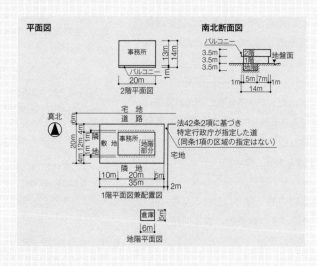

2　**敷地面積　680㎡**
　　建築面積　260㎡
　　延べ面積　530㎡
　　階数　2

●敷地面積
東側道路（法42条2項道路）中心から2m後退した線が、「みなし境界線」
　　（35−1）m×20m＝680㎡

●建築面積
2階のほうが広く、バルコニーは出幅1mなので、（1m−1m）＝0で建築面積に算入されない
　　20m×13m＝260㎡

●延べ面積　合計　530㎡
地階　6m×5m＝30㎡
1階　20m×12m＝240㎡
2階　20m×13m＝260㎡

●階数
地階が倉庫で、水平投影面積が建築面積の1／8以内なので算入されない
　　260㎡×1／8＝32.5㎡＞30㎡
したがって、階数は2である

3　実践問題② | 四肢・五肢択一　　→→→

1 ☐☐ 図のような建築物に関する次の記述のうち、建築基準法上、正しいものはどれか。ただし、図に記載されているものを除き、特定行政庁の指定等はないものとし、国土交通大臣が高い開放性を有

1　答えは3

法56条1項二号、令2条1項二〜四、六、八号

すると認めて指定する構造の部分はないものとする

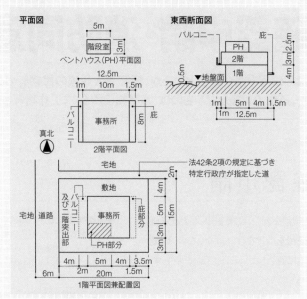

平面図 / **東西断面図**

1——建築面積は、80㎡である

2——延べ面積は、152㎡である

3——法56条1項二号に規定する高さを算定する場合の建築物の高さは、9.5mである

4——階数は、2である

---

2 □□ 図のような建築物に関する次の記述のうち、建築基準法上、誤っているものはどれか。 ただし、図に記載されているものを除き、特定行政庁の指定等はないものとし、国土交通大臣が高い 開放性を有すると認めて指定する構造の部分はないものとする

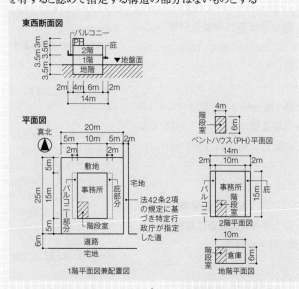

東西断面図 / **平面図**

1——敷地面積は、475㎡である | 2——建築面積は、180㎡である

3——延べ面積は、384㎡である | 4——高さは、10mである

5——階数は、3である

1.建築面積は、バルコニー及び庇は先端から1m後退するので、(1m−1m)＋10m＋(1.5m−1m)＝10.5m 10.5m×8m＝84㎡

2.延べ面積は、各階の床面積の合計であり、階段室15㎡、2階80㎡、1階72㎡、合計167㎡

3.高さは、法56条1項二号の隣地高さ制限（第1種・第2種低層住居専用地域及び田園住居地域には適用されない。213頁参照）は、屋上階室（PH階）の水平投影面積が建築面積の1/8超なら高さに算入し、1/8以内なら12m（法55条1項・2項等は5m）まで高さに算入しない。階段室の水平投影面積15㎡、建築面積84㎡に対して1/8は、84/8＝10.5㎡、10.5㎡＜15㎡のため、高さに算入し、2.5m＋3m＋4m＝9.5m

4.階数は、屋上階段室（PH階）の水平投影面積が建築面積の1/8を超えれば階数に算入する。階段室の水平投影面積15㎡、建築面積84㎡に対して1/8は、84/8＝10.5㎡、10.5㎡＜15㎡のため、階数に算入するので、階数3となる

2 答えは5

法56条1項二号、令2条1項一〜四号、六、八号

1.敷地面積は、東側道路が法42条2項道路のため、道路中心から2m後退した線が道路境界線となるので、20m−1m＝19m 19m×25m＝475㎡

2.建築面積は、バルコニー及び庇は先端から1m後退するので、(2−1)m＋10m＋(2−1)m＝12m 12m×15m＝180㎡

3.延べ面積は、各階の床面積の合計であり、階段室24㎡、2階150㎡、1階150㎡、地階60㎡ 合計384㎡

4.高さは、階段室（PH階）の水平投影面積が建築面積の1/8以内なら12mまで高さに算入せず、1/8超なら高さに算入する。階段室の水平投影面積24㎡、建築面積180㎡に対する1/8は、180/8＝22.5㎡＜24㎡のため、高さに算入し、3.0m＋3.5m＋3.5m＝10m

5.階数は、階段室（PH階）又は地階倉庫の水平投影面積が建築面積の1/8を超えれば階数に算入する。階段室の水平投影面積24㎡、地階の水平投影面積60㎡。建築面積180㎡に対する1/8は、180/8＝22.5㎡＜24㎡、60㎡のため階数に算入し、階数4となる

003 手続①確認申請・消防同意

建築物は、規模、用途により確認申請が必要となるが、新築や大規模の修繕等の工事の種別によっても異なる。また、確認の対象となるものは、建築物に限らず、工作物等も対象となる

1 建築物の確認申請

建築主は工事着手前に確認申請を行い、建築主事又は指定確認検査機関から**確認済証の交付**を受けなければならない。確認の審査では、建築基準関係規定に適合しているかどうかを審査する

● 建築確認を要するもの

法6条1項	建築物の種別	規模・用途	対象となる工事の種別	建築主事の審査期間
一号	特殊建築物	法別表第1（い）欄の用途の床面積の合計200㎡超	建築、**大規模の修繕、大規模の模様替**、用途変更	35日以内
二号	木造	階数≧**3**、延べ面積＞**500㎡**、高さ＞**13**m、軒高＞**9**mのいずれかに該当するもの	建築、大規模の修繕、大規模の模様替	35日以内
三号	木造以外	階数≧**2**又は延べ面積＞**200㎡**	建築、大規模の修繕、大規模の模様替	35日以内
四号	一号～三号に該当しないもの	上記以外で、**都市計画区域**、準都市計画区域、準景観地区、知事指定区域内における建築物	建築	7日以内

注　増築の場合は、増築後にこれらの規模となるもの

上記一号～四号については、**防火地域及び準防火地域外**において、**増築、改築、移転**で、その部分の床面積の合計が**10㎡**以内なら、**確認申請は不要**である

建築物の用途を**変更**して**法6条1項一号**の特殊建築物にする場合は、その用途変更が**類似用途相互間**の場合に限り、原則、**確認申請は不要**である。用途変更が完了したら、建築主事に届け出る

下記の建築物は建築物の確認が不要となる
① **非常災害時**の一定の要件に該当する**応急仮設建築物**
② **災害時**に建築する**停車場**、官公署等の**応急仮設建築物**
③ 現場に設ける事務所、下小屋、材料置場等

特定行政庁は、**仮設興行場、博覧会建築物、仮設店舗**等の仮設建築物（**仮設興業場等**という）について安全上、防火上及び衛生上支障がないと認める場合は、1年以内の期間（建築物の工事期

● **確認申請**　法6条・6条の2

以下の建築物では、一定の規定の審査が省略される（法6条の4、令10条）
① 認定型式に適合する建築材料を用いる建築物
② 認定型式に適合する建築物の部分を有する建築物
③ 法6条1項四号対象建築物で建築士が設計したもの（法6条の4）

法6条1項四号対象建築物（四号建築物）は、小規模戸建木造住宅のようなものだよ

● **建築基準関係規定**

令9条で規定され、消防法、屋外広告物法、駐車場法、水道法、下水道法、宅地造成規制法、都市計画法等がある。バリアフリー法14条1～3項及び都市緑地法35条、36条、39条1項、建築物省エネ法11条1項もこれらの法律により建築基準関係規定となる

● **確認申請が不要な場合**　法6条2項

● **用途変更**　法87条

140頁参照。用途変更に対する建築基準法令の準用

● **類似用途**　令137条の18

① 劇場、映画館、演芸場
② 公会堂、集会場
③ 診療所（患者の収容施設に限る）、児童福祉施設等（幼保連携型認定こども園含む）。なお、用途地域限定あり
④ ホテル、旅館
⑤ 下宿、寄宿舎
⑥ 博物館、美術館、図書館。なお、用途地域限定あり
⑦ 体育館、ボーリング場、スケート場、水泳場、スキー場、ゴルフ練習場、バッティング練習場。なお、用途地域限定あり
⑧ 百貨店、マーケット、その他の物品販売

間中従前の建築物に替えて必要となる仮設店舗等については、特定行政庁が必要と認める期間)でその**建築の許可**ができるが、**確認申請は必要**となる。国際的な規模の会議、競技会の仮設興業場等は許可により1年を超えて使用できる

□ 建築士資格が必要な一定規模以上の建築物の設計について、建築士が設計をしていない場合は、確認申請書を受理できない

□ **指定確認検査機関**は、建築主事と同様に**確認審査を行い、確認済証を交付**し、それをもって**建築主事の交付した確認済証とみなす**。交付の際は確認審査報告書を特定行政庁に提出する

□ **特定行政庁**は、指定確認検査機関から確認審査報告書を受けた場合、**法不適合のとき**は、建築主及び指定確認検査機関に**その旨を通知**する。この場合、当該確認済証は、その効力を失う

□ 確認済証を受けた建築物の計画の変更は、**軽微な変更**を除き、確認申請（計画変更確認申請）を行い、確認済証の交付を受けなければ、その部分の工事はしてはならない

□ 一定の高さ以上等の建築物で所定の構造計算を行った場合、**建築主**は、指定構造計算適合性判定機関又は知事に構造計算適合性判定を**直接申請**する。指定構造計算適合性判定機関又は知事の適合判定通知書がないと確認済証は交付されない

業を営む店舗
⑨キャバレー、カフェー、ナイトクラブ、バー。なお、用途地域限定あり
⑩待合、料理店
⑪映画スタジオ、テレビスタジオ。なお、児童福祉施設等は令19条に規定されている
● **確認が不要となる建築物** 法85条、令147条
● **仮設建築物** 法85条
● **確認申請書を受理できない場合** 法6条3項
● **指定確認検査機関による確認** 法6条の2
● **特定行政庁の対応** 法6条の2第6項
● **計画変更確認申請** 法6条1項
計画変更確認申請が不要な「軽微な変更」は規則3条の2参照（階数が減少する場合の階数の変更などで、変更後も建築物の計画が建築基準関係規定に適合することが明らかなもの）
● **構造計算適合性判定** 法6条の3第1項
● **構造計算適合性判定の対象建築物**
構造計算適合性判定の対象となる建築物は、原則として、木造で高さ13m超又は軒高9m超、鉄骨造で地上4階建て以上、鉄筋コンクリート造・鉄骨鉄筋コンクリート造等で高さ20m超である

2 工作物・建築設備の確認申請

□ 高さが、擁壁＞2m、広告塔、装飾塔等＞4m、煙突＞6m、高架水槽・サイロ＞8m、柱＞15mのものは確認申請が必要である

□ 法6条1項一号〜三号の建築物（建築物としての確認申請が必要な場合に含まれる建築設備は除く）に設けるエレベーター、エスカレーター及び特定行政庁の指定する建築設備（し尿浄化槽及び合併処理浄化槽を除く）は確認申請が必要である

● **確認申請が必要な工作物・建築設備**
法87条の4・88条、令138条・146条

3 消防長又は消防署長の同意

□ 建築主事・指定確認検査機関が確認をする場合や特定行政庁が許可をする場合、建築物の工事施工地の**消防長等の同意**がなければ、確認・許可ができない。ただし、**防火・準防火地域以外**の区域内の戸建住宅等の場合は、**消防長**等に**通知を行う**

● **消防長又は消防署長の同意又は通知**
法93条、令147条の3

● **保険所長に通知** 法93条
屎尿浄化槽等は、保健所長に通知する

QUESTION

1 最頻出問題 | 一問一答

ANSWER

→→→

次の記述のうち、建築基準法上、全国どの場所においても、確認済証の交付を受ける必要があるものには○、必要がないものには×をつけよ

解法ポイント | 「全国どの場所においても…」がポイント。計画地が都市計画区域外等の場合、法6条1項四号に該当せず確認申請は不要となることがある。用途変更は変更後の用途により、増築は増築後の規模により判断する

1 ☐☐　鉄骨造平家建、延べ面積200㎡の物品販売業を営む店舗の新築

1 × | 物品販売店舗は法別表第1(い)欄(四)項の特殊建築物であるが、延べ面積200㎡のため、法6条1項一号及び三号に該当しない。都市計画区域外等であれば確認申請は不要である

2 ☐☐　鉄骨造3階建て、延べ面積300㎡の戸建て住宅における床面積10㎡の増築

2 × | 法6条1項三号に該当するが、10㎡の住宅の増築であり、同条2項より防火・準防火地域外では確認不要

3 ☐☐　鉄筋コンクリート造平家建、延べ面積140㎡の事務所における床面積50㎡の増築

3 × | 事務所は特殊建築物の用途ではない。RC造だが、平家建であり増築後の延べ面積は200㎡以下のため、法6条1項三号に該当しない。都市計画区域外等であれば確認申請不要

4 ☐☐　木造2階建て、延べ面積250㎡、高さ8mの事務所から飲食店への用途変更

4 ○ | 事務所は特殊建築物ではない。飲食店は法別表第1(い)欄(四)項より令115条の3第三号の特殊建築物で床面積200㎡超で、法6条1項一号に該当し用途変更は確認必要

5 ☐☐　木造2階建て、延べ面積150㎡、高さ8mの一戸建て住宅の新築

5 × | 法6条1項一号〜三号に該当せず、都市計画区域外等は確認不要

6 ☐☐　鉄骨造平家建、延べ面積200㎡の集会場の新築

6 × | 集会場は法別表第1(い)欄(一)項の特殊建築物で延べ面積200㎡以下で法6条1項一号に該当せず、また、三号にも該当しないため都市計画区域外等であれば確認申請不要

7 ☐☐　工事を施工するために現場に設ける鉄骨造2階建て、延べ面積200㎡の仮設事務所の新築

7 × | 法85条2項により、工事現場に設ける事務所は確認申請不要

8 ☐☐　鉄骨造平屋建、延べ面積300㎡の診療所(患者の収容施設がない)から幼保連携型認定こども園への用途変更

8 ○ | 法87条1項より類似用途相互間は確認不要だが、令137条の18第三号より患者収容施設のない診療所は該当せず同号の児童福祉施設等は令115条の3第一号より幼保連携型認定こども園を含み確認必要。法6条1項一号、三号に該当

MEMO | **目で覚える！　重要ポイント**

●**確認申請の必要な工作物**(令138条1項)

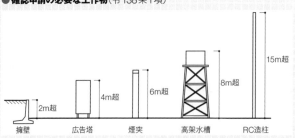

擁壁　　広告塔　　煙突　　高架水槽　　RC造柱

2m超　4m超　6m超　8m超　15m超

2　実践問題① | 一問一答　→→→

次の記述のうち、建築基準法上、全国どの場所においても、確認済証の交付を受ける必要があるものには○、必要がないものには×をつけよ

1　☐☐　鉄骨造、高さ4mの装飾塔の築造

> 解法ポイント
> 建築基準法が適用される工作物には、一定高さ以上のもの、製造施設や貯蔵施設等、それ以外に昇降機等の建築設備にも適用される

2　☐☐　鉄骨造平家建、延べ面積300㎡の屋根を帆布としたスポーツの練習場の移転

3　☐☐　木造2階建て、延べ面積90㎡、高さ8mの工場から飲食店への用途の変更

4　☐☐　木造2階建て、延べ面積300㎡、高さ8mの物品販売業を営む店舗から事務所への用途の変更

5　☐☐　鉄筋コンクリート造平家建、延べ面積250㎡の飲食店の大規模の修繕

1　×｜確認申請が必要な工作物として、法88条1項、令138条1項三号で確認。装飾塔は4m超の場合に該当

2　○｜スポーツ練習場は法別表第1（い）欄（三）項、令115条の3第二号の特殊建築物。床面積200㎡超であり、法6条1項一号、三号に該当する。建築とは移転を含む

3　×｜飲食店は特殊建築物だが、床面積200㎡以下のため、法6条1項一号に該当しない。また、法6条1項二号に該当しない。四号は都市計画区域等内の場合に該当するが、工事種別の用途変更は対象外

4　×｜物品販売店舗は法別表第1（い）欄（四）項より、令115条の3第三号の特殊建築物だが、事務所は特殊建築物ではないため法6条1項一号に該当しない

5　○｜飲食店は法別表第1（い）欄（四）項の特殊建築物であり法6条1項一号、三号に該当し、工事種別が大規模の修繕の場合は、確認が必要

3　実践問題② | 一問一答　→→→

次の記述のうち、建築基準法上、正しいものには○、誤っているものには×をつけよ

1　☐☐　法6条の4第1項三号の建築物のうち防火地域及び準防火地域以外の区域内の一戸建て専用住宅を新築する場合、建築に関する確認の特例により、法28条（居室の採光及び換気）の規定については審査から除外される

2　☐☐　消防法に基づく住宅用防災機器の設置の規定については、建築基準関係規定として、建築主事又は指定確認検査機関による確認審査等の対象となる

3　☐☐　RC造3階建ての事務所の新築において、確認済証の交付を受けた後に、当該建築物の計画において、建築物の階数を減少する変更を行う場合、変更後も建築基準関係規定に適合することが明らかであっても、建築主は、改めて、確認済証の交付を受ける必要がある

1　○｜法6条の4第1項三号、令10条1項三号イ。確認審査において審査省略される特例規定である。法6条の4第1項三号の建築物は、法6条1項四号の建築物の建築で建築士の設計に係るものであり、令10条1項三号イより、法28条は審査省略される

2　○｜確認審査対象法令は、法6条及び令9条の建築基準関係規定である。令9条一号の消防法9条の2は、住宅用防災機器の設置の規定である

3　×｜法6条1項三号、規則3条の2第1項四号。法6条1項本文により計画変更の内容が軽微な変更の場合は、確認済証の交付を受けなくてもよい。軽微な変更の規則3条の2第1項四号に該当する

確認申請書に添付する図書・書類は、施行規則1条の3第1項に記載されているので確認しよう

004 手続②完了・中間検査

建築基準法における検査には完了検査と中間検査がある。完了検査は必ず受け、合格しないと原則として、建築物を使用できない。中間検査は、「特定工程」を含む工事の場合にのみ対象となる

1 完了検査

☐ 建築主が、建築主事に完了検査申請をする場合は、**確認済証の交付を受けた工事を完了**して**4日**以内に行う

☐ 建築主事は**申請受理日**から**7日**以内に検査を行う。検査結果が法適合の場合は建築主に**検査済証**を交付しなければならない

☐ **指定確認検査機関**は、工事完了日又は検査引受け日のいずれか遅い日から**7日**以内に検査を行う。検査結果が法適合の場合は建築主に**検査済証**を交付する。検査後、**完了検査報告書**等を作成し、**特定行政庁**に提出しなければならない

2 中間検査

☐ 中間検査対象の工程を特定工程といい、建築工事中に建築主事又は指定確認検査機関が検査する。特定工程は法[※1]で規定する工程のほか特定行政庁が指定[※2]することができる

☐ **建築主は**、**特定工程を含む工事**の場合、特定工程終了後**4日**以内に**建築主事又は指定確認検査機関**に**中間検査**を申請する

☐ **建築主事は**、**申請受理日**から**4日**以内に、建築物及びその敷地について検査しなければならない。検査結果が法適合の場合は、建築主に**中間検査合格証**を交付しなければならない

☐ **指定確認検査機関**が検査を引き受けたときは、その書面を建築主に交付するとともに、**建築主事に通知**する。検査結果が法適合の場合は、**建築主に中間検査合格証**を交付する。検査後は、**中間検査報告書**等を作成し**特定行政庁**に提出する

☐ 特定工程後の工程（**鉄筋をコンクリート等で覆う工程**）は、中間検査合格証の**交付を受けた後**でなければ施工してはならない

●**完了検査**　法7条・7条の2
以下の建築物では、一定の規定の検査が省略される（法6条の4第1項、法7条の5、法68条の20第2項）
①認定型式に適合する建築材料を用いる建築物
②認定型式に適合する建築物
③小規模戸建木造住宅のような法6条1項四号対象建築物で建築士が設計・監理したもの

用途変更が完了した場合は、完了検査申請を行うのではなく、建築主事に対して届け出ることに注意（法87条1項）

※1：法7条の3第1項一号、令11条
※2：法7条の3第1項二号

●**中間検査**　法7条の3・7条の4
以下の建築物では、一定の規定の検査が省略される（法6条の4第1項、法7条の5、法68条の20第2項）
①認定型式に適合する建築材料を用いる建築物
②認定型式に適合する建築物
③小規模戸建木造住宅のような法6条1項四号対象建築物で建築士が設計・監理したもの

●**特定工程**　法7条の3第1項、令11条
①階数が3以上である共同住宅の床及び梁に鉄筋を配置する工事の工程のうち令11条で定める工程[*]
②①以外で、特定行政庁が指定する工程
＊：2階の床及びこれを支持する梁に鉄筋を配置する工事の工程
●**特定工程後の工程**　令12条

3　仮使用認定

□　原則として、①法6条1項一号～三号建築物の**新築工事**、②①の建築物（共同住宅以外の住宅及び居室を有しない建築物を除く）の**増築、改築、移転、大規模の修繕**もしくは**大規模の模様替**の工事で、「**避難施設等に関する工事**」を含むものについては、検査済証の交付後でないと建築物を使用できない
ただし、①特定行政庁が認めたとき、②建築主事又は指定確認検査機関が大臣が定める基準に適合していることを認めたとき、③完了検査申請が受理された日（指定確認検査機関が検査を引受けた場合は、検査の引受けに係る工事が完了した日又は検査を引受けた日のいずれか遅い日）から7日を経過したときは、検査済証交付前でも仮使用できる

□　一定の工事[※]の施工中に建築物を使用する場合において、建築主は、あらかじめ、工事の施工中における建築物の安全上、防火上又は避難上の措置に関する計画を作成して特定行政庁に届け出なければならない

● **仮使用認定**　法7条の6

● **避難施設等に関する工事**　法7条の6第1項、令13条、令13条の2
廊下、階段、出入口その他の避難施設、消火栓、スプリンクラーその他の消火設備、排煙設備、非常用の照明装置、非常用の昇降機もしくは防火区画で政令で定めるものに関する工事

● **法6条1項四号の建築物は仮使用認定不要**

※：別表第1（い）欄の（一）項、（二）項及び（四）項の用途の建築物並びに地下工作物内の建築物で政令で定めるものの新築の工事又はこれらの建築物に係る避難施設等に関する工事

● **工事中における安全計画の届出**　法90条の3、令147条の2

4　違反建築物等に対する措置

□　**特定行政庁、建築主事**又は**建築監視員**は、建築物の所有者、建築主、設計者、**建築材料等の製造者**、工事監理者、工事施工者等に対して、敷地、構造、建築設備、用途、建築材料等の受取・引渡し状況、工事計画、施工状況の**報告を求める**ことができる

□　**特定行政庁**は、違反建築物等について、建築主、工事の請負人、現場管理者等に、**工事施工停止・除却・移転・改築・修繕・模様替・使用禁止・使用制限**等を命ずることができる。**特定行政庁又は建築監視員**は、緊急の必要がある場合、建築主、工事の請負人、現場管理者に、仮に**使用禁止・使用制限**、及び**工事施工停止を命ずる**ことができる

● **施工状況等の報告**　法12条5項

● **違反建築物等に対する措置**　法9条・9条の2

● **工事施工停止又は建築物の除却・移動・増改築等の違反是正命令**　法9条1項

● **緊急の場合の仮の使用禁止・制限命令**　法9条7項

● **緊急の場合の工事施工停止命令**　法9条10項

5　建築工事届、建築物除却届

□　**建築主**は、**建築工事届**を、建築主事を経由して**都道府県知事**に**届け出る**。ただし、床面積**10㎡以内**は除く
除却工事の**施工者**は、**建築物除却届**を、建築主事を経由して**都道府県知事に届け出る**。ただし、床面積**10㎡以内**は除く

● **建築工事届、建築物除却届**　法15条

QUESTION

ANSWER

2

1　最頻出問題│一問一答

→→→

次の記述のうち、建築基準法上、正しいものには○、誤っているものには×をつけよ

1 ☐☐　指定確認検査機関は、中間検査の引受けを行った場合においては、その旨を証する書面を建築主に交付するとともに、その旨を建築主事に通知しなければならない

3

2 ☐☐　指定確認検査機関は、中間検査を行った場合においては、中間検査報告書を建築主事に提出しなければならない

4

3 ☐☐　指定確認検査機関が、工事の完了の日から4日が経過する日までに、完了検査を引き受けた場合においては、建築主は、建築主事に完了検査の申請をすることを要しない

4 ☐☐　木造3階建ての建築物を新築する場合、建築主は、当該建築物の検査済証の交付を受ける前に、指定確認検査機関から仮使用の認定を受けて、仮に、当該建築物を使用させることができる

5 ☐☐　建築主は、階数が3以上の鉄筋コンクリート造の共同住宅を新築する場合、3階の床及びこれを支持する梁に鉄筋を配置する工程に係る工事を終えたときは、建築主事又は指定確認検査機関の中間検査を申請しなければならない

6 ☐☐　建築主は、木造3階建ての一戸建て住宅を新築する場合、原則として、検査済証の交付を受けた後でなければ、当該一戸建て住宅を使用することはできない

7 ☐☐　鉄骨造2階建て延べ面積が100㎡の一戸建て住宅の新築工事について、検査済証を受ける前に使用する場合は、仮使用の認定を受ける対象ではない

8 ☐☐　特定行政庁、建築主事又は建築監視員は、建築物の設計者、工事監理者又は工事施工者に対して、当該建築物に関する工事の計画又は施工の状況について、報告を求めることができる

1 ○│法7条の4第2項。中間検査も完了検査も建築主事又は指定確認検査機関のいずれかが行い、指定確認検査機関が検査を引き受けた場合は、建築主だけでなく、建築主事にも通知する

2 ×│法7条の4第6項。指定確認検査機関は、中間検査報告書を特定行政庁に提出する

3 ○│法7条の2第1項。完了検査は、指定確認検査機関又は建築主事が行う。指定確認検査機関が工事の完了日から4日が経過する日までに完了検査を引き受けた場合は、建築主事に完了検査の申請をしなくてもよい

4 ○│法7条の6。法6条1項二号の建築物であるから、指定確認検査機関は認定基準に適合すれば仮使用の認定ができる

5 ×│法7条の3第1項一号・7条の4第1項、令11条。3階ではなく2階である

6 ○│法7条の6第1項。木造3階建ての一戸建て住宅は、法6条1項二号に該当する。法6条1項一号～三号建築物は、原則としては、検査済証の交付を受けた後でなければ、使用することはできない。なお、仮使用認定を受けて、検査前に仮に使用できる

7 ×│法7条の6第1項。鉄骨造2階建て延べ面積が100㎡の一戸建て住宅は、法6条1項三号の建築物であるから、その新築工事について検査済証を受ける前に使用する場合は、仮使用の認定を受ける対象となる

8 ○│法12条5項一号

9 ○│法10条1項。特定行政庁は、そ

9 □□ 特定行政庁は、所定の建築物について、損傷、腐食等の劣化が進み、そのまま放置すれば著しく保安上危険となるおそれがあると認める場合においては、当該建築物の所有者等に対して、当該建築物の除却等の必要な措置をとることを勧告することができる

のまま放置すれば著しく保安上危険となり又は著しく衛生上有害となるおそれがある建築物等について、所有者等に除却、修繕、使用中止、使用制限等の措置をとることを勧告することができる

2 実践問題｜一問一答 →→→

鉄筋コンクリート造3階建て、延べ面積300㎡の共同住宅の新築工事において、建築基準法上、正しいものには○、誤っているものには×をつけよ

1 □□ 当該工事をしようとする場合、工事施工者は、原則として、建築主事を経由して、建築工事届を都道府県知事に届け出なければならない

2 □□ 当該工事について確認済証の交付を受けた後に、当該建築物の計画において国土交通省令で定める軽微な変更を行おうとする場合、建築主は、あらためて、確認済証の交付を受ける必要はない

3 □□ 2階の床及びこれを支持する梁に鉄筋を配置する工程に係る工事を終えた場合、建築主は、建築主事又は指定確認検査機関の中間検査を申請しなければならない

解法ポイント

設問の建築物は、法6条1項一号及び三号の対象建築物であり、法7条の3第1項一号、令11条の中間検査の対象となる「特定工程」を含んでいる。「特定工程」とは、階数が3以上である共同住宅の床及び梁に鉄筋を配置する工事の工程のうち、2階の床及びこれを支持する梁に鉄筋を配置する工事の工程である

1 × ｜ 法15条1項。床面積の合計が10㎡を超える建築物を建設する場合、建築工事届は工事施工者ではなく建築主が建築主事を経由して都道府県知事に届け出る

2 ○ ｜ 法6条1項一号及び三号に該当する。法6条により、軽微な変更の場合は確認が必要な計画変更に該当しない。軽微な変更は規則3条の2第1項～第4項により、第1項建築物の軽微な変更は第一号～第十六号まであり、階数、高さ、建築面積、床面積等が減少する変更等がある

3 ○ ｜ 法7条の3第1項一号・7条の4第1項により中間検査の申請は、建築主事又は指定確認検査機関のいずれかに行う

MEMO ｜ **目で覚える！ 重要ポイント**

● **確認申請から使用開始までの手続の流れ**

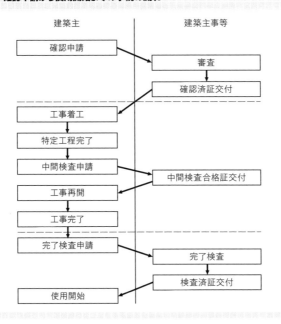

005 適用等

災害が発生した場合の応急仮設建築物、簡易な建築物、仮設建築物等については、通常の建築行為とは異なり、建築基準法令の適用が除外されたり、一部の法令のみが適用されたりする。工作物は、一定規模以上のものに建築基準法令が適用される場合がある

1　被災市街地における建築制限

☐　特定行政庁は、市街地の災害の場合、都市計画や土地区画整理事業のため、区域を指定し、**災害発生日**から**1か月以内**の期間に限り、その区域内における建築物の**建築を制限**、又は**禁止**できる。さらに1か月を超えない範囲内において期間延長できる

● **被災市街地における建築制限**　法84条

2　仮設建築物に対する制限の緩和

☐　● **仮設建築物の制限の緩和**［法85条、令147条］

	緩和内容	ただし書	手続
非常災害時	特定行政庁指定区域内においては、被災建築物の**応急修繕**又は次のいずれかに該当する**応急仮設建築物**の建築で、災害発生日から**1か月以内**にその工事に着手するものは、**建築基準法令**は、**適用しない** ①国、地方公共団体又は日本赤十字社が**災害救助のため**に建築するもの ②被災者が**みずから使用**するために建築するもので延べ面積≦**30㎡**	**防火地域内**に建築する場合は除く	左記の応急仮設建築物を建築した者は、工事完了後、**3か月**を超えて建築物を存続しようとする場合は、その超えることとなる日の前に、特定行政庁の許可を受ける。特定行政庁は、許可申請があった場合は、安全上等支障がないと認めるときは、**2年以内**の期間に限って、許可をすることができる
①**災害時**または②**工事施工時**	次のいずれかについては、**確認済証の交付等の一定の規定**は、**適用しない** ①災害があった場合に建築する**停車場**、**官公署**等の公益上必要な用途の応急仮設建築物 ②**工事施工のため**の現場に設ける**事務所**、**下小屋**、**材料置場**等	防火・準防火地域内にある延べ面積>**50㎡**については、防火・準防火地域内の屋根の構造規定（法62条）の適用がある	

☐　特定行政庁は、仮設興行場・仮設店舗等の仮設建築物について、安全上等支障がないと認める場合は、1年以内の期間（工事期間中に従前の建築物に替えて必要となる店舗等は特定行政庁が認める期間）でその建築を許可できるが、確認申請は必要である

● **法85条6項**　仮設興行場、仮設店舗等

3 その他の制限の緩和

□ **壁を有しない車庫**、屋根を**帆布**とした**スポーツの練習場**その他の政令で指定する簡易な構造の建築物又は建築物の部分で、政令で定める基準に適合するものは、一定の規定を適用しない

● **制限の緩和** 法84条の2、令136条の9（政令で指定する建築物）、136条の10（政令で定める基準）

□ 文化財保護法の伝統的建造物群保存地区内においては、市町村は、現状変更の規制及び保存のため、**国土交通大臣**の承認を得て、条例で、一定の規定を適用せず、又は制限を緩和することができる

● **伝統的建造物群保存地区内の制限の緩和** 法85条の3

□ 建築物の敷地等の土地で2以上のものが一団地を形成している場合、一団地内に建築される1又は2以上の建築物のうち、**特定行政庁**が、建築物の位置及び構造が安全上、防火上及び衛生上支障がないと認めるものに対しては、一定の規定の適用については、**一団地を1の敷地とみなす**（制限が緩和される）

● **1の敷地とみなすこと等による制限の緩和** 法86条。みなし規定は、法43条接道長さ、法52条容積率、法53条建蔽率、法56条道路斜線制限・隣地斜線制限・北側斜線制限その他

4 既存の建築物に対する制限の緩和

□ 1 建築基準法令を適用しないもの
　①文化財保護法で国宝、重要文化財等として指定又は仮指定された建築物
　②文化財保護法の条例等で、現状変更の規制・保存の措置がされた建築物で、特定行政庁が建築審査会の同意を得て指定したもの
　③①又は②であったものの原形を再現する建築物で、特定行政庁が建築審査会の同意を得て認めたもの

● **法3条1項**

□ 2 建築基準法令の一定の規定が適用されない場合
建築基準法令の規定の施行・適用の際に
　①**現に存する**建築物・その敷地
　②現に建築、修繕、模様替の**工事中**の建築物・その敷地
がこれらの規定に適合しない場合は、当該建築物・敷地には当該規定は適用しない

● **法3条2項**
・既存不適格建築物
・法令の施行の際に現にある建築物や工事中の建築物の場合
● **令137条**
基準時とは、法3条2項により法20条等の適用を受けない建築物（既存建築物）について、引き続きそれらの規定の適用を受けない期間の始期をいう

□ 3 建築基準法令、条例の規定が適用される場合
　①一定の**違反建築物**
　②工事の着手が建築基準法令の施行後の増改築、移転、大規模の修繕・模様替の建築物・敷地
　③建築基準法令の規定に適合することとなった建築物・敷地

● **法3条3項**
既存建築物であっても違反建築物には、原則として、建築基準法令が適用される

● 既存の建築物に対する制限の緩和

法3条2項により、次の条項の適用を受けない建築物(いわゆる既存不適格建築物)について、政令[※1]で定める範囲内で増改築、大規模の修繕・模様替(「増築等」という)をする場合は、これらは適用しない

・法20条(構造耐力)

・法27条(耐火建築物等としなければならない特殊建築物)

・法28条の2(石綿等の飛散等に対する衛生上の措置)等多数

● 法86条の7第1項
※1:令137条の2 ～137条の4、137条の4の3 ～137条の12

法3条2項により、法20条(構造耐力)又は35条(特殊建築物等の避難・消火に関する技術的基準)の適用を受けない建築物(既存不適格建築物)で、それらの条項に規定する基準の適用上一の建築物でも別の建築物とみなすことができる部分として政令[※2]で定める部分(「**独立部分**」という)が2以上あるものを増築等をする場合は、当該増築等をする独立部分以外の独立部分には、これらの規定は適用しない

● 法86条の7第2項
※2:令137条の14(独立部分)
・独立部分が2以上ある場合は当該独立部分のみに適用される
例として、法20条ではエキスパンションジョイント等のみで接している場合

法3条2項により、次の条項の適用を受けない建築物(既存不適格建築物)について、増築等をする場合は、当該増築等をする部分以外の部分には、これらの規定は適用しない

・法28条(居室の採光及び換気)

・法30条(長屋又は共同住宅の各戸の界壁)等

● 法86条の7第3項
・増築等をする部分以外の部分に対して適用しない規定

法3条2項により、建築基準法令の規定の適用を受けない建築物(既存不適格建築物)について政令[※3]で定める範囲内で移転をする場合は、建築基準法令の規定は、適用しない。

● 法86条の7第4項
※3:令137条の16
・移転

● 用途の変更に対する建築基準法令の準用

建築物の用途を変更して法6条1項一号の特殊建築物のいずれかとする場合は、確認済証の交付を受けなければならないが、当該用途変更が令137条の18の類似の用途相互間の場合を除く。用途変更が完了したとき**建築主事に届け出**なければならない

● 法87条1項
・令137条の18(建築主事の確認を要しない類似の用途)

建築物(次の法87条3項の建築物を除く)の用途を変更する場合は、法48条(用途地域等)等の規定を準用する

● 法87条2項
・変更する用途には、用途地域制が適用される。なお、それ以外の条文についても原則として、適法であること

法3条2項により、法27条(耐火建築物等としなければならない特殊建築物)、法28条1項・3項(居室の採光)、法30条(長屋又は共同住宅の各戸の界壁)等の規定(「**法27条等の規定**」という。)の適用を受けない建築物(既存不適格建築物)の用途を変更する場合は、これら「法27条等の規定」を準用する。ただし、次

● 法87条3項
・用途変更の際に「法27条等の規定」を準用する場合としない場合

のいずれかの場合を除く

①増改築、大規模の修繕・模様替の場合（法86条の7参照）

②用途の変更が令137条の19の類似の用途相互間の場合で、かつ、建築物の修繕・模様替をしない又は修繕・模様替をしてもそれが大規模でない場合

③法48条（用途地域等）の規定は、用途の変更が令137条の19で定める範囲内である場合

・令137条の19（法27条等を準用しない類似の用途）

□ **● 建築物の用途を変更して一時的に他の用途の建築物として使用する場合の制限の緩和**

非常災害があった場合に、非常災害区域等内にある建築物の用途を変更して**災害救助用建築物**［※4］として使用するとき（災害発生日から1月以内に着手するときに限る）については、建築基準法令は適用しない。ただし、防火地域内については、この限りでない

● 法87条の3第1項
※4：住宅、病院等の建築物で、国、地方公共団体、日本赤十字社が災害救助用に使用するもの

□ **災害**があった場合に、建築物の用途を変更して公益的建築物［※5］として使用するときは、法12条1項〜4項（定期報告）、法21条（大規模建築物の主要構造部等）等の規定は、適用しない

● 法87条の3第2項
※5：学校、集会場等の公益上必要な用途

□ 建築物の用途を変更して災害救助用建築物又は公益的建築物とした者は、用途変更の完了後**3月**を超えて引き続き使用しようとする場合は、期限日前に、特定行政庁の許可を受けなければならない

● 法87条の3第3項

□ 特定行政庁は、**2年以内**の期間で延長の許可をすることができる。最長で3月+2年となる

● 法87条の3第4項

---

5 工作物への準用

□ 下記の工作物に対しては建築物の規定を適用する。そのため、確認申請、完了検査も適用され、工作物によっては、法20条（構造規定）、用途地域制（法48条）等多数の規定が適用される。工作物の床面積は「築造面積」と読み替える

①煙突等：対象となる高さは**擁壁**＞**2**m、**広告塔・装飾塔**＞**4**m、**煙突**＞**6**m、**高架水槽・サイロ**＞**8**m、**柱**＞**15**m

②昇降機、ウォーターシュート、飛行塔その他これらに類する工作物のうち政令で指定するもの

③製造施設、貯蔵施設、遊戯施設等の工作物のうち**政令で指定するもの**

● 準用工作物　法88条、令138条
①令138条1項：柱の種別は鉄筋コンクリート造・柱・木柱等だが旗ざおは除く
②令138条2項：観光用エレベーター・コースター・観覧車等の遊戯施設は該当する
③令138条3項：土木事業等での一時的利用を除く。また、工作物としての**自動車車庫**で一定以上の築造面積のものは該当する

6 工事現場における確認の表示等

☐ **工事施工者**は、工事現場の見やすい場所に、「規則別記68号様式」により、**建築主**、**設計者**、**工事監理者**、**工事施工者**及び工事の**現場管理者**の氏名又は名称、確認があった旨の表示（確認の表示）をしなければならない

● **法89条1項、規則11条、規則別記68号様式**

建築、大規模の修繕、大規模の模様替の工事が対象。設計者、工事監理者の建築士資格及び建築士事務所の種別も記載する

☐ 工事施工者は、工事の**設計図書**を工事現場に備えておく

● **設計図書の備え付け**　法89条2項

☐ 建築物の**建築**、**修繕**、**模様替**、**除却**の工事施工者は、工事施工にともなう地盤の崩落、建築物又は工事用の工作物の倒壊等による**危害を防止する措置**を講じなければならない

● **工事現場の危害の防止**　法90条、令136条の2の20〜136条の8

● **工事現場の危害を防止する措置**

	対象	防止措置の内容
仮囲い	一定規模以上の建築物の工事	原則として、工事現場の周囲に地盤面からの高さ**1.8**m以上の**仮囲い**を設ける
山留め	深さ**1.5**m以上の**根切り工事**を行う場合	地盤が崩壊するおそれがないとき等を除き、**山留め**を設ける
転倒防止措置	**杭打ち機**、**移動式クレーン**等を使用する場合	原則として、敷板、敷角等の使用等によりその転倒による工事現場の周辺への危害を防止するための措置を講じる
飛散防止措置	工事現場の境界線からの**水平距離≦5**mで、かつ、地盤面からの**高さ≧3**mの場所からクズ、ゴミ等を投下する場合	ダストシュートを用いる等、飛散防止措置を講じる
落下防止措置	工事をする部分が工事現場の境界線から**水平距離**が5m以内で、かつ、地盤面から**高さ7**m以上のとき等で、落下物によって工事現場の周辺に危害を生ずるおそれがあるとき	工事現場の周辺に危害を生ずるおそれがあるときは、工事現場の周囲その他危害防止上必要な部分を鉄網又は帆布で覆う等、落下物による危害防止措置を講じる

QUESTION

ANSWER

1 　最 頻 出 問 題 ｜ 一問一答

→→→

次の記述のうち、建築基準法上、正しいものには○、誤っているものには×をつけよ

1 □□　文化財保護法の規定による伝統的建造物群保存地区内においては、市町村は、都道府県知事の承認を得て、条例で、建築基準法令の所定の規定の全部もしくは一部を適用せず、又はこれらの規定による制限を緩和することができる

2 □□　工事を施工するために現場に設ける事務所、下小屋、材料置場については、確認済証の交付を受ける必要がないので、法20条（構造耐力規定）も適用されない

3 □□　法6条1項の建築物の大規模の修繕の工事の施工者は、当該工事現場の見やすい場所に、建築主、設計者、工事施工者及び工事の現場管理者の氏名又は名称並びに当該工事に係る同項の確認があった旨等の表示をしなければならない

4 □□　建築物の建築のための工事の工事監理者は、当該工事の施工にともなう地盤の崩落、建築物又は工事用の工作物の倒壊等による危害を防止するために必要な措置を講じなければならない

1 ×｜法85条の3。文化財保護法よる伝統的建造物群保存地区内では、市町村は国土交通大臣承認を得て、条例で建築基準法令の全部もしくは一部を不適用・制限緩和ができる

2 ×｜法85条2項により、工事施工のための現場事務所等は法6条の確認済証の交付を受けなくてもよいが、法20条（構造耐力規定）は適用される

3 ○｜法89条1項により、大規模の修繕の工事の施工者は、工事現場の見やすい場所に、建築主・設計者・工事施工者・工事現場管理者の氏名又は名称並びに確認があった旨の表示をしなければならない。設計者・工事監理者が建築士の場合は建築士資格を、また、建築士事務所に属している場合は、建築士事務所の種別を記載する

4 ×｜法90条1項により、建築その他工事の施工者は、工事施工にともなう地盤の崩落、建築物又は工事用の工作物の倒壊等による危害を防止するために、必要な措置を講じなければならない

2 　実 践 問 題 ① ｜ 一問一答

→→→

1 □□　屋根及び外壁が帆布で造られ、間仕切壁を有しない、平家建、延べ面積2,000㎡の水泳場には、「簡易な構造の建築物に対する制限の緩和」の規定が適用される

2 □□　景観法の規定により景観重要建造物として指定された建築物のうち、保存すべきものについては、市町村は、国土交通大臣の承認を得て、条例で、建築基準法の所定の規定の全部もしくは一部を適用せず、又はこれらの規定による制限を緩和することができる

3 □□　建築工事等を行う場合において、建築のための工事をする部分が工事現場の境界線から水平距離が5m以内、かつ、地盤か

1 ○｜法84条の2の屋根を帆布としたスポーツの練習場等の簡易な構造の建築物は、令136条の9一号ロ及び二号に該当する

2 ○｜法85条の2により、市町村は国土交通大臣の承認を得て、条例で、容積率、建蔽率、高さ制限等の一定の規定を適用せず、又は制限を緩和できる

3 ×｜法90条、令136条の5第2項により、建築工事部分が工事現場の境界線から水平距離5m以内、かつ、地盤面から高さ7m以上にあるとき等

らの高さが5m以上にあるときは、国土交通大臣の定める基準に従って、落下物による危害を防止するための措置を講じなければならない

4 ☐☐ 非常災害が発生した区域で特定行政庁が指定するもの（防火地域以外の区域とする）の内において、被災者がみずから使用するために建築する延べ面積30㎡以内の応急仮設建築物で、その災害が発生した日から1か月以内に工事に着手するものについては、建築基準法令の規定は適用しない

5 ☐☐ 木造の建築物で高さ10m、かつ、軒高8mのものの新築工事を行う場合は、工事期間中工事現場の周囲にその地盤面からの高さが1.8m以上の仮囲いを設けなければならない

6 ☐☐ 鉄骨造の建築物の建方の仮締めは、荷重に対して安全なものとしなければならない

7 ☐☐ 建築工事等において深さ1.5m以上の根切り工事を行う場合に設けなければならない山留めについては、土圧によって山留めの主要な部分の断面に生ずる応力度が、鋼材の場合にあっては、長期に生ずる力に対する許容応力度の2倍を超えないことを計算によって確かめなければならない

8 ☐☐ 工事を施工するために現場に設ける事務所には、法31条（便所）及び法32条（電気設備）の規定は適用されない

9 ☐☐ 特定行政庁により、安全上、防火上及び衛生上支障がないと認められ、原則として、1年以内の期間を定めて、その建築が許可された仮設店舗などの仮設建築物は建築基準法48条（用途地域内の建築制限）の規定が適用されない

10 ☐☐ 高さが5mの広告塔は、建築基準法37条（建築材料の品質）の規定が準用される

11 ☐☐ 「簡易な構造の建築物に対する制限の緩和」の規定の適用を受ける建築物には、建築基準法61条（防火地域及び準防火地域内の建築物の制限）の規定は適用されない

は、大臣の定める基準により、落下物による危害防止措置を講じなければならない

4 ○｜法85条1項二号により、被災者がみずから使用する延べ面積30㎡以内の応急仮設建築物で、災害発生日から1か月以内に工事着手するものは、建築基準法令の規定は適用されない

5 ×｜法90条、令136条の2の20により、木造建築物で高さ13m又は軒高9mを超えるものについては、建築等の工事を行う場合に、工事期間中工事現場の周囲にその地盤面からの高さ1.8m以上の仮囲いを設けなければならない

6 ×｜法90条、令136条の6第2項により、鉄骨造の建築物の建方の仮締めは、荷重及び外力に対して安全なものとしなければならない

7 ×｜令136条の3第4項により、深さ1.5m以上の根切り工事は、同条5項による構造計算を行い、鋼材の場合は5項三号ロにより短期に生ずる力に対する許容応力度を超えないこと

8 ×｜法85条2項により、工事現場事務所等の仮設建築物については、法32条は適用される

9 ○｜法85条5項により、仮設店舗等の仮設建築物で特定行政庁の許可を受けたものは、法第3章（法48条の用途地域制限などの集団規定）は適用しない

10 ○｜工作物への準用規定である。広告塔で令138条1項三号の高さ4m超の場合、法88条1項の規定により、法37条は準用される

11 ○｜「簡易な構造の建築物に対する制限の緩和」は法84条の2により、法61条の規定は適用されない

3 実践問題② | 一問一答 →→→

1 ☐☐ 用途地域に関する都市計画の変更により、法48条1項〜14項（用途地域内の制限）の規定の適用を受けない既存の建築物は、政令で定める範囲内であれば増築できる

2 ☐☐ 法3条2項により、法30条（長屋又は共同住宅の各戸の界壁）の規定の適用を受けない建築物について、増築をする場合は、増築後の延べ面積が基準時の延べ面積の2倍を超えなければ、当該規定は適用しない

3 ☐☐ 法3条2項により、法28条（居室の採光及び換気）の規定の適用を受けない建築物について、増築をする場合は、当該増築をする部分以外の部分には、当該規定は適用しない

4 ☐☐ 鉄骨造平家建て、延べ面積300㎡の飲食店の用途を変更して物品販売業を営む店舗とする場合は、確認済証の交付を受ける必要はない

5 ☐☐ 法3条2項により、商業地域内における法27条（耐火建築物等としなければならない特殊建築物）の規定の適用を受けない建築物の用途を共同住宅からホテルに変更するもので、かつ、建築物の修繕・模様替をしない場合又はその修繕・模様替が大規模でない場合は、同条の規定は準用されない

6 ☐☐ 非常災害があった場合に、非常災害区域等内にある建築物の用途を変更して災害救助用建築物として使用するときに、災害が発生した日から1月以内に着手する場合は、当該災害救助用建築物については、建築基準法令の規定は、適用しない

7 ☐☐ 法3条2項により法20条（構造耐力の規定）の適用を受けない建築物について、その壁の過半の修繕を行う場合は、当該建築物の構造耐力上の危険性が増大しない修繕とすれば、現行の構造耐力の規定は適用されない

1 ○｜法86条の7により、法3条2項の規定により法48条1項〜14項の適用を受けない既存建築物は、政令（用途地域関係は令137条の7）の範囲内であれば増築等をすることができる

2 ×｜法86条の7第1項、令137条の5。増築は増築後の延べ面積が基準時の延べ面積の1.5倍を超えないこと

3 ○｜法86条の7第3項。当該増築をする部分以外の部分に対しては、当該規定は適用しない

4 ×｜法87条1項、令137条の18。飲食店及び物品販売業を営む店舗の用途は、法別表第一(い)欄(四)項及び令115条の3第三号より、法6条1項一号の特殊建築物である。飲食店と物品販売業を営む店舗は確認を要しない類似の用途ではないので、確認済証の交付を受ける

5 ○｜法87条3項二号、令137条の19第三号。商業地域内において共同住宅からホテルに用途変更する場合は、令137条の19より類似の用途相互間であり、かつ、類似の用途変更のみで修繕・模様替を行わない場合や、類似の用途変更に伴って修繕・模様替を行っても、それが大規模でない場合は、同条の規定は適用しない

6 ×｜法87条の3第1項。非常災害区域等のうち防火地域内については、この限りでない

7 ○｜法86条の7第1項、令137条の12第1項。壁は主要構造部であり、その過半の修繕は、法2条十四号より「大規模の修繕」に該当する。法3条2項より法20条（構造耐力）の適用を受けない既存不適格建築物について、大規模の修繕をする場合は、当該建築物の構造耐力上の危険性が増大しないこと

006 一般構造、建築設備①採光、階段等

一般構造については、人の日常生活にともなう、安全上、衛生上等の観点から幅広い規定が整備されている。ここでは、居室に要求される採光の規定と廊下、階段、手すり及び共同住宅の界壁について学ぶ

1 居室の採光

☐ 住宅、学校、病院等の居室には原則として、居室の床面積に応じて自然採光に有効な窓等の「採光上有効な開口部」を設けなければならない

●**居室の採光**　法28条1項、令19条・20条

●採光上有効な開口部が必要な居室

	居室の種類	床面積に対する有効開口部面積	備考
1	①**幼稚園**、小学校及び中学校・義務教育学校、高等学校、**中等教育学校又は幼保連携型認定こども園**の教室 ②**保育所及び幼保連携型認定こども園の保育室**	1／5以上［*1］	＊1：大臣が定める基準による場合は、1／10までにできる
2	①住宅の居室 ②病院又は診療所の**病室** ③寄宿舎の寝室又は下宿の**宿泊室** ④児童福祉施設等［*2］の**寝室**（入所者の使用するものに限る） ⑤児童福祉施設等（保育所を除く）の居室のうち入所し、又は通う者に対する**保育、訓練、日常生活に必要な便宜供与**等のために使用される**居室**	1／7以上［*1］	＊2：「児童福祉施設等」とは、児童福祉施設（幼保連携型認定こども園を除く）、助産所、身体障害者社会参加支援施設（補装具製作施設及び視聴覚障害者情報提供施設を除く）、保護施設（医療保護施設を除く）、婦人保護施設、老人福祉施設、有料老人ホーム、母子保健施設、障害者支援施設、地域活動支援センター、福祉ホーム又は障害福祉サービス事業（生活介護、自立訓練、就労移行支援又は就労継続支援を行う事業に限る）の用に供する施設をいう（令19条1項
3	①1-①に掲げる学校**以外**の学校の教室 ②**病院、診療所及び児童福祉施設等**の居室のうち入院患者又は入所する者の**談話、娯楽**等のために**使用される居室**	1／10以上	

☐ 以下のものでは採光規定が**適用されない**（法28条1項）

①**地階、地下工作物内の居室**又はそれらに類する居室

②**温湿度調整が必要な作業室**

③その他用途上やむを得ない居室

☐ ふすま、障子その他随時開放できるもので仕切られた2室は、1室とみなす（法28条4項）

☐ 採光有効面積の算定方法では、窓等の**外部**の**前面、上部**の**空間**が**開放**されていれば、採光上、より有効となり、実面積以上の評価をする

●**採光有効面積**　令20条

採光有効面積の算定の流れは次のとおり

採光関係比率（$D／H$）を求める

↓

採光補正係数を求める

↓

採光有効面積を求める 採光有効面積＝窓面積×採光補正係数

☐ 採光関係比率(D / H)は、DとHを算出したうえで求める

●DとHの求め方

D:窓等の開口部の直上の庇やパラペット等の部分から隣地境界線や敷地内の他の建築物等までの水平距離

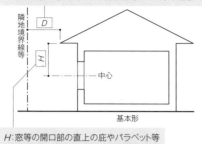

基本形

H:窓等の開口部の直上の庇やパラペット等の部分から窓等の中心までの垂直距離

●DとHが複数の場合

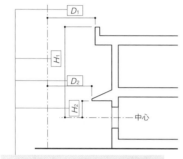

D_1 / H_1又はD_2 / H_2の小さい数値とする

● 道等に面する場合のDの求め方

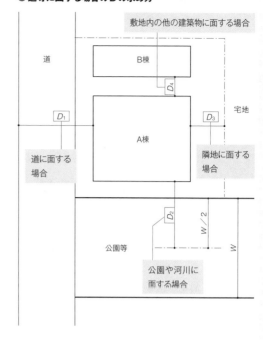

道等に面する場合のDの求め方は、上図のD_1~D_4による

☐ 採光補正係数は、次の①②の手順で求める

①用途地域に応じた算定式（下表）に採光関係比率(D / H)を代入する

● 採光補正係数の算定

用途地域	採光補正係数
住居系（田園住居地域含む）	$6(D / H)$－**1.4**
工業系	$8(D / H)$－**1.0**
商業系又は**用途無指定区域**	$10(D / H)$－**1.0**

②求めた採光**補正係数**は必要に応じ補正する

　a **天窓**は**3**倍

　b **幅90** cm以上の**縁側**（ぬれ縁を除く）等は、**0.7**倍

　c 採光補正係数が**3.0超**の場合は、**3.0**

　d 採光補正係数が**負**のときは、**0**

　e 開口部が道に面する場合、算定値1.0未満は、1.0

　f 開口部が道に面しない場合は、右表による

● 開口部が道に面しない場合の採光補正係数

①住居系地域の場合

$D \geqq 7$mかつ算定値＜1.0	1.0
$D < 7$mかつ算定値＜0	0

②工業系地域の場合

$D \geqq 5$mかつ算定値＜1.0	1.0
$D < 5$mかつ算定値＜0	0

③商業系地域の場合

$D \geqq 4$mかつ算定値＜1.0	1.0
$D < 4$mかつ算定値＜0	0

事例

①住居地域で、道に面しない窓

$D=2$m、$H=3$mの場合　採光補正係数 $=6(2/3)$ －1.4＝2.6

$D=1$m、$H=6$mの場合　採光補正係数 $=6(1/6)$ －1.4＝－0.4　→　負のため0となる

②商業地域で、道に面する窓

$D=5$m、$H=40$mの場合　採光補正係数 $=10(5/40)$ －1.0＝0.25　→　1未満のため1.0となる

□ 採光有効面積は下記の式により求める

採光有効面積＝窓等の開口部面積×採光補正係数

□ 例題：右図の窓の採光有効面積を求めよ

採光関係比率$D／H＝2／2＝1$

採光補正係数$6×1－1.4＝4.6$

　→3超の場合は3となる

ゆえに、採光有効面積Sは、

　$S＝窓面積（2×1）×3＝6㎡$

● 例題図

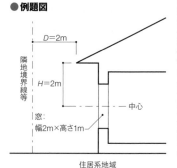

住居系地域

2　居室の天井高さ、床高さ等

□ 居室の**天井高さ**は、**2.1**m以上。室内の天井高さが異なる場合は、その**平均の高さ**による。便所、浴室等は居室ではない

● 居室の天井高さ　令21条

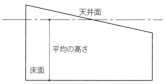

□ 居室の床高さ及び防湿方法は、最下階の居室の**床が木造**の場合、以下による

①**床高さ**は、直下の地面から床上面まで**45**cm以上とする

②**外壁の床下**に、壁長さ**5**m以下ごとに、面積**300**c㎡以上の換気孔を設け、かつ、ネズミの侵入防止設備をする

ただし、床下を**コンクリート・たたき**等で覆う場合及び最下階の居室の床構造が、地面からの水蒸気で腐食しない大臣認定品の場合は、この限りでない

● 居室の床高さ及び防湿方法　令22条

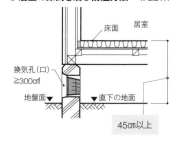

□ **地階の居室**は次のいずれかとする

①**からぼり**等に面する所定の**開口部**があること

②令**20**条の**2**の**換気設備**が設けられていること

③居室内の**湿度を調節する設備**が設けられていること

● 地階の居室　令22条の2

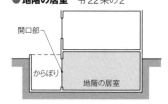

3　長屋又は共同住宅の各戸の界壁

□ 長屋又は共同住宅の**各戸の界壁**は、**小屋裏又は天井裏に達するもの**とするほか、一定の**遮音性能**を有するもので、大臣が定めた構造方法又は大臣認定品とする。ただし、天井の構造が一定の遮音性能を有する場合は、界壁は小屋裏又は天井裏に達しなくてもよい

● **長屋又は共同住宅の各戸の界壁**　法30条、令22条の3　振動数の音と透過損失の基準

● **遮音性能**

隣接する住戸からの日常生活にともない生ずる音を、衛生上支障がないように低減するため、界壁に必要な性能

4　階段、踊場の寸法

●階段・踊場・蹴上げ・踏面の寸法（単位：㎝）

		階段・踊場の幅	蹴上げ	踏面
1	小学校（義務教育学校の前期課程含む）の児童用	140以上	16以下	26以上
2	中学校（義務教育学校の後期課程含む）、高等学校、中等教育学校の生徒用又は物品販売店舗で床面積＞1,500㎡、劇場、映画館、演芸場、観覧場、公会堂、集会場における客用	140以上	18以下	26以上
3	直上階の居室の床面積＞200㎡の地上階又は居室の床面積＞100㎡の地階等	120以上	20以下	24以上
4	1～3以外の階段	75以上	22以下	21以上

以上について、国土交通大臣が定めた構造方法（両側手すり、階段表面を粗面とする等）を用いる階段については適用しない（令23条4項）

屋外階段の幅は、令120条又は令121条の直通階段は、**90㎝**以上、その他は**60㎝**以上とすることができる

共同住宅の共用階段を除き、**住宅の階段の蹴上げは23㎝以下、踏面は15㎝以上**とすることができる

回り階段の踏面は、踏面の狭いほうの端から**30㎝**で測る

階段及び踊場の「手すり」及び「階段昇降設備でその高さ**50㎝**以下のもの」は、手すり等の幅が**10㎝**までないものとして幅を算定する。なお、廊下は対象ではない

上記の寸法の表の1又は2の階段で高さが**3m**超は**3m**以内ごとに、また、その他の階段で高さ**4m**超は**4m**以内ごとに踊り場を設置。直階段の踊場の**踏幅**は、**1.2m**以上としなければならない

高さ**1m**超の階段の部分には、手すりを設けなければならない。階段及び踊場の両側（手すりが設けられた側を除く）には、側壁又はこれに代わるものを設けなければならない

高さ**1m**超の階段で、**階段幅が3m**超の場合は、中間に**手すりを設けなければならない**。ただし、**蹴上げ15㎝**以下で、かつ、**踏面30㎝以上**のものには適用しない

傾斜路の勾配は、**1／8**以下、表面は、粗面又はすべりにくい材料で仕上げること。また、**階段の幅、踊場、手すり**の規定が適用される

●階段各部の寸法　令23条

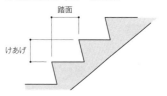

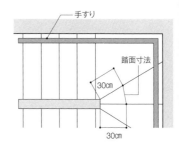

●手すり等の扱い

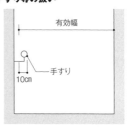

●踊場の位置及び踏幅　令24条
●直階段の踊場の踏幅

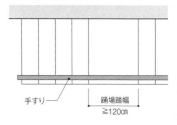

●階段等の手すり等　令25条

階段の高さ1m以下の部分には、手すりを設けなくてもよい。昇降機機械室の階段は154頁の「6昇降機」を参照

●階段に代わる傾斜路　令26条・26条2項

一般構造、建築設備①採光、階段等　　　QUESTION & ANSWER

QUESTION

1　最頻出問題①｜五肢択一

ANSWER

→→→

1 □□　第一種住居地域内（建築基準法86条10項に規定する公告対象区域外とする）において、図のような断面をもつ住宅の1階の居室の開口部（高さ、幅各2.0m、面積4.0㎡）の「採光に有効な部分の面積」として、建築基準法上、正しいものは、次のうちどれか

1—2.4㎡　2—4.0㎡　3—6.4㎡　4—8.8㎡　5—12.0㎡

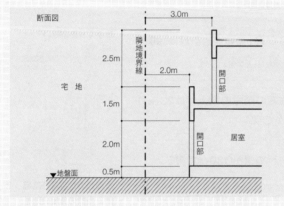

1　答えは4

法28条1項、令19条・20条。採光有効面積は次の手順で求める
(1)採光関係比率（$D／H$）を求める
①1階上り部分から隣地境界線までの水平距離　$D_1＝2$m
同じく1階開口部中心までの垂直距離
　$H_1＝1.5＋2／2＝2.5$m
　$D_1／H_1＝2／2.5＝0.8$
②2階立上り部分から隣地境界線までの水平距離　$D_2＝3$m
同じく1階開口部中心までの垂直距離
　$H_2＝2.5＋1.5＋2／2＝5$m
　$D_2／H_2＝3／5＝0.6$
以上より、小さい数値$D_2／H_2＝0.6$を採光関係比率とする
(2)採光補正係数を求める
住居系地域なので、$6(D／H)－1.4$
　$6×0.6－1.4＝2.2$
(3)採光有効面積を求める
　開口部面積4㎡$×2.2＝8.8$㎡

2 □□　張り間方向に図のような断面（けた行方向には同一とする）を有する居室の天井の高さを算定する場合、建築基準法上、その高さとして、正しいものは、次のうちどれか

1—2.1m　2—2.25m　3—2.3m　4—2.4m　5—2.5m

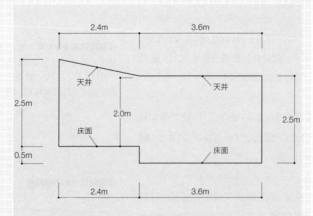

2　答えは4

令21条2項。室内の天井高さに高低がある場合は、平均の高さとなる
けた行方向が同一のため、図の断面積を求め、それを床の幅で割り平均高さを求める
　室の左側部分＝$2.4×(2＋2.5)／2$
　$＝5.4$㎡
　室の右側部分＝$3.6×2.5＝9$㎡
よって平均の天井高さは
　$(5.4＋9)／(2.4＋3.6)＝2.4$m

2 最頻出問題② 一問一答 →→→

木造2階建ての戸建住宅の一般構造に関する次の記述のうち、建築基準法上、正しいものには○、誤っているものには×をつけよ

1 ☐☐ 高さ1m以下の階段の部分には、手すりを設けなかった

2 ☐☐ 1階の床の高さは、直下の地面からその床の上面までを45cmとしたので、床下をコンクリートで覆わないこととした

3 ☐☐ 回り階段の部分における踏面の寸法を、踏面の狭いほうの端から30cmの位置において、16cmとした

4 ☐☐ 階段に代わる傾斜路に幅15cmの手すりを設けたので、当該傾斜路の幅の算定に当たっては、手すりはないものとみなした

5 ☐☐ 居室に設ける開口部で、河川に面するものについて、採光に有効な部分の面積を算定する場合、当該河川の反対側の境界線を隣地境界線とした

1 ○｜令25条4項 階段等の手すり等

2 ○｜令22条 居室の床の高さ及び防湿方法

3 ○｜令23条1項・23条2項。共同住宅の共用階段を除き、住宅の階段のけあげは23cm以下、踏面は15cm以上とすることができる

4 ×｜令23条3項により手すり等の幅は10cmまではないものとみなす。令26条2項により傾斜路にあっても手すりの規定は適用される

5 ×｜令20条2項一号。河川、広場、公園等の場合は、その幅員の1/2を隣地境界線とみなす

3 最頻出問題③ 一問一答 →→→

木造2階建て、延べ面積100㎡の一戸建て住宅の計画に関する次の記述のうち、建築基準法上、正しいものには○、誤っているものには×をつけよ

1 ☐☐ 下水道法第2条第八号に規定する処理区域内であったので、便所については、水洗便所とし、その汚水管を下水道法第2条第三号に規定する公共下水道に連結した

2 ☐☐ 階段に代わる高さ1.2mの傾斜路に幅10cmの手すりを設けたので、当該傾斜路の幅の算定に当たっては、手すりはないものとみなした

3 ☐☐ 1階に設ける納戸について、床を木造とし、直下の地面からその床の上面までを40cmとした

4 ☐☐ 1階の居室の床下をコンクリートで覆い、床の高さを、直下の地面からその床の上面まで40cmとした

5 ☐☐ 発熱量の合計が12kWの火を使用する器具（「密閉式燃焼器具等又は煙突を設けた器具」ではない）のみを設けた調理室

1 ○｜法31条1項。下水道法二条八号の処理区域内は、便所は、水洗便所（汚水管が下水道法2条三号の公共下水道に連結されたものに限る）以外の便所としてはならない

2 ○｜令23条3項、令25条4項、令26条2項。当該傾斜路の手すりによる幅員の緩和は、階段の手すりによる幅員の緩和と同様である

3 ○｜令22条一号。納戸は居室ではないため、直下の地面からその床の上面までを45cm以上としなくてもよい

4 ○｜令22条。居室の床下をコンクリートで覆えば、直下の地面からその床の上面までを45cm以上としなくてもよい。また、当該床の構造を、防湿方法として国土交通大臣の認定を受けたものとすれば、45cm以上でなくてもよい

5 ×｜法28条3項、令20条の3第1項二号。調理室の床面積の1/10以上の数値が0.7㎡の有効開口面積を有

（床面積7㎡）に、0.7㎡の有効開口面積を有する開口部を換気上有効に設けたので、その他の換気設備を設けなかった

する開口部であるが、0.8㎡未満の場合は、0.8㎡以上としなければ、換気設備を設けなければならない

4 最頻出問題④ | 一問一答 →→→

木造2階建て、延べ面積90㎡の一戸建て住宅の計画に関する次の記述のうち、建築基準法上、正しいものには○、誤っているものには×をつけよ

1 ☐☐ 敷地内の排水に支障がなかったので、建築物の敷地は、これに接する道の境よりも低くした

2 ☐☐ 居室に設ける開口部で、公園に面するものについて、採光に有効な部分の面積を算定するに当たり、その公園の反対側の境界線を隣地境界線とした

3 ☐☐ 居間（床面積16㎡、天井の高さ2.5m）に機械換気設備を設けるに当たり、「居室を有する建築物の換気設備についてのホルムアルデヒドに関する技術的基準」による有効換気量を、20㎥/hとした。なお、所定の中央管理方式の空気調和設備は設けていない

4 ☐☐ 発熱量の合計が10kWの火を使用する器具（「密閉式燃焼器具等又は煙突を設けた器具」ではない。）のみを設けた調理室（床面積8㎡）に、1㎡の有効開口面積を有する開口部を換気上有効に設けたので、換気設備を設けなかった

5 ☐☐ 調理室ではない室に発熱量の合計が6kWの火を使用する器具を設けたが、換気上有効に開口部を設けたので、換気設備は設けなかった

6 ☐☐ 階段（高さ3.0mの屋内の直階段）の高さ1.5mの位置に、踏幅1.1mの踊場を設けた

1 ○ | 法19条1項。ただし書による

2 × | 令20条2項一号。公園の幅の1/2の線を隣地境界線とみなす

3 ○ | 令20条の8第1項一号イ(1)。必要有効換気量＝住宅の居室0.5×床面積16㎡×天井高さ2.5m＝20㎥/h

4 ○ | 法28条3項、令20条の3第1項二号。発熱量の合計が10 kW＜12 kWであり、調理室の床面積の1/10が、0.8㎡＜1㎡の有効開口面積を有する開口部を換気上有効に設けているため、換気設備を設けなくてもよい

5 ○ | 法28条3項、令20条の3第1項三号

6 ○ | 令23条1項の表、令24条1項、2項。設問の住宅は令23条1項の表の(四)に該当するため、令24条1項より、高さ4m以内ごとに踊場を設けなければならないが、高さ3mの階段のため、令24条2項の直階段の踊場の踏幅1.2m以上の規定は適用されない

5 最頻出問題⑤ | 一問一答 →→→

木造2階建て、延べ面積180㎡の長屋の計画に関する次の記述のうち、建築基準法上、正しいものには○、誤っているものには×をつけよ

1 ☐☐ 建築材料には、クロルピリホスを添加しなかった

2 ☐☐ 各戸の界壁を小屋裏又は天井裏に達するものとしなかったので、

1 ○ | 法28条の2第三号、令20条の6第一号。建築材料にクロルピリホスを添加しないこと

2 ○ | 法30条2項

3 ○ | 令21条。居室の天井高さは、2.1m以上だが、長屋の便所は居室ではないため、天井高さの規定は適用され

遮音性能については、天井の構造を天井に必要とされる技術的基準に適合するもので、国土交通大臣が定めた構造方法を用いるものとした

3 ☐☐ 居間の天井の高さを2.3mとし、便所の天井の高さを2.0mとした

4 ☐☐ 共用の階段の片側にのみ幅12cmの手すりを設けたので、階段の幅は、77cmとした

5 ☐☐ 下水道法第2条第八号に規定する処理区域内であったので、便所を水洗便所とし、その汚水管を合併処理浄化槽に連結させ、便所から排出する汚物を公共下水道以外に放流した

ない

4 ○｜令23条1項、3項。令23条1項の表の（四）より、階段の幅員は75cm以上必要であるが、令23条3項より手すりの幅10cmまではないもとするため、12−10＝2cm＋75cm＝77cm以上となる

5 ×｜法31条。下水道法第 2 条第八号にの処理区域内では、汚水管を下水道法2条三号に規定する公共下水道に連結させた水洗便所以外の便所としてはならない

6 最頻出問題⑥｜一問一答 →→→

木造2階建て、延べ面積200㎡の共同住宅の計画に関する次の記述のうち、建築基準法上、正しいものには○、誤っているものには×をつけよ。ただし、国土交通大臣が定めた構造方法は考慮しないものとする

1 ☐☐ 居室の内装仕上げに第3種ホルムアルデヒド発散建築材料を使用する場合は、使用する内装仕上げの面積が制限される。なお、所定の中央管理方式の空気調和設備は設けていないものとする

2 ☐☐ 居室の窓等の開口部で採光に有効な面積を、当該居室の窓等の開口部ごとの面積に、それぞれ採光補正係数を乗じて得た面積を合計して算定した

3 ☐☐ 住戸の居室の窓で採光に有効な面積のその床面積に対する割合を1/7以上とした

4 ☐☐ 各戸の界壁に必要とされる遮音性能の技術的基準は、振動数500ヘルツの音に対する透過損失が50デシベル以上である

5 ☐☐ 各戸の界壁は、その構造を界壁に必要とされる遮音性能に関して政令で定める技術的基準に適合するもので、国土交通大臣の認定を受けたものとし、かつ、小屋裏又は天井裏に達するものとした

6 ☐☐ 共用の階段の蹴上げの寸法を23cm、踏面の寸法を15cmとした。なお、国土交通大臣が定めた構造方法を用いる階段ではない

1 ○｜令20条の7第1項二号。居室の内装仕上げには第1種ホルムアルデヒド発散建築材料を使用してはならず、第2種及び第3種ホルムアルデヒド発散建築材料を使用する場合はその面積が制限される。なお、令20条の7第5項より、所定の中央管理方式の空気調和設備は設ける建築物には、同条1項の規定は適用されない

2 ○｜令20条1項。設問記載のとおり。なお、国土交通大臣が定めた算定方法の適用もできる

3 ○｜法28条1項、令19条3項の表の（三）

4 ×｜令22条の3の表。40デシベル以上である

5 ○｜法30条1項

6 ×｜令23条1項の表の（四）。住宅の階段は、蹴上げ23cm、踏面15cmとすることができるが、当該共同住宅の共用の階段は、蹴上げ22cm以下、踏面21cm以上とする。なお、国土交通大臣が定めた構造方法を用いる階段とは、令23条4項の階段である

007 一般構造、建築設備②建築設備等

居室には衛生上、床面積に応じた換気のための窓等が必要であるが、自然換気や機械換気設備等の設置も必要な場合がある。また、エレベーター等については、安全装置等の規定がある。そのほか、石綿等の飛散防止対策、シックハウス対策について学ぶ

1 居室の換気

☐ 居室には換気のための窓等の開口部を設け、**換気に有効な面積**は、居室の**床面積の1／20以上**としなければならない。ただし、自然換気設備、機械換気設備、中央管理方式の空気調和設備又は大臣認定設備を設けた場合は、この限りでない

● **居室の換気**　法28条2～4項

● **換気に有効な部分**

☐ 次のものは、令20条の2・20条の3で定める技術的基準の換気設備を設ける。ただし、①は自然換気設備以外とする
①**劇場、集会場**等の**特殊建築物**(法別表第1(い)欄(一)項)の居室
②建築物の**調理室、浴室**その他の室で**かまど、こんろ**等の**火気使用設備**や**器具**を設けたもの。ただし、令20条の3第1項(下表)で定めるものを除く

● **特殊建築物の居室等の換気設備**　法28条3項、令20条の2・20条の3

● 令20条の3第1項で定めるもの

法28条3項により政令で「換気設備を設けるべき調理室等」から除外されるもの＝「換気設備を設けなくてもよいもの」	①「密閉式燃焼器具等」以外の火気使用設備又は器具を設けていない室
	②床面積100㎡以内の住宅又は住戸の**調理室**(「密閉式燃焼器具等」を除き、発熱量の合計が12kW以下の火気使用設備又は器具を設けたもの)で、**調理室の床面積の1／10**(0.8㎡未満のときは0.8㎡とする)以上の有効開口面積を有する窓等の開口部を換気上有効に設けたもの
	「密閉式燃焼器具等」を除き、**発熱量の合計が6kW以下**の火気使用設備又は器具を設けた室(調理室を除く)で換気上有効な開口部を設けたもの

● **換気設備を設けるべき調理室等**　法28条3項、令20条の3
建築物の調理室、浴室、その他の室でかまど、こんろそのほか火を使用する設備又は器具を設けたもの

いわゆる火気使用室のこと

☐ 「換気設備を設けるべき調理室等」に設ける換気設備の構造とは
①**給気口**は、調理室等の**天井高さの1／2以下**の位置
②**排気口**は、調理室等の天井又は**天井から下方80cm以内**の位置に設け、かつ、換気扇等を設けて、直接外気に開放し、もしくは排気筒に直結し、又は排気上有効な立上り部分を有する排気筒に直結すること

● **密閉式燃焼器具等**　令20条の3第1項
火を使用する設備又は器具で直接屋外から空気を取り入れ、かつ、廃ガスその他の生成物を直接屋外に排出する構造を有するもの、その他室内の空気を汚染するおそれがないもの

☐ 上記については、**ふすま、障子**等の**随時開放可能な間仕切**の2室は、1室とみなす

2 開口部の少ない建築物の換気設備

☐ 有効な換気面積が確保できない居室には、技術的基準に適合した、自然換気設備、機械換気設備、中央管理方式の空気調和設備又は大臣認定設備を設ける（令20条の2第1項一号）

☐ 自然換気設備は次の①～④の構造をもつ
①換気上有効な**給気口**及び**排気筒**を有すること
②給気口は、居室**天井高さの1／2以下**に設け、常時外気に開放された構造とする
③**排気口**は、**給気口より高い位置**に設け、常時外気に開放された構造とし、かつ、排気筒の**立り部分**に**直結**すること
④**排気筒**は、排気上**有効な立上り**を有し、**頂部は直接外気に開放**し、頂部及び排気口以外に開口部を設けない

☐ 機械換気設備は換気上有効な「**給気機及び排気機**」、「**給気機及び排気口**」又は「**給気口及び排気機**」とすること

● 機械換気設備

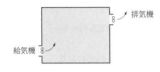

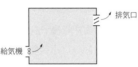

☐ 中央管理方式の空気調和設備は、**浮遊粉じん**や**一酸化炭素**等について基準に適合するように空気を浄化し、温度、湿度、流量を調節して供給することができる性能を有し、かつ、大臣が定めた構造方法とする

● 開口部の少ない建築物（換気設備を設けるべき調理室等を除く）の換気設備　令129条の2の5

● 自然換気設備

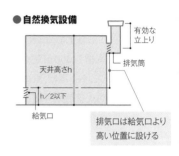

排気口は給気口より高い位置に設ける

● 中央管理方式の空気調和設備　令129条の2の5第3項・20条の2第二号（中央管理室）

中央管理方式の空調機：温湿度調整や空気浄化を行う

3 便所

☐ **下水道法の処理区域内**においては、便所は、水洗便所（汚水管が下水道法2条三号の公共下水道に連結されたものに限る）以外の便所としてはならない

☐ 便所には、採光、換気のため直接外気に接する窓を設けなければならない。ただし、水洗便所で、代替設備（照明・換気設備）がある場合は、この限りでない

☐ **くみ取便所**の便槽(そう)は、原則として、**井戸から5m離す**こと

● 水洗便所　法31条

● 処理区域　下水道法2条八号
排水区域のうち排除された下水を終末処理場により処理することができる地域で、公示された区域をいう

● 便所と井戸との距離　令28条・34条

4 | 給水、排水等の配管設備の構造等

□ 給・排水配管の構造等は以下による

① コンクリートへの埋設等により腐食するおそれのある部分には、腐食防止措置を講ずること

② 原則として、昇降機の昇降路内に設けないこと

③ 3階以上である建築物、地階に居室を有する建築物又は延べ面積3,000㎡超の建築物に設ける**換気**等の**風道**、**ダストシュート**等は、原則として、**不燃材料**で造ること

④ **防火区画等**を貫通する場合は、原則として、貫通部分及び貫通部分からそれぞれ**両側**に**1m以内**を**不燃材料**で造ること

● **配管設備の構造等**　令129条の2の4

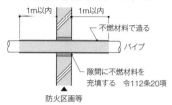

　1m以内　1m以内
　　　　　　　　　　　不燃材料で造る
　　　　　　　　　　　パイプ
　　　　　　　　　　　隙間に不燃材料を充填する　令112条20項
　防火区画等

● **排水の配管設備**　令129条の2の4
第三号
有効な容量・傾斜・材質を有すること。末端は公共下水道等排水施設に有効に連結。汚水に接する部分は不浸透質の耐水材料

5 | 避雷設備

□ **高さ20m超**（塔屋含む）の**建築物**には、原則として、有効な**避雷設備**を設けなければならない

● **用語の定義**　法33条、令129条の14・15

6 | 昇降機

□ **エレベーター**とは、人や物を運搬する昇降機で籠の**水平投影面積が1㎡超**又は**天井高さ1.2m超**をいう。**小荷物専用昇降機**とは、物を運搬する昇降機で、籠の水平投影面積が**1㎡以下**で、かつ、**天井高さ1.2m以下**のものをいう。エスカレーターも昇降機である

● **エレベーター**　令129条の3

● **用語の定義**　法34条、令129条の3～129条の13の3

● **エレベーターの籠の構造等**　令129条の6・129条の7

□ エレベーターの籠の構造等は、以下による

① 非常の**救出口**を籠の**天井**に設けること

② **用途、積載量、最大定員**を明示した標識を籠内の見やすい場所に掲示すること

エレベーター機械室については以下による

① **床面積**は、原則として、**昇降路の水平投影面積の2倍以上**

② **床面から天井又は梁の下端までの垂直距離**は、籠の**定格速度に応じた一定数値以上**とすること

③ 換気上有効な開口部又は換気設備を設けること

④ **出入口の幅70cm以上、高さ1.8m以上**とし、施錠装置を有する鋼製の戸を設けること

⑤ 機械室への階段の**けあげ23cm以下、踏面15cm以上**とし、かつ、階段の両側に**側壁**又は**手すり**を設けること

● **籠の構造**

救出口
標識
高さ1.2㎡超
床面積1㎡超

● **エレベーターの機械室**　令129条の9

● **エレベーター機械室の構造**

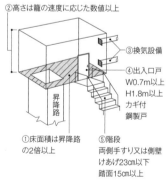

②高さは籠の速度に応じた数値以上
③換気設備
④出入口戸
W0.7m以上
H1.8m以上
カギ付
鋼製戸
昇降路
①床面積は昇降路の2倍以上
⑤階段
両側手すり又は側壁
けあげ23cm以下
踏面15cm以上

☐ エレベーターの安全装置については以下による

①故障が生じ、籠が移動、昇降した場合に、自動的に制止する**戸開走行保護装置**（大臣認定品等）を設けること

②地震時に、自動的に、籠を出入口に停止させ、かつ、籠の戸及び昇降路の戸を開き、又は籠内の人が戸を開くことができる**地震時管制運転装置**（大臣認定品等）を設けること

③床面で**1ルクス以上**の非常照度照明装置を設けること

● **エレベーターの安全装置**　令129条の10
釣合おもりを用いるエレベーターは、地震その他の震動によって釣合おもりが脱落するおそれがないものとして大臣が定めた構造方法を用いる（令129条の4第3項五号）

7　石綿等の飛散防止とシックハウス対策

☐ 石綿等の飛散防止対策として、

①建築材料に石綿等を添加しないこと

②石綿等をあらかじめ添加した建築材料を使用しないこと（大臣認定品等を除く）

● **石綿等の飛散防止**　法28条の2
● **建築材料及び換気設備の技術的基準**　令20条の5～9
● **シックハウス対策**　令20条の6～7
● **シックハウス対策上居室とみなす部分**

☐ 居室のある建築物は、**クロルピリホス**及び**ホルムアルデヒド**について、建築材料及び換気設備の技術的基準に適合すること

☐ クロルピリホスの使用規制として

①建築材料にクロルピリホスを添加しないこと

②クロルピリホスをあらかじめ添加した建築材料を使用しないこと（長期間経過したもので大臣が定めたものを除く）

居室・押入・便所・洗面・倉庫・廊下・玄関が常時開放された開口部で通じているため、すべてを居室とみなして換気量を算定する

☐ ● **ホルムアルデヒドの使用規制**

種別	使用条件	備考
第一種ホルムアルデヒド発散建築材料[＊3]	**原則、使用禁止**[＊1]	＊1：居室（常時開放された開口部を通じてこれと相互に通気が確保される廊下、便所等の建築物の部分を含む）の壁、床、天井（天井がない場合は、屋根）、開口部の建具の室内面の仕上げには、第一種ホルムアルデヒド発散建築材料を使用しないこと
第二種ホルムアルデヒド発散建築材料	使用量の制限[＊2]	＊2：内装仕上げ面積に一定の数値を乗じて得た面積が、その居室の床面積を超えないこと
第三種ホルムアルデヒド発散建築材料	使用量の制限[＊2]	＊3：表面積1㎡につき毎時0.12mgを超える量のホルムアルデヒドを発散

☐ **中央管理方式の空気調和設備**（令20条の8第1項一号ハ）による建築物の**居室**については、ホルムアルデヒド発散建築材料の**規制は、適用されない**

● **空気調和設備の特例**　令20条の7第5項

☐ ホルムアルデヒド対策として、居室に設置する換気設備の構造は、①機械換気設備の場合は、有効換気量が必要有効換気量以上であること、②空気浄化供給方式の機械換気設備の場合は、大臣が定めた構造方法又は大臣認定品であること、③中央管理方式の空気調和設備の場合は、大臣が定めた構造方法又は大臣認定品であることが定められている

● **居室換気設備の構造**　令20条の8

● **必要有効換気量**
機械換気設備の1時間あたりの必要有効換気量＝1時間あたりの換気回数×居室の体積
換気回数は住宅等の居室の場合0.5回／時、その他の居室では0.3回／時

155

QUESTION

ANSWER

1　最頻出問題｜一問一答

→→→

次の記述のうち、建築基準法上、正しいものには○、誤っているものには×をつけよ。ただし、国土交通大臣の定めた構造方法及び国土交通大臣の認定は考慮しないものとする

1　□□　旅館の調理室（換気上有効な開口部があるものとする）において、発熱量の合計が2kWの火を使用する器具のみを設けた場合には、換気設備を設けなくてもよい

2　□□　住宅の浴室（常時開放された開口部はないものとする）において、密閉式燃焼器具のみを設けた場合には、換気設備を設けなくてもよい

3　□□　水洗便所には、採光及び換気のため直接外気に接する窓を設け、又はこれに代わる設備をしなければならない

4　□□　機械換気設備は、換気上有効な給気機及び排気機、換気上有効な給気機及び排気口又は換気上有効な給気口及び排気機を有する構造としなければならない

5　□□　エレベーターには、駆動装置又は制御器に故障が生じ、かごの停止位置が著しく移動した場合等に自動的にかごを制止する装置を設けなければならない

6　□□　乗用エレベーターには、停電の場合においても、床面で0.1ルクス以上の照度を確保することができる照明装置を設けなければならない

7　□□　公共下水道の処理区域（下水道法2条八号に規定する処理区域をいう）内においては、便所はくみ取便所としてはならない

8　□□　居室の内装の仕上げに第三種ホルムアルデヒド発散建築材料を使用するときは、第三種ホルムアルデヒド発散建築材料を使用する内装の仕上げの部分の面積に所定の数値を乗じて得た面積が、当該居室の床面積を超えないこと

1　×｜令20条の3第1項三号。発熱量6kW以下で換気上有効な開口部を設けても調理室には換気設備が必要

2　○｜法28条3項により、建築物の浴室で火を使用する設備等を設けたものは、原則として、換気設備を設けなければならない。換気設備を設けなくてもよい場合は、令20条の3第1項一号により、「密閉式燃焼器具等」のみを設けた場合である

3　○｜令28条により便所には、採光及び換気のため直接外気に接する窓を設けること。ただし、水洗便所で、これに代わる設備（照明・換気）をした場合においては、この限りでない

4　○｜令129条の2の5第2項一号により、建築物に設ける機械換気設備は、①換気上有効な給気機及び排気機、②換気上有効な給気機及び排気口、③換気上有効な給気口及び排気機の3種類である

5　○｜令129条の10第3項一号イにより、駆動装置又は制御器に故障が生じ、かごの停止位置が著しく移動した場合に自動的にかごを制止する装置を設ける

6　×｜令129条の10第3項四号ロ。停電時においても、床面で1ルクス以上の照度が必要

7　○｜法31条1項。下水道法2条八号の処理区域内では、便所は水洗便所（汚水管が公共下水道に連結されたものに限る）以外の便所としないこと

8　○｜法28条の2第三号、令20条の5、令20条の7第1項二号。第三種ホルムアルデヒド発散建築材料は使用する内装仕上げ面積×所定の数値が、当該居室の床面積を超えないこと

2 実践問題 | 一問一答 →→→

次の記述のうち、建築基準法上、正しいものには○、誤っているものには×をつけよ。ただし、エレベーターは、特殊な構造又は使用形態ではないものとする。また、国土交通大臣の認定は考慮しないものとする

1 ☐☐ 合併処理浄化槽は、満水して12時間以上漏水しないことを確かめなければならない

2 ☐☐ 建築物に設ける給湯設備には、有効な安全装置を設けなければならない

3 ☐☐ エレベーターの機械室における床面から天井又は梁の下端までの垂直距離は、エレベーターのかごの定格速度が毎分50mの場合、2.0m以上としなければならない

4 ☐☐ 集会場の居室には、自然換気設備又は機械換気設備を設けなければならない

5 ☐☐ 地上2階建て、延べ面積1,000㎡の建築物に設ける冷房設備の風道は、不燃材料で造らなければならない

6 ☐☐ 建築物に設ける小荷物専用昇降機の昇降路の出し入れ口の戸には、かごがその戸の位置に停止していない場合には、かぎを用いなければ外から開くことができない装置を設けること。ただし、当該出し入れ口の下端が当該出し入れ口が設けられる室の床面より高い場合においては、この限りでない

7 ☐☐ 床面積100㎡の住宅において、床面積8㎡の調理室(発熱量の合計(密閉式燃焼器具等又は煙突を設けた設備・器具に係るものを除く)が12kWの火を使用する設備又は器具を設けたもの)で、0.8㎡の有効開口面積を有する窓を換気上有効に設けたものは、換気設備を設けなくてもよい

8 ☐☐ 建築物(換気設備を設けるべき調理室等を除く)に設ける自然換気設備は、排気口は、給気口と同じ高さの位置又はより高い位置に設け、常時開放された構造とし、かつ、排気筒の立上り部分に直結すること

1 ×│令33条。改良便槽並びにし尿浄化槽及び合併処理浄化槽は、満水して24時間以上漏水しないことを確認する

2 ○│令129条の2の4第1項 四号。圧力タンク及び給湯設備には、有効な安全装置を設けること

3 ○│令129条の9第二号の表により、床面から天井又は梁の下端までの垂直距離は、かごの定格速度が毎分60m以下の場合は、2.0m以上とすること

4 ×│法28条3項、令20条の2第一号。集会場(法別表第1(い)欄1項)の場合は機械換気設備、中央管理方式の空気調和設備、又は大臣認定設備とする

5 ×│令129条の2の4第1項六号。当該建築物は地上3階未満であり、地階はなく、延べ面積3,000㎡以下であるため、冷房の風道には不燃材料の規定は適用されない

6 ○│令129条の13第四号。小荷物専用昇降機は、物を運搬するための昇降機であり、人が間違って昇降路内に落下しないように、原則として、昇降路の出し入れ口の戸には、かぎを設ける

7 ○│法28条3項、令20条の3第1項二号。床面積100㎡の住宅の調理室(発熱量の合計(密閉式燃焼器具等又は煙突を設けた設備・器具に係るものを除く)が12kW以下の火を使用する設備又は器具を設けたもの)で、当該調理室の床面積8㎡の1/10=0.8㎡以上の有効開口面積を有する窓等を換気上有効に設けたものには、換気設備を設けなくてもよい

8 ×│令129条の2の5第1項三号。自然換気設備の排気口は、給気口より高い位置に設け、常時開放された構造とし、かつ、排気筒の立上り部分に直結する

008 構造強度①木造・補強CB造・鉄骨造

建築物の構造安全性を確保するため、木造等の構造種別に応じて、仕様規定といわれる様々な規定が適用される。これらは、構造設計の基本となるものである

1　木造

☐ 以下の規定は、茶室、あずまや等の建築物又は延べ面積**10㎡**以内の物置等には適用しない。また、構造耐力上主要な部分に使用する**木材の品質**は、節、腐れ、繊維の傾斜、丸身等による耐力上の欠点がないこと

☐ 構造耐力上主要な部分である柱の**最下階**の下部には、**土台**を設ける。ただし、柱を**基礎に緊結**した場合、平家建で**足固め**を使用した場合又は柱と基礎をだぼ継ぎ等とし大臣が定める方法による場合は、この限りでない。また、土台は、基礎に緊結しなければならない。ただし、指定区域外の平家建の建築物で延べ面積**50㎡**以内は、この限りでない

☐ 柱の小径については以下のとおり
　①構造耐力上主要な部分である柱の張り間・けた行方向の**小径**は、原則として、各方向で柱と土台、梁等の横架材間の垂直距離に、令43条の表（右表）の数値を乗じた寸法以上とする
　②地上**3**階建て以上の建築物の1階の構造耐力上主要な部分である柱の張り間・けた行方向の小径は、原則として、**13.5cm**以上とする
　③柱の断面積の**1／3**以上を欠き取る場合、その部分を補強する
　④階数**2**以上の建築物の隅柱又はこれに準ずる柱は、**通し柱**とする。ただし、接合部を通し柱と同等以上の耐力を有するように補強した場合は、この限りでない
　⑤構造耐力上主要な部分である柱は、有効細長比を**150**以下としなければならない

☐ **梁等の横架材**には、その中央部附近の下側に耐力上支障のある欠込みをしてはならない

☐ 布基礎（立上りを除く）のコンクリートのかぶり厚さは捨てコンクリートを除き6cm以上

● **適用の範囲**　令40条

● **木材の品質**　令41条

● **土台及び基礎**　令42条

● **柱の小径**　令43条

横架材間の垂直距離に乗じる値は、屋根を葺く材等によって1／20〜1／33の範囲で定められる（下表）

柱 階 建築物	柱間隔10m以上又は特殊建築物[*]の柱		左欄以外の柱	
	最上階又は平家建	その他の階	最上階又は平家建	その他の階
金属板葺き等	$\frac{1}{30}$	$\frac{1}{25}$	$\frac{1}{33}$	$\frac{1}{30}$
瓦葺き等	$\frac{1}{25}$	$\frac{1}{22}$	$\frac{1}{30}$	$\frac{1}{28}$
土蔵造等	$\frac{1}{22}$	$\frac{1}{20}$	$\frac{1}{25}$	$\frac{1}{22}$

＊:学校・保育所・劇場・映画館・演芸場・観覧場・公会堂・集会場、10㎡を超える物品販売店・公衆浴場

● **有効細長比**
断面の最小2次率半径に対する座屈長さの比

● **梁等の横架材**　令44条

● **鉄筋のかぶり厚さ**　令79条（165頁）参照

□ 筋かいには原則として欠込みをしてはならないが、筋かいをたすき掛けにするためにやむを得なければ、必要な補強を行うときに、欠込みをしてもよい

● **筋かい**　令45条

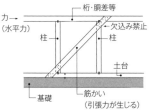

引張力負担の筋かい

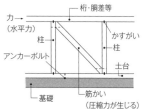

圧縮力負担の筋かい

□ 各階の張り間方向及びけた行方向に、それぞれ壁や**軸組**をつり合いよく配置しなければならない

● **構造耐力上必要な軸組等**　令46条

● **軸組の種類と倍率**　令46条4項の表の概要

□ 原則として、床組及び小屋梁組には木板等を大臣が定める基準で打ち付け、小屋組には振止めを設けなければならない

軸組の種類	倍率
①厚さ1.5cm以上で幅9cm以上の木材又は径9mm以上の鉄筋の筋かい	1
②厚さ3cm以上で幅9cm以上の木材の筋かい	1.5
③厚さ4.5cm以上で幅9cm以上の木材の筋かい	2
④9cm角以上の木材の筋かい	3

□ 階数が**2**以上又は延べ面積が**50㎡**超の木造建築物では、各階の張り間方向及びけた行方向の壁や軸組を、その種類に応じた倍率にその長さを乗じた**壁量計算**によって設けなければならない

□ 構造耐力上主要な部分の**継手**又は**仕口**は、ボルト締、かすがい打等により緊結しなければならない

● **継手又は仕口**　令47条
ボルト締には、ボルトの径に応じた大きさと厚さの座金を使用する

□ 木造の外壁のうち、鉄網モルタル塗その他軸組が腐りやすい構造の下地には、**防水紙**等を使用しなければならない。構造耐力上主要な部分の柱、筋かい及び土台のうち、地面から**1m**以内には、防腐措置を行い、必要に応じて、**シロアリ**等の対策を講じる

● **外壁内部等の防腐措置等**　令49条

2　補強コンクリートブロック造

□ **耐力壁**の中心線で囲まれた部分の水平投影面積は、**60㎡**以下とする

● **耐力壁**　令62条の4

□ 各階の張り間方向及びけた行方向の耐力壁の長さのそれぞれの方向別の合計は、その階の床面積に対して**15cm/㎡**以上とする

● **耐力壁の縦筋**　令62条の4第5項
末端をかぎ状に折り曲げ、その縦筋径より40倍以上の基礎又は基礎梁、臥梁又は屋根版に定着する

□ 耐力壁の厚さは、**15cm**以上で、かつ、その耐力壁と直角方向の水平力に対する構造耐力上主要な支点間の水平距離の**1／50**以上とする

● **耐力壁の横筋**　令62条の4第6項で定められている事項は以下のとおり
①末端は、かぎ状に折り曲げること。ただし、耐力壁の端部以外における異形鉄筋の末端は、この限りでない
②継手の重ね長さは、溶接する場合を除き、径の25倍以上

□ 耐力壁は、その端部及び隅角部に径**12mm**以上の鉄筋を縦に配置し、径**9mm**以上の鉄筋を縦横に**80cm**以内で配置する

③耐力壁の端部が、他の耐力壁又は構造耐力上主要な部分の柱に接着する場合には、横筋の末端をこれらに定着さ

□ 耐力壁には、原則として、その各階の壁頂に鉄筋コンクリート造の**臥梁**を設けなければならない。臥梁の有効幅は、**20**㎝以上で、かつ、耐力壁の水平力に対する支点間の距離の**1／20**以上としなければならない

□ 耐力壁、門又は塀の縦筋は、原則として、コンクリートブロックの空胴部内で継いではならない

□ **塀**は、原則として、下記のとおりとする
①高さは、**2.2** m以下とし、壁の厚さは、**15**㎝（高さ**2** m以下の塀は、**10**㎝）以上
②壁頂及び基礎には横に、壁の端部及び隅角部には縦に、それぞれ径**9**㎜以上の鉄筋を配置する[※1]
③壁内には、径**9**㎜以上の鉄筋を縦横に**80**㎝以下に配置[※1]
④長さ**3.4** m以下ごとに、径**9**㎜以上の鉄筋を配置した控壁で基礎部分の壁面から高さの**1／5**以上突出したものを設ける
⑤基礎の丈は、**35**㎝以上とし、根入れ深さは**30**㎝以上とする

せ、これらの鉄筋に溶接する場合を除き、定着される部分の長さを径の25倍以上とする

● **臥梁** 令62条の5
階数が1で、壁頂に鉄筋コンクリート造の屋根版が接着する場合は、臥梁を設けなくてもよい

● **目地及び空胴部** 令63条の6

● **補強コンクリートブロック造の塀** 令62条の8

※1：鉄筋の末端はかぎ状に折り曲げ、縦筋は壁頂及び基礎の横筋、横筋は縦筋に対して、それぞれかぎ掛けして定着する。ただし、鉄筋径の40倍以上の基礎に縦筋を定着させる場合は、基礎の横筋に縦筋の末端をかぎ掛けしなくてもよい

3 鉄骨造

□ 構造耐力上主要な部分の**材料**は、**炭素鋼**、**ステンレス鋼**又は**鋳鉄**としなければならない。鋳鉄は、圧縮応力又は接触応力以外の部分には、使用してはならない

● **材料** 令64条

□ 構造耐力上主要な部分である鋼材の**圧縮材の有効細長比**は、柱は**200**以下、柱以外は**250**以下としなければならない

● **圧縮材の有効細長比** 令65条

□ 構造耐力上主要な部分である**柱の脚部**は、大臣が定める基準によるアンカーボルトで基礎に緊結しなければならない。ただし、**滑節構造**は、この限りでない

● **柱の脚部** 令66条

□ 構造耐力上主要な部分である鋼材の**接合**は、炭素鋼では、高力ボルト、溶接、リベット、大臣認定とし、ステンレス鋼では、高力ボルト、溶接、大臣認定。ただし一定規模以下[※2]の場合はボルト接合でもよく、ボルト接合は、ボルトが緩まないよう二重ナット等とする

● **接合** 令67条

※2：軒高9 m以下かつ張り間13 m以下で、延べ面積3,000㎡以下

□ **高力ボルト、ボルト又はリベット**の相互間の中心距離は、その径の**2.5**倍以上としなければならない。また、ボルト径とボルト孔に関する規定によらなければならない。ボルト径20㎜未満はボルト孔径をボルト径より1㎜以下、ボルト径20㎜以上はボルト孔径をボルト径より1.5㎜以下

● **高力ボルト、ボルト及びリベット** 令68条

008　**構造強度①木造・補強CB造・鉄骨造**　　QUESTION & ANSWER

QUESTION　　　　　　　　　　　　　　　　　　　　　　　　ANSWER

1　最頻出問題｜一問一答

→→→

鉄骨造2階建て、延べ面積200㎡、高さ9m、軒の高さ7m、張り間9mの建築物に関する次の記述のうち、建築基準法上、正しいものには○、誤っているものには×をつけよ。ただし、構造計算等による安全性の確認は行わないものとする

1 ○｜令68条1項。高力ボルト、ボルト又はリベットの相互間の中心距離は、その径の2.5倍以上とする

2 ×｜令65条。構造耐力上主要な部分である鋼材の圧縮材の有効細長比は、柱は200以下とする

3 ○｜令39条1項。屋根ふき材、内装材、外装材、帳壁等は、風圧並びに地震その他の震動及び衝撃によって脱落しないようにしなければならない

1 ☐☐　ボルトの相互間の中心距離を、その径の2.5倍とした

2 ☐☐　構造耐力上主要な部分である柱における圧縮材の有効細長比を、210とした

3 ☐☐　天井材は、地震等の震動、衝撃によって脱落しないようにした

2　実践問題①｜五肢択一

→→→

1 ☐☐　図のような平面を有する木造平家建ての倉庫の構造耐力上必要な軸組の長さを算定するにあたって、張り間方向とけた行方向における「壁を設け又は筋かいを入れた軸組の部分の長さに所定の倍率を乗じて得た長さの合計（構造耐力上有効な軸組の長さ）」の組合せとして、建築基準法上、正しいものは、次のうちどれか

1 答えは4

令46条4項による、階数が2以上又は延べ面積50㎡超の木造建築物の場合である

　軸組長さ×下表の軸組の種類に応じた倍率×個所数＝L
　張り間方向：2m×0.5×4か所＋2m×4×4か所＝36m
　けた行方向：(2m×0.5×4か所＋2m×2×4か所)＋(2m×1.0×2か所＋2m×4×2か所)＝40m

軸組の種類と倍率は、令46条4項の表による

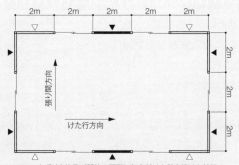

■— 木ずりを柱及び間柱の両面に打ち付けた壁を設けた軸組
□— 木ずりを柱及び間柱の片面に打ち付けた壁を設けた軸組
▲ 厚さ4.5㎝で幅9.0㎝の木材の筋かいをたすき掛けに入れた軸組
△ 厚さ4.5㎝で幅9.0㎝の木材の筋かいを入れた軸組

軸組の種類	倍率
①木ずり片面	0.5
②木ずり両面	1.0
③厚さ≧4.5㎝、幅≧9㎝の木材筋かい	2
④③のたすき掛け	4

	張り間方向	けた行方向			
1—	20m	40m	3—	24m	52m
2—	24m	44m	4—	36m	40m
			5—	36m	52m

3 実践問題② | 一問一答 →→→

次の記述のうち、建築基準法上、正しいものには○、誤っているものには×をつけよ。ただし、国土交通大臣が定める基準に従った構造計算による安全性の確認は行わないものとする

1 ☐☐ 木造建築物の横架材であるはりには、その両端部附近の下側に耐力上支障のある欠込みをしてはならない

2 ☐☐ 木造2階建て、延べ面積150㎡の集会場において、原則として、床組及び小屋ばり組には木板その他これに類するものを国土交通大臣が定める基準に従って打ち付けし、小屋組には振れ止めを設けなければならない

3 ☐☐ 木造2階建て、延べ面積200㎡の一戸建て住宅において、構造耐力上主要な部分である1階の柱と基礎とをだぼ継ぎその他の国土交通大臣が定める構造方法により接合し、かつ、当該柱に構造耐力上支障のある引張応力が生じないことが国土交通大臣が定める方法によって確かめられた場合であっても、土台は設けなければならない

4 ☐☐ 木造2階建て、延べ面積200㎡の一戸建て住宅に対して、鉄骨造平屋建て、床面積50㎡の診療所を、エキスパンション・ジョイントその他の相互に応力を伝えない構造方法のみで接する形で増築する場合には、建築基準法20条1項に規定する基準の適用については、それぞれ別の建築物とみなされる

5 ☐☐ 木造平屋建て、延べ面積300㎡の体育館に設けられた特定天井(脱落によって重大な危害を生ずるおそれがあるものとして国土交通大臣が定める天井をいう)の構造は、構造耐力上安全なものとして、国土交通大臣が定めた構造方法を用いるもの又は国土交通大臣の認定を受けたものとしなければならない

6 ☐☐ 建築物には、異なる構造方法による基礎を併用してはならない。ただし、建築物の基礎について国土交通大臣が定める基準に従った構造計算によって構造耐力上安全であることが確かめられた場合においては、この限りでない

7 ☐☐ 高さ2mの補強コンクリートブロック造の塀を造るにあたり、その控壁については、塀の長さ3.6m以内ごとに、径9㎜以上の鉄筋を配置した控壁で基礎の部分において壁面から高さの1／10以上突出したものを設けた

1 × | 令44条。はり、けた等の横架材には、その中央部附近の下側に耐力上支障のある欠込みをしてはならない

2 ○ | 令46条3項。床組及び小屋ばり組には木板等を大臣が定める基準で打ち付け、小屋組は振れ止めを設ける。ただし、大臣が定める基準の構造計算で構造耐力上の安全を確認した場合を除く

3 × | 令42条1項三号。構造耐力上主要な部分の柱で最下階の下部には、土台を設ける。当該柱と基礎とをだぼ継ぎ等の大臣が定める構造方法で接合し、かつ、当該柱に構造耐力上支障のある引張応力が生じないことを大臣が定める方法で確かめた場合は土台は不要

4 ○ | 法20条2項及び令36条の4により、構造耐力基準の適用上、一の建築物でも別の建築物とみなせる部分は、建築物の二以上の部分がエキスパンション・ジョイント等の構造方法のみで接している場合である

5 ○ | 令39条3項により、特定天井の構造は、構造耐力上安全なものとして、大臣が定めた構造方法を用いるもの又は大臣の認定を受けたものとしなければならない

6 ○ | 令38条2項、4項により、建築物には異なる構造方法の基礎を併用できないが、大臣が定める基準の構造計算で構造耐力上安全であることが確かめられた場合は、適用しない

7 × | 令62条の8第五号。控壁は塀の長さ3.4m以内ごとに設け、基礎の部分において壁面からの突出は高さの1／5以上である

4 実践問題③ | 五肢択一 →→→

1 ☐☐ 図のような金属板葺の木造3階建、延べ面積150㎡の建築物に設ける構造上必要な軸組を厚さ3cm×幅9cmの木材の筋かいをたすき掛けに入れたとする場合、1階の張り間方向の当該軸組の長さの合計の最低限必要な数値として、建築基準法上、正しいものは、次のうちどれか。ただし、特定行政庁がその地方における過去の風の記録を考慮してしばしば強い風が吹くと認めて規則で指定する区域ではないものとする

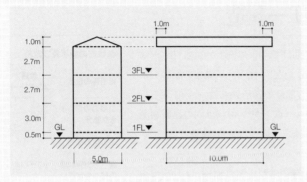

| 1—1,375.0cm | 2—1,600.0cm | 3—2,062.5cm |
| 4—2,300.0cm | 5—2,750.0cm | |

2 ☐☐ 屋根を金属板で葺き、壁を鉄網モルタル塗りとした木造2階建、延べ面積150㎡、高さ7mの一戸建住宅において、横架材の相互間の垂直距離が1階にあっては3.0m、2階にあっては2.8mである場合、建築基準法上、1階及び2階の構造耐力上主要な部分である柱の張り間方向及びけた行方向の小径の必要寸法を満たす最小の数値の組合せは、次のうちどれか。ただし、張り間方向及びけた行方向の柱の相互の間隔は10m未満とし、構造計算等による安全性の確認は行わないものとする

	1階の柱の小径	2階の柱の小径			
1—	10.5cm	10.5cm	3—	12.0cm	12.0cm
2—	12.0cm	10.5cm	4—	13.5cm	12.0cm
			5—	13.5cm	13.5cm

1 答えは1

令46条4項の壁量計算により、①地震力に対する必要壁量と②風圧力に対する必要壁量の比較をして、大きい数値を採用し、次に③軸組の種類から軸組の長さを求める

①地震力に対する必要壁量＝各階の床面積×4項の表2の数値

表2の数値は、令43条1項より、表の(2)が金属板屋根であり、3階建ての1階であるから、係数46㎝/㎡となる

1階の地震力に対する必要壁量＝1階の床面積50㎡×46㎝/㎡＝2,300㎝

②風圧力に対する必要壁量＝階(その階より上階がある場合は、上階を含む)の見付面積からその階の床面からの高さ1.35m以下の部分の見付面積を減じたもの×4項の表3の数値

設問は、張り間方向の軸組長さであるから、けた行方向の面に働く風圧力を見付面積からめる。屋根＝幅12m×高さ1m＝12㎡、3階＝幅10m×高さ2.7m＝27㎡、2階＝幅10m×高さ2.7m＝27㎡、1階＝幅10m×高さ(3−1.35)m＝16.5㎡となり、合計の見付面積82.5㎡である。表3の数値は、区域が(2)で50㎝/㎡を採用する

1階の張り間方向＝82.5㎡×50㎝/㎡＝4,125㎝

従って、4,125㎝＞2,300㎝

③軸組の長さ

表1の軸組の種類は、(3)及び(6)より1.5×2＝3倍であるから軸組の最小長さは、4,125㎝÷3＝1,375㎝となる

2 答えは1

令43条1項、柱の小径は、横架材の相互間の垂直距離に対して、1項の表の割合以上とする。屋根が金属板葺きの建築物は、表の(2)となる。張り間方向及びけた行方向の柱の相互間隔は10m未満であるから、表の柱は「左欄以外の柱」となる。

1階の柱の小径：2階建ての1階であるから「割合」は「その他の階の柱」で1/30、3.0m×1/30＝10.0㎝→10.5㎝

2階の柱の小径：2階建ての1階であるから「割合」は「最上階」で1/33、2.8m×1/33≒8.48㎝→10.5㎝

009 構造強度②鉄筋コンクリート造、荷重・外力

建築物に作用する荷重及び外力は、固定荷重、積載荷重、積雪荷重、風圧力、地震力等があり、それぞれに建築物の安全性を確保するため適用される基本的な規定があるので、その内容を理解しておく

1　鉄筋コンクリート造

☐　鉄筋の末端は、かぎ状に折り曲げて、コンクリートから抜け出ないように**定着**しなければならない。ただし、柱・梁（基礎梁を除く）の出隅部分及び煙突部分以外の部分の異形鉄筋は、その末端を折り曲げないことができる（高さ4m以下かつ30㎡以内の建築物又は高さ3m以下の塀は令73条を適用しない［令71条]）

●鉄筋の継手及び定着　令73条

継手等の位置	普通コンクリート	軽量骨材コンクリート
引張力の最も小さな部分	25d以上	30d以上
その他の部分		
梁への引張鉄筋の柱への定着（溶接を除く）	40d以上	50d以上

注　径の異なる鉄筋の継手の場合は、dは、細いほうの鉄筋径

☐　主筋又は耐力壁の鉄筋の**継手**の重ね長さは、原則、以下のとおり
①構造部材における引張力の最小部分：主筋等の径[※1]の**25倍（30倍）以上**
②それ以外の部分：主筋等の径[※1]の**40倍（50倍）以上**
③柱に取り付ける梁の引張鉄筋の定着長さ：柱の主筋に溶接する場合を除き、その径の**40倍（50倍）以上**
なお、カッコ内の数値は軽量骨材を使用する場合

☐　鉄筋コンクリート造に使用するコンクリートの4週圧縮強度は、**12N/㎟**（軽量骨材の場合は、9N/㎟）以上であること

●コンクリートの強度　令74条

☐　コンクリート打込み中及び打込み後**5日間**は、コンクリート温度が**2℃**を下らないようにし、かつ、乾燥、震動等によりコンクリートの凝結等が妨げられないように**養生**する

●コンクリートの養生　令75条

●型枠及び支柱の除去　令76条
構造耐力上主要な部分の型枠・支柱は、コンクリートが自重及び工事中の荷重により著しい変形又はひび割れ等の損傷を受けない強度になるまでは、取り外さないこと

☐　構造耐力上主要な部分の**柱**は、次の構造とする
①主筋は、**4本以上**
②主筋は、**帯筋**と緊結する
③帯筋径は、**6㎜以上**とし、間隔は、**15㎝**（柱に接着する壁、梁等から上方又は下方に柱の小径の2倍以内の部分は、10㎝）以下で、かつ、最も細い主筋径の**15倍以下**
なお、帯筋比（柱の軸を含むコンクリートの断面積に対する帯筋の断面積の和の割合）は、**0.2%以上**、主筋の断面積の和は、コンクリートの断面積の**0.8%以上**とする。また、柱の小径は、構造耐力上主要な支点間の距離の**1／15以上**とする

●柱の構造　令77条

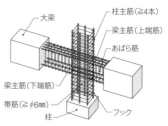

大梁
柱主筋（≧4本）
梁主筋（上端筋）
あばら筋
梁主筋（下端筋）
帯筋（≧φ6㎜）
柱
フック

※1：主筋等の径とは、主筋又は耐力壁の鉄筋で径の異なる主筋等をつなぐ場合は、細い主筋等の径をいう

□ 構造耐力上主要な部分の**床版**は、原則として、次の構造とする

①厚さ**8**cm以上、かつ、短辺方向の有効張り間長さの**1／40**以上とする

②最大曲げモーメントを受ける部分の引張鉄筋の間隔は、短辺方向**20**cm以下、長辺方向**30**cm以下で、かつ、床版厚さの**3**倍以下とする

□ 構造耐力上主要な部分である梁は、複筋梁とし、あばら筋を梁の丈の**3／4**（臥梁<ruby>臥梁<rt>がりょう</rt></ruby>は、**30**cm）以下で配置しなければならない

□ **耐力壁**は下記のとおりの構造とする

①厚さ**12**cm以上

②開口部周囲に径**12**mm以上の補強筋を配置する

③径**9**mm以上の鉄筋を縦横に**30**cm（複配筋配置の場合は、**45**cm）以下で配置する。ただし、平家建の建築物は、その間隔を**35**cm（複配筋配置は、**50**cm）以下とすることができる

□ **壁式構造**の耐力壁は、上記のほか、下記に定める構造とする

①長さ**45**cm以上

②端部及び隅角部に径**12**mm以上の鉄筋を縦に配置する

③各階の耐力壁は、頂部及び脚部を耐力壁の厚さ以上の幅の壁梁に緊結する

□ ● **鉄筋に対するコンクリートのかぶり厚さ**［令79条］

部位	コンクリートのかぶり厚さ
耐力壁以外の壁又は床	2cm以上
耐力壁、柱、梁	3cm以上
直接土に接する壁、柱、床、梁又は布基礎の立上り部分	4cm以上
基礎（布基礎の立上り部分を除く）	捨てコンクリートを除き6cm以上

● **プレキャスト鉄筋コンクリートの床版**

令77条の2第2項

プレキャスト鉄筋コンクリートの床版は、左記の規定によるほか、次の構造とする

①周囲の梁等との接合部は、その部分の存在応力を伝えることができるもの

②2以上の部材を組み合わせるものは、部材相互を緊結する

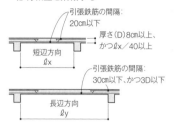

● **梁の構造** 令78条

● **耐力壁** 令78条の2

● **鉄骨のかぶり厚さ** 令79条の3

鉄骨鉄筋コンクリート造における鉄骨に対するコンクリートのかぶり厚さは、5cm以上

2 荷重・外力

□ 建築物に作用する**荷重**及び**外力**は、固定荷重、積載荷重、積雪荷重、風圧力、地震力のほか、建築物の実況に応じて、土圧、水圧、震動及び衝撃による外力を採用しなければならない

□ **固定荷重**は、建築物の実況による。ただし、屋根、床、壁等の部分と種別に応じて規定された荷重で計算することができる

□ **積載荷重**は、建築物の実況による。ただし、住宅、事務室、廊下等

● **荷重及び外力の種類** 令83条

● **固定荷重** 令84条

仕上げがモルタル塗コンクリート造の床の固定加重は200N／㎡（仕上げ厚さ1cmごとに、そのcmの数値を乗ずる）

の室の種類に応じて積載床、大梁、柱、基礎の**構造計算**をする場合及び**地震力計算**の場合の数値が規定され、採用できる

①柱又は基礎の垂直荷重による**圧縮力計算**は、その支える床の数に応じて、積載荷重を低減することができる［※2］

②倉庫の床の積載荷重は、**3,900 N/㎡**以上とする

● 積載荷重　令85条

建築物の各部の積載荷重は、当該建築物の実況に応じて計算しなければならない

□ **積雪荷重**は、積雪の単位荷重に屋根の水平投影面積及びその地方における垂直積雪量を乗じる

①積雪の単位荷重は、積雪量**1**cmごとに**20 N/㎡**以上とする。ただし、**特定行政庁**は、別の数値を定めることができる

②屋根の積雪荷重は、屋根に雪止めがある場合を除き、勾配が**60**度超は、「**0**」とすることができる

③雪下ろしを行う慣習のある地方は、実況に応じて垂直積雪量が**1**m超でも**1**mまで減らすことができる

● 積雪荷重　令86条

□ **風圧力**は、**速度圧**に**風力係数**を乗じる。風を有効に遮る他の建築物、防風林等がある場合の速度圧は、**1 / 2**まで減らすことができる

● 風圧力　令87条

□ 建築物の地上部分の**地震力**は、建築物の高さに応じて計算し、高さに作用する全体の地震力の数値は、固定荷重と積載荷重との和に、多雪地域は更に積雪荷重を加え、高さの**地震層せん断力係数**を乗じて算出する

● 屋根ふき材等の構造耐力

令82条の4。屋根ふき材、外装材等は、国土交通大臣が定める基準に従った構造計算によって風圧に対して構造耐力上安全であることを確かめなければならない

● 地震力　令88条

ある階の地震力＝ある階から上部の

□ 建築物の地下部分の地震力は、原則として、固定荷重と積載荷重との和に、一定の**水平震度**を乗じて算出する

□ **特定天井**とは、脱落によって重大な危害を生ずるおそれがあるものとして大臣が定める天井をいい、**6**m超の高さにある、面積200㎡超、質量2kg/㎡超の吊り天井で、人が日常利用する場所に設置されているものである

● 特定天井　令39条3項
● 平25国交告771号

□ 特定天井で特に腐食、不朽等の劣化のおそれのあるものには、腐食、不朽等の劣化がしにくい材料又は有効なさび止め、防腐等の劣化防止措置をした材料を使用しなければならない

● 令39条4項

□ 大規模地震に対して、電気給湯器等の給湯設備（屋上水槽等を除く、以下「**給湯設備**」という）が転倒・移動しないこと

● 令129条の2の3第二号
● 給湯設備の転倒防止　平12建告1388号

□ 法20条1項一号から三号までの建築物に設ける屋上から突出する水槽、煙突等は、国土交通大臣が定める基準による構造計算で風圧、地震、震動及び衝撃に対して構造耐力上安全であることを確かめる

※2：劇場、映画館、演芸場、観覧場、公会堂、集会場等の建築物の客席又は集会室の床の積載荷重については、低減できない

3　許容応力度

許容応力度は、木材（繊維方向）、鋼材等、コンクリート、溶接について、下表のように規定されている

● 材料強度　令95～99条
木材（繊維方向）、鋼材、コンクリート等について規定されている

● 材料と許容応力度

材料等	許容応力度
木材の繊維方向の許容応力度（令89条）	原則として、短期許容応力度＝長期許容応力度の約1.8倍
鋼材等（令90条）	原則として、短期許容応力度＝長期許容応力度の1.5倍
コンクリート（令91条）	原則として、短期許容応力度＝長期許容応力度の2倍
溶接継目ののど断面（令92条）	短期許容応力度＝長期許容応力度の1.5倍
高力ボルト摩擦接合部の高力ボルトの軸断面（令92条の2）	許容せん断応力度は、原則として、短期許容応力度＝長期許容応力度の1.5倍

地盤の許容応力度及び基礎杭の**許容支持力**は、地盤調査結果による。ただし、地盤の許容応力度は、地盤の種類に応じて、規定された数値でもよい

● 地盤及び基礎杭　令93条
地盤調査の結果によらない場合は、ローム層の長期許容応力度は、50kN／㎡（短期は2倍）とすることができる

4　建築物の規模と構造計算方法

● 建築物の規模による区分

法20条1項	建築物の規模
一号（超高層）	高さ60m超
二号（大規模）	高さ60m以下のうちで ①木造で高さ13m又は軒高9m超 ②鉄骨造で地上4階以上又は高さ13m又は軒高9m超 ③鉄筋コンクリート造、鉄骨鉄筋コンクリート造で高さ20m超 その他令36条の2[*]で定めるもの
三号（中規模）	高さ60m以下のうちで、二号に該当するものを除き ①木造で階数3以上又は延べ面積500㎡超 ②木造以外で階数2以上又は延べ面積200㎡超 ③主要構造部が石造、レンガ造等で高さ13m又は軒高9m超
四号（小規模）	一号・二号・三号以外

*：①地上4階以上の組積造又は補強コンクリートブロック造、②地上3階以下の鉄骨造で高さ13m又は軒高9m超、③その他

四号（小規模）は、構造計算不要であるが、許容応力度計算や許容応力度等計算などを用いてもよい
三号（中規模）は、許容応力度計算、許容応力度等計算などを用いる
二号（大規模）で高さ31m以下は、許容応力度等計算、保有水平耐力計算などを用いる

● 構造計算方法
①時刻歴応答解析
荷重・外力によって建築物の各部分に連続的に生ずる力・変形≦当該建築物の各部分の耐力及び変形限度
②保有水平耐力計算
荷重・外力による長期・短期の応力度が、長期・短期に生ずる力に対する許容応力度を超えず、保有水平耐力が必要保有水平耐力以上であるかを確かめる
③限界耐力計算
積雪時・暴風時の力≦材料強度による耐力、地震力≦損傷限界耐力
④許容応力度等計算
荷重・外力による長期・短期の応力度が、長期・短期に生ずる力に対する許容応力度を超えず、各階の剛性率、偏心率が一定限度であるかを確かめる
⑤許容応力度計算（通称）
荷重・外力による長期・短期の応力度が長期・短期に生ずる力に対する許容応力度を超えず、屋根ふき材等の安全を確かめる

QUESTION

1 最頻出問題│一問一答

次の記述のうち、建築基準法上、正しいものには○、誤っているものには×をつけよ

---

1 ☐☐ 屋根ふき材については、国土交通大臣が定める基準に従った構造計算によって、地震力に対して構造耐力上安全であることを確かめなければならない

---

2 ☐☐ 雪下ろしを行う慣習のある地方においては、その地方における垂直積雪量が1mを超える場合においても、積雪荷重は、雪下ろしの実況に応じて垂直積雪量を1mまで減らして計算することができる

---

3 ☐☐ 店舗の売場に連絡する廊下における柱の構造計算をする場合の積載荷重については、実況に応じて計算しない場合、2,400N／㎡に床面積を乗じて計算することができる

---

4 ☐☐ 倉庫業を営む倉庫の床の積載荷重は、実況に応じて計算した数値が3,900N／㎡未満の場合においても、3,900N／㎡としなければならない

---

5 ☐☐ 地盤調査によらない場合、地震時に液状化のおそれのない砂質地盤の短期に生ずる力に対する許容応力度は、国土交通大臣が定める方法による地盤調査を行わない場合、50kN／㎡としなければならない

---

6 ☐☐ 建築物に作用する荷重及び外力としては、固定荷重、積載荷重、積雪荷重、風圧力、地震力のほか、建築物の実況に応じて、土圧、水圧、震動及び衝撃による外力を採用しなければならない

---

7 ☐☐ 特定行政庁が指定する多雪区域内において、特別の定めがない場合、積雪荷重を計算する際の積雪の単位荷重は、積雪量1cmごとに1㎡につき10N以上としなければならない

---

8 ☐☐ 風圧力の計算に当たり、建築物に近接してその建築物を風の方向に対して有効に遮る他の建築物がある場合においては、その方

ANSWER

→→→

1 ×│令82条の4。屋根ふき材や外装材等は、国土交通大臣が定める基準に従った構造計算によって風圧に対して構造耐力上安全であることを確かめなければならない

2 ○│令86条6項。雪下ろしの慣習のある地方は、垂直積雪量が1mを超える場合でも、雪下ろしの実況に応じて垂直積雪量を1mまで減らして計算することができる。また、垂直積雪量を減らして積雪荷重を計算した建築物は、出入口、主要な居室又はその他の見やすい場所に、軽減の実況その他必要な事項を表示しなければならない

3 ×│令85条1項の表の(四)項が店舗の売場だが、その連絡廊下については、(七)項により、(五)項の「その他の場合」の数値となる。したがって、柱は3,200N／㎡となる

4 ○│令85条3項。倉庫業を営む倉庫の床の積載荷重は、実況に応じて計算した数値が3,900N／㎡未満の場合でも、3,900N／㎡としなければならない

5 ×│令93条より、砂質地盤の長期許容応力度は50kN／㎡だが、短期許容応力度は長期の2倍の100kN／㎡とすることができる

6 ○│令83条1項により、建築物に作用する荷重及び外力としては、固定荷重、積載荷重、積雪荷重、風圧力、地震力とし、同条2項により建築物の実況に応じて、土圧、水圧、震動及び衝撃による外力を採用しなければならない

7 ×│令86条2項。積雪の単位荷重は、積雪量1cmごとに1㎡につき20N以上

8 ○│令87条3項。建築物に近接してその建築物を風の方向に対して有効

2 実践問題① | 一問一答　→→→

平屋建、延べ面積100㎡、高さ4.5mの建築物における構造耐力上主要な部分の設計に関する次の記述のうち、建築基準法上、正しいものには○、誤っているものには×をつけよ。ただし、構造計算による安全性の確認は行わないものとする

1 □□　木造とするに当たって、基礎に木ぐいを使用する場合においては、その木ぐいは常水面下にあるようにしなければならない

2 □□　木造とするに当たって、地盤が軟弱な区域として特定行政庁が指定する区域以外の区域内においては、足固めを使用した場合、柱の下部には土台を設けなくてもよい

3 □□　補強コンクリートブロック造とするに当たって、耐力壁の壁頂に鉄筋コンクリート造の屋根版が接着する場合は、鉄筋コンクリート造の臥梁を設けなくてもよい

4 □□　鉄骨造とするに当たって、構造耐力上主要な部分である鋼材の圧縮力を負担する部材の有効細長比は、柱にあっては200以下、柱以外のものにあっては250以下としなければならない

5 □□　工事を施工するために現場に設ける事務所において、柱に用いる鋼材は、その品質が、国土交通大臣の指定する日本産業規格に適合しなければならない

1 ×｜令38条6項。木ぐいは、平家建の木造の建築物に使用する場合を除き、常水面下とする

2 ○｜令42条1項二号。柱で最下階の下部には土台を設けること、ただし、平家建建築物（地盤が軟弱な区域として特定行政庁指定区域内を除く）で足固めを使用した場合はよい

3 ○｜令62条の5第1項。壁頂にRC造の臥梁を設けなければならないが、階数1でその壁頂にRC造の屋根版が接着する場合は、この限りでない

4 ○｜令65条。構造耐力上主要な部分の鋼材の圧縮材の有効細長比は、柱は200以下、柱以外は250以下

5 ×｜法85条2項、法37条。仮設の現場事務所には法37条（建築材料の品質）は適用しない

3 実践問題② | 一問一答　→→→

建築物の構造計算をする場合、構造耐力上主要な部分に用いる「建築材料等」、「応力の種類」及び「長期許容応力度に対する短期許容応力度の割合」の組合わせとして、建築基準法上、正しいものには○、誤っているものには×をつけよ。ただし、超高層建築物の構造耐力上の安全性を確かめるための国土交通大臣が定める基準に従った構造計算は行わないものとする

1 □□　「建築材料等」はコンクリート、「応力の種類」は圧縮、「長期許容応力度に対する短期許容応力度の割合」は2.0倍である

2 □□　「建築材料等」は木材（繊維方向）、「応力の種類」は引張り、「長

1 ○｜令91条1項の表。短期許容応力度は長期許容応力度の2倍

2 ×｜令89条1項。短期許容応力度2Ft÷3だが、長期許容応力度1.1Ft÷3であるから、2／1.1=1.81倍であり2倍でない

期許容応力度に対する短期許容応力度の割合」は、2.0倍である

4 実践問題③ | 一問一答 →→→

次の記述のうち、建築基準法上、正しいものには○、間違っているものには×をつけよ

---

1 ☐☐ 壁、柱及び横架材を木造とした学校の校舎の外壁には、原則として、9cm角以上の木材の筋かいを使用しなければならない

---

2 ☐☐ 鉄筋コンクリート造、延べ面積80㎡の建築物において、原則として、直接土に接する柱の鉄筋に対するコンクリートのかぶり厚さは3cm以上としなければならない

---

3 ☐☐ 軽量骨材を使用した鉄筋コンクリート造、延べ面積120㎡の建築物において、柱に取り付ける梁の引張り鉄筋は、柱の主筋に溶接する場合を除き、原則として、柱に定着される部分の長さをその径の50倍以上としなければならない

---

4 ☐☐ 補強コンクリートブロック造、延べ面積60㎡の建築物の耐力壁の横筋は、異形鉄筋を使用した場合であっても、その末端を全てかぎ状に折り曲げなければならない

---

5 ☐☐ 鉄骨造、延べ面積100㎡の建築物において、高力ボルト接合の場合、高力ボルト相互間の中心距離は、その径の2.5倍以上とし、高力ボルト孔の径は、原則として、高力ボルト径より2mmを超えて大きくしてはならない

---

6 ☐☐ 補強コンクリートブロック造平屋建、延べ面積30㎡の倉庫において、張り間方向及びけた行方向に配置する耐力壁の長さのそれぞれの方向についての合計を、張り間方向に4m、けた行方向に6mとした

---

7 ☐☐ 原則として、鉄筋コンクリート造2階建、延べ面積280㎡の事務所において、構造耐力上主要な部分である床版の最大曲げモーメントを受ける部分における引張鉄筋の間隔を、短辺方向において20cm以下、長辺方向において30cm以下で、かつ、床版の厚さの3倍以下となるようにした

---

8 ☐☐ 鉄骨造平屋建、延べ面積250㎡の物品販売業を営む店舗において、構造耐力上主要な部分である圧縮力を負担する柱の有効細長比を、250とした

---

1 ○ | 令48条1項一号。外壁には、令46条4項の表一の（五）の筋かい（9cm角以上の木材の筋かいを入れた軸組）を使用すること

2 × | 令79条1項。直接土に接する壁、柱、床もしくははり又は布基礎の立上り部分は4cm以上

3 ○ | 令73条3項、4項。柱に取り付けるはりの引張り鉄筋は、柱の主筋に溶接する場合を除き、柱に定着される部分の長さをその径の40倍以上とするが、4項により、軽量骨材を使用するRC造は、40倍を50倍とする

4 × | 令62条の4第6項一号。横筋の末端は、かぎ状に折り曲げること。ただし、耐力壁の端部以外の部分の異形鉄筋の末端は、この限りでない

5 ○ | 令68条1項により、高力ボルト相互間の中心距離は、その径の2.5倍以上とするが、2項により、高力ボルト孔の径は、高力ボルトの径より2mmを超えて大きくしてはならない。ただし、高力ボルトの径が27mm以上であり、かつ、構造耐力上支障がない場合においては、高力ボルト孔の径を高力ボルトの径より3mmまで大きくすることができる

6 × | 令62条の4第2項。張り間方向及びけた行方向の耐力壁の長さは、15cm／㎡以上としなければならない。30㎡×15cm＝450cm以上であり、張り間方向4mでは不足

7 ○ | 令77条の2第1項二号。最大曲げモーメントを受ける部分の引張鉄筋の間隔は、短辺方向で20cm以下、長辺方向で30cm以下、かつ、床版の厚さの3倍以下とすること

8 × | 令65条。構造耐力上主要な部分である鋼材の圧縮材の有効細長比は、柱は200以下、柱以外は250以下としなければならない

5 | 実践問題④ | 一問一答　→→→

建築物の構造強度に関する次の記述のうち、建築基準法に適合しないものは×、適合するものは○をつけよ。ただし、構造計算等による安全性の確認はしないものとし、建築物は建築基準法20条2項に該当しないものとする

1 ☐☐ 地盤の支持層が傾斜していたので、基礎の一部を杭基礎とした。なお構造計算による安全性の確認は行わないものとする

2 ☐☐ 延べ面積100㎡の木造住宅の構造耐力上主要な部分である柱の有効細長比を、160とした

3 ☐☐ 鉄骨造建築物の高力ボルトの相互間の中心距離を、その径の2.2倍とした

4 ☐☐ 高さ2mの補強コンクリートブロック造の塀の壁厚を、10cmとした

5 ☐☐ 高さ2mの補強コンクリートブロック造の塀の基礎の丈を35cmとし、根入れ深さを25cmとした

6 ☐☐ 補強コンクリートブロック造の塀に設ける鉄筋の縦筋を、その径の40倍以上基礎に定着させる場合は、縦筋の末端は基礎の横筋にかぎ掛けしないことができる

7 ☐☐ 平屋建て、延べ面積100㎡の鉄筋コンクリート造建築物（壁式構造ではない）の耐力壁について、径9㎜の鉄筋を縦横50cmの間隔で複配筋として配置した

1 ×｜令38条2項。原則として、建築物には、異なる構造方法による基礎を併用してはならない

2 ×｜令43条6項。有効細長比は、150以下としなければならない

3 ×｜令68条1項。径の2.5倍以上としなければならない

4 ○｜令62条の8第二号。高さ2m以下の場合は、塀の厚さ10cm以上でもよい

5 ×｜令62条の8第七号。基礎の根入れ深さは30cm以上とする

6 ○｜令62条の8第六号ただし書きによる

7 ○｜令78条の2第1項三号ただし書

6 | 実践問題⑤ | 五肢択一　→→→

1 ☐☐ 建築物の新築にあたって、建築基準法上、構造計算によって安全性を確かめる必要があるのは次のうちどれか。ただし、地階は設けないものとし、国土交通大臣が指定する建築物には該当しないものとする

1——木造平屋建て、延べ面積500㎡、高さ6mの建築物

2——木造2階建て、延べ面積200㎡、高さ9mの建築物

3——鉄骨造平屋建て、延べ面積150㎡、高さ8mの建築物

4——鉄骨造2階建て、延べ面積100㎡、高さ7mの建築物

5——補強コンクリートブロック造平屋建て、延べ面積180㎡、高さ5mの建築物

1 答えは4

法20条1項三号より、鉄骨造2階建て、延べ面積100㎡、高さ7mの建築物は、法6条1項三号に該当するため、構造計算によって安全性を確かめなければならないが、法20条1項四号に該当する建築物の場合は、構造計算で安全性を確認しなくてもよい

010 防火規定①耐火建築物等

防火に関しては、類似した用語が多くそれぞれ定義も異なるので整理しておく。耐火建築物等にしなければならない特殊建築物は、その用途のある階、床面積の規模によって異なるので注意する

1 耐火建築物・準耐火建築物

□ 耐火建築物とは、主要構造部が次のイ(1)、(2)のいずれかで、**外壁開口部**で延焼のおそれのある部分に、**防火設備**を有するもの
　イ(1)耐火構造
　イ(2)次の性能(外壁以外の主要構造部は、(i)のみ)に関し、令108条の3で定める技術的基準に適合するもの
　　(i)　建築物の構造、建築設備、用途に応じて屋内で発生が予測される火災に対し終了まで耐えること
　　(ii)　建築物の周囲で発生する通常火災に対し終了するまで耐えること

□ **準耐火建築物**とは、次の①〜③のいずれかで、外壁開口部で延焼のおそれのある部分に防火設備(法2条九号の二ロ)を有するもの
①法2条九号の三イの**準耐火建築物**(イ準耐)

部位	仕様
主要構造部	準耐火構造(要求時間1時間と45分間がある)
地上の層間変形角	原則、1／150以内(令109条の2の2)

②法2条九号の三ロの外壁耐火の準耐火建築物

外壁	耐火構造
一般屋根	法22条区域の構造
延焼のおそれのある部分の屋根	屋内通常火災に対し20分間火災を出す損傷を生じない(非遮炎性)

③法2条九号の三ロの柱、梁が不燃の準耐火建築物

主要構造部の柱、梁	不燃材料
その他の主要構造部	準不燃材料
外壁の延焼のおそれのある部分	防火構造
屋根	法22条区域の構造
一般床	準不燃材料
3階以上の階の床又はその直下の天井	屋内通常火災に対し30分間の非損傷性、遮熱性

● **耐火建築物**　法2条九号の二、令108条の3

● **耐火構造**　法2条七号、令107条
柱、梁、床、壁、屋根等のうち、耐火性能(119頁参照)に関して30分から3時間の要求時間を有する鉄筋コンクリート造等の構造で、大臣が定めた構造方法又は大臣認定を受けたもの

● **防火設備**　令109条、令109条の2
防火設備とは、防火戸・ドレンチャー等火炎を遮る設備であり、その構造が遮炎性能(119頁参照)に関する技術的基準に適合するもので、大臣が定めた構造方法又は大臣認定を受けたもの

● **令108条の3の技術的基準**
耐火性能検証法又は大臣認定を受けたもの

● **耐火性能検証法**　令108条の3第1項
構造、建築設備、用途に応じて屋内で発生が予測される火災が終了するまで耐え、建築物の周囲で発生する通常の火災が終了するまで耐えるもの

● **準耐火建築物**　法2条九号の三、令109条の2の2・109条の3

● **準耐火構造**　法2条七号の二、令107条の2
柱、梁、床、壁、屋根等のうち、準耐火性能(119頁参照)に関して30分〜45分間の要求時間を有する構造で、大臣が定めた構造方法又は大臣認定を受けたもの

● **防火構造**　法2条八号、令108条
建築物の外壁又は軒裏のうち、防火性能(119頁参照)に関して30分間の防火時間を有する鉄網モルタル塗等の構造で、大臣が定めた構造方法又は大臣認定を受けたもの

● **一時間準耐火基準**　令112条2項
主要構造部である壁、柱、床、梁、屋根が1時間の非損傷性等

2 耐火建築物等とすべき特殊建築物

法27条1項により避難時倒壊防止構造（主要構造部を特定避難時間に基づく準耐火構造としたもの）とするものは、次の法27条1項に基づく表の特殊建築物であり、次の①かつ②としなければならない

①主要構造部を特定避難時間、通常の火災による建築物の倒壊及び延焼を防止するために主要構造部に必要な性能に関して令110条で定める技術的基準（下表参照）に適合するもので、国土交通大臣が定めた構造方法又は国土交通大臣の認定を受けたもの

②外壁の開口部で延焼するおそれがあるものとして令110条の2で定めるもの[※1]に、防火戸その他の令109条で定める防火戸、ドレンチャー等の防火設備[※2]を設ける

● **特定避難時間**

当該特殊建築物に存する者の全てが当該特殊建築物から地上までの避難を終了するまでの間をいう
※1：外壁の開口部は、次のいずれかとする
①延焼のおそれのある部分であるもの（法86条の4各号の建築物の外壁の開口部を除く）
②他の外壁の開口部から通常の火災時における火炎が到達するおそれがあるものとして国土交通大臣が定めるもの
※2：遮炎性能に関して令110条の3（片面20分間）で定める技術的基準に適合するもので、国土交通大臣が定めた構造方法又は国土交通大臣の認定を受けたもの

● **避難時倒壊防止構造としなければならない特殊建築物**（法27条1項）

法別表第一	対象用途	法27条1項より、避難時倒壊防止構造（令110条）としなければならない建築物	
		対象用途の階[*1]	対象用途の床面積[*2]
（一）	劇場、映画館、演芸場	3以上	200㎡以上
		主階が1階にないもの（階数が3以下で延べ面積200㎡未満を除く）	
	観覧場、公会堂、集会場	3以上	200㎡以上、屋外観覧場は1,000㎡以上
（二）	病院、診療所（患者の収容施設があるもの）、ホテル、旅館、下宿、共同住宅、寄宿舎、児童福祉施設等（幼保連携型認定こども園を含む）	3以上	2階が300㎡以上
（三）	学校、体育館、博物館、美術館、図書館、ボーリング場、スキー場、スケート場、水泳場又はスポーツの練習場	3以上	2,000㎡以上
（四）	百貨店、マーケット、展示場、キャバレー、カフェー、ナイトクラブ、バー、ダンスホール、遊技場、公衆浴場、待合、料理店、飲食店又は物品販売業を営む店舗（床面積10㎡以内を除く）	3以上	2階が500㎡以上
			3,000㎡以上

*1：**階数が3で延べ面積200㎡未満**のもの（3階を（二）項の用途で、病院、患者の収容施設がある診療所、ホテル、旅館、下宿、共同住宅、寄宿舎、入所者の寝室がある児童福祉施設等、令110条の4で定めるものに供するものは、令110条の5で定める技術的基準により警報設備を設けたものに限る）を除く。令110条の5で定める技術的基準は、当該建築物のいずれの室（火災の発生のおそれの少ないものとして国土交通大臣が定める室を除く）で火災が発生した場合においても、有効かつ速やかに、当該火災の発生を感知し、当該建築物の各階に報知することができるよう、国土交通大臣が定めた構造方法を用いる警報設備が、国土交通大臣が定めるところにより適当な位置に設けられていることとしている
*2：（一）項は客席、（二）項及び（四）項は2階に限り、病院及び診療所はその部分に患者の収容施設がある場合に限る

● **避難時倒壊防止構造の主要構造部の性能の概要**（令110条）

令110条		性能	部分	時間
一号	イ	非損傷性	耐力壁、柱、はり、床	特定避難時間[*]
			階段、屋根（軒裏を除く）	30分間
	ロ	遮熱性	壁、床、屋根の軒裏（外壁によって小屋裏又は天井裏と防火上有効に遮られているものを除く）	特定避難時間[*]
			非耐力壁である外壁及び屋根の軒裏（いずれも延焼のおそれのある部分以外の部分に限る）	片面30分間
	ハ	遮炎性	外壁及び屋根	特定避難時間[*]
			非耐力壁である外壁（延焼のおそれのある部分以外の部分に限る。）及び屋根	片面30分間
二号		令107条各号（耐火性能）又は令108条の3第1項一号イ及びロの基準（耐火性能検証）		

*：特殊建築物の構造、建築設備及び用途に応じて当該特殊建築物に存する者の全てが当該特殊建築物から地上までの避難を終了するまでに要する時間をいう。特定避難時間の下限値は45分間（令110条一号イの表）

● **法27条2項により耐火建築物としなければならない建築物**

法別表第一	対象用途	法27条2項により、耐火建築物としなければならない建築物	
		対象用途の階	対象用途の床面積
（五）	倉庫	3階以上が200㎡以上	
（六）	自動車車庫、自動車修理工場、映画スタジオ、テレビスタジオ	3階以上	

● **法27条3項により耐火建築物又は準耐火建築物としなければならない建築物**

法別表第一	対象用途	法27条3項により、耐火建築物又は準耐火建築物としなければならない建築物[*]	
		対象用途の階	対象用途の床面積
（五）	倉庫		1,500㎡以上
（六）	自動車車庫、自動車修理工場、映画スタジオ、テレビスタジオ		150㎡以上
その他	危険物の貯蔵又は処理場	令116条の数量を超えるもの	

*：（六）項は、法2条九号の三ロに該当する準耐火建築物のうち令115条の4で定めるものを除く。なお、令115条の4で定めるものは、令109条の3第一号に適合するものとし、外壁が耐火構造であり、かつ、屋根の構造が法22条1項に規定する構造であるほか、法86条の4の場合を除き、屋根の延焼のおそれのある部分の構造が、当該部分に屋内において発生する通常の火災による火熱が加えられた場合に、加熱開始後20間屋外に火炎を出す原因となるき裂その他の損傷を生じないものである

● **無窓の居室等の主要構造部に関する規制**（法35条の3、令111条）

令111条で定める窓その他の開口部を有しない居室は、その居室を区画する主要構造部を耐火構造又は不燃材料で造らなければならない。ただし、劇場、映画館、集会場等（法別表第一（い）欄（一）項の用途）については、この限りでない

令111条で定める窓等を有しない居室は、次の①又は②に該当する窓等を**有しない**無窓居室とする。ただし、避難階又は避難階の直上階若しくは直下階の居室その他の居室で、当該居室の床面積、当該居室からの避難のための廊下等の通路の構造並びに消火設備、排煙設備、非常用の照明装置及び警報設備の設置の状況及び構造に関し避難上支障がないものとして大臣が定める基準に適合するものを除く

①採光有効面積が、当該居室の床面積の1／20以上のもの

②直接外気に接する避難上有効な構造のもので、かつ、その直径1m以上の円が内接できるもの又はその幅75cm以上及び高さ1.2m以上のもの

なお、ふすま、障子等随時開放することができるもので仕切られた2室は、1室とみなす

● **令111条のかっこ書**

自動火災報知設備を設置

居室を区画する主要構造部を耐火構造又は不燃材料としなくてもよい

窓を設けない居室の床面積を制限

3　大規模建築物の主要構造部に関する規制

次の大規模建築物（木造建築物等[※1]）、主要構造部（床、屋根及び階段を除く）を通常火災終了時間[※2]が経過するまでの間当該火災による建築物の倒壊及び延焼を防止するために主要構造部に必要な性能に関して令109条の5（下表参照）で定める技術的基準に適合するもので、国土交通大臣が定めた構造方法又は国土交通大臣の認定を受けたものとしなければならない。ただし、その周囲に延焼防止上有効な空地で令109条の6[※3]で定める技術的基準に適合するものを有する建築物については、この限りでない。

一　地階を除く階数が4以上である建築物

二　高さ16m超の建築物

三　倉庫、自動車車庫、自動車修理工場等（法別表第一（い）欄（五）項又は（六）項）で、高さ13m超

● **大規模建築物の主要構造部**　法21条1項

※1：主要構造部の法21条1項の令109条の4で定める部分が木材、プラスチックその他の可燃材料で造られたもの（法21条、23条、25条、61条）。令109条の4で定める部分は、主要構造部のうち自重又は積載荷重（特定行政庁が指定する多雪区域の建築物の主要構造部は、自重、積載荷重又は積雪荷重）を支える部分である

※2：建築物の構造、建築設備及び用途に応じて通常の火災が消火の措置により終了するまでに通常要する時間をいう。下限値は45分間

※3：建築物の各部分から当該空地の反対側の境界線までの水平距離が、当該各部分の高さに相当する距離以上であること

● **火災時倒壊防止構造（主要構造部を通常火災終了時間に基づく準耐火構造としたもの）の主要構造部の性能の概要**（令109条の5）

令109条の5		性能	部分	時間
一号	イ	非損傷性	耐力壁、柱、はり、床	通常火災終了時間[*]
			階段、屋根（軒裏を除く）	30分間
	ロ	遮熱性	壁、床、屋根の軒裏（外壁によって小屋裏又は天井裏と防火上有効に遮られているものを除く）	通常火災終了時間[*]
			非耐力壁である外壁及び屋根の軒裏（いずれも延焼のおそれのある部分以外の部分に限る）	片面30分間
	ハ	遮炎性	外壁及び屋根	通常火災終了時間[*]
			非耐力壁である外壁（延焼のおそれのある部分以外の部分に限る。）及び屋根	片面30分間
二号			令107条各号（耐火性能）又は令108条の3第1項一号イ及びロの基準（耐火性能検証）	

＊：建築物の構造、建築設備及び用途に応じて通常の火災が消火の措置により終了するまでに通常要する時間をいう。下限値は45分間。法21条1項本文

4 防火上主要な間仕切壁等

次の①～⑤の建築物は、床面積500㎡以内ごとに一時間準耐火基準[※1]に適合する準耐火構造の床若しくは壁又は特定防火設備で区画し、かつ、防火上主要な間仕切壁(自動スプリンクラー設備等設置部分[※2]その他防火上支障がないものとして国土交通大臣が定める部分の間仕切壁を除く。)を準耐火構造とし小屋裏又は天井裏に達せしめなければならない。ただし、次の(1)、(2)に該当する場合を除く

①法21条1項により令109条の5第一号に掲の基準に適合する建築物(通常火災終了時間が1時間以上であるものを除く)とした建築物

②法27条1項により令110条一号の基準に適合する特殊建築物(特定避難時間が1時間以上であるものを除く)とした建築物

③法27条3項により準耐火建築物(令109条の3第二号の基準又は一時間準耐火基準に適合を除く)とした建築物

④法61条により令136条の2第二号の基準に適合する建築物(準防火地域内のものに限り、令109条の3第二号の基準又は一時間準耐火基準に適合するものを除く)とした建築物

⑤法67条1項により準耐火建築物等(令109条の3第二号の基準又は一時間準耐火基準に適合を除く)とした建築物

(1)天井の全部が**強化天井**(天井のうち、その下方からの通常の火災時の加熱に対してその上方への延焼を有効に防止することができるものとして、国土交通大臣が定めた構造方法又は国土交通大臣の認定を受けたものをいう)である階(令112条4項一号)

(2)準耐火構造の壁又は法2条九号の二ロに規定する防火設備で区画されている部分で、当該部分の天井が**強化天井**であるもの(令112条4項二号)

● **500㎡面積区画**　令112条4項
※1：一時間準耐火基準とは、令112条2項より、主要構造部である壁、柱、床、はり及び屋根の軒裏の構造が、同項の基準に適合するものとして、大臣が定めた構造方法又は国土交通大臣の認定を受けたもの

※2：自動スプリンクラー設備等設置部分：床面積200㎡以下の階又は床面積200㎡以内ごとに準耐火構造の壁若しくは法2条九号の二ロの防火設備で区画されている部分で、スプリンクラー設備、水噴霧消火設備、泡消火設備等で自動式のものを設けたものをいう

● **防火上主要な間仕切壁**　令114条2項
学校、病院、有床診療所、児童福祉施設等[※1]は、防火上主要な間仕切壁を準耐火構造とし、①天井の全部が強化天井である階又は②準耐火構造の壁又は防火設備で区画され当該部分の天井が強化天井であるもの(令112条4項各号)を除き、小屋裏又は天井裏に達すること[※2]

※1：ホテル、旅館、下宿、寄宿舎、マーケット

※2：ただし、自動スプリンクラー設備等設置部分その他防火上支障がないものとして国土交通大臣が定める部分の間仕切壁を除く

5 木造建築物等の防火

法22条区域内の建築物の屋根の構造は、国土交通大臣が定めた構造方法又は大臣認定品で、通常の火災による火の粉に対して、①防火上有害な発煙をしないもの、②屋内に達する防火上有害な**溶融・き裂**その他の損傷を生じないもの。なお、不燃物保管倉庫等で所定のものは、①のみ適用する。ただし、**茶室、あずまや**等又は延べ面積**10㎡**以内の**物置**等の**屋根**の延焼のおそれのある部分以外の部分は除く

● **法22条区域の屋根**　法22条、令109条の8
特定行政庁が防火地域及び準防火地域以外の市街地で指定する区域

● **法24条**
建築物が法22条区域の内外にわたる場合は、その全部について規定を適用する

● **木造建築物等の外壁**　法23条、令109条の9

法22条区域内の**木造建築物等**は、その外壁で延焼のおそれの

176

ある部分を、準防火性能に関する下表の基準に適合すること

● **準防火性能**

耐力壁である外壁	周囲の通常火災に対し20分間の非損傷性
その他の外壁	周囲の通常火災に対し20分間の遮熱性（屋内に面するものに限る）

延べ面積**1,000㎡**超の**木造建築物等**は、外壁及び軒裏で延焼のおそれのある部分を**防火構造**とし、屋根を法22条区域の構造とする

延べ面積**1,000㎡**超の建築物は、**1,000㎡**以内で**防火壁又は防火床**で区画する。ただし、次の建築物は除く。開口部を設ける場合は、幅・高さ各2.5m以下で特定防火設備とする
①耐火建築物又は準耐火建築物　②畜舎等
③卸売市場の上家、機械製作工場等で火災の発生のおそれが
　少ないもので、次のイ又はロのいずれかに該当するもの
イ　主要構造部が不燃材料で造られたもの等の構造
ロ　構造方法、主要構造部の防火の措置等の事項について防
　火上必要な令115条の2で定める技術的基準に適合するもの

木造等の建築物の防火壁及び防火床の構造は、次の①～④とする
①耐火構造とすること
②通常の火災による防火壁又は防火床以外の建築物の部分の
　倒壊によって生ずる応力が伝えられた場合に倒壊しない大臣
　が定めた構造方法を用いるもの
③通常の火災時に、防火壁又は防火床で区画された部分（当該
　防火壁又は防火床を除く）から屋外に出た火炎による防火壁
　又は防火床で区画された他の部分（当該防火壁又は防火床
　を除く）への延焼を有効に防止できる大臣が定めた構造方法
　を用いるもの
④防火壁に設ける開口部の幅及び高さ又は防火床に設ける開
　口部の幅及び長さは、各2.5mで、かつ、これに特定防火設備
　を設けること

給水管、配電管等が防火壁を貫通する場合は、当該管と防火壁又は防火床との隙間をモルタル等の不燃材料で埋めなければならない。換気、暖房又は冷房設備の風道が防火壁又は防火床を貫通する場合は、当該貫通部分又はこれに近接する部分に、遮煙性能等の所定の特定防火設備を設けなければならない

該当する木造建築物等とは、主要構造部が木材、プラスチックその他の可燃材料で造られたもの

● **準防火性能**　法23条、令109条の9
建築物の周囲において発生する通常の火災による延焼の抑制に一定の効果を発揮するために外壁に必要とされる性能

● **大規模木造建築物等**　法25条

● **防火壁又は防火床**　法26条、令113条、令115条の2

● **防火壁又は防火床の構造**　令113条

● **特定防火設備**　令112条1項

● **防火壁の貫通管**　令112条20項、21項、令113条2項

6　建築物の界壁、間仕切壁及び隔壁

☐　長屋又は共同住宅の各戸の界壁（自動スプリンクラー設備等設置部分[※1]その他防火上支障がないものとして国土交通大臣が定める部分の界壁を除く。）は、準耐火構造とし、令112条4項各号[※2]のいずれかに該当する部分を除き、小屋裏又は天井裏に達しなければならない

☐　学校、病院、診療所（病室有のみ）、児童福祉施設等、ホテル、旅館、下宿、寄宿舎又はマーケットの建築物は、その**防火上主要な間仕切壁**（自動スプリンクラー設備等設置部分[※1]その他大臣が定める部分の間仕切壁を除く）を準耐火構造とし、①天井の全部が**強化天井**である階又は②準耐火構造の壁又は防火設備で区画され当該部分の天井が強化天井であるもの（令112条4項各号）を除き、小屋裏又は天井裏に達すること

☐　強化天井とは、天井のうち、その下方からの通常の火災時の加熱に対してその上方への延焼を有効に防止することができるものとして、国土交通大臣が定めた構造方法又は国土交通大臣の認定を受けたものをいう

☐　建築面積300㎡超の建築物の小屋組が木造の場合は、小屋裏の直下の天井の全部を強化天井とするか、又は桁行間隔12m以内ごとに小屋裏に原則、準耐火構造の**隔壁**を設ける
　ただし、次の各号のいずれかに該当する建築物については、この限りでない
①法2条九号の二イ（主要構造部が耐火構造）の建築物
②令115条の2第1項七号に適合するもの
③その周辺地域が農業上の利用に供され、又はこれと同様の状況で、その構造、用途、周囲の状況に関し避難上・延焼防止上支障がないものとして国土交通大臣が定める基準に適合する畜舎、堆肥舎並びに水産物の増殖場及び養殖場の上家（令114条3項）

☐　延べ面積がそれぞれ200㎡超の建築物で耐火建築物以外のもの相互を連絡する渡り廊下で、その小屋組が木造、かつ、けた行が4m超のものは、小屋裏[※3]に準耐火構造の隔壁を設けなければならない（令114条4項）

☐　界壁、間仕切、隔壁を給水管、配電管等が貫通する場合は、当該管と界壁等との隙間をモルタルその他の不燃材料で埋めなければならない（令114条5項）

※1：自動スプリンクラー設備等設置部分とは
床面積200㎡以下の階又は床面積200㎡以内ごとに準耐火構造の壁若しくは法第二条第九号の二ロに規定する防火設備で区画されている部分で、自動式スプリンクラー設備等を設けたものをいう（令112条4項）

※2：令112条4項各号とは
①天井の全部が強化天井[※3]である階（4項一号）
②準耐火構造の壁又は法第二条第九号の二ロの防火設備で区画されている部分で、当該部分の天井が強化天井であるもの（4項二号）

● **建築物の界壁、間仕切壁及び隔壁**
令114条

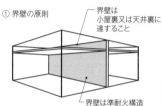

①界壁の原則
界壁は小屋裏又は天井裏に達すること
界壁は準耐火構造

②界壁の緩和　その1
自動式スプリンクラー設備等を設置
界壁は小屋裏又は天井裏にまで達しなくてよい
床面積200㎡以内で防火区画された範囲内
界壁は準耐火構造でなくてよい

③界壁の緩和　その2
天井は強化天井とする
界壁は小屋裏又は天井裏にまで達しなくてよい
界壁は準耐火構造

※3：準耐火構造の隔壁で区画されている小屋裏の部分で、当該部分の直下の天井が強化天井であるものを除く

● **隔壁を設けなくてもよい場合**
①主要構造部が耐火構造等の建築物
②令115条の2第1項七号の基準に適合するもの
③その周辺地域が農業利用等で大臣が定める基準に適合する畜舎、堆肥舎、水産物の増殖場及び養殖場の上家

● **界壁等の貫通管**　令114条5項

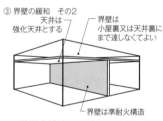

010　防火規定①耐火建築物等　　　　　QUESTION & ANSWER

QUESTION

1　最頻出問題│一問一答

次の記述のうち、建築基準法上、正しいものには○、誤っているものには×をつけよ。ただし、耐火性能検証法、防火区画検証法、避難安全検証法による安全性の確認は行わないものとする

1 ☐☐　建築面積200㎡の事務所の小屋組が木造である場合においては、原則として、けた行間隔12m以内ごとに小屋裏に準耐火構造の隔壁を設けなければならない

2 ☐☐　配電管が共同住宅の各戸の界壁を貫通する場合においては、当該管と界壁との隙間をモルタルその他の不燃材料で埋めなければならない

3 ☐☐　老人福祉施設の用途に供する部分の防火上主要な間仕切壁（自動スプリンクラー設備等設置部分（床面積200㎡以下等の所定の部分）その他大臣が定める部分の間仕切壁を除く）は、防火構造とし、小屋裏又は天井裏に達せしめなければならない。なお、天井は強化天井ではない

4 ☐☐　長屋の各戸の界壁は、原則として、準耐火構造とし、小屋裏又は天井裏に達せしめなければならない

5 ☐☐　耐火建築物以外の建築物で、主要構造部を準耐火構造とし、外壁の開口部で延焼のおそれのある部分に所定の防火設備を有するものは、「準耐火建築物」である

6 ☐☐　防火構造とは、建築物の外壁及び屋根の構造のうち、防火性能に関して所定の技術的基準に適合する鉄網モルタル塗、漆喰塗（しっくいぬり）その他の構造で、国土交通大臣が定めた構造方法を用いるもの又は国土交通大臣の認定を受けたものをいう

7 ☐☐　主要構造部をコンクリート造とし、その外壁の開口部で延焼のおそれのある部分に所定の防火設備を有する建築物は、耐火建築物である

ANSWER

→→→

1 × │令114条3項。建築面積300㎡超の建築物の小屋組が木造の場合は、原則として、小屋裏の直下の天井の全部を強化天井とするか又は桁行間隔12m以内ごとに小屋裏（準耐火構造の隔壁で区画されている小屋裏で、その直下の天井が強化天井を除く）に準耐火構造の隔壁を設けなければならない。ただし書あり

2 ○ │令114条5項、令112条20項。令114条5項により、令112条20項が準用され、当該管と界壁との隙間をモルタルその他の不燃材料で埋める

3 × │令114条2項。老人福祉施設は令19条1項により、児童福祉施設等に該当し、防火上主要な間仕切壁（自動スプリンクラー設備等設置部分（床面積200㎡以下等の所定の部分）その他大臣が定める部分の間仕切壁を除く）は準耐火構造とする。また、天井の全部が強化天井である階等を除き、小屋裏又は天井裏に達すること

4 ○ │令114条1項。長屋又は共同住宅の各戸の界壁は、あくまでも「原則として」判断する場合は準耐火構造とし、小屋裏又は天井裏に達すること

5 ○ │法2条九号の三。主要構造部を準耐火構造とし、外壁の開口部で延焼のおそれのある部分に所定の防火設備を有するものは、準耐火建築物

6 × │法2条八号。防火構造とは、建築物の外壁又は軒裏の構造のうち、防火性能に関して所定の技術的基準に適合する鉄網モルタル塗等の構造で、大臣が定めた構造方法又は大臣認定を受けたものをいう

7 × │法2条九号の二。コンクリートは不燃材料だが、主要構造部は令107条の耐火構造又は所定の技術的基準に適合するもの

8 ☐☐ 延べ面積1,200㎡の旅館で、耐火建築物及び準耐火建築物以外のものは床面積の合計800㎡以内ごとに防火上有効な構造の防火壁又は防火床によって有効に区画しなければならない

9 ☐☐ 木造の建築物に防火壁を設けなければならない場合、耐火構造とし、かつ、自立する構造である場合は、無筋コンクリート造とすることができる

10 ☐☐ 強化天井とは、脱落によって重大な危害を生ずるおそれがあるものとして国土交通大臣が定める天井をいい、その構造は、構造耐力上安全なものとして、国土交通大臣が定めた構造方法を用いるもの又は国土交通大臣の認定を受けたものとする

11 ☐☐ 病院の当該用途に供する部分について、その階の天井のすべてを強化天井とせず、かつ、自動スプリンクラー設備等は設けていない場合は、その防火上主要な間仕切壁は準耐火構造とし、小屋裏又は天井裏に達するようにしなければならない

12 ☐☐ 防火壁には開口部を設けることができ、その開口部の幅及び高さは、それぞれ3m以下とし、かつ、これに特定防火設備で所定の構造のものでなければならない

13 ☐☐ 給水管が防火壁を貫通する場合は、当該管と防火壁との隙間を準不燃材料で埋めなければならない

14 ☐☐ 換気設備の風道が防火壁を貫通する場合（国土交通大臣が認めて指定する場合を除く）は、当該貫通部分又はこれに近接する部分に、特定防火設備で、火災により、煙の発生の場合又は温度の急激上昇の場合に、自動閉鎖し閉鎖した場合に防火上支障のない遮煙性能を有するものとして、国土交通大臣が定めた構造方法を用いるもの又は国土交通大臣の認定を受けたものを国土交通大臣が定める方法により設けなければならない

15 ☐☐ 建築面積300㎡の建築物の小屋組が木造である場合、原則として、小屋裏の直下の天井の全部を強化天井とするか、又は桁行間隔12m以内ごとに小屋裏に準耐火構造の隔壁を設けなければならない

16 ☐☐ 平屋建、延べ面積1,500㎡の公衆浴場で、準耐火建築物としたものは、防火壁によって区画しなくてもよい

17 ☐☐ 共同住宅の各戸の界壁（自動スプリンクラー設備等設置部分そ

---

8 ×｜法26条。延べ面積1,000㎡超の建築物は、1,000㎡以内に防火壁又は防火床によって区画しなければならないが、耐火建築物及び準耐火建築物、卸売市場の上家等で火災発生のおそれの少ないもの、畜舎等で一定のものを除く

9 ×｜令113条1項二号、令元年6.21国交省告示197号第一第一号より、木造の建築物の防火壁の場合は、無筋コンクリート造又は組積造としない

10 ×｜令112条4項一号。設問は令39条3項の「特定天井」であり、「強化天井」とは、天井のうち、その下方からの通常の火災時の加熱に対してその上方への延焼を有効に防止することができるものとして、国土交通大臣が定めた構造方法を用いるもの又は国土交通大臣の認定を受けたものをいう

11 ○｜令114条2項、令112条4項各号。自動スプリンクラー設備等を設置せず、また、令112条4項各号の強化天井を設けない場合は、防火上主要な間仕切壁は準耐火構造とし小屋裏又は天井裏まで達すること

12 ×｜令113条1項4号。防火壁に設ける開口部の幅及び高さは各2.5m以下とし、かつ、特定防火設備で112条19項一号の構造とする

13 ×｜令113条2項、令112条20項。隙間をモルタルその他の不燃材料で埋めなければならない

14 ○｜令113条2項、令112条21項。防火壁のダクトの貫通部分又はその近接部分に遮煙性能のある特定防火設備（防火ダンパー）を設ける

15 ×｜令114条3項。建築面積300㎡超の建築物の小屋組が木造である場合に規制がかかる

16 ○｜法26条一号。延べ面積1,000㎡超の建築物は、防火上有効な構造の防火壁又は防火床で有効に区画し、かつ、各区画の床面積の合計をそれぞれ1,000㎡以内とする。ただし、①耐火建築物又は準耐火建築物、②卸売市場の上家、機械製作工場等の

の他防火上支障がないものとして国土交通大臣が定める部分の界壁ではないものとする）は、準耐火構造とし、天井が強化天井である場合を除き、小屋裏又は天井裏に達せしめなければならない

18□□ 特定行政庁が防火地域及び準防火地域以外の市街地について指定する区域内にある建築物の屋根の構造は、通常の火災を想定した火の粉による建築物の火災の発生を防止するために屋根に必要とされる性能に関して建築物の構造及び用途に応じて所定の技術的基準に適合するもので、国土交通大臣が定めた構造方法又は国土交通大臣の認定を受けたものとしなければならず、茶室、あずまや等の建築物の屋根も同様である

19□□ 法22条1項の市街地の区域内にある木造建築物等は、その外壁で延焼のおそれのある部分の構造を防火性能に関して所定の技術的基準に適合する構造で、国土交通大臣が定めた構造方法又は国土交通大臣の認定を受けたものとしなければならない

火災の発生のおそれが少ない用途に供する建築物で主要構造部が不燃材料で造られたもの、畜舎等は除く

17 ○｜令114条1項、令112条4項各号。共同住宅の各戸の界壁（自動スプリンクラー設備等設置部分その他防火上支障がないものとして国土交通大臣が定める部分の界壁を除く）は、準耐火構造とし、令112条4項各号のいずれかに該当する部分を除き、小屋裏又は天井裏に達せしめなければならない。令112条4項各号とは、①天井の全部が強化天井である階、②準耐火構造の壁又は防火設備で区画されている部分で、当該部分の天井が強化天井であるもの

18 ×｜法22条1項。茶室、あずまや等の建築物又は延べ面積10㎡以内の物置等の建築物の屋根は、延焼のおそれのある部分以外の部分については、この限りでない

19 ×｜法23条。防火性能ではなく、準防火性能に関して令109条の9で定める技術的基準に適合する土塗壁その他の構造で、国土交通大臣が定めた構造方法を用いるもの又は国土交通大臣の認定を受けたものとする

2 実践問題 ｜ 五肢択一 →→→

1□□ 次の建築物（各階はすべて当該用途とする）のうち、法27条の規定による耐火建築物等としなければならないものはどれか。なお、防火地域及び準防火地域外とする

1——2階建ての物品販売業を営む店舗で、各階の床面積がそれぞれ250㎡のもの
2——2階建ての保育所で、各階の床面積がそれぞれ150㎡のもの
3——平家建ての自動車修理工場で、床面積の合計が200㎡のもの
4——平家建ての寄宿舎で、床面積の合計が300㎡のもの
5——2階建ての倉庫で、各階の床面積がそれぞれ100㎡のもの

1 答えは3

1 物品販売業を営む店舗は、法別表第一（い）欄（四）項及び令115条の3第三号である。床面積250㎡であるが2階建てのため、法27条1項各号に該当しない
2 保育所は、法別表第一（い）欄（二）項、令115条の3第一号及び令19条1項である。2階建てで2階の床面積150㎡のため、法27条1項各号に該当しない
3 自動車修理工場は、法別表第一（い）欄（六）項である。法27条3項一号150㎡以上あるため該当する
4 寄宿舎は、法別表第一（い）欄（二）項である。平家建て、床面積300㎡のため法27条1項各号に該当しない
5 倉庫は、法別表第一（い）欄（五）項である。2階建てで各階の床面積100㎡のため、法27条2項、3項に該当しない

011 防火規定②防火区画・内装制限

火災の拡大を防止するため、原則として、床面積1,500㎡以内ごとに防火区画する。また、不特定多数の者が利用する建築物、無窓居室のある建築物、大規模な建築物等は、火災の拡大を抑制するため、内装材料を難燃材料以上に規制している

1　防火区画（令112条）の概要

● 令112条の防火区画一覧表

項	種別	概要
1	面積区画 1,500㎡以内区画	・自動式スプリンクラー設備等設置部分は、1／2を除く ・1時間準耐火基準の準耐火構造の床・壁・特定防火設備で区画 ・適用除外：①劇場等、②階段室等（遮煙性能の特定防火設備） ・特定防火設備の構造
2	1時間準耐火基準の定義	1時間非損傷性・遮熱性・遮炎性
3	特定空間部分に接する面積区画	吹抜き等の特定空間部分に接する面積区画
4	面積区画 500㎡以内区画	・通常火災終了時間1時間未満の一定の建築物 ・1時間準耐火基準の準耐火構造の床・壁・特定防火設備で区画、かつ、防火上主要な間仕切壁を準耐火構造とし、原則、小屋裏・天井裏まで
5	面積区画 1,000㎡以内区画	・通常火災終了時間1時間以上の一定の建築物等 ・1時間準耐火基準の準耐火構造の床・壁・特定防火設備で区画
6	4、5項の適用除外	・壁・天井の内装仕上げを準不燃材料 ・適用除外：体育館等、階段室等（遮煙性能の特定防火設備）
7	高層面積区画 100㎡以内区画	・11階以上 ・耐火構造の床・壁・防火設備で区画
8	高層面積区画 200㎡以内区画	・11階以上 ・壁・天井の内装仕上げと下地を準不燃材料 ・耐火構造の床・壁・特定防火設備で区画
9	高層面積区画 500㎡以内区画	・11階以上 ・壁・天井の内装仕上げと下地を不燃材料 ・耐火構造の床・壁・特定防火設備で区画
10	高層面積区画 7～9項の適用除外	階段等の避難経路、200㎡以内の共同住宅の住戸（耐火構造の床・壁・特定防火設備（遮煙性能）で区画）
11	竪穴区画	竪穴部分とそれ以外を準耐火構造の床・壁・防火設備（遮煙性能）で区画
12	竪穴区画 特定小規模特殊建築物 （避難困難就寝）	・**階数3、延べ面積200㎡未満**（11項除く） ・3階を病院、有床診療所、児童福祉施設等（就寝用途）の場合 ・竪穴部分とそれ以外を間仕切壁又は防火設備（遮煙性能）で区画 ・スプリンクラー設備設置の場合は10分間防火設備（遮煙性能） ・10分間防火設備の構造
13	竪穴区画 特定小規模特殊建築物	・**階数3、延べ面積200㎡未満**（11項除く） ・3階をホテル、共同住宅、児童福祉施設等（通所用途）の場合 ・竪穴部分とそれ以外を間仕切壁又は戸（遮煙性能）で区画
14	竪穴区画 11～13項のみなし規定	接する竪穴どうしを1の竪穴とみなす
15	12、13項の適用除外	火災時の煙等の降下時間の確認

16	区画に接する外壁（スパンドレル）	防火区画が接する外壁を準耐火構造で90㎝以上又は庇等を50㎝以上突出
17	区画に接する外壁（スパンドレル）の開口部	開口部は防火設備
18	異種用途区画	法27条の特殊建築物用途とその他の用途を1時間準耐火基準の準耐火構造の床・壁・特定防火設備で区画（遮煙性能）
19	区画に用いる防火設備・特定防火設備の構造	二号ロの遮煙性能を求める場合又は求めない場合がある
20	配管の区画貫通構造	区画貫通部のすき間のモルタル埋め（令129条の2の4参照）
21	風道の区画貫通構造	区画貫通近接部に特定防火設備（遮煙性能）

2 防火区画

主要構造部を耐火構造とした建築物又は準耐火建築物等で、延べ面積（スプリンクラー設備等で自動式のものを設けた部分の床面積1／2を除く）が**1,500㎡**超は、床面積**1,500㎡**以内ごとに**1時間準耐火基準**に適合する準耐火構造の床、壁又は特定防火設備で区画する（面積区画）

● **面積区画** 令112条
特定防火設備とは、防火戸、ドレンチャー等の火炎を遮る設備で、通常火災の火熱に対し1時間当該加熱面以外の面に火炎を出さないものとして、大臣が定めた構造方法又は大臣認定を受けたもの

● **一時間準耐火基準** 令112条2項
（174頁参照）

● **1,500㎡面積区画** （令112条）

項	対象建築物	区画面積	区画方法	緩和
1	①主要構造部を耐火構造の建築物 ②法2条九号の三イ又はロの建築物 ③令136条の2第一号ロ（延焼防止建築物）又は第二号ロ（準延焼防止建築物）の建築物	≦1,500㎡[*]	一時間準耐火基準の準耐火構造の床・壁又は特定防火設備	①劇場、映画館、演芸場、観覧場、公会堂又は集会場の客席、体育館、工場等 ②階段室の部分等（階段室の部分又は昇降機の昇降路の部分（乗降ロビー含む））で、一時間準耐火基準の準耐火構造の床・壁又は特定防火設備で区画

*:自動式スプリンクラー設備等設置部分の1/2を除く。スプリンクラー設備を床面積3,000㎡設置すれば、1,500㎡となる

● **500㎡面積区画** （令112条）

項	対象建築物	区画面積	区画方法	緩和
4	①法21条1項により令109条の5第一号の建築物（通常火災終了時間が一時間以上を除く）とした建築物 ②法27条1項により令110条一号特殊建築物（特定避難時間が一時間以上を除く）とした建築物 ③法27条3項により準耐火建築物（令109条の3第二号の基準又は一時間準耐火基準適合を除く）とした建築物 ④法61条により令136条の2第二号の建築物（準防火地域内に限り、令109条の3第二号の基準又は一時間準耐火基準適合を除く）とした建築物 ⑤法67条1項により準耐火建築物等（準防火地域内に限り、令109条の3第二号の基準又は一時間準耐火基準適合を除く）とした建築物	≦500㎡[*1]	一時間準耐火基準の準耐火構造の床・壁又は特定防火設備で区画し、かつ、防火上主要な間仕切壁[*2]を準耐火構造とし、小屋裏又は天井裏に達すること。ただし、次のいずれかの場合は、小屋裏又は天井裏まで達しなくてもよい ①天井の全部が強化天井である階 ②準耐火構造の壁又は防火設備で区画されている部分で、その天井が強化天井であるもの	6項より。次のいずれかで天井（天井のない場合は屋根）・壁の室内面の仕上げを準不燃材料でしたものについては、適用しない ①体育館、工場等 ②階段室の部分等（階段室の部分又は昇降機の昇降路の部分（乗降ロビー含む））で、一時間準耐火基準の準耐火構造の床・壁又は特定防火設備で区画

*1:自動式スプリンクラー設備等設置部分の1/2を除く
*2: 自動スプリンクラー設備等設置部分等を除く。スプリンクラー設置部分等とは、床面積200㎡以下の階又は床面積200㎡以内ごとに準耐火構造の壁・法2条九号のニロの防火設備で区画されている部分で、スプリンクラー設備、水噴霧消火設備、泡消火設備その他これらに類するもので自動式のものを設けたもの

● 1,000㎡面積区画　（令112条）

項	対象建築物	区画面積	区画方法	緩和
5	①法21条1項により令109条の5第一号の建築物（通常火災終了時間が一時間以上に限る）とした建築物 ②法27条1項により令110条一号の特殊建築物（特定避難時間が一時間以上に限る）とした建築物 ③法27条3項により準耐火建築物（令109条の3第二号の基準又は一時間準耐火基準に適合するものに限る）とした建築物 ④法61条により令136条の2第二号の基準に適合する建築物（準防火地域内にあり、かつ、令109条の3第二号に掲げる基準又は一時間準耐火基準に適合するものに限る）とした建築物 ⑤法67条1項により準耐火建築物等（令109条の3第二号の基準又は一時間準耐火基準に適合するものに限る）とした建築物	≦1,000㎡[＊]	一時間準耐火基準に適合する準耐火構造の床・壁又は特定防火設備で区画	6項より。次のいずれかで天井（天井のない場合は屋根）・壁の室内面の仕上げを準不燃材料でしたものについては、適用しない ①体育館、工場等 ②階段室の部分等（階段室の部分又は昇降機の昇降路の部分（乗降ロビー含む））で、一時間準耐火基準の準耐火構造の床・壁又は特定防火設備で区画

＊:自動式スプリンクラー設備等設置部分の1/2を除く

階段室等の上下階に通ずる部分は、その垂直部分のみを準耐火構造の床、壁又は防火設備で区画する（竪穴区画）

● 竪穴区画　令112条11〜15項

● 竪穴区画　（令112条）

項	対象建築物	竪穴部分	区画方法	緩和
11	主要構造部を準耐火構造とした建築物又は令136条の2第一号ロ（延焼防止建築物）若しくは第二号ロ（準延焼防止建築物）の基準に適合する建築物で、地階又は3階以上の階に居室を有するもの	長屋又は共同住宅の住戸で階数2以上であるもの、吹抜き部分、階段部分[＊1]、昇降機の昇降路の部分、ダクトスペースの部分等	当該竪穴部分以外の部分[＊2]と準耐火構造の床・壁又は法2条九号の二のロの防火設備（遮煙性能）で区画	①避難階からその直上階又は直下階のみに通ずる吹抜き部分、階段部分等で壁・天井の室内面の仕上げ・下地を不燃材料 ②階数が3以下で延べ面積200㎡以内の一戸建ての住宅、長屋・共同住宅の住戸のうちその階数が3以下で、かつ、床面積200㎡以内のものの吹抜き、階段、昇降機の昇降路の部分等 14項より。竪穴部分及びこれに接する他の竪穴部分（いずれも1項一号の建築物の部分又は階段室の部分等であるものに限る）が次の基準に適合する場合は、これらの竪穴部分を一の竪穴部分とみなす ①当該竪穴部分及び他の竪穴部分の壁・天井の室内面の仕上げ・下地が準不燃材料 ②当該竪穴部分と他の竪穴部分とが用途上区画することができないもの

＊1:当該部分からのみ人が出入りすることのできる便所、公衆電話所等を含む
＊2:直接外気に開放されている廊下、バルコニー等を除く

● 特定小規模特殊建築物（避難要介護者就寝）の竪穴区画　（令112条12項）

項	対象建築物	竪穴部分	区画方法	緩和
12	3階を病院、診療所（患者収容施設あり）又は児童福祉施設等（入所者の寝室あり）の用途の建築物のうち階数3で延べ面積200㎡未満のもの（11項の建築物を除く）	竪穴部分	竪穴部分以外の部分[＊1]と間仕切壁又は法2条九号の二のロの防火設備（遮煙性能）で区画	居室、倉庫等にスプリンクラー設備等を設けた建築物の竪穴部分には法2条九号の二のロの防火設備に代えて、10分間防火設備（遮煙性能）[＊2]で区画することができる 14項より。竪穴部分及びこれに接する他の竪穴部分（いずれも1項一号の建築物の部分又は階段室の部分等であるものに限る）が次の基準に適合する場合は、これらの竪穴部分を一の竪穴部分とみなす ①当該竪穴部分及び他の竪穴部分の壁・天井の室内面の仕上げ・下地が準不燃材料 ②当該竪穴部分と他の竪穴部分とが用途上区画することができないもの 15項より。火災が発生した場合に避難上支障のある高さまで煙又はガスの降下が生じない建築物として、壁・天井の仕上げ材料の種類、消火設備、排煙設備の設置状況・構造により大臣が定める竪穴部分については、適用しない

＊1：直接外気に開放されている廊下、バルコニー等を除く
＊2：令109条の防火設備で、通常の火災による火熱に10分間当該加熱面以外の面に火炎を出さないものとして、大臣が定めた構造方法又は国土交通大臣の認定を受けたものをいう

●特定小規模特殊建築物の竪穴区画　（令112条13項）

項	対象建築物	竪穴部分	区画方法	緩和
13	3階を法別表第一(い)欄(二)項の用途(ホテル、旅館、共同住宅、寄宿舎、通所利用のみの児童福祉施設等(病院、有床診療所、児童福祉施設等(就寝用途)を除く)の建築物のうち階数が3で延べ面積200㎡未満のもの(11項の建築物を除く)	竪穴部分	竪穴部分以外の部分[＊]と間仕切壁又は戸(ふすま、障子等を除く)(遮煙性能)で区画	14項より。竪穴部分及びこれに接する他の竪穴部分(いずれも1項一号の建築物の部分又は階段室の部分等であるものに限る)が次の基準に適合する場合は、これらの竪穴部分を一の竪穴部分とみなす ①当該竪穴部分及び他の竪穴部分の壁・天井の室内面の仕上げ・下地が準不燃材料 ②当該竪穴部分と他の竪穴部分とが用途上区画することができないもの 15項より。火災が発生した場合に避難上支障のある高さまで煙又はガスの降下が生じない建築物として、壁・天井の仕上げ材料の種類、消火設備、排煙設備の設置状況・構造により大臣が定める竪穴部分については、適用しない

＊：直接外気に開放されている廊下、バルコニー等を除く

●特定小規模特殊建築物の竪穴区画　（令112条12項・13項）

項	3階の用途 (法別表第一(い)欄(二)項)	求められる区画		
		間仕切壁	戸(防火設備)	
			スプリンクラー設備等の消火設備が設置の建築物	左記以外の建築物
12	病院、有床診療所、就寝利用の児童福祉施設等	設置	10分間遮炎性能・遮煙性能の防火設備	20分間遮炎性能・遮煙性能の防火設備
13	ホテル、旅館、共同住宅、寄宿舎	設置	遮煙性能の戸	
	通所利用の児童福祉施設等	設置	遮煙性能の戸	

飲食店、事務所、共同住宅、自動車車庫等の異種用途がある場合は、階数や規模により、準耐火構造の壁等で区画する(異種用途区画)

●異種用途区画

項	対象建築物	区画方法	緩和
18項	法27条1項各号、2項各号、3項各号のいずれかに該当	その部分とその他の部分とを1時間準耐火の床・壁又は特定防火設備(遮煙性能)で区画	大臣が定める基準に従い、警報設備等を設けること等の措置が講じられた場合は、この限りでない

給水管、配電管等が防火区画を貫通する場合は、隙間をモルタル等の不燃材料で埋める。換気、冷暖房の風道が防火区画を貫通する場合は、貫通部分又は近接部分に自動的に閉鎖し、遮煙性能のある特定防火設備(防火ダンパー)を設ける

●異種用途区画　令112条18項
例：法27条の自動車車庫、共同住宅、飲食店の場合の異種用途区画

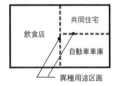

●防火区画に設ける特定防火設備・防火設備の性能　令112条19項
①常時閉鎖又は随時閉鎖
②閉鎖に際し周囲の人の安全を確保することができるもの
③廊下、階段等に設置する場合は避難上支障がないもの
④常時閉鎖以外は、熱感知、煙感知により自動閉鎖するもの
⑤19項二号
竪穴区画や異種用途区画の防火設備には、遮煙性能(二号口)を有すること

●防火区画貫通管等　令112条20項・21項

3 内装制限

次の建築物は、原則として、壁及び天井の仕上げを**防火**上支障がないようにしなければならない

①法別表第1(い)欄の用途の特殊建築物、②**階数3**以上の建築物、③令128条の3の2で定める窓その他の開口部のない居室を有する建築物、④延べ面積**1,000㎡**超の建築物、⑤建築物の調理室、浴室その他の室でかまど、こんろ等の火気使用設備・器具を設けたもの

●**内装制限** 法35条の2、令128条の3の2〜令128条の5

火災が発生した場合に避難上支障のある高さまで煙・ガスが降下しない建築物の部分として、床面積、天井の高さ並びに消火設備及び排煙設備の設置の状況及び構造を考慮して大臣が定めるものについては、適用しない(令128条の5第7項)

●内装制限一覧表 [令128条の3の2〜128条の5]

	用途	構造			内装制限	
		主要構造部を耐火構造とした建築物又は法2条九号の三イの建築物(一時間準耐火基準に適合するもの)	法2条九号の三イ又はロの建築物(一時間準耐火基準に適合するものを除く)	その他	壁、天井[*1]	内装材料
1	**法別表第一(い)欄(一)項の用途** 劇場、映画館、演芸場、観覧場、公会堂、集会場	客席≧400㎡	客席≧100㎡	客席≧100㎡	居室[*2]は難燃[*3] 廊下・階段等は準不燃	
2	**法別表第一(い)欄(二)項の用途** 病院、診療所(有床に限る)、ホテル、旅館、下宿、共同住宅、寄宿舎、児童福祉施設等	3階以上の合計≧300㎡[*4]	2階≧300㎡[*4]、[*5]	床面積≧200㎡		
3	**法別表第一(い)欄(四)項の用途** 百貨店、マーケット、展示場、キャバレー、ダンスホール、遊技場、公衆浴場、料理店、飲食店、物販店舗(10㎡以内除く)等	3階以上の合計≧1,000㎡	2階≧500㎡	床面積≧200㎡		
4	**令128条の4第1項二号** 自動車車庫、自動車修理工場	構造種別、床面積にかかわらず対象			室、廊下・階段等	準不燃
5	**令128条の4第1項三号** **地階**又は地下工作物内の1〜3の用途の居室のある建築物				居室、廊下・階段等	
6	すべての用途[*6]、[*7]	下記の①〜③のいずれか ① 階数3以上かつ、延べ面積>500㎡ ② 階数2、かつ、延べ面積>1,000㎡ ③ 階数1、かつ、延べ面積>3,000㎡			居室[*2]は難燃 廊下・階段等は準不燃	
7	**令128条の3の2第一号** 排煙上の無窓居室[*8]	床面積50㎡超の居室で窓等(天井又は天井から下方80㎝以内に限る)の面積が床面積の1/50未満			居室、廊下・階段等は準不燃	
	令128条の3の2第二号 採光上の無窓居室[*8]	(採光規定)法28条1項のただし書の温湿度調整を必要とする作業を行う作業室、その他用途上やむを得ない居室で採光規定に適合しないもの				
8	階数2以上の住宅(兼用住宅含む)[*9]	対象外	最上階以外の階の調理室等		調理室・ボイラー室等	準不燃
9	住宅以外[*9]	対象外	調理室、ボイラー室等			

*1:天井がない場合は屋根 *2:床からの高さ1.2m以下は除く、また、室内面で回り縁、窓台等を除く *3:3階以上に居室のある建築物の天井は準不燃 *4:耐火建築物又は準耐火建築物で床面積100㎡(共同住宅は200㎡)以内ごとに、準耐火構造の床、壁、法2条九号のロの防火設備で区画された居室は除く *5:2階に病室がある場合 *6:学校、体育館、ボーリング場、スキー場、スケート場、水泳場又はスポーツの練習場(令126条の2第1項二号より「**学校等**」という)を除く *7:100㎡以内ごとに準耐火構造の床、壁又は防火設備で令112条19項二号の構造で区画され、かつ、法別表第1(い)欄の用途ではない居室で、主要構造部を耐火構造とした建築物又は法2条九号の三イに該当する建築物の高さが31m以下を除く。令112条19項二号の構造とは、常時閉鎖又は随時閉鎖可能、作動時に周囲の人の安全性確保、避難上支障がなく、遮煙性能があり煙感知連動であること *8:天井高さ6m超を除く *9:主要構造部を耐火構造としたものを除く

QUESTION

1　最頻出問題①│一問一答

ANSWER

→→→

次の記述のうち、建築基準法上、正しいものには○、誤っているものには×をつけよ

1 □□　1階の一部を診療所（患者の収容施設がないもの）とし、その他の部分を事務所の用途に供する3階建ての建築物においては、令112条18項のいわゆる異種用途区画として、診療所の部分とその他の部分とを防火区画しなければならない

2 □□　主要構造部を準耐火構造とした3階建て、延べ面積200㎡の一戸建て住宅においては、階段の部分とその他の部分とを防火区画しなければならない

3 □□　主要構造部を準耐火構造とした3階建て、延べ面積200㎡の共同住宅においては、原則として、共用の階段の部分とその他の部分とを防火区画しなければならない

4 □□　令112条11項の竪穴区画に設ける法2条九号の二ロに規定する防火設備は、遮煙性能を有するものとする

5 □□　2階建の建築物（各階の床面積100㎡）で、1階が物品販売業を営む店舗、2階が事務所であるものは、物品販売業を営む店舗とその他の部分とを防火区画しなければならない

6 □□　2階建、延べ面積300㎡の事務所の1階の一部が自動車車庫（当該用途に供する部分の床面積の合計40㎡）である場合、自動車車庫の部分とその他の部分とを防火区画しなくてもよい

7 □□　主要構造部を準耐火構造とした3階建の事務所の避難階からその直上階のみに通ずる階段の部分でその壁及び天井の室内に面する部分の仕上を準不燃材料でし、かつ、その下地を準不燃材料で造った場合は、階段の部分とその他の部分とを防火区画しなくてもよい

8 □□　4階建ての耐火建築物の共同住宅で、メゾネット形式の住戸（住

1　×│令112条18項。診療所の部分が、1階でかつ患者収容施設のない場合であり、当該診療所と事務所は法27条1項～3項の用途に該当せず、事務所との異種用途区画は不要

2　×│令112条11項二号。ただし書より、階数が3以下で延べ面積200㎡以内の一戸建ての住宅における吹抜き、階段、昇降機の昇降路等は防火区画の緩和がある

3　○│令112条11項により、主要構造部を準耐火構造とし、かつ、3階以上の階に居室を有する建築物の階段の部分は、その他の部分とを防火区画しなければならない

4　○│法12条11項、19項二号ロ。11項の竪穴区画に設ける防火設備、18項の異種用途区画に設ける特定防火設備など一定の防火設備には遮煙性能を有するものとする

5　×│令112条18項。異種用途区画の問題である。事務所は特殊建築物ではないので法27条に該当せず、物品販売業を営む店舗はその階数・規模から法27条1項に該当しない

6　○│令112条18項。異種用途区画の問題である。1階で床面積40㎡の自動車車庫は、法27条2項、3項に該当しない

7　×│令112条11項一号。竪穴区画の問題である。当該階段の壁及び天井の室内面部分の仕上げを不燃材料でし、かつ、その下地を不燃材料で造ったものであれば防火区画しなくてもよい

8　×│令112条11項二号。竪穴区画の問題である。共同住宅の住戸のうちその階数が3以下で、かつ、床面積の

戸の階数が2で、かつ、床面積の合計が120㎡であるもの)においては、当該住戸内の階段の部分と他の部分とを防火区画しなければならない

合計が200㎡以内であるものにおける吹抜き部分、階段部分等とその他の部分とを防火区画しなくてよい

2 最頻出問題② ｜ 五肢択一 →→→

1 □□ 次の建築物のうち、その構造及び床面積に関係なく建築基準法35条の2の規定による内装制限を受けるものは、次のうちどれか。ただし、自動式の消火設備及び排煙設備は設けないものとする

1——自動車車庫
2——演芸場
3——旅館
4——飲食店
5——体育館

1 答えは1

1 自動車車庫は、令128条の4第1項二号により、構造、床面積に関係なく対象となる

2 演芸場は、法別表第1(い)欄(一)項に該当し、構造、床面積により制限を受ける

3 旅館は、法別表第1(い)欄(二)項に該当し、構造、床面積、階数により制限を受ける

4 飲食店は、法別表第1(い)欄(四)項から令115条の3第三号により規定され、構造、床面積、階数により制限を受ける

5 体育館は法別表第1(い)欄(三)項に該当する。また、体育館は令126条の2第1項二号で、学校等の用途に属する

3 実践問題 ｜ 一問一答 →→→

次の記述のうち、建築基準法上、正しいものには○、誤っているものには×をつけよ。ただし、窓その他の開口部を有しない居室、地階並びに自動式の消火設備及び排煙設備は設けないものとし、避難上の安全の検証は行わないものとする

1 □□ 内装の制限を受ける調理室等の壁及び天井の室内に面する部分の仕上げには、難燃材料を使用することができる

2 □□ 耐火建築物及び準耐火建築物以外の建築物に設ける物品販売業を営む店舗で、その用途に供する部分の床面積の合計が200㎡以上のものは、内装制限を受ける

3 □□ 住宅に附属する鉄骨平家建て、延べ面積30㎡の自動車車庫は、内装制限を受けない

4 □□ 内装制限を受ける居室の天井の回り縁は、内装制限の対象となる

1 ×｜「内装制限を受ける調理室等」とは、令128条の4第4項に規定されている。令128条の5第6項、第1項二号より準不燃材料である

2 ○｜物販店舗(10㎡以内を除く)は、法別表第1(い)欄(四)項から令115条の3第三号で規定される。令128条の4第1項一号の表(三)項

3 ×｜令128条の4第1項二号。自動車車庫は規模等によらず内装制限を受ける

4 ×｜令128条の5第1項。室内面の、回り縁、窓台等は除く

5 ×｜令128条の5第6項。同条1項二号イの準不燃材料を使用することができる

6 ○｜法35条の2。内装制限の対象は、壁、天井(天井のない場合は屋根)

5 ☐☐ 内装制限を受ける調理室等の壁及び天井の室内に面する部分の仕上げには、不燃材料を使用しなければならない

6 ☐☐ 内装制限を受ける特殊建築物の居室から地上に通ずる主たる廊下、階段その他の通路の床は、内装制限を受けない

7 ☐☐ 地階に設ける居室で遊技場の用途に供するものを有する特殊建築物は、その規模にかかわらず、内装制限を受ける

8 ☐☐ 自動車修理工場は、その規模にかかわらず、内装制限を受ける

9 ☐☐ 主要構造部を耐火構造とした学校は、その規模にかかわらず、内装制限を受けない

10 ☐☐ 準耐火建築物である劇場で、延べ面積250㎡、客席の床面積の合計が150㎡のものは、内装制限を受ける

11 ☐☐ 耐火建築物及び準耐火建築物以外の建築物である物品販売業を営む店舗で、当該用途部分の床面積の合計が150㎡のものは、内装制限を受けない

12 ☐☐ 主要構造部を耐火構造とした平家建、延べ面積80㎡の飲食店において、こんろその他火を使用する設備を設けた調理室は、内装制限を受ける

の室内面である

7 ○│遊技場は、法別表第1(い)欄（四）項による。令128条の4第1項三号

8 ○│令128条の4第1項二号

9 ○│令128条の4第2項・3項。学校は法別表第一(い)欄（三）項であり、令128条の4第1項に該当しない

10 ○│劇場は、法別表第1(い)欄（一）項に該当する。令128条の4第1項一号の表（一）項、客席が100㎡以上ある場合

11 ○│物販店舗は、法別表第1(い)欄（四）項に該当するが、令128条の4第1項一号の表（三）項、当該用途の床面積200㎡以上が対象となる。延べ面積は2項、3項にも該当しない

12 ×│令128条の4第4項後段カッコ書き、主要構造部を耐火構造としたものを除く

● **特定防火設備について** 令112条1項
「特定防火設備」とは、令109条の防火設備で、これに通常の火炎による火熱が加えられた場合に、加熱開始後1時間当該加熱面以外の面に火炎を出さないものとして、大臣が定めた構造方法を用いるもの又は大臣の認定を受けたものをいう

解法ポイント│内装制限の条文構成

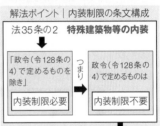

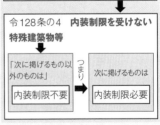

012 避難規定

避難規定には、廊下の幅員・2以上の直通階段・排煙設備・非常用の照明装置・非常用の進入口等があり、それぞれ、用途や規模等によって適用される建築物が規定されている。法律や条文等もしっかり読み込み、安全確保を最優先した建築物を建築したい

1　廊下・階段等

□　避難階以外の階は、避難階又は地上に通ずる**直通階段**を、居室の各部分からその1に至る**歩行距離**が、一定数値以下となるように設置すること

● 歩行距離制限

居室の種類	主要構造部が 準耐火構造又は不燃材料		その他
	内装準不燃[＊4]	左記以外	
有効採光面積1／20未満の居室[＊1]	40m	30m	30m
法別表第1(い)欄(四)項の居室[＊2]	60m	50m	30m
法別表第1(い)欄(二)項の居室[＊3]	60m	50m	30m
上記以外の居室	60m	50m	40m

＊1：床面積、避難通路の構造、消火設備等の設置状況で国土交通大臣が定める基準に適合するものを除く
＊2：百貨店・飲食店・物販店舗等
＊3：病院・診療所(病室有)・ホテル・共同住宅・児童福祉施設等
＊4：居室及び地上への廊下、階段等の壁・天井の内装を準不燃材料

□　避難階以外の階が次表の場合は、**2以上の直通階段**を設ける

● 2以上の直通階段の設置(令121条1項、2項)

号	階の用途	対象の階	床面積
一	劇場・映画館・演芸場・観覧場・公会堂・集会場の客席・集会室等	各階	制限無
二	物販店舗(床面積**1,500㎡超**)の売場	各階	制限無
三	キャバレー・カフェー・ナイトクラブ又はバー・個室付浴場業等・ヌードスタジオ・異性同伴休憩施設・店舗型電話異性紹介営業店舗の客室等	6階以上	制限無
		5階以下	制限無[＊1]
		避難階の**直上**又は**直下階**[＊2]	**100(200)㎡**超
四	病院・診療所の階の病室又は児童福祉施設等(幼保連携型認定こども園含む)の居室	6階以上	制限無
		5階以下	**50(100)㎡**超
五	ホテル・旅館・下宿の宿泊室・共同住宅の居室・寄宿舎の寝室	6階以上	制限無[＊1]
		5階以下	**100(200)㎡**超
六	上記以外の居室	6階以上	制限無[＊1]
		5階以下	**100(200)㎡**超
		避難階の直上階[＊2]	**200(400)㎡**超

注　( )内は、主要構造部が準耐火構造又は不燃材料の場合(2項)
＊1：居室床面積100(200)㎡以下で、かつ、その階に避難バルコニー等及びその階から避難階等に通ずる直通階段で屋外避難階段又は特別避難階段があるものを除く
＊2：5階以下

● 避難規定の適用範囲　令117条

令117～126条までの規定である廊下・直通階段の設置、2以上の直通階段・避難階段・屋外出口等は、①法別表第1(い)欄(一)～(四)項の特殊建築物、②階数3以上の建築物、③有効採光面積が1／20未満の居室のある階、④延べ面積1,000㎡超の建築物に限り適用される。なお、建築物が開口部のない耐火構造の床又は壁で区画されている場合、又は建築物の2以上の構造が国土交通大臣が定めた構造方法の場合、それぞれ別の建築物とみなす

● 直通階段と歩行距離　令120条

● 2以上の直通階段を設ける場合　令121条

● 屋外階段の構造　令121条の2

令120条及び令121条による直通階段で屋外に設ける場合は、木造(準耐火構造のうち有効な防腐措置をしたものを除く)としてはならない

● 重複距離 令121条3項

2以上の直通階段を設ける場合、歩行経路の重複区間は、令120条の歩行距離の1/2以下とする。ただし、重複区間を経由しないで、避難上有効なバルコニー等がある場合を除く

● 特定階の直通階段の緩和 令121条1項及び4項

令121条1項の規定にもかかわらず、4項により直通階段が1でもよい場合

1項の用途		4項の規模、特定階	4項の区画方法
1項四号	病院、診療所の階で病室の床面積又は児童福祉施設等の階で主用途の居室の床面積が各50㎡超(2項の適用で主要構造部が準耐火構造又は不燃材料の場合は100㎡超)	階数が3以下で延べ面積200㎡未満の建築物の避難階以外の階(「特定階」という)	階段の部分と当該階段の部分以外の部分[*1]が間仕切壁若しくは次の各号で定める防火設備(令112条15項の国土交通大臣が定める建築物の特定階に限る *1:直接外気に開放されている廊下、バルコニー等を除く
1項五号	ホテル、旅館、下宿の階でその宿泊室の床面積、共同住宅の階のその階の居室の床面積、寄宿舎の階のその階の寝室の床面積がそれぞれ100㎡超		

4項各号	防火設備の別
一号 特定階が1項四号の用途(児童福祉施設等は就寝用途に限る)の場合	防火設備として、法2条九号の二ロの防火設備(当該特定階がある建築物の居室、倉庫等にスプリンクラー設備を設けた場合は、**10分間防火設備**)
二号 特定階を児童福祉施設等(通所のみ)の用途又は1項五号の用途の場合*	防火設備として、戸(ふすま、障子等を除く)

*:2項は五号不適用

● 特定階の直通階段の緩和 令121条4項

直通階段が1か所でもよい場合である。その用途を児童福祉施設等やホテル等に限定し、規模も階数3以下で延べ面積200㎡未満の建築物に限定している

防火戸(煙感連動自動閉鎖で遮煙性能)付きの間仕切り壁を設けた場合、階段を1つにできる

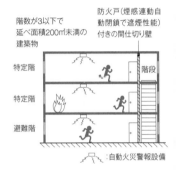

□ 建物の用途と規模により、中廊下と片廊下の幅がそれぞれ規定されている

● 廊下の幅員

廊下の用途	両側居室 (中廊下)	その他 (片廊下)
小学校・中学校・義務教育学校・高等学校又は中等教育学校の児童用・生徒用	2.3m以上	1.8m以上
①病院の患者用 ②共同住宅の住戸の床面積100㎡超の階の共用 ③3室以下の専用を除き、居室の床面積200㎡(地階は、100㎡)超の階のもの	1.6m以上	1.2m以上

● 廊下の幅員 令119条

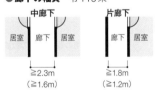

□ 劇場・映画館・演芸場・観覧場・公会堂又は集会場の客席からの**出口**の戸は、**内開き**としない。また、客用の屋外への**出口**の戸は、**内開き**としない

● 出口の規制 令118・125条

2 排煙設備等

排煙設備を設置すべき建設物及び建築物の部分とその除外部分は以下のとおり

● 排煙設備の必要な建築物　令126条の2

● 排煙設備の構造　令126条の3

● 排煙設備の必要な建築物

	設置建築物	適用除外	備考
1	法別表第1(い)欄(一)～(四)項で、延べ面積500㎡超	①法別表第1(い)欄(二)項のうち、100㎡以内で準耐火構造の防火区画(共同住宅の住戸は200㎡)のもの	*1：高さ31m以下の居室で、床面積100㎡内ごとに防煙壁[＊2]で区画したものを除く
2	階数3以上で、延べ面積500㎡超[＊1]	②学校・体育館・ボーリング場・スキー場・スケート場・水泳場・スポーツの練習場(「学校等」という)	＊2：防煙壁とは、間仕切壁・天井面から50cm以上下方に突出した垂れ壁等で煙の流動を妨げるもので、不燃材料で造り、又は覆われたもの(下図参照)
3	開放できる部分(天井又は天井から下方80cm以内に限る)の面積が、居室の床面積の1／50未満の居室(令116条の2第1項二号を参照)	③階段・昇降機の昇降路等	
4	延べ面積1,000㎡超の建築物の居室で、床面積200㎡超[＊1]	④機械製作工場・不燃物品保管倉庫等で主要構造部が不燃材料のもの	
		⑤火災が発生した場合に避難上支障のある高さまで煙又はガスの降下しないものとして、天井高さ・壁・天井仕上げを考慮したもの	

不燃材料で造り又は覆われたもの

● 排煙設備の構造　令126条の3

① 床面積500㎡以内ごとに、防煙壁で区画すること

② 排煙口は、各部分から排煙口の1に至る水平距離30m以下となるように、天井又は壁の上部(天井から80cm以内)に設け、原則として、排煙風道に直結すること

③ 排煙口には、手動開放装置を設け、手で操作する部分は、壁付けは床面から80cm以上1.5m以下、天井吊り下げは床面から1.8mとし、使用方法を表示すること

④ 排煙口が床面積の1／50以上の開口面積を有し、かつ、直接外気に接する場合を除き、排煙機を設けること

● 排煙設備の規定で別な建築物とみなす場合

令126条の2及び令126条の3の排煙設備の規定は、次の①、②の部分は別な建築物とみなし、それぞれの部分で排煙設備の規定を適用する

① 建築物が開口部のない準耐火構造の床、壁、所定の防火設備で国土交通大臣が定めた構造方法によるもの又は国土交通大臣の認定を受けたもので区画されている場合

② 建築物の2以上の部分の構造が通常の火災時において相互に煙・ガスによる避難上有害な影響を及ぼさないもので国土交通大臣が定めた構造方法による場合

非常用の照明装置を設置すべき建築物の部分とその除外部分は以下のとおり

● 非常用の照明装置の設置

	設置対象部分
1	法別表第1(い)欄(一)～(四)項の居室
2	階数3以上で延べ面積500㎡超の建築物の居室
3	有効採光面積が1／20未満の居室
4	延べ面積1,000㎡超の建築物の居室
5	上記の居室から地上に通ずる廊下・階段等(採光上有効に直接外気に開放された通路を除く)等の建築物の部分で照明装置の設置を通常要する部分

● 非常用の照明装置　令126条の4

直接照明とし床面で1ルクス以上

緩和事項

① 一戸建ての住宅・長屋・共同住宅の住戸

② 病院の病室、下宿の宿泊室、寄宿舎の寝室等

③ 学校等(令126条の2第1項二号より、学校・体育館・ボーリング場・スキー場・スケート場・水泳場・スポーツの練習場)

④ 避難階又は避難階の直上・直下階の居室で避難上支障がないもの等で大臣が定めるもの

● 非常用の進入口

高さ31m以下の部分の3階以上の階(不燃性物品保管等火災の発生のおそれの少ない階等を除く)には、**非常用の進入口**を設

● 非常用の進入口の設置　令126条の6

ける。ただし、以下の場合は適用除外となる

①非常用エレベーターを設置している場合

②道又は道に通ずる幅員**4m**以上の通路等に面する各階の外壁面に窓等(代替進入口)を壁面の長さ**10m**以内ごとに設けている場合

③吹抜け部分その他の一定規模以上の空間で国土交通大臣が定めた構造方法を用いるもの又は大臣認定を受けたものを設けている場合

☐ 非常用進入口は**代替進入口**で対応することも可能。右図のように、直径1m以上の円が内接するもの、又は幅75cm以上、高さ1.2m以上で、格子等の屋外からの進入を妨げる構造を有しないもの

☐ 特殊建築物等(法35条)の屋外避難階段・避難階の階段及び屋外への出口からは、道又は公園・広場等に通ずる幅員**1.5m**以上の**通路**を設けなければならない。階数3以下で延べ面積200㎡未満の建築物の敷地内は、90cm以上とする

● **非常用の進入口の構造**　令126条の7

①間隔40m以下、②幅・高さ・下端の床面からの高さが、それぞれ75cm以上、1.2m以上及び80cm以下、③外部から開放し、又は破壊して室内に進入できる構造、④奥行き1m以上、長さ4m以上のバルコニーを設置

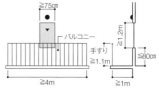

● **代替進入口**

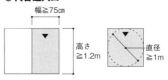

● **敷地内の通路**　令128条

3　避 難 安 全 検 証 法

☐ 1の階で、区画された部分が「区画避難安全性能」を有するものを**区画避難安全検証法**により確かめられたもの、又は大臣認定を受けたものは、一定の規定は適用しない(令128条の6)

☐ 建築物の階(物販店舗は、屋上広場を含む)のうち、当該階が、「階避難安全性能」を有するものを**階避難安全検証法**により確かめられたもの(主要構造部が準耐火構造又は不燃材料で造られた建築物に限る)、又は**大臣認定**を受けたものについては、令119条(廊下幅)、令120条(直通階段)、令126条の2(排煙設備)等の規定を適用しない

☐ 建築物で、「全館避難安全性能」を有することを**全館避難安全検証法**により確かめられたもの(主要構造部が準耐火構造又は不燃材料で造られた建築物に限る)、又は**大臣認定**を受けたものについては、令112条11項(竪穴区画)、令112条18項(異種用途区画)、令126条の2(排煙設備)等の規定は適用しない

● **区画避難安全検証法の適用条件**　令128条の6

一の階にある居室等の部分で、準耐火構造の床若しくは壁又は一定の防火設備で区画された区画部分のいずれの室で火災が発生した場合でも、当該区画部分にいる者の全てが当該区画部分から当該区画部分以外の部分等までの避難を終了するまでの間、避難上支障のある高さまで煙・ガスが降下しないこと

● **階避難安全検証法の適用条件**　令129条

当該階のいずれの室(火災の発生のおそれの少ない室を除く。「火災室」という)で火災が発生しても、当該階に存する者が直通階段の1までに避難する間、各居室及び直通階段に通ずる主たる廊下等において、避難上支障がある高さまで煙又はガスが降下しないことをいう

● **全館避難安全検証法の適用条件**　令129条の2

当該建築物のいずれの火災室で火災が発生しても、在館者が地上までの避難を終了するまでの間、各居室及び地上に通ずる主たる廊下、階段等において、避難上支障がある高さまで煙又はガスが降下しないことをいう

1　最頻出問題│一問一答

→→→

共同住宅（3階建て、高さ12m、各階の床面積がそれぞれ100㎡）の避難施設等に関する次の記述のうち、建築基準法上、正しいものには○、誤っているものには×をつけよ。ただし、耐火性能検証法、防火区画検証法、避難安全検証法及び大臣認定は行わない

1 ☐☐　3階の部分に設置する非常用の進入口には、原則として、奥行き1m以上、長さ4m以上のバルコニーを設けなければならない

2 ☐☐　階段の部分には、排煙設備を設けなくてもよい

3 ☐☐　避難階が1階の場合、2階から1階又は地上に通ずる2以上の直通階段を設けなければならない

4 ☐☐　各住戸には、非常用の照明装置を設けなくてもよい

5 ☐☐　2階以上の階にあるバルコニーの周囲には、安全上必要な高さが1.0m以上の手すり壁等を設けなければならない

1　○│令126条の6により、建築物の高さ31m以下の部分にある3階以上の階には、原則として非常用の進入口を設置する。令126条の7第五号により、当該進入口には、奥行き1m以上、長さ4m以上のバルコニーを設ける

2　○│令126条の2第1項三号により、階段、昇降機の昇降路等の建築物の部分には、排煙設備は不要である

3　×│令121条1項五号、六号。共同住宅のその階の居室床面積の合計が、100㎡超の場合に適用される

4　○│令126条の4本文により共同住宅の居室は非常用の照明装置の設置対象であるが、ただし書の同条一号により、共同住宅の住戸は対象外

5　×│令126条1項。高さ1.1m以上である

2　実践問題①│一問一答

→→→

有料老人ホーム（鉄筋コンクリート造2階建、高さ6m）の避難施設等に関する次の記述のうち、建築基準法上、正しいものに○、誤っているものに×をつけよ。ただし、耐火性能検証法、防火区画検証法、避難安全検証法及び大臣認定は行わない

1 ☐☐　各階の床面積がそれぞれ150㎡の場合、片側のみに居室のある共用の廊下の幅は、1.2m以上としなければならない

2 ☐☐　避難階が1階（床面積が150㎡）で、2階における有料老人ホームの主たる用途に供する居室の床面積の合計が90㎡の場合には、2階から1階又は地上に通ずる2以上の直通階段を設けなければならない

有料老人ホームは、法別表第一（い）欄（二）項、令19条1項、令115条の3第一号の児童福祉施設等に該当

1　×│令119条の表。その階の居室の床面積の合計が200㎡以下の場合は該当しない

2　×│令121条1項四号より児童福祉施設等の主たる用途の居室が50㎡超であるが同条2項より100㎡超となり、90㎡であれば、2以上の直通階段は不要。1項六号ロにも該当せず

3 □□ 各階の床面積がそれぞれ150㎡で、建築基準法施行令116条の2第1項二号の該当する窓その他の開口部を有しない居室がない場合には、排煙設備を設けなくてもよい

4 □□ 居室から地上に通ずる廊下、階段その他の通路で、採光上有効に直接外気に開放されたものには、非常用の照明装置を設けなくてもよい

5 □□ 避難階が1階である場合に、2階には非常用の進入口を設けなければならない

3 ○｜令126条の2第1項。有料老人ホームは延べ面積300㎡で2階建である

4 ○｜令126条の4。本文かっこ書による

5 ×｜令126条の6。非常用の進入口は、原則として、3階以上の階に設ける

3 実践問題② ｜一問一答　　→→→

飲食店(木造2階建て(主要構造部が準耐火構造でなく、かつ不燃材料で造られていないもの)、各階の床面積がそれぞれ150㎡、高さ6m、避難階は1階)の避難施設等に関する次の記述のうち、建築基準法上、正しいものに○、誤っているものに×をつけよ。ただし、耐火性能検証法、防火区画検証法、避難安全検証法及び大臣認定は行わない

1 □□ 2階の居室の各部分から1階又は地上に通ずる直通階段の一に至る歩行距離は、50m以下としなければならない

2 □□ 2階から1階又は地上に通ずる2以上直通階段を設けなければならない

3 □□ 1階においては、階段から屋外の出口の一に至る歩行距離の制限を受ける

4 □□ 非常用の照明装置を設ける必要がある場合、その照明は直接照明とし、床面において10ルクス以上の照度を確保する

1 ×｜令120条1項の表(1)。飲食店は法別表第一(い)欄(四)項及び令115条の3第三号である。30m以下とする。

2 ×｜令121条1項。飲食店であり、1項六号ロについては、2階の床面積が200㎡以下の150㎡である

3 ○｜令125条1項。階段及び一定の居室の各部分からの歩行距離制限を受ける

4 ×｜令126条の4、126条の5第一号ロ。飲食店は法別表第一(い)欄(四)項であり、当該居室及び居室から地上に通ずる廊下、階段等(採光上有効に直接外気に開放された通路を除く)並びに照明装置を通常要する部分には、原則として非常用の照明装置を設けなければならない。また、直接照明とし、床面で1ルクス以上の照度を確保する

013 道路及び壁面線

建築敷地は、幅員4m以上の道路に2m以上接道していることが原則である。しかし、法第3章の規定の適用以前から利用されている幅員4m未満の道で、特定行政庁が指定した場合は道路として活用できる

1 集団規定

☐ 法第3章（第8節を除く）の集団規定は、都市計画区域及び準都市計画区域内に限り、適用する

● **集団規定** 法41条の2

敷地と道路・壁面線、用途地域、容積率、建蔽率、建築物の高さ、防火地域等の主に建築物の形態・用途を制限・誘導する、市街地環境の整備に関する規定である

2 道路

☐ 「**道路**」の幅員は、原則、**4m**（**特定行政庁の指定区域内は6m**）**以上必要である**（地下のものを除く）。法42条2項道路の場合は現状で**4m未満**である

● **道路の定義** 法42条

● 道路の種類

	法42条	内容
1	1項一号	道路法による道路
2	1項二号	**都市計画法**、**土地区画整理法**、旧住宅地造成事業に関する法律、都市再開発法、新都市基盤整備法、大都市地域における住宅及び住宅地の供給の促進に関する特別措置法、密集市街地整備法による道路
3	1項三号	都市計画区域・準都市計画区域の指定・変更、知事指定区域（法68条の9第1項）による条例の制定・改正により、法第3章適用の際に現に存在する道
4	1項四号	道路法、都市計画法、土地区画整理法、都市再開発法、新都市基盤整備法、大都市地域における住宅及び住宅地の供給の促進に関する特別措置法又は密集市街地整備法による新設または変更の事業計画のある道路で、**2年以内**にその事業が予定されるもので特定行政庁が指定したもの
5	1項五号	1項四号の各法律によらず築造する道で、特定行政庁から位置指定を受けたもの。**位置指定道路**
6	2項	都市計画区域・準都市計画区域の指定・変更、知事指定区域（法68条の9第1項）による条例の制定・改正により、法適用の際に現に建築物が立ち並んでいる幅員**4m未満**の道で、特定行政庁が指定したもの[*]

＊：現道中心線から2mずつ後退した線を、道路境界線とみなす。片側ががけ地や水面等の場合は、その境界線から敷地側に4mとる。特定行政庁は、幅員1.8m未満の道を指定する場合は、あらかじめ建築審査会の同意を得なければならない

● **法42条2項道路**
基本

がけ地等に面する場合

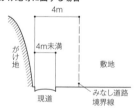

☐ 特定行政庁は、土地状況でやむを得ない場合は、道路中心線から**2m未満**、**1.35m以上**の範囲内、**がけ地**等の**境界線**から**4m未満**、**2.7m以上**の範囲で、建築審査会の同意を得て、別にその

● **法42条3項道路**

水平距離を指定できる

☐ 位置指定道路の指定基準は以下のとおり

● 法42条1項五号位置指定道路の基準

	基準
1	両端が他の道路に接続していること。ただし、次の①〜⑤のいずれかに該当する場合は、**袋路状道路**（その一端のみが他の道路に接続したもの、法43条3項五号）とすることができる ①延長が**35m**以下の場合 ②終端が公園等で自動車の転回に支障がない場合 ③延長が**35m**を超える場合で、終端及び区間**35m**以内ごとに自動車転回広場がある場合 ④幅員**6m**以上の場合 ⑤特定行政庁が周囲の状況により避難及び通行の安全上支障がないと認めた場合
2	道が同一平面で交差等する箇所（内角が**120**度以上を除く）は、角地の隅角を挟む辺の長さ**2m**の二等辺三角形の部分を道に含む隅切りを設けたものであること
3	砂利敷等でぬかるみとならない構造であること
4	**縦断勾配が12%以下**であり、かつ、階段状でないこと
5	道及びこれに接する敷地内の排水に必要な側溝、街渠その他の施設を設けたものであること

* 地方公共団体は、土地の状況等により、条例で、指定基準と異なる基準を定めることができるが、緩和する場合は、あらかじめ、国土交通大臣の承認を得なければならない

☐ 建築物の**敷地**は、**道路**に**2m**以上接する。ただし、敷地が幅員4m以上の道（省令基準に適合するもの）に2m以上接する建築物のうち、利用者が少数で用途及び規模に関し省令基準に適合し、特定行政庁が交通上等支障がないと認めるものや、敷地周囲に広い空地があり、**特定行政庁**は**建築審査会**の同意を得れば許可できる

☐ 建築物の敷地の接道対象ではない道路は、**自動車**のみが利用する道路（法43条1項一号）、地区計画の区域（地区整備計画の区域のうち、都市計画法12条の11により建築物その他の工作物の敷地として併せて利用すべき区域として定められている区域に限る）内の道路（法43条1項二号）、がある

☐ 下記①〜④以外の建築物又は敷地造成の擁壁は、道路内又は道路に突き出して造ってはならない

①**地盤面下に設ける建築物**

②**公衆便所・巡査派出所等**公益上必要な建築物で**特定行政庁**が**建築審査会**の同意を得て許可したもの

③法43条1項二号の道路等の上空又は路面下に設ける建築物のうち、当該地区計画の内容や、令145条1項の基準に適合し、**特定行政庁**が認めるもの

④**公共用歩廊**その他令145条2〜3項で定める建築物で**特定行政庁**が建築審査会の同意を得て**許可**したもの

● 位置指定道路の基準 令144条の4

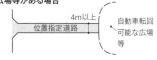

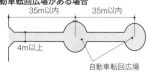

● 接道長さ 法43条

特殊建築物、階数が3以上の建築物等の敷地が接する必要がある「道路の幅員、接道長さ等」は条例で必要な制限を付加できるんだ

● 道路に該当しない道にのみ接する敷地の規定、敷地の周囲に広い空地を有する場合の規定 法43条2項

● 道路内の建築制限の例外 法44条、令145条

3　その他の道路に関する規制等

☐ **私道**の変更・廃止により、接する敷地が**接道規定**に抵触する場合、**特定行政庁**は私道の変更・廃止を禁止、又は制限できる

● **私道の変更又は廃止**　法45条

● **道路の位置の指定に関する特例**　法68条の6

☐ **地区計画**等に道の配置・規模・区域を定めている場合の道路の位置指定は、原則、地区計画等に定められた内容で行う。ただし、地区整備計画等が定められている区域に限る

● **地区計画の道路の位置の指定**　法68条の6

☐ 特定行政庁は、地区計画等に道の配置、規模、区域を定められて、一定の条件に該当する場合は、**予定道路**の指定を行い、その場合は、法44条（道路内の建築制限）が適用される

● **予定道路の指定**　法68条の7
ここでいう一定の条件とは、
①予定道路の敷地となる土地所有者等の同意を得たとき
②指定する道が新たに区画道路に接続した細街路網を一体的に形成するものであるとき
③道の相当部分の整備がすでに行われている場合、整備の行われていない道の部分に建築物の建築等が行われることにより、整備された道の機能を著しく阻害するおそれがあるとき

☐ 非常災害があった場合、次の応急仮設建築物の建築で、**災害発生日**から**1か月**以内に工事着手するものは、**建築基準法令**の規定は、適用しない。ただし、**防火地域**内に建築する場合については、この限りでない
①**国・地方公共団体**又は**日本赤十字社**が**災害救助**のために建築するもの
②**被災者**が**みずから使用**する建築物で延べ面積**30㎡**以内

● **仮設建築物に対する制限緩和**　法85条

☐ 災害があった場合、建築する停車場、**官公署**等の公益上必要な用途の応急仮設建築物又は工事の現場事務所・下小屋・材料置場等の仮設建築物は法3章（集団規定）等の規定は適用しない

● **災害時の仮設建築物に対する制限緩和**　法85条2項

☐ 応急仮設建築物を建築した者は、建築工事を完了した後3か月を超えて建築物を存続しようとする場合、原則として、その超えることとなる日前に、特定行政庁の許可を受けなければならない

● **応急仮設建築物の存続期間**　法85条3項

● **興行場等の仮設建築物に対する制限緩和**　法85条5項
建築許可できる1年以内の期間。ただし、「建築物の工事期間中、当該従前の建築物に代えて必要となる仮設店舗等の仮設建築物については、特定行政庁が当該工事の施工上必要と認める期間」

☐ 特定行政庁は、仮設興行場・仮設店舗等の仮設建築物が安全上、防火上、衛生上支障がないと認める場合は、**1年**以内の期間（国際的な規模の会議、競技会の仮設興行場等は、建築審査会の同意を得て、許可により**1年を超えて**使用できる）で建築を許可できる。この場合、法3章（集団規定）等の規定は適用しない

4　壁面線

☐ **特定行政庁**は、建築審査会の同意を得て、**壁面線を指定**する

● **壁面線の指定等**　法46条、法47条

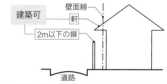

☐ **建築物**の壁・柱又は高さ**2m**超の**門・塀**は、**壁面線**を越えて建築してはならない。なお、地盤面下の部分又は**特定行政庁**が**建築審査会**の同意を得て許可した歩廊の柱等は、この限りでない

013　道路及び壁面線　　　　　　QUESTION & ANSWER

QUESTION　　　　　　　　　　　　　　　　　　　　ANSWER

法規

1　最頻出問題｜一問一答　　　　　　→→→

都市計画区域内における道路に関する次の記述のうち、建築基準法上、正しいものには○、誤っているものには×をつけよ。ただし、特定行政庁による道路幅員の区域の指定はない

1 ☐☐ 建築基準法42条1項五号の規定により、特定行政庁から位置の指定を受けて道を築造する場合、道の幅を6m以上とすれば、袋路状道路(その一端のみが他の道路に接続したもの)であっても、道の延長は35mを超えることができる

2 ☐☐ 道路内であっても地盤面下には、建築物を設けることができる

3 ☐☐ 地区計画の区域内において、建築基準法68条の7第1項の規定により特定行政庁が指定した予定道路内には、敷地を造成するための擁壁を突き出して築造することができない

4 ☐☐ 地区計画の区域外において、自転車歩行者専用道路となっている幅員5mの道路法による道路にのみ10m接している敷地には、建築物を建築することができない

5 ☐☐ 災害があった場合において建築する応急仮設建築物である官公署の敷地は、道路に2m以上接しなくてもよい

1 ○｜令144条の4第1項一号ニ。幅員が6m以上あれば、道の延長は35mの制限はない

2 ○｜法44条1項一号。建築物は、道路内に又は道路に突き出して建築してはならない。ただし、地盤面下に設ける建築物は、この限りでない

3 ○｜法68条の7第1項の規定により予定道路が指定された場合、同条4項により、当該予定道路は法42条1項の道路とみなされて法44条が適用され、敷地を造成するための擁壁は、道路に突き出して築造してはならない

4 ×｜法42条1項一号及び法43条1項により、道路法による道路については、自動車専用道路は適合しないが自転車歩行者専用道路は適合する

5 ○｜法85条2項により、接道規定である法43条を含む法第3章(集団規定)は適用されない

構造

施工

2　実践問題｜四肢択一　　　　　　→→→

1 ☐☐ 都市計画区域内のイ～ハの敷地について、建築基準法上、原則として、建築物を建築することができないものは、次のうちどれか

イ　地区計画の区域内で、法68条の7第1項により特定行政庁が指定した幅員6mの予定道路にのみ3m接している敷地
ロ　幅員25mの自動車専用道路にのみ6m接している敷地
ハ　幅員4mの私道で、特定行政庁からその位置の指定を受けたものにのみ2.5m接している敷地

1―イとロ｜2―イとハ｜3―ロとハ｜4―イとロとハ

1 答えは1

イ　法68条の7第1項による予定道路は、同条5項により建築審査会の同意を得て特定行政庁の許可が必要
ロ　法43条1項一号により自動車専用道路は、接道規定の対象とならない
ハ　法42条1項五号による道路である

014 用途地域

用途地域は、都市計画法により13種類に分類され、それぞれの地域の目的に応じて定められ、法別表第2（用途地域等内の建築物の制限）において、建築物の用途が制限されている

1 　用途地域

法別表第2では、(い)項(第一種低層住居専用地域)～(は)項(第一種中高層住居専用地域)及び(ち)項(田園住居地域)に「建築することができる建築物」が、(に)項(第二種中高層住居専用地域)～(と)項、(り)項以降に「建築してはならない建築物」が条文化されている

● **用途地域の種類**　法48条

● **用途地域の指定のない区域**　令48条14項

● **用途地域の種類**

用途地域	主旨	建築可能な主な建築物
第一種低層住居専用地域	低層住宅の環境を守るための地域	住宅・小規模店舗又は事務所兼用住宅・小中学校・老人ホーム等
第二種低層住居専用地域	主に低層住宅の環境を守るための地域	上記のほか、150㎡以下の店舗等
第一種中高層住居専用地域	中高層住宅の環境を守るための地域	上記のほか、病院・大学・500㎡以下の店舗等
第二種中高層住居専用地域	主に中高層住宅の環境を守るための地域	上記のほか、1,500㎡以下の店舗・事務所等
第一種住居地域	住居の環境を守るための地域	上記のほか、3,000㎡以下の店舗・事務所・ホテル等
第二種住居地域	主に住居の環境を守るための地域	上記のほか、10,000㎡以下の店舗等・パチンコ屋・カラオケボックス等
準住居地域	道路の沿道にある自動車関連施設等と調和した住居環境を保護する地域	上記のほか、客席が200㎡未満の劇場等
田園住居地域	農業の利便の増進とこれと調和した低層住宅の環境守るための地域	第二種低層住居専用地域と同じ及び地域農業増進の500㎡以下の店舗、飲食店等
近隣商業地域	近隣住民が買い物をする店舗等の利便増進を図る地域	住宅・10,000㎡超の店舗・カラオケボックス等
商業地域	主に商業等の利便増進を図る地域	銀行・映画館・飲食店・百貨店・事務所・住宅・小規模の工場等
準工業地域	主に軽工業の工場等、工業の利便を図る地域	危険性及び環境悪化が著しい工場以外（住宅も可）
工業地域	主に工業の利便増進を図る地域	住宅・10,000㎡以下の店舗（学校、病院、ホテル等は不可）
工業専用地域	工業の利便増進を図る地域	工場（付帯条件なし）（住宅・店舗・学校・病院・ホテル等は不可）

第一種・第二種低層住居専用地域、田園住居地域では、学校の建築は認められているが、大学・専修学校等は不可。また、警察署・保健所・消防署等の公益施設の建築も認められていない

用途地域の指定のない区域（市街化調整区域を除く）では、劇場、映画館、演芸場、観覧場、店舗、飲食店、展示場、遊技場、勝馬投票券発売所等で、その床面積の合計が10,000㎡を超えるものは建築してはならない

● **第一種低層住居専用地域内に建築できる公益上必要な建築物**　令130条の4
延べ面積500㎡以下の郵便局、延べ面積600㎡以下の老人福祉センター・児童厚生施設・地方公共団体の支所、公園の公衆便所・休憩所等

● **第一・二種低層住居専用地域内に建築できる附属の建築物**　令130条の5
1階以下かつ延べ面積600㎡（さらなる制限あり）以下の自動車車庫等

2 用途制限

用途地域内では、地域によって建築物の用途が制限される。また、**容積率・建蔽率・絶対高さ制限・日影規制**等の集団規定の制限が異なる

● **用途制限**　法48条、令130条の3〜9の8

敷地が2以上の用途地域にまたがる場合、**面積の大きいほうの**敷地の用途制限が適用される

● **敷地が異なる用途地域にまたがる場合**　法91条

● **建築物の用途制限の概要**（詳細は法別表第2及び令130条の3〜9の8を参照）

建築用途種別 ＼ 用途地域	第一種低層住居専用	第二種低層住居専用	第一種中高層住居専用	第二種中高層住居専用	第一種住居	第二種住居	準住居	田園住居	近隣商業	商業	準工業	工業	工業専用
住宅・共同住宅・寄宿舎・下宿	○	○	○	○	○	○	○	○	○	○	○	○	×
店舗等[*]又は事務所兼用住宅	△	△	○	○	○	○	○	▽	○	○	○	○	×
幼稚園・小学校・中学校・高等学校	○	○	○	○	○	○	○	○	○	○	○	×	×
大学・高専・専修学校・各種学校	×	×	○	○	○	○	○	○	○	○	○	×	×
図書館	○	○	○	○	○	○	○	○	○	○	○	○	×
神社・寺院・教会	○	○	○	○	○	○	○	○	○	○	○	○	○
病院	×	×	○	○	○	○	○	×	○	○	○	×	×
ホテル・旅館	×	×	×	×	◆	○	○	×	○	○	○	×	×
パチンコ屋・麻雀店・勝馬投票券発売所	×	×	×	×	×	□	□	×	○	○	○	□	×
カラオケボックス等	×	×	×	×	×	□	□	×	○	○	○	□	□
劇場・映画館・演芸場・観覧場	×	×	×	×	×	×	▲	×	○	○	○	×	×
キャバレー・ナイトクラブ等	×	×	×	×	×	×	×	×	×	○	○	×	×
300㎡以下の車庫（附属を除く）	×	×	■	■	■	■	○	×	○	○	○	○	○
300㎡を超える車庫	×	×	×	×	×	×	○	×	○	○	○	○	○
倉庫業を営む倉庫	×	×	×	×	×	×	○	▼	○	○	○	○	○
自動車修理工場	×	×	×	×	①	①	②	×	③	③	○	○	○
畜舎（15㎡超）	×	×	×	×	★	○	○	○	○	○	○	○	○

○建築可能
×建築不可
△延べ面積の1/2以内かつ50㎡以内
▲客席面積200㎡超は不可
▼農産物等貯蔵の自家用倉庫は建築可能
＊:店舗等は「1 用途地域」（前頁）の表「用途地域の種類」参照

■3階以上は不可
◆3,000㎡超は不可
★3,000㎡以下で可
▽500㎡以下の一定のものは建築可能

①作業場の床面積50㎡以下は建築可能
②同150㎡以下は建築可能
③同300㎡以下は建築可能
□1万㎡以下

都市計画区域内において、**卸売市場・火葬場・と畜場・汚物処理場・ゴミ焼却場**等の用途に供する建築物は、都市計画で敷地位置が決定していなければ、原則として**新築又は増築できない**

● **卸売市場等の位置**　法51条、令130条の2の2

● **卸売市場等の例外**　令130条の2の3
特定行政庁が都道府県都市計画審議会の議を経て許可した場合、もしくは政令で定める規模の範囲内において新築・増築する場合はこの限りでない

兼用住宅（令130条の3）とは、延べ面積の1/2以上を居住用とし、かつ、50㎡以下の事務所・日用品販売店舗・食堂・喫茶店・理髪店・洋服店・自家販売のパン屋等・学習塾・アトリエ等を兼ねるものをいう

QUESTION

1　最頻出問題│五肢択一

ANSWER

→→→

1 □□　図のような敷地及び建築物（2階建て、延べ面積600㎡）の配置において、次の建築物（各階とも当該用途とする）のうち、建築基準法上、新築することができるものはどれか。ただし、特定行政庁の許可は受けないものとし、用途地域以外の地域・地区等は考慮しないものとする

1──カラオケボックス

2──旅館

3　飲食店

4──地方公共団体の支所

5──事務所

6──専用の自動車車庫

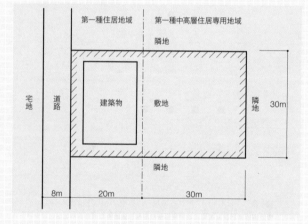

1　答えは4

法91条により、敷地の過半を占める用途地域が、第一種中高層住居専用地域であるので、その用途規制を受ける

法別表第2（は）項により、建築できる用途を規定している。カラオケボックス、旅館、事務所は規定されていないので建築できない。飲食店は同表五号により2階以下で床面積500㎡以内であれば建築できるが、600㎡であるため建築できない。地方公共団体の支所は、同表一号の（い）項九号により令130条の4第二号から600㎡以内であれば建築できる。専用の自動車車庫は、同表六号より2階以下で床面積300㎡以内であれば建築できる

2 □□　図のような敷地及び建築物の配置において、次の建築物のうち、建築基準法上、新築することができるものはどれか。ただし、特定行政庁の許可は受けないものとし、用途地域以外の地域・地区等は考慮しないものとする

1──倉庫業を営む倉庫

2──キャバレー

3──カラオケボックス

4──ぱちんこ屋

5──専修学校

2　答えは5

法91条により、敷地の過半を占める用途地域が、第一種住居地域であるので、その用途規制を受ける

1　新築不可。法別表第2（ほ）項一号より、（へ）項五号

2　新築不可。法別表第2（ほ）項一号より、（へ）項一号より（り）項二号

3　新築不可。法別表第2（ほ）項三号

4　新築不可。法別表第2（ほ）項二号

5　新築可。法別表第2（ほ）項四号より（は）項二号

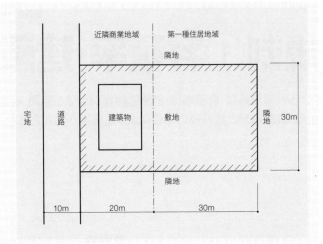

第一種低層住居専用地域及び第二種低層住居専用地域内において、敷地内に、共同住宅（自動車車庫用途を除く）が延べ面積600㎡超の場合は、建築物としての附属自動車車庫は床面積600㎡まで建築できるが、共同住宅（自動車車庫用途を除く）の延べ面積が600㎡以下の場合は、原則として、その共同住宅の延べ面積までしか、建築物としての附属自動車車庫は建築できない。なお、工作物としての自動車車庫はないものとする（令130条の5第一号）

2 実践問題 | 五肢択一 →→→

1 ☐☐ 次の建築物のうち、建築基準法上、新築することができるものはどれか。ただし、特定行政庁の許可は受けないものとし、用途地域以外の地域・地区等は考慮しないものとする

1——第一種低層住居専用地域内の2階建て、延べ面積700㎡の老人福祉センター

2——第二種低層住居専用地域内の2階建て、延べ面積300㎡の店舗

3——第一種中高層住居専用地域内の平家建、延べ面積150㎡の自動車修理工場

4——第二種中高層住居専用地域内の平家建、延べ面積15㎡の畜舎

5——工業専用地域内の2階建て、延べ面積300㎡の寄宿舎

1 答えは4

1 新築不可。法別表第2（い）項九号、令130条の4第二号より、老人福祉センターは、床面積600㎡以内なら新築できる

2 新築不可。法別表第2（ろ）項二号より、店舗は150㎡以内の2階建て

3 新築不可。法別表第2（は）項六号の自動車車庫には該当しない

4 新築可。法別表第2（に）項六号より、令130条の7、15㎡以内の畜舎は可能

5 新築不可。法別表第2（わ）項三号に該当するため新築できない

2 ☐☐ 2階建て、延べ面積300㎡の次の建築物のうち、建築基準法上、新築してはならないものはどれか。ただし、特定行政庁の許可は受けないものとし、用途地域以外の地域・地区等は考慮しないものとする

1——工業地域内の図書館

2——第一種住居地域内の保健所

3——第一種中高層住居専用地域内の宅地建物取引業を営む店舗

4——第二種低層住居専用地域内の学習塾

5——第一種低層住居専用地域内の地方公共団体の支所

2 答えは4

1 新築可。法別表第2（を）項に該当しないので可能

2 新築可。法別表第2（ほ）項四号より、令130条の7の2第一号に該当するので可能

3 新築可。法別表第2（は）項五号、令130条の5の3第三号より、2階以下で床面積500㎡以内

4 新築不可。法別表第2（ろ）項二号より、令130条の5の2第五号に該当するが、2階以下で床面積150㎡以内

5 新築可。法別表第2（い）項九号より、令130条の4第二号に該当し600㎡以内

015 規模の規制①容積率・建蔽率

都市計画で定められている数値以外に、容積率は、前面道路幅員による制限、特定道路による緩和があり、また、建蔽率は、敷地と建築物の条件により建蔽率が適用されないという規定等がある

1　容　積　率

□　容積率とは、建築物の延べ面積の敷地面積に対する割合をいい、その限度は原則として、用途地域の都市計画で定められる

□　前面道路の幅員**12m未満**の場合の容積率は、原則として、**住居系用途地域**（田園住居地域含む）は幅員×**0.4**以下、その他の用途地域は幅員×**0.6**以下とし、都市計画で定められた容積率と比較し、**小さい**ほうを採用する

□　容積率算定の基礎となる**延べ面積**には、表に示す部分の床面積を算入しない。なお、建築物の延べ面積には算入される

● 容積率対象延べ面積に算入しない部分

算入しない部分	算入しない限度
①**地階**でその**天井**が**地盤面**からの高さ**1m以下**の住宅、老人ホーム・福祉ホーム等（以下、老人ホーム等という）の**床面積**[＊]（エレベーター昇降路及び共同住宅、老人ホーム等の共用の廊下・階段を除く）	**住宅、老人ホーム・福祉ホーム等**（以下、老人ホーム等という）の用途の床面積の**1／3**まで
②エレベーターの昇降路の床面積	―
③共同住宅、老人ホーム等の**共用の廊下・階段の床面積**	―
④住宅、老人ホーム等の機械室等（給湯設備等で省令の基準に適合するもの）で、特定行政庁が認めるもの	規則10条の4の5により、建築物の全床面積の1/50まで
⑤**自動車車庫**等のもっぱら自動車又は自転車の停留・駐車の施設（誘導車路・操車場所・乗降場を含む）	建築物の全床面積の**1／5**まで
⑥防災用の備蓄倉庫の部分	建築物の全床面積の1／50まで
⑦蓄電池の設置部分	建築物の全床面積の1／50まで
⑧自家発電設備の設置部分	建築物の全床面積の1／100まで
⑨貯水槽の設置部分	建築物の全床面積の1／100まで
⑩宅配ボックス設置部分	建築物の全床面積の1／100まで

＊：地方公共団体は、条例で地盤面を別に定めることができる（法52条5項）

□　敷地が、幅員**15m以上**の道路（**特定道路**）に接続する幅員**6m以上12m未満**の前面道路のうち**特定道路**からの延長が**70m以内**で**接する**場合、政令で定める算定数値を**前面道路幅員**に加算する

● 容積率　法52条1項

$$容積率＝\frac{延べ面積}{敷地面積}≦容積率の限度$$

なお、容積率算定の基礎となる延べ面積は次のように求める

　容積算定用延べ面積＝建築物最大の延べ面積－算定対象外床面積

● 前面道路による容積率制限　法52条2項

1. 都市計画による容積率200%
2. 住居系用途地域

当該敷地の容積率は、
4m×0.4＝160%　200%＞160%
160%を採用する

● 地下住宅の緩和　法52条3項～5項

50㎡×3×1／3＝50㎡
50㎡までは容積率算定の延べ面積に算入しない
容積率算定の延べ面積は、50㎡×3－50㎡＝100㎡となる

● エレベーターの昇降路、共同住宅、老人ホーム等の共用廊下・階段の緩和　法52条6項

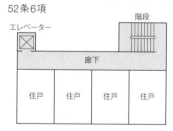

　容積率算定の延べ面積に算入しない部分

● **特定道路**　法52条9項、令135条の18

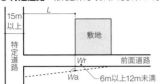

容積率算定における、
みなし道路幅員Wの求め方（単位m）
W＝Wr＋Wa
Wa ＝（12－Wr）（70－L）／70
Wa：加算する数値
Wr：前面道路の幅員（12＞Wr≧6）
L：特定道路からその敷地が接する
　前面道路までの長さ（L≦70）

☐ 全部又は一部が住宅用途の建築物（居住環境向上用途誘導地区及び特定用途誘導地区内の除外あり）で、次に該当するものは、都市計画による容積率の**1.5倍**を限度として容積率が暖和される（法52条8項）

①第一種住居地域・第二種住居地域・準住居地域・近隣商業地域・準工業地域（除外地区あり）・商業地域内（除外地区あり）にあること

②敷地内に一定規模以上の空地を有し、かつ、敷地面積が一定規模以上であること

☐ 高層住居誘導地区内で、住宅用途の**床面積**が**延べ面積**の**2／3**以上のものは、都市計画による**容積率**の**1.5倍**以下で、当該建築物の住宅用途の床面積に応じた数値内で、高層住居誘導地区の都市計画で定められたものとする

☐ 同一敷地内に複数の容積率の制限がある場合は、**各容積率**の敷地ごとの**加重平均**以下とする

☐ 敷地が**都市計画で定められた計画道路**（法42条1項四号を除く）**に接する場合**又は敷地内に計画道路がある場合に、特定行政庁が**建築審査会**の同意を得て許可した建築物は、当該計画道路を前面道路とみなして容積率の算定を行う。この場合、当該敷地のうち計画道路部分の面積は、敷地面積には算入しない

☐ 壁面線の指定がある場合、特定行政庁が建築審査会の同意を得て許可した建築物は、**道路境界線**は**壁面線**にあるものとして容積率を適用する。この場合、敷地のうち**前面道路**と**壁面線**との間の面積は、敷地面積に**算入しない**

☐ 次のいずれかで、**特定行政庁**が**建築審査会**の同意を得て許可した容積率は、法52条1〜9項にかかわらず、緩和ができる

①同一敷地内の建築物の**機械室**等の床面積が延べ面積に対して著しく大きい場合

②敷地の周囲に**広い公園・広場・道路の空地**を有する場合

③建築物のエネルギー消費性能の向上のため必要な外壁工事等の屋外面の工事で構造上やむを得ないもの

● **自動車車庫等の緩和**　令2条1項四号・3項

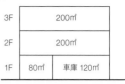

200㎡×3＝600㎡（延べ面積）
600㎡×1／5＝120㎡なので、
自動車車庫等の床面積120㎡までは容積率算定の延べ面積には算入しない
容積率算定の延べ面積は、80＋200＋200＝480㎡となる

● **高層住居誘導地区**　法52条1項五号、令135条の14

● **複数の容積率制限を受ける敷地**　法52条7項

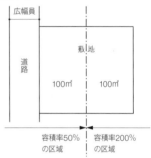

（100×50％＋100×200％）／（100＋100）＝125％
当該敷地の容積率は125％
前面道路による容積率制限を考慮しない場合

● **計画道路**　法52条10項

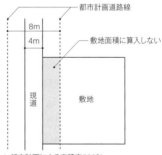

1. 都市計画による容積率500％
2. 商業系用途地域
現道の場合 4m×0.6＝240％
計画道路を前面道路とする場合 8m×0.6＝480％
480％＜500％
当該敷地の容積率は480％となる

● **壁面線**　法52条11項

● **大規模機械室等の緩和**　法52条14項
●

● **建築物のエネルギー消費性能**　建築物省エネ法2条1項二号

205

2　建蔽率

建蔽率は、建築物の建築面積の敷地面積に対する割合をいい、原則として、用途地域に応じて都市計画によって定められる数値以下とする

●**建蔽率**　法53条1項

$$建蔽率 = \frac{建築面積}{敷地面積} \leq 建蔽率の限度$$

●**用途地域と建蔽率**

号	用途地域	建蔽率	建蔽率の緩和［法53条3項］
一	第一種・第二種低層住居専用地域、第一種・第二種中高層住居専用地域、田園住居地域、工業専用地域	3／10、4／10、5／10、6／10	都市計画で定められた建蔽率は、次の①又は②に該当するものは、**1／10**を加える。①と②の両方に該当するものは**2／10**を加える
二	第一種・第二種住居地域、準住居地域、準工業地域	5／10、6／10、8／10	①防火地域（建蔽率8/10の地域を除く）内にあるイに該当する建築物又は準防火地域内にあるイ若しくはロのいずれかの建築物
三	近隣商業地域	6／10、8／10	イ　耐火建築物又はこれと同等以上の延焼防止性能［＊1］を有するものとして令135条の20で定める建築物（この条及び法67条1項一で「耐火建築物等」という）
四	商業地域	8／10	ロ　準耐火建築物又はこれと同等以上の延焼防止性能［＊1］を有するものとして令135条の20で定める建築物（耐火建築物等を除く。8項及び法67条1項で「準耐火建築物等」という）
五	工業地域	5／10、6／10	②街区の角にある敷地（角地）又はこれに準ずる敷地で特定行政庁が指定するもの（角地指定）
六	用途地域の指定のない区域	3／10、4／10、5／10、6／10、7／10のうち特定行政庁が都道府県都市計画審議会の議を経て定めるもの	

＊1：通常の火災による周囲への延焼を防止するために壁、柱、床等の部分及び防火戸等の防火設備に必要とされる性能をいう

同一敷地内に複数の建蔽率の制限がある場合は、各建蔽率の敷地ごとの**加重平均以下**とする

●**複数の建蔽率制限を受ける敷地**　法53条2項
建蔽率の加重平均とする

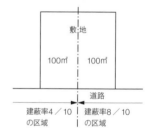

$$(100×4／10+100×8／10)／200$$
$$=\frac{6}{10}=60\%$$

隣地境界線から後退して「壁面線の指定」がある場合や地区計画等の条例で「壁面の位置の制限」（隣地境界線に面する建築物の壁・柱の位置及び高さ**2m超**の門・塀の位置を制限するものに限る）がある場合に、**壁面線**等の制限の線を超えない建築物（ただし、庇を除く）で、特定行政庁が建築審査会の同意を得て許可したものの建蔽率は、その許可の範囲内とすることができる（つまり、一般の建蔽率を超えられる）

●**建蔽率の緩和**　法53条5項
●**壁面線等による緩和**　法53条4項、令135条の21
なお、壁面線等の制限にかからない庇等とは次のとおり
①軒、庇、ぬれ縁及び省令で定める建築設備
②建築物の地盤面下の部分
③高さが2m以下の門又は塀

建蔽率が適用されないものは次のとおり
①建蔽率が8／10の地域内で、かつ、防火地域内にある耐火建築物又はこれと同等以上の延焼防止性能を有する建築物
②巡査派出所、公衆便所、公共用歩廊等
③公園、広場、道路、川等の内にある建築物で特定行政庁が安全上、防火上及び衛生上支障がないと認めて**建築審査会の同意**を得て許可したもの

●**建蔽率の適用除外**　法53条6項

敷地が防火地域の内外にわたる場合で、建築物の全部が耐火建築物であるときは、その敷地は、すべて防火地域内にあるものとみなされ、都市計画で定められた建蔽率の緩和の対象となる

●**防火地域の内外にわたる場合**　法53条7項

地区計画等の条例で定められる建蔽率は**3／10**以上である

●**地区計画等の条例の制限**　令136条の2の5

015

規模の規制①容積率・建蔽率

QUESTION & ANSWER

QUESTION

1 最頻出問題 | 一問一答

都市計画区域内における建築物の容積率の算定の基礎となる延べ面積、容積率及び建蔽率に関する次の記述のうち、建築基準法上、正しいものには○、誤っているものには×をつけよ。ただし、用途地域以外の地域・地区等及び特定行政庁の指定等は考慮しないものとする

1 □□ 共同住宅の共用のエレベーターの昇降路の床面積は、原則として、容積率の算定の基礎となる延べ面積には算入しない

2 □□ 建築物の敷地が容積率の制限の異なる区域にわたる場合においては、当該敷地の全部について、敷地の過半の属する区域の容積率の制限を適用する

3 □□ 建築物の自動車車庫等の用途に供する部分の床面積は、原則として、当該建築物の各階の床面積の合計の1／5を限度として容積率の算定の基礎となる延べ面積には算入しない

4 □□ 住宅の地階でその天井が地盤面からの高さ1m以下にあるものの住宅の用途に供する部分の床面積は、原則として、当該住宅の住宅の用途に供する部分の床面積の合計の1／3を限度として容積率の算定の基礎となる延べ面積には算入しない

5 □□ 敷地に接する道路の幅員によって、原則として、建築物の建蔽率の制限が異なる

6 □□ 商業地域内で、かつ防火地域内にある耐火建築物は、建蔽率の制限を受けない

7 □□ 用途地域の指定のない区域内の耐火建築物は、原則として、建蔽率の制限を受けない

8 □□ 建築物の敷地が建蔽率の制限の異なる区域にわたる場合においては、当該敷地の全部について、敷地の過半に属する区域の建蔽率の制限を適用する

ANSWER

→→→

解法ポイント│設問のとおり、以下の延べ面積は、容積率算定の基礎となる延べ面積についてである

1 ○│法52条6項より、エレベーターの昇降路の床面積は、共同住宅に限らず容積率算定の基礎となる延べ面積に算入しない

2 ×│法52条7項。敷地が複数の異なる容積率制限にわたる場合は、容積率制限ごとの敷地部分の加重平均である

3 ○│令2条1項四号イ及び3項一号により、床面積の合計の1／5を限度として、容積率の算定の基礎となる延べ面積には算入しない

4 ○│法52条3項。地階の住宅、老人ホーム、福祉ホーム等の緩和は、住宅、老人ホーム、福祉ホーム等の用途部分の床面積の合計の1／3である

5 ×│法53条。容積率は前面道路幅員による制限があるが、建蔽率にはない

6 ○│法53条6項一号。商業地域は、建蔽率8／10であり、防火地域内の耐火建築物は、建蔽率の制限の適用を受けない

7 ×│法53条1項六号。用途地域の指定のない区域内の建築物は、3／10、4／10、5／10、6／10、7／10のうち特定行政庁が都道府県都市計画審議会の議を経て定める

8 ×│法53条2項。敷地が建蔽率の異なる2以上の区域にわたる場合は、それぞれの区域内の建蔽率にそれぞれの敷地面積を乗じたものの合計が上限である

2 実践問題 | 五肢択一　→→→

1 ☐☐ 図のような敷地において、建築基準法上、新築することができる建築物の延べ面積の最高限度は、次のうちどれか。ただし、図に記載されているものを除き、地域・地区等及び特定行政庁の指定等は考慮しないものとし、建築物には、容積率の算定の基礎となる延べ面積に算入しない部分及び地階はないものとする

1——640㎡
2——672㎡
3——680㎡
4——760㎡
5——800㎡

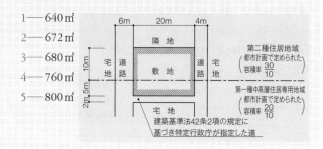

1 答えは1

敷地面積について
法42条2項道路は、現道中心から各2mをみなし道路境界線とし、敷地内に1m入った部分は敷地面積に算入しない
第一種中高層住居専用地域は、
　(5-1)×20＝80㎡
第二種住居地域は、10×20＝200㎡
前面道路による容積率は、法52条2項より、前面道路6m×0.4(住居系用途地域)＝24／10、これを都市計画による容積率と比較する
第一種中高層住居専用地域の都市計画による容積率＝20／10であり、<24／10
　20／10×80＝160㎡
第二種住居地域の都市計画による容積率＝30／10であり>24／10
　24／10×200＝480㎡
合計　160＋480＝640㎡

2 ☐☐ 図のような敷地において、建築基準法上、新築することができる建築物の建築面積の最高限度は、次のうちどれか。ただし、図に記載されているものを除き、建築物には、容積率の算定の基礎となる延べ面積に算入しない部分及び地階はないものとし、地域・地区等及び特定行政庁の指定等はないものとする

1——100㎡
2——105㎡
3——112㎡
4——120㎡
5——140㎡

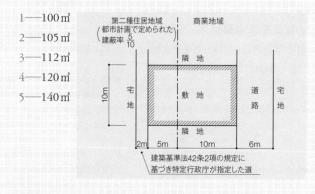

2 答えは1

敷地の左側の道路は法42条2項道路であるから、現道中心から各2m後退した線を、みなし道路境界線とし、その部分までは敷地に算入しない
第二種住居地域内は、
　(5-1)×10＝40㎡
建蔽率は、5／10
　40×5／10＝20㎡
商業地域内は、10×10＝100㎡
建蔽率は商業地域では、8／10である
　100×8／10＝80㎡
合計　20＋80＝100㎡

3 ☐☐ 図のような事務所を併用した一戸建て住宅を建築する場合、建築基準法上、容積率の算定の基礎となる延べ面積は、次のうちどれか。ただし、自動車車庫等の用途に供する部分はないものとし、地域・地区等及び特定行政庁の指定等は考慮しないものとする

3 答えは2

法52条3項の地下住宅の緩和である
住宅部分のみの全床面積は、
　60＋30＋60＝150㎡
地下住宅は全住宅部分の床面積の1／3まで緩和されるので、
　150×1／3＝50㎡
以上より
　地階(60-50)＋1階(30＋30)＋2階60＝130㎡

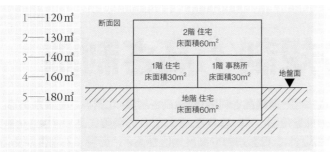

1	120 m²
2	130 m²
3	140 m²
4	160 m²
5	180 m²

● 外壁の後退距離　法54条、令135条の22

第一種・第二種低層住居専用地域、田園住居地域内で、建築物の外壁又はこれに代わる柱面から敷地境界線までの距離は、都市計画で外壁の後退距離の限度が1.5m又は1mで定められた場合は、令135条の22（外壁又はこれに代わる柱の中心線の長さ3m以下等）で定める場合を除き、当該限度以上とする

4 □□ 図のような敷地において、建築基準法上、新築することができる建築物の延べ面積の最高限度は、次のうちどれか。ただし、図に記載されているものを除き、地域・地区等及び特定行政庁の指定等はないものとし、建築物には、容積率の算定の基礎となる延べ面積に算入しない部分及び地階はないものとする

1	240 m²
2	312 m²
3	360 m²
4	468 m²
5	500 m²

4 答えは2

法52条9項及び令135条の18の「特定道路」による前面道路幅員の緩和であるみなし前面道路幅員 $W = W_r + W_a$

$W_r = 6m$、$L = 49m$

$W_a = (12 - W_r)(70 - L) / 70$

$(12 - 6)(70 - 49) / 70 = 1.8m$

$W = 6 + 1.8 = 7.8m$

$7.8m \times 0.4 = 31.2 / 10$

都市計画による容積率は50／10なので、31.2／10＜50／10

$10 \times 10 \times 31.2 / 10 = 312 m²$

5 □□ 耐火建築物を建築する場合、敷地とその建蔽率の最高限度との組合せとして、建築基準法上、正しいものは次のうちどれか。ただし、用途地域・防火地域及び準防火地域以外の地域・地区等は考慮しないものとし、壁面線の指定等はないものとする

敷地	建蔽率の最高限度
1 ——— 第二種住居地域（都市計画で定められた建蔽率5／10）内、かつ、準防火地域内で角地の指定のある敷地	6／10
2 ——— 近隣商業地域（都市計画で定められた建蔽率8／10）内、かつ、防火地域内で角地の指定のない敷地	9／10
3 ——— 商業地域内、かつ、準防火地域内で、角地の指定のある敷地	8／10
4 ——— 準工業地域（都市計画で定められた建蔽率6／10）内、かつ、防火地域内で、角地の指定のない敷地	7／10
5 ——— 工業地域（都市計画で定められた建蔽率6／10）内、かつ、防火地域内で、角地の指定のある敷地	7／10

5 答えは4

1 法53条3項一号イ及び二号により、7／10となる

2 法53条6項一号により、建蔽率8／10の地域の、防火地域内の耐火建築物は建蔽率を適用しない。すなわち10／10である

3 商業地域は8／10、法53条3項一号イ及び二号により、10／10となる

4 法53条3項一号イにより、建蔽率8／10以外の地域で、防火地域内の耐火建築物は、＋1／10により、7／10となる

5 法53条3項一号イにより、8／10以外の地域で防火地域内の耐火建築物である＋1／10、法53条3項二号により角地の指定で＋1／10
合計8／10となる

016 規模の規制②高さ制限

高さ制限には、絶対高さ制限・道路高さ制限・隣地高さ制限・北側高さ制限がある。これら
が複合して建築物の形態を規制しているので、それぞれの制限に基づき高さを算定する
必要がある。また、これら以外に、日影規制や高度地区が高さに影響する場合がある

1　絶対高さ制限

□　第一種低層住居専用地域、第二種低層住居専用地域、田園住居地域内の建築物の高さは、**10m又は12m**（都市計画で決定）**以下**とする。また、高さ10m以下の地域内では、一定の空地を有する等で特定行政庁が認める場合は、高さ12m以下とする

□　再生可能エネルギー源（太陽光、風力等）の利用設備の設置の屋根工事等の屋外面の工事で構造上やむを得ないもので、特定行政庁が認めて許可したものの高さは、10m又は12mを超えることができる

● 絶対高さ制限の適用外　法55条
①周囲に広い空地があり特定行政庁が建築審査会の同意を得て許可したもの
②学校等で用途上やむを得ないもので特定行政庁が建築審査会の同意を得て許可したもの

2　道路高さ制限（道路斜線制限）

□　建築物の高さは、**前面道路の反対側の境界線までの水平距離L に1.25又は1.5の斜線勾配を乗ずる**（L×1.25又は1.5）**範囲内**で、かつ、**20m〜50mの距離**（適用距離）まで適用される

□　斜線勾配と適用距離は、法別表第3で、用途地域と容積率により区分されている。**斜線勾配は**、原則として、**住居系用途地域1.25、商業・工業系用途地域1.5である**

□　前面道路の境界線から後退した建築物は、**後退距離分**（建築物から道路境界線までの最小水平距離）**だけ緩和**される

● 後退距離部分に建築できるもの　[令130条の12]
高さは前面道路の路面の中心から算定（令2条1項六号）

1	**物置等で①〜③に該当するもの（一号）**
	①軒高2.3m以下、かつ、床面積5㎡以内
	②その道路に面する長さが敷地接道長さの1／5以下
	③その道路境界線まで1m以上
2	**ポーチ等で①〜③に該当するもの（二号）**
	①その道路に面する長さが敷地接道長さの1／5以下
	②道路境界線まで1m以上
	③高さ5m以下
3	**道路に沿った高さ2m以下の門は塀（三号）**
	（高さ1.2m超は、1.2m超部分が網状等に限る）

● 道路高さ制限　法56条1項一号・別表第3

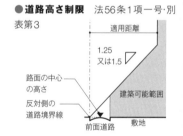

● 後退距離　法56条2項、令130条の12

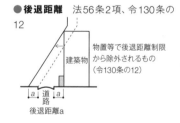

● 斜線勾配の緩和　法56条3項
住居系用途地域で、W＝12m以上の場合

4	隣地境界線に沿った門又は塀(四号)
5	歩廊、渡り廊下等で、特定行政庁が規則で定めたもの(五号)
6	一号~五号以外の建築物の部分で高さ1.2m以下(六号)

□ 第一種中高層住居専用地域、第二種中高層住居専用地域、第一種住居地域、第二種住居地域、準住居地域内で、**前面道路幅員が12m以上**の場合において、道路幅員×1.25以上の区域は、**斜線勾配「1.25」を、「1.5」**とする(斜線勾配の緩和)

□ **前面道路が2以上ある場合は、最大幅員の前面道路の境界線**からその前面道路の幅員の**2倍以内、かつ、35m以内の区域**及びその他の前面**道路の中心線からの10mを超える区域**は、最大幅員の前面道路と**同じ幅員を有する**ものとみなす

□ 前面道路の反対側に公園、水面等がある場合は、**前面道路の反対側の境界線**は、**当該公園、水面等の反対側の境界線にある**ものとみなす

□ 敷地の地盤面が前面道路より**1m以上高い**場合は、前面**道路**は、**(高低差-1m)×1／2だけ高い位置にある**ものとみなす

●2以上の前面道路の場合　令132条

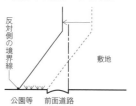

●公園等の緩和　令134条

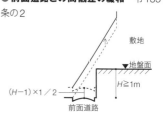

●前面道路との高低差の緩和　令135条の2

3 隣地高さ制限(隣地斜線制限)

□ 隣地境界線までの**水平距離L**に、1.25又は2.5を乗じて20m又は31mを加算する

●隣地高さ制限

用途地域	高さ
第一種中高層住居専用地域・第二種中高層住居専用地域・第一種住居地域・第二種住居地域・準住居地域	(20m+1.25L) [*]
その他の地域	(31m+2.5L)
用途無指定区域	(20m+1.25L)又は(31m+2.5L)

＊:特定行政庁が指定する場合は31m+2.5L

□ 隣地高さ制限の緩和には以下のようなものがある
①敷地が公園(都市公園法施行令2条1項一号の都市公園を除く)、水面等に接する場合は、隣地境界線は、その**公園、水面等の幅の1／2だけ外側にある**ものとみなす
②敷地の地盤面が隣地の地盤面より**1m以上低い**場合は、**(高低差-1m)×1／2だけ高い位置にある**ものとみなす
③計画道路又は予定道路を前面道路とみなす場合は、その計画道路又は予定道路内の隣地境界線は、ないものとみなす

●隣地高さ制限　法56条1項二号

●公園等の緩和　令135条の3

●高低差の緩和

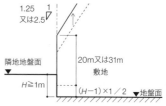

4 北側高さ制限(北側斜線制限)

敷地内から前面道路の反対側の境界線又は隣地境界線までの真北方向の水平距離Lに**1.25を乗じ、5m又は10mを加算する**

● 北側高さ制限

用途地域	高さ
第一種**低層住居**専用地域・第二種低層住居専用地域・田園住居地域	5m+1.25L
第一種**中高層住居**専用地域・第二種中高層住居専用地域[*]	10m+1.25L

*：日影規制区域を除く

● 北側高さ制限 　法56条1項三号

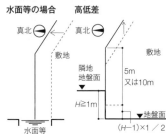

北側に水面、線路敷等がある場合は下記による
①北側の前面道路の反対側又は敷地の北側が水面等に接する場合は、**水面等の幅の1／2だけ外側にある**ものとみなす
②敷地の地盤面が北側隣地の地盤面より**1m以上低い**場合は、**(高低差−1m)×1／2だけ高い位置**にあるものとみなす

● 北側高さ制限の緩和 　令135条の4

5 天空率

一定の測定位置において、道路高さ制限・隣地高さ制限・北側高さ制限のそれぞれについて、制限に適合した建築物による採光・通風等と同程度以上の採光、通風等が確保されることを天空率によって検証した計画建築物は、それぞれの高さ制限の規定は、適用しない

● 天空率 　法56条7項、令135条の6〜11

例えば、道路高さ制限のみを天空率で検討することもできるよ

法55条の第一種・第二種低層住居専用地域・田園住居地域内の10m又は12mの高さ制限や高度地区の高さ制限には、天空率は適用できない

測定位置は、道路高さ制限の場合は、前面道路の反対側の境界線上の政令で定める位置。隣地高さ制限の場合は、勾配1.25にあっては**16m**、勾配2.5にあっては**12.4m**だけ外側の線上の政令で定める位置。北側高さ制限の場合は、隣地境界線から真北方向への水平距離が、第一種・第二種低層住居専用地域・田園住居地域内にあっては**4m**、第一種・第二種中高層住居専用地域内にあっては**8m**だけ外側の線上の政令で定める位置

6 日影規制

地方公共団体の条例で指定する区域内の一定の建築物は、平均地盤面からの一定高さの水平面(測定面)に、**敷地境界線からの水平距離5m超の範囲**において、一定時間以上日影を生じさせてはならない

● 日影規制 　法56条の2・別表第4

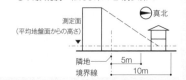

□ 敷地内に2以上の建築物がある場合はこれらの建築物を1の建築物とみなす

● 敷地内に2以上の建築物がある場合
法56条の2第2項

□ ● 法別表第4の概要

対象区域	対象建築物	測定面 [＊1]	日影時間 [＊2]	備考
第一種低層住居専用地域・第二種低層住居専用地域・田園住居地域	軒高7m超又は地上3階以上	1.5m	敷地境界線から5m超～10mまでと10m超に範囲を区切り、日影時間を2～5時間以内に定めている	＊1:平均地盤面からの高さが日影時間の測定面である。測定面を算定する場合の平均地盤面からの高さとは、当該建築物が周囲の地面と接する位置の平均の高さにおける水平面からの高さをいう。高低差3mを超えても平均地盤面は1つである
第一種中高層住居専用地域・第二種中高層住居専用地域	高さ10m超	4m又は6.5m		
第一種住居地域・第二種住居地域・準住居地域・近隣商業地域・準工業地域	高さ10m超	4m又は6.5m		＊2:冬至日の真太陽時による午前8時から午後4時までの間
用途無指定区域	軒高7m超又は地上3階以上	1.5m		
	高さ10m超	4m		
商業地域・工業地域・工業専用地域	対象外である			

● 日影規制のまとめ

第一種・二種低層住居専用地域と用途無指定区域の一部

左記以外の日影対象区域

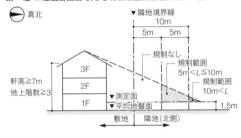

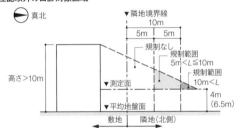

□ 対象区域外の高さ10m超の建築物で、冬至日に対象区域内に日影を生じさせるものは、対象区域外にある建築物であっても、当該対象区域内にある建築物とみなす

● 対象区域外の建築物の規制　法56条の2第4項

□ 敷地が道路、水面等に接していて、その幅が10m以下の場合は、1／2だけ外側に敷地境界線があるものとする。幅が10m超のときは、反対側の境界線から敷地側へ5mの線を敷地境界線とする

● 道路等の緩和　令135条の12

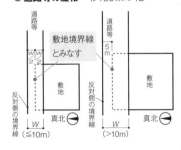

□ 敷地の平均地盤面が隣地より1m以上低い場合は、（高低差－1m）×1／2だけ高い位置にあるものとする

● 高低差がある場合　令135条の12

QUESTION

ANSWER

1 　最頻出問題 ｜ 五肢択一

→→→

1 □□　図のような敷地(補強コンクリートブロック造、高さ1.4mで、透かしのない塀が、出入口を除き、周囲にある)において、建築物を新築する場合、建築基準法上、A点における地盤面からの建築物の高さの最高限度は、次のうちどれか。ただし、敷地は平坦で、敷地・隣地及び道路の相互間の高低差並びに門はなく、また、図に記載されているものを除き、地域・地区等及び特定行政庁の指定等はないものとし、日影規制(日影による中高層の建築物の高さの制限)及び天空率は考慮しないものとする。なお、建築物は、すべての部分において、高さの最高限度まで建築されるものとする

1——8.75m ｜ 2——10.00m ｜ 3——11.25m ｜ 4——12.50m

5——13.75m

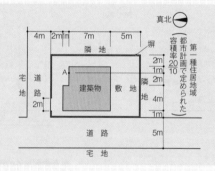

1　答えは 2

●道路高さ制限

最大幅員の道路は5m道路である。法別表第3より、斜線勾配は1.25、適用距離は20m。A点は、2×5mかつ35m以内であるから、北側道路幅員は5mとみなす

後退距離緩和対象の塀については、令130条の12第三号により、高さ2m以下であっても、1.2m超は網状等でなければならないので、後退距離の緩和はない

(5+2+1)×1.25＝10m

●隣地高さ制限

隣地高さ制限は、隣地境界線で高さ20mであるため、検討不要(道路高さ制限10m＜20m)

●北側高さ制限

北側高さ制限は、第一種住居地域のため対象外

2 　実践問題① ｜ 五肢択一

→→→

1 □□　図のような敷地において、建築物を新築する場合、建築基準法上、A点及びB点における地盤面からの建築物の高さの最高限度の組合せとして、正しいものは、次のうちどれか。ただし、都市計画において定められた建築物の高さの限度は12mであり、敷地は平坦で、敷地、隣地及び道の相互間の高低差並びに門及び塀はなく、また、図に記載されているものを除き、地域、地区等及び特定行政庁の指定等はないものとし、日影規制(日影による中高層の建築物の高さの制限)及び天空率は考慮しないものとする。なお、建築物は、すべての部分において、高さの最高限度まで建築されるものとする

1　答えは 3

●道路高さ制限

A点、B点ともに道路高さ制限については同じ条件である

西側道路は、法42条2項道路であり、道路の反対側が川であるため、川との境界線から敷地側に4mの線がみなし道路境界線となる。後退距離は2-1＝1m

第一種低層住居専用地域は、法別表第3により、斜線勾配1.25、適用距離20m

道路の反対側が川であるから、川の反対側の境界線に、後退距離1mを加算した

	A点	B点
1	8.75 m	7.50 m
2	8.75 m	8.00 m
3	10.00 m	7.50 m
4	10.00 m	8.00 m
5	11.25 m	8.00 m

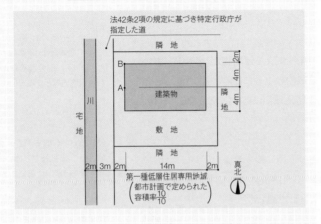

線から道路高さ制限を算定する

$(1+2+4+1)×1.25＝10m$

●北側高さ制限

第一種低層住居専用地域であるから、5m+1.25Lである

A点は、$5+1.25×6＝12.5m＞10m$

B点は、$5+1.25×2＝7.5m＜10m$

2 □□　図のような敷地において、建築物を新築する場合、建築基準法上、A点における地盤面からの建築物の高さの最高限度は、次のうちどれか。ただし、敷地は平坦で、敷地、隣地及び道路の相互間の高低差並びに門及び塀はなく、また、図に記載されているものを除き、地域、地区等及び特定行政庁の指定等はないものとし、日影規制（日影による中高層の建築物の高さの制限）及び天空率は考慮しないものとする。なお、建築物は、すべての部分において、高さの最高限度まで建築されるものとする

1—8.75 m　｜2—10.00 m　｜3—11.25 m　｜4—13.75 m

5—15.00 m

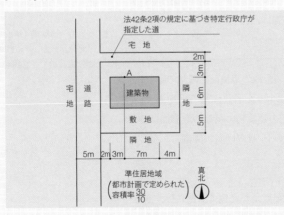

2　答えは 3

●道路高さ制限

法56条1項一号、法別表第3

準住居地域であるから、法別表第3により斜線勾配1.25、適用距離25m、最大道路幅員は5mであり、A点は、2×5mかつ35m以内であるから、北側道路幅員は5mとみなす

西側道路は、後退距離が2mなので、

$(2+5+2+3)×1.25＝15m$

北側道路については、幅員2mの法42条2項道路であるから、みなし道路境界線は、道路中心から各2m後退した線となり、敷地側に1m入った線となる。そのため、後退距離は、$3-1＝2m$となる。道路幅員は4mではなく西側道路の5mとなるので、

$(2+5+2)×1.25＝11.25m$

以上から、$15m＞11.25m$

●隣地高さ制限

隣地境界線上で立上り高さが20mであるから、検討不要（道路高さ制限11.25m＜20m）

●北側高さ制限

準住居地域であるから、対象外

3 実践問題② | 一問一答 →→→

次の記述のうち、建築基準法上、正しいものには○、誤っているものには×をつけよ。ただし、用途地域以外の地域、地区等及び特定行政庁の定め等は考慮しないものとする

1 ☐☐ 日影規制において、測定面を算定するための「平均地盤面からの高さ」とは、当該建築物が周囲の地面と接する位置の平均の高さにおける水平面からの高さをいう

2 ☐☐ 商業地域内にある高さが10mを超える建築物が、冬至日において、隣接する第一種住居地域内の土地に日影を生じさせる場合は、当該建築物が第一種住居地域内にあるものとみなして、日影規制を適用する

3 ☐☐ 建築物の敷地が幅員12mの道路に接する場合においては、当該道路の反対側の境界線から当該敷地の側に水平距離5mの線を敷地境界線とみなして、日影規制を適用する

4 ☐☐ 建築物の敷地の平均地盤面が隣地（建築物があるもの）又はこれに連接する土地（建築物があるもの）で日影の生ずるものの地盤面より1m以上低い場合においては、その建築物の敷地の平均地盤面は、原則として、当該高低差の1／2だけ高い位置にあるものとみなして、日影規制を適用する

5 ☐☐ 第一種中高層住居専用地域内にある高さが10mを超える建築物は、原則として、平均地盤面からの高さが4m又は6.5mのうちから地方公共団体が条例で指定する水平面に生じる日影について日影規制を適用する

6 ☐☐ 道路高さ制限において、前面道路の反対側に水面がある場合、当該前面道路の反対側の境界線は、当該水面の幅の1／2だけ外側にあるものとみなす

7 ☐☐ 隣地高さ制限において、建築物の敷地の地盤面が隣地の地盤面（隣地に建築物がない場合においては、当該隣地の平均地表面をいう）より1m以上低い場合、その建築物の敷地の地盤面は、当該高低差から1mを減じたものの1／2だけ高い位置にあるものとみなす

8 ☐☐ 北側高さ制限において、建築物の敷地が北側で公園に接する場合、当該隣地境界線は、当該公園の反対側の境界線にあるもの

1 ○｜法別表第4による

2 ○｜法56条の2第4項。日影規制対象区域外の建築物であっても、高さ10m超の建築物は、冬至日に日影規制対象区域内に日影を生じさせるものは、当該対象区域内にある建築物とみなす

3 ○｜令135条の12第1項一号。道路に接する場合は、その幅が10m超のときは、反対側の境界線から5mの線を敷地境界線とする

4 ×｜令135条の12第1項二号。敷地の平均地盤面が隣地より1m以上低い場合は、高低差の1／2高い位置ではなく、高低差から1m減じたものの1／2だけ高い位置にあるものとする

5 ○｜法56条の2第1項・別表第4。平均地盤面からの高さのうち4m又は6.5mの場合は、地方公共団体が当該区域の土地利用の状況等を勘案して条例で指定する

6 ×｜令134条1項。前面道路の反対側に水面がある場合は、前面道路の反対側の境界線は、水面の反対側の境界線にあるものとみなす

7 ○｜令135条の3第1項二号。敷地の地盤面が隣地の地盤面より1m以上低い場合は、その敷地の地盤面は、当該高低差から1m減じたものの1／2だけ高い位置にあるものとみなす

8 ×｜令135条の4第1項一号。敷地の北側が水面、線路敷等に接する場合の幅員の1／2緩和はあるが、公園に対してはない

とみなす

9 ☐☐　第二種低層住居専用地域内においては、原則として、軒の高さが7mを超える建築物又は地階を除く階数が3以上の建築物における、平均地盤面からの高さが4mの水平面に生じる日影について規制する

10 ☐☐　同一の敷地内に2以上の建築物がある場合、これらの建築物をそれぞれ別の建築物とみなして、日影規制を適用する

11 ☐☐　北側高さ制限において、建築物の敷地が北側で川に接する場合、その川に接する隣地境界線は、当該川の幅だけ外側にあるものとみなす

12 ☐☐　建築物の高さは、第一種低層住居専用地域内においては10mを、第二種低層住居専用地域内においては14mを超えてはならない

13 ☐☐　道路高さ制限において、建築物の敷地の地盤面が前面道路より1m以上高い場合においては、その前面道路は、敷地の地盤面と前面道路との高低差から1mを減じたものの1／2だけ高い位置にあるものとみなす

14 ☐☐　用途地域の指定のない区域内においては、日影規制は適用しない

9　×｜法別表第4により、1.5mである

10　×｜法56条の2第2項。これらの建築物を1の建築物とみなす

11　×｜令135条の4第1項一号。敷地の北側が水面等に接する場合は、水面等の幅の1／2だけ外側にあるものとみなす

12　×｜法55条。第一種低層住居専用地域又は第二種低層住居専用地域内の建築物の高さは、10m又は12m以下とする

13　○｜令135条の2第1項。敷地の地盤面が前面道路より1m以上高い場合は、その前面道路は、敷地の地盤面と前面道路との高低差から1m減じたものの1／2だけ高い位置にあるものとみなす

14　×｜法56条の2第1項により、用途地域の指定のない区域は、法別表第4（い）欄4項であり、地方公共団体の条例で指定することにより適用される

MEMO ｜ **目で覚える！ 重要ポイント**

●前面道路が2以上ある場合

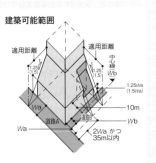

注　隣地斜線及び北側斜線は考慮していない

017 防火地域制

防火地域及び準防火地域内の建築物は、耐火建築物・準耐火建築物等にしなければならない。また、特殊建築物については、法27条により耐火建築物等にしなければならない規定があるので注意する

1 防火地域及び準防火地域内の建築物

防火地域又は準防火地域内にある建築物は、①かつ②とする。ただし、門・塀で、高さ2m以下のもの又は準防火地域内にある建築物（木造建築物等を除く。）に附属するものは除く

①外壁の開口部で延焼のおそれのある部分に防火設備を設ける

②壁、柱、床等及び当該防火設備を通常の火災による周囲への延焼を防止するために必要な性能に関して、防火・準防火地域の別、建築物の規模により令136条の2（下表参照）で定める技術的基準に適合するもので、大臣が定めた構造方法又は国土交通大臣の認定を受けたもの

● **防火地域及び準防火地域内の建築物**
法61条、令136条の2

● **防火地域・準防火地域内の建築物の性能** 令136条の2

階数	防火地域		準防火地域		
	100㎡以下	100㎡超	500㎡以下	500㎡超、1,500㎡以下	1,500㎡超
4階建以上	一号イ・ロ	一号イ・ロ	一号イ・ロ	一号イ・ロ	一号イ・ロ
3階建			二号イ・ロ	二号イ・ロ	
2階建	二号イ・ロ		木造：三号イ・ロ		
平家建			非木造：四号イ・ロ		

● **防火地域・準防火地域内の建築物の技術的基準の概要** （令136条の2）

	建築物の区分	技術的基準
一号	①防火地域内の建築物で階数が3以上又は延べ面積100㎡超 ②準防火地域内の建築物で地階を除く階数が4以上又は延べ面積1,500㎡超	イ又はロのいずれかの基準 イ　耐火建築物 ロ　イと同等以上の延焼防止時間を有する建築物（延焼防止建築物） イ(1)　主要構造部：令107条各号又は令108条の3第1項一号イ及びロに掲げる基準に適合すること イ(2)　外壁開口部設備[＊1]：令109条の2の基準に適合するもの。ただし、準防火地域内にある建築物で法86条の4各号のいずれかに該当するものの外壁開口部設備は、この限りでない ロ　当該建築物（計画建築物）の主要構造部、防火設備及び消火設備の構造に応じて算出した延焼防止時間[＊2]が、当該建築物の主要構造部等[＊3]がイに掲げる基準に適合すると仮定した場合（想定建築物）に当該主要構造部等の構造に応じて算出した延焼防止時間以上であること （計画建築物の延焼防止時間≧想定建築物の延焼防止時間） 確認申請書上、「延焼防止建築物」という
二号	①防火地域内の建築物のうち階数が2以下で延べ面積100㎡以下 ②準防火地域内の建築物のうち地階を除く階数が3で延べ面積1,500㎡以下のもの又は地階を除く階数が2以下で延べ面積500㎡超〜1,500㎡以下	イ又はロのいずれかの基準 イ　準耐火建築物 ロ　イと同等以上の延焼防止時間を有する建築物（準延焼防止建築物） イ　主要構造部が令107条の2各号又は令109条の3第一号若しくは第二号に掲げる基準に適合し、かつ、外壁開口部設備が一号イに掲げる基準（外壁開口部設備に係る部分に限る）に適合するものであること ロ　当該建築物（計画建築物）の主要構造部、防火設備及び消火設備の構造に応じて算出した延焼防止時間が、当該建築物の主要構造部等がイに掲げる基準に適合すると仮定した場合（想定建築物）における当該主要構造部等の構造に応じて算出した延焼防止時間以上であること （計画建築物の延焼防止時間≧想定建築物の延焼防止時間） 確認申請書上、「準延焼防止建築物」という

三号	準防火地域内の建築物のうち地階を除く階数が2以下で延べ面積500㎡以下（木造建築物等に限る。）	イ又はロのいずれかの基準
		イ　外壁・軒裏を防火構造＋片面防火設備の木造建築物等
		ロ　イと同等以上の延焼防止時間を有する建築物
		イ　外壁及び軒裏で延焼のおそれのある部分が令108条各号の基準に適合し、かつ、外壁開口部設備に建築物の周囲において発生する通常の火災による火熱が加えられた場合に、当該外壁開口部設備が加熱開始後20分間当該加熱面以外の面（屋内に面するものに限る。）に火炎を出さないこと。ただし、法86条の4各号のいずれかに該当する建築物の外壁開口部設備は、この限りでない
		ロ　当該建築物（計画建築物）の主要構造部、防火設備及び消火設備の構造に応じて算出した延焼防止時間が、当該建築物の「特定外壁部分等」[*4]がイに掲げる基準に適合すると仮定した場合（想定建築物）における当該特定外壁部分等の構造に応じて算出した延焼防止時間以上であること（計画建築物の延焼防止時間≧想定建築物の延焼防止時間）
四号	準防火地域内の建築物のうち地階を除く階数が2以下で延べ面積500㎡以下（木造建築物等を除く）	イ又はロのいずれかの基準
		イ　片面防火設備の非木造建築物等
		ロ　イと同等以上の延焼防止時間を有する建築物
		イ　外壁開口部設備が3号イに掲げる基準（外壁開口部設備に係る部分に限る）に適合するものであること
		ロ　当該建築物（計画建築物）の主要構造部、防火設備及び消火設備の構造に応じて算出した延焼防止時間が、当該建築物の外壁開口部設備がイに掲げる基準に適合すると仮定した場合（想定建築物）における当該外壁開口部設備の構造に応じて算出した延焼防止時間以上であること（計画建築物の延焼防止時間≧想定建築物の延焼防止時間）
五号	高さ2m超の門・塀で、防火地域内の建築物に附属のもの又は準防火地域内の木造建築物等に附属のもの	延焼防止上支障のない構造であること

＊1：外壁の開口部で延焼のおそれのある部分に設ける防火設備をいう　＊2：建築物が通常の火災による周囲への延焼を防止することができる時間をいう
＊3：主要構造部及び外壁開口部設備　＊4：外壁及び軒裏で延焼のおそれのある部分並びに外壁開口部設備

● 防火地域、準防火地域の延焼防止性能を有する建築物の建蔽率緩和　法53条3項一号、令135条の20（208頁「2 建蔽率」参照）

	耐火建築物及び同等以上の延焼防止性能を有する建築物	準耐火建築物及び同等以上の延焼防止性能を有する建築物
防火地域	建蔽率10％緩和［＊］	
準防火地域	建蔽率10％緩和	建蔽率10％緩和

＊建蔽率8／10の地域の特例あり（法53条6項一号）

2　防火地域・準防火地域内のその他規定

屋根は、**大臣が定めた構造方法又は大臣認定品**で、市街地の通常の火災による火の粉に対し、①防火上有害な発炎をしないもの、②屋内に達する防火上有害な溶融、亀裂その他の損傷を生じないもの。なお、不燃性物品保管倉庫等で大臣が定める用途の建築物で、屋根の燃え抜けに対して大臣が定めた構造方法の屋根は、①のみ適用する

● 屋根　法62条、令136条の2の2

防火地域又は準防火地域内にある建築物で、**外壁が耐火構造**のものについては、その外壁を隣地境界線に接して設けることができる

● 隣地境界線に接する外壁　法63条

看板、広告塔、装飾塔等の**工作物**で、建築物の**屋上に設ける**もの又は**高さ3m超**は、主要な部分を**不燃材料**で造り又は覆わなければならない

● 防火地域内の看板等の防火措置　法64条

建築物が**防火地域及び準防火地域にわたる**場合は、その**全部について防火地域内の規定を適用**する。ただし、建築物が防火地域外で、防火壁で区画されている場合は、その防火壁外の部分は、準防火地域内の規定を適用する

● 建築物が防火地域又は準防火地域の内外にわたる場合　法65条

● 防火壁等　法26条、令113条

QUESTION

ANSWER

1　最頻出問題｜一問一答

→→→

次の記述のうち、建築基準法上、正しいものには○、誤っているものには×をつけよ。ただし、地階及び防火壁はないものとし、防火地域及び準防火地域以外の地域、地区等は考慮しないものとする

---

1 ☐☐　防火地域内の3階建の事務所用途の建築物の3階の主要構造部である柱とはりに、通常の火災による火熱がそれぞれ加えられた場合に、構造耐力上支障のある変形等の損傷を生じないものとする時間として、柱・はり各1時間とした

---

2 ☐☐　防火地域内の高さ2mの広告塔で、建築物の屋上に設けるものは、その主要な部分を不燃材料で造り、又は覆わなければならない

---

3 ☐☐　準防火地域内の建築物附属する高さ2mの門は、すべて木造とすることができる

---

4 ☐☐　準防火地域内の外壁が準耐火構造の建築物は、その外壁を隣地境界線に接して設けることができる

---

5 ☐☐　防火地域及び準防火地域にわたり新築される2階建て、延べ面積200㎡の住宅は、それぞれの地域にある部分は、それぞれの地域ごとの規制が適用される

---

6 ☐☐　防火地域内の階数が2で延べ面積100㎡の住宅の、主要構造部の外壁の耐力壁について、通常の火災による火熱が加えられた場合に、構造耐力上支障のある変形等の損傷を生じないものとする時間として、1時間としなければならない

---

7 ☐☐　準防火地域内の延べ面積2,000㎡の事務所用途の建築物について、外壁の開口部で延焼のおそれのある部分に設ける防火設備を、原則として、通常の火災による火熱が加えられた場合に、加熱開始後10分間当該加熱面以外の面に火炎を出さないものとした

---

8 ☐☐　準防火地域内の、3階建ての各階の床面積300㎡の建築物を倉庫とするものは、耐火建築物としなければならない

---

1 ○｜法61条、令136条の2第一号イ、令107条一号。非損傷性は柱・はり各1時間である。なお、令136条の2第一号ロでもよい

2 ○｜法64条により、高さは3m以下だが、屋上に設ける場合は適用される

3 ○｜法61条より、建築物に附属する高さ2m以下の門又は塀は木造とすることができる

4 ×｜法63条より、準防火地域内で、外壁を隣地境界線に接して設けることができる場合は、外壁が耐火構造でなければならない

5 ×｜法65条2項により、防火地域の規制が適用される

6 ×｜法61条、令136条の2第二号イ、令107条の2一号。非損傷性は45分間である。なお、令136条の2第二号ロでもよい

7 ×｜法61条、令136条の2第一号イ、令109条の2。20分間である

8 ○｜法27条2項一号。法61条及び令136条の2第二号から主要構造部を令107条の2各号の準耐火構造でもよいことになるが、法27条2項より耐火建築物としなければならない

特殊建築物の場合は、法27条も確認しよう

2 実践問題｜一問一答 →→→

1 ☐☐ 準防火地域内の建築物の屋根の構造は、通常の火災を想定した火の粉による建築物の火災の発生を防止するために屋根に必要とされる性能に関して建築物の構造及び用途の区分に応じて政令で定める技術的基準に適合し、国土交通大臣が定めた構造方法又は大臣の認定を受けたものとしなければならない

2 ☐☐ 防火地域内にある高さ4mの広告看板は、その主要な部分を不燃材料で造り、又は覆わなければならない

3 ☐☐ 防火地域内の建築物に附属する門又は塀で、高さ2.2mのものはすべて木造とすることができる

4 ☐☐ 第一種中高層住居専用地域内において、準防火地域内の準耐火建築物は、建蔽率が10％緩和される

5 ☐☐ 工業地域内において、防火地域内の準耐火建築物と同等以上の延焼防止性能を有する所定の建築物は、建蔽率が10％緩和される

6 ☐☐ 建築物の敷地が防火地域及び準防火地域にわたる場合、建築物の位置にかかわらず、その全部について防火地域内の建築物に関する規定が適用される

7 ☐☐ 準防火地域内の建築物は、原則として、その外壁の開口部で延焼のおそれのある部分に防火戸等の防火設備を設け、かつ、壁、柱、床等及び当該防火設備を通常の火災による周囲への延焼を防止するためにこれらに必要とされる性能に関して建築物の規模に応じて政令で定める技術的基準に適合するもので、大臣が定めた構造方法又は大臣の認定を受けたものとしなければならない

8 ☐☐ 準防火性能とは、建築物の周囲において発生する通常の火災による延焼の抑制に一定の効果を発揮するために外壁に必要とされる性能をいう

1 ×｜法62条。準防火地域内の建築物の屋根の性能は、市街地における火災を想定した火の粉による建築物の火災の発生を防止するためである

2 ○｜法64条。設問記述のとおり

3 ×｜法61条、令136条の2第五号。高さ2m超の門・塀で、防火地域内の建築物に附属するものは、延焼防止上支障のない構造とすること

4 ○｜法53条3項一号ロ

5 ×｜法53条3項一号イ。防火地域内の場合は、耐火建築物又はこれと同等以上の延焼防止性能を有する所定の建築物は、建蔽率が10％緩和される

6 ×｜法65条2項。設問の敷地でも、建築物が準防火地域内のみにあれば、準防火地域の規定が適用される

7 ○｜法61条。防火地域又は準防火地域内にある建築物の規定のうち、準防火地域内の場合であり、原則である

8 ○｜法23条により設問記述のとおり

● 建築物が防火地域等にわたる場合

防火・準防火地域と無指定地域（法65条1項）

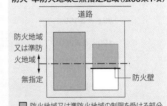

☐ 防火地域又は準防火地域の制限を受ける部分
☐ どちらの制限も受けない部分
— 令113条による防火壁
（防火・準防火地域外で区画されていること）

防火地域と準防火地域（法65条2項）

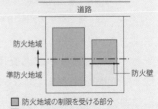

☐ 防火地域の制限を受ける部分
☐ 準防火地域の制限を受ける部分
— 令113条による防火壁
（防火地域外で区画されていること）

018 建築士法

建築物の構造、規模によって設計及び工事監理をすることのできる建築士の資格が異なる。また、建築士には名義貸しの禁止、法令等違反行為について指示・相談の禁止、不誠実な行為の禁止等の規定がある

1　建築士

建築士法で定める用語の定義は以下のとおり

①設計図書：建築工事の実施のために必要な**図面**（現寸図その他これに類するものを除く）及び**仕様書**

②設計：その者の責任において**設計図書を作成**すること

③構造設計：**基礎伏図**、**構造計算書**、その他の**建築物**の構造に関する**設計図書の設計**

④設備設計：**建築設備の各階平面図・構造詳細図**その他の建築設備に関する設計図書の設計

⑤工事監理：その者の責任で、工事を**設計図書**と照合し、**設計図書のとおり**に実施されているかいないかを**確認**すること

本項目では、建築士法を「法」とする

● 用語の定義 法2条

● 職責 法2条の2
建築士は、常に品位を保持し、業務に関する法令及び実務に精通して、建築物の質の向上に寄与するように、公正かつ誠実にその業務を行わなければならない

●建築士資格と設計又は工事監理［法3条・3条の2・3条の3］

規模等　延べ面積 A㎡	木造				木造以外		
	高さ13m以下、かつ、軒高9m以下			高さ13m超、又は、軒高9m超	高さ13m以下、かつ、軒高9m以下		高さ13m超、又は、軒高9m超
	階数1	階数2	階数3以上		階数2以下	階数3以上	
A≦30	不要	不要	1・2	1	不要	1・2	1
30＜A≦100	不要	不要	1・2	1	1・2	1・2	1
100＜A≦300	1・2・木	1・2・木	1・2	1	1・2	1・2	1
300＜A≦500	1・2	1・2	1・2	1	1	1	1
500＜A≦1,000	1・(2)	1・(2)	1・(2)	1	1	1	1
1,000＜A	1・(2)	1	1	1	1	1	1

不要 資格不要
1・2・木 一級、二級、木造建築士
1・2 一級、二級建築士
1・(2) 一級、二級建築士。ただし、学校、病院、劇場、映画館、観覧場、公会堂、集会場（オーディトリアムを有しないものを除く）又は百貨店の用途の建築物で、延べ面積が500㎡超は一級建築士のみ
1 一級建築士

注　増築、改築、大規模の修繕、大規模の模様替の場合は、該当する部分とする

二級建築士になろうとする者は、建築士試験に合格し、**知事の免許**を受けなければならない。建築士免許は、**建築士名簿に登録**することによって行う。知事は、建築士免許を与えたときは、建築士免許証を交付する

●建築士の免許 法4条・5条・5条の2
建築士は、建築士免許証交付日から30日以内に住所等の省令で定める事項を、免許を受けた知事及び住所地の知事に届け出なければならない。住所等の省令で定める事項の変更があったときも同様である

□ 知事は二級建築士名簿を、一般の閲覧に供しなければならない。また、建築士が建築士法等の規定に違反したときや、業務に関して不誠実な行為をしたとき等は、**戒告**し、もしくは**1年**以内の業務の停止を命じ、又はその**免許**を**取り消す**ことができる

● **名簿** 法6条

● **懲戒** 法10条
都道府県指定登録機関が行う建築士登録事務に係る処分又は不作為について不服がある者は知事に対して行政不服審査法に基づく審査請求をすることができる（法10条の18及び10条の20）

2　建築士の業務等

□ 建築士は、設計を行う場合、建築物が法令又は条例の定める建築物に関する基準に適合するようにしなければならない。また、**設計の委託者に対し**、設計の内容に関して適切な説明を行うように努める

● **設計を行う場合** 法18条1項・2項

□ 建築士は、工事が設計図書のとおりに実施されていないと認めるときは、直ちに、**工事施工者**に対して、その旨を指摘し、当該工事を設計図書のとおりに実施するよう求め、当該**工事施工者**がこれに従わないときは、その旨を**建築主**に報告しなければならない

● **工事監理を行う場合** 法18条3項、法20条

□ 建築士は、他の建築士の設計した設計図書の一部を変更しようとするときは、当該**建築士**の承諾を求めなければならない。ただし、承諾を求めることのできない事由があるとき、又は承諾が得られなかったときは、**自己の責任**において、その設計図書の**一部を変更する**ことができる

● **設計の変更** 法19条

● **業務に必要な表示行為** 法20条
建築士は、設計を行った場合は、その設計図書に二級建築士である旨の表示をして記名をしなければならない。設計図書の一部を変更した場合も同様とする

□ 建築士は、構造計算により建築物の安全性を確かめた場合は、その旨の証明書を**設計の委託者**に交付しなければならない

● **建築士のその他の業務** 法21条

● **建築士の禁止事項**
①非建築士等に対する名義貸し 法21条の2
②違反行為の指示等 法21条の3
③信用失墜行為 法21条の4

□ 建築士は、工事監理を終了したときは、直ちに、その結果を文書で**建築主**に報告しなければならない。ただし、建築士は文書での報告に代えて、建築主の承諾を得て、当該結果を情報通信の技術を利用する方法で報告することができる（法20条3項、4項）

□ 建築士は、**設計及び工事監理**のほか、建築工事**契約に関する事務**、建築工事の**指導監督**、**建築物**に関する**調査又は鑑定**及び建築物の建築に関する**手続の代理**等の業務を行うことができる

● **定期講習** 法22条の2
法施行規則17条の36により、講習のうち直近のものを受けた日の属する年度の翌年度の開始日（4月1日）から3年以内とする

□ 建築士事務所に属する建築士は、**3年以上5年以内**の省令による期間（3年以内）ごとに、登録講習機関が行う講習を受講する

● **延べ面積300㎡超の契約** 法22条の3の3
※1：増改築、大規模の修繕・模様替も含む
※2：相手方の承諾を得て、書面に代えて、情報通信の技術を利用する方法で提供できる

□ 延べ面積300㎡超の建築物の新築[※1]の設計受託契約、工事監理受託契約の当事者は、所定の事項を書面[※2]に記載し、署名又は記名押印をして相互に交付する。この場合、法24条の8第1項は適用しない

3 建築士事務所と建築士

☐ 建築士又は建築士を使用する者は、報酬を得て、設計、工事監理等[※]を業として行おうとするときは、建築士事務所について、**知事の登録**（有効期間**5年**）を受ける（登録を受けた者を、「**建築士事務所の開設者**」という）。知事は、登録簿や設計等の業務報告書等を、一般の閲覧に供しなければならない

☐ 建築士事務所の開設者には、次のようなことが定められている

● 建築士事務所の開設者の義務

内容	条項
事業年度ごとに、業務報告書を作成し、当該建築士事務所に係る登録をした**都道府県知事**に**提出**しなければならない	法23条の6
当該建築士事務所を管理する**専任**の**建築士**（「**管理建築士**」という）を置く	法24条1項 法24条2項
自己の名義をもって、**他人**に建築士事務所の業務を営ませてはならない	法24条の2
再委託について、委託者の許諾を得た場合でも、以下の事項は禁止される ①委託を受けた設計・工事監理の業務を建築士事務所の開設者以外の者へ**委託**すること ②委託を受けた**設計・工事監理**（延べ面積が300㎡を超える建築物の新築工事（法24条の3第2項、令8条））の業務を、一括して他の建築士事務所の開設者に委託すること	法24条の3
建築士事務所の業務を記載した帳簿を備え付け、保存する。業務に関する図書も保存する	法24条の4
建築士事務所は、公衆の見やすい場所に**標識**を掲げる	法24条の5
業務の実績、属する建築士の氏名・業務実績等を記載した書類（磁気ディスク等を含む）を備え置き、設計等を委託しようとする者の求めに応じ、閲覧させる。3年保存。士法規則22条の2第5項	法24条の6
「**設計受託契約**」・「**工事監理受託契約**」を建築主と締結する際、あらかじめ、**建築主**に対し、**管理建築士等**をして、契約内容等を記載した**書面**を交付[*]して**説明**（重要事項説明）をさせる。説明時には建築主に対し、建築士免許証又は建築士免許証明書を提示する	法24条の7
設計受託契約・工事監理受託契約を締結したときは、遅滞なく、契約内容を記した書面を委託者に交付する。ただし、委託者の承諾を得て、書面に代えて、所定の電子情報通信利技術を利用して通知することができる	法24条の8

☐ 建築士は、登録を受けないで、他人の求めに応じ報酬を得て、設計等を業として行ってはならない

☐ 管理建築士は、建築士として**3年以上**の設計等の業務に従事した後、「**登録講習機関**」が行う講習を修了した建築士でなければならない。管理建築士は、建築士事務所の開設者に対し、技術的観点から必要な意見を述べるものとする

● 建築士事務所の登録　法23条

● 建築士事務所の開設者　法23条の5

● 登録簿等の閲覧　法23条の9
登録の更新は有効期間満了の日前30日までに登録申請書を提出　士法規則18条

● 業務報告書の内容
①当該事業年度における当該建築士事務所の業務の実績の概要、②当該建築士事務所に属する建築士の氏名及び当該建築士の当該事業年度の業務実績（法23条の6）を毎事業年度経過後3月以内に提出

> 建築士事務所の開設者は、事務所の名称や所在地等に変更があった場合は2週間以内に知事又は指定事務所登録機関に届出

● 図書保存期間
建築士事務所の開設者は、法24条の4第1・2項に規定する帳簿・図書（設計図書等）を作成した日から15年間保存しなければならない（法24条の4第2項、法施行規則21条4・5項）

● 書類の閲覧
損害賠償保険契約を締結している場合はその書類を含む（法24条の6第三号、規則22条の2第4、5項）

*：相手方の承諾を得て、書面に代えて、情報通信の技術を利用する方法で提供できる

● 二級建築士免許証明書
都道府県知事が交付するものは「二級建築士免許証」といい、都道府県指定登録機関が交付するものは「二級建築士免許証明書」という（法10条21第1項）

● 無登録業務の禁止　法23条の10

● 管理建築士　法24条2項

※　建築工事契約事務、建築工事の指導監督、建築物の調査・鑑定、建築法令・条例の手続代理

QUESTION

ANSWER

1 最頻出問題 | 一問一答

→→→

次の記述のうち、建築士法上、正しいものには○、誤っているものには×をつけよ

本項目では、建築士法を「法」とする

1 ☐☐ 一級建築士でなければ設計又は工事監理をしてはならない建築物の新築に係る設計をした二級建築士は、1年以下の懲役又は100万円以下の罰金に処せられる

1 ○ | 法3条、法37条三号により1年以下の懲役又は100万円以下の罰金である

2 ☐☐ 二級建築士は、設計図書の一部を変更した場合であっても、その設計図書に二級建築士である旨の表示をして記名しなければならない

2 ○ | 法20条1項。設計図書の一部を変更した場合も、新たに設計図書を作成した場合と同様である

3 ☐☐ 二級建築士は、工事監理を行う場合において、工事が設計図書のとおりに実施されていないと認めるときは、直ちに、工事施工者に対して、その旨を指摘し、当該工事を設計図書のとおりに実施するよう求め、当該工事施工者がこれに従わないときは、その旨を特定行政庁に報告しなければならない

3 × | 法18条3項。工事施工者が指示に従わない場合は、建築主に報告しなければならない

4 ☐☐ 二級建築士は、一級建築士でなければ設計又は工事監理をしてはならない建築物について、原則として、建築工事契約に関する事務及び建築工事の指導監督の業務を行うことができる

4 ○ | 法3条〜3条の3。設計又は工事監理については、建築物の規模等に応じた建築士資格が必要であるが、建築工事契約、建築工事の指導監督、建築物の調査・鑑定、建築法令・条例の手続代理は、法21条により、建築士のその他の業務であり、一級、二級の区別はない

5 ☐☐ 建築士事務所に属する二級建築士は、5年ごとに、登録講習機関が行う所定の二級建築士定期講習を受けなければならない

5 × | 法22条の2。定期講習の受講期間は、3年以上5年以内の省令で定める期間ごとである（規則17条の36より3年）

2 実践問題 | 一問一答

→→→

1 ☐☐ 延べ面積300㎡超の建築物の新築の設計又は工事監理受託契約の当事者は、契約の締結に際して一定の事項を書面（又は相手の承諾を得て情報通信技術を利用する方法）に記載し、署名又は記名押印をして相互交付しなければならない

1 ○ | 法22条の3の3。契約時の書面の相互交付。増改築、大規模の修繕・模様替も当該部分の新築とみなして適用する。なお、相手の承諾を得て、書面に代えて情報通信技術を利用する方法でもよい

2 ☐☐ 建築士事務所の開設者は、設計受託契約を建築主と締結しようとするときは、あらかじめ、当該建築主に対し、管理建築士等をして、設計受託契約の内容、作成する設計図書の種類その他の事

2 ○ | 法24条の7第1項。重要事項説明の問題である。建築士事務所の開設者は、設計受託契約又は工事監理

項について、これらの事項を記載した書面（又は相手の承諾を得て情報通信技術を利用する方法）を交付して説明をさせなければならない

3 ☐☐ 設計受託契約又は工事監理契約の当事者が、法22条の3の3第1項により書面を相互に交付した場合であっても、法24条の8第1項の書面の交付はしなければならない

4 ☐☐ 建築士事務所の開設者は、委託者の許諾を得た場合には、委託を受けた設計又は工事監理の業務を建築士事務所の開設者以外の者に一括して再委託することができる

5 ☐☐ 二級建築士は、他の二級建築士の設計した設計図書の一部を変更しようとするときは、当該二級建築士の承諾を求めなければならないが、承諾を求めることのできない事由があるとき、又は承諾が得られなかったときは、自己の責任において、その設計図書の一部を変更することができる

6 ☐☐ 二級建築士は、建築士法23条第1項に規定する設計等の委託者から請求があったときは、二級建築士免許証又は二級建築士免許証明書を提示しなければならない。ただし、委託しようとする者は含まない

7 ☐☐ 二級建築士は、構造計算によって建築物の安全性を確かめた場合においては、遅滞なく、国土交通省令で定めるところにより、その旨の証明書を設計の委託者に交付しなければならない。ただし、構造設計一級建築士が関与する場合は、この限りでない

8 ☐☐ 建築士は、大規模の建築物その他の建築物の建築設備に係る設計又は工事監理を行う場合において、建築設備士の意見を聴いたときは、設計図書又は建築主への工事監理報告書において、その旨を明らかにしなければならない

9 ☐☐ 建築士は、建築基準法の定める建築物に関する基準に適合しない建築物の建築その他のこの法律もしくは建築物の建築に関する他の法律又はこれらに基づく命令もしくは条例の規定に違反する行為について指示をし、相談に応じ、その他これらに類する行為をしてはならない

10 ☐☐ 建築士は、建築士の信用又は品位を害するような行為をしてはならない

受託契約を建築主と締結しようとするときは、あらかじめ、当該建築主に対し、管理建築士等をして、当該重要事項説明を行う。なお、書面の交付の代わりに、相手の承諾を得て情報通信技術を利用する方法でもよい

3 × ｜ 法22条の3の3第5項。法22条の3の3第1項は、延べ面積300㎡超の建築物の新築の設計受託契約又は工事監理受託契約の締結の際に行う相互の書面交付である。法24条の8第1項は、延べ面積にかかわらず設計受託契約又は工事監理受託契約を締結したときに遅滞なく行う書面交付である。法22条の3の3第1項の書面交付がされたときは、法24条の8第1項の書面交付はしなくてもよい

4 × ｜ 法24条の3。再委託は、建築士事務所の開設者以外にしてはならない。また、法24条の3第2項で、一定の用途、規模の建築物については、建築士事務所の開設者に対しても一括再委託してはならない

5 ○ ｜ 法19条。承諾が得られない場合等は自己責任で設計図書の一部を変更できる

6 × ｜ 法19条の2。設計の委託者には、委託しようとする者を含む

7 ○ ｜ 法20条2項。構造計算安全証明書を設計の委託者に交付するが、構造設計一級建築士が関与する場合（法20条の2第1項又は2項）を除く

8 ○ ｜ 法20条5項。設計図書及び建築主への工事監理報告書は、それぞれ、法20条1項、3項のことである

9 ○ ｜ 法21条の3。建築士は違反建築物の指示、相談をしてはならない

10 ○ ｜ 法21条の4

11 ○ ｜ 法22条の3の2。当事者は各々が対等な立場で契約を締結する

12 × ｜ 法25条。国土交通大臣が中央建築士審査会の同意を得て基準を定める

11 ☐☐ 設計受託契約又は工事監理受託契約の当事者は、各々の対等な立場における合意に基づいて公正な契約を締結し、信義に従って誠実にこれを履行しなければならない

12 ☐☐ 都道府県知事は、都道府県建築士審査会の同意を得て、建築士事務所の開設者がその業務に関して請求することのできる報酬の基準を定めることができる

13 ☐☐ 設計受託契約又は工事監理受託契約を締結しようとする者は、建築士法25条に規定する報酬の基準に準拠した委託代金で設計受託契約又は工事監理受託契約を締結するよう努めなければならないが、建築士事務所同士の契約は除く

14 ☐☐ 建築士事務所の開設者は、設計等の業務に関し生じた損害を賠償するために必要な金額を担保するための保険契約の締結その他の措置を講じなければならない

15 ☐☐ 建築士事務所の開設者は、建築士事務所に属する建築士の氏名及びその者の一級建築士、二級建築士又は木造建築士の別について変更があったときは、2週間以内に、その旨を当該都道府県知事に届け出なければならない

16 ☐☐ 建築士事務所の開設者は、建築物の建築に関する法令又は条例の規定に基づく手続きの代理の業務について、建築主と契約の締結をしようとするときは、あらかじめ、当該建築主に対し、重要事項の説明を行わなくてもよい

17 ☐☐ 建築士事務所の開設者は、委託者の許諾を得た場合においても、委託を受けた工事監理（延べ面積が250㎡の建築物の新築工事に係るもの）の業務を一括して他の建築士事務所の開設者に委託してはならない

18 ☐☐ 建築士事務所の開設者と管理建築士が異なる場合においては、その開設者は、管理建築士から建築士事務所の業務に係る所定の技術的事項に関し、その業務が円滑かつ適切に行われるよう必要な意見が述べられた場合であっても、その意見を尊重する必要はない

19 ☐☐ 建築士事務所の開設者は、当該建築士事務所の業務の実績等を記載した書類を（磁気ディスク等を含む）、当該書類を備え置いた日から起算して3年を経過するまでの間、当該建築士事務所に備え置き、設計等を委託しようとする者の求めに応じ、閲覧させなければならない

---

13 ×｜法22条の3の4。この契約は再委託契約など建築士事務所同士の契約についても対象である

14 ×｜法24条の9。保険契約の締結その他の措置を講ずるよう努めなければならない

15 ×｜法23条の5第2項、法23条の2第五号。建築士事務所の開設者は、建築士の指名及び資格種別について変更があったときは、3月以内に、その旨を当該都道府県知事に届け出なければならない

16 ○｜法24条の7により、重要事項の説明は、設計受託契約又は工事監理受託契約を建築主と締結しようとするときである

17 ×｜法24条の3第2項により、委託者の許諾を得た場合でも、一括して他の建築士事務所の開設者に委託できない業務は、設計又は工事監理で、いずれも延べ面積が300㎡超える建築物の新築工事である

18 ×｜法24条4項、5項により、管理建築士が、建築士事務所の開設者に必要な意見を述べた場合は、建築士事務所の開設者は、その管理建築士の意見を尊重しなければならない

19 ○｜法24条の6、規則22条の2第4、5項

● **設計受託契約又は工事監理受託契約について**
①法24条の7による重要事項説明
②法22条の3の3による延べ面積300㎡超の新築等の場合の相互の書面の交付
③法24条の8による法22条の3の3以外の場合の書面の交付

019 バリアフリー法、耐震改修促進法、品確法、建築物省エネ法

バリアフリー法では、特別特定建築物の移動等円滑化基準への適合義務がある。耐震改修促進法では、通行障害建築物の要件が規定されている。品確法では、新築住宅工事の請負人等が構造耐力上主要な部分等の瑕疵担保責任を負う

1　バリアフリー法

高齢者、障害者等の移動等の円滑化の促進に関する法律（以下、**バリアフリー法**）での用語の定義は下記のとおり

以下、バリアフリー法を「法」、同法施行令を「令」とする

●**用語の定義**　〔法2条〕

用語	定義
移動等円滑化	高齢者、障害者等の移動又は施設の利用に係る身体の負担を軽減することにより、その移動上又は施設の利用上の利便性及び安全性を向上することをいう
特定建築物	学校、病院、劇場、観覧場、集会場、展示場、百貨店、ホテル、事務所、共同住宅、老人ホームその他の多数の者が利用する令4条で定める建築物又はその部分をいい、これらに附属する建築物特定施設を含む
特別特定建築物	不特定かつ多数の者が利用し、又は主として高齢者、障害者等が利用する特定建築物であって、移動等円滑化が特に必要なものとして令5条で定めるものをいう
建築物特定施設	出入口、廊下等、階段、傾斜路、エレベーター等、便所、敷地内の通路、ホテル又は旅館の客室、駐車場その他省令で定める施設（令6条）

建築主等は、床面積合計2,000㎡以上の**特別特定建築物**（公衆便所は50㎡以上）の建築（新築、増築、改築、用途変更含む）の際は、**建築物移動等円滑化基準**に適合させる。特定建築物（特別特定建築物を除く）の建築（新築、増築、改築、用途変更を含む）又は建築物特定施設の修繕・模様替をしようとするときは、建築物移動等円滑化基準に適合させるよう努める

●**特別特定建築物の建築主等の基準適合義務等**　法14条、令9条
床面積（新築、増築、用途変更を含む。増築、改築、用途変更は当該部分の床面積）の合計2,000㎡（公衆便所は、50㎡以上）の特別特定建築物が対象

建築主等は、特定建築物の建築、修繕、模様替をしようとするときは、建築等及び維持保全の計画を作成し所管行政庁の**認定申請**をすることができる。申請に併せて、建築基準法の確認申請書を提出し、建築主事の**適合通知**を受けるよう申し出ることができる。所管行政庁が、適合通知を受けて認定をしたときは、当該特定建築物は、**確認済証**の交付があったものとみなす

●**建築物移動等円滑化基準**　令10条
移動等円滑化のために必要な建築物特定施設の構造及び配置に関する基準

●**特定建築物の建築主等の努力義務等**
法16条

●**特定建築物の建築等及び維持保全の計画の認定**　法17条

容積率算定の基礎となる延べ面積には、認定特定建築物の建築物特定施設の床面積のうち通常を超える部分について、認定特定建築物の延べ面積の**1／10**を限度として算入しない

●**認定特定建築物の容積率の特例**　法19条、令26条

廊下等、階段、傾斜路、便所、ホテル又は旅館の客室、敷地内の通路、駐車場は、建築物移動等円滑化基準による

□ 不特定かつ多数の者が利用し、又は主として高齢者、障害者等が利用する居室から道等までの経路のうち**1**以上等については、**移動等円滑化経路**にしなければならない

●**移動等円滑化経路** 令18条
高齢者、障害者等が円滑に利用できる経路を移動等円滑化経路という

2 耐震改修促進法

□ 都道府県は、基本方針に基づき、建築物の耐震診断及び耐震改修の促進を図るための「**都道府県耐震改修促進計画**」を定める（法5条）

「法」とは耐震改修促進法をいう
●**基本方針** 法4条

●**耐震改修とは** 法2条2項
増築、改築、修繕、模様替若しくは**除却**又は敷地を整備すること

□ 所管行政庁が、増築によりやむを得ないと認め、耐震改修の計画の認定をしたときは、当該認定の建築物については、容積率関係規定又は建蔽率関係規定は、適用しない（法17条）

● **既存耐震不適格建築物**
耐震関係規定に適合しない建築物で建築基準法3条2項の適用を受けているもの

●**耐震関係規定**
地震に対する安全性に係る建築基準法、節令、条例の規定

□ 通行障害建築物の要件
①そのいずれかの部分の高さが、当該部分から前面道路の境界線までの水平距離に、次のイ又はロの区分に応じ、イ又はロに定める距離（これによることが不適当で省令で定める場合は、当該前面道路の幅員が12m以下のときは6m超の範囲において、当該全面道路の幅員が12m超のときは6m以上の範囲において、省令で定める距離）を加えた数値を超える建築物（次の②を除く）
イ 前面道路幅員が12m以下の場合は6m
ロ 前面道路幅員が12m超の場合は、前面道路の幅員の1／2に相当する距離
②その前面道路に面する部分の長さが25m[※1]を超え、かつ、前面道路に面する部分のいずれかの高さが、当該部分から前面道路の境界線までの水平距離に前面道路の幅員の1/2に相当する距離[※2]を加えた数値を2.5で除して得た数値を超える組積造[※3]の塀で、建物に附属するもの

●**耐震不明建築物**
地震に対する安全性が明らかでないものとして政令で定める建築物

●**建築物集合地域通過道路等**
相当数の建築物が集合し又は集合することが確実な地域を通過する道路等

●**通行障害建築物の要件** 法5条3項2号、令4条
※1：これによることが不適当で省令で定める場合は、8m以上25m未満の範囲で省令で定める長さ
※2：これによることが不適当で省令で定める場合は、2m以上の範囲で省令で定める距離
※3：補強コンクリートブロック造等

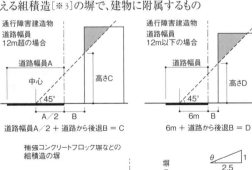

通行障害建造物
道路幅員
12m超の場合

道路幅員A
中心
高さC
45°
A／2 B
道路幅員A／2 ＋ 道路から後退B ＝ C

通行障害建造物
道路幅員
12m以下の場合

道路幅員
高さD
45°
6m B
6m ＋ 道路から後退B ＝ D

●**耐震診断結果の公表** 法9条
所管行政庁は、耐震診断結果の報告を受けたときは公表する

●**適合認定の申請** 法22～24条
建築物の所有者は、所管行政庁に、地震安全基準適合の認定を申請でき、認定を受けた建築物（「基準適合認定建築物」）、敷地又は利用に関し広告に表示できる

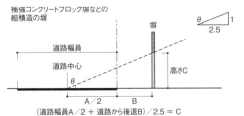

補強コンクリートブロック塀などの組積造の塀

道路幅員
道路中心
塀
高さC
θ
θ 1
2.5
A／2 B
（道路幅員A／2 ＋ 道路から後退B）／2.5 ＝ C

3 品確法

住宅の品質確保の促進等に関する法律（以下、**品確法**）での用語の定義は下記のとおり。**登録住宅性能評価機関**は、申請により、住宅性能評価を行い、**住宅性能評価書**を交付することができる

以下、品確法を「法」、同法施行令を「令」とする

● **用語の定義** ［法2条、法5条1項、令5条］

用語	定義	
新築住宅	新たに建設された住宅で、まだ人の居住の用に供したことのないもので、建設工事の完了の日から起算して **1年**を経過していないもの	
住宅性能評価	設計された住宅又は建設された住宅について、**日本住宅性能表示基準**に従って表示すべき性能に関し、**評価方法基準**に従って評価すること	
住宅の構造耐力上主要な部分等	構造耐力上主要な部分	基礎、基礎杭、壁、柱、小屋組、土台、斜材（筋かい、方づえ、火打材等）、床版、屋根版、横架材（梁、桁等）で、当該住宅の自重もしくは積載荷重、積雪、風圧、土圧もしくは水圧又は地震その他の震動もしくは衝撃を支えるもの
	雨水の浸入を防止する部分	①住宅の屋根もしくは外壁又はこれらの開口部に設ける戸、わくその他の建具 ②雨水を排除するため住宅に設ける排水管のうち、当該住宅の屋根もしくは外壁の内部又は屋内にある部分

住宅の建設工事の請負人は、**設計住宅性能評価書**又は写しを請負契約書に添付し、又は注文者に交付した場合、表示された性能を有する住宅の建設工事を行うことを契約したものとみなす

● **住宅性能評価書等と契約内容**　法6条

● **設計住宅性能評価書**
設計された住宅に係る住宅性能評価書。評価書には、図のような標章が付される

新築住宅の建設工事の完了前に売買契約を締結した売主は、設計住宅性能評価書又は写しを売買契約書に添付し、又は買主に交付した場合、表示された性能を有する新築住宅を引き渡すことを契約したものとみなす

● **建設住宅性能評価書**
建設された住宅が設計住宅性能評価書どおりの性能水準に達していると認められた住宅に交付され、評価書には図のような標章が付される

新築住宅の建設工事の完了後に売買契約を締結した売主は、**建設住宅性能評価書**又は写しを売買契約書に添付、又は買主に交付した場合は、それらに表示された性能を有する新築住宅を引き渡すことを契約したものとみなす

● **新築住宅の売主の瑕疵担保責任の特例**　法95～97条
特定住宅瑕疵責任の履行の確保等に関する法律における瑕疵担保責任とは、売主等が品確法に基づき新築住宅の引渡し時から10年間負う責任である

住宅を新築する建設工事の請負契約において請負人は、注文者への引渡しから10年間、一方、新築住宅の売買契約において売主は、買主に引渡し時から **10年**間、構造耐力上主要な部分等の隠れた **瑕疵**について、民法上の瑕疵担保責任を負う。住宅新築請負契約又は新築住宅の売買契約においては、請負人又は売主が瑕疵について担保の責任を負うべき期間は、注文者又は買主に引き渡したときから **20年**以内とすることができる

4　建築物省エネ法

建築物のエネルギー消費性能の向上に関する法律（以下、建築物省エネ法）での用語の定義等は以下のとおり

「建築物エネルギー消費性能適合性判定」とは、「建築物エネルギー消費性能確保計画［※1］」（非住宅部分［※2］に限る。）が建築物エネルギー消費性能基準に適合するかどうかの判定をいう

建築主は、**特定建築行為**（後述）をしようとするときは、工事着手前に、「建築物エネルギー消費性能確保計画」を所管行政庁又は登録建築物エネルギー消費性能判定機関（登録省エネ判定機関）に提出して、「建築物エネルギー消費性能適合性判定」を受けなければならない（同計画を変更して特定建築行為をしようとする場合も含む）

建築主事又は指定確認検査機関は、確認申請書を受理した建築物の計画が「特定建築行為」に係るものであるときは、適合判定通知書［※］又はその写しの提出を受けた場合に限り確認済証の交付をすることができる

「**特定建築行為**」とは①～③をいう
①**特定建築物**（非住宅部分の床面積が300㎡［※1］以上のものをいう）の新築
②特定建築物の増・改築（増・改築する部分のうち非住宅部分の床面積が300㎡［※1］以上のもの）
③特定建築物以外の建築物の増築で増築後に特定建築物となる増築（増築部分のうち非住宅部分の床面積が300㎡［※1］以上のもの）
ただし、平成29年4月1日法施行の際現に存する建築物の「**特定増改築**」［※2］については、適合義務・適合性判定は不要となるが、届出が必要となる

規制措置の適用除外となる建築物
①居室を有しないことにより空気調和設備を設ける必要がない用途の建築物［※1］
②高い開放性を有することにより空気調和設備を設ける必要がない用途の建築物［※2］
③文化財保護法の重要文化財等
④現場工事事務所、下小屋、材料置場等の仮設建築物等

以下、建築物省エネ法を「法」、同法施行令を「令」とする

● **建築物エネルギー消費性能適合性判定**　法12条1項、令3条
※1：特定建築行為に係る特定建築物のエネルギー消費性能の確保のための構造及び設備に関する計画をいう
※2：「非住宅部分」とは、「住宅部分」以外の建築物の部分をいう。

● **特定建築物の建築主の基準適合義務**　法11条1項

法11条1項は、2項により、建築基準関係規定であり確認審査の対象である

● **適合性判定手続き**　法12条1項、2項

● **適合判定通知書又はその写しの提出**　法12条6項、8項
※：建築物エネルギー消費性能確保計画が建築物エネルギー消費性能基準に適合すると判定された通知書をいう

● **特定建築物の非住宅部分の規模等**　法11条1項、令4条
※1：「開放部分」の床面積を除く
「開放部分」とは、内部に間仕切壁又は戸を有しない階で、その床面積に対する常時外気に開放された開口部の面積の合計の割合が20分の1以上である部分
※2：特定建築行為に該当する増改築のうち「非住宅に係る増改築部分の床面積の合計」が「増改築後の特定建築物（非住宅部分に限る）に係る延べ面積」の1/2以内の場合をいう。また、開放部分の床面積を除かないで割合を算定

● **基準適合義務等の適用除外**　法18条、令6条
※1：自動車車庫、畜舎等
※2：観覧場、スケート場、水泳場、スポーツの練習場、神社、寺院のうち高い開放性を有するもの

QUESTION

1 | 最頻出問題① | 一問一答

次の記述のうち、「住宅の品質確保の促進等に関する法律（以下、品確法という）」及び「建築物のエネルギー消費性能の向上に関する法律（以下、建築物省エネ法という）」上、正しいものには○、誤っているものには×をつけよ

1 □□ 品確法において、「新築住宅」とは、新たに建設された住宅で、まだ人の居住の用に品確法において、供したことのないもの（建設工事の完了の日から起算して1年を経過したものを除く）をいう

2 □□ 品確法において、住宅の建設工事の請負人は、設計住宅性能評価書の写しを請負契約書に添付した場合においては、請負人が請負契約書に反対の意思を表示していなければ、当該設計住宅性能評価書の写しに表示された性能を有する住宅の建設工事を行うことを契約したものとみなす

3 □□ 品確法において、住宅を新築する建設工事の請負契約においては、請負人は、工事の完了したときから10年間、住宅のうち構造耐力上主要な部分又は雨水の浸入を防止する部分の瑕疵（構造耐力又は雨水の浸入に影響のないものを除く）について、所定の担保の責任を負う

4 □□ 建築物省エネ法において、建築主は、住宅部分の床面積200㎡と非住宅部分の床面積300㎡の複合用途建築物（常時外気に開放された部分はない）の新築をしようとするときは、当該建築物の住宅部分と非住宅部分について、それぞれ建築物エネルギー消費性能基準に適合させなければならない

5 □□ 建築物省エネ法において、建築主は、非住宅部分が100㎡の建築物（常時外気に開放された部分はない）を新築しようとするときは、工事着手前に、建築物エネルギー消費性能確保計画を提出して所管行政庁の建築物エネルギー消費性能適合性判定を受けなければならない

6 □□ 建築物省エネ法において、「建築物エネルギー消費性能向上計画」とは、建築主等がエネルギー消費性能の向上のための建築

ANSWER

→→→

本項目では、品確法を「法」、同法施行令を「令」とする

1 ○ | 法2条1項により、「住宅」とは、人の居住用の家屋又は家屋の部分をいい、同条2項により「新築住宅」とは、新たに建設された住宅で、まだ人の居住の用に供したことのないもので、建設工事の完了日から1年を経過したものを除く

2 ○ | 法6条1項・4項。設計住宅性能評価書又はその写しを請負契約書に添付した場合は、その性能を有する住宅工事を契約したとみなす

3 × | 法94条1項。新築住宅の請負契約において、請負人は、注文者への引渡しから10年間の瑕疵担保責任を負う

4 × | 建築物省エネ法11条、令4条1項。建築物エネルギー消費性能基準に適合させなければならないのは、床面積300㎡以上の非住宅部分についてである

5 × | 建築物省エネ法12条1項、令4条1項。非住宅部分が300㎡以上の建築物を新築しようとするときは、工事着手前に、建築物エネルギー消費性能確保計画を提出して所管行政庁の建築物エネルギー消費性能適合性判定を受けなければならない

6 ○ | 建築物省エネ法34条。設問のとおり。なお、「認定建築物エネルギー消費性能向上計画」とは、所管行政庁が所定の基準に適合するとして認めた「建築物エネルギー消費性能向上計画」をいう

物の新築等をしようとするときに、国土交通省令により作成する、エネルギー消費性能の向上のための建築物の新築等に関する計画をいう

2 最頻出問題②│五肢択一　→→→

1 ☐☐　イ～ニの記述について、「高齢者、障害者等の移動等の円滑化の促進に関する法律」上、正しいもののみの組合せは、次のうちどれか

イ．移動等円滑化経路を構成する出入口の幅は、80㎝以上でなければならない

ロ．浴室は、「建築物特定施設」に該当する。

ハ．建築主等は、床面積250㎡の店舗併用住宅を改築するとき、当該建築物を建築物移動等円滑化基準に適合させなければならない。

ニ．建築主等は、認定を受けた特別特定建築物の建築等及び維持保全の計画の変更をしようとするときは、市町村長に届け出なければならない。

1──イとロ　│　2──イとハ　│　3──ロとハ　│
4──ロとニ　│　5──ハとニ

1 答えは1

以下、バリアフリー法令・規則を「法」「令」「規則」という

イ ○ 令18条2項四号イ

ロ ○ 令6条十号、規則3条二号より、「浴室又はシャワー室」は、建築物特定施設である

ハ × 令5条六号、令9条より、特別特定建築物の規模は、床面積の合計2,000㎡以上である

ニ × 法18条1項より、所管行政庁の認定である

2 ☐☐　イ～ニの記述について、「高齢者、障害者等の移動等の円滑化の促進に関する法律」上、正しいもののみの組合せは、次のうちどれか

イ．建築物移動等円滑化基準において、移動等円滑化経路を構成する敷地内の通路の幅は、120㎝以上でなければならない

ロ．建築物移動等円滑化誘導基準において、多数の者が利用する全駐車台数が200の駐車場には、3以上の車いす使用者用駐車施設を設けなければならない

ハ．建築物移動等円滑化誘導基準において、建築物又はその敷地には、原則として、当該建築物又はその敷地内の移動等円滑化の措置がとられたエレベーターその他の昇降機、便所又は駐車施設の配置を表示した案内板その他の設備を設けなければならない

ニ．建築主等は、特定建築物の建築をしようとするときは、特定建築物の建築等及び維持保全の計画を作成し、国土交通大臣の認定を申請することができる

1──イとロ　│　2──イとハ　│　3──ロとハ　│
4──ロとニ　│　5──ハとニ

2 答えは2

以下、バリアフリー法令・省令を「法」「令」「省令」という

イ ○ 令18条2項七号イ

ロ × 平成18年省令第114号第12条　全駐車台数が200以下の場合は当該駐車台数に1/50を乗じて得た数以上、200×1/50＝4以上

ハ ○ 平成18年省令第114号第14条　標識を、高齢者、障害者等の見やすい位置に設けなければならない

ニ × 法17条1項　所管行政庁の認定を申請することができる

3　最頻出問題③｜一問一答　→→→

次の記述のうち、「建築物の耐震改修の促進に関する法律」上、誤っているものはどれか

以下、耐震改修促進法令を「法」「令」という

1☐☐ 建築物の耐震改修の計画が建築基準法第6条第1項の規定による確認を要するものである場合において、所管行政庁が計画の認定をしたときは、同法第6条第1項の規定による確認済証の交付があったものとみなす

2☐☐ 耐震改修には、地震に対する安全性の向上を目的とした敷地の整備は含まれない

3☐☐ 建築物について地震に対する安全性に係る基準に適合している旨の認定を所管行政庁から受けた者は、当該建築物（基準適合認定建築物）、その敷地又は広告等に、所定の様式により、当該建築物が認定を受けている旨の表示を付することができる

4☐☐ 通行障害建築物は、地震によって倒壊した場合においてその敷地に接する道路の通行を妨げ、多数の者の円滑な避難を困難とするおそれのあるものとして政令で定める建築物である

5☐☐ 要安全確認計画記載建築物の所有者は、当該建築物について、国土交通省令で定めるところにより、耐震診断を行い、その結果を、所定の期限までに所管行政庁に報告しなければならない

1 ○｜法17条10項。設問記載のとおり

2 ×｜法2条2項。耐震改修とは、地震に対する安全性の向上を目的として、増築、改築、修繕、模様替若しくは一部の除却又は敷地の整備をすることをいう

3 ○｜法22条3項。設問記述のとおり

4 ○｜法5条3項二号。設問記述のとおり

5 ○｜法7条。設問記述のとおり。要安全確認計画記載建築物とは、以下のもの
①法5条3項一号により都道府県耐震改修促進計画に記載された建築物
②敷地が法5条3項二号により都道府県耐震改修促進計画に記載された道路に接する通行障害既存耐震不適格建築物（耐震不明建築物であるもの）
③敷地が法6条3項一号により市町村耐震改修促進計画に記載された道路に接する通行障害既存耐震不適格建築物（耐震不明建築物で、②の建築物除く）

4　最頻出問題④｜一問一答　→→→

次の記述のうち、「建築物のエネルギー消費性能の向上に関する法律」上、誤っているものはどれか

以下、建築物省エネ法令を「法」「令」という

1☐☐ 延べ面積300㎡の観覧場（壁を有しないことその他の高い開放性を有するものとして国土交通大臣が定めるもの）を新築する場合、当該建築物を建築物エネルギー消費性能基準に適合させる必要はない

2☐☐ 建築主は、特定建築物以外の建築物で床面積の合計が300㎡のものを新築する場合、その工事に着手する日の7日前までに、当該建築物のエネルギー消費性能の確保のための構造及び設備に関する計画を所管行政庁に届け出なければならない

1 ○｜法18条一号、令6条1項二号。観覧場、スケート場、水泳場、スポーツの練習場等の用途（壁を有しないこと等の高い開放性を有するものとして国土交通大臣が定めるものに限る）は、適用除外される

2 ○｜法19条1項一号。原則として、工事に着手する日の21日前までに、建築物のエネルギー消費性能の確保のための構造及び設備に関する計画を所管行政庁に届け出なければならない

3 □□ エネルギー消費性能とは、建築物の一定の条件での使用に際し消費されるエネルギー（エネルギーの使用の合理化及び非化石エネルギーへの転換等に関する法律第2条第1項に規定するエネルギーで、建築物に設ける空気調和設備等において消費されるもの）の量を基礎として評価される性能をいう

3 ○ ｜ 法2条1項二号。設問記述のとおり

4 □□ 建築主等は、エネルギー消費性能の一層の向上に資する建築物の新築をしようとするときは、建築物エネルギー消費性能向上計画を作成し、所管行政庁の認定を申請することができる

4 ○ ｜ 法34条1項。設問記述のとおり

5 □□ 建築主は、その修繕等をしようとする建築物について、建築物の所有者、管理者又は占有者は、その所有し、管理し、又は占有する建築物について、エネルギー消費性能の向上を図るよう努めなければならない

5 ○ ｜ 法6条2項。建築主は、その修繕等（修繕・模様替、空気調和設備等の設置又は既設の空気調和設備等の改修をいう）をしようとする建築物について、所有者、管理者、占有者は、エネルギー消費性能の向上を図るよう努めなければならない

5 実践問題｜一問一答 →→→

1 □□ 品確法において、国土交通大臣が定める日本住宅性能表示基準は、利害関係人の意向を適切に反映するように、かつ、その適用に当たって同様な条件のもとにある者に対して不公正に差別を付することがないように定めなければならない

1 ○ ｜ 法3条1項・2項。国土交通大臣及び内閣総理大臣は、住宅の性能に関する表示の適正化を図るため、日本住宅性能表示基準を定める

2 □□ 品確法において、指定住宅紛争処理機関は、建設住宅性能評価書が交付された住宅である評価住宅の建設工事の請負契約又は売買契約に関する紛争の当事者の双方からの申請があった場合に限り、当該紛争のあっせん、調停及び仲裁の業務を行う

2 × ｜ 法67条1項。指定紛争処理機関は、評価住宅の契約に関する紛争については、当事者の双方又は一方からの申請により、当該紛争のあっせん、調停及び仲裁の業務を行う

3 □□ 建築物省エネ法において、共同住宅で当該住戸部分の床面積の合計（開放部分を除く）が、300㎡のものは、特定建築物である

3 × ｜ 建築物省エネ法11条1項、令4条1項。特定建築物とは、非住宅部分の床面積の合計（開放部分を除く）が300㎡以上のものをいう

4 □□ 建築物省エネ法において、特定建築行為とは、特定建築物の新築、増築、改築（非住宅部分の増築又は改築の規模が300㎡以上であるものに限る）又は特定建築物以外の建築物の増築（非住宅部分の増築の規模が300㎡以上であるもので、当該建築物が増築後において特定建築物となる場合に限る）をいう。なお、常時外気に有効に開放された部分はないものとする

4 ○ ｜ 建築物省エネ法11条。なお、特定建築物とは、居住のために継続的に使用する室その他の政令で定める建築物の部分（「住宅部分」という）以外の建築物の部分（「非住宅部分」という）の規模がエネルギー消費性能の確保を特に図る必要があるものとして政令で定める規模以上である建築物をいう

5 □□ 建築物省エネ法においては、新築又は改築の計画が、誘導水準に適合すること等について所管行政庁の認定を受けると、容積率の特例を受けることができる

5 ○ ｜ 建築物省エネ法34条、法35条、法40条、令11条。省エネ性能向上のための設備について、通常の建築物の床面積を超える部分を、当該物の延べ面積の1/10限度として容積率の特例を受けられる

020 その他関係法令

建築関係法令には、建築基準法施行令9条の建築基準関係規定に規定されている法令以外にも、建築士として設計、工事監理、建築主との協議等の際に、理解しておくべき法令があり、幅広い知識が求められている

1 都市計画法・建設業法・盛土規制法

都市計画法により、

①**都市計画区域又は準都市計画区域内**で**開発行為**をしようとする者は、あらかじめ、**都道府県知事**（指定都市等の区域内は、当該指定都市等の長）**の許可**を受けなければならない。ただし、一定の開発行為については除く

②**都市計画施設の区域又は市街地開発事業の施行区域内**で建築物の**建築**をしようとする者は、**都道府県知事の許可**を受けなければならない。ただし、令37条で定める軽易な行為等は除く

建設業法により、

①建設工事の**請負契約**の当事者は、契約の締結に際して、工事内容や請負代金等の事項を書面に記載し、署名又は記名押印をして相互に交付しなければならない

②建設業者は、請け負った建設工事を、一括して他人に請け負わせてはならない。ただし、当該工事が多数の者が利用する施設又は工作物に関する重要な建設工事で令6条の3で定めるもの（共同住宅を新築する建設工事）以外の場合に、元請負人があらかじめ発注者の書面による承諾を得たときは適用しない

宅地造成及び特定盛土等規制法（通称、盛土規制法）

宅地造成とは、宅地以外の土地を宅地にするために行う土地の形質の変更で次のものをいう。**特定盛土等**とは、宅地・農地等において行う土地の形質の変更で、当該宅地・農地等に隣接し又は近接する宅地において災害を発生させるおそれが大きいものとして次のものをいう

①盛土で高さ1m超の崖を生ずるもの

②切土で高さ2m超の崖を生ずるもの

③盛土と切土とを同時にする場合に盛土・切土の高さ2m超の崖を生ずるときの盛土・切土（①、②を除く）

④①又は③に該当しない盛土で高さ2m超えるもの

⑤上記以外の盛土・切土で、その面積が500㎡超のもの

本項目では、都市計画法を「都計法」、建設業法を「業法」、宅地造成及び特定盛土等規制法を「盛土規制法」、各法施行令を「令」とする

●**開発行為の許可**　都計法29条、令19条
開発行為とは、主として建築物の建築又は特定工作物の建設のための土地の区画形質の変更をいう（都計法4条12項）
●**開発許可を受けた土地の建築等の制限**　都計法42条
開発許可を受けた区域内では、完了公告後は、原則として、予定建築物等以外の建築物や特定工作物を新築等はできない
●**開発許可を受けた土地以外の土地における建築等の制限**　都計法43条1項、令34条、令35条
●**建築の許可**　都計法53条、令37条

●**建設工事の請負契約の内容**　業法19条
●**一括下請負の禁止**　業法22条
●**主任技術者設置**　業法26条
建設業者は、工事現場で建設工事の施工の技術上の管理を行う「主任技術者」を置かなければならない

●**宅地造成・特定盛土等**　法2条二号、三号、令3条
●**宅地造成等工事規制区域**　法10条1項
●**宅地造成等に関する工事の許可**　法12条、令5条
宅地造成等工事規制区域内において行われる宅地造成等の工事は、工事主は工事着手前に、都道府県知事の許可を受けなければならない

2 各種関係法令

景観法により、市町村は、都市計画区域又は準都市計画区域内の土地の区域については、都市計画に**景観地区**を定めることができる。景観地区内の建築物の形態意匠は、原則として、都市計画に定められた建築物の形態意匠の制限に適合すること

いわゆる建設リサイクル法［※1］では、プレキャスト板等のコンクリートを含む**特定建設資材**を用いた建築物等に係る解体工事又はその施工に特定建設資材を使用する新築工事等で、その規模が次の①～③の対象建設工事の受注者又は自主施工者は、正当な理由がある場合を除き、**分別解体等**をしなければならない
①解体工事：建築物の床面積の合計が**80㎡**以上であるもの
②新築又は増築の工事：建築物の床面積が**500㎡**以上のもの。又は、請負代金の額が**1億円**以上であるもの
③建築物以外のものに係る解体工事又は新築工事等：請負代金の額が**500万円**以上であるもの

土砂災害警戒区域等における土砂災害防止対策の推進に関する法律（以下、土砂災害防止法という）において、「**土砂災害特別警戒区域（特別警戒区域という）**」とは、都道府県知事が、警戒区域（土砂災害警戒区域）のうち、急傾斜地の崩壊等で、建築物に損壊が生じ住民等の生命、身体に著しい危害が生ずるおそれがある区域で、一定の開発行為の制限及び居室を有する建築物の構造の規制をすべき区域として指定することができる

特別警戒区域内において、開発行為をする区域内で建築が予定されている建築物［※1］（「**予定建築物**」という）の用途が「**制限用途**」であるもの（「**特定開発行為**」という）をしようとする者は、あらかじめ、都道府県知事の許可［※2］を受けなければならない。

水道法により、排水管への取付口の位置は、他の給水装置の取付口から**30cm**以上離す

下水道法により、管渠の勾配は、やむを得ない場合を除き、**1／100**以上とする。分流式の公共下水道に下水を流入させるために設ける排水設備は、汚水と雨水とを分離して排除する構造とすること

いわゆる長期優良住宅法［※2］により構造・設備を**長期使用構造等**とした住宅を建築し、みずから建築後の住宅の維持保全を行おうとする者は住宅の建築及び維持保全に関する計画（**長期優良住宅建築等計画**）を作成し、**所管行政庁**の認定を**申請**できる

● **景観地区** 景観法61・62条
建基法68条（景観地区）、建基法85条の2（景観重要建造物に対する制限緩和）

景観地区については、屋外広告物法とも関連付けて確認しておこう

● **分別解体等** 建設リサイクル法2条3項

● **分別解体等実施義務** 建設リサイクル法9条、令1条

● **対象建設工事の届出等** 建設リサイクル法10条
対象建設工事の発注者等は、工事着手日の7日前までに都道府県知事に届け出なければならない

● 土砂災害防止法9条1項、令3条

● 土砂災害防止法7条1項、令2条 警戒区域

● 土砂災害防止法10条1項
※1：当該区域が特別警戒区域の内外にわたる場合は、特別警戒区域外において建築が予定されている建築物を除く
※2：ただし、以下の行為は知事の許可は不要 令5条
①非常災害のために必要な応急措置として行う開発行為
②仮設建築物の建築の用に供する目的で行う開発行為

● **給水装置の構造及び材質の基準** 水道法16条、令6条

● **排水設備の設置及び構造の技術上の基準** 下水道法10条、下水道法施行令8条

● **長期優良住宅建築等計画の認定** 長期優良住宅法5条
長期優良住宅法施行規則4条（住戸面積）

計画

法規

構造

施工

237

※1：建設工事に係る資材の再資源化等に関する法律　※2：長期優良住宅の普及の促進に関する法律

QUESTION

ANSWER

1 最頻出問題 | 一問一答

→→→

次の記述のうち、各法令上、正しいものには○、誤っているものには×をつけよ

---

1 ☐☐ 都市計画法上、市街化調整区域内において、農業、林業もしくは漁業を営む者の居住のための建築物を建築する目的で行う開発行為は、開発許可を受けなければならない

---

2 ☐☐ 宅地造成等工事規制区域内の宅地造成において、切土又は盛土をする上地の面積が500㎡を超える場合は、盛土規制法上、原則として、都道府県知事の許可を受ける必要がある

---

3 ☐☐ 木造2階建て、延べ面積500㎡の共同住宅の新築工事は、建設工事に係る資材の再資源化等に関する法律上、原則として、分別解体等をしなければならない

---

4 ☐☐ 元請の建設業者が請け負った、木造2階建て、延べ面積500㎡の共同住宅の新築工事の場合は、あらかじめ発注者の書面による承諾が得られれば、建設業法上、一括して他人に請け負わせることができる

1 ✕｜法29条1項二号により、市街化調整区域内において行う開発行為で、農林漁業を営む者の居住用途の建築物の建築目的で行う開発行為は開発許可不要である

2 ○｜盛土規制法2条二号・12条、令3条五号。切土又は盛土の土地の面積が500㎡を超える場合は、宅地造成となり、都道府県知事の許可が必要

3 ○｜建設リサイクル法9条1項・3項、令2条1項二号。新築工事については、当該建築物の床面積500㎡以上が対象

4 ✕｜業法22条3項、令6条の3。業法22条は一括下請負の禁止を規定している。令6条の3により、共同住宅を新築する建設工事は、書面による承諾を得ても一括下請負をしてはならない

2 実践問題 | 一問一答

→→→

1 ☐☐ 盛土規制法上、宅地以外の土地を宅地にするために行う盛土であって、当該盛土をした土地の部分に高さが1mの崖を生ずることとなるものは、「宅地造成」である

---

2 ☐☐ 都市計画法上、都市計画施設の区域内において木造平家建、延べ面積150㎡の事務所の改築をしようとする者は、原則として、都道府県知事の許可を受けなければならない

---

3 ☐☐ 建設業法上、延べ面積が150㎡に満たない木造住宅工事のみを請け負うことを営業とする者は、建設業の許可を受けなくてもよい

1 ✕｜盛土規制法2条二号、令3条二号。宅地造成は宅造法2条二号に規定され、盛土の場合は令3条一号により、1mを超える崖の場合

2 ✕｜都計法53条1項一号、令37条。都市計画施設の区域内は、令37条で定める軽易な行為は許可が不要。軽易な行為とは、階数が2以下で、かつ地階を有しない木造の建築物の改築又は移転のこと

3 ○｜業法3条1項、令1条の2第1項。軽微な建設工事のみを請け負う者

4 ☐☐ 建設工事に係る資材の再資源化等に関する法律上、コンクリートは「特定建設資材」となる

5 ☐☐ 盛土規制法上、宅地以外の土地を宅地にするために行う切土であって、当該切土をした土地の部分に高さが3mの崖を生ずることとなるものは「宅地造成」となる

6 ☐☐ 都市計画法上、主として建築物の建築のための目的で行う土地の区画形質の変更は、その土地の規模にかかわらず、開発行為である

7 ☐☐ 市町村が施行する土地区画整理事業の施行地区内において、事業計画の決定の公告後、換地処分があった旨の公告のある日までは、建築物の改築を行う場合には、土地区画整理法上、都道府県知事の許可を受ける必要がある

8 ☐☐ 都市計画法上、市街化区域内で、病院を建築するために行う1,200㎡の開発行為については、開発許可を必要としない

9 ☐☐ 土砂災害警戒区域等における土砂災害防止対策の推進に関する法律について、特別警戒区域内において、開発行為区域内で建築が予定されている建築物(「予定建築物」という)は、その用途を問わず、あらかじめ、都道府県知事の許可を受けなければならない

10 ☐☐ 土砂災害特別警戒区域内における居室を有する建築物の外壁及び構造耐力上主要な部分(「土石等の高さ等」以下の部分で自然現象により衝撃が作用すると想定される部分に限る)の構造は、原則として、当該自然現象により想定される衝撃が作用した場合においても破壊を生じないものとして国土交通大臣が定めた構造方法を用いるものとしなければならない

MEMO | **目で覚える! 重要ポイント**

● **盛土規制法の宅地造成に当たるもの**

①切土の崖の場合(>2m)と②盛土の崖の場合(>1m)

①切土>2m ▼宅地 ②盛土>1m

③切土と盛土を同時に行う崖の場合(切土+盛土>2m)

盛土 ▼宅地 切土 ▼宅地 ③切土と盛土>2m

は許可が不要。令1条の2第1項により、延べ面積150㎡に満たない木造住宅工事は軽微な建設工事

4 ○│建設リサイクル法2条五項、令1条一号。特定建設資材とは、コンクリート・木材等の建設資材のうち、再資源化が資源の有効利用及び廃棄物の減量上必要で、かつ、経済性の制約が著しくないもの(コンクリート、コンクリート及び鉄から成る建設資材、木材、アスファルト・コンクリート)

5 ○│盛土規制法2条二号、令3条二号。切土の場合は、高さ2m超の崖は、宅地造成となる

6 ○│都市計画法4条12項。開発行為とは、主として建築物の建築又は特定工作物の建設の用に供する目的で行なう土地の区画形質の変更をいう。そのうちで開発許可を要するものは、同法53条により建築物の建築等の一定目的の行為である

7 ○│土地区画整理法76条1項。建築物の新築・改築・増築等を行おうとする者は、市町村施行の土地区画整理事業は都道府県知事の許可を受けなければならない

8 ×│都計法29条1項一号により令19条で定める開発許可が不要な規模は、市街化区域の場合、1,000㎡未満である

9 ×│土砂災害防止法10条1項、2項、令6条。予定建築物の用途が制限用途である場合は、あらかじめ、知事の許可が必要である。制限用途とは、同法10条2項により①自己の居住の用に供するもの以外の住宅、②高齢者、障害者、乳幼児その他の特に防災上の配慮を要する者が利用する社会福祉施設、③学校(特別支援学校及び幼稚園)、④医療施設(病院、診療所及び助産所)

10 ○│建築基準法施行令80条の3

分野別・出題傾向［平成26−令和5年］

DATA

分野	H26	H27	H28	H29	H30	R1	R2	R3	R4	R5	合計
用語の定義	1.0	1.0	1.0			1.0	1.0	1.0			6.0
面積・高さ等の算定		1.0		1.0	1.0				1.0	1.0	5.0
手続	2.0	2.0	2.0	1.0	2.0	2.0	2.0	2.0	2.0	2.0	19.0
適用等	1.0		1.0	1.0							3.0
一般構造	1.0	2.0	2.0	2.0	2.0	1.0	2.0	1.0	1.0	2.0	16.0
建築設備	1.0					1.0		1.0			3.0
構造強度	3.0	3.0	3.0	3.0	3.0	3.0	2.0	3.0	3.0	3.0	29.0
防火・内装規定	2.0	2.0	2.0	2.0	2.0	2.0	2.0	2.0	2.0	2.0	20.0
避難規定	1.0	1.0	1.0	1.0	1.0	1.0	1.0	1.0	1.0	1.0	10.0
道路等	1.0	1.0	1.0	1.0	1.0	1.0	1.0	1.0	1.0	1.0	10.0
用途地域制	2.0	2.0	2.0	2.0	2.0	2.0	2.0	2.0	2.0	2.0	20.0
容積率	1.0	1.0	1.5	1.0	1.0	1.0	1.0	1.5	1.5	1.0	11.5
建蔽率	1.0	1.0	0.5	1.0	1.0	1.0	1.0	0.5	0.5	1.0	8.5
高さ制限・日影規制	2.0	2.0	2.0	2.0	2.0	2.0	2.0	2.0	2.0	2.0	20.0
規模等の制限融合		1.0	1.0	1.0	1.0	1.0	1.0	1.0	1.0	1.0	9.0
防火地域制	1.0	1.0	1.0	1.0	1.0	1.0	1.0	1.0	1.0	1.0	10.0
建築士法	2.0	2.0	2.0	2.0	2.0	2.0	2.0	2.0	2.0	2.0	20.0
バリアフリー法						1.0			1.0		2.0
建築物省エネ法									1.0		1.0
耐震改修促進法			1.0					1.0			2.0
品確法				1.0							1.0
長期優良住宅法					1.0						1.0
都市計画法							1.0				1.0
建設業法			1.0								1.0
関係法令融合	3.0	3.0	1.0	2.0	2.0	2.0	2.0	2.0	3.0	1.0	21.0

ADVICE

法規は試験会場に法令集を持ち込めるので、日頃から法令集にあたりながら勉強しよう。問題文に「誤っているのはどれか」と「正しいものはどれか」が混在しているので注意して読もう。問題№4の、ホルムアルデヒドに関する必要有効換気量の算定は、各室の床面積、天井高さ及び常時開放された開口部が示されており、対象となる室を選択すれば計算可能である。問題№5で、「木造2階建て、延べ面積100㎡の一戸建て住宅」の建築設備も含めた一般構造等が出題されたが、例年出題されている形式のため、このような問題に慣れておこう。構造に関する問題№8が、鉄骨造、鉄筋コンクリート造、補強コンクリートブロック造の規定を問うものであるため、木造以外の構造の強度等の規定も勉強しておこう。問題№18の最高高さの限度において、地盤面が道路より高い位置にあるが、道路高さ制限、隣地高さ制限、北側高さ制限の算定位置を確認しておこう。問題№24の建築物省エネ法は、社会的に注目されている法律のため、内容を把握しておこう。

構造

「構造」分野の出題は、「構造力学
＋構造計画」「各種一般構造＋建
築材料」という構成となります。
特に、構造力学の計算問題では、
暗記ではなく、基本的な公式や考
え方などをしっかりと理解してい
ることが求められるので、この分
野が不得手な人はそうした学習
がポイントとなります。

001 力のつり合い

力のつり合いの問題は毎年出題されるので、バリニオンの定理に関する基本的な考え方をきちんと理解すること。等分布荷重の場合は、集中荷重に置き換え、バリニオンの定理を用いるところがポイントとなる

1　力の3要素

力は、①**力の大きさ**、②**力の方向（向き）**、③**力の作用点**の3要素で構成されており、矢印で示すことができる。作用点を通って力の方向に引いた直線を**力の作用線**という

● **力の3要素**

● **力の単位**

力の大きさを表す単位には、N（ニュートン）やkN（キロニュートン）が用いられる

● **力の符号**

力の符号はXY座標軸を基本にし、右向き・上向きを＋、左向き・下向きを－で表示する

2　力のモーメント

力Pの作用線と離れた任意の点Oでは、**力のモーメント（M）**が発生する。その大きさは、力Pと、O点から力Pの作用線までの垂直距離ℓとの積で表す

力のモーメント＝力×垂直距離

$$M \quad = P \times \ell$$

● **力のモーメント**

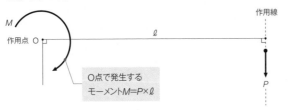

● **単位**

モーメントは力と長さの積で、N・m、kN・mなどが用いられる

● **モーメントの符号**

時計回り（⤵）を＋、反時計回り（⤴）を－で表示する

3　力の合成

物体にいくつかの力が作用するとき、これと等しい効果をもつ1つの力にまとめることを**力の合成**といい、まとめた力を**合力**という。**平行な力の合力**の作用位置を求めるには、**バリニオンの定理**を用いる

● **バリニオンの定理**

ある点に対する力のモーメントの総和は、それらの力の合力のその点に対するモーメント（合力のモーメント）に等しい

例題:例題図のような平行な力P_1、P_2の合力Rの大きさと作用位置rを求めよ

解答:

①合力Rを位置rに仮定する(例題図)

②合力Rを求める

$R = P_1 + P_2 = 2\,\text{kN} + 4\,\text{kN} = 6\,\text{kN}$

③合力のモーメントΣM_Oを求め、作用位置rを求める

$\Sigma M_O = R \times r = P_1 \times \ell_1 + P_2 \times \ell_2$

$= 2\,\text{kN} \times 2\,\text{m} + 4\,\text{kN} \times 5\,\text{m} = 24\,\text{kN·m}$

距離:$r = \Sigma M_O / R = 24\,\text{kN·m} / 6\,\text{kN} = 4\,\text{m}$

● 例題図

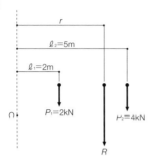

● 力の分解

合力Rをそれに平行な2つの力P_1、P_2に分解する場合も、バリニオンの定理で求めることができる

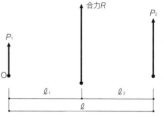

O点に対してバリニオンの定理を用いる

$-R \times \ell_1 = -P_2 \times \ell$

$P_2 = R \times \dfrac{\ell_1}{\ell}$

また　$R = P_1 + P_2$より

$P_1 = R - P_2 = R\left(1 - \dfrac{\ell_1}{\ell}\right) = R \times \dfrac{\ell_2}{\ell}$

4　力のつり合い

作用点が違う力のつり合いは$\Sigma M = 0$から求めることができる。下記の例題図のように、4つの力がつり合っている場合、P_4を求めるには、左上の点をO点として、O点におけるモーメントの総和$\Sigma M_O = 0$から計算する。この場合、P_1とP_3の力のモーメントは作用線上に回転の中心があるため0となり、考慮しなくてよい

例題:例題図のような作用点の異なる力$P_1 \sim P_4$がつり合っている場合のP_4を求めよ

解答:

$\Sigma M_O = P_2 \times 4\,\text{m} - P_4 \times 8\,\text{m} = 0$

$P_4 \times 8\,\text{m} = 2\,\text{kN} \times 4\,\text{m}$

$P_4 = 1\,\text{kN}$

● 例題図

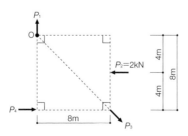

● 力のつり合い

いくつかの力が物体に同時に作用している場合のつり合いは、

①合力が0になること

②任意の点に対する力のモーメント総和が0になること

すなわち、次の3つのつり合いの条件式が成り立つ

$\Sigma X = 0$(X軸方向の力の合計が0)

$\Sigma Y = 0$(Y軸方向の力の合計が0)

$\Sigma M = 0$(モーメントの力の合計が0)

力のつり合い

QUESTION

1 最頻出問題 | 五肢択一

1 ☐☐ 次のような分布荷重の合力の作用点からA点までの距離として、
正しいものは、次のうちどれか

1—1.6m | 2—2.2m | 3—2.6m | 4—2.8m | 5—3.4m

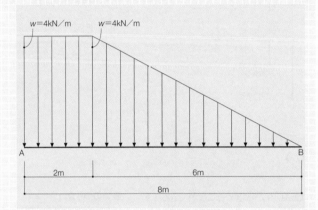

解法ポイント
等分布荷重を集中荷重に置き換え、バリニオンの定理を用いて合力の
作用位置を求める。集中荷重の作用位置は、等分布の場合は$\ell／2$、等
変分布荷重の場合はB点から$2\ell／3$の箇所となる
バリニオンの定理とは、「複数の力のある1点に関するモーメントの総和
は、それらの合力の点に関するモーメントに等しい」ということ

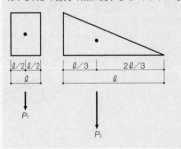

ANSWER

→→→

1 答えは4

①等分布荷重を集中荷重P_1とP_2に置き
換え、合力Rを求める
$P_1＝4kN／m×2m＝8kN$
$P_2＝4kN／m×6m×1／2＝12kN$
$R＝8kN＋12kN＝20kN$

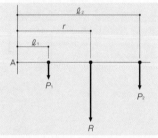

②A点からの各力の作用点までの距離を
求める
等分布荷重の距離$\ell_1＝1m$、等変分布
荷重の距離$\ell_2＝2m＋2m＝4m$とな
る。合力RはA点から右側rの距離にあ
るものと仮定する
③バリニオンの定理を用いてA点に関す
るモーメントを計算する
$R×r＝P_1×\ell_1＋P_2×\ell_2$
$r＝(P_1×\ell_1＋P_2×\ell_2)／R$
$＝(8kN×1m＋12kN×4m)／20kN$
$＝2.8m$

rは符号が＋なので、合力Rは仮定どお
りA点から右側に2.8mの位置である。
したがって、正しいものは「4」である

2 実践問題 | 五肢択一 →→→

1 □□　図のような4つの力 $P_1 \sim P_4$ がつり合っているとき、P_2 の値として正しいものは、次のうちどれか

1—30kN｜2—24kN｜3—18kN｜4—12kN｜
5—6kN

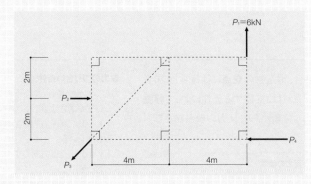

解法ポイント
作用点が異なるいくつかの力のつり合いは、任意の点に対するモーメントの総和が0($\Sigma M=0$)であることにより求めることができる
力のつり合いは、どの点を中心としても同じ結果が得られるので、任意の点を計算しやすいような箇所とすることがポイントである

1　答えは2

①任意の点として、P_3 と P_4 の作用線上の交点にA点をとる
　P_3 と P_4 の力のモーメントは作用線上に回転の中心があるため0となり、考慮しなくてもよいことになる

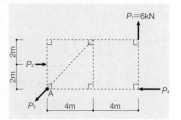

②A点におけるつり合い $\Sigma M_A=0$ より、P_2 を求める
　$\Sigma M_A = P_1 \times 8m + P_2 \times 2m = 0$
　$-6kN \times 8m + P_2 \times 2m = 0$
　$P_2 = 48kN \cdot m ／ 2m = 24 kN$
　したがって、正しいものは「2」である

002 静定構造物の応力

単純梁に荷重が作用した場合の、ある位置における曲げモーメントを求める問題の出題頻度が高い。せん断力やたわみなどを比較する問題も出題されるので、基本的な荷重が作用する場合の公式は覚えておこう

1 反力

構造物に荷重が作用した場合、構造物の**支点**には荷重とつり合うための力（**反力**）が生じる。支点は、支持する条件によって**移動支点**、**回転支点**、**固定支点**の3種類があり、反力の数が異なる

●支点と反力

	表示方法	反力の種類	
移動支点 （ローラー）	△	反力＝1（垂直） （V：垂直方向の反力）	△ ↑V
回転支点 （ピン）	△	反力＝2（垂直、水平） （H：水平方向の反力）	→H △ ↑V
固定支点 （フィックス）	‖	反力＝3 （垂直、水平、モーメント） （M：モーメント）	M →H ↑V

構造物が静止の状態であるためには、構造物に作用するすべての力が垂直・水平・回転方向につり合っていることが必要であり、**力のつり合い条件**から反力が求まるものを静定構造物という

●力のつり合い条件

力のつり合い条件とは、下記の3つのつり合い式が成立することである

　$\Sigma X = 0$　（水平方向のすべての力がつり合っている）

　$\Sigma Y = 0$　（垂直方向のすべての力がつり合っている）

　$\Sigma M = 0$　（回転させようとするすべての力がつり合っている）

右向き・上向き・時計回りの方向を正（＋）、左向き・下向き・反時計回りの方向を負（－）として計算しよう

2 静定構造物の応力

構造物に荷重が作用すると、それらの外力によって各部材には変形が生じ、その変形に対応して部材内部には応力（**軸方向力**、**せん断力**、**曲げモーメント**）が生じる

●応力の種類

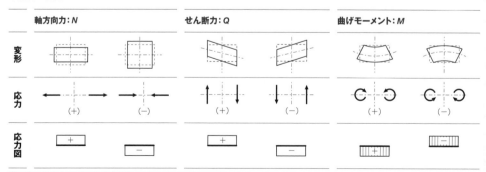

□ 軸方向力とは、部材の軸方向に生じ、材を伸縮させようとする一対の力で、引張力（←→）を正とする。単位にはN、kNを用いる

□ せん断力とは、部材の軸に対して垂直方向に生じ、はさみで切ろうとする力で、右下がり（↑↓）を正とする。単位にはN、kNを用いる

□ 曲げモーメントとは、部材を曲げようとする一対のモーメントで、水平部材の場合、上が圧縮、下が引張（⌒⌣）を正とする。単位にはN・m、kN・mなどを用いる

□ 応力を求める手順を例題で覚える
例題：単純梁について、右図の集中荷重Pが作用する単純梁のC点の**応力**を求める
解答：
①反力を求める（解説図A）

　$\Sigma X = 0$ より　$H_A = 0$

　$\Sigma Y = 0$ より　$V_A + V_B - P = 0$ ——（1）

　B点まわりのモーメントより

　　$M_B = V_A \times \ell - P \times b = 0$ ——（2）

　　$V_A = \dfrac{Pb}{\ell} = P\dfrac{b}{\ell}$

　（1）より　$V_B = P - V_A$

　（2）より　$V_B = P - P\dfrac{b}{\ell} = P\left(1 - \dfrac{b}{\ell}\right)$

　　　　　　　$= \dfrac{P(\ell - b)}{\ell} = P\dfrac{a}{\ell}$

②応力を求める

　軸方向力Nは、荷重が作用していないので生じない

　せん断力Qは$\Sigma Y = 0$より、A－C間（解説図B）は

　　$V_A - Q_1 = 0$（A－C間）

　　$Q_1 = V_A = Pb / \ell$

　C－B間でも同様に、$\Sigma Y = 0$より

　　$V_A - P - Q_2 = 0$

　　$Q_2 = V_A - P = Pb / \ell - P = P(b - \ell)/\ell = -Pa / \ell$

　曲げモーメントは、**力のつり合い**条件よりM_Cを求める

　$\Sigma M_C = 0$より

　　$V_A \times a - M_C = 0$（A－C間）

　　$M_C = V_A \times a = Pb / \ell \times a = (Pab)/\ell$

　集中荷重が単純梁のスパン中央に作用する場合は、$a = b = \ell/2$となるので

　　$V_A = V_B = P / 2$

　　$M_C = P\ell / 4$

● **応力を求める手順**
①支点反力を求める
②応力を求める
　応力を求める位置で構造物を左右に切断し、応力を求める位置より左側（又は右側）の外力と、仮定した応力との力のつり合いを考える
　なお、仮定する方向は、各応力の正の向きとする

● **例題図**

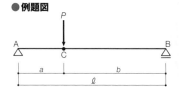

● **解説図A**　反力を求める

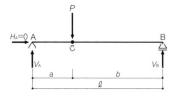

● **解説図B**　応力を求める（A－C間）

切断面には作用するせん断力や曲げモーメントを(+)の方向に仮定する

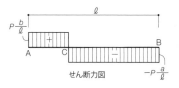

せん断力図

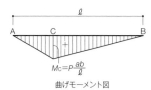

$M_C = P\dfrac{ab}{\ell}$

曲げモーメント図

● **斜め荷重の例**
鉛直水平方向に分解する

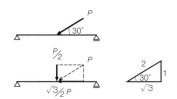

QUESTION

1 最頻出問題 五肢択一

ANSWER

→→→

1 □□ 図のような荷重を受ける単純梁のA点における曲げモーメントの大きさとして、正しいものは、次のうちどれか

1——5.6kN·m │ 2——6.0kN·m │ 3——6.8kN·m │
4——8.0kN·m │ 5——12.8kN·m

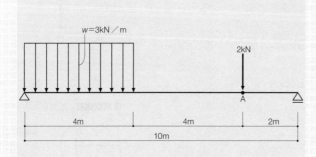

解法ポイント
単純梁に荷重が作用したときの曲げモーメントを求めるには、まず各支点の反力を算出する。ある点における曲げモーメントは、求める位置に曲げモーメントを仮定し、その点の左側（右側）のモーメントとのつり合いを考える。なお、等分布荷重は集中荷重に置き換えて計算を行う

1 答えは4

等分布荷重を集中荷重Pに置き換え、支点の鉛直反力V_BとV_Cを図のように仮定する。なお、水平荷重は作用していないので水平反力は$H_B=0$であり、考慮する必要はない

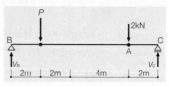

①反力を求める
集中荷重Pは、
$P=3kN／m×4m=12kN$
$\Sigma X=0$
$\Sigma Y=0$より、
$V_B+V_C-12-2=0$
$V_B=-V_C+14$——（1）
反力V_Cは$\Sigma M_B=0$より、
$12kN×2m+2kN×8m-V_C×10m=0$
$V_C=4kN$（上向き、仮定どおり）
（1）より、
$V_B=-4+14=10$——（2）
（上向き、仮定どおり）
②曲げモーメントを求める
A点に曲げモーメントM_Aを仮定し、A点より左側にあるモーメントの和を考える

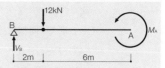

（1）、（2）より、
$M_A=V_B×8m-12kN×6m$
$=10kN×8m-12kN×6m$
$=8kN·m$（仮定どおり）
したがって、正しいものは「4」である

2 実践問題 | 五肢択一 →→→

1 ☐☐ 図のような荷重を受ける単純梁において、B点の曲げモーメントの大きさと、A－B間のせん断力の大きさとの組合せとして、正しいものは、次のうちどれか

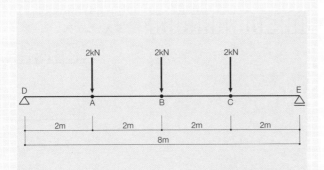

	B点の曲げモーメント	A－B間のせん断力
1	8kN·m	0kN
2	8kN·m	1kN
3	16kN·m	0kN
4	16kN·m	1kN
5	16kN·m	2kN

解法ポイント

本問では荷重が左右対称なので、支点Dと支点Eの反力 V_D と V_E は等しく、大きさは全荷重の半分であることから求めてもよい

$V_D = V_E = (2kN + 2kN + 2kN) / 2 = 3kN$

求める点の曲げモーメント及びせん断力は、正の方向に仮定すると考えやすい

1 答えは2

支点の鉛直反力 V_D と V_E を図のように仮定する。なお、水平荷重は作用していないので水平反力は $H_D = 0$ であり、考慮する必要はない

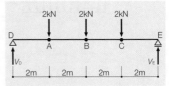

①反力を求める

$\Sigma X = 0$

$\Sigma Y = 0$ より、

$V_D + V_E - 2 - 2 - 2 = V_D + V_E - 6 = 0$

$V_D = 6 - V_E$ ——（1）

反力 V_E は $\Sigma M_D = 0$ より、

$2kN \times 2m + 2kN \times 4m + 2kN \times$
$6m - V_E \times 8m = 0$

$V_E = 3kN$（上向き、仮定どおり）——（2）

（1）、（2）より、

$V_D = 6 - 3 = 3kN$

（上向き、仮定どおり）

②せん断力を求める

A－B間にせん断力 Q_{A-B} を仮定し、A－B間の任意の点から左側で鉛直方向のつり合いを考える

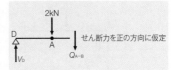

$V_D - 2kN - Q_{A-B} = 0$

$Q_{A-B} = V_D - 2kN = 1kN$

③曲げモーメントを求める

B点に曲げモーメント M_B を仮定し、B点より左側にあるモーメントの和を考える

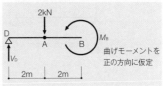

$M_B = V_D \times 4m - 2kN \times 2m$
$= 8kN \cdot m$（仮定どおり）

したがって、正しいものは「2」である

2 □□ 図−1のような単純梁を図−2のように、等分布荷重 w（kN／m）を変えずに、スパン ℓ（m）を2倍にした場合に生じる変化に関する次の記述のうち、最も不適当なものはどれか。ただし、梁は、自重を無視するものとし、材質及び断面は変わらないものとする

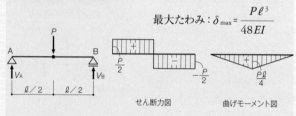

図−1　　　図−2

1──A点のたわみ角が8倍になる

2──B点のたわみが16倍になる

3──A点の鉛直反力が2倍になる

4　最大せん断力が2倍になる

5──最大曲げモーメントが2倍になる

解法ポイント
単純梁の中央に集中荷重が作用した場合や全体に等分布作用した場合のせん断力、曲げモーメント、たわみは基本公式として覚えておこう

●集中荷重が作用した場合

最大たわみ：$\delta_{max}=\dfrac{P\ell^3}{48EI}$

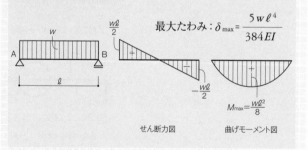

せん断力図　　曲げモーメント図

●等分布荷重が作用した場合

最大たわみ：$\delta_{max}=\dfrac{5w\ell^4}{384EI}$

せん断力図　　曲げモーメント図

2　答えは5

単純梁に等分布荷重 w が作用する場合、反力、せん断力、曲げモーメント、たわみ、たわみ角はそれぞれ以下のようになる

A点の鉛直反力：$V_A=w\ell／2$

最大せん断力：$Q_{max}=w\ell／2$

最大曲げモーメント：$M_{max}=w\ell^2／8$

A点のたわみ角：$\theta=w\ell^3／24EI$

最大たわみ：$\delta_{max}=5w\ell^4／384EI$

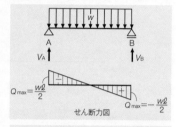

せん断力図

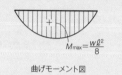

曲げモーメント図

本問では、梁の長さが2倍となるので、上式の ℓ の箇所を 2ℓ として計算して比較する

A点の鉛直反力：
　$V_A=w(2\ell)／2=(w\ell／2)\times2$

最大せん断力：
　$Q_{max}=w(2\ell)／2=(w\ell／2)\times2$

最大曲げモーメント：
　$M_{max}=w(2\ell)^2／8=(w\ell^2／8)\times4$

A点のたわみ角：
　$\theta=w(2\ell)^3／24EI$
　　$=(w\ell^3／24EI)\times8$

最大たわみ：
　$\delta_{max}=5w(2\ell)^4／384EI$
　　$=(5w\ell^4／384EI)\times16$

これらの結果から、

1　A点のたわみ角は8倍になる

2　B点のたわみが16倍になる

3　A点の鉛直反力は2倍になる

4　最大せん断力は2倍になる

5　最大曲げモーメントは4倍になる

したがって、不適当なものは「5」である

3 □□ 図のような荷重を受ける単純梁のA点における曲げモーメントの大きさとして、正しいものは、次のうちどれか

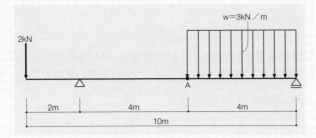

1——10kN・m

2——12kN・m

3——14kN・m

4——16kN・m

5——18kN・m

解法ポイント
はね出し部がある場合も、単純梁と同様に解くことができる。まず各支点反力を求める。求める点の曲げモーメントは、着目部分でのつり合いが保たれていることから求める

4 □□ 図1のように集中荷重を受ける単純梁を、図2のような等分布荷重を受けるように荷重条件のみ変更した場合に生じる変化に関する次の記述のうち、最も不適当なものはどれか。ただし、梁は自重を無視するものとする

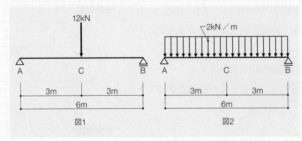

1——支点A及びBの反力は、荷重条件変更後も、変わらない

2——最大曲げモーメントが、荷重条件変更後に、小さくなる

3——C点におけるたわみが、荷重条件変更後に、小さくなる

4——軸方向力は、荷重条件変更後も、変わらない

5——最大せん断力が、荷重条件変更後に、小さくなる

3 答えは1

等分布荷重を集中荷重に置き換え、支点の鉛直反力V_BとV_Cを図のように仮定する。なお、水平荷重は作用していないので考慮する必要はない。

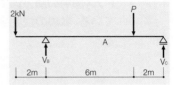

①反力を求める
集中荷重Pは
　P＝W×4m＝3kN／m×4m＝12kN
反力V_Bは$\Sigma M_C=0$より、
　－2kN×10m＋V_B×8m－12kN×2m
　＝0
　V_B＝5.5kN
$\Sigma Y=0$より、
　V_C＝2kN＋12kN－5.5kN＝8.5kN

②曲げモーメントを求める
曲げモーメントM_Aを図のように仮定し、A点より左側にあるモーメントとのつり合いを考える

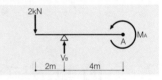

　M_A＝－2kN×6m＋V_B×4m
　　＝－2kN×6m＋5.5kN×4m
　　＝10kN・m
したがって、正しいものは「1」である

4 答えは5

単純梁に荷重が作用する基本公式（前頁参照）を用いて算出する

	集中荷重	等分布荷重
・支点反力	$V_A=V_B=6$kN	$V_A=V_B=6$kN
・最大曲げモーメント	M＝18kN・m	M＝9kN・m
・たわみ	$\delta=54／EI$	$\delta=33.75／EI$
・軸方向力	なし	なし
・最大せん断力	Q＝6kN	Q＝6kN

したがって、不適当なものは「5」である

003 トラス

トラス部材の軸方向力を求める方法には節点法と切断法があり、毎年どちらかが出題されている。本項の説明を参考にして、この2つの方法をしっかり理解しておくことが大事である

1 部材の応力

部材どうしを**ピン接合**して形成される三角形の骨組構造を**トラス**という。トラスの節点はすべて**ヒンジ(ピン)**になっているため、トラス部材には**軸方向力**(引張力か圧縮力)しか生じない。軸方向力は、引張力(+)の場合は節点から引っ張るように、圧縮力(−)は節点を押すように表示する

● **軸方向力**

引張(+)

圧縮(−)

トラスに生じる応力の性質(節点に外力がない場合)

$N_1 = N_2 = 0$

$N_1 = N_2、N_3 = 0$

$N_1 = N_2、N_3 = N_4$

● **部材応力が0になる例**

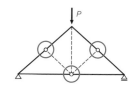

2 節点法での求め方

節点法とは、トラスの各節点での力はつり合うという条件($\Sigma X = 0$及び$\Sigma Y = 0$)から、各部材の軸方向力を順次求める方法である

右例題図のトラスの軸方向力を、節点法を用いて求める
①**支点反力**V_A、V_B、H_Aを仮定し(例題図の色の付いた矢印)、トラス全体のつり合いから反力を求める

    $\Sigma X = 0$より、$H_A = 0$

    $\Sigma Y = 0$より、$V_A - 8\,\text{kN} + V_B = 0$

    $\Sigma M_A = 0$より、$8\,\text{kN} \times 3\,\text{m} - V_B \times 12 = 0$

これらを解いて、$V_A = 6\,\text{kN}$、$V_B = 2\,\text{kN}$(仮定した方向と同じ)
②それぞれの節点でつり合いを考える(解説図A)

まず節点A部近傍を切り出し、節点Aでのつり合いを計算する。このとき、未知の軸方向力N_1とN_2は引張と仮定する(解説図B)。右向き、上向きを正とすると、

    $\Sigma X = 0$より、$N_1 \times \boxed{(3 \ / \ 5)} + N_2 = 0$

    $\Sigma Y = 0$より、$N_1 \times \boxed{(4 \ / \ 5)} + V_A = 0$

ピタゴラスの定理により
5m 4m
θ
3m

これらを解いて、$N_1 = -7.5\,\text{kN}$、$N_2 = 4.5\,\text{kN}$

(N_2は引張力、N_1は仮定した符号と異なるので圧縮力となる)

● **例題図**

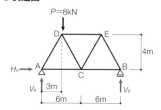

● **解説図A**

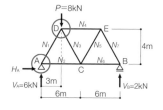

● **解説図B**

③節点D部近傍を切り出し、節点Dでのつり合いを計算する

未知の軸方向N_3とN_4は引張りと仮定する（解説図C）

なお、N_1は圧縮力なので、節点Dを押す方向となる

$\Sigma X = 0$より、$N_4 + N_3 \times (3 / 5) + N_1 \times (3 / 5) = 0$

$\Sigma Y = 0$より、$-8\,\text{kN} - N_3 \times (4 / 5) + N_1 \times (4 / 5) = 0$

これらを解いて、$N_3 = -2.5\,\text{kN}$、$N_4 = -3\,\text{kN}$（N_3、N_4は圧縮力となる）

計算結果は、解説図Dのようになる

このように、**節点E、節点C、節点B**の順につり合いを考え、全部材の軸方向力を求める

● 解説図C

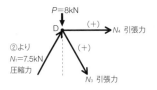

● 解説図D

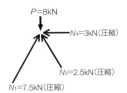

［ポイント］

力のつり合いは、**2部材の節点**（つまり、**未知の軸方向力が2つ以下の節点**）**から計算を始め**、2個ずつの未知の軸方向力を求めるように順次計算していく。この場合、仮定する軸方向力は引張力（＋）の向きとする

3 切断法での求め方

切断法とは、トラスを任意の位置で切断し、左右どちらかの部分のつり合いから軸方向力を求める方法である。これは、トラスのどこで切断しても、切断されたそれぞれの箇所でつり合う性質を利用したものである。切断法も節点法と同様に、最初に支点反力を求めることが必要である

①支点反力V_A、V_B、H_Aを仮定し（例題図の色の付いた矢印）、トラス全体のつり合いより反力を求める（節点法と同様）

$V_A = 6\,\text{kN}$、$V_B = 2\,\text{kN}$（仮定した方向と同じ）

②軸方向力を求める

N_2、N_3、N_4を含む断面で切断し、切断面の外側にN_2、N_3、N_4を作用させ、切断した左側部分のトラスについてつり合いを考える（解説図）。右向き、上向きを正とすると、

$\Sigma X = 0$より、$N_4 + N_3 \times (3 / 5) + N_2 = 0$

$\Sigma Y = 0$より、$V_A - 8\,\text{kN} - N_3 \times (4 / 5) = 0$

$\Sigma M_D = 0$より、$V_A \times 3\,\text{m} - N_2 \times 4\,\text{m} = 0$

これらを解いて、$N_2 = 4.5\,\text{kN}$、$N_3 = -2.5\,\text{kN}$、$N_4 = -3\,\text{kN}$

（N_3、N_4は仮定と符号が異なるので圧縮力となる）

● 例題図

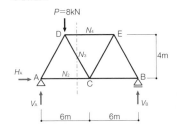

● 解説図

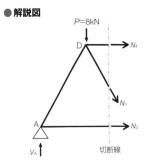

［ポイント］

切断する箇所は、**求めようとする部材のある箇所**に設定し、**切断する部材数は3以下**とする。着目した節点におけるつり合いから、部材軸力を求める

・切断法は、**特定の部材軸力を求めるのに便利な方法**である

・切断した部材の軸方向力を引張力（＋）と仮定し、切断面の外側に向かって作用させる

QUESTION

1 最頻出問題｜五肢択一

1 ☐☐　図のような荷重を受ける静定トラスにおいて、部材A、B、Cに生じる軸方向力の組合せとして、正しいものは、次のうちどれか。ただし、軸方向力は、引張力を「+」、圧縮力を「−」とする。なお、節点間距離はすべて2mとする

	A	B	C
1	$-\sqrt{3}$kN	$-\dfrac{2\sqrt{3}}{3}$kN	$-\dfrac{4\sqrt{3}}{3}$kN
2	$-\sqrt{3}$kN	$-\dfrac{2\sqrt{3}}{3}$kN	$+\dfrac{4\sqrt{3}}{3}$kN
3	$-\sqrt{3}$kN	$-\dfrac{2\sqrt{3}}{3}$kN	$+\dfrac{2\sqrt{3}}{3}$kN
4	$+\sqrt{3}$kN	$-\dfrac{2\sqrt{3}}{3}$kN	$-\dfrac{2\sqrt{3}}{3}$kN
5	$+\sqrt{3}$kN	$+\dfrac{2\sqrt{3}}{3}$kN	$-\dfrac{4\sqrt{3}}{3}$kN

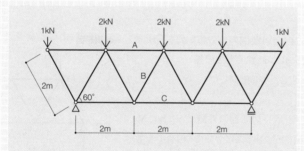

解法ポイント

本問を**切断法**で解く。まずトラス構造の支点反力を求める。切断法では、**切断した位置に軸方向力を引張方向（+）に仮定**し、着目した部分において（この場合は左側部分）つり合いがとれていることから、ΣX＝0、ΣY＝0、ΣM＝0を用いて各軸方向力を計算する。モーメントの計算をする場合、ほかの未知数を含まない位置でつり合い式を用いるとよい（本問では、N_B、N_Cが含まれない節点④に着目）

ANSWER

→→→

1　答えは2

①支点反力を求める

支点反力V_2、V_8を下図のように仮定し、全体のトラスのつり合いから支点反力を求める

　V_2およびV_8は、構造・荷重が左右対称のため、$V_2＝V_8＝4$kN

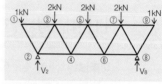

②各部材の軸力を求める

部材A、B、Cを含む断面で切断し、切断部に引張軸力N_A、N_B、N_Cを図のように仮定し、左側部分のトラスのつり合いを考える

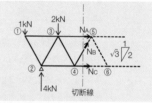

ΣX＝0より

　$N_A＋N_B／2＋N_C＝0$

ΣY＝0より

　$-1＋4-2＋\sqrt{3}／2N_B＝0$

　$N_B＝-2／\sqrt{3}＝-2\sqrt{3}/3$kN

ΣM_4＝0より

　$-1×3＋4×2-2×1＋$

　　$N_A×\sqrt{3}＝0$

　$N_A＝-3/\sqrt{3}＝-\sqrt{3}$kN

これらより

　$N_C＝-N_A-\dfrac{N_B}{2}＝\sqrt{3}＋\sqrt{3}/3$

　　　$＝4\sqrt{3}/3$kN

2 実践問題 | 五肢択一 →→→

1 □□ 図のような荷重を受ける静定トラスにおいて、部材A、B、Cに生じる軸方向力N_A、N_B、N_Cの組合せとして、正しいものはどれか。ただし、軸方向力は、引張力を「＋」、圧縮力を「−」とする

	N_A	N_B	N_C
1	＋15kN	−5kN	＋15kN
2	＋15kN	−5kN	＋10kN
3	＋15kN	0kN	＋15kN
4	＋10kN	＋5kN	＋10kN
5	＋10kN	0kN	＋10kN

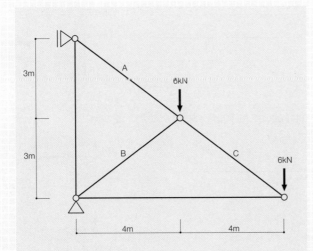

解法ポイント
本問を**節点法**で解く。各節点近傍でのつり合いを考える場合は、切断した部材を引張方向に部材力の方向を仮定する。本問では、**つり合い式で未知数が2つ以下となるように**、まず節点②で、次に節点③の順に部材力を求める

1 答えは2

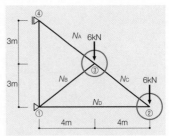

節点②におけるつり合いを考える。部材CとDの軸方向力を下図のように部材の引張方向に仮定する。節点②に作用しているのは、荷重6kNとN_CとN_Dで、未知数は2つ以下である

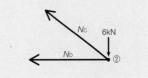

$\Sigma X=0$より、$-N_C\times(4/5)-N_D=0$
$\Sigma Y=0$より、$N_C\times(3/5)-6kN=0$
これを解いて、

$N_C=10kN$
$N_D=-8kN$（仮定と反対方向）

節点③におけるつり合いを考える。部材AとB及びCの軸方向力を下図のように部材の引張方向に仮定する。節点③に作用しているのは、荷重6kNとN_AとN_B及びN_Cであるが、N_Cは既知なので未知数は2つ以下である

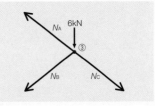

$\Sigma X=0$より、$N_C\times(4/5)-N_A\times(4/5)$
$\qquad -N_B\times(4/5)=0$
$\Sigma Y=0$より、$-6kN-N_C\times(3/5)+N_A\times$
$\qquad (3/5)-N_B\times(3/5)=0$

$N_A+N_B=10kN$
$N_A-N_B=20kN$
これを解いて、

$N_A=15kN$
$N_B=-5kN$（仮定と反対方向）

これらより、

$N_A=15kN$、$N_B=-5kN$、$N_C=10kN$
となる

2 □□ 図のようなそれぞれ8本の部材で構成する片持ち梁形式の静定トラスA、B、Cにおいて、軸方向力が生じない部材の本数の組合せとして、正しいものは、次のうちどれか

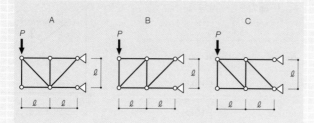

	A	B	C
1	1本	2本	3本
2	2本	0本	1本
3	2本	1本	1本
4	3本	1本	2本
5	3本	2本	2本

解法ポイント
L字形節点、T字形節点で反対側に荷重のない部材の軸方向力は0（ゼロメンバー）になる

2 答えは4

トラスに生じる応力の性質により、以下の場合軸方向力が0（ゼロメンバー）になる。
①外力の作用しないL字形節点の2部材の軸方向力は0

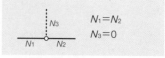

$N_1 = N_2 = 0$

②外力の作用しないT字形節点で、2部材が一直線上にある場合、他部材の軸方向力は0

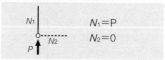

$N_1 = N_2$
$N_3 = 0$

③外力（荷重）が作用しているT字形節点で、2つの力が一直線上にある場合、他部材の軸方向力は0

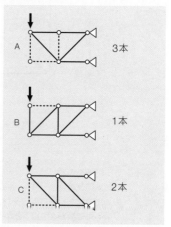

$N_1 = P$
$N_2 = 0$

本問の場合、軸方向力が0となるのは破線の部材

A 3本

B 1本

C 2本

したがって、正しいものは「4」である

3 □□　図のような外力を受ける静定トラスにおいて、支点Bに生じる鉛直荷重V_Bと部材AB、CDにそれぞれ生じる軸方向力N_{AB}、N_{CD}の組合せとして、正しいものは、次のうちどれか。ただし、鉛直荷重の方向は上向きを[+]、下向きを[−]とし、軸方向力は引張力を[+]、圧縮力を[−]とする

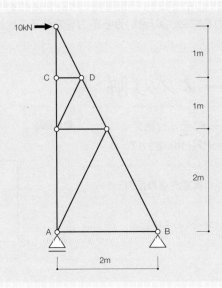

	V_B	V_{AB}	V_{CD}
1	+20kN	0kN	0kN
2	+20kN	+5kN	−20kN
3	+10kN	+5kN	$+10\sqrt{5}$kN
4	+10kN	+10kN	$-10\sqrt{5}$kN
5	+10kN	0kN	0kN

解法ポイント
トラス部材の各節点に着目して、**ゼロメンバー**を探すと、トラス構造を簡略化でき、計算を省くのに役立つ

3 答えは1

支点反力V_A、V_B、H_Bを下図のように仮定し、つり合いから反力を求める。

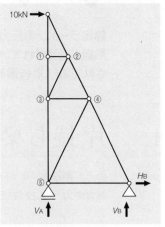

ΣX＝0より、10kN＋H_B＝0
ΣY＝0より、V_A＋V_B＝0
ΣM_A＝0より、10kN×4m−V_B×2m＝0

これを解いて、
　H_B＝−10kN（仮定と反対方向）
　V_B＝20kN
　V_A＝−20kN（仮定と反対方向）

次に、順次各接点に着目し、軸方向力が0となる部材（前頁参照）を探すと、トラス構造を単純化して計算することができる。

節点①に着目
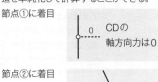

節点②に着目

節点③に着目

節点④に着目

節点⑤に着目
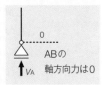

したがって、正しいものは「1」である

004 ラーメン

静定ラーメンの反力や着目点の曲げモーメントを求める問題が多いが、せん断力を求める問題も出題されている。構造形式は片持ち系、単純梁系、3ヒンジ系と全般にわたって出題されており、単純梁と同様に反力を求め、つり合いから応力を求めることができる

1 片持ち梁系ラーメンの解法

☐ 節点が**剛接合**になっている骨組を**ラーメン**という。剛節点では、**軸方向力、せん断力**とともに**曲げモーメント**が伝達される

☐ 右例題図のような**片持ち梁系ラーメンの固定支点の反力**とモーメントを求める

①支点反力を解説図のように仮定し、つり合いから求める

$\Sigma X = 0$ より、$H_A = 0$

$\Sigma Y = 0$ より、$V_A - P = 0$

$\Sigma M_A = 0$ より、$M_A + P \times \ell = 0$

これらを解いて、$V_A = P$、$M_A = -P\ell$（仮定と反対方向）

● 例題図

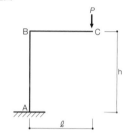

● 解説図

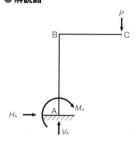

［ポイント］
片持ち梁系は静定ラーメンの中で最も簡単な構造であり、**自由端から固定端に向かって順次応力を求め**、支点反力を求めなくても各部材の応力を求めることができる。例えば、B部の曲げモーメントは、$M_B = -P \times \ell$となり、剛節点B部を介して曲げモーメントが伝達され、部材A−B間の曲げモーメントも$-P \times \ell$となる

2 単純梁系ラーメンの解法

☐ 右例題図のような**単純梁系ラーメン**の支点反力と荷重位置の曲げモーメント、せん断力を求める

①支点反力を解説図Aのように仮定し、つり合いから反力を求める

$\Sigma X = 0$ より、$H_A = 0$

$\Sigma Y = 0$ より、$V_A + V_B - P = 0$

$\Sigma M_A = 0$ より、$P \times a - V_B \times \ell = 0$

これらを解いて、$V_B = Pa/\ell$、$V_A = Pb/\ell$

②D点におけるせん断力と曲げモーメントは、部材C−Eを柱で支持された単純梁と考え（247頁参照）、$Q_D = Pb/\ell$、$M_D = Pab/\ell$となる。本構造では水平反力が0になるので、せん断力及び曲げモーメントは単純梁と同様になり、柱には圧縮の軸方向力が作用する（解説図B）

● 例題図

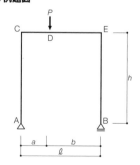

[ポイント]
柱・梁が直交しているラーメンでは、**剛節点で軸方向力はせん断力に、せん断力は軸方向力に転換する**ことになる。梁部材に垂直方向の荷重が作用すると梁にはせん断力が生じ、せん断力は梁端部から柱へ軸方向力として伝えられる。梁部材に水平方向の荷重が作用すると梁には軸方向力が生じ、軸方向力は梁端部から柱へせん断力として伝えられる

● 解説図A

● 解説図B

軸方向力図

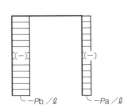

せん断力図

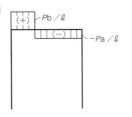

曲げモーメント図

3　3ヒンジ系ラーメンの解法

2つの支点がピン（回転端）で、さらに骨組の中間にピン節点をもつものを**3ヒンジ系**ラーメンという。3ヒンジ系ラーメンは、つり合い式とピン節点の位置で曲げモーメントが0になるという条件を考慮し、つり合いから解くことができる

右例題図の単純梁系ラーメンの支点反力と荷重位置の曲げモーメント、せん断力を求める

①支点反力を仮定し（解説図）、つり合いから反力を求める

$\Sigma X = 0$ より、$H_A + H_B = 0$

$\Sigma Y = 0$ より、$V_A + V_B - P = 0$

$\Sigma M_B = 0$ より、$V_A \times 4\,\mathrm{m} - 12\,\mathrm{kN} \times 3\,\mathrm{m} = 0$

②ピン節点Eにおける曲げモーメントは0であるから、節点Eの右半分に着目して、

$\Sigma M_E = 0$ より、$-H_B \times 3\,\mathrm{m} - V_B \times 2\,\mathrm{m} = 0$

これらの4つの式から4個の支点反力は次のように求まる

$V_A = 9\,\mathrm{kN}$、$V_B = 3\,\mathrm{kN}$、$H_A = 2\,\mathrm{kN}$、$H_B = -2\,\mathrm{kN}$（仮定と反対方向）

③Q_D 及び M_D は次のようになる

$Q_D = V_A - P = 9\,\mathrm{kN} - 12\,\mathrm{kN} = -3\,\mathrm{kN}$

$M_D = -H_A \times 3\,\mathrm{m} + V_A \times 1\,\mathrm{m} = 3\,\mathrm{kN \cdot m}$

● 例題図

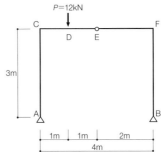

● 解説図

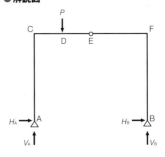

[ポイント]
3ヒンジ系ラーメンは両支点がピンのため、各支点反力は水平・鉛直の合計4個となる。曲げモーメントの計算は、ピン節点の右半分又は左半分だけの骨組において、支点反力や荷重によるピン節点に対するモーメントの総和がゼロとなる式を立てる。この場合、**反力や荷重の数が少ない部分（本例では右側）に着目したほうが計算が簡単になる**

ラーメン

重要度 ■■■■■■

QUESTION & ANSWER

1 最頻出問題 | 五肢択一

→→→

1 □□ 図のような外力を受ける静定ラーメンにおいて、支点A、Bに生じる鉛直反力R_A、R_Bの値と、C点に生じるせん断力Q_Cの絶対値との組合せとして、正しいものは、次のうちどれか。ただし、鉛直反力の方向は、上向きを「+」、下向きを「−」とする

	R_A	R_B	Q_Cの絶対値
1	−45kN	+45kN	0kN
2	−45kN	+45kN	45kN
3	+45kN	−45kN	0kN
4	+45kN	−45kN	45kN
5	+45kN	+45kN	45kN

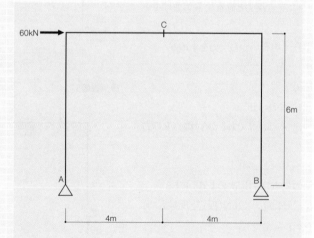

解法ポイント
水平荷重が作用すると、回転支点のみに水平反力が生じる。水平反力の大きさは水平荷重と同じで、向きは反対方向となる。水平荷重と水平反力により偶力モーメントが発生し、そのモーメント両支点の鉛直反力によって生じるモーメントがつり合うことから鉛直反力を求める

1 答えは2

① 支点反力H_A、R_A、R_Bを下図のように仮定し、つり合いから反力を求める

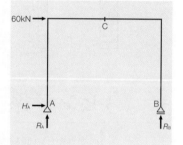

$\Sigma X=0$より、
60kN$+H_A=0$
$\Sigma Y=0$より、
$R_A+R_B=0$
$\Sigma M_A=0$より、
60kN$\times$6m$-R_B\times$8m$=0$
これを解いて、
$H_A=-60$kN（仮定と反対方向）、
$R_A=-45$kN（仮定と反対方向）、
$R_B=45$kN
② せん断力を求める
水平部材には鉛直反力によるせん断力が、鉛直部材には水平荷重によるせん断力が生じる。C点のせん断力は、C点から左側にある鉛直方向の力の和で求められる
$Q_C=R_A$
したがって、Q_Cの絶対値は45kNである

2 実践問題 | 五肢択一 →→→

1 ☐☐ 図のような荷重を受ける骨組の柱の両端A、Bに生じる曲げモーメントM_A、M_Bの大きさの組合せとして、正しいものは、次のうちどれか

	M_A	M_B
1	1kN·m	1kN·m
2	1kN·m	9kN·m
3	8kN·m	9kN·m
4	9kN·m	1kN·m
5	9kN·m	9kN·m

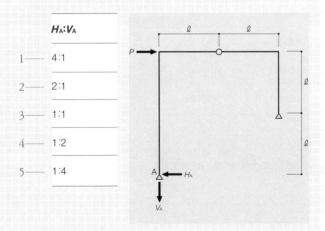

解法ポイント
水平部材には鉛直荷重による曲げモーメントが生じる。垂直部材は、剛節点で伝達された曲げモーメントと水平方向荷重による曲げモーメントとの和になる。このように、片持ち梁系ラーメンでは、支点反力を求めなくても解くことができる

1 答えは4

①A点における曲げモーメントを求める
$M_A = 1\text{kN} \times 1\text{m} + 4\text{kN} \times 2\text{m}$
$= 9\text{kN·m}$

②B点における曲げモーメントを求める
$M_B = 1\text{kN} \times 1\text{m} + 4\text{kN} \times 2\text{m}$
$\quad\quad -2\text{kN} \times 4\text{m} = 1\text{kN·m}$

---

2 ☐☐ 図のような外力Pを受ける3ヒンジラーメンの支点Aに生じる水平反力をH_A、鉛直反力をV_Aとしたとき、それらの比H_A：V_Aとして、正しいものは、次のうちどれか

	H_A：V_A
1	4：1
2	2：1
3	1：1
4	1：2
5	1：4

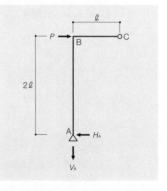

解法ポイント
3ヒンジ系ラーメンの場合は、ピン節点で骨組を切り離しても左右の部分はつり合いが取れている。支点反力は、左右に分離したどちらかの部分に着目し、ピン節点では曲げモーメントが0になることを用いて求めることができる

2 答えは4

①図のように、左側部分に着目しA－C部分におけるつり合いを考える

②ピン節点Cでは曲げモーメントが0になるので、$\Sigma M_C = 0$より、
$H_A \times 2\ell - V_A \times \ell = 0$
$2H_A - V_A = 0$
$2H_A = V_A$
H_A：$V_A = 1$：2
H_AとV_Aとの比は、1：2となる

3 ☐☐ 図のような外力を受ける静定ラーメンにおいて、支点Bに生じる鉛直反力R_B、水平反力H_Bの値とE点に生じる曲げモーメントM_Eの絶対値との組み合わせとして、正しいものは、次のうちどれか。ただし、鉛直反力の方向は上向きを「＋」、下向きを「－」とし、水平反力の方向は左向きを「＋」、右向きを「－」とする

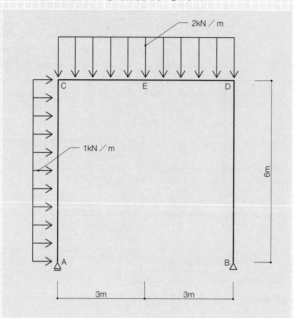

	R_B	H_B	M_Eの絶対値
1	－9kN	－6kN	0kN·m
2	＋9kN	－6kN	54kN·m
3	＋3kN	＋6kN	36kN·m
4	＋9kN	＋6kN	12kN·m
5	＋9kN	＋6kN	18kN·m

解法ポイント
ある位置での応力を求めるには、切断した部分構造のつり合いを考えて解けばよい

3 答えは5

①反力を求める
等分布荷重を集中荷重に置き換え、支点反力R_A、R_B、H_Bを図のように仮定する
$\Sigma X=0$より
　$H_B-6=0$
　$H_B=6kN$
$\Sigma M_A=0$より
　$6\times3+12\times3-R_B\times6=0$
　$R_B=9kN$
$\Sigma Y=0$より
　$R_A+R_B-12=0$
　$R_A=3kN$

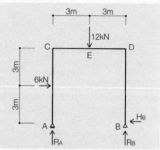

②曲げモーメントを求める
等分布荷重を集中荷重に置き換え、図のようにE点でのモーメントのつり合いよりM_Eを求める
$\Sigma M=0$より
　$3\times3-6\times3-6\times1.5-M_E=0$
　$M_E=-18kN\cdot m$
したがってM_Eの絶対値は18kN·Mである

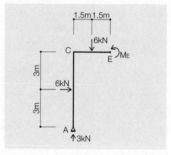

4 ☐☐ 図1は鉛直方向に外力を受ける静定ラーメンであり、その曲げモーメント図は図2のように表せる。図1の静定ラーメンに水平方向の外力が加わった図3の静定ラーメンの曲げモーメント図として、正しいものは、次のうちどれか。ただし、曲げモーメント図は、材の引張側に描くものとする

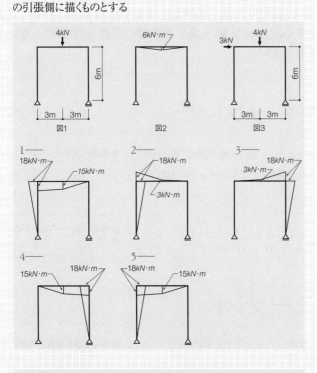

解法ポイント
単純梁系ラーメンに水平荷重が作用する場合、反力はピン支点のみに生じ、曲げモーメントはピン支点側の柱に発生する。ローラー支点側の柱には曲げモーメントは発生しない

単純梁系ラーメンの曲げモーメント図
基本的な単純梁系ラーメンの荷重に対する曲げモーメント図は、次のようになる（白の矢印は反力）

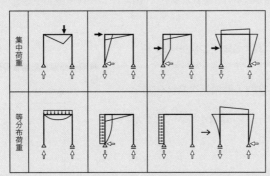

4 答えは5

①鉛直荷重と水平荷重による曲げモーメントを別々に求め、重ね合わせる

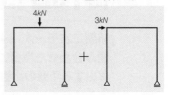

②鉛直荷重による曲げモーメントを求める
鉛直荷重が梁の中央に作用しているので、
$M = Pℓ／4 = (4kN×6m)／4 = 6kN·m$

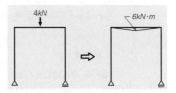

③水平荷重による曲げモーメントを求める
支点反力を下図のように仮定する

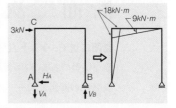

$ΣH = 0$より
$H_A = 3kN$
柱のC端部には、曲げモーメントM_Cが生じ、
$M_C = H_A × 6m = 18kN·m$
剛節点では曲げモーメントが伝達されるので、梁の曲げモーメントは同じ値となる

④それぞれの曲げモーメントを重ね合わせる

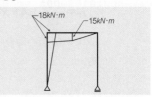

Chapter **3**　構造力学　　　　　　　　　　　　　　　　　　　　　　重要度 ■■■■■■□□□

005 断面性能・応力度等

断面二次モーメントに関する問題は、図心の異なる場合の計算や図心が同じで長方形を
組み合わせた場合に関する出題例が多い。長方形断面の断面係数を用い、曲げ応力度を
算出する問題の出題頻度が高い

1　断 面 一 次 モ ー メ ン ト

右図のように、図形の断面積をAとしたとき、断面の**図心**（重心）か
らある軸までの距離をyとすると、**断面一次モーメントS**は次のよ
うになる

$$S=A\times y$$

図心を通る軸（図心軸）についての断面一次モーメントは0となる

●**断面一次モーメント**

●**断面一次モーメントの単位**

断面一次モーメントは「面積×距離」なの
で、単位はcm、mなど長さの単位の3乗

2　断 面 二 次 モ ー メ ン ト

断面二次モーメントIは部材の応力度や変形を求めるために必
要な係数である。右図のように座標軸が図心を通る（=図心軸の）
長方形の断面二次モーメントは次のようになる

$$I_X=\frac{bh^3}{12}\quad（X軸に対する断面二次モーメント）$$

$$I_Y=\frac{hb^3}{12}\quad（Y軸に対する断面二次モーメント）$$

また、右図のように図心が座標軸から平行に離れた場合は、図形
の断面積$A=bh$として、

$$I_X=\frac{bh^3}{12}+A\times y^2\quad（X軸に対する断面二次モーメント）$$

$$I_Y=\frac{hb^3}{12}+A\times x^2\quad（Y軸に対する断面二次モーメント）$$

以上から、図心軸の断面二次モーメントは最小となることが分か
る

●**図心を通る場合の断面二次モーメント**

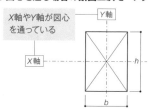

幅b、高さhの長方形断面の図心軸に
関する断面二次モーメント$bh^3／12$は
基本公式なので必ず覚えること

●**図心が離れた場合の断面二次モーメ
ント**

●**断面二次モーメントの単位**

断面二次モーメントの単位は、cm^4、m^{4}な
ど長さの単位の4乗

3 垂直応力度

垂直応力度σは、単位断面積当たりの軸方向の大きさを表す。断面積をA、軸方向力をNとすると、次のようになる

$$\sigma = \frac{N}{A}$$

● **垂直応力度の単位**
垂直応力度の単位は、N／㎟、kN／㎠などを用いる

4 せん断応力度

せん断応力度τとは、単位面積当たりのせん断力の大きさを表す。断面積をA、せん断力をQとすると、次のようになる

$$\tau = \frac{Q}{A}$$

● **せん断応力度の単位**
せん断応力度の単位は、N／㎟、kN／㎠などを用いる

5 曲げ応力度

図心軸の断面二次モーメントIを、図心軸から上下の端部（縁端）yまでの距離で割ったものを**断面係数**Zという

$$Z = \frac{I}{y}$$

右図のように長方形断面の場合は、$I = \dfrac{bh^3}{12}$ 、$y = \dfrac{h}{2}$なので、

$$Z_x = \frac{\dfrac{bh^3}{12}}{\dfrac{h}{2}} = \frac{bh^2}{6}$$

となる

● **長方形断面の断面係数**

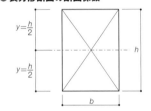

● **断面係数の単位**
断面係数の単位は、㎠、㎥など長さの単位の3乗

曲げモーメントMを受ける部材の**最大曲げ応力度**σ_{max}は、圧縮・引張とも

$$\sigma_{max} = \frac{M}{Z} \quad (Z : 断面係数)$$

で求められる。曲げ応力度は、右図のように**中立軸**から最も離れた部材の縁端で**最大曲げ応力度**σ_{max}となる

曲げを受ける部材断面の設計では、部材に作用する最大曲げ応力度を算出し、それに耐えうるような部材断面とする

● **曲げ応力度分布**

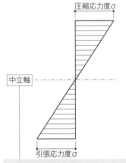

圧縮も引張も生じない面（中立面）と断面との交線

● **曲げ応力度の単位**
曲げ応力度の単位は、N／㎟、kN／㎠などを用いる

1 最頻出問題 | 五肢択一

1 ☐☐ 図のような断面A及び断面Bにおいて、X軸に関する断面二次モーメントをそれぞれI_{XA}、I_{XB}としたとき、それらの比$I_{XA}:I_{XB}$として、正しいものは、次のうちどれか

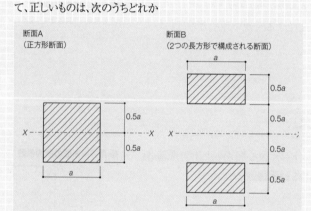

断面A
（正方形断面）

断面B
（2つの長方形で構成される断面）

	$I_{XA}:I_{XB}$
1——	$1:8$
2——	$1:7$
3——	$1:6$
4——	$1:5$
5——	$1:3$

解法ポイント
図心と座標軸が一致する長方形断面の断面二次モーメントを求める問題である。中空部分がある場合は、長方形になるように分割してそれぞれの部分の断面二次モーメントを求め、それらを加えたり差し引いたりして求める

1 答えは2

断面AのI_{XA}は、図心と座標軸が一致する長方形断面の断面二次モーメントなので、$I=bh^3 / 12$を用いて求める。幅a、高さaであることから

$$I_{XA} = \frac{a \times a^3}{12} = \frac{a^4}{12}$$

断面BのI_{XB}も、図心と座標軸が一致しているので基本公式の$I=bh^3 / 12$を用いる。まず幅a、高さ$2a$の全体の長方形の断面二次モーメントを求め、中空部分の幅a、高さaの長方形の断面二次モーメントを差し引き、断面Bの断面二次モーメントを求める

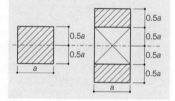

$$I_{XB} = a \times \frac{(2a)^3}{12} - a \times \frac{a^3}{12} = \frac{8a^4}{12} - \frac{a^4}{12}$$
$$= \frac{7a^4}{12}$$

I_{XA}とI_{XB}は、それぞれ$\dfrac{a^4}{12}$と$\dfrac{7a^4}{12}$になるので、断面Bの断面二次モーメントは断面Aの7倍となる

2　実践問題 ｜五肢択一　　→→→

1 □□　図のような荷重を受ける、スパンが等しく断面の異なる単純梁A
及び単純梁Bにおいて、C_A点、C_B点に生じる最大曲げ応力度を
それぞれ σ_A、σ_Bとしたとき、それらの比 $\sigma_A : \sigma_B$として、正しいもの
は、次のうちどれか。ただし、単純梁に用いる部材はいずれも同じ
部材とし、自重は無視するものとする

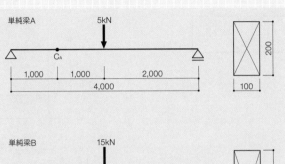

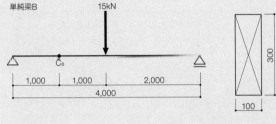

（寸法の単位はmmとする）

	$\sigma_A : \sigma_B$
1	9 : 8
2	9 : 4
3	4 : 3
4	3 : 4
5	1 : 3

解法ポイント
単純梁に曲げモーメントが作用した場合、ある位置の曲げモーメントM
を算出し、部材に生じる最大曲げ応力度σを求める問題である。梁の断
面係数$Z = bh^2 / 6$を用いて、$\sigma = M / Z$の関係から応力度を計算す
る

1　答えは4

①単純梁の反力を求める
　つり合いからC点の曲げモーメントM_C
　を求める
　本問では荷重が対称であるので、両支点
　の鉛直反力は荷重の半分で等しくなる

$$V_A = \frac{5\,\mathrm{kN}}{2} = 2.5\,\mathrm{kN}$$

$$V_B = \frac{15\,\mathrm{kN}}{2} = 7.5\,\mathrm{kN}$$

②曲げモーメントを求める
　単純梁AのC_A点の曲げモーメントは、
　C点に曲げモーメントを仮定し、左側の
　つり合いより

$$M_{CA} = V_A \times 1{,}000\,\mathrm{mm}$$
$$= 2.5\,\mathrm{kN} \times 1{,}000\,\mathrm{mm} = 2{,}500\,\mathrm{kN \cdot mm}$$

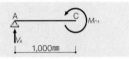

　単純梁BのC_B点の曲げモーメントは、

$$M_{CB} = V_B \times 1{,}000\,\mathrm{mm}$$
$$= 7.5\,\mathrm{kN} \times 1{,}000\,\mathrm{mm}$$
$$= 7{,}500\,\mathrm{kN \cdot mm}$$

③断面係数を求める
　単純梁Aと単純梁BのC点の断面係数は

$$Z_{CA} = \frac{bh^2}{6} = 100\,\mathrm{mm} \times \frac{(200\,\mathrm{mm})^2}{6}$$
$$= \frac{4{,}000{,}000}{6}\,\mathrm{mm^3}$$

$$Z_{CB} = \frac{bh^2}{6} = 100\,\mathrm{mm} \times \frac{(300\,\mathrm{mm})^2}{6}$$
$$= \frac{9{,}000{,}000}{6}\,\mathrm{mm^3}$$

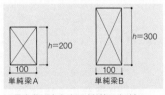

最大曲げ応力度は（単位は省略）、

$$\sigma_A = \frac{M_{CA}}{Z_{CA}} = \frac{2{,}500}{(4{,}000{,}000 / 6)}$$
$$= \frac{15}{4{,}000} = \frac{3}{800}$$

$$\sigma_B = \frac{M_{CB}}{Z_{CB}} = \frac{7{,}500}{(9{,}000{,}000 / 6)}$$
$$= \frac{45}{9{,}000} = \frac{1}{200} = \frac{4}{800}$$

単純梁Aと単純梁Bの最大曲げ応力
度の比は、3:4である

2 ☐☐ 図のような断面において、図心を通りX軸に平行な図心軸に関する断面二次モーメントの値として、正しいものは、次のうちどれか

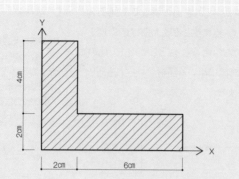

1 — 40 cm^4

2 — 64 cm^4

3 — 88 cm^4

4 — 112 cm^4

5 — 160 cm^4

解法ポイント

図心を通らない図形の断面二次モーメントは次式で求める

$$I_x = I + A y_0^2$$

　　I:図形自身の断面二次モーメント

　　A:図形の面積

　　y_0:図形の中心と図心軸との距離

2 答えは2

①図形をA_1とA_2に分けて断面一次モーメントを計算して、図形全体の図心軸の位置(y_0)を求める(S_xはX軸まわりの断面一次モーメント、Aは断面積)

　　$S_x = A_1 y_1 + A_2 y_2$

　　　$= 2 \times 6 \times 3 + 6 \times 2 \times 1 = 48\,\mathrm{cm}^3$

　　$y_0 = S_x / (A_1 + A_2) = 48/(12 + 12)$

　　　$= 2\,\mathrm{cm}$

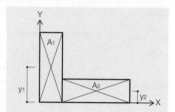

②図心軸X_0を通る図形の断面二次モーメントI_0を求める

上記より、$y_{01} = 1\,\mathrm{cm}$、$y_{02} = 1\,\mathrm{cm}$となる

　　$I_{01} = I_1 + A_1 y_{01}^2$

　　　$= 2 \times 6^3/12 + 12 \times 1^2 = 48\,\mathrm{cm}^4$

　　$I_{02} = I_2 + A_2 y_{02}^2$

　　　$= 6 \times 2^3/12 + 12 \times 1^2 = 16\,\mathrm{cm}^4$

　　$I_0 = 48 + 16 = 64\,\mathrm{cm}^4$

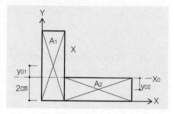

3 ☐☐ 図のような等分布荷重を受ける単純梁に断面100㎜×300㎜の部材を用いた場合、A点に生じる最大曲げ応力度として、正しいものは、次のうちどれか。ただし、部材の断面は一様とし、自重は無視するものとする

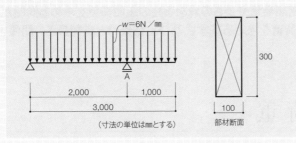

（寸法の単位は㎜とする）　部材断面

1——1N／㎟

2——2N／㎟

3——3N／㎟

4——4N／㎟

5——5N／㎟

解法ポイント
はね出し梁の解き方は、はね出し部分を片持梁と見なして、単純梁部分と重ね合わせればよい

4 ☐☐ 図のような荷重を受ける単純梁に断面100㎜×200㎜の部材を用いた場合、その部材に生じる最大曲げ応力度として、正しいものは、次のうちどれか。ただし、部材の自重は無視するものとする

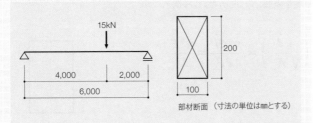

部材断面（寸法の単位は㎜とする）

1—— 30N／㎟

2—— 45N／㎟

3—— 60N／㎟

4—— 75N／㎟

5—— 90N／㎟

4 答えは2

①はね出し梁を単純梁と片持梁に分けて考え、片持梁の曲げモーメントを求める

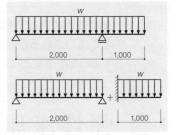

等分布荷重w、スパンℓの片持梁の曲げモーメントは

$$M=-\frac{w\ell^2}{2}=-\frac{6\times1,000^2}{2}$$
$$=-3,000,000\,(\text{N・㎜})$$

②曲げモーメントから曲げ応力度を求める

$$Z=\frac{bh^2}{6}=\frac{100\times300^2}{6}$$
$$=1,500,000\,(\text{㎣})$$

$\sigma=M／Z$より

$$\sigma=\frac{3,000,000}{1,500,000}=2\,(\text{N／㎟})$$

4 答えは1

①反力を求める

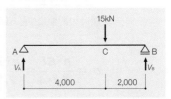

$\Sigma M_B=0$より
$V_A\times6,000-15\times2,000=0$
$V_A=5\text{kN}$、$V_B=10\text{kN}$

②C点の曲げモーメントを求める
$M_C=5\times4,000=20,000\text{kN・㎜}$

③C点の曲げ応力度を求める
$$\sigma_{max}=\frac{M_C}{Z}$$
$$Z=\frac{bh^2}{6}=\frac{100\times200^2}{6}=\frac{4,000,000}{6}\,\text{㎣}$$
$$\sigma=\frac{20,000\times6}{4,000,000}=0.03\text{kN/㎟}$$
$$=30\text{N/㎟}$$

006 座屈

支持条件の異なる柱の座屈荷重や長さの異なる柱の座屈荷重を求める問題が形式を変えて出題されるが、座屈荷重を求める基本式及び支持条件と座屈長さの関係をよく理解することが重要となる

1 弾性座屈荷重

□　棒状の細長い部材（長柱）に圧縮荷重を加えると、ある限界以上の荷重に達すると部材は急に安定性を失って曲がりだす。このような現象を**座屈**という

□　圧縮力を加えた**長柱**が座屈して曲がりだし、荷重増加に耐えられなくなるときの限界荷重を**弾性座屈荷重**といい、P_kで表す。弾性座屈荷重は、材料の強さに関係なくヤング係数E、断面二次モーメントIに比例し、座屈長さℓ_kの2乗に反比例する（オイラーの公式）

$$P_k = \frac{\pi^2 EI}{\ell_k{}^2}$$

　　E：ヤング係数
　　I：断面二次モーメント（弱軸まわり）
　　ℓ_k：座屈長さ

座屈時の断面に生じる応力度を座屈応力度σ_kといい、次式で表す

$$\sigma_k = \frac{\pi^2 EI}{\ell_k{}^2 \cdot A} = \frac{\pi^2 E}{\ell_k{}^2}\left(\sqrt{\frac{I}{A}}\right)^2 = \frac{\pi^2 Ei^2}{\ell_k{}^2} = \frac{\pi^2 E}{\lambda^2}$$

　　A：断面積
　　i：断面二次半径
　　λ：細長比（$\lambda = \ell_k / i$）

弱軸まわりの断面二次半径iは、次式で表される

$$i = \sqrt{\frac{I}{A}}$$

上記より、同じ材料であれば、**細長比**λが小さいほど座屈応力は大きくなる。オイラーの公式は、材料の弾性範囲内で生じる座屈に対して成り立つ。ただし、短い柱にはオイラーの公式が適用できない

● 座屈

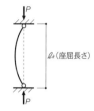

ℓ_k（座屈長さ）

● 長柱

比較的細長い部材で、弾性範囲内の応力で座屈してしまう圧縮材を長柱という。なお、部材長が短く、弾性範囲内の応力で座屈しない圧縮材を短柱という

● 弱軸と強軸

弱軸とは、断面二次モーメントが最小になる軸で、変形しやすい方向の基準軸。逆に強軸とは、変形しにくい方向の基準軸となる

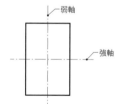

弱軸

強軸

● 細長比

座屈の生じやすさは、部材断面の性質（断面二次半径i）と部材の座屈長さℓ_kとの比によって決まる。この割合を細長比λといい、次式で表す

　$\lambda = \ell_k / i$

なお、断面二次半径iは次式で表す

　$i = \sqrt{I / A}$

　　A：断面積
　　I：弱軸に関する断面二次モーメント

2 　座屈長さ

長さℓの柱に荷重が作用する場合、その支持条件によって、柱の理論上の長さLが異なる長柱の計算は、このℓ_kを用いて行う。このℓ_kを**換算長（座屈長さ）**という

● 座屈長さℓ_k

両端の支持条件	両端ピン	両端固定	一端ピン他端固定	一端固定他端自由
	$\ell_k=\ell$	$\ell_k=0.5\ell$	$\ell_k=0.7\ell$	$\ell_k=2\ell$
ℓ_k	ℓ	0.5ℓ	0.7ℓ	2ℓ

● 座屈荷重の比較

座屈荷重P_kは座屈長さℓ_kの2乗に反比例する。両端ピン支持の座屈荷重と比較すると、次のようになる

両端ピン

$$P_k = \frac{\pi^2 EI}{\ell^2}$$

両端固定

$$P_k = \frac{\pi^2 EI}{(0.5\ell)^2} = 4 \times \frac{\pi^2 EI}{\ell^2}$$

一端ピン・他端固定

$$P_k = \frac{\pi^2 EI}{(0.7\ell)^2} = 2 \times \frac{\pi^2 EI}{\ell^2}$$

一端固定・他端自由

$$P_k = \frac{\pi^2 EI}{(2\ell)^2} = \frac{1}{4} \times \frac{\pi^2 EI}{\ell^2}$$

3 　全体座屈と局部座屈

柱・梁又はフレームとしての座屈を**全体座屈**といい、部材の断面を構成するH鋼のフランジやウェブ等の部分的な座屈を局部座屈という。全体座屈は柱頭部が水平に拘束されていない場合に起こりやすく、**局部座屈**はフランジ厚が薄く、突出幅が大きい場合に起こりやすい。全体座屈強度は部材の細長比に関係し、局部座屈強度は幅厚比に関係する

● 幅厚比

板幅（b）と板厚（t）との比を幅厚比という。板厚が小さくなるほど幅厚比（b/t）が大きくなり、局部座屈が生じやすくなる

● 全体座屈と局部座屈

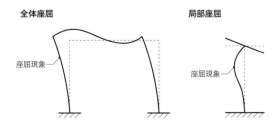

全体座屈　　　局部座屈

座屈現象　　　座屈現象

QUESTION

ANSWER

1 最頻出問題 | 五肢択一

→→→

1 ☐☐ 図のような材の長さ及び材端の支持条件が異なる柱A、B、Cの弾性座屈荷重をそれぞれP_A、P_B、P_Cとしたとき、それらの大小関係として、正しいものは、次のうちどれか。ただし、すべての柱の材質及び断面形状は同じものとする

1— $P_A > P_B > P_C$

2— $P_A = P_C > P_B$

3— $P_B > P_A = P_C$

4— $P_C > P_A > P_B$

5— $P_C > P_B > P_A$

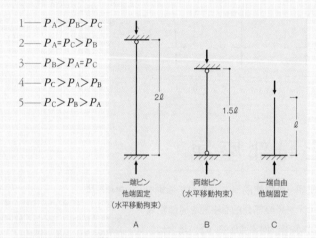

一端ピン
他端固定
（水平移動拘束）

A

両端ピン
（水平移動拘束）

B

一端自由
他端固定

C

解法ポイント
弾性座屈荷重P_kは、$P_k = \pi^2 EI / \ell_k^2$で求めることができるが、両端の支持条件で座屈長さ$\ell_k$が異なるので、それぞれの座屈長さを前頁の図を参照して計算する。座屈長さが長くなるほど、座屈荷重は低下することになる

1 答えは1

柱の材質及び断面形状が同じであることから、ヤング係数Eと断面二次モーメントIが同じになる。したがって、弾性座屈荷重$P_k = \pi^2 EI / \ell_k^2$は、座屈長さ$\ell_k$を比較すればよい。

①それぞれの支持条件の座屈長さℓ_kを計算する
　一端ピン・他端固定：$\ell_k = 0.7\ell$
　Aの座屈長さℓ_kは、
　$\ell_k = 0.7 \times 2\ell = 1.4\ell$
両端ピン：$\ell_k = \ell$
　Bの座屈長さℓ_kは、
　$\ell_k = 1.5 \times \ell = 1.5\ell$
一端自由・他端固定：$\ell_k = 2\ell$
　Cの座屈長さℓ_kは、
　$\ell_k = 2 \times \ell = 2\ell$
②座屈荷重を計算する
　A：$P_A = \pi^2 EI / (1.4\ell)^2$
　　$= 0.510\pi^2 EI / \ell^2$
　B：$P_B = \pi^2 EI / (1.5\ell)^2$
　　$= 0.444\pi^2 EI / \ell^2$
　C：$P_C = \pi^2 EI / (2\ell)^2$
　　$= 0.250\pi^2 EI / \ell^2$
　座屈荷重は、座屈長さが短いものほど大きく、Aが最大、次いでB、Cが最小となる
したがって、$P_A > P_B > P_C$となり、正しいものは「1」となる

2 ☐☐ 長柱の弾性座屈荷重に関する次の記述のうち、最も不適当なものはどれか

1— 弾性座屈荷重は、柱の断面二次モーメントに比例する

2— 弾性座屈荷重は、材料のヤング係数に反比例する

3— 弾性座屈荷重は、柱の座屈長さの2乗に反比例する

4— 弾性座屈荷重は、柱の両端の支持条件が水平移動拘束で「両端ピンの場合」より水平移動拘束で「両端固定の場合」のほうが大きい

5— 弾性座屈荷重は、柱の両端の支持条件が水平移動自由で「両端固定の場合」と水平移動拘束で「両端ピンの場合」とでは、同じ値となる

2 答えは2

弾性座屈荷重は、$P = \pi^2 EI / \ell^2$で求められる
したがって、材料のヤング係数に比例する

2 実践問題｜五肢択一 →→→

1 □□ 図のような長さℓ(m)の柱(材端条件は、一端自由、他端固定とする)に圧縮力Pが作用したとき、次のℓとIの組合せのうち、弾性座屈荷重が最も大きくなるものはどれか。ただし、Iは断面二次モーメントの最小値とし、それぞれの柱は同一の材質で、断面は一様とする

	ℓ (m)	I (m⁴)
1 ——	3.5	$3×10^{-5}$
2 ——	4.0	$5×10^{-5}$
3 ——	5.0	$6×10^{-5}$
4 ——	5.5	$8×10^{-5}$
5 ——	6.0	$9×10^{-5}$

解法ポイント
弾性座屈荷重 P_k は、$P_k=\pi^2 EI / \ell_k^2$ である。支持条件が両端ピンの場合は座屈長さ $\ell_k=\ell$、両端固定の場合は $\ell_k=0.5\ell$、一端ピン・他端固定の場合は $\ell_k=0.7\ell$、一端自由・他端固定の場合は $\ell_k=2\ell$ となる

2 □□ 図のような材の長さ、材端又は材の中央の支持条件が異なる柱A、B、Cの座屈長さを、それぞれ ℓ_A、ℓ_B、ℓ_C としたとき、それらの大小関係として、正しいものは、次のうちどれか

1—— $\ell_A > \ell_B > \ell_C$
2—— $\ell_A = \ell_B > \ell_C$
3—— $\ell_B > \ell_A > \ell_C$
4—— $\ell_B > \ell_C > \ell_A$
5—— $\ell_B = \ell_C > \ell_A$

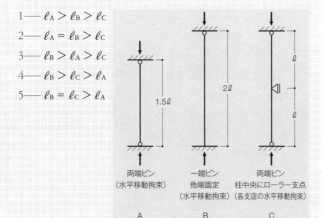

両端ピン　　　一端ピン　　　両端ピン
(水平移動拘束)　他端固定　　　柱中央にローラー支点
　　　　　　　(水平移動拘束)　(各支点の水平移動拘束)
　A　　　　　　B　　　　　　C

---

1 答えは2

弾性座屈荷重 P_k は次式で求められる
$P_k=\pi^2 EI / (\ell_k)^2$
　E：ヤング係数
　I：断面二次モーメント
　ℓ_k：座屈長さ

一端自由、他端固定なので、$\ell_k=2\ell$ となる。柱の材質は同一の材質であることから、ヤング率は等しいので、$I/(\ell_k)^2$ が最大のものが座屈荷重が最も大きくなる。それぞれの値を求めると、

1　$I/(\ell_k)^2=3×10^{-5} / (2×3.5)^2$
　　　$=0.061×10^{-5}$
2　$I/(\ell_k)^2=5×10^{-5} / (2×4.0)^2$
　　　$=0.078×10^{-5}$
3　$I/(\ell_k)^2=6×10^{-5} / (2×5.0)^2$
　　　$=0.060×10^{-5}$
4　$I/(\ell_k)^2=8×10^{-5} / (2×5.5)^2$
　　　$=0.066×10^{-5}$
5　$I/(\ell_k)^2=9×10^{-5} / (2×6.0)^2$
　　　$=0.063×10^{-5}$

したがって、「2」の座屈荷重が最も大きい

2 答えは1

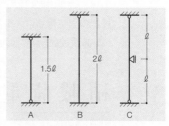

A、B、Cの座屈長さ ℓ_k を求める
A：両端ピン　$\ell_A=1.5\ell$
B：一端ピン・他端固定
　$\ell_B=0.7×2\ell=1.4\ell$
C：中間支点は、横移動拘束・回転自由であり、両端ピンの柱と同じ
　$\ell_C=\ell$

したがって、$\ell_A>\ell_B>\ell_C$ となり、正しいものは「1」となる

007 荷重・外力①力の種類

構造計算で考慮する主な荷重・外力の種類と、その組合せを理解する
長期（常に作用）、短期（まれに作用）に該当する荷重を理解しなければならない
積載荷重の大小関係、積雪荷重の条件を整理しておく必要がある

1 構造計算で考慮する主な荷重・外力

☐ 建築物にかかる荷重には、**固定荷重、積載荷重、積雪荷重、風圧力、地震力、土圧・水圧**などがある

● **荷重・外力の組合せ**（保有水平耐力計算）

長期	常時	固定＋積載	短期	積雪時	固定＋積載＋積雪
	積雪時	固定＋積載＋（0.7×積雪）		暴風時	固定＋積載＋風＋（0.35×積雪）
				地震時	固定＋積載＋地震＋（0.35×積雪）

（　）内は多雪区域にて適用

● **地震力と風圧力**
地震力と風圧力は同時に作用しないものとする

2 固定荷重

☐ **固定荷重**は、構造物自体の重量及び構造物上に常時固定されている物体の重量をいう

☐ 屋根の固定荷重の大小関係は、瓦葺き＞厚形スレート葺き＞ガラス＞薄鉄板葺き＞波形鉄板葺きとなる

● **固定荷重**　令84条
骨組部材・仕上材料等

● **スレート**
石やセメントを主原料として、板状に成形したもの。通常、スレートは「住宅屋根用化粧スレート」を指し、他に天然スレート（石板）やスレート波板がある。「厚形スレート」は「プレスセメント瓦」のことである

3 積載荷重

☐ **積載荷重**は、建築物がその内部に収容する人や物の重量をいう

☐ 構造計算で使う積載荷重の値は、構造計算の対象に応じて異なり、その値は、床の計算用＞大梁・柱の計算用＞地震力の計算用となっている。また室の種類によっても異なる値を使う

● **構造計算に用いる積載荷重**

	室の種類別の大小
床の計算用	百貨店・店舗の売場＝事務室＞教室＞住居の居室、病室
大梁・柱の計算用 地震力の計算用	百貨店・店舗の売場＞教室＞事務室＞住居の居室、病室

☐ 垂直荷重による柱の圧縮力を計算する場合は、柱が支える床の

● **積載荷重**　令85条

床の計算用に使う積載荷重は教室より事務室のほうが大きいけど、大梁・柱の計算用では教室のほうが大きいんだね

● **劇場等の客席の積載荷重の値**
固定席以外（立席など）＞固定席
なお、劇場等とは映画館、演劇場、観覧場、公会堂、集会場等

274

数に応じて低減する

□ 倉庫業を営む倉庫の床の積載荷重は、実況に応じて計算した値が3,900N／㎡未満の場合であっても3,900N／㎡として計算する

4 積雪荷重

□ **積雪荷重**は、構造物の単位面積当たりに積もる雪の重量をいう

□ 積雪の単位荷重は、一般地域の場合において、積雪量1cmごとに20N／㎡の値を使う（多雪区域では異なる）

□ 屋根の積雪荷重は、雪止めのない屋根の場合、①屋根勾配が緩やかになるほど大きく、②屋根勾配が60度を超えると、0（ゼロ）となる。一方、屋根面における積雪量が不均等となる場合、その影響を考慮して積雪荷重を計算する

● 多雪区域
積雪の初終間の平年値が30日以上、及び垂直積雪量が1m以上の区域をさす。同区域では、1cmごとに30N／㎡以上の値を使う

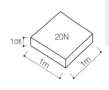

左図の雪の重さが、一般地域で20Nかぁ

5 風圧力

□ **風圧力**は、構造物に加わる風の圧力で、速度圧×風力係数で表される

□ 速度圧は、屋根の高さ、建築物の周辺状況、地方区分などに応じて、以下の式で表される

速度圧＝0.6×E×V_0^2

E：速度圧の高さ方向の分布を表す係数
V_0：建設地によって定まる基準風速

□ 速度圧の高さ方向の分布を表す係数Eは、以下の式で表される

$E＝Er^2×Gf$

Er：平均風速の高さ方向の分布を表す係数
Gf：ガスト影響係数

□ 風力作用面積は、風の作用する方向から見た対象物の見付面積である

□ 建築物の屋根版に作用する風圧力と、屋根葺き材に作用する風圧力とは、それぞれ個別に計算する

□ 暴風時における建築物の転倒や柱の引抜き等を検討する場合、建築物の実況に応じて積載荷重を減らした数値を使う

● 風圧力
地震力は、同時に作用しないものとする。原則として、金網その他の網状の構造物についても行う

● 風力係数
建物の形状に応じて、建築物の外圧係数[*1]から内圧係数[*2]を減じた数値

● 平均風速の高さ方向の分布を表す係数
地表面粗度区分に応じて定められる。例えば、地表面粗度区分Iは、都市計画区域外で極めて平坦で障害物がないため、風が通りやすく、係数が高い

● ガスト影響係数
地表面粗度区分と屋根の平均高さに基づいて算定される

● 見付面積
風を受ける面積のこと（金網その他の網状の構造物の風圧作用面積は、風の作用する方向から見た金網等の見付面積とする）

QUESTION

1 最頻出問題｜一問一答

次の記述のうち、正しいものには○、誤っているものには×をつけよ

1 ☐☐ 積載荷重については、暴風時における建築物の転倒、柱の引抜き等を検討する場合、建築物の実況に応じて積載荷重を減らした数値によるものとする

2 ☐☐ 速度圧は、その地方において定められた風速の平方根に比例する

3 ☐☐ 風圧力は、速度圧に風力係数を乗じて計算する

4 ☐☐ 閉鎖型及び開放型の建築物の風力係数は、原則として、建築物の外圧係数から内圧係数を減じた数値とする

5 ☐☐ 屋根の積雪荷重は、雪止めのない屋根の場合、屋根勾配が緩やかになるほど小さい

6 ☐☐ 許容応力度等計算において積雪時の短期に生じる力を計算するに当たり、一般に、多雪区域以外では積雪荷重によって生じる力を無視してよい

7 ☐☐ 屋根面における積雪量が不均等となるおそれのある場合においては、その影響を考慮して積雪荷重を計算しなければならない

8 ☐☐ 積雪の単位荷重は、多雪区域と指定された区域外においては、積雪量1cmごとに20N/㎡以上とする

9 ☐☐ 各階が事務室である建築物において、垂直荷重による柱の圧縮力を計算する場合、積載荷重は、その柱が支える床の数に応じて低減することができる

10 ☐☐ 同一の室における床の単位面積当たりの積載荷重は、一般に、「床の構造計算をする場合」より「地震力を計算する場合」のほうが大きい

ANSWER

→→→

1 ○｜積載荷重を高く見積もるほど、引き抜きが起こりにくくなり、危険側の設計になる（地震力は積載荷重の関数であるため、地震力の場合は積載荷重を低減する必要はない）

2 ×｜その地方において定められた風速（建設地によって定まる基準風速）の2乗に比例する

3 ○｜風圧力＝速度圧×風力係数

4 ○｜設問記述のとおり

5 ×｜屋根の積雪荷重は、屋根勾配が緩やかになるほど大きい。また勾配が60度を超える場合においては、ゼロとすることができる

6 ×｜多雪区域以外では積雪荷重は短期荷重となる

7 ○｜設問記述のとおり

8 ○｜設問記述のとおり

9 ○｜ただし、劇場、映画館、演劇場、観覧場、公会堂、集会場などは含まない

10 ×｜「地震力を計算する場合」より「床の構造計算をする場合」のほうが大きい

11 □□ 倉庫業を営む倉庫の床の積載荷重については、実況に応じて計算した値が3,900N/㎡未満の場合であっても3,900N/㎡として計算する

11 ○ | 設問記述のとおり

12 □□ 「床の構造計算をする場合の積載荷重」と「大梁の構造計算をする場合の積載荷重」は、一般に、同一の室においても異なった値を用いて計算する

12 ○ | 設問記述のとおり

2 実践問題 | 一問一答 →→→

1 □□ 風圧力の計算に用いる風力係数は、地盤面からの高さが高い部位ほど大きい

1 × | 建物の形状に応じて定まるため、高さ方向は影響しない

2 □□ 床の単位面積当たりの積載荷重は、一般に、「教室」より「百貨店又は店舗の売場」のほうが小さい

2 × | 「百貨店又は店舗の売場」より「教室」のほうが小さい

3 □□ 応力算定においては、一般に、地震力と風圧力が同時に作用するものとして計算する

3 × | 確率と耐震コストより、地震力と風圧力は同時に作用しないものとして計算する

4 □□ 倉庫等において、積載荷重が一様に分布している場合の応力より、そこから一部の荷重を減らして荷重が偏在している場合の応力のほうが不利になることがある

4 ○ | 設問記述のとおり

5 □□ 特定行政庁が指定する多雪区域における地震時の計算に用いる積雪荷重は、短期の積雪荷重の0.7倍の数値とする

5 × | 多雪区域の地震時の積雪荷重は0.35倍とする。0.7倍は、長期の積雪時である

6 □□ ラチス構造物の風圧作用面積は、風の作用する方向から見たラチス構面の見付面積とする

6 ○ | 設問記述のとおり

7 □□ 風圧力の計算は、原則として、金網その他の網状の構造物についても行う必要がある

7 ○ | 設問記述のとおり

8 □□ 屋根の積雪荷重は、屋根に雪止めがある場合を除き、その勾配が45度を超えない場合においては、ゼロとすることができる

8 × | 60度を超える場合、ゼロとすることができる

9 □□ 許容応力度計算において、多雪地域に指定された区域外の場合、地震時の短期に生ずる力は、常時の長期に生ずる力に地震力によって生ずる力を加えたものである

9 ○ | 設問記述のとおり

10 □□ 建築物の屋根版に作用する風圧力と、屋根葺き材に作用する風圧力とは、それぞれ個別に計算する

10 ○ | 設問記述のとおり

008 荷重・外力②地震力・その他

日本は世界有数の地震国であるため、設計用地震力を理解しなければならない
地震層せん断力係数、標準せん断力係数を理解して整理しておく必要がある
地震地域係数や振動特性係数の大小について理解する

1 各階の地震力

建築物に作用する地震力は、階ごとに求める。算出式は地上部分・地下部分で異なる

● 建物の各階の地震力の算出式

地上部分	i階に作用する地震力Qi	$Qi=Ci×Wi$ Ci：地震層せん断力係数（i階） Wi：固定荷重＋積載荷重（各荷重ともにi階より上）
地下部分	各部分に作用する地震力Q_B	$Q_B=k×W_B+Q_1$ k：水平震度 W_B：固定荷重＋積載荷重（当該部分） Q_1：1階の地震層せん断力

注　各階とも、多雪区域と指定された区域外の場合

● 地震力

2階の地震力を求める場合は、2階と3階の固定の積載荷重の和に2階の地震層せん断力係数を掛ける

Q_3
Q_2
Q_1

● 地下部分に作用する地震力

地盤面から深くなるほど大きくなり、その深さが20mを超えると一定になる

● 水平震度

建築物の地下部分の各部分の水平震度は、一般に地盤面から深くなるほど小さくなる

2 地震層せん断力係数 Ci

地震層せん断力係数Ciは次式で求める

● 地震層せん断力係数Ciの算出式

地震層せん断力係数Ci　$Ci=Z×R_t×Ai×C_0$
　　Z：地震地域係数（地域による補正）
　　R_t：振動特性係数（地盤による補正）
　　Ai：高さ方向の分布係数（建物高さによる補正）
　　C_0：標準せん断力係数（下表）

● 構造計算に用いる標準せん断力係数C_0

許容応力度設計用 （一次設計）	0.2以上	指定された区域（地盤が著しく軟弱）内における木造の場合は0.3以上、鉄骨造の耐震設計ルート1では0.3以上
必要保有水平耐力計算用	1.0以上	

● 高さ方向の分布係数Ai

一般に、上階になるほど、設計用一次固有周期が長くなるほど、大きくなる

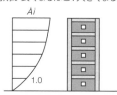

Ai

1.0

● 保有水平耐力計算

建物が崩壊するとき、各階に生じる水平力の和が必要保有水平耐力以上であることを確認する。必要保有水平耐力とは大地震時に作用する水平力である

3 地震地域係数Z

地震地域係数Zは、
①各地域ごとに予想される地震動の強さに基づいている
②過去の震害の程度や地震活動の状況（過去の地震記録等により得られた地震動の期待値（平均値）の相対的な比）などに応じて定められている
③各地域ごとに1.0〜0.7までの範囲内において定められている

● 地震地域係数
一般に、北海道や本州の太平洋側はその値が大きい。最小値は0.7の沖縄県で、地震が少ない地域である

4 振動特性係数Rₜ

振動特性係数R_tは、建築物の設計用一次固有周期、地盤の種別に応じて算出される。振動特性係数は、建築物の設計用一次固有周期が短いほど大きい。また、硬い地盤に比べて軟らかい地盤のほうが大きい（右図参照）

● 振動特性係数の特徴

地盤の硬軟	硬い ◄───► 軟らかい	
	小 ───► 大	
建物の高さ	高い ◄───► 低い	
	小 ───► 大	
構造種別	S	RC
	小	大

● 一次固有周期
建築物が最も大きな幅で振動するときの周期。固有周期が短いほど、建築物に作用する加速度は大きくなる。設計用（単位s）は、建築物の高さに鉄骨構造では0.03、RC構造では0.02を乗じて算出する

● 振動特性係数
地盤の性状や建物の高さと構造形式などで決まる建物の固有周期で変わる

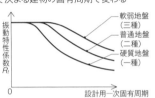

5 その他の外力

沖積粘性土の下層面が地盤面下15m以深である地域は、一般に、杭の負の摩擦力の検討を行う

鉄筋コンクリートラーメン構造の耐震性の検討では、そで壁、腰壁の影響を考慮する

土圧・水圧は、地下水位以深の地下外壁に対して考慮する。地下外壁に作用する水圧は、地下水位面からの地下外壁の深さが深いほど大きい

軟弱な粘性土地盤では、地表、特に根切り側面がふくれ上がるヒービング現象が発生しやすい

構造体と土の状態が同じ条件の場合の常時作用する土圧では、受働土圧（擁壁から土が押される）＞主働土圧（土が擁壁を押す）

● 負の摩擦力
杭周囲の地盤が沈下して、周面に下向きに作用する摩擦力

通常の杭

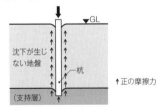

負の摩擦力が作用した杭

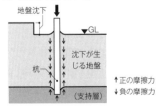

QUESTION

1 最頻出問題 | 一問一答

次の記述のうち、正しいものには○、誤っているものには×をつけよ

1 ☐☐ 建築物の各階に作用する地震層せん断力係数C_iは、上階になるほど小さくなる

2 ☐☐ 地震層せん断力係数の建築物の高さ方向の分布を示す数値A_iは、一般に上階になるほど大きくなる

3 ☐☐ 許容応力度計算等において、地盤が著しく軟弱な区域として指定された区域内における木造建築物の標準せん断力係数C_0は、原則として、0.3以上とする

4 ☐☐ 一次設計(許容応力度設計)用の標準せん断力係数C_0の値は、一般に、0.2以上とする

5 ☐☐ 建築物の地上部分における各階の必要保有水平耐力を計算する場合は、標準せん断力係数C_0は、1.0以上とする

6 ☐☐ 振動特性係数R_tは、建築物の設計用一次固有周期及び地盤の種別に応じて算出し、一般に、固有周期が長くなるほど大きくなる

7 ☐☐ 地震地域係数Zは、過去の震害の程度及び地震活動の状況などに応じて、各地域ごとに1.0から0.7までの範囲内において定められている

8 ☐☐ 建築物の地下部分の各部分に作用する地震力は、一般に、当該部分の固定荷重と積載荷重との和に水平震度kを乗じて算出する

9 ☐☐ 建築物の地上部分の地震力は、多雪区域と指定された区域外では、当該建築物の各部分の高さに応じて、当該高さの部分が支える固定荷重と積載荷重との和に、当該高さにおける地震層せん断係数C_iを乗じて計算する

ANSWER

→→→

1 × | 高さ方向の分布係数A_iが大きいほど、C_iが大きくなるため、上階になるほどC_iは大きくなる

2 ○ | 設問記述のとおり

3 ○ | 設問記述のとおり

4 ○ | 設問記述のとおり

5 ○ | 設問記述のとおり

6 × | 固有周期が長くなるほど小さくなる

7 ○ | 設問記述のとおり

8 ○ | 設問記述のとおり

9 ○ | 多雪区域の場合は、積雪荷重も加える

10 ☐☐ 建築物の地下部分の各部分の水平震度は、一般に、地盤面から
の深さにかかわらず一定である

10 × │ 地盤面から深くなるほど小さくな
る

2 実践問題 │ 一問一答 →→→

1 ☐☐ 建築物の地下の各階における地震力の計算に用いる水平震度
は、一定である

1 × │ 一般に、地盤面から深さ20mま
では深さが深くなるほど小さくなる。な
お、深さが 20mを超える場合は、
20mの水平震度と同一とすることが
できる

2 ☐☐ 地震地域係数Zは、各地域ごとに予想される地震動の強さに基
づいて定められる

2 ○ │ 設問記述のとおり

3 ☐☐ 振動特性係数R_tは、第一種地盤（硬質）より第三種地盤（軟弱）
のほうが大きい

3 ○ │ 第一種地盤は、基礎底部の直下
の地盤が、主として岩盤や硬質砂れき
層などによって構成されている地層で
ある

4 ☐☐ 建築物の地上部分に作用する地震力について、許容応力度計
算を行う場合において標準せん断力係数C_0は0.2以上とし、必
要保有水平耐力を計算する場合においては標準せん断力係数
C_0は1.0以上としなければならない

4 ○ │ 設問記述のとおり

5 ☐☐ 建築物の地上部分に作用する地震力は、建築物の固有周期が
長い場合、一般に硬い地盤に比べて、軟らかい地盤のほうが大き
くなる

5 ○ │ 振動特性係数R_tより、地震力は、
硬い地盤に比べて、軟らかい地盤のほ
うが大きくなる

6 ☐☐ 地下水位以深の地下外壁に対しては、土圧だけでなく、水圧も考
慮する

6 ○ │ 設問記述のとおり

7 ☐☐ 沖積粘性土の下層面が地盤面以下15m以深である地域につ
いては、一般に、杭の「負の摩擦力」の検討を行う必要がある

7 ○ │ 設問記述のとおり

8 ☐☐ 鉄筋コンクリートラーメン構造においては、そで壁、腰壁の影響は
考慮せずに耐震性の検討を行う

8 × │ 梁、柱にそで壁や腰壁がある場
合は、耐震性の検討を行わなければな
らない

9 ☐☐ 建築物の各階における地震層せん断力係数C_iは、一般に、上階
になるほど大きくなる

9 ○ │ 設問記述のとおり

10 ☐☐ ヒービング現象とは、砂中を上向きに流れる水流圧力により、砂粒
がかきまわされ湧き上がることである

10 × │ 記述はボイリング現象の説明

11 ☐☐ 地震力の計算に用いる建築物の設計用一次固有周期は、建築
物の高さが同じであれば、一般に、鉄筋コンクリート造より木造や
鉄骨造のほうが短い

11 × │ 鉄筋コンクリート造より木造や鉄
骨造のほうが長い

009 構造計画

構造形式ごとの特徴を理解して整理しておくことが必要である
構造設計・耐震設計の基本的なことを理解しなければならない
剛性・耐力・変形・接合部が出題のキーワードとなっている

1　構造形式

● 構造形式の種別と特徴

構造形式	特徴
トラス構造	各構面内が三角形で構成され、一般に、各節点がピン接合されている構造
鉄骨鉄筋コンクリート構造	鉄骨造の粘り強さと、鉄筋コンクリート造の耐火性・耐久性に優れた特徴を併せもった構造
壁式鉄筋コンクリート構造	板状の壁体と、屋根スラブや床スラブを、一体的に組み合わせた構造
プレキャスト鉄筋コンクリート構造	主要な構造部分を、工場生産による鉄筋コンクリート部品で組み立てる構造
免震構造	一般に、建築物と基礎との間に積層ゴム支承やダンパーなどを設置し、地震時の振動エネルギーを吸収する構造
制振構造	振動を制御する装置や機構を、建築物内に組み込んだ構造（構造体の層間変形などの変形を利用してエネルギー吸収を行う制振部材を建築物に組み込むことは、地震時の安全性を高めるのに有効）

● 積層ゴムと鉛ダンパーを用いた免震構造

● オイルダンパーを用いた制振構造

2　構造計画・計算及び耐震設計・診断

耐震性能は、一般に、強度と靱性（粘り強さ）によって評価される。靱性が乏しい場合は、強度を十分に高くする

● 耐震性能（粘り強さに期待する考え方）
部材が塑性化した後の変形能力を大きくすること

一次設計：中程度の地震に対して損傷による性能の低下を生じないことを確かめる
二次設計：最大級の地震に対して崩壊・倒壊などをしない（最大耐力以下である、塑性変形可能な範囲にある）ことを確かめる

● 層間変形角（＝水平変位／階高）
地震力によって生じる各階の層間変形角の差が小さくなると、耐震上有利になる

地上部分における、地震力に対する水平剛性の検討では、各階の層間変形角が1／200以下であることを確認する

● 剛性バランス
上下階の水平力に対する高さ方向の剛性差は、できるだけ小さくなるようにする

各階の剛性率（建築物全体の剛性に対する各階の剛性）が6／10以上、偏心率（各階の偏心距離を当該階の弾力半径で除し

● 偏心率
建築物の各階平面内の各方向別に、重心と剛心の偏りのねじり抵抗に対する割合として求める。鉄筋コンクリート構造の建

た値)が**15／100**以下であることを確認する

☐ **ピロティ形式**の建築物は、柱の耐力・剛性を大きくする

☐ 木造建築物の耐震診断では、**一般診断法**と**精密診断法**がある

☐ 耐震診断基準における第2次診断法では、柱や壁の強さと変形能力等をもとに耐震性能を判定する。この際、梁の変形能力などは考慮しない

☐ 鉄骨構造の接合部は、構造上の要所であるため、梁又は柱の耐力より、柱梁接合部パネルの耐力のほうを高くする

☐ エキスパンションジョイント(伸縮継手)のみで接している複雑な平面形状や異種構造の複数の建築物は、**それぞれ構造的に分離した別の建築物**として構造計算を行う

物の場合、剛性の高い耐震壁を、建築物外周にバランスよく配置することで、偏心率を減少できる。袖壁、腰壁を耐力壁として考える

●ピロティ形式
2階以上の建物で1階の地上部分を柱又は壁だけにし、1階部分が吹放ちの空間をもつ建築形式。阪神・淡路大震災で被害が大きかった構造形式の一つ。ピロティ階の必要保有水平耐力は、「剛性率による割増し係数」と「ピロティ階の強度割増し係数」のうち、大きい方の値を用いて算出する

●木造建築物の耐震診断
一般診断法では強度抵抗型の耐震補強についてのみ評価する

●柱梁接合部パネル
柱と梁の仕口部分などの大きなせん断力を受ける領域。パネルゾーンともいう

3 水平力と剛性

☐ **●水平力に対する剛性を大きくするための措置**

構造形式	有効な措置
鉄筋コンクリート構造	耐力壁
鉄骨構造	筋かい
木造	壁:耐力壁・筋かい 床・屋根:水平トラス・火打材

☐ 鉄筋コンクリート構造の小梁付き床スラブでは、小梁の過大なたわみや大梁に沿った床スラブの過大なひび割れを防止するため、小梁に十分な曲げ剛性を確保する

☐ 床や屋根の面内剛性を大きくし、地震力等の水平荷重に対して構造物の各部が一体となって抵抗できるように計画する

●鉄筋コンクリート構造の耐力壁量
ある階の耐力壁の壁量は、その上階の壁量と同等以上となるように配置する

●水平力に対する剛性
一般に、鉄筋コンクリート造より鉄骨造のほうが小さい

●筋かい・火打材

4 固有周期

☐ 同じ地震であっても個々の建築物の**固有周期**の違いにより、建築物の揺れの大きさは異なる

☐ 建築物の固有周期は、構造物としての剛性が小さいほど、また、質量が大きいほど長くなる

●建築物の質量
建築物の質量は構造でも異なる。同じ容積の建築物の場合、鉄筋コンクリート造よりも鉄骨造のほうが、建築物自体の重量が軽くなる

QUESTION

1 最頻出問題 | 一問一答

次の記述のうち、正しいものには○、誤っているものには×をつけよ

1 ☐☐ エキスパンションジョイントのみで接する複数の建築物については、一体の建築物として構造計算を行う

2 ☐☐ 鉄骨構造においては、一般に、「柱梁接合部パネルの耐力」より「梁又は柱の耐力」のほうが高くなるように設計する

3 ☐☐ ピロティ形式を採用する場合、層崩壊しないようにピロティ階の柱の耐力及び靱性を大きくする

4 ☐☐ 建築物の耐震性能を高めるためには、構造物の強度を大きくする考え方と構造物の変形能力を大きくする考え方がある

5 ☐☐ 一般に、地震力によって生じる各階の層間変形角の差が大きくなると、耐震上有利になる

6 ☐☐ 鉄筋コンクリート構造において、柱や梁に接続する袖壁、腰壁については非耐力壁として考え、偏心率の算定に当たり、影響はないものとした

7 ☐☐ 同じ高さの建築物の場合、水平力に対する剛性は、一般に、鉄筋コンクリート構造より鉄骨構造のほうが大きい

ANSWER

→→→

1 ×｜エキスパンションジョイント（EXP. J）は、2棟以上の建築物をつなげる渡り廊下などを、それぞれ緊結せずに接続する方法のため、この場合、それぞれ別の建築物として構造計算を行う

2 ×｜接合部は構造上の要所となるため、「梁又は柱の耐力」より「柱梁接合部パネルの耐力」のほうが高くなるように設計する

3 ○｜ピロティ階の剛性率が小さくなるため、柱に十分な耐力と靱性をもたせる必要がある

4 ○｜変形性能を大きくする考え方＝部材が塑性変形した後の粘り強さに期待する考え方

5 ×｜層間変形角（＝水平変位／階高）の差が大きいと、剛性の低い層に変形が集中して、耐震上不利になる

6 ×｜偏心率や剛性率の算定においては、袖壁、腰壁を耐力壁として考える

7 ×｜鉄骨構造は柔構造（しなることによって地震力を逃がす構造）であるため、剛性は鉄筋コンクリートより小さい

2 実践問題 | 一問一答

1 ☐☐ 建築物の地上部分において、平面的な剛性分布のバランスの検討において、各階の偏心率が1 / 200以下であることを確認した

2 ☐☐ 建築物の固有周期は、構造物としての剛性が大きいほど、質量が小さいほど、長くなる傾向がある

3 ☐☐ トラス構造は、各構面内が三角形で構成され、一般に、各節点が

→→→

1 ×｜15／100以下であることを確認する

2 ×｜固有周期＝$2\pi\sqrt{\dfrac{質量}{剛性}}$

上式より質量が大きいほど、剛性が小さいほど、固有周期が長くなる

3 ×｜各接点がピン接合されている構造

剛に接合されている構造である

4 ☐☐ 木造において、床組や陸梁のたわみを減少させるために、水平トラスや火打材を用いて補強した

5 ☐☐ 鉄骨造において、材料の粘り強さを生かすような接合部の設計を行った

6 ☐☐ 床や屋根の面内剛性を大きくし、地震力等の水平荷重に対して構造物の各部が一体となって抵抗できるように計画する

7 ☐☐ 耐震診断基準における第2次診断法は、梁の変形能力などは考慮せずに、柱や壁の強さと変形能力などをもとに耐震性能を判定する診断手法である

8 ☐☐ ピロティ階の必要保有水平耐力は、剛性率による割増係数とピロティ階の強度割増係数のうち、大きいほうの値を用いて算出する

9 ☐☐ 木造建築物の耐震診断には、一般診断法と精密診断法とがあり、一般診断法においては、強度抵抗型の耐震補強についてのみ評価することができる

10 ☐☐ 鉄筋コンクリート構造においては、一般に、「柱梁接合部の耐力」より「梁又は柱の耐力」のほうが高くなるように設計する

11 ☐☐ 鉄骨構造の梁端接合部の早期破壊を防ぐために、梁端のフランジ幅を広げ、作用する応力を減らす設計をした場合であっても、保有耐力接合の検討を行う

12 ☐☐ 建築物の構造計算に関する用語（偏心率、層間変形角、外圧係数、固定荷重、固有周期）のうち、耐震設計と関係が最も小さいのは、外圧係数である

13 ☐☐ 鉄筋コンクリート造においては、偏心率を小さくするために、剛性の高い耐震壁を建築物外周にバランスよく配置する

14 ☐☐ 鉄筋コンクリート造において、水平力に対する剛性を大きくするために、耐力壁を設けた

15 ☐☐ 鉄筋コンクリート構造において、地震力に対して十分な量の耐力壁を配置した場合、柱については鉛直荷重に対する耐力のみを確認すればよい

---

4 × │ 水平トラスや火打材（火打梁、火打土台）は、水平力に対し、有効であるため、床や梁の鉛直力によるたわみを減少させることはできない

5 ○ │ 鉄骨造は、しなることによって地震力等を逃がす構造であるため、その接合部についても同じような考えで設計する

6 ○ │ 設問記述のとおり

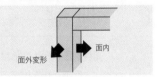

7 ○ │ 設問の記述は正しい。なお、第3次診断法は柱、壁に加え、梁の強さと変形能力をもとに診断する

8 ○ │ 設問記述のとおり

9 ○ │ 設問の記述は正しい。精密診断法は詳細な現地調査に基づき診断する方法で、場合によっては内外装材を取り外す

10 × │ 接合部は構造上の要所となるため、「梁又は柱の耐力」より「柱梁接合部の耐力」のほうが高くなるように設計する

11 ○ │ 保有耐力接合は、構造計算において、接合する部材が十分に塑性化するまで接合部で破断が生じないように設計する接合である

12 ○ │ 外圧係数は風圧力を求めるときに使用する

13 ○ │ 偏心率が小さい（重心と剛心の距離が短い）ほど、平面のバランスがよくなる

14 ○ │ 鉄骨造の場合は筋かい、木造の場合は水平トラスや火打材を設ける

15 × │ 鉄筋コンクリート構造は、骨組（柱、梁、接合部）と耐力壁が一体となって地震力などに抵抗するため、この場合は、水平力に対する耐力の確認もしなければならない

010 地盤と基礎

地盤関連では地盤・土の種類やその性質、地盤の許容応力度に関する問題、基礎構造では基礎の種類、杭基礎の設計に関する問題が出題されている。また圧密沈下・液状化・N値等の関連用語も覚えておこう

1　地 盤

□　**洪積層**やそれ以前に堆積された土層は比較的堅く安定している。堆積した時代が新しい**沖積層**は、土層が比較的軟弱なため、構造物を建設した場合、粘土層では**圧密沈下**、砂質土では**液状化**が生じる可能性がある

□　土は、様々な**土粒子**の集合で構成されていて、**粒径**によって**粘土・シルト・砂・礫**に区分される。一般的に、粗粒土(砂・礫)は粘着力がなく、水を通しやすい。粘性土(シルト・粒土)は粘着力が強く、水を通しにくい

●**土粒子の種類**

粒径	細粒分		粗粒分	
	0.005mm	0.075mm	2.0mm	75mm
土粒子の種類	粘土	シルト	砂	礫

□　有害な沈下防止・液状化対策や支持力の増大等に必要な土質の改善を目的として、**締固め・固化・置換**などの処理を施すことを**地盤改良**という

□　地盤の強さや性状を調査する代表的な方法として**標準貫入試験**がある。ハンマーを落下させてロッドが30cm貫入する回数をその地盤の**N値**といい、この値から地盤の硬軟や締まり具合を推定する

□　SWS(**スウェーデン式サウンディング**)試験ではおもりを載せたロッドを回転させて1m貫入するのに要した半回転数(Nsw値)をもとに地盤の支持力を評価する

□　**地盤の許容応力度**は、地盤調査の結果により定めることが原則だが、次表の数値を用いることができる

●**圧密沈下**

粘土層は透水性が低く、長期間にわたって圧縮力を受けると土粒子に含まれる間隙水が徐々に排出される。時間経過とともに沈下が進行する現象をいう

●**液状化**

地下水で飽和している緩い砂質地盤が地震による振動・衝撃などを受けると、間隙水圧の上昇のため粒子間のせん断抵抗を失い、液体のように流動化する現象をいう

●**粘性土の特性**

細かい粒子で粘着力があり、不透水層を構成するため、水分が抜けにくい。また、盛土等の荷重が作用した場合、軟弱な粘性土層は、かなり深部まで圧密の影響を受ける

●**標準貫入試験**

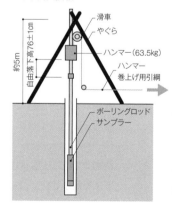

● 長期に生じる力に対する地盤の許容応力度

地盤	岩盤	密実な砂質地盤	砂質地盤[*]	堅い粘土質地盤	粘土質地盤
許容応力度(kN／㎡)	1,000	200	50	100	20

*：地震時に液状化のおそれのないものに限る

2　基礎

☐　基礎スラブからの荷重を直接地盤に伝える形式の**直接基礎**には、**独立フーチング基礎**、**布基礎**、**べた基礎**がある

● 布基礎

建物の壁面に沿って連続して設けられた帯状の基礎のこと。フーチングが連続していることから「連続フーチング基礎」ともいう

● 独立フーチング基礎

捨て
コンクリート

フーチング

割栗石等

● 布基礎

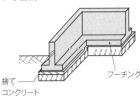

捨て
コンクリート

フーチング

● べた基礎

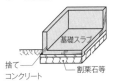

基礎スラブ

捨て
コンクリート

割栗石等

☐　杭を介して荷重を地盤に伝える形式の杭基礎には、**支持杭**と**摩擦杭**がある

● 杭基礎の種類

支持杭基礎

支持杭

軟弱層

支持層

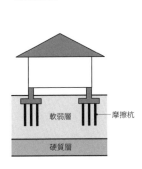

摩擦杭基礎

摩擦杭

軟弱層

硬質層

● 支持杭

杭先端が軟弱な地層を貫いて堅固な地盤（支持層）まで到達し、主に先端支持力によって荷重を支える杭。中高層の構造物に適用される

● 摩擦杭

地盤と杭表面との摩擦力によって荷重を支える杭。杭先端は支持層に達しない。比較的小規模構造に適用される

● 負の摩擦力（ネガティブフリクション）

軟弱地盤に打設した支持杭の杭周辺が地盤沈下する場合、沈下により杭を引き下げる向きの摩擦力のこと。沖積粘土層の軟弱地盤が圧密沈下するような場合に発生する

☐　杭基礎の許容支持力は、杭の支持力のみによるものとし、基礎スラブ底面の地盤支持力は考慮しない

☐　同一建築物では、不同沈下等の障害を生じさせないため、異なる基礎の併用は避ける

QUESTION

ANSWER

1　最頻出問題｜一問一答

→→→

次の記述のうち、正しいものには○、誤っているものには×をつけよ

1 ☐☐　一般に沖積層は、支持地盤として安定している洪積層に比べて、支持力不足や地盤沈下が生じやすい

2 ☐☐　載荷とほぼ同時に短時間に生じる基礎の沈下を、「圧密沈下」という

3 ☐☐　地下水が豊富に存在する場合、粘土主体の地層であっても、砂質土層と同程度に液状化が生じやすい

4 ☐☐　土の粒径の大小関係は、砂＞シルト＞粘土である

5 ☐☐　一般の地盤において、地盤の長期許容応力度の大小関係は、岩盤＞粘土質地盤＞密実な砂質地盤である

6 ☐☐　同一の建築物において、直接基礎と杭基礎など異種の基礎を併用することは、できるだけ避ける

7 ☐☐　独立基礎は、布基礎やべた基礎に比べて、不同沈下の抑制に有利である

8 ☐☐　負の摩擦力とは、軟弱地盤層において、周囲の地盤が沈下することにより、杭の周面に下向きに作用する摩擦力である

9 ☐☐　地盤改良とは地盤の「強度の増大」、「沈下の抑制」、「止水」等に必要な土の性質の改善を目的として、土に、締固め、脱水、固化、置換等の処理を施すことである

10 ☐☐　ボイリングとは、砂中を上向きに流れる水流圧力によって、砂粒がかきまわされ湧き上がる現象である

1 ○｜沖積層は堆積した地層が新しく、土層は比較的軟弱であるため、支持力不足や地盤沈下が生じやすい

2 ×｜圧密沈下とは、長期間にわたって圧縮力を受けると土粒子に含まれる間隙水が徐々に排出され、時間経過とともに沈下が進行する現象で、粘性土に生じる

3 ×｜液状化とは、水で飽和した砂質土が振動・衝撃などによる間隙水圧の上昇のため、せん断抵抗を失う現象

4 ○｜土の粒径が最も細かいのが粘土で、シルトは粘土と砂の中間の粒径であり、0.075mmよりも大きな粒径が砂

5 ×｜地盤の許容応力度は、岩盤 1,000kN／㎡＞密実な砂質地盤 200kN／㎡＞粘土質地盤 20kN／㎡

6 ○｜不同沈下等の障害を生じないようにするため、同一建築物では異種の基礎を併用することはなるべく避ける

7 ×｜独立基礎は、独立したフーチングによって上部構造からの荷重を支持するもの。布基礎やべた基礎より剛性が小さく、不同沈下の抑制には不利

8 ○｜軟弱地盤に打設した支持杭の杭周辺が地盤沈下する場合、沈下により杭を引き下げる向きの摩擦力のこと

9 ○｜地盤改良の基本原理は除去・置換、圧密・排水、締固め、固化

10 ○｜地下水位が高い砂質地盤において、土留め壁の下から地下水が流れ込んで、水とともに砂が掘削面に吹き上がる現象

2 実践問題 | 一問一答 → → →

1 ☐☐ 地下水位が高く、かつ、緩く堆積した砂質地盤は、一般に、地震時に液状化しやすい

2 ☐☐ 標準貫入試験によるN値が同じであっても、一般に、砂質土と粘性土とでは長期許容応力度が異なる

3 ☐☐ ヒービングとは、砂中を上向きに流れる水流圧力によって、砂粒がかきまわされ湧き上がる現象である

4 ☐☐ 基礎梁の剛性を大きくすることは、不同沈下の影響を減少させるために有効である

5 ☐☐ 砂質土等において、地震動の作用により土中に発生する過剰間隙水圧が初期有効応力と等しくなることによって、せん断抵抗力が失われる現象を液状化という

6 ☐☐ 地盤の支持力は、一般に、基礎底面の位置(根入れ深さ)が深いほど大きくなる

7 ☐☐ 杭を複数本設置する場合、杭間隔を密にするほうが有効である

8 ☐☐ 土の単位体積重量が小さければ、一般に、地下外壁に作用する土圧も小さくなる

9 ☐☐ 支持杭である基礎杭の許容支持力は、打ち込み用のおもりの有効自重を用いて計算する

10 ☐☐ 地下外壁に地下水が接する場合、地下水位が高いほど、地下外壁に作用する圧力は大きくなる

11 ☐☐ 堅い粘土質地盤は、一般に、密実な砂質地盤に比べて許容応力度が大きい

1 ○│地下水位が高く、緩く堆積した砂質地盤では、地震が発生すると粒子間の水圧が上昇してせん断抵抗を失い液状化する

2 ○│同じN値でも砂質土と粘性土では長期許容応力度は異なるので、N値の利用に当たっては、まず砂質土と粘性土の区別をする必要がある。同じN値の場合、一般的には粘性土のほうが長期許容応力度は大きい

3 ×│ヒービングとは、軟弱な粘性土地盤において根切り底面がふくれ上がる現象

4 ○│不同沈下を減少させるには、基礎梁の剛性を大きくするか、水平方向に連続した壁を設けることが有効

5 ○│設問記述のとおり

6 ○│直接基礎の場合、一般的に基礎の根入れ深さが深いほど地盤の支持力が大きくなる

7 ×│杭の種類により打設間隔は決まっている。既製コンクリート杭の打設の中心間隔は、杭頭部の2.5倍以上、かつ75cm以上

8 ○│地下外壁には地盤からの土圧・水圧が荷重として面外方向に加わり、土の単位体積重量が小さければ作用する土圧は小さくなる

9 ×│支持杭の許容支持力は、杭先端支持力と杭周面摩擦力から求める。杭の長さ、杭の周長、杭先端の有効断面積、先端の地盤の許容応力度などを用いて算出する

10 ○│地下外壁は壁が地盤に接しているため、地盤からの土圧・水圧が荷重として面外方向に加わる。地下水位が高いほど作用する圧力は大きくなる

11 ×│地盤の許容応力度は、密実な砂質地盤は200kN／m²、堅い粘土質地盤は100kN／m²である

011 鉄筋コンクリート構造①梁

梁の許容曲げモーメントの算定式の理解、仕様規定では、あばら筋(せん断補強筋)やスラブ配筋、たわみと振動については、クリープ現象、梁の配筋では、梁主筋の配置や定着について基本的な知識が問われる。鉄筋の継手では、特に重ね継手に関する出題頻度が高い

1 梁の設計式

☐ 梁の許容曲げモーメントは、コンクリートの許容圧縮応力度に達したときと鉄筋の許容引張応力度に達したときの小さいほうによる

☐ 梁の曲げに対する断面算定において、梁の**許容曲げモーメント**Mは、引張鉄筋比が**つり合い鉄筋比以下**の場合、次の式で求める

$$M = a_t \cdot f_t \cdot j$$

a_t:引張鉄筋の断面積

f_t:鉄筋の許容引張応力度

j:曲げ材の応力中心間距離

($j = (7/8) \cdot d$[d:梁の有効せい])

● 梁の断面

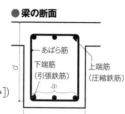

あばら筋

下端筋
(引張鉄筋)

上端筋
(圧縮鉄筋)

☐ 梁の曲げ剛性の算定において梁に床スラブが取り付いている場合は、床スラブの**協力幅**を考慮したT型梁として計算する

☐ 梁の**終局曲げモーメント**Muは、引張鉄筋の降伏がコンクリートの破壊より先行する場合、次の式で算出する

$$Mu = 0.9 \cdot a_t \cdot \sigma_y \cdot d$$

a_t:引張鉄筋の断面積

σ_y:引張鉄筋の材料強度

d:梁の有効せい

●**引張鉄筋比(p_t)**

$$p_t = \frac{a_t}{bd} \times 100$$

a_t:引張鉄筋の断面積

b:梁幅

d:梁の有効せい

●**つり合い鉄筋比** 「引張鉄筋」と「圧縮縁のコンクリート」の応力度が、同時に許容応力度に達するときの引張鉄筋比

●**T型梁**

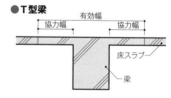

有効幅

協力幅   協力幅

床スラブ

梁

●**コンクリートの引張応力**
鉄筋コンクリート材の曲げモーメントに対する断面算定においては、一般にコンクリートの引張応力は無視してよい

●**靱性能**
せん断破壊を避けて靱性能を高めるため、曲げ強度に対するせん断強度の比を大きくする(曲げ破壊させる)ことが望ましい

2 仕様規定

☐ **梁主筋**について、長期荷重時に正負最大曲げモーメントを受ける断面の引張鉄筋比p_tは、**0.4%又は存在応力によって必要とされる量の4／3倍**のうち、**小さいほうの値以上**とする。なお、主筋には異形鉄筋**D13以上**を用いる
あばら筋比は0.2%以上とし、**あばら筋**は軽微な場合を除き、**直径9mm以上の丸鋼又はD10以上の異形鉄筋**を用いる

●**あばら筋比(p_w)**

$$p_w = \frac{a_w}{b \cdot x}$$

a_w:1組のあばら筋の断面積

x:あばら筋間隔

許容せん断力の計算において、p_wの値が1.2%を超える場合は1.2%とする

□ 床スラブ各方向の**スラブ筋**について、コンクリート全断面積に対する鉄筋全断面積の割合は**0.2%以上**とする

● 床スラブの厚さ（**t**）

片持ち以外： $\dfrac{t}{\ell_x} > \dfrac{1}{30}$

片持ち ： $\dfrac{t}{\ell_x} > \dfrac{1}{10}$

ℓ_x：短辺方向における有効張り間長さ

3 梁の配筋

□ 梁の主筋は主に引張力が発生する箇所に多く配置する。また、梁下端筋の柱梁接合部内への定着（柱から梁主筋が引き抜けないようにすること）は、曲げ上げ定着とする

● 梁のあばら筋の配筋の種類

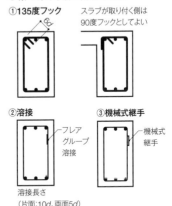

① 135度フック　スラブが取り付く側は90度フックとしてよい

② 溶接　フレアグループ溶接

溶接長さ（片面：10d、両面5d）

③ 機械式継手　機械式継手

● あばら筋

梁のひび割れの伸展の防止や、せん断終局強度及び靭性の確保に有効である

● 梁の定着

① 一般階の定着　② 最上階の定着

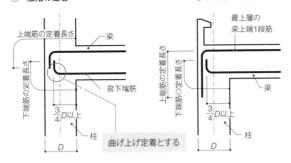

曲げ上げ定着とする

4 たわみと振動

□ 梁や床スラブの**たわみ**や**振動**による支障を起こさないため、**クリープ現象**を考慮したうえで、たわみが**1／250以下**であることを計算により確認する。計算において確かめない場合には、梁のせいは梁の有効長さの1／10を超える値とする

● クリープ現象

荷重を持続的に受けたときに、時間とともにひずみが増大する現象。梁においてはクリープによって、コンクリートの圧縮縁応力は減少し、圧縮鉄筋の応力は増加する

□ **梁の圧縮鉄筋**は、一般に、長期荷重による**クリープたわみの抑制**及び地震時における**靭性の確保**に有効であるため、全スパンにわたって**複筋梁**とする

● 複筋梁

引張側と圧縮側の両方に主筋を設けた梁のことをいう

5 継手

□ 鉄筋の継手は、原則として、**部材に生じる力の小さい箇所**で、かつ、常時はコンクリートに**圧縮応力が生じている部分**に設ける径の異なる異形鉄筋の重ね継手の長さは、**細いほうの鉄筋の径**（呼び名の数値）を基準として算出する

□ ガス圧接継手において、圧接箇所は鉄筋の直線部とし、曲げ加工部及びその付近を避ける

● 継手の注意点

・継手の位置は、梁上端筋は中央付近、下端筋はL_0／4付近、柱主筋は中央付近とする（L_0：柱のスパン）

・D35以上の太径の異形鉄筋の継手は、原則として、重ね継手を使用できない

・鉄筋の径（呼び名の数値）の差が7㎜を超える場合には、原則として、ガス圧接継手を設けてはならない

011　**鉄筋コンクリート構造①梁**　　QUESTION & ANSWER

QUESTION

1　最頻出問題｜一問一答

次の記述のうち、正しいものには○、誤っているものには×をつけよ

1 ☐☐　梁の引張鉄筋比が、つり合い鉄筋比以下の場合、許容曲げモーメントは、引張鉄筋の断面積にほぼ比例する

2 ☐☐　鉄筋コンクリート材の曲げモーメントに対する断面算定においては、一般に、コンクリートの引張応力は無視する

3 ☐☐　鉄筋コンクリート造部材の曲げモーメントに対する断面算定は、一般に、曲げ材の各断面が荷重を受けて変形した後も平面を保つという仮定に基づいて行う

4 ☐☐　鉄筋コンクリート構造の梁のせん断補強筋比を、0.2%とした

5 ☐☐　床スラブ各方向の全幅について、コンクリート全断面積に対する鉄筋全断面積の割合を、0.1%とした

6 ☐☐　梁のせいは、クリープ等の変形の増大による使用上の支障が起こらないことを計算において確かめない場合には、梁の有効長さの1／10を超える値とする

7 ☐☐　鉄筋の継手は、原則として、部材に生じる力の小さい箇所で、かつ、常時はコンクリートに圧縮応力が生じている部分に設ける

8 ☐☐　径の異なる異形鉄筋の重ね継手の長さは、細いほうの鉄筋の径（呼び名の数値）を基準として算出する

2　実践問題①｜一問一答

1 ☐☐　鉄筋コンクリート構造で、長方形梁の許容曲げモーメントは、圧縮縁がコンクリートの許容圧縮応力度に達したとき、又は引張側鉄筋が鉄筋の許容応力度に達したときに対して算出される値のうち、大きいほうの数値とした

ANSWER

→→→

1 ○｜梁の引張鉄筋比がつり合い鉄筋比以下の場合、許容曲げモーメントMは
$$M = a_t f_t j$$
　　a_t：引張鉄筋の断面積
　　f_t：鉄筋の許容引張応力度
　　j：応力中心間距離、$(7／8)\cdot d$（dは梁の有効せい）
で求められるため、引張鉄筋の断面積に比例する

2 ○｜コンクリートの引張強度は圧縮強度の1／10程度であり曲げモーメントに及ぼす影響が小さいので、これを無視して計算の簡略化を図っている

3 ○｜設問記述のとおり

4 ○｜設問記述のとおり

5 ×｜温度応力及び圧縮応力に対する配筋として、スラブの鉄筋量は0.2%以上としている

6 ○｜梁のせいはクリープ現象を考慮したうえで、たわみが1／250以下となることを計算により確認する必要がある。ただし、梁の有効長さの1／10を超える値とすれば、計算の必要はない

7 ○｜設問記述のとおり

8 ○｜重ね継手の長さは、引張力の最も小さい部分では細いほうの鉄筋径の25倍以上とし、それ以外の部分では40倍以上必要

→→→

1 ×｜許容曲げモーメントは、コンクリートの許容圧縮応力度に達したときと鉄筋の許容引張応力度に達したときの小さいほうによる

2 ☐☐ 幅の広い梁や主筋が一段に多数配置される梁において、副あばら筋を使用した

3 ☐☐ 比較的スパンの大きな梁や片持ち梁については、曲げひび割れやクリープを考慮して設計する

4 ☐☐ 鉄筋コンクリート造の小梁付き床スラブにおいては、小梁の過大なたわみ及び大梁に沿った床スラブの過大なひび割れを防止するため、小梁に十分な曲げ剛性を確保する

5 ☐☐ D35以上の太径の異形鉄筋の継手は、原則として、重ね継手とする

6 ☐☐ スパイラル筋の末端を重ね継手とする場合は、フック付きとする

7 ☐☐ 同一種類の鉄筋において、圧接の性能に支障がないことを確認できれば、銘柄の異なる鉄筋相互の継手をガス圧接継手としてもよい

8 ☐☐ 鉄筋の機械式継手については、構造計算の方法及び継手の使用箇所に応じて、継手部分の強度・剛性・靭性等に基づく継手性能の分類に従って使用することができる

9 ☐☐ 梁に貫通孔を設ける場合、柱には近接しないほうがよい

2 ○｜設問記述のような梁では、あばら筋だけではせん断補強が不十分となり、副あばら筋を使用する場合がある

3 ○｜スパンが大きい梁や片持ち梁は、曲げひび割れやクリープが大きくなりやすい

4 ○｜小梁付き床スラブにおいて、小梁の曲げ剛性を大きくすることは、たわみやひび割れの抑制に有効である

5 ×｜D35以上の太径鉄筋は重ね継手を使用できない

6 ○｜設問記述のとおり

7 ○｜設問記述のとおり

8 ○｜設問記述のとおり

9 ○｜梁の曲げ耐力に影響するため、柱には近接させない

3 実践問題②｜五肢択一 →→→

1 ☐☐ 次の図のような荷重を受ける鉄筋コンクリート造の梁における主筋の位置のうち、最も不適当なものはどれか

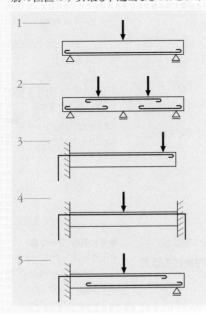

1 答えは4

梁の主筋は、引張力が発生する箇所に多く配置する。4は曲げモーメントが発生している中央下端に配筋されていないため不適当。1～5までの曲げモーメント図は下記のとおり

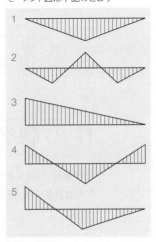

012 鉄筋コンクリート構造②柱

柱は、粘りのある建物全体の耐震性を意識して知識を得ることが重要。許容応力度設計では許容せん断力式の長期と短期の違い、配筋では付着割裂破壊に対する隅角部の鉄筋について、仕様規定では柱最小径・主筋・帯筋の規定に関する問題がよく出題されている

1　許容応力度設計

□　**柱の許容曲げモーメント**は、以下のうちの最小値とする
①**圧縮縁の応力度**がコンクリートの**許容圧縮応力度**に達したとき
②**圧縮鉄筋**が**許容圧縮応力度**に達したとき
③**引張鉄筋**が**許容引張応力度**に達したとき

□　**短期荷重時**に大きな曲げモーメントが発生する柱の軸力は、次のようにすることが望ましい

$$\frac{\text{短期軸圧縮力}}{\text{柱の全断面積}} \leqq \frac{1}{3}\,F_c$$　　　（F_c:コンクリート設計基準強度）

□　**柱の許容せん断力**は、長期・短期で区別する
長期：$Q_{AL} = b \cdot j \cdot a \cdot f_s$
短期：$Q_{AS} = b \cdot j\,\{f_s + 0.5\,{_wf_t}(p_w - 0.002)\}$

b　：柱幅

j　：柱の応力中心間距離（$j = \dfrac{7}{8}\,d$　[d:柱の有効せい]）

f_s　：コンクリートの許容せん断応力度

${_wf_t}$：帯筋のせん断補強用許容せん断応力度

p_w：帯筋比

a　：$a = \dfrac{4}{\dfrac{M}{Qd} + 1}$　（$1 \leqq a \leqq 2$）

　　　　　　　　（M,Q:最大曲げモーメント、最大せん断力）

●**圧縮縁の応力度**
圧縮側コンクリート断面の最外縁の応力度のこと。なお、圧縮力の働く部分では、鉄筋に対するコンクリートのかぶり部分も圧縮力を負担するものとして設計する

●**長期許容せん断力**
長期許容せん断力は、せん断ひび割れの発生を許容せず、せん断補強筋（帯筋）の効果を無視する

左式から、長期ではコンクリート（f_s）の効果のみを見込んで、短期ではコンクリート（f_s）と帯筋（${_wf_t}$）の効果を見込んでいるのが分かる！

●**帯筋比p_w**
p_wは次式で求める

$$p_w = \frac{a_w}{b \cdot x} \times 100 \geqq 0.2\%$$

a_w：1組の帯筋の断面積
b　：柱幅
x　：帯筋間隔

許容せん断力の計算において、p_wの値が1.2％を超える場合は1.2％とする

梁のあばら筋比と考え方は同じだよ

2　柱の靭性能

□　**柱の帯筋**は、せん断力に対する補強とともに、主筋で囲まれた内部の**コンクリート部分を拘束**し、大地震時の**軸力保持にも効果**がある

●**柱の帯筋（フープ筋）**
せん断補強のほかに、帯筋で囲んだコンクリートの拘束による圧縮耐力の増加と主筋の座屈防止に有効である

□ **太くて短い柱**は、地震時に、曲げ破壊より先に、**せん断破壊が生じやすい**ので、帯筋を多く配置する

□ 柱は一般に、負担している**軸方向圧縮力**が大きくなると、**変形能力が低下**し、粘りのない**脆性的な破壊**が生じやすくなる

3 柱の配筋

□ ● **帯筋の配筋**

① 135度フック
フック部

② 溶接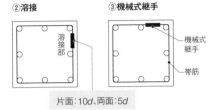
溶接部
片面：10*d*、両面：5*d*

③ 機械式継手
機械式継手
帯筋

● **柱主筋**
柱の付着割裂破壊を防止するために、柱の断面隅角部に太径の鉄筋を用いない配筋とする

● **帯筋**
帯筋の間隔は、柱の上下端付近を密にする場合もある
帯筋の末端部のフックは、135度以上に折り曲げて定着させる

4 仕様規定

□ **主筋**は、異形鉄筋**D13以上**を用い、柱のコンクリート全断面積に対する主筋全断面積の割合は、**0.8％以上**とする。また、柱主筋をガス圧接する場合、各鉄筋の継手位置は、原則として、同じ高さに設けてはならない

□ **帯筋**は軽微な場合を除き、**直径9㎜以上の丸鋼又はD10以上の異形鉄筋**を用いる。また、帯筋比は**0.2％以上**とする

● **仕様規定**
柱の最小径は、普通コンクリートを使用する場合は構造耐力上主要な支点間の距離の1／15以上、軽量コンクリートを使用する場合は1／10以上とする

● **耐震壁付柱と袖壁付柱**
耐震壁の開口に近接する柱のせん断補強筋比は、原則として0.4％以上とする。袖壁付柱のせん断補強筋比は、原則として0.3％以上とする

5 柱梁接合部

□ 柱梁接合部の靭性を確保するため、**柱梁接合部のせん断補強筋**の間隔は**150㎜以下**かつ隣接する柱のせん断補強筋間隔の**1.5倍以下**とし、せん断補強筋比については、**0.2％以上**とする。ただし、柱梁接合部内のせん断補強筋を増やしても**せん断強度は高められない**（効果がない）

□ 鉄筋コンクリート造においては、一般に、「梁又は柱の耐力」より「柱梁接合部の耐力」のほうが高くなるように設計する

□ 梁降伏先行型の柱梁接合部に大梁主筋を通し配筋とする場合は、大梁主筋の付着応力度の検討が必要である

● **柱梁接合部**
柱に対して梁が偏心して取り付く場合、偏心によるねじりモーメントを考慮して柱梁接合部の設計を行う

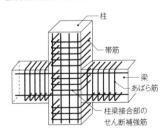
柱
帯筋
梁
あばら筋
柱梁接合部の
せん断補強筋

鉄筋コンクリート構造②柱

QUESTION & ANSWER

QUESTION

1 最頻出問題│一問一答

次の記述のうち、正しいものには○、誤っているものには×をつけよ

1 ☐☐ 許容応力度設計において、圧縮力の働く部分では、鉄筋に対する
コンクリートのかぶり部分も圧縮力を負担するものとして設計する

2 ☐☐ 柱の帯筋は、せん断力に対する補強とともに、間隔を密にして入
れたり、副帯筋を併用したりすること等によって、主筋で囲まれた
内部のコンクリート部分を拘束し、大地震時の軸力保持にも効果
がある

3 ☐☐ 柱においては、一般に、負担している軸方向圧縮力が大きくなる
と、靱性が大きくなる

4 ☐☐ 帯筋の末端部のフックは、90度以上に折り曲げて定着させる

5 ☐☐ 柱のコンクリート全断面積に対する主筋全断面積の割合を、0.4%
とした

2 実践問題①│一問一答

1 ☐☐ 帯筋は、せん断力に対する補強効果をもつとともに、柱主筋の位
置を固定し、圧縮力による主筋の座屈を防ぐ効果がある

2 ☐☐ 太くて短い柱は、曲げ耐力を増す必要があり、主筋を多く配置する

3 ☐☐ 帯筋の効果は、端部の定着形状により異なる

4 ☐☐ 端部に135度フックを有する帯筋は、柱の靱性を増すうえで、スパ
イラル筋よりも効果が大きい

5 ☐☐ 鉄筋コンクリート構造においては、一般に、梁又は柱の耐力より柱
梁接合部の耐力のほうが高くなるように設計する

6 ☐☐ 柱の出隅部分に使用する鉄筋は、異形鉄筋を使用した場合、鉄

ANSWER

→→→

1 ○│設問記述のとおり

2 ○│設問記述のとおり。帯筋は圧縮
力による主筋の座屈を防ぐ効果もある

3 ×│柱は軸方向圧縮力が大きくなる
と変形能力が低下し靱性が小さくなる

4 ×│帯筋の末端部のフックは135度
以上に折り曲げる

5 ×│柱のコンクリート全断面積に対す
る主筋全断面積の割合は、0.8%以上
とする

→→→

1 ○│設問記述のとおり

2 ×│太くて短い柱は、地震時に、せん
断破壊が生じやすいため帯筋を多く
配置する

3 ○│設問記述のとおり

4 ×│スパイラル筋は帯筋に比べせん
断力に対する効果が大きい

5 ○│柱梁接合部の耐力を高くし、脆弱
的な破壊を生じないようにする

筋の端部にフックを設けなくてもよい

6 × │ 柱の出隅部分の鉄筋は、端部に
フックを設けなければならない

7 □□ 柱梁接合部内の帯筋比を、0.2%とした

7 ○ │ 設問記述のとおり。柱梁接合部
のせん断補強筋比は、0.2%以上

8 □□ 軽量コンクリートを用いた柱の小径を、その構造耐力上主要な支
点間の距離の1／10とした

8 ○ │ 軽量コンクリートを使用する場合、
柱の最小径は支点間距離の1／10
以上とする

9 □□ ラーメン構造の中間階における内柱の柱梁接合部において、大
梁主筋を通し配筋とする場合は、接合部内で大梁主筋が付着劣
化をしないことを確かめる必要がある

9 ○ │ 設問記述のとおり

3 実践問題②│五肢択一

→→→

1 □□ 図のように配筋された柱のせん断補強筋比（帯筋比）p_wに最も近
い数値は、次のうちどれか。ただし、D10及びD19の1本当たり
の断面積は、それぞれ0.71 ㎠及び2.87 ㎠とし、p_wは図に示す
地震力の方向に対するものとして計算するものとする

1─0.14%

2─0.28%

3─0.43%

4─1.15%

5─1.72%

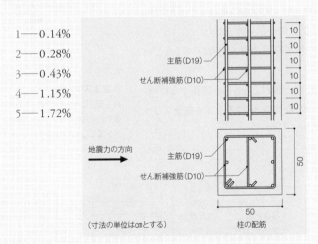

主筋(D19)
せん断補強筋(D10)

主筋(D19)
せん断補強筋(D10)

10
10
10
10
10

50

50

地震力の方向

（寸法の単位は㎝とする）　柱の配筋

1 答えは2

帯筋比p_wは次式で求める

$$p_w = \frac{a_w}{b \cdot x}$$

a_w：1組の帯筋の断面積
b：柱幅
x：帯筋間隔

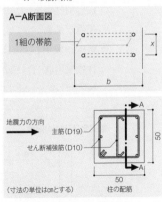

A－A断面図

1組の帯筋

x

b

地震力の方向

主筋(D19)
せん断補強筋(D10)

50

50

（寸法の単位は㎝とする）　柱の配筋

図の地震力の方向に対するa_wは

$a_w = 2 \times 0.71 = 1.42$ ㎠より

$$p_w = \frac{1.42}{50 \cdot 10} \times 100$$

$$= 0.28\%$$

したがって、正解は「2」である

MEMO │ **目で覚える！　重要ポイント**

● 柱の配筋

帯筋(135度フック)　　帯筋(溶接)　　スパイラル筋(角柱)　スパイラル筋(丸柱)

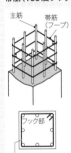

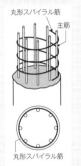

主筋　帯筋(フープ)

主筋　帯筋(フープ)

角形スパイラル筋　主筋

丸形スパイラル筋　主筋

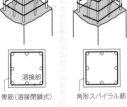

フック部

溶接部

帯筋
(たが式135度フック)

帯筋(溶接閉鎖式)

角形スパイラル筋

丸形スパイラル筋

013 鉄筋コンクリート構造③構造計画

耐震壁に関しては、耐震性を高めるための配置や耐震壁のせん断補強筋比について、床スラブについては、鉛直荷重だけでなく水平力に対する安全性の確保について、その他、建物・部材の靱(じん)性、ピロティ形式、エキスパンションジョイント、建物重量について留意する

1　壁の計画

☐　鉄筋コンクリート構造においては、偏心率を小さくするために、剛性の高い**耐震壁**を建築物外周に**バランスよく配置**する

☐　耐震壁の**せん断補強筋比**は、直交する各方向に関し、それぞれ**0.25%以上**とする

☐　**垂れ壁や腰壁の付いた柱**は、同一構面内の垂れ壁や腰壁の付かない柱より先に降伏し、耐震性能が低下するため、
　①柱の靱性能をもたせたり、柱や階段の耐力を大きくするなどの配慮が必要
　②腰壁が取り付くことにより、柱が短柱となるのを防止するため、柱腰壁の取り合い部に、十分なクリアランスを有する**完全スリット**を設けることも効果的

● 耐震壁のせん断補強筋比（p_s）

$$p_s = \frac{a_t}{xt} \times 100 \, (\%)$$

　a_t：壁筋間隔 x 内の壁筋の断面積
　x　：壁筋の間隔
　t　：壁厚

● 完全スリット
柱と壁（腰壁・そで壁等）の縁を完全に切るための構造用スリット。部分的に壁の厚さを薄くした部分スリットもある

☐　**● 完全スリットの配置**

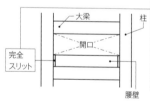

腰壁と柱の間に完全スリットを設けた場合は、柱の剛性評価においては、腰壁部分の影響を無視できるが、腰壁が梁剛性に与える影響を考慮する

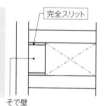

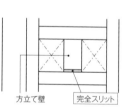

2　耐震壁の仕様規定

☐　耐震壁の仕様規定は次のとおり
　①**壁板の厚さは120mm以上**、かつ壁板の内法高さの**1／30以上**とする
　②**壁筋**は、**D10以上**の異形鉄筋あるいは素線の径が**6mm以上**の溶接金網を用い、鉄筋間隔は**300mm以下**（複配筋の場合は、450mm以下）とする
　③壁板の厚さが**200mm以上**ある場合は、壁筋を**複筋配置**とする
　④壁厚が**200mm以上**ある場合の配筋：**複筋配置**とする

☐ 耐震壁の壁板の周辺にある柱及び梁（付帯ラーメン）の**主筋**の全断面積は、原則として、コンクリートの全断面積の**0.8％以上**とする。また、付帯ラーメンの**せん断補強筋比**は、**0.2％以上**とする

☐ **有開口耐震壁の許容せん断力**は、無開口耐震壁の許容せん断力に低減率を乗じて算出する。ここで、低減率は、**開口の幅**、**高さ**及び**見付面積**に応じて求める

● **開口補強筋**

開口補強筋の量は開口の大きさを考慮して算定し、開口補強筋にはD13以上、かつ、壁筋と同径以上の鉄筋を用いる

● **開口の補強**

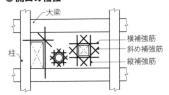

3 床スラブの計画

☐ **スラブ**は、風圧力や地震力などの水平力を柱や耐震壁に伝達する働きもあるため、鉛直荷重だけではなく、地震時などに作用する**水平力に対する安全性**も検討する

● **剛床仮定**

床スラブは、一般に、面内の剛性が大きいので、水平力に対しそのままの形で移動するものと仮定する

● **床スラブの配筋**

周辺固定スラブの場合、一般に両端の上端配筋量の方が、中央の下端配筋量より多くなる

4 その他の留意点

☐ **柱及び梁はせん断破壊する以前に曲げ降伏するように設計**し、粘り強い建物とする

☐ **ピロティ形式**を採用する場合、層崩壊しないように**ピロティ階の柱の耐力及び靭性を大きくする**

☐ **エキスパンションジョイント**のみで接している複数の建築物については、**それぞれ別の建築物として構造計算を行う**

☐ 一般に、鉄骨造よりも鉄筋コンクリート造のほうが、建築物自体の重量は重く、**水平力に対する剛性は大きい**

● **ピロティ形式**

上階に比べて剛性の弱い階（ピロティ階）のある形式。ピロティ階は層崩壊しやすい

● **エキスパンションジョイント**

建物を構造的に分割するときに設ける接合部分の手法及び工法

5 コンクリートのひび割れパターン

☐ ●**コンクリートのひび割れパターン**

①地震力による柱・壁のひび割れ

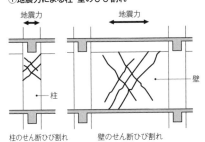

②鉛直荷重による梁のひび割れ

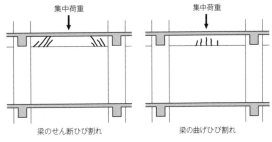

Chapter **3** 各種構造

重要度 ■■■■■□

013 **鉄筋コンクリート構造③構造計画**

QUESTION & ANSWER

1 最頻出問題│一問一答

次の記述のうち、正しいものには○、誤っているものには×をつけよ

1 ☐☐ 耐震壁が平面上で縦・横両方向につり合いよく配置されていない建築物は、地震時にねじれ振動を起こしやすくなる

2 ☐☐ 耐震壁の壁板のせん断補強筋比を、縦筋と横筋のそれぞれについて0.2%とした

3 ☐☐ 床スラブには、風圧力や地震力などの水平力を柱や耐震壁に伝達する働きもある

4 ☐☐ 鉄筋コンクリート造のスラブは、一般に、面内の剛性が大きいので、建築物に水平力が作用した場合、そのままの形で移動するものと仮定して、部材に生じる力を算定する

5 ☐☐ ピロティ形式を採用する場合、層崩壊しないようにピロティ階の柱の耐力及び靱性を大きくする

6 ☐☐ エキスパンションジョイントのみで接する複数の建築物については、一体の建築物として構造計算を行う

2 実践問題①│一問一答

1 ☐☐ 鉄筋コンクリート造において、水平力に対する剛性を大きくするために、耐力壁を設けた

2 ☐☐ 床や屋根の面内剛性を大きくし、地震力などの水平荷重に対して構造物の各部が一体となって抵抗できるように計画する

3 ☐☐ 部材の曲げ破壊は、せん断破壊に比べて、粘りのない脆性的な破壊形式である

→→→

1 ○│耐震壁は剛性（硬さ）が高く、平面的につり合いよく配置されていない場合は、偏心率が大きくなり、地震時にねじれやすくなる

2 ×│耐震壁のせん断補強筋比は、0.25%以上とする

3 ○│鉄筋コンクリート構造の床スラブは、床荷重を梁に伝達するとともに、風圧力・地震力などの水平荷重をラーメンや耐震壁に伝達する働きがある

4 ○│設問記述にある仮定を剛床仮定と呼ぶ

5 ○│ピロティ階は耐震壁がないため、他の階と比較し剛性が小さく層崩壊しやすいので、柱の耐力・靱性を大きくすることが重要

6 ×│エキスパンションジョイントのみで接している複数の建物として構造計算を行う

→→→

1 ○│耐力壁を設けることにより、建物の剛性は大きくなる

2 ○│地震力の水平荷重に対して、正面から見る筋かいの面内剛性は強く、側面の面外剛性には弱い

3 ×│曲げ破壊は粘りのある靱性的な破壊であり、せん断破壊は粘りのない脆性的な破壊である

4 □□ 帯筋・あばら筋は、一般に、せん断ひび割れの発生を抑制するものではないが、ひび割れの伸展を防止し、部材のせん断終局強度を増大させる効果がある

5 □□ 鉄筋コンクリート構造において、地震力に対して十分な量の耐力壁を配置した場合、柱については鉛直荷重に対する耐力のみを確認する

6 □□ 耐震壁の壁筋がD10及びD13であったので、この耐震壁にある開口周囲の補強筋をD13とした

7 □□ ピロティ階の必要保有水平耐力は、剛性率による割増係数とピロティ階の強度割増係数のうち、大きいほうの値を用いて算出する

4 ○│帯筋やあばら筋（せん断補強筋）は、ひび割れの発生を抑制するものではないが、せん断終局強度を増大させ、脆弱的な破壊を抑制する

5 ×│水平荷重に対して柱にせん断破壊が生じないように検討する

6 ○│開口補強筋の量は開口の大きさを考慮して選定し、開口補強筋はD13以上、かつ壁筋と同径以上の鉄筋を用いる

7 ○│ピロティ階の割増係数は、剛性率による強度割増係数F_Sとピロティ階の損傷集中による強度割増係数a_pのうち大きいほうの値を用いる

3 実践問題② │ 五肢択一

→→→

1 □□ 鉄筋コンクリート造の耐力壁において、D10の異形鉄筋を壁筋として用いる場合、耐力壁の断面a〜eについて、そのせん断補強筋比P_Sが最小規定である0.25%以上となっているもののみの組合せとして、正しいものは、次のうちどれか。ただし、壁筋は縦横とも等間隔に配置されており、P_Sは下式によって与えられるものとし、D10の1本当たりの断面積を0.7㎠とする

$$P_S = \frac{a_t}{xt} \times 100$$

P_S：壁の直交する各方面のせん断補強筋比（%）

a_t：壁筋間隔x内の壁筋の断面積（㎠）

x：壁筋の間隔（cm）

t：壁厚（cm）

1—a、b、c │ 2—a、d、e │ 3—b、c、d │ 4—b、d、e │ 5—c、d、e

1 答えは2

式に代入してa〜eの値を求める

a
$$P_S = \frac{a_t}{x \times t} \times 100 = \frac{0.7㎠}{15㎝ \times 12㎝} \times 100$$
$$= 0.39\%$$

b
$$P_S = \frac{a_t}{x \times t} \times 100 = \frac{0.7㎠ \times 2}{40㎝ \times 15㎝} \times 100$$
$$= 0.23\%$$

c
$$P_S = \frac{a_t}{x \times t} \times 100 = \frac{0.7㎠ \times 2}{40㎝ \times 18㎝} \times 100$$
$$= 0.19\%$$

d
$$P_S = \frac{a_t}{x \times t} \times 100 = \frac{0.7㎠ \times 2}{20㎝ \times 18㎝} \times 100$$
$$= 0.39\%$$

e
$$P_S = \frac{a_t}{x \times t} \times 100 = \frac{0.7㎠ \times 2}{25㎝ \times 20㎝} \times 100$$
$$= 0.28\%$$

したがって、0.25%以上となるのは、a、d、eとなり、したがって、正しいのは「2」である

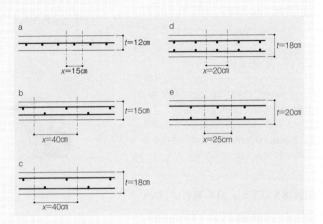

a　　t=12cm　　x=15cm

d　　t=18cm　　x=20cm

b　　t=15cm　　x=40cm

e　　t=20cm　　x=25cm

c　　t=18cm　　x=40cm

014 鉄筋コンクリート構造④その他の構造

壁式鉄筋コンクリート造・補強コンクリートブロック造の問題は、毎年どちらかが必ず出題されている。いずれも、規定関係や構造耐力上の留意点についての出題頻度が高い。規定に関しては、壁量の算出について理解しよう

1 壁式鉄筋コンクリート造

☐ 壁式鉄筋コンクリート構造の特徴としては、一般に、**耐震強度は大きいが、優れた靱性は期待できない**

☐ 壁量はX・Y方向のそれぞれについて算出する。壁量の求め方は次のとおり

$$壁量 = \frac{耐力壁の長さの合計（mm）}{壁量算定用床面積（㎡）}$$

☐ ● **壁式鉄筋コンクリート造の規定**

①標準壁量及び最小壁量（mm／㎡）

最上階から数えた階		標準壁量	最小壁量
地上階	1〜3	120mm／㎡	70mm／㎡
	4、5	150mm／㎡	100mm／㎡
地下階		200mm／㎡	150mm／㎡

②耐力壁の最小厚さ

階		耐力壁の最小厚さ(mm)	備考
地上階	平家	120かつh_s／25	h_s：構造耐力上主要な鉛直支点間距離（mm）
	2階建ての各階 3、4、5階建ての最上階	150かつh_s／22	
	その他の階	180かつh_s／22	
地下階		180[*]かつh_s／18	

＊：片面又は両面に仕上げがなく、かつ土に接していない部分は、屋内・屋外にかかわらず、かぶり厚さ10mmを増して、190mm又は200mmとする
片面又は両面が土に接する部分は、普通コンクリートを使用する場合、かぶり厚さ10mmを増して190mm又は200mm、1種及び2種軽量コンクリートを使用する場合、かぶり厚さ20mmを増して200mm又は220mmとする

☐ 建物規模は、**地階を除く階数は5以下**とし、**軒の高さは20m以下**とする。また、耐力壁の反曲点を階高の中央とするために、

● **壁式鉄筋コンクリート造**

耐力壁・壁梁・床スラブを有効に連結し、立体効果によって高い強度と剛性を発揮する

● **耐力壁の長さ**

耐力壁の長さは、450mm以上かつ壁開口部高さの30％以上とする。なお、小開口で適切な補強を行ったものは、開口部として考慮しなくてよい
耐力壁の壁量が規定値に満たない場合は、層間変形角及び保有水平耐力の検討を行う必要がある

● **耐力壁の厚さ**

耐力壁の厚さは、構造耐力上安全な場合は、規定値を緩和できる

● **コンクリートの設計基準強度**

構造耐力上主要な部分に使用するコンクリートの設計基準強度は、18N／㎡以上とする

壁梁の幅を耐力壁の壁厚以上とし、**壁梁のせい**は、原則として**45cm以上**とする。壁梁の主筋は、**D13以上**とする

● 壁梁のせい

壁梁のせいは、構造耐力上安全な場合は、規定値を緩和できる

□ **耐力壁の最小せん断補強筋比**（右記）は、標準せん断力係数の下限値により算定された層せん断力をせん断補強筋が負担できることを目安に定め、**横筋及び縦筋の間隔は30cm以下**とする

● 耐力壁のせん断補強筋比（単位：%）

	5階建て				
5階	0.2	4階建て			
4階	0.2	0.2	3階建て		
3階	0.25	0.2	0.2	2階建て	
2階	0.25	0.25	0.2	0.15	平家
1階	0.25	0.25	0.25	0.2	0.15
地階	0.25	0.25	0.25	0.25	0.25

構造計算によって構造耐力上安全であることが確かめられた場合は、当該計算に基づく数値とすることができる

□ **壁が上下階で連続しない場合**は、上階の壁を耐力壁として有効なものとするため、上階の耐力壁が負担する軸方向力と水平力とを**下階の耐力壁に伝達させる**必要がある

□ プレキャスト鉄筋コンクリート構造では、部材相互を一体となるように緊結し、耐力壁相互の鉛直方向の接合部を**ウェットジョイント**とする

● プレキャスト鉄筋コンクリート構造

主要な構造部分を工場生産による鉄筋コンクリート部品で組み立てる構造

2 補強コンクリートブロック造

□ 壁量はX・Y方向のそれぞれについて算出する。壁量の求め方は次のとおり

$$壁量 = \frac{耐力壁の長さの合計（mm）}{壁量算定用床面積（㎡）}$$

● コンクリートブロック帳壁

コンクリートブロック帳壁において、一般帳壁の主要支点間距離は3.5m以下とする

□ **補強コンクリートブロック造**の建物規模は、使用するブロックで異なり**A種**：階数2以下・軒高7m以下、**B種・C種**：階数3以下・軒高11m以下となる。また、耐力壁の中心線により囲まれた部分の**水平投影面積は、60㎡以下**とし、**対隣壁の中心間距離**は、耐力壁の厚さの**50倍以下**とする
コンクリートブロック塀において、高さは**2.2m以下**とし、**1.2mを超える場合**は、塀の長さ**3.4m以下ごとに控壁**を設ける

● 対隣壁

耐力壁に直交して接合する2つの隣り合う耐力壁をいう

● コンクリートブロック塀

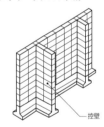

控壁

□ 布基礎の立上り部分及び臥梁（がりょう）の幅は、これに接する耐力壁の厚さ以上とする

● 耐力壁の厚さ

耐力壁の構造耐力上有効な厚さは、仕上げ部分の厚さを含めない

□ 耐力壁の縦筋は、コンクリートブロックの空洞部分内で**重ね継ぎをしてはならない**（溶接接合などとする）。また、耐力壁の横筋は**かぎ状に折り曲げる**。ただし、端部以外の異形鉄筋を除く

● 耐力壁の縦筋

耐力壁の端部及び隅角部の縦筋の径はφ12mm以上とする

□ **耐力壁の壁頂**には**鉄筋コンクリート造の臥梁**を設け、**床スラブ**は鉄筋コンクリート造等の**剛な構造**とし、耐力壁又は臥梁が一体となるようにする。また、**耐力壁の端部及び隅角部等**は、原則として、**現場打ちコンクリート**で壁体の縁部分を形成する構造とする

● 耐力壁の配置

建築物の外周隅角部に、耐力壁を平面上L形又はT形に配置することは、耐震上有効である

QUESTION

ANSWER

1 最頻出問題｜一問一答

→→→

次の設問のうち、正しいものには○、誤っているものには×をつけよ

1 ×｜地上2階建ての耐力壁の厚さは15cmとする

1 ☐☐ 壁式鉄筋コンクリート造の住宅において、地上2階建ての場合に、耐力壁の厚さを、10cmとした

2 ☐☐ 壁式鉄筋コンクリート造の住宅において、軒の高さを、21mとした

3 ☐☐ 壁式鉄筋コンクリート造の住宅において、壁梁は、主筋にD13を用い、梁せいを45cmとした

4 ☐☐ 補強コンクリートブロック造において、壁量とは、1つの階の張り間及びけた行両方向の耐力壁の長さの合計をその階の壁量算定用床面積で除した値をいう

5 ☐☐ 補強コンクリートブロック造において、耐力壁の横筋が異形鉄筋の場合、耐力壁の端部以外の部分における横筋の末端は、かぎ状に折り曲げなくてもよい

2 ×｜地階を除く階数は5以下とし、軒の高さは20m以下とする

3 ○｜壁式鉄筋コンクリート造の梁せいは45cm以上とし、主筋はD13以上

4 ×｜壁量は、張り間方向及びけた行方向のそれぞれについて算出する

5 ○｜設問記述のとおり。耐力壁の端部における横筋の末端を除き、かぎ状に折り曲げる。なお、耐力壁の端部が他の耐力壁に接着する場合は、横筋の末端をこれらに定着するものとし、定着される部分の長さを径の25倍以上とすること

2 実践問題①｜一問一答

→→→

1 ☐☐ 壁式鉄筋コンクリート造の住宅において、耐力壁に設ける30cm角の小開口については、適切な補強設計を行い、かつ、隣接する開口端間の距離が40cmであったので当該小開口を無視して壁量を算定した

2 ☐☐ 2階建ての壁式鉄筋コンクリート構造の建築物において、構造計算によって構造耐力上安全であることを確認したので、耐力壁の厚さを10cmとした

3 ☐☐ 壁式鉄筋コンクリート造において、構造耐力上主要な部分のコンクリートに、軽量コンクリート1種を使用する場合の設計基準強度を、18N／mm²とした

1 ○｜開口部の幅＋高さが80cm以下であり、かつ開口端間の距離が20cm以上であれば、適切な補強を行うことにより開口部として考慮しなくてよい

2 ×｜耐力壁の厚さは構造耐力上安全であることを確かめた場合低減することができるが、12cm以上とする

3 ○｜コンクリートの設計基準強度は18N／mm²以上とする

4 ☐☐ 補強コンクリートブロック造で使用するコンクリートブロックの圧縮強さの大小関係は、C種＞B種＞A種である

5 ☐☐ 補強コンクリートブロック造において、耐力壁の長さは、55cm以上とし、かつ、両側に開口部がある場合は、原則として、それらの開口部の高さの平均値（耐力壁の有効高さ）の30％以上とする

6 ☐☐ 補強コンクリートブロック造において、対隣壁（耐力壁に直交して接合する2つの隣り合う耐力壁等）の壁厚の中心線間距離の制限は、耐力壁の面外方向よりも面内方向に作用する外力に対して安全となるように定められている

7 ☐☐ 補強コンクリートブロック造において、布基礎又は基礎つなぎ梁のせいは、2階建て及び3階建ての場合、60cm以上、かつ、軒の高さの1／12以上とする

8 ☐☐ 補強コンクリートブロック造において、耐力壁の縦筋は、溶接接合によれば、コンクリートブロックの空洞部内で継ぐことができる

9 ☐☐ 補強コンクリートブロック造の2階建ての建築物において、2階の床スラブは、鉄筋コンクリート造等の剛な構造とし、耐力壁又は臥梁と一体となるようにする

4 ○｜設問記述のとおりである

5 ○｜設問記述のとおりである

6 ×｜対隣壁の制限は、耐力壁に働く面外方向の力に対して前後に揺れて破壊するのを防ぐために設けられている

7 ○｜設問記述のとおりである

8 ○｜溶接接合又はこれと同等以上の強度を有する接合方法である場合は継手を設けてもよい

9 ○｜設問記述のとおり

---

3 実践問題② ｜ 五肢択一 →→→

1 ☐☐ 図のような平面を有する壁式鉄筋コンクリート造平家建の建築物の構造計算において、X方向の壁量の値として、最も近いものは、次のうちどれか。ただし、階高は3m、壁厚は12cmとする

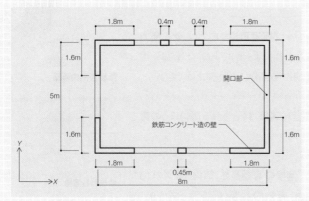

開口部

鉄筋コンクリート造の壁

1——16.0cm/㎡　2——18.0cm/㎡　3——19.1cm/㎡

4——20.0cm/㎡　5——21.1cm/㎡

1 答えは3

X方向の耐力壁の長さの合計：
180cm×4＋45cm＝765cm（長さ45cm未満の壁は、耐力壁の長さに含めない）
壁量算定用床面積：
5m×8m＝40㎡
ゆえに
X方向の壁量＝765cm／40㎡
＝19.1cm/㎡

015 鉄骨構造①接合方法

鋼材の接合方法は高力ボルト摩擦接合と溶接接合が代表的である
各接合方法の特徴・用途を理解する必要がある
ボルト接合、溶接接合をはじめ、接合の基本的なことを理解しよう

1　高力ボルト摩擦接合

☐　高力ボルト摩擦接合において、高力ボルトの締付け力により生じる
　　部材間の摩擦力で応力が伝達される

☐　**高力ボルト**摩擦接合部の許容せん断力は、**二面せん断**の場合、
　　一面せん断の2倍である

☐　高力ボルトの相互間の**中心間距離**は、ボルトの径（**公称軸径**）の
　　2.5倍以上とする

☐　ボルト孔中心から鋼材の縁端までの最小距離は、ボルトの径と縁
　　端部の仕上げ方法などに応じて定める

●二面せん断

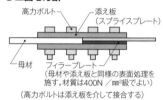

●高力ボルトの孔径

その径より2㎜を超えて大きくしてはならない。ただし、高力ボルトの径が27㎜以上であり、かつ、構造耐力上支障がない場合においては、3㎜まで大きくすることができる

2　溶接接合

☐　完全溶込み溶接の伝達可能な応力は、主に**軸力・せん断力・曲
　　げモーメント**。溶接の始端部・終端部では、欠陥が発生しやすい
　　ので、**エンドタブ**を用いる

☐　隅肉（すみ）溶接・部分溶込み溶接における**伝達可能**な応力は、**せん断力**
　　（許容応力度は許容引張応力度の$1/\sqrt{3}$倍）である。なお、部分溶
　　込み溶接は、**繰返し荷重**の作用する部分に用いることはできない

☐　隅肉溶接の構造計算による**サイズ**は、接合される**薄いほうの母
　　材の厚さ**以下の値とする

☐　隅肉溶接部の**有効面積**は、「**溶接の有効長さ**（隅肉サイズの10
　　倍以上かつ40㎜以上）」×「**有効のど厚**（隅肉サイズの0.7
　　倍）」である。のど厚の種類には、理論のど厚と実際のど厚があ
　　る。有効面積の計算に用いるのど厚は、理論のど厚である

☐　隅肉溶接の**重ね継手**での鋼板の**かど部**は、**まわし溶接**とする

●エンドタブ

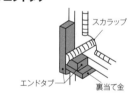

●側面隅肉溶接

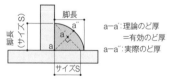

●まわし溶接

3　接合の基本

□　接合部の設計は、
①材料の**粘り強さ**を生かし、**保有耐力接合**（接合部が破断しないように設計）とする
②「**柱継手の設計応力**」＞「部材の**許容耐力**」×１／２とする

□　柱梁接合部における**スカラップ**は、応力集中により部材の**破断の原因**となる。そのため、スカラップを設けないで、加工した裏当て金を溶接して接合するノンスカラップ工法（スカラップを設けない工法で、変形能力が高い）がある

□　引張材の有効断面積は、ボルト孔などの断面欠損を考慮し算出

□　山形鋼を用いた引張筋かいを、**ガセットプレート**の**片側**だけに接合する場合は、偏心の影響を考慮し、**山形鋼**の**有効断面**から突出脚の１／２の断面を減じた断面により引張応力度を求める

□　振動・衝撃又は繰り返し応力を受ける接合部には、普通ボルトを使用してはならない

□　1つの継手に異なる接合方法を用いる場合、下記に注意する
①高力ボルトと**普通ボルト**を併用する場合、**全応力**を高力ボルトに負担させる
②高力ボルトと**溶接**を併用する場合、溶接熱によって母材が曲がることがあるので、溶接に先立ち、高力ボルトの**締付け**を行う

□　1つの継手に完全溶込み溶接と**隅肉溶接**を併用する場合は、各溶接継目の許容耐力に応じ、各応力の**分担**を決定する

□　溶接継目の許容応力度はのど断面に対する許容応力度（溶接の継目の形式に応じて異なる値）を用いる

□　接合部に異種の鋼材を溶接する場合の**許容応力度**は、接合される母材の許容応力度のうち**小さい**ほうの値を用いる

□　「側面隅肉溶接の有効長さ」＞「隅肉溶接のサイズの**30倍**」の場合は、**許容応力度を低減**する

□　柱脚部の**固定度**は、次の順に小さくなる
埋込型柱脚＞**根巻型**柱脚＞**露出型**柱脚

● 引張筋かい（山形鋼）

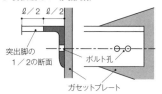

● 普通ボルト
ボルト軸部のせん断力と母材の支圧力を同時に働かせ応力を伝達する接合法。振動、衝撃又は繰返し応力を受ける接合部には使用しない

● 埋込型柱脚
鉄骨柱のコンクリートへの埋込み部分の深さは、柱せい（鉄骨断面の長手方向、正方形断面では柱幅）の2倍以上とする

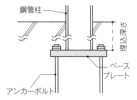

● 根巻型柱脚
一般に上下部の根巻き鉄筋コンクリートの高さは、柱せいの2.5倍以上とする

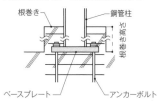

● 露出型柱脚
柱脚の固定度に応じて回転剛性を考慮し、曲げ耐力を評価する必要がある。ベースプレートの厚さは、アンカーボルトの径の1.3倍以上とする

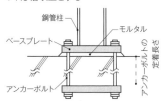

アンカーボルトの設計において、柱脚に引張力が作用する場合、引張力とせん断力との組合せ応力を考慮する

QUESTION

1　最頻出問題│一問一答

次の記述のうち、正しいものには○、誤っているものには×をつけよ

1 ☐☐ 高力ボルト摩擦接合部の許容応力度は、締め付けられる鋼材間の摩擦力と高力ボルトのせん断力との和として応力が伝達されるものとして計算する

2 ☐☐ 高力ボルトの摩擦接合において、一面摩擦の許容せん断力は、二面摩擦の許容せん断力の2／3とする

3 ☐☐ 引張材の接合部において、せん断を受ける高力ボルトが応力方向に3本以上並ばない場合は、高力ボルト孔中心から応力方向の接合部材端までの距離は、高力ボルトの公称軸径の2.5倍以上とする

4 ☐☐ 鉄骨造の建築物においては、保有耐力接合の検討は、柱及び梁部材の局部座屈を防止するために行う

5 ☐☐ 1つの継手に高力ボルトと溶接を併用した場合、両方の耐力を加算できるようにするために、溶接をした後に高力ボルトで締め付けた

6 ☐☐ 柱梁接合部において、スカラップは、応力集中により部材の破断の原因となることもあるので、スカラップを設けない方法もある

7 ☐☐ 柱脚部の固定度を上げるためには、一般に、根巻形式より露出形式のほうが有利である

8 ☐☐ 構造耐力上主要な部材の接合部に高力ボルト接合を用いる場合、原則として、高力ボルトは2本以上配置する

9 ☐☐ 重ね継手の隅肉溶接において、溶接する鋼板のかど部には、まわし溶接を行ってはならない

10 ☐☐ 隅肉溶接における溶接継目ののど断面に対する許容引張応力

ANSWER

→→→

1 ×│せん断力は考慮しない。一方、普通ボルト接合は、せん断と接合材の支圧で応力が伝達される

スプライスプレート

スプライスプレート

2 ×│一面摩擦の許容せん断力は二面摩擦の許容せん断力の1／2となる

3 ○│2本以下の場合、公称軸系の2.5倍以上とする

4 ×│接合部の破断を防止するために行う

5 ×│先に溶接を行うと、溶接熱の影響で板が曲がり、ボルト締めに支障が生じる。よって、ボルトを締め付けた後に溶接を行う

6 ○│スカラップ（溶接線の交差を避けるために設ける）を設けないで、加工した裏当て金を溶接して接合するノンスカラップ工法がある。写真はスカラップを用いたスカラップ工法

ブラケット

スカラップ

7 ×│露出＜根巻＜埋込の順に固定度が高くなる

8 ○│主要な部材の接合部を高力ボルト接合とする場合には、2本以上のボルトを使用する

度は、完全溶込み溶接(突き合わせ溶接)による溶接継目の許容引張応力度の$1/\sqrt{3}$倍として計算した

9 ×｜連続的にそのかど部をまわし溶接しなければならない

10 ○｜隅肉溶接では、せん断で抵抗するため、$1/\sqrt{3}$倍とする

2 実践問題｜一問一答 →→→

1 □□ 1つの継手に「完全溶込み溶接」と「隅肉溶接」を併用するときは、各溶接継目の許容耐力に応じて、それぞれの応力の分担を決定することができる

2 □□ 普通ボルトは、振動、衝撃、又は繰返し応力を受ける場所には使用しない

3 □□ 完全溶込み溶接部の内部欠陥の検査方法として、超音波探傷検査がある

4 □□ 構造計算に用いる隅肉溶接のサイズは、一般に、薄いほうの母材の厚さを超える値とする

5 □□ 構造計算に用いる隅肉溶接の溶接部の有効面積は、(溶接の有効長さ)×(溶接サイズ厚)により算出する

6 □□ 部分溶込み溶接は、繰返し応力を受ける箇所に使用できる

7 □□ 柱の継手の接合用ボルト、高力ボルト及び溶接は、原則として、継手部の存在応力を十分に伝え、かつ部材の各応力に対する許容力の$1/2$を超える耐力とする

8 □□ 山形鋼を用いた引張筋かいを、ガセットプレートの片側だけに接合する場合、山形鋼の有効断面から、突出脚の$1/2$の断面を減じた断面によって引張応力度を算出してもよい

9 □□ 高力ボルト摩擦接合において、両面とも摩擦面としての処理を施したフィラープレートは、400N/㎟級の鋼材であれば、接合する母材の鋼種を考慮する必要はない

10 □□ 山形鋼・溝形鋼などをガセットプレートの片側のみに接合する場合、偏心の影響は考慮しなくてよい

11 □□ 根巻形式の柱脚においては、一般に上下部の根巻き鉄筋コンクリートの高さは、柱せいの1.5倍以上とする

1 ○｜設問記述のとおり。ただし、それぞれの溶接継目の剛性が著しく異なる場合は、その影響を考慮する

2 ○｜振動、衝撃又は繰返し応力を受ける接合部には、普通ボルトを使用してはならない

3 ○｜超音波探傷検査は、特記によらない場合、完全溶込み溶接部内部欠陥の検査に用いられる

4 ×｜安全を考慮し、溶接部が破断しないように薄いほうの母材の厚さ以下でなければならない

5 ×｜隅肉溶接部の有効面積は、(溶接の有効長さ)×(有効のど厚)とする。なお、隅肉溶接の有効長さは、まわし溶接を含めた溶接の全長から隅肉のサイズの2倍を減じて算出する

6 ×｜繰返し応力を受ける箇所は、完全溶込み溶接とする

7 ○｜柱継手の位置によっては、継手の設計応力が著しく小さくなることがあるため、柱継手の設計応力の最小値を部材許容力の$1/2$とする

8 ○｜偏心による曲げの影響を考慮するため断面を減じる

9 ○｜母材や添え板と同様の表面処理を施す。鋼種は、JASS 6において400N級としているが、原則、鋼種の規定はない(薄い鋼板はJIS規格品がないため)

10 ×｜偏心の影響を考慮する

11 ×｜柱せいの2.5倍以上とする

016 鉄骨構造②座屈・梁の設計

細長い部材の場合、許容応力度に対し座屈を考慮しなければならない
曲げ座屈、横座屈、局部座屈などの各座屈の特徴を理解しよう
特に梁の設計、疲労の基本的なことを理解しなければならない

1　座屈長さ

☐　座屈長さが長いほど、座屈**荷重は小さくなる**（座屈しやすい、変形性能が低い）

☐　圧縮材の中間支点の**横補剛材（横座屈補剛材）**は、圧縮材に作用する圧縮力の**2%以上**の集中横力が加わるものとし設計する

● ラーメン柱材の座屈長さ

水平移動（横移動）	ラーメン柱材の座屈長さ
拘束されている	支点間距離より長くならない
拘束されていない	支点間距離より長くなる（梁の剛性を高めても小さくならない）

● 座屈
一般に、圧縮材の曲げ座屈をいう。ほかに、曲げ材の横座屈（ねじれ座屈）、板要素の一部が圧縮力に対して座屈する局部座屈がある

● 水平移動の拘束
筋かいを設けるなど

● 座屈補剛材
十分な剛性と強度が必要である

2　細長比

☐　**細長比（有効細長比）**が大きいほど、**座屈荷重は小さくなる**。したがって、圧縮材の細長比が大きいほど、圧縮材の**許容圧縮応力度は小さくなる**

☐　圧縮力を負担する構造耐力上主要な部分である鋼材の細長比は、柱で**200**以下、柱以外では**250**以下とする

● 細長比
270頁参照

● 許容応力度
安全を考慮した構造設計上の応力度

3　横座屈（ねじれ座屈）

☐　正方形断面を有する**角形鋼管**、**円形鋼管**などの荷重面内に対称軸を有し、かつ、弱軸まわりに**曲げモーメント**を受ける形鋼は、通常、**横座屈**を考慮する必要はない

☐　H形鋼の横座屈を抑制するための「横座屈補剛」を、圧縮側フランジに取り付け、**横変位を拘束**できるようにする

● 横座屈

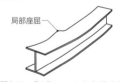
局部座屈

横座屈とは、曲げモーメントを受けた部材が、面外にねじれをともなって座屈する現象のこと

4 局部座屈

☐ 鉄骨部材は、板要素の幅厚比や鋼管の径厚比が大きいほど、**局部座屈荷重は小さくなる**（局部座屈しやすい、変形性能が低い）

☐ **幅厚比の制限値**は、炭素鋼の基準強度（F値）により異なり、部材が降伏点に達するまで局部座屈が生じないように、設けられている

☐ 許容応力度設計において、**幅厚比が制限値を超える**場合は、制限値を超える部分を無効とした断面で検討する

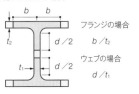

● **幅厚比**（板厚さに対する板の幅の比）
制限値を超える場合

フランジの場合　b / t_2

ウェブの場合　d / t_1

☐ 無効とした断面

5 梁の設計

☐ 長期に作用する荷重に対する**梁材のたわみ**は、通常の場合、スパンの1／300以下、**片持ち梁**ではスパンの1／250以下とする

☐ 梁の設計は、強度面だけで断面を決定するのではなく、剛性を確認してたわみを小さくし、振動障害などが生じないように注意する

☐ H形鋼を梁に用いる場合は、**曲げモーメントをフランジ**で、**せん断力をウェブ**で負担させる

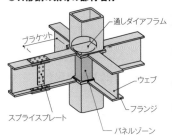

● **H形鋼の梁等の部材名称**

通しダイアフラム
ブラケット
ウェブ
フランジ
スプライスプレート
パネルゾーン

6 その他

☐ SN材（建築構造用圧延鋼材）のB・C種は、**塑性変形能力・溶接性能**、さらにC種は、**板厚方向性能**に優れている

☐ 構造用鋼材は、「**短期許容応力度**」＝「**長期許容応力度**」×**1.5**

☐ 鋼材に多数回の**繰返し応力**が作用する場合はその応力の大きさが**降伏点**以下の範囲であっても破断する（**疲労破壊**）

☐ 鋼材は火災時に熱せられると強度が低下するので、耐火構造とする場合は、耐火被覆を施して主要構造部を保護する

☐ クレーン走行桁など、1×10^4 回を超える繰返し応力を受ける部材及び接合部に対しては、一般に疲労の検討を行う

☐ 筋かいによって地震力に抵抗する計画とした耐震計算ルート2では、筋かいの水平力分担率の値に応じて、地震力を割り増す必要がある

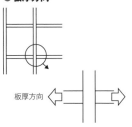

● **板厚方向**

板厚方向

● **短期許容応力度**
地震力・風圧力などの短期荷重に対する許容応力度

● **長期許容応力度**
建物自重などの固定荷重や家具などの積載荷重に対する許容応力度

● **耐震設計ルート**
建物の規模等で決定する構造計算の項目

QUESTION

1 最頻出問題 | 一問一答

ANSWER

→→→

次の記述のうち、正しいものには○、誤っているものには×をつけよ

1 ☐☐ 梁の横座屈を防止するために、板要素の幅厚比が制限されている

2 ☐☐ 長期に作用する荷重に対する梁材のたわみは、通常の場合ではスパンの1／300以下とし、片持ち梁ではスパンの1／150以下とする

3 ☐☐ 鉄骨部材は、板要素の幅厚比や鋼管の径厚比が小さいものほど、局部座屈を起こしやすい

4 ☐☐ 細長比の大きい部材ほど、座屈の影響により、許容圧縮応力度が小さくなる

5 ☐☐ 形鋼の許容応力度設計において、板要素の幅厚比が制限値を超える場合は、制限値を超える部分を無効とした断面で検討する

6 ☐☐ H形断面梁の設計においては、横座屈を考慮する必要はない

7 ☐☐ 座屈を拘束するための補剛材には、剛性と強度が必要である

8 ☐☐ 節点の水平移動が拘束されていないラーメン構造の柱材の座屈長さは、一般に、その柱材の節点間距離よりも長くなる

1 ×｜幅厚比の制限は、局部座屈を対象としている。横座屈を防止するには、補剛材を設けるか、座屈長さを小さくしなければならない

2 ×｜片持ち梁ではスパンの1／250以下とする

3 ×｜板要素の幅厚比や鋼管の径厚比が小さいものほど局部座屈が生じにくい

4 ○｜細長比が大きい部材ほど許容圧縮応力度は小さい

5 ○｜形鋼の板要素の幅厚比が制限値を超える場合、制限値を超える部分を無効とした断面で応力を算定し、この値が許容応力以下であればよい

6 ×｜この場合は考慮しなければならない。ただし、角形鋼管・円形鋼管・弱軸まわりに曲げモーメントを受ける形鋼においては、考慮する必要はない

7 ○｜梁の横補剛材などの座屈を拘束するための補剛材には、剛性と強度が必要である

8 ○｜水平移動が拘束されていないラーメン柱材の座屈長さは、節点間距離よりも長くなる。また、拘束されている場合は柱材の節点間距離に等しい

2 実践問題 | 一問一答

→→→

1 ☐☐ H形鋼の横座屈を拘束するため、圧縮側フランジに補剛材を配置する

2 ☐☐ ラーメン構造の柱材の座屈長さは、節点の水平移動が拘束されている場合、その柱材の節点間距離より長くなる

3 ☐☐ 部材がほぼ降伏点に達するまで局部座屈を起こさないようにする

1 ○｜曲げによる回転変形を拘束するために圧縮側フランジに補剛材を配置する

2 ×｜ブレースなどにより、水平移動が拘束されている場合、節点距離は短くなる

3 ○｜部材の断面を構成する板要素の

ため、平板要素の幅厚比が定められている

4 ☐☐ 圧縮材の支点の補剛材については、圧縮力の2%以上の集中横力が補剛骨組に加わるものとして検討する

5 ☐☐ 梁の設計においては、強度面だけで断面を決定するのではなく、剛性を確認してたわみを小さくし、振動障害などが生じないように注意する

6 ☐☐ 構造用鋼材の短期許容応力度は、長期許容応力度の2倍である

7 ☐☐ 軽量鉄骨構造に用いる軽量形鋼は、板要素の幅厚比が大きいので、ねじれや局部座屈を起こしやすい

8 ☐☐ 荷重面内に対称軸を有し、かつ、弱軸まわりに曲げモーメントを受ける溝形鋼については、横座屈を考慮する必要はない

9 ☐☐ 圧縮力を負担する構造耐力上主要な柱の有効細長比は、200以下とする

10 ☐☐ クレーン走行桁など、1×10^4回を超える繰返し応力を受ける部材及び接合部に対しては、一般に疲労の検討を行う

11 ☐☐ トラスの弦材においては、一般に、構面内の座屈に関する座屈長さを、節点間距離とすることができる

12 ☐☐ 筋かいの保有耐力接合は、筋かいが許容耐力を発揮する以前に座屈することを防止するために行う

13 ☐☐ 柱の座屈長さは、材端の移動拘束が不十分な場合は、移動拘束が十分であるとして算出した値より増大させる

14 ☐☐ H形鋼を梁に用いる場合、一般に、曲げモーメントをウェブで、せん断力をフランジで負担させるものとする

15 ☐☐ 鋼材は火災時に熱せられると強度が低下するので、耐火構造とする場合は、耐火被覆を施して主要構造部を保護する

16 ☐☐ 鋼材に多数回の繰返し応力が作用する場合、その応力の大きさが降伏点以下の範囲であっても破断することがある

17 ☐☐ 鋼管には、局部座屈を起こさないように、管径と管厚の比の限度が定められている

横厚比を小さくすると、局部座屈を生じにくくなる

4 ○│圧縮材の支点の補剛材についてはその耐力が確保されるよう、十分な強さと剛性を与える

5 ○│設問記述のとおり

6 ×│1.5倍である

7 ○│板要素の横圧比が小さいほど局部座屈を起こしにくい。また、部材が局部座屈を起こさないために、平板要素の横厚比が定められている

8 ○│通常、弱軸まわりに曲げモーメントを受ける形鋼については横座屈を考慮する必要はない

強軸まわりの曲げモーメント

強軸

弱軸まわりの曲げモーメント

弱軸

9 ○│構造耐力上、主要な部分である鋼材の圧縮材の有効細長比は、柱では200以下、柱以外では250以下とする

10 ○│設問記述のとおり

11 ○│設問記述のとおり

12 ×│保有耐力接合は、接合部が、筋かいの軸部の降伏耐力より先に破断しないようにする。筋かいが許容耐力を発揮する以前に座屈することを防止するためには、幅厚比の検討を行う

13 ○│設問記述のとおり

14 ×│曲げモーメントはフランジ、せん断力はウェブで負担する

15 ○│設問記述のとおり

16 ○│設問記述のとおり

17 ○│管径と管厚の比＝径厚比

017 木質構造①在来軸組構法の構造

木質構造の分野は、例年3題出題されている。『木材及び木質系材料』、『木工事』にも関連事項が多いのでまとめて学習するとよい。本項では、出題の中心となる在来軸組構法の概要、各部の構造、木造の用語について解説する

1 在来軸組構法の構造概要と仕様規定

☐ 在来軸組構法は、柱と横架材（土台、梁、桁、胴差等）で構成される**軸組**が主体となる構法である

☐ 在来軸組構法では、柱と横架材の接合部（仕口）を剛接合とすることは困難であり、構造的にはピン接合と考える。よって、地震力、風圧力などの水平力に対しては「不安定」である。そこで、筋かいを設けたり、面材を張ったりして、水平力に対して抵抗する（**耐力壁**）。鉛直力に対しては柱の軸力で抵抗する。このように、在来軸組構法は、ピン接合の軸組＋耐力壁による構造システムである

☐ 木造の建築物は、原則として、建築基準法令3章3節（40～49条）に定められた**仕様規定**に従う必要がある[※]。いわゆる四号建築物は、この仕様規定に適合すれば、構造計算が不要

● 構造計算による壁量規定の適用除外
令46条2項の規定で構造計算をした場合、壁量計算が不要。このルートは、大断面木造や木質ラーメン構造などの「集成材等建築物」にしばしば適用される

● 在来軸組構法の主要部材

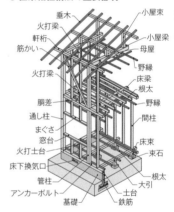

（図中の部材名）垂木、軒桁、筋かい、火打梁、胴差、通し柱、まぐさ、窓台、火打土台、床下換気口、管柱、アンカーボルト、小屋束、小屋梁、母屋、野縁、床梁、根太、野縁、間柱、床束、束石、根太、大引、土台、基礎、鉄筋

2 柱と横架材

☐ 柱は鉛直荷重に応じ、座屈しない太さが必要である。構造耐力上主要な部分である柱の**小径**は、横架材間の垂直距離（＝柱の内法高さ）に対して、下の表の割合以上必要となる

●「柱の小径／横架材の垂直距離の最低値」（令43条）

建築物	間隔10m以上の柱、学校等の柱		左記以外の柱（住宅等）	
	最上階の柱平家建の柱	その他の柱	最上階の柱平家建の柱	その他の柱
土蔵造等の特に重い建物	1／22	1／20	1／25	1／22
軽い屋根の建物（金属板葺き等）	1／30	1／25	1／33	1／30
重い屋根の建物（瓦葺き等）	1／25	1／22	1／30	1／28

注1 構造計算により座屈に対する許容応力度を確認した場合は、上表によらなくてよい。圧縮材の座屈の許容応力度f_kは、有効細長比λ（270頁参照）に応じて計算する
注2 3階建ての1階柱の小径は、構造計算による場合を除き、13.5cm以上にする

● 柱の小径
柱の小径とは、断面が長方形の場合は、短辺寸法である

● 柱の規定
①柱の所要断面の1／3以上を欠き取る場合は、その部分を補強する
②2階建て以上の建築物の隅柱、又はこれに準じる柱は通し柱とする。ただし、接合部を通し柱と同等以上に補強した場合は、この限りではない

● 四号建築物
法6条四号に該当する建築物。木造の場合は、2階以下、延べ面積500㎡以下、高さ13m以下、軒高9m以下のもの（令和7年4月改正予定）

※：限界耐力計算による場合は、耐久性等関連規定以外の仕様規定の適用は不要。令80条の2により国土交通大臣が技術的基準を定めた構造方法（枠組壁工法、木質プレハブ工法、丸太組構法、CLTパネル工法等）については、当該技術的基準（仕様規定を含む）に従い、令3章3節の仕様規定は適用外

梁、桁、その他の横架材は、
①中央部付近下側に耐力上支障ある欠込みは不可（令44条）
②断面は、曲げモーメント、せん断力に対して安全であること
③建築物の使用上の支障のある変形（たわみ）や振動を起こしてはならない

● **横架材の断面寸法**
実際の構造設計において、横架材の断面寸法は、強度上の安全性からではなく、たわみの制限から決定される場合が多い

3 小屋組と床組

屋根の形をつくる架構を小屋組という。木造の小屋組には、小屋梁をかけてその上に小屋束を立てる**和小屋組**と、小屋組全体がトラスを構成する**洋小屋組**がある

小屋組は、張り間方向の水平力に対しては、斜材を含む小屋組自体の強度で抵抗できるが、けた行方向の水平力に対しては、面外に転倒するおそれがある。これを防ぐため、振れ止めや小屋筋かいを設けて、小屋組どうしを連結する

● **小屋組の力学的なシステム**
和小屋の小屋梁は、力学的に単純梁で、曲げモーメントとせん断力が生ずるため、大スパンになると大きな断面が必要。一方、洋小屋の陸梁は、トラスの下弦材であり、主に引張力のみ負担するため、大スパンになっても比較的小さな断面で済む。また、和小屋の小屋束が圧縮材であるのに対し、洋小屋の束（真束など）は引張材であり、陸梁を吊っている

● **小屋組と部材**

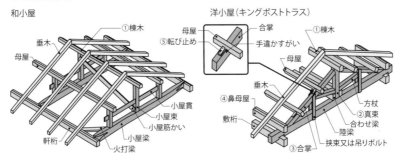

①小屋組頂部で、垂木を受けるために、けた行方向に架けられる水平材
②洋小屋で、中央で棟木、合掌を受ける部材又は陸梁を吊る部材
③洋小屋で、山形に組まれた斜めの部材
④洋小屋で、最も軒に近い位置にある母屋
⑤洋小屋で、母屋が移動・回転しないように留めておく部材

床板を直接支える材を根太という。2階以上の床組では、床梁、胴差などの横架材が根太を支持する。1階の床組では、根太を大引で支持し、大引は床束を介して直接地盤面で支持する束立床が一般的である。床下地に厚い（例：28㎜以上）構造用合板を用いて床根太を省略する構法も増えてきている

● **1階床組**

際根太は、並列している根太のうち最も端にあるもので、柱や間柱の側面に取り付けるが、大引とは直交する。側根太ともいう

耐力壁が有効に働き、また、建物全体がねじれに対して抵抗するには、床面等の水平構面の剛性を高くすることが重要（水平構面を構造用合板等の面材張りとすると水平剛性が高くなる）

● **剛床仕様**
横架材に根太を載せ、面材を根太のみに釘打ちする仕様では、根太の転びを考慮する。それより、根太を落とし込んで（又は省略して）、面材を横架材に直接釘打ちする仕様（剛床仕様）のほうが、水平剛性が高くなる。1階床組は、基礎の剛性が十分高いため、鉛直力のみ支持できれば、一般に水平構面を構成する必要はない

● **2階以上の床組**

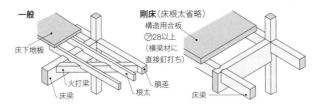

315

QUESTION

ANSWER

1 最頻出問題 | 一問一答

→→→

次の記述のうち、正しいものには○、誤っているものには×をつけよ

1☐☐ 木造2階建ての建築物の構造設計において、梁、桁等の横架材の材長中央部の引張側における切欠きは、応力集中による弱点となりやすいので、できるだけ避けるようにした

2☐☐ 木造2階建ての建築物の構造設計において、地震の上下動に抵抗させるために、水平トラス及び火打材を使用した

3☐☐ 際根太は、大引に平行に柱や間柱の側面に取り付け、根太の端部を受ける部材である

4☐☐ 胴縁は、天井材の板張りの取付け下地として設ける

5☐☐ 合掌は、母屋とともに垂木を受け、小屋組の頂部にけた行方向に取り付ける部材である

6☐☐ 真束は、小屋組(洋小屋)において、中央で棟木、合掌を受ける部材又は陸梁を吊る部材である

1 ○│曲げ部材の引張側の切欠きは、応力集中によって、曲げで折れる前に材が割裂する場合がある(次頁図)

2 ×│水平トラス、火打材は、水平構面の剛性を高め、地震力や風圧力に、耐力壁を有効に働かせる

3 ×│際根太(側根太)は、並列する根太で最も端にある。柱や間柱の側面に取り付けるが、大引とは直交する。設問記述は「根太掛け」

4 ×│胴縁は、柱や間柱に取り付け、壁の縦羽目張りやボードの下地となる水平材。設問記述は「野縁」

5 ×│合掌は、洋小屋トラスの上弦材であり、母屋を受ける材。設問記述は「棟木」

6 ○│真束(キングポスト)は、洋小屋組の真束小屋(キングポストトラス)の中央で、棟木や合掌を受け、陸梁を吊る引張材

2 実践問題 | 一問一答

→→→

1☐☐ 2階建ての建築物における隅柱又はこれに準ずる柱は、一般に、通し柱とする

2☐☐ 木造住宅の構造設計において、床の面内剛性を高めるために、床の下地板として構造用合板を直張りした

3☐☐ 地貫は、1階の柱の最下部に渡してある貫である

4☐☐ まぐさは、天井材であるボード類等の取付け下地として設けられ、ボード類等の荷重を支える部材である

5☐☐ 方立は、柱と横架材の交点の入隅部分において、柱と横架材を

1 ○│階数が2以上の建物における隅柱又はこれに準ずる柱は、通し柱としなければならない。ただし、接合部を通し柱と同等以上の耐力を有するように補強した場合においてはこの限りでない(令43条5項)。通し柱を適切に設けることで、1階と2階のプランが整合し、柱直率(2階柱の直下に1階柱のある割合)が確保されるため、構造的な不具合が生じにくくなる

2 ○│構造用合板を横架材に直接釘打ちすることで「剛床」となる。直張りするためには、横架材に根太欠きをして床根太を落とし込むか、根太受け金物を用いて根太を吊るなどして、根太と

斜めに結んで隅を固める部材である

6 ☐☐　側桁は、小屋組に使用する部材である

7 ☐☐　面戸板は、切妻、入母屋など屋根の妻部分に垂木を隠すように取り付ける板材である

MEMO | **目で覚える！ 重要ポイント**

● 部材の用語

分類	用語	説明
軸組	内法貫	鴨居の高さ付近の位置にある貫
	地貫	1階の柱の最下部に渡してある貫
	振れ止め	材幅に比べてせいの高い曲げ材を用いる場合において、「支持部の移動及び回転」や「スパンの大きい梁中央部での横座屈」を防ぐ部材
壁	胴縁	壁の縦羽目張りやボード張りの下地となる水平材で、柱や間柱に取り付けられる。最近では、外壁通気構法の通気層をとるための通気胴縁（縦胴縁）もよく用いられる
屋根	広小舞	垂木の振れ止め及び軒先の瓦の納まりを目的として、垂木の先端に取り付ける幅の広い部材
	登り淀	切妻屋根のけらば部分において、屋根の勾配に沿って軒先から棟まで傾斜している部材
	鼻隠	軒先において、垂木先端の木口をつなぎ隠すために取り付ける横板
	面戸板	軒桁上端に取り付ける板で、天井裏に虫やほこり等が入るのを防ぐ

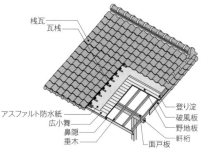

階段	側桁	階段の両脇にあって、段板を支える斜めの桁材
	ささら桁	階段段板を受け、上端を段形に切り込み、斜めに架ける部材
天井・造作	方立	円柱や、柱のない壁等に、建具を取り付けるために立てる縦長の角材であり、柱寄せ、方立柱等ともいう
	無目	鴨居及び敷居と同じ位置に設けられる建具用の溝のない部材
接合部	雇いざね	2枚の板をはぎ合わせるときに、相互の板材の側面の溝に、接合のためにはめ込む細長い材
	栓	木造の継手・仕口による接合を強固にするために、2つの部材を貫通する孔に打ち込む堅木の部材

横架材の天端をそろえる。又は、十分に厚い構造用合板を張ることで根太を省略する構法も普及してきている

3 ○｜貫は、真壁の骨組。柱にあけた穴に通し、くさび等で締め付ける。貫構造は、貫のめり込みによって水平力に抵抗し、粘り強い。貫構造の建物では、何段にも貫を設け、その位置によって、天井貫、内法貫、胴貫、地貫等がある

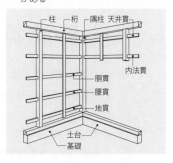

4 ×｜まぐさは、開口部の上に水平に架かる部材。設問記述は「野縁」

5 ×｜方立（柱寄せ、方立柱）は、円柱や柱のない壁等に、建具を取り付ける縦長の角材。また、カーテンウォールを取り付ける縦材も方立（マリオン）という。設問記述は「方杖」

6 ×｜側桁は、階段の両脇にあって、段板を支える斜めの桁材

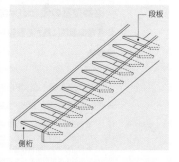

7 ×｜軒桁と垂木間では、垂木せいの分の面戸（隙間）ができる。面戸板は、それをふさぐ部材。設問記述は「破風」

● 部材中央部の亀裂（**最頻出問題「設問1」**）

018 木質構造②在来軸組構法の壁量計算

本項では、在来軸組構法の根幹ともいえる壁量計算と、それを支える要素技術である筋かい、耐力壁の構造について解説する

1 壁量計算の基本的事項

令46条の壁量計算は、階数が2以上又は延べ面積が50㎡を超える建築物に適用される。壁量計算における確認内容は、次の3点になる

各階、各方向に対して

①地震力に対する必要壁量≦ 設計壁量

②風圧力に対する必要壁量≦ 設計壁量

③耐力壁のつり合いのよい配置の確認

> 耐力壁の実長ではなく、後述する「軸組の倍率」を考慮した耐力壁の有効長さをさし、㎝の単位で表す

● 令46条1項の規定

構造上主要な部分である壁・柱・横架材を木造とした建築物は、水平力に対して安全であるように、各階の張り間・けた行方向に壁を設けるか、又は筋かいを入れた軸組をつり合いよく配置する

● 令46条4項の規定

簡単な計算をともない、一般に「壁量計算」と呼ばれるが、あくまでも仕様規定に含まれる簡易計算法であって、「構造計算」ではない

2 地震力・風圧力に対する必要壁量の計算

地震力に対する必要壁量は次式で求める

必要壁量の値（㎝）＝各階床面積（㎡）×下表の数値（㎝／㎡）

● 各階床面積に乗ずる数値（㎝／㎡）

建築物	平家	2階建て		3階建て		
		1階	2階	1階	2階	3階
土蔵造、瓦葺き等の重い屋根の建築物	15	33	21	50	39	24
金属板葺き等の軽い屋根の建築物	11	29	15	46	34	18

注1　地盤が著しく軟弱な区域に指定された区域内では、上表の値を1.5倍する

注2　小屋裏や天井裏に物置等がある場合は、平12建告1351号に規定される面積を、その階の床面積に加算して必要壁量を求める

風圧力に対する必要壁量は、当該耐力壁と直交する立面の見付面積が関係し、一般に、張り間方向とけた行方向とで異なる。各階の耐力壁の必要壁量を計算する見付面積は、その階の床面から高さが**1.35m**以上の部分（上階も含む）の面積。風圧力に対する必要壁量は、次式で求める

必要壁量の値（㎝）＝見付面積（㎡）×下に示す数値（㎝／㎡）

強風区域：50～75（特定行政庁が定める）

強風区域以外の区域：50

● 地震力に対する必要壁量

地震力は本来、建築物の重量に比例するが、壁量計算では、重量を階の床面積に換算した値を用いて必要壁量を求める

①階の必要壁量は、張り間方向・けた行方向とも同じ値となる

②支える階の数が多いほど（下の階ほど）必要壁量は大きい

③平家・2階建ての2階・3階建ての3階など、支える階の数が同じであれば上の階ほど、階の床面積に乗ずる数値は大きい（Aiが考慮されている）

● 各階の必要壁量算定のための見付面積

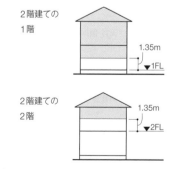

2階建ての
1階

1.35m
▼1FL

2階建ての
2階

1.35m
▼2FL

3 設計壁量の計算と耐力壁の仕様

□ 各階、各方向の耐力壁の**有効長さ**（設計壁量、存在壁量などと呼ぶ）（cm）は、耐力壁の実長に「軸組の倍率」を乗じた値の総和になる

設計壁量（cm）＝Σ（耐力壁の実長（cm）×軸組の倍率）

□ 「軸組の倍率」は、一般に「**壁倍率**」と呼ばれているもので、軸組（耐力壁）の水平耐力を倍率で表示した値。耐力壁には、筋かいを設けた軸組、各種の面材を張った軸組、その他の土塗壁や木ずり壁なども含め多くの種類があるが、その種類ごとに、**0.5～5**の範囲内で軸組の倍率が規定されている（令46条4項及び昭56建告1100号による）

□ 筋かいと面材張り、面材の両面張りなど、耐力壁は様々な組合せで併用できる（できない組合せもある）。この場合の軸組の倍率は、それぞれの倍率の和とすることができるが、5を超えた場合は**5とする**

□ **筋かい耐力壁**の仕様は次のとおり
①引張力を負担する筋かいは、1.5cm×9cm以上の木材、径9mm以上の鉄筋（いずれも倍率1）を使用する。圧縮力を負担する筋かいは、**3cm×9cm以上の木材（倍率1.5）**を使う
②筋かいの端部は、柱・横架材の仕口近くに、釘、ボルト、筋かいプレート等の金物を用いて緊結する
③筋かいの向きは、同じ方向に傾けず、なるべく左右均等に、できれば同一構面内で左右対称となるように配置する
④筋かいには欠込みをしてはならない。筋かいをたすき掛けにするためにやむを得ない場合は、必要な補強を行う

□ **面材耐力壁**は、面材の種類ごとに、品質、厚さ、釘の種類、釘打ちの間隔が決められている。張り方には、①大壁タイプ、②受け材タイプ、③貫タイプ、④胴縁タイプの4種類がある。②及び③を用いることで、真壁でも耐力壁となる。この場合、②のほうが③より倍率が大きい。軸組の両面に面材を張ったり、①と②を併用する場合等には、倍率の加算はできるが、片面に2枚重ねて釘打ちしても、倍率は加算できない

□ 建築物のねじれに対して抵抗するためには、耐力壁を**つり合いよく配置**するとともに水平構面の水平剛性を高くする。また、耐力壁に水平力が作用すると、その両端の柱に軸力が生じる。浮き上がり方向の軸力には、柱頭・柱脚の仕口を金物等で補強する

● 軸組の倍率（壁倍率）
倍率1.0とは、耐力壁の実長1m当たり、1,960N（200kgf）の短期水平耐力があることを示している。倍率の数値は、耐力壁の強度、剛性、靭性のすべてを勘案して決定され、構造計算によらずとも、建築物の終局時の安全性まで担保される。ただし、壁量計算は仕様規定上の簡易計算のため、壁倍率の上限は5に制限され、つり合いのよい配置の確認も必要。構造計算を省略する場合（壁量計算のみによる場合）は、建物の規模も制限される（2階建て以下、500㎡以下等）

● 面材張り耐力壁のタイプ
①**大壁タイプ**：軸組の片面に面材を直接打ち付けた壁
②**受け材タイプ**：軸組に受け材（3cm×4cm以上）をN75@300以内で取り付け、受け材に面材を打ち付けた壁
③**貫タイプ**：1.5cm×9cm以上の貫を61cm以下の間隔で5本以上設け、貫に面材を打ち付けた壁
④**胴縁タイプ**：1.5cm×4.5cm以上の胴縁を、31cm以下の間隔で軸組にN50で打ち付け、胴縁に面材を打ち付けた壁

①

②

受け材

③

貫

④
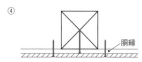
胴縁

● 耐力壁のつり合いのよい配置の確認
平12建告1352号によって平面を4分割して算定・確認することから、一般に「四分割法」と呼ばれる。または、偏心率を計算し、0.3以下であることを確認する

● 柱頭、柱脚の仕口
仕口の仕様は、平12建告1460号の表あるいは、引張耐力計算（N値計算）による

018　**木質構造②在来軸組構法の壁量計算**　　QUESTION & ANSWER

QUESTION

1　最頻出問題① | 一問一答

次の記述のうち、正しいものには○、誤っているものには×をつけよ

1 ☐☐　筋かいと間柱が交差する部分では、筋かいのほうを欠き込む

2 ☐☐　木造2階建ての建築物の構造設計において、圧縮力を負担する筋かいとして、幅90㎜の木材を使用する場合、その厚さは15㎜以上とする

3 ☐☐　木造2階建ての建築物の構造設計において、構造用合板による真壁造の面材耐力壁の倍率は、貫タイプより受け材タイプのほうが小さい

4 ☐☐　木造2階建ての建築物の耐力壁に関して、同じ構面内の同種の筋かいは、一般に、傾きの方向が同じ向きになるように配置する

5 ☐☐　木造住宅の構造設計において、構造用面材と筋かいを併用した一般的な軸組の倍率を、それぞれの倍率の和である5.5として計算した

6 ☐☐　木造2階建ての建築物の構造設計において、地震に対して必要な単位床面積当たりの耐力壁の有効長さは、一般に、屋根葺き材の種類によって異なる

7 ☐☐　木造建築物の構造計画において、けた行方向に細長い建築物の場合、一般に、風圧力に対して必要な耐力壁の有効長さは、張り間方向よりけた行方向のほうが長い

ANSWER

→→→

1　× | 筋かいは構造耐力上主要な部分で、間柱は単なる壁下地である。筋かいを欠き込んではならない

2　× | 設問の筋かいは、一般に「大貫筋かい」と呼ばれ、圧縮力で簡単に座屈し、引張力しか負担できない、典型的な引張筋かい（倍率1.0）

3　× | 昭56建告1100号に規定されている面材耐力壁の張り方には4つのタイプがある。構造用合板の場合、各タイプの倍率は、①大壁タイプ:2.5、②受け材タイプ:2.5、③貫タイプ:1.5、④胴縁タイプ:0.5。どの面材でも、貫タイプの倍率は受け材タイプよりも小さい

4　× | 筋かいは、圧縮力が働く場合と引張力が働く場合では性能の差があり、倍率は両者の平均をとった値となっている。筋かいの傾きは、できる限り左右同数となるように配置する

5　× | 5を超えた場合も、5で計算する

6　○ | 屋根を金属板、石板、木板その他軽い材料で葺いた「軽い屋根」と、それ以外の建築物（瓦葺き等の「重い屋根」）に区別する。地震に対して必要な単位面積当たりの耐力壁の有効長さ（必要壁量）は異なる。重い屋根だと地震力は大きく、必要壁量も長い

7　× | 風圧力に対して必要な耐力壁の有効長さ（必要壁量）は、建築物の見付面積に一定の数値（通常は50）を乗じて算出する。けた行方向に細長い建築物は、張り間方向の見付面積は小さく、けた行方向の必要壁量は短い。けた行方向の見付面積は大きく、張り間方向の必要壁量が長くなる

解法ポイント | けた行方向と張り間方向の見付面積

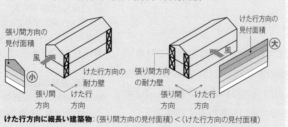

けた行方向に細長い建築物:(張り間方向の見付面積)<(けた行方向の見付面積)

2 最頻出問題② 五肢択一 →→→

1 □□ 木造軸組工法による平屋建ての建築物(屋根は日本瓦葺きとする)において、図に示す平面の耐力壁(図中の太線)の配置計画として、最も不適当なものは、次のうちどれか。ただし、すべての耐力壁の倍率は1とする

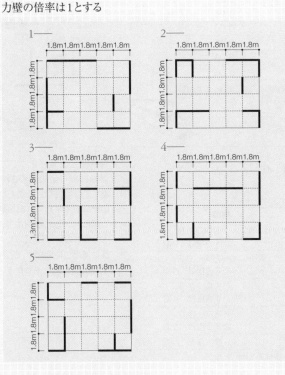

解法ポイント
令46条1項に「壁を設け又は筋かいを入れた軸組を釣合い良く配置しなければならない。」と規定があり、その基準は平12建告1352号に定められている。いわゆる四分割法の規定を満たすか、偏心率0.3以下であることを確認すればよい

MEMO | **四分割法の手順**

以下の手順を、各階、各方向(X、Y両方向)について行う
①建物の平面を4等分割する。その両端部分を「側端部分」という
　・X方向の耐力壁の配置を確認する場合、Y方向に4等分割する
　・Y方向の耐力壁の配置を確認する場合、X方向に4等分割する
②両側端部分について、必要壁量及び設計壁量を求める
　・分割線上の耐力壁は設計壁量に含めてよい
③両側端部分について、「壁量充足率」(設計壁量÷必要壁量)が1を超えていれば、規定を満たしている(O.K.)
④壁量充足率が1以下の場合、「壁率比」(壁量充足率の小さいほうの値÷大きいほうの値)を計算する。壁率比が0.5以上であれば、規定を満たしている(O.K.)

1 答えは3

選択肢3について四分割法の確認を行う。図のようにX方向、Y方向を定める
【X方向の耐力壁の配置の確認】
平面をY方向に4等分割し、側端部分①、側端部分②とする。
●側端部分①
　必要壁量=9.0m×1.8m×15cm/㎡
　　　　　=243cm
　設計壁量=1.8m×3枚×1倍
　　　　　=540cm
　壁量充足率=540cm÷243cm
　　　　　　=2.22　>1.0　O.K.
●側端部分②
　必要壁量=9.0m×1.8m×15cm/㎡
　　　　　=243cm
　設計壁量=1.8m×3枚×1倍
　　　　　=540cm
　壁量充足率=540cm÷243cm
　　　　　　=2.22　>1.0　O.K.
●壁率比(検討不要)=2.22÷2.22
　　　　　　　　　=1.0　≧0.5　O.K.
X方向の耐力壁は、側端部分①②のいずれも壁量充足率が1を超え、配置のつり合いがよい

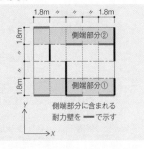

側端部分に含まれる
耐力壁を ― で示す

【Y方向の耐力壁の配置の確認】
平面をX方向に4等分割し、側端部分③、側端部分④とする
●側端部分③
　必要壁量=2.25m×7.2m×15cm/㎡
　　　　　=243cm
　設計壁量=1.8m×1枚×1倍
　　　　　=180cm
　壁量充足率=180cm÷243cm
　　　　　　=0.74　≦1.0　N.G.
●側端部分④
　必要壁量=2.25m×7.2m×15cm/㎡
　　　　　=243cm
　設計壁量=1.8m×3枚×1倍
　　　　　=540cm
　壁量充足率=180cm÷243cm
　　　　　　=2.22　>1.0　O.K.

偏心率が0.3以下であることを確認してもよい。偏心率を厳密に計算するには、建物荷重を正確に拾う必要があるが、便宜的には、平面上の荷重を均等と仮定し、平家建てであるため平面の図心と重心が一致するとしてよい。この条件で各選択肢の偏心率を計算すると下表の結果となる

	X方向の耐力壁の偏心率 Rex	Y方向の耐力壁の偏心率 Rey
1.	0.06	0.06
2.	0.19	0.00
3.	0.14	0.35
4.	0.18	0.06
5.	0.06	0.06

選択肢3のY方向の耐力壁の偏心率のみ0.3を超えており、やはり、答えは3となる

MEMO | 目で覚える！ 重要ポイント

● 主な軸組の種類及び倍率

	軸組の種類	倍率
筋かい	15×90以上の木材またはφ9以上の鉄筋	一方向 1.0 たすき掛け 2.0
	30×90以上の木材	一方向 1.5 たすき掛け 3.0
	45×90以上の木材	一方向 2.0 たすき掛け 4.0
	90×90以上の木材	一方向 3.0 たすき掛け 5.0
木ずり壁	―	片面 0.5 両面 1.0
土塗り壁	告示仕様、両面塗り、塗り厚7cm以上	1.5
	告示仕様、片面塗り、塗り厚5.5cm以上	1.0
	一般的な土塗り壁	0.5
面材張り耐力壁	昭56建告1100号に規定	告示参照（最頻出問題①「設問3」の解説も参考）
併用	各仕様の併用（併用の可否については昭56建告1100号）	各倍率の和（ただし5を超える場合は5）

3 実践問題 | 一問一答   →→→

1 ☐☐ 木造2階建ての建築物の構造設計において、木材の圧縮筋かいをたすき掛けとする場合は、座屈に配慮して、欠込みは相欠きとする

2 ☐☐ 木質構造の耐力壁に関して、片面に同じボードを2枚重ねて釘打ちした軸組の倍率は、そのボードを1枚で用いたときの軸組の倍率を2倍にした値とすることができる

3 ☐☐ 木造2階建ての建築物の構造設計において、水平力が作用した

●壁率比＝0.74÷2.22
　　　　＝0.33 ＜0.5 N.G.
Y方向の耐力壁は、側端部分③の壁量充足率が1以下であるため、壁率比の検討が必要である。壁率比が0.5未満であるため、配置のつり合いはよくない

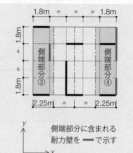

側端部分に含まれる
耐力壁を ─ で示す

選択肢1、2、4、5については、すべての側端部分に耐力壁が3枚（5.4m）ずつあって壁量充足比を満たし、またいずれの壁率比も1.0である。必要壁量を求める際に用いる15cm/㎡（平家建ての瓦葺きの場合の値）を憶えていなくても、壁率比は算出可能のため、四分割法の規定を満たしていることがわかる

1 ✕ | 令45条4項に規定。たとえば、断面が90㎜角以上×90㎜以上の圧縮筋かいををたすき掛けとする場合、そのままでは壁面内に収まらず、相欠きとすると断面寸法が両方とも1/2になり、座屈しやすくなってしまう。この場合、下図に示すように、筋かいの一方は通し、2分される他方は筋かい当たりを傾き大入れとして圧縮力が直接伝達できるようにし、さらにボルト締めで補強する

場合に生じる柱の浮き上がり軸力は、柱の位置に応じて、水平力時の柱軸力を低減補正して算定することができる

4 ☐☐ 木造2階建ての建築物の構造設計において、筋かいを入れた軸組の柱の柱頭・柱脚の仕口は、筋かいの断面寸法及び柱の配置によっては、長ほぞ差し込み栓打ちとすることができる

5 ☐☐ 木造2階建ての建築物の構造設計において、2階の耐力壁の位置は、1階の耐力壁の位置の直上又は市松状になるようにする

6 ☐☐ 木造2階建ての建築物の構造設計において、建築物のねじれに対して抵抗するためには、耐力壁をつり合いよく配慮するとともに水平構面の水平剛性を高くする

MEMO | **N値計算の概要**

N値計算は下記のとおり行う
①平家又は2階建ての2階部分の柱
N値$=A_1×B_1-L$

N：必要な引張耐力（N値1は5.3kNに相当）
A_1：柱の両側における軸組の倍率の差
B：周辺部材（横架材など）の押さえ効果による低減
B_1：出隅柱0.8、それ以外0.5
L：鉛直荷重の押さえ効果による低減
　　出隅柱0.4、それ以外0.6
②2階建ての1階部分の柱
N値$=A_1×B_1+A_2×B_2-L$

A_2：当該1階柱に連続する2階柱の両側における軸組の倍率の差
B_2：2階部分の出隅柱0.8、それ以外0.5
L：出隅柱1.0、それ以外1.6

MEMO | **目で覚える！ 重要ポイント**

●上下階の耐力壁の望ましい配置

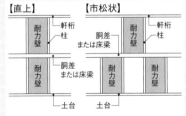

●望ましくない配置

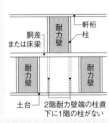

2階耐力壁端の柱直下に1階の柱がない

●筋かいを2分する場合の補強

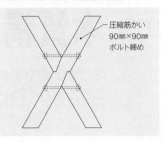

圧縮筋かい
90mm×90mm
ボルト締め

2 ×｜面材耐力壁の性能は、面材と釘やねじとの関係に大きく依存する。設問の場合、面材自体の性能が2倍となっても釘の打込み本数は変わらないため、軸組の倍数は2倍とならない。むしろ、所定の釘の打込み長さが不足し、荷重も増加して性能が低下してしまうことも考えられる

3 ○｜浮き上がり方向の軸力には、柱頭・柱脚の仕口を金物補強等で対応する。計算によって、柱頭・柱脚の仕様を決定する場合、引張耐力計算（N値計算）の手法が最も簡便

4 ○｜平12建告1460号により、引抜き力が小さい場合、長ほぞ差し込み栓打ちが示される。また、N値計算で、N≦0.65なら、長ほぞ差し込み栓打ち（引張耐力3.4kN）が使用できる

5 ○｜設問のとおり配置するのがよい。言い換えると、2階の耐力壁の端部の柱の直下には、1階の柱がくるようにする（左図参照）。逆に、直下に1階の柱がないと、水平力時の柱の軸力を胴差や床ばり等の横架材で負担して曲げ応力が生じ、2階耐力壁は所定の性能を発揮できなくなる。やむを得ない場合は2階耐力壁の倍率を低減して用いることが望ましい

6 ○｜耐力壁のつり合いよい配置については、321頁最頻出問題②を参照。建築物のねじれに対しては、設問のように水平構面の水平剛性を高くすることが有効である。法令上は令46条3項に火打材の使用が規定されているだけであるが、いわゆる「剛床」（315頁）とするとより効果的である

019 木質構造③接合部・枠組壁工法

本項では、釘やボルト等の木質構造の接合具、補強金物について説明する。また、枠組壁工法(ツーバイフォー[2×4]工法)についてもまとめて解説する

1 釘接合とボルト接合

☐ 1本の釘接合部の許容せん断耐力と許容引抜耐力、ボルト接合部の許容せん断耐力と引張耐力は、以下の要素により決定する

●許容せん断耐力・許容引抜耐力・許容引張耐力の決定要素

要素	釘		ボルト	
	せん断	引抜き	せん断	引張り
接合形式 (1面せん断、2面せん断等)	○		○	
釘(ボルト)の径(又は軸断面積)	○	○	○	○
釘(ボルト)の基準材料強度	○	○	○	○
主材及び側材の基準支圧強度 [*1]	○		○	
木材の部分圧縮(めり込み)の基準 材料強度				○
主材厚			○	
側材厚	○[*4]		○	
釘頭部の直径	○[*4]			
木材の基準比重	○[*4・5]	○		
主材への有効打込み長さ		○		
座金の有効面積[*2]				○
含水率影響係数[*3]	○	○	○	○

＊1．木材の比重に依存し、樹種により異なる
＊2．座金は有害な変形を生じない十分な厚さのものとする
＊3．状況により、0.7～1.0
＊4．パンチングアウトを考慮する場合
＊5．側材のみ

☐ 釘接合の場合、以下の点に注意する

①釘径 d に対し、側材厚、有効主材厚(釘の打込まれ長さ)の確保が規定されている。釘の長さは直接せん断耐力には関係しない(引抜耐力には大いに関係する)。木材と木材の1面せん断の場合、側材厚は $6d$ 以上、有効主材厚は $9d$ 以上。なお、側材は木材・合板等より鋼板とするほうが耐力は大きくなる

②加力方向に釘を10本以上並べて打つ場合、せん断耐力を0.9倍に低減する。20本以上は0.8倍に低減する

③せん断を受ける接合部1か所の釘本数は2本以上とし、端距

●その他の接合具

①**木ねじ**：釘と比べ変形能力が小さい。木材と木材の1面せん断接合の場合、木ねじ長さは側材厚の2.5倍以上、有効主材厚は $6d$ 以上、側材厚は $4d$ 以上(d ：呼び径)。木材と鋼材の1面せん断接合の場合、有効主材厚は $6d$ 以上

②**ドリフトピン**：丸鋼を先孔に打ち込む接合形式。ボルト接合の性状に似る

③**ラグスクリュー**：胴部とねじ切り部の径が異なり、2段階にあけた先孔にレンチ等で挿入する。主に鋼材を側材とする1面せん断接合に用いる

④**ジベル**：接合部材間にまたがって配置し、木部のめり込み抵抗で、せん断力を伝達する。車知、だぼ、シアキー等も含まれる。シアプレート使用例(左)、シアプレート(中)、スプリットリング(右)等

シアプレート
(2個用いている)

⑤**メタルプレートコネクタ**：複数の木材をまたいでプレス機で圧入する。トラス小屋組の節点部でよく用いられる

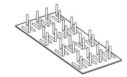

離、縁距離、間隔を適切に取る

ボルト接合の場合、以下の点に注意する
①加力方向に3本以上並ぶ場合は、せん断耐力を低減する
②せん断を受けるボルトの配置は、ボルト間隔、列間隔、端距離、縁距離を適切に取る
③ボルトの締付けは、座金が木材にわずかにめり込む程度とする

● 補強金物

Zマーク表示金物（在来軸組工法用）、Cマーク表示金物（枠組壁工法用）は、各々の工法の各接合部の特性に応じて専用に開発された金物である。これらの金物は、地震力、風圧力に対し、建築物が倒壊しないよう接合部を補強することを目的とした補強金物であり、長期荷重は負担しない（一部例外あり）

2　枠組壁工法（2×4工法）

平13年国交告1540号・1541号に、枠組壁工法の技術的基準が規定されている。そのうち仕様規定の概要を以下に示す。構造計算によって構造耐力上の安全を確認した場合、仕様規定の一部を適用しなくてよい。構造耐力上主要な部分に使用する枠組材の品質は、構造部材の種類に応じて、規格が定められている

● 枠組壁工法の仕様規定の概要

階数	地階を除く階数は3以下
土台	径12mm以上、長さ35cm以上のアンカーボルトで緊結。アンカーボルトは、間隔2m以下、かつ、隅角部及び土台の継手部分に配置
床 （床根太）	・寸法は206材以上。支点間距離≦8m。相互の間隔≦65cm ・212材を用い、支点間距離4.5m以上の場合は、3m以下ごとに転び止め[*]を設ける
耐力壁	・耐力壁上部は、上枠と同寸の頭つなぎで、耐力壁相互を緊結する。頭つなぎの継手は、上枠の継手位置と重ねず、600mm以上離す ・耐力壁線相互の距離は12m以下とする ・耐力壁線で囲まれる水平投影面積は、40㎡以下。床板の枠組材と床材との緊結を有効に補強すれば、60㎡まで。当該区画の短辺長辺比が1／2を超える場合は、72㎡まで ・外壁の耐力壁線の交差部には、長さ90cm以上の耐力壁を1以上設ける。ただし、交差部を補強（たて枠の座屈対策）すれば、両面合わせて4m以下の「両面開口」が可能 ・耐力壁線に設ける開口部の幅≦4m、かつ、その幅の合計≦当該耐力壁線長さの3／4 ・耐力壁の隅角部、交差部は、たて枠を3本以上、構造力上有効に緊結する。ただし208材、404材等を使う場合は2本以上 ・幅90cm以上の開口部の上部には、まぐさ受けによって支えられたまぐさを設ける
横架材	根太等の横架材は、中央部付近下側に欠込みをしない
小屋組	・垂木間隔は65cm以下。垂木・トラスは、頭つなぎ・上枠にあおり止め金物で緊結 ・屋根開口部幅≦2m、幅の合計≦屋根の下端幅の1／2

*：洋小屋の転び止め（315頁参照）とは異なる

● 枠組材の寸法型式（JAS）と規定寸法

寸法型式	204	206	208	210	212	404
寸法（mm）	38×89	38×140	38×184	38×235	38×286	89×89

● 枠組壁工法の概要

呼び寸法2×4インチの材（2×4材。寸法型式204）を多用するため、ツーバイフォー（2×4）工法とも呼ばれる。実際の寸法は1.5インチ×3.5インチ

枠組壁工法は、壁枠組、床枠組からなる壁式構造であり、また、床勝ちの工法である。在来軸組工法と異なり、耐力壁は鉛直荷重も負担する。基本的に、枠組は枠組材に構造用面材を釘打ちしてつくられ、枠組どうしも、釘打ちで接合される。各接合箇所では、釘の種類、本数、打込み方法（平打ち、木口打ち、斜め打ち）が詳細に規定されている

● 枠組材の寸法

JAS規格に規定される14種類の寸法型式で表示されるが、実際には左下の表に示す6種類の寸法型式が多用される。寸法型式204は2×4と呼ばれる。表記のほかには、104、106、203、205、304、306、406、408がある

● 枠組材の接合に用いられる釘

CN（太め鉄丸釘）、CNZ（めっき太め鉄丸釘）、BN（細め鉄丸釘）の、規定の長さのものに限られる。枠組に面材を取り付ける釘は、面材の種類ごとに別途規定されている

● 壁量計算の規定

在来軸組工法と同様、壁量計算の規定がある。基本的方法は同じで、以下が異なる
・地震力に対する必要壁量を算定する際に、積雪を考慮する
・耐力壁の種類、倍率が別途規定されている。同じ種類の面材でも在来構法とは倍率の異なるものがある
・耐力壁のつり合いを確認する具体的な方法（四分割法など）の規定はない

QUESTION

ANSWER

1　最頻出問題｜一問一答

→→→

次の記述のうち、正しいものには○、誤っているものには×をつけよ

1 ☐☐　釘接合部における釘の長期許容引抜耐力は、木材の気乾比重、釘の胴部径及び釘の打ち込まれる長さ等に影響される

2 ☐☐　釘の木材に対する許容せん断耐力は、一般に、釘径が同じ場合、樹種にかかわらず釘の長さに応じて算出する

3 ☐☐　釘接合部の許容せん断耐力は、一般に、側材として木材を用いる場合より鋼板を用いる場合のほうが大きい

4 ☐☐　木ねじ接合部は、一般に、ねじ部分の影響によって、釘接合部に比べて変形能力が大きい

5 ☐☐　ボルト接合部の許容引張耐力は、ボルトの材質、ボルトの径、座金の寸法及び樹種が同じ場合、ボルトの長さに比例して増大する

6 ☐☐　枠組壁工法による2階建ての住宅において、アンカーボルトは、隅角部付近及び土台の継手付近を避け、その間隔を2.7mとして配置した

7 ☐☐　枠組壁工法による2階建ての住宅において、耐力壁の隅角部には、一般に、3本以上のたて枠を用いる

8 ☐☐　枠組壁工法による2階建ての住宅において、耐力壁の上部における頭つなぎの継手位置を、耐力壁の上枠の継手位置と重なるようにした

9 ☐☐　枠組壁工法による2階建ての住宅において、耐力壁線により囲まれた部分の水平投影面積が50㎡となるので、床版の枠組材と床材とを緊結する部分に、構造耐力上有効な補強を計画した

---

1 ○｜釘接合の許容引抜耐力は、木材の比重の2.5乗の値、釘の胴部径と主材への有効打込み長に比例する

2 ×｜釘の許容せん断耐力は、パンチングアウトを考慮しない場合は、いずれも、釘径の2乗及び釘自体の基準材料強度に比例し、主材及び側材の基準支圧強度（比重に依存、樹種で異なる）が関係する。釘の長さは直接関係しない

3 ○｜鋼板を用いる場合のほうが大きい

4 ×｜木ねじ接合は、一般にねじ部の存在で、釘接合部と比べ変形能力が小さく、正負の繰り返し荷重で破断する場合もある。一方、釘接合部は、その特性を理解して施工すれば、十分な靭性をもたせることができる

5 ×｜引張を受けるボルト接合の許容耐力は、ボルトの引張降伏と、座金の木材へのめり込みに基づいている。いずれもボルトの長さは無関係である

6 ×｜アンカーボルトの間隔は2m以下とし、隅角部及び土台の継手の部分に配置する。間隔2.7mは、2階建て以下の在来構法での一般的な値

7 ○｜たて枠には、一般的には寸法型式204の製材を用い、隅角部のたて枠は3本以上、相互に緊結する。たて枠に208材、404材等の断面寸法の大きい材を用いる場合は2本以上

8 ×｜頭つなぎは、耐力壁相互を構造耐力上有効に緊結する。頭つなぎの継手は、上枠の継手位置と重ねない。通常600㎜以上離す

9 ○｜通常は40㎡以下。構造耐力上有効に補強すれば、水平投影面積を60㎡以下に、当該部分の短辺長辺比が1／2超の場合は、72㎡以下にできる

2 実践問題｜一問一答　→→→

1 □□ ボルト接合部において、せん断を受けるボルトの間隔は、木材の繊維に対する加力方向の違いに関係なく一定とする

2 □□ 木材と木材の1面せん断接合において有効主材厚は、木ねじの呼び径の4倍以上とし、側材厚は木ねじの呼び径の6倍以上とする

3 □□ 引張材の端部接合部において、加力方向に釘を一列に10本以上並べて打ち付けた場合は、一般に、釘接合部の基準終局せん断耐力を低減する

4 □□ 同一の接合部において、ボルト及びドリフトピンと先孔が密着するように加工され、それぞれの接合の変形能力が同一である場合、接合部全体の基準許容せん断耐力は、個々の接合部の終局せん断耐力を加算して求めることができる

5 □□ 枠組壁工法による2階建ての住宅において、構造耐力上主要な部分に使用する枠組材の品質は、構造部材の種類に応じて、規格が定められている

6 □□ 枠組壁工法による2階建ての住宅において、耐力壁線に幅1,000mmの開口部があったので、まぐさ及びまぐさ受けを用いた

7 □□ 枠組壁工法による2階建ての住宅において、構造計算により構造耐力上安全であることが確かめられたので、耐力壁線相互の距離が12mを超える部分を計画した

8 □□ 枠組壁工法による2階建ての住宅において、耐力壁の壁材としてせっこうボードを取り付けるための釘としては、CN50を用いる

9 □□ 同一接合部にボルトと釘を併用する場合の許容耐力は、一般に、ボルトの許容耐力と釘の許容耐力を加算することができる

1 ×｜ボルト接合部が繊維方向の加力を受ける場合、木材が割裂やせん断により破壊するおそれがあるため、ボルト間隔は7d以上（d：ボルト径）と、繊維に直角方向に加力を受ける場合（3d〜5d以上）に比べて大きい間隔を必要とする

2 ×｜dをねじの呼び径とすると、有効主材厚は6d以上、側材厚は4d以上とし、また木ねじの長さは側材厚の2.5倍以上とする

3 ○｜ガタやひずみ等により、接合部個々に加わる力が異なり、接合部全体の耐力は接合部個々の耐力の和とはならない。釘接合部の基準終局せん断耐力の算定では、一般に、一列の釘本数が10以上の場合0.9、20以上の場合0.8を乗じて耐力を低減する

4 ○｜実験等の結果に基づき、ボルトとドリフトピンの変形能力が同一であることが確認されることにより、初めて耐力の加算が可能になる

5 ○｜設問記述のとおり

6 ○｜幅90cm以上の開口部の上部は、開口部を構成するたて枠と同寸以上の断面のまぐさ受けによって支えられたまぐさを構造耐力上有効に設ける

7 ○｜耐力壁線相互の間隔は原則、12m以下とするが、構造計算によって、この規定を適用しないことは可能である。この場合、許容応力度計算のほかに、偏心率の確認が必要である（平13国交告1540号第10第一号）

8 ×｜耐力壁の壁材がせっこうボードの場合、釘又はねじの種類は、GNF 40、SF45、WSN、DTSN。設問の太め鉄丸釘CN50は、構造用合板や構造用パネル、パーティクルボード等を壁材や床材として張るのに用いる

9 ×｜原則として単純加算はできない。実験等の結果に基づき、その耐力性状を勘案して定めなければならない

020 コンクリート①種類・性質

コンクリートは、鋼材とともに土木・建築工事に欠かせない材料の一つで、「鉄筋コンクリート構造」や「コンクリート工事」にも関連付けられる。セメントの種類と特性、コンクリートの強度や性質等、キーワードと内容を結び付けながら学習しよう

1　コンクリート

☐　一般的に、コンクリートとは「セメントコンクリート」をさす。**セメント・水・細骨材・粗骨材**及び必要に応じて加えられる**混和材料**を構成材料とし、これらを練混ぜ混合したもの又はその硬化体をいう

☐　セメントを構成する化合物は、水と化学反応を起こして新しい水和生成物となる。これを**水和反応**という。水和反応が進むとセメントは凝結（形が変えられなくなる）し、さらに**硬化**して強度が増大する。このような性質を「**水硬性**」という。セメントは水和反応の際、水和熱を発生し、早く硬化するセメントほど水和熱が大きい。また、粉末度が微細なセメントほど水和反応が早い

● **セメントペースト・モルタル・コンクリートの違い**

● **水硬性と気硬性**

水硬性材料であるセメントやせっこうに対し、気硬性は水中で硬化せず空気中においてのみ完全に硬化する性質で、石灰や漆喰が該当する

● **構成材料の割合**

セメントペースト

セメント	水

モルタル

セメント	水	細骨材

コンクリート

セメント	水	細骨材	粗骨材

● **普通コンクリートの気乾単位容積質量**

標準値は2.1～2.5t／㎥。特注がなければ2.3t／㎥と覚えておく

2　セメントの種類・混和材料

☐　コンクリートの構成材料用のセメントは、**ポルトランドセメント**（単味セメント）が基本。これに混合材を混合した**混合セメント**や、特殊な性質を付与された**特殊セメント**がある

● **その他のセメント**

シリカセメント・白色ポルトランドセメント・アルミナセメント・超速硬セメント等がある

● **主なセメントの種類と性質・用途**

セメントの種類		性質	主な用途
ポルトランドセメント（単味セメント）	**普通ポルトランドセメント**	一般的なセメント	一般のコンクリート工事
	早強ポルトランドセメント	・強度発現が早い ・低温でも強度を発揮する	緊急工事・冬期工事・コンクリート製品
	超早強ポルトランドセメント	・初期強度が普通セメントより大きい	
	中庸熱ポルトランドセメント	・水和熱が低い ・乾燥収縮が小さい	マスコンクリート・遮蔽用コンクリート
	低熱ポルトランドセメント	・初期強度が小さく、長期強度が大きい ・水和熱が低い ・乾燥収縮が小さい	マスコンクリート・高流動コンクリート・高強度コンクリート

| 混合セメント 混合物の分量によりA種・B種・C種がある（A＜B＜C） | 高炉セメント（高炉スラグを混合） | B種 | ・初期強度は普通セメントよりやや小さいが、長期強度は大きい
・水和熱が小さい
・化学抵抗性が大きい
・アルカリ骨材反応を抑制する | 普通セメントと同様な工事、マスコンクリート、海水・硫酸塩・熱の作用を受けるコンクリート、土中・地下構造物のコンクリート |
| | フライアッシュセメント（フライアッシュを混合） | B種 | ・ワーカビリティーがよい
・長期強度が大きい
・乾燥収縮が小さい
・水和熱が小さい
・アルカリ骨材反応を抑制する | 普通セメントと同様な工事、マスコンクリート・水中コンクリート |

セメント・水・骨材以外の材料で、コンクリートに特別の性質を与えるため、練混ぜ時や打込み直前に加える材料を**混和材料**という

● 主な混和剤

AE剤	コンクリート中に多数の微細な空気泡を連行して一様に分布させ、ワーカビリティーと耐凍害性を向上させるために用いる界面活性剤
減水剤	静電気的な反発作用によりセメント粒子を分散させ、所要のコンシステンシーを得るのに必要な単位水量を減少させるために用いる界面活性剤
AE減水剤	AE剤と減水剤の両方の効果をもつ混和剤
流動化剤	練り混ぜられたコンクリートに後から添加し、攪拌することによって流動性を増大させるために用いる混和剤
防錆剤	コンクリート中の鉄筋が使用材料中の塩化物によって腐食するのを抑制するために用いる混和剤

● 普通ポルトランドセメントの製造

石灰石（CaO）を主原料（約3／4）とし、粘土・けい石・酸化鉄を加えて粉砕混合後、高温で焼成してセメントクリンカーをつくる。凝結時間を調整するため、3％程度のせっこうが加えられる（無混合のものは、ほぼ瞬間的に凝結）

● 混和材料

混和材料のうち、使用量が少ないものを混和剤といい、使用量が比較的多くそれ自体の容積がコンクリートの練上がり容積に算入されるものを混和材という

そのほか、混和材にはフライアッシュ、シリカヒューム、高炉スラグなどがある

3 フレッシュコンクリートの性質・スランプ試験

フレッシュコンクリートに関して、材料分離を生じさせることなく、運搬・打込み・締固め・仕上げなどの作業全般が容易にできる程度を表す性質を**ワーカビリティー**といい、変形や流動に対する抵抗性を**コンシステンシー**という。また、両方の最も一般的な試験方法に**スランプ試験**（下図参照）がある

高さ30cmのコーンにコンクリートを詰め、コーンを抜き去ったときのコンクリートの頂部の下がり（cm）を測定して得られる値を**スランプ値**という

● スランプ試験

コーン
30cm
コンクリート
φ10cm
φ20cm
スランプ値
スランプフロー

● ブリーディング

セメント・骨材が比重の違いで沈降・分離し、練混ぜ水の一部が遊離して浮き上がる現象のこと。また、ブリーディング水とともにフレッシュコンクリート中の微粒分が上昇し、コンクリートの表面に堆積してできた膜層をレイタンスという。コンクリートを打ち継ぐ場合、レイタンスがあると付着を阻害し、ひび割れの原因となるため除去すること

● スランプ試験の様子

020 ## コンクリート①種類・性質

QUESTION & ANSWER

QUESTION

ANSWER

1 最頻出問題｜一問一答

→→→

次の記述のうち、正しいものには○、誤っているものには×をつけよ

1 ☐☐ セメントは、水和後、時間が経過して乾燥するに従って強度が増大する気硬性材料である

2 ☐☐ 中庸熱ポルトランドセメントは、普通ポルトランドセメントに比べて、より細かい粉末で、水和熱が大きいので、早期に強度を発現する

3 ☐☐ スランプとは、スランプコーンを静かに鉛直に引き上げた後の平板上からコンクリート中央部までの高さをいう

4 ☐☐ コンクリートにAE剤を使用すると、ワーカビリティーが良好になる

5 ☐☐ AE剤の使用により、硬化後のコンクリートの耐久性は低下するが、早期に強度を発揮させることができる

1 × ｜ セメントは、気硬性材料ではなく、水硬性材料

2 × ｜ 中庸熱ポルトランドセメントは、普通ポルトランドセメントに比べて、水和熱や乾燥収縮が小さく、ひび割れが生じにくい。設問記述は早強ポルトランドセメントの説明

3 × ｜ スランプ（スランプ値）とは、スランプコーンを静かに鉛直に引き上げた後のコンクリート頂部中央の下がった寸法（cm）をいう。30cm（スランプコーンの高さ）から設問記述の寸法を引いた値がスランプ値

4 ○ ｜ 設問記述のとおり

5 × ｜ AE剤は、コンクリート中に微細な空気泡を連行し、コンクリートのワーカビリティー・耐久性・耐寒性を向上させる

2 実践問題①｜一問一答

→→→

1 ☐☐ セメントは、水和によって$Ca(OH)_2$が生成されるので、水和後のセメントはアルカリ性を示す

2 ☐☐ 高炉セメントを用いたコンクリートは、普通ポルトランドセメントを用いたものに比べて、化学的侵食作用に対する抵抗性に優れている

3 ☐☐ A～Cのセメントを用いた一般的なコンクリートの初期強度（材齢7日程度までの硬化初期の過程における強度）の大小関係は、B＞C＞Aの順である
　　A:普通ポルトランドセメント
　　B:早強ポルトランドセメント
　　C:高炉セメントB種

1 ○ ｜ 設問記述のとおり

2 ○ ｜ 設問記述のとおり

3 × ｜ B＞A＞Cの順である

4 ○ ｜ 比重に換算すると2.2～2.4。なお、鋼材の比重は約7.8。木材の比重は樹種によって大幅に異なり（0.1～1.0。特殊なもので1.4くらい）、建築に多用されるスギ、ヒノキなどの針葉樹で0.5前後。主要な建築材料の重量は把握しておくこと

5 ○ ｜ 常温におけるコンクリートの熱膨張係数は、約1×10^{-5}（/℃）であり、この値は鋼材の熱膨張係数とほぼ等しい

4 ☐☐ 普通コンクリートの気乾単位容積質量の標準的な値は2,200〜2,400kg/㎥である

5 ☐☐ コンクリートの線膨張係数は、常温時においては、鉄筋の線膨張係数とほぼ等しい

6 ☐☐ コンクリートの強度発現に支障がないよう、原則として、コンクリートの打込み中及び打込み後5日間は、コンクリートの温度が2℃を下回らないようにする

7 ☐☐ コンクリートの中性化は、コンクリート中の水和生成物が空気中の二酸化炭素と徐々に反応することにより生じる

8 ☐☐ コンクリートにAE剤を使用すると、ブリーディングが増大する

9 ☐☐ コンクリートにAE剤を使用すると、凍結融解作用に対する抵抗性が大きくなる

10 ☐☐ 減水剤の使用により、所定の流動性を得るのに必要なコンクリートの単位水量を減少させることができる

6 ○｜設問記述のとおり

7 ○｜設問記述のとおり

8 ×｜ブリーディングとは、フレッシュコンクリートにおいて、固体材料の沈降又は分離によって、練混ぜ水の一部が遊離して上昇する現象をいい、単位水量が大きいほど著しく生じる。AE剤の使用は、コンクリート中に微細な空気泡を連行し、所定のスランプを得るのに必要なコンクリートの単位水量を低減するため、ブリーディングを抑制できる

9 ○｜AE剤による連行空気泡は、コンクリートの凍結融解作用に対する抵抗性を改善する

10 ○｜減水剤は、静電気的な反発作用によりセメント粒子を分散させ、所定の流動性（コンシステンシー）を得るのに必要なコンクリートの単位水量を減少させる

3 実践問題② ｜ 六肢択一 →→→

1 ☐☐ 表は、プレーンコンクリートの調合表の例であり、使用材料の絶対容積及び質量を記号で表したものである。この表によって求められる事項と計算式との組合せとして、最も不適当なものは、次のうちどれか

絶対容積(ℓ/㎥)				質量(kg/㎥)			
水	セメント	細骨材	粗骨材	水	セメント	細骨材	粗骨材
V_W	V_C	V_S	V_g	W	C	S	G

注 質量における細骨材及び粗骨材は、表乾（表面乾燥飽水）状態とする

	事項	計算式
1—	単位セメント量(kg/㎥)	C
2—	水セメント比(%)	$V_W / V_C \times 100$
3—	細骨材率(%)	$V_S / (V_S + V_g) \times 100$
4—	空気量(%)	$(1,000 - V_W - V_C - V_S - V_g) \times 100 / 1,000$
5—	練上がりコンクリートの単位容積質量(kg/㎥)	$W + C + S + G$
6—	細骨材の表乾状態における密度(g/㎤)	S / V_S

1 答えは2

プレーンコンクリートとは、表に示した材料のみ使用し、一切の混和材料を用いないコンクリートをいう。水セメント比は、容積の比率でなく、重量比なので$W / C \times 100$の計算式で表される
したがって、最も不適当なものは「2」

なお、空気量は4の式で表される。プレーンコンクリートには、体積比で1〜2%の空気が混ざり込んでいるが、不要な空気であり、工事の過程で抜く必要がある。AE剤を用いて意図的に混入した空気とは異なる

> 調合については、次項「コンクリート②調合・強度」を参照

021 コンクリート②調合・強度

コンクリートの強度は水セメント比で決まる。コンクリートの性質を左右する調合強度の決定手順とともに併せて学習する。出題傾向は低い項目だが、基本的な知識は押さえておく必要がある

1 調合設計

☐ コンクリートの構成材料の混合割合を**調合**といい、調合を決定する過程を**調合設計**という。調合は所要のワーカビリティー、強度、耐久性が得られるように定め、調合設計に関する条件は、JASS5の規定に基づいている

●**JASS5**
「建築工事標準仕様書・同解説　コンクリート工事」(一社)日本建築学会

☐ コンクリートの強度は**水セメント比**で決まる。普通コンクリートの場合の調合設計については次の規定がある

●**普通コンクリートの調合設計における規定**

①**耐久性(凍害)**	空気量(容積比)は4%以上5%以下
②**耐久性(中性化)**	水セメント比は65%以下
③**耐久性(乾燥収縮)**	単位水量は185kg／㎥以下
④**耐久性(欠陥防止)**	単位セメント量は270kg／㎥以上

コンクリートの乾燥収縮は、単位水量が多いものほど大きくなる。また、水セメント比が大きいものほど、中性化の進行が早くなる

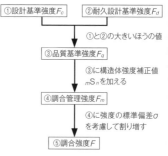

2 コンクリートの各種強度

●**各強度の規定値**

①**設計基準強度Fc**	構造計算において基準としたコンクリートの圧縮強度
②**耐久設計基準強度Fd**	構造物と部材の供用期間に応ずる耐久性を確保するため必要とする圧縮強度 (18(短期)～36(超長期)N／㎟)
③**品質基準強度Fq**	構造物と部材の要求性能を得るために必要とされるコンクリートの圧縮強度 (設計基準強度Fcと耐久設計基準強度Fdの大きいほうの値をとる)
④**調合管理強度Fm**	標準養生された供試体が材齢28日において満たすべき圧縮強度 (品質基準強度Fqに構造体強度補正値mSn(予想気温に応じ3又は6N／㎟)を加えた値)
⑤**調合強度F**	コンクリートの調合を決定する際に目標とする圧縮強度 (調合管理強度Fmに、強度の標準偏差σ(ばらつき)を考慮して割り増す)

●**コンクリートの調合強度決定の手順**

①設計基準強度Fc ②耐久設計基準強度Fd

①と②の大きいほうの値

③品質基準強度Fq

③に構造体強度補正値mSnを加える

④調合管理強度Fm

④に強度の標準偏差σを考慮して割り増す

⑤調合強度F

調合強度Fが決まれば、水セメント比が算定できる

●**各種強度の大小関係**
調合強度>調合管理強度>品質基準強度となる

硬化したコンクリートでは、圧縮強度に対し他の強度は著しく小さい。一般的なコンクリートでは、圧縮強度を100としたとき、引張強度が10、曲げ強度及びせん断強度が15程度の比率となる。また、圧縮強度の決定要因は、水セメント比の関数に近似できるという考え方が主流である（右図参照）

水セメント比小さい、セメント量多い、水量少ない→圧縮強度**大**

● **水セメント比と圧縮強度の関係**

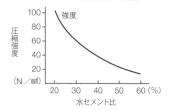

構造設計上、引張強度は無視して（0として）扱うことが多い。通常は圧縮強度がコンクリートの強度をさすともいえるよ

調合強度 F が決まれば、水セメント比 x が算定できる
（普通ポルトランドセメントを用いる場合の算定式）

$$x = 51 / (F / K + 0.31)$$

x：水セメント比（％）　F：調合強度（N／㎟）

K：セメント強さ（N／㎟）

コンクリートの**ヤング係数** E は、以下の算定式で表される

$$E = 33,500 \times (\gamma / 24)^2 \times (F_c / 60)^{1/3} \quad (N／㎟)$$

γ：コンクリートの気乾単位容積重量（kN／㎟）

F_c：コンクリートの設計基準強度（N／㎟）

上記より圧縮強度・単位容積重量**大**→ヤング係数**大**、となる

● **養生条件によるコンクリートの強度の定性的傾向**

・養生温度が高いと、強度発現が早い

・水中で養生すると、強度は大きくなる

・初期養生において乾燥したり凍害を受けると、強度が上がらない

3　コンクリートの許容応力度とひび割れ

許容応力度は、設計基準強度 F_c をもとに定められている

● **コンクリートの許容応力度**［単位：N／㎟］

	圧縮	引張	せん断	付着［*］
長期	$F_c / 3$	$F_c / 30$ （$F_c > 21$ の場合、 $0.49 + F_c / 100$）		0.7 （軽量骨材を使用の場合、 0.6）
短期	長期に対する値の2倍			

＊：異形鉄筋を用いた付着については、右表によることができる

コンクリートの主なひび割れの原因は、以下のとおり

● **材料が主原因となるひび割れ**

原因	内容	ひび割れの様子
セメントの水和熱	単位セメント量が多いほど水和発熱量が大きくなり、それにともなってひび割れが起こる	等間隔、直線状
アルカリ骨材反応	骨材が膨張してひび割れる	亀甲状
コンクリートの沈下・ブリーディング	打込み後にコンクリートが沈んでひび割れる	水平鉄筋に沿って
コンクリートの乾燥・収縮	打設後2～3か月後から発生。単位水量が多いほど起こりやすい。膨張材の使用で、ひび割れを低減できる	開口部や柱・梁に囲まれた隅部に斜めに生じる。床・壁・梁では等間隔に垂直に発生

● **コンクリートの許容応力度**　令91条

● **異形鉄筋の許容付着応力度**　平12建告1450号

異形鉄筋のコンクリートの付着に対する許容応力度は下記のとおり

①**長期の場合**

鉄筋位置	設計基準強度 F（N／㎟）	
	$F \leq 22.5$ の場合	$F > 22.5$ の場合
梁の上端	$F / 15$	$0.9 + 2F / 75$
その他の鉄筋	$F / 10$	$1.35 + F / 25$

②**短期の場合**

長期に対する値の2倍

QUESTION

ANSWER

1　最頻出問題 | 一問一答

→→→

次の記述のうち、正しいものには○、誤っているものには×をつけよ

1 ☐☐ コンクリートの引張強度は、圧縮強度の1／3程度である

2 ☐☐ コンクリートの強度の大小関係は、圧縮強度>引張強度>曲げ強度である

3 ☐☐ コンクリートの圧縮強度は、水セメント比が大きいものほど小さい

4 ☐☐ コンクリートのヤング係数は、圧縮強度が大きいものほど小さい

5 ☐☐ コンクリートの調合設計における強度の大小関係は、品質基準強度>調合管理強度>調合強度である

6 ☐☐ 軽量コンクリートの短期許容圧縮応力度は、その設計基準強度と同じである

7 ☐☐ コンクリートの許容付着応力度は、コンクリートの設計基準強度のほか、鉄筋の使用位置等によっても異なる

8 ☐☐ コンクリートの乾燥収縮は、単位水量が多いものほど小さい

9 ☐☐ コンクリートの中性化は、水セメント比が大きいものほど進行が遅くなる

1 ×｜コンクリートの引張強度は、圧縮強度の1／10程度である

2 ×｜コンクリートの曲げ強度は、引張強度よりも大きく、1.5倍程度の値を示す

3 ○｜設問記述のとおり

4 ×｜コンクリートのヤング係数は、圧縮強度、単位体積重量が大きいものほど大きい

5 ×｜調合強度>調合管理強度>品質基準強度である

6 ×｜軽量コンクリートも普通コンクリートと同様に、短期許容圧縮応力度は、設計基準強度の2／3となる

7 ○｜鉄筋の使用位置が「梁の上端」かそれ以外の位置かで、付着の許容応力度が異なる

8 ×｜コンクリートの乾燥収縮は、水分の蒸発で起こる。一般に乾燥収縮は、単位水量が多いものほど大きくなる

9 ×｜コンクリートの性質は、水セメント比によるものが大きい。水セメント比が大きいと単位水量が多くなり、コンクリートの密実性が得られず、乾燥にともない、ひび割れ、水密性・耐久性が低下し、透気・透水性が増大する。したがって中性化の進行は早くなる

2　実践問題① | 一問一答

→→→

1 ☐☐ 鉄筋に対するコンクリートのかぶり厚さは、部材の耐久性に影響するが、部材の強度には影響しない

2 ☐☐ 構造体コンクリートの圧縮強度を、現場水中養生した供試体で管

1 ×｜鉄筋に対するコンクリートのかぶり厚さは、部材の耐久性、耐火性、構造耐力及び施工誤差を考慮して規定されている

2 ○｜コンクリートの強度は、材齢4週(28

理する場合は、その強度管理材齢を28日とする

3 ☐☐ 断面積が7,850㎟のコンクリートの円柱供試体(圧縮強度試験用供試体)に荷重を加えて圧縮強度試験を行ったところ、314.0kNで最大荷重に達し、以降、荷重は減少し、282.6kNで急激に耐力が低下した。このコンクリートの圧縮強度は、36N／㎟である

4 ☐☐ 普通コンクリートの調合設計において、単位水量を200kg/㎥とした

5 ☐☐ コンクリートの水和発熱にともない発生するひび割れは、単位セメント量が少ないものほど発生しやすい

6 ☐☐ 打込み後のコンクリートの沈みによって生じるひび割れを防止するためには、コンクリートの硬化前にタンピング等の処置を行う

7 ☐☐ 中性化速度は、コンクリートの圧縮強度が高いものほど大きくなる

日)を基準とする。4週以後も数年間は強度は増大するが、その割合は小さい

3 ×｜供試体の圧縮強度(N／㎟)は、(最大荷重／断面積)で表される。したがって、
(314.0×1,000)(N)÷7,850(㎟)
＝40(N／㎟)

4 ×｜コンクリートの単位水量が大きくなると、水分の蒸発により乾燥収縮が大きくなり、ひび割れを起こしやすくなる。コンクリートの調合の基本として、所要のワーカビリティーを確保したうえで、単位水量はできるだけ小さくするべきであり、185kg／㎥以下に制限されている

5 ×｜コンクリートの水和発熱は、セメント量が多いほど大きくなる

6 ○｜タンピングとは、コンクリートを打設してから硬化するまでの間に、表面をタンパーと呼ばれる機械で繰り返し打撃して締め固めることをいう。コンクリートを密実に充填して鉄筋の付着や水密性を向上させ、また沈み、ひび割れ、骨材の浮き上がりを防止する

7 ×｜圧縮強度の高いコンクリートは、一般に単位水量が小さく密実なコンクリートであり、中性化の速度は遅い

3 ─── 実践問題②｜五肢択一

→→→

1 ☐☐ 鉄筋コンクリート造の建築物に発生したコンクリートの「ひび割れの事例」と「主な原因」との組合せとして、最も不適当なものは、次のうちどれか

	ひび割れの事例	主な原因
1	コンクリートを打設した数時間後に、梁やスラブの上面各所に、鉄筋に沿って直線状に発生	ブリーディング
2	コンクリートを打設した1週間後、大断面の地中梁の側面に数メートル間隔で鉛直に発生	セメントの水和熱
3	竣工後2年を経過した建築物の室内の耐震壁に、斜め45度に著しく発生し、徐々に進行	基礎の不同沈下
4	海岸近くの展望台の床スラブの下面に、竣工後5年を経過したころから下端鉄筋に沿って発生	乾燥収縮
5	竣工後3年を経過した建築物において、屋外の耐震壁に亀甲状に発生し、周囲の柱・梁に材軸方向に発生	アルカリ骨材反応

1 答えは4

4の鉄筋に沿って発生するひび割れは、一般に、鉄筋が腐食し膨張することによるものと考えられる。特に海岸付近に建てられた建物は、塩化物がコンクリート内に侵入し、鉄筋を腐食させやすい。一方、乾燥収縮によるひび割れは、コンクリートの打設後数週間から数か月で、薄い壁や薄いスラブの表面に発生しやすい。よって4の記述が誤り

5のアルカリ骨材反応とは、骨材中の特定の鉱物と、コンクリート中のアルカリ性水溶液との間の化学反応のことである。これによりコンクリート内部で異常な容積膨張が生じ、ひび割れを発生させ、強度も低下する

022 鋼材

鋼材分野からは例年1題出題されている。鋼材のJISにおける呼称（記号）や、強度、許容応力度、ヤング係数等について、また高温度での性質についての出題頻度が高い。「鉄骨構造」、「鉄骨工事」との関連事項も少なくないのでまとめて学習するのがよい

1 鋼材の種類と強度

☐ 建築で用いられる鋼材として、法令で指定され告示で基準強度Fが定められているものは多いが、主要なものに構造用鋼材、ステンレス鋼、鉄筋コンクリート用棒鋼（丸鋼・異形鉄筋）がある

● **基準強度F** 平12国交告2464号

● **鋼材等の主な種類**[※]**と基準強度F**

鋼材の種類	JISによる記号	基準強度F（N／mm²）		
		$t≦40$[＊1]	$40<t≦75$	$75<t≦100$
構造用鋼材	SS400、SM400A、SN400A、SN400B　等	235	215	
SS材は一般構造用圧延鋼材、SM材は溶接構造用圧延鋼材、SN材は建築構造用圧延鋼材を示す	SS490	275	255	
	SM490A、SM490YB、SN490B、SN490C　等	325	295	
	SM520B、SM520C	355	335	325
	SS540	375	—	
ステンレス鋼[＊2]	SUS304A、SUS316A	235		
	SUS304N2A	325		
鉄筋コンクリート用棒鋼	SR235、SRR235、SDR235	235		
SRとSRRは丸鋼、SDとSDRは異形鉄筋を示す	SR295、SD295A、SD295B	295		
	SD345	345		
	SD390	390		

＊1：t：材の厚さ(mm)　＊2：ステンレス鋼の304、316等の数値は番号であり、定量的な意味はない

☐ 構造用鋼材の呼び名の400、490等の数値は、引張強さの下限値がそれぞれ400N／mm²、490N／mm²であることを示す。基準強度Fには、降伏点強度又は引張強さの0.7倍のいずれか小さい値が採用される。一方、鉄筋コンクリート用棒鋼（丸鋼、異形鉄筋）の呼び名の235、295等の数値は、降伏点の下限値がそれぞれ235N／mm²、295N／mm²であることを示し、基準強度Fと同じ値となる

☐ 構造用鋼材及び鉄筋の許容応力度は、基準強度Fをもとに定められている（令90条）

● **構造用鋼材の許容応力度**

長期に生ずる力に対する許容応力度（単位:N／mm²）				短期に生ずる力に対する許容応力度（単位:N／mm²）			
圧縮	引張	曲げ	せん断	圧縮	引張	曲げ	せん断
$F／1.5$	$F／1.5$	$F／1.5$	$F／1.5\sqrt{3}$	F	F	F	$F／\sqrt{3}$

※：SS・SM・SN等など鋼材の記号はJISで定められ、1文字目のSはすべてSteelの頭文字を表す。2文字目のSはStractural、MはMarine、NはNew stracture、RはRound（円）、DはDeformed（異形）を示す。3文字目のRはRerolledで再生棒鋼を表す。なお、SUSはSteel Use Stainlessの略。末尾のA、B、Cは化学成分の差異で、C種が最も衝撃性に強く溶接性がよい

● 鉄筋の許容応力度

		長期に生ずる力に対する許容応力度（単位：N／㎟）			短期に生ずる力に対する許容応力度（単位：N／㎟）		
		圧縮	引張		圧縮	引張	
			せん断補強以外	せん断補強		せん断補強以外	せん断補強
丸鋼		F／1.5かつ155以下	F／1.5かつ195以下	F		F	Fかつ295以下
異形鉄筋	径≦28㎜	F／1.5かつ215以下	F／1.5かつ195以下	F		F	Fかつ390以下
	径＞28㎜	F／1.5かつ195以下		F		F	Fかつ390以下

2 鋼材の性質

☐ 一般に鋼（steel）とは、鉄（iron）と炭素との合金である**炭素鋼**のことをいう。炭素鋼は、**炭素含有量**により、性質が著しく変化する。引張強さは、炭素量の増加にともない、**0.8％**前後で最大になるが、伸びが減少して加工性や溶接性は低下する

☐ 一般的な炭素鋼は、炭素含有量により、極軟鋼、軟鋼、硬鋼、最硬鋼などに区別される。建築に用いられる鋼材は**軟鋼**である

☐ 鋼の**比重**は鋼種により若干異なるが、約**7.8**。密度でいうと約7.8t／㎥。アルミニウム（約2.7）のおよそ**3倍**

☐ 鋼の**熱膨張係数（線膨張係数）**は常温において、約**1×10^{-5}**（1／℃）。この値はコンクリートの熱膨張係数とほぼ等しいため、鉄筋コンクリートにおいて、鉄筋とコンクリートの付着を妨げない

☐ 鋼材の**ヤング係数**（$E = 2.05 \times 10^5$ N／㎟）は、種別によらずほぼ**一定**で、高強度の鋼材を用いてもたわみや座屈は抑えられない

☐ 一般の鋼材の引張強さは、温度が**250～300℃**で最大となり、それ以上になると急激に低下する。500℃で約1／2、600℃で約1／3、1,000℃ではほぼ0となる。**融点は約1,500℃**

☐ 鋼を高温にして再び冷却すると、機械的性質が変化する。この性質を利用し、所定の性質を得るために加熱と冷却を組み合わせ行う操作を熱処理という

☐ 鋼材の温度が高くなると、一般に、ヤング係数及び降伏点は低下する

● 鋼材の性質

種類	鋼（C:0.03～1.7%）	純鉄（参考）
比重	7.79～7.87	7.87
融点（℃）	1,425～1,530	1,535
熱伝導率（W／m·K）	36～60	72
熱膨張係数（1／℃）（20～100℃）	1.04×10^{-5} ～1.1×10^{-5}	1.02×10^{-5}

● 炭素鋼と合金鋼の種類

炭素鋼に、ニッケル（Ni）、クロム（Cr）、マンガン（Mn）、モリブデン（Mo）などを少量加え、性質を改善したものを合金鋼（特殊鋼）という。建築分野で多用される合金鋼には、構造用合金鋼、高張力鋼（ハイテン鋼）、ステンレス鋼、耐火鋼（FR鋼）などがある

● 鋼の特性に及ぼす炭素量の影響

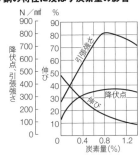

QUESTION

ANSWER

1 最頻出問題｜一問一答

→→→

次の記述のうち、正しいものには○、誤っているものには×をつけよ

1 ☐☐ 建築構造用圧延鋼材は、SM材と呼ばれ、JISにより建築物固有の要求性能を考慮して規格化した鋼材である

2 ☐☐ 常温における鋼材のヤング係数は、SN400材よりSN490材のほうが大きい

3 ☐☐ 一般構造用圧延鋼材SS400の降伏点の下限値は、400 N／㎟である

4 ☐☐ JISにおいて、異形棒鋼SD345の引張強さの下限値は、345 N／㎟である

5 ☐☐ 一般の鋼材の引張強さは、温度が400〜500℃程度で最大となり、それ以上の温度になると急激に低下する

6 ☐☐ 鋼材の温度が高くなると、一般に、ヤング係数及び降伏点は低下する

1 ×｜JISにおいて、建築構造用圧延鋼材はSN材と呼ばれる。SM材と呼ばれるのは溶接構造用圧延鋼材

2 ×｜常温における鋼材のヤング係数は、鋼材の引張強さに関係なく、すべての鋼種において約2.05×10^5 N／㎟である

3 ×｜構造用鋼材では、数値400の部分は引張強さ（の下限値）を表している

4 ×｜鉄筋コンクリート用棒鋼では、数値345の部分は降伏点（の下限値）を表している

5 ×｜一般の鋼材の引張強さは、温度が250〜300℃程度で最大となり、それ以上の温度になると急激に低下し、500℃では約1／2程度、600℃では約1／3程度となる

6 ○｜設問記述のとおり

2 実践問題｜一問一答

→→→

1 ☐☐ 鋼材の比重は、アルミニウムの約3倍である

2 ☐☐ 鋼材を熱間圧延して製造するときに生じる黒い錆（黒皮）は、鋼の表面に皮膜を形成するので防食効果がある

3 ☐☐ 鋼材の線膨張係数は、常温において、普通コンクリートの線膨張係数の約10倍である

4 ☐☐ 長さ10 mの棒材は、常温においては、鋼材の温度が10℃上がると長さが約1 ㎜伸びる

5 ☐☐ 長さ10 mの棒材は、常温においては、全長にわたって20 N／㎟

1 ○｜鋼材の比重は約7.8である。アルミニウムの比重は約2.7

2 ○｜設問記述のとおり

3 ×｜常温における鋼材の線膨張係数は、約1×10^{-5}（1／℃）であり、この値はコンクリートの熱膨張係数とほぼ等しい

4 ○｜上記の線膨張係数の数値約1×10^{-5}（1／℃）を用いて計算する $10{,}000$（㎜）×10（℃）×（1×10^{-5}）（1／℃）=1（mm）

の引張応力度を生じる場合、長さが約1mm伸びる

---

6 ☐☐ 鋼材の引張試験を行ったところ、図のような引張応力度−ひずみ度曲線が得られた。この鋼材の上降伏点として正しいものはEである

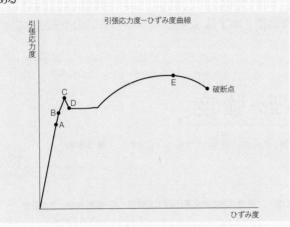

引張応力度−ひずみ度曲線

---

7 ☐☐ 鋼材の硬さは、引張強さと相関があり、ビッカース硬さ等を測定することにより、その鋼材の引張強さを換算することができる

---

8 ☐☐ SS400の鋼材の短期許容応力度は、長期許容応力度の2倍である

---

9 ☐☐ 異形鉄筋SD295Aの短期許容応力度は、せん断補強に用いる場合、295N／mm²である

---

10 ☐☐ 鋼材の炭素含有量が多いと、一般に、硬質で引張強さが大きくなる

---

11 ☐☐ 鋼材は、炭素含有量が多くなると溶接性が向上する

---

12 ☐☐ 鋼材は、焼入れすると、強さ・硬さ・耐摩耗性が減少するが、粘り強くなる

5 ○｜常温における鋼材のヤング係数 E≒2×10⁵N／mm²を用いて計算する 10,000（mm）×20（N／mm²）÷（2×10⁵）（N／mm²）＝1（mm）

6 ×｜図のA～Eの点は、一般に以下のように呼ばれる
A:比例限度
B:弾性限度
C:上降伏点
D:下降伏点
E:引張強さ（最大強さ）
図のように、降伏した後も強さが上がり続け、容易には破断しない特性（粘り強さ）を靱性と呼び、鋼材が建築材料として優れていることを表している。また、上降伏点と下降伏点がはっきり分かれて計測できるのも、一般的な鋼材の特徴である

7 ○｜鋼材の硬さと引張強さには相関がある。ビッカース硬さとは、硬さを表す尺度の一つであり、試験面にピラミッド状のくぼみを付け材料の硬さを計測する

8 ×｜鋼材の短期許容応力度は、長期許容応力度の1.5倍である

9 ○｜鉄筋の基準強度Fの値は、呼び名の数値と同じなので、異形鉄筋 SD295Aの基準強度F＝295N／mm²である。異形鉄筋をせん断補強に用いる場合の短期許容応力度は、Fかつ390N／mm²以下なので、295N／mm²となる

10 ○｜鋼材は鉄と炭素の合金である。一般に、炭素含有量が多いものほど引張強さが大きくなり、0.8％前後で最大となる

11 ×｜鋼材の溶接性は、炭素含有量が多いほど低下する

12 ×｜鋼材を焼入れすると、強さ・硬さ・耐摩耗性は増加するが、伸びが小さくなり（粘りが小さくなり）、脆性的な破壊性状を示すようになる

023 木材及び木質系材料

木材分野は例年1題出題されている。特に、繊維方向と乾燥収縮に関する選択肢は非常に出題頻度が高い。「木質構造」「木工事」にも関連事項が多いのでまとめて学習するとよい

1 含水率と変形・強度

□ **含水率**とは、木材の**絶乾重量**（水分0の状態での重さ）に対する、**水分の含有量**の比率である

● 含水率

$$含水率(\%) = \frac{水分の含有量}{木材の絶乾重量} \times 100$$

□ 木材は、含水率が**繊維飽和点**以上の場合（**飽水状態**）、含水率が変化しても寸法変化はなく、強度もほぼ**一定**である。一方、乾燥により、含水率が繊維飽和点以下になると、含水率にほぼ比例して**伸縮**し、また含水率の低下にともなって**強度**が**増加**する

● 含水率と伸縮率・強度との関係

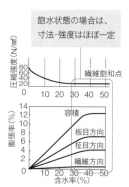

飽水状態の場合は、
寸法・強度はほぼ一定

繊維飽和点

● 含水率の値の目安

・生木の含水率：50 ～ 150%
　（樹種により異なる）
・繊維飽和点：約30%
　（樹種により大差ない）
・気乾（平衡）含水率：10 ～ 15%
　（大気中で十分乾燥した状態で、環境により異なる）
・絶乾（全乾）：0%

施工後直ちに大きな荷重を受ける部材に使用される構造用製材は、平均含水率20%以下のものが望ましい

2 繊維の方向と乾燥収縮

□ 木材は、樹皮の内側にある**形成層**の部分が成長するため、外に向かって大きくなる過程で**年輪**ができる。春～夏間に早く成長した部分は、淡色で軟らかい（**春材**）。夏～秋間に遅く成長した部分は、濃色で硬い（**夏材**又は**秋材**）。冬期はほとんど成長しない

□ 木材は、**繊維に対する方向**の違いにより性質が異なる（**異方性**）。含水率の低下にともなう**乾燥収縮率**は、年輪の接線（**円周**）方向（**板目方向**）＞年輪の**半径方向**（**柾目方向**）≫**繊維方向**（**幹軸方向**）の順に大きい。比率は約20:10:1である

□ 樹心に近い部分は**心材**（**赤身**）といい、形成してから時間が経っており、耐久力が大きく、害虫にも侵されにくい。一方、心材の外周の淡色部分を**辺材**（**白太**）という

● 木材の組織と繊維に対する方向

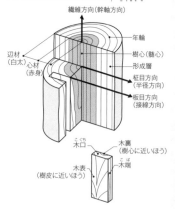

● 心材・辺材の特徴

	耐久性	腐食・虫害	強度	乾燥収縮	乾燥速度	吸湿性
心材	高い	受けにくい	大きい	小さい	遅い	低い
辺材	低い	受けやすい	小さい	大きい	速い	高い

● 柾目と板目

柾目　　　　板目

丸太の中心に向かって（半径方向に）ひいたときに現れる年輪が平行な木目が柾目、中心からずれてひいたときに現れる山形や筍型の木目が板目

3 　木材の強度、許容応力度

木材の基準強度は、平12建告1452号に規定されている。JASの目視等級区分構造用製材の場合、樹種、区分、等級ごとに、圧縮基準強度（F_c）、引張基準強度（F_t）、曲げ基準強度（F_b）、せん断基準強度（F_s）が定められている。また木材の強度は、一般に、曲げ＞圧縮＞引張≫せん断の順に大きく、基準強度も同じ順になっている（乙種構造材の一部に例外あり）

木材の繊維方向の許容応力度は、基準強度をもとに定められている（令89条）。ただし、常時湿潤状態にある部分で使用する場合、表の数値の70%に低減する。なお、許容応力度は繊維方向が最も大きく、繊維に直角方向では大幅に低下する

● 木材の繊維方向に受ける力に対する許容応力度（単位：N／㎟）

	圧縮（f_c）	引張（f_t）	曲げ（f_b）	せん断（f_s）
長期	$\dfrac{1.1F_c}{3}$	$\dfrac{1.1F_t}{3}$	$\dfrac{1.1F_b}{3}$	$\dfrac{1.1F_s}{3}$
短期	$\dfrac{2F_c}{3}$	$\dfrac{2F_t}{3}$	$\dfrac{2F_b}{3}$	$\dfrac{2F_s}{3}$

● 製材の日本農林規格

製材の日本農林規格（JAS）において、①造作用製材、②構造用製材、③下地用製材、④広葉樹製材、に大きく分類される。②の構造用製材は下表のように細分類される

● 構造用製材の種類

	区分		等級
目視等級区分構造用製材	甲種構造材	甲Ⅰ	1・2・3級
		甲Ⅱ	1・2・3級
	乙種構造材		1・2・3級
機械等級区分構造用製材			E50〜E150

甲種構造材は、主として高い曲げ性能を必要とする部分（梁など）に使用し、乙種構造材は、主として圧縮性能を必要とする部分（柱）に使用するものをいう

4 　木質系材料

木質系材料は、主な原料である木材を、どこまで小さな要素（[エレメント]=木材要素）に分解するかにより、またその再構成の方法により様々な種類がある

● 加工品の特徴

木材の欠点が取り除かれ、十分に乾燥できて寸法精度が高く、製材では得られない大きさや形状のものが得られる。工学的に強度が保証されているものが多い

● 主要な木質系材料とその特徴（色付き文字は材料のもととなる木材要素[エレメント]）

集成材	**ラミナ（挽き板）**等を、繊維方向を互いにほぼ平行にして、厚さ、幅及び長さの方向に集成接着したもの。大断面、長大材が得られ、わん曲材もつくられる
直交集成板（CLT）	**ラミナ（挽き板）**を幅方向に並べたものを、繊維方向が直交するように積層接着した、厚みのある大きな板
合板	**ベニア（単板）**を、繊維方向を直交にして交互に重ね合わせて接着したもの。普通合板、コンクリート型枠用合板、構造用合板、天然木化粧合板、特殊加工化粧合板がある

単板積層材（LVL）	厚さ3㎜程度の**ベニア（単板）**を繊維方向がほぼ平行となるよう積層接着したもの
構造用パネル（OSB）	**ストランド（短冊状の削片）**を平らに並べて接着し板にしたもの。構造用合板と同様の用途で用いられる
パーティクルボード	**パーティクル（小片、チップ）**と接着剤を混合して加熱圧締成形したもの。断熱性、吸音性に優れ、内装材や床の下地に用いる
繊維板[*]	木材やわら等の**ファイバー（繊維）**を成形し板にしたもの。エレメントが小さいため平滑で、異方性がほとんどない

＊：密度等によってインシュレーションボード（軟質）、MDF（中密度）、ハードボード（硬質）の3種類に区分される

341

QUESTION

ANSWER

1　最 頻 出 問 題 │ 一問一答

→→→

次の記述のうち、正しいものには○、誤っているものには×をつけよ

1 □□　木材の強度は、含水率が30%のときより15%のときのほうが小さい

2 □□　木材の乾燥収縮率の大小関係は、繊維方向>年輪の半径方向>年輪の接線(円周)方向である

3 □□　心材は一般に、辺材に比べて耐久力が小さく虫害にも侵されやすい

4 □□　木材の繊維方向の長期許容曲げ応力度は、長期許容引張応力度よりも大きい

1 ×│木材は含水率が繊維飽和点(約30%)以下では、含水率の低下に比例して強度が増加する

2 ×│乾燥収縮率の大小は、年輪の接線(円周)方向>年輪の半径方向>繊維方向、の順である

3 ×│心材は辺材に比べて、耐久力が大きく、虫害にも侵されにくい

4 ○│ほとんどの木材の繊維方向の許容応力度の大小関係は、曲げ>圧縮>引張≫せん断、の順である

2　実 践 問 題 │ 一問一答

→→→

1 □□　木材は、含水率が繊維飽和点以下の場合、含水率にほぼ比例して伸縮する

2 □□　木材を通常の大気中に放置して、乾燥した状態のときの含水率を、気乾含水率という

3 □□　板目材は、乾燥すると、木表面に凸に変形する

4 □□　耐蟻性の高い木材には、アカマツ、ベイツガ等がある

5 □□　製材の日本農林規格に適合する目視等級区分構造用製材の基準強度は、その樹種、区分及び等級(1級、2級、3級)に応じて定められている

6 □□　集成材の繊維方向の許容応力度は、常時湿潤状態において用いる場合、低減しなければならない

7 □□　木材に荷重が継続して作用すると、時間の経過にともなって変形が増大するクリープ現象が生じる

1 ○│設問記述のとおり

2 ○│大気中における平衡含水率(吸湿と放湿がつり合った状態)を気乾含水率という

3 ×│板材において、樹皮に近いほうを木表、樹心に近いほうを木裏という。したがって、板目材は、木表の側が凹になるように反る

樹皮に近い木表面が凹に変形する

年輪の半径方向の乾燥収縮の度合いに対し、年輪の接線方向の乾燥収縮の度合いが大きいため、木材は乾燥によって変形し、狂い、反り、割れの原因となる

4 ×│木材の耐腐朽性、耐蟻性は、樹種により異なる。設問にあるアカマツ、ベ

8 ☐☐　水中に没している木材は腐朽しやすい

9 ☐☐　木材の燃焼によってできた表面の炭化層は、木材の断面内部を燃焼しにくくする

10 ☐☐　普通合板は、木造建築物における耐力壁の面材として使用することはできない

11 ☐☐　単板積層材（LVL）は、厚さが3mm程度の単板を、繊維方向が交互に直交するようにして積層接着したものである

12 ☐☐　インシュレーションボードは、木材の小片（チップ）に接着剤を加えて、加熱圧縮成形したボードである

MEMO

目で覚える！　重要ポイント

● 木材（心材）の耐腐朽性・耐蟻性

耐腐朽性

大	ヒノキ、ヒバ、クリ、コウヤマキ、ベイヒ、ベイヒバ、ベイスギ
中	スギ、カラマツ
小	アカマツ、クロマツ、トドマツ、エゾマツ、ベイツガ、ベイマツ、オウシュウアカマツ、スプルース

耐蟻性

大	ヒバ、コウヤマキ
中	ヒノキ、スギ、カラマツ、ベイヒ
小	アカマツ、クロマツ、トドマツ、エゾマツ、ベイツガ、ベイマツ、オウシュウアカマツ

イツガは、耐腐朽性、耐蟻性ともに低い樹種である

5 ○｜平12建告1452号に規定

6 ○｜平13国交告1024号に、集成材の繊維方向の許容応力度を70％に低減する規定がある。木材（製材）についても、令89条に全く同じ規定がある

7 ○｜設問記述のとおり。また、継続的に荷重を受けてもクリープを起こさない荷重最大値をクリープ限度という

8 ×｜木材腐朽菌の成育には、①栄養分、②酸素、③水分、④適切な温度の4つの条件を満たす必要があり、どれか1つでも欠けると腐朽は生じない。通常の耐久設計では、木材から水分を遠ざけ乾燥状態を保つことを考慮するべきであり、他の3つは制御困難である。ただし、木材が水没している状況においては、水分は十分であっても酸素が供給されないため、腐朽しにくい

9 ○｜樹種や含水率によるが、一般に、木材は約260℃で口火により着火し、約400℃で自然発火する。木材が燃焼して炭化する深さは、約0.6mm／分であり、炭化層は断面内部の燃焼を遅らせる。火災時の燃え代を見込んだ断面寸法とすれば耐火性（準耐火性能）をもたせられる（燃え代設計）

10 ○｜木造建築物の軸組に張ることにより耐力壁とすることのできる面材は、昭56建告1100号に規定されている。構造用合板、パーティクルボード、構造用パネル、ハードボード、せっこうボード等が含まれるが、普通合板は含まれていない

11 ×｜単板積層材は、単板（ベニア）を、繊維方向がほぼ平行となるよう積層接着した軸材料である。設問記述のように、繊維方向が交互に直交するようにして積層接着するのは、合板の製法である

12 ×｜インシュレーションボード（軟質繊維板）は、わらや木材などの植物質繊維や廃パルプを泥状に攪拌し、接着剤を加えて板状に加圧成形したものである。木材の小片に接着剤を加えて、加熱圧縮成形したのはパーティクルボード

024 その他の建築材料

コンクリート、鋼材、木材及び木質系材料以外の建築材料については、例年1〜2題が出題されている。特にガラスの種類については出題頻度が高いので、使用箇所や特徴を確実に押さえておきたい

1 ガラス

ガラスは、液状体が結晶化することなく常温まで冷やされた非晶質固体のこと。建築用には、けい酸（SiO_2）、ソーダ石灰（Na_2O）、石灰（CaO）を主成分とする「ソーダ石灰ガラス」が用いられる

●フロート法

建築用の板ガラスは、溶解錫の上に溶けたガラス素地を流し込んで板を得る方法で製造されている

●主なガラス及び特徴

	素材構成・使用箇所	特徴
フロート板ガラス	一般の建築物に利用され、大面積も使用可	良好な平滑平面を有し、透明性、採光性に優れる
型板ガラス	フロート板ガラスの片側表面に型模様を付けたもの。建築物の間仕切や家具の装飾用など	視界を遮りながら採光可能
網入り板ガラス　線入り板ガラス	各種ガラスの中に金網や金属線を封入したもの。**防火設備**（防火戸）として使用可	割れた際に飛散、脱落しにくい
熱線吸収板ガラス	原料に鉄、ニッケル、コバルト等を微量添加し着色（淡いブルー、グレー、ブロンズ）	日射エネルギーを吸収して**冷房効果を高める。**可視光線を吸収し防眩性に優れる
熱線反射板ガラス	フロート板ガラスや熱線吸収板ガラスの表面に、反射率の高い金属酸化膜をコーティングしたもの	冷房負荷の軽減に有効。可視光線反射率も高くミラー効果がある
合わせガラス	複数枚のガラスを透明で強靭なプラスチックフィルムで張り合わせたもの。高層ビルの窓など	破損による脱落や飛散を防げ、**耐貫通性も高い**
複層ガラス	2枚以上の板ガラス周辺にスペーサーで一定間隔を保ち、中空部に完全乾燥空気を封入。**ペアガラス**（2枚）、トリプルガラス（3枚）と呼ばれる	**断熱性、遮音性が高く、**ガラス表面の結露防止に有効
強化ガラス	フロート板ガラスや熱線吸収板ガラスに特殊な熱処理を施し、表面に圧縮応力を生じさせたもの	フロート板ガラスの3〜5倍程度の**曲げ強度、衝撃強度**を有し、熱にも強いが、**強化加工後の切断はできない。**割れても破片は鋭角状にならない
倍強度ガラス	熱処理工程により、耐風圧強度をフロート板ガラスの約2倍に上げたもの	強化加工後の切断はできない
Low-Eガラス（低放射ガラス）	板ガラスの片面に特殊金属膜（Low-E膜）を張り、熱の輻射を抑えたもの。Low-E膜の位置により、室内の熱を逃がさない断熱タイプと、室外からの熱を遮る遮熱タイプがある	可視光線は通し、紫外線、赤外線は遮る。通常、複層ガラスとして用いられる
防犯ガラス	合わせガラスの一種で、ガラスの間に特殊フィルムやポリカーボネート板等を挿入	窓を打ち破るまでの時間を延ばせる
ガラスブロック	ガラスでつくられた中空の建築用ブロックで、壁や床に使用	内部は約0.3気圧の真空状態なので、**断熱性、遮音性に優れ、**多少の防火性もある
ガラス繊維	高熱で融かしたガラスを、遠心力で吹き飛ばし綿状にした短繊維（グラスウール）のものと、巻き取って糸にした長繊維のものがある	短繊維は断熱材、吸音材として、長繊維はFRPなどの複合材料の強化繊維や、特殊な織物等に用いられる

●ガラスの特殊な取付け方法

SSG構法
Structual Sealant Glazingの略。特殊な構造シーラントを用い、板ガラスを支持部材に接着固定する構法

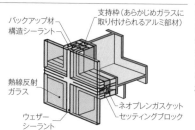

バックアップ材
構造シーラント
支持枠（あらかじめガラスに取り付けられるアルミ部材）
熱線反射ガラス
ウェザーシーラント
ネオプレンガスケット
セッティングブロック

DPG構法
Dot Pointed Glazingの略。金属部材を用い、強化ガラスを点支持する構法

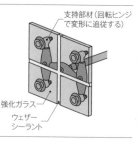

支持部材（回転ヒンジで変形に追従する）
強化ガラス
ウェザーシーラント

2　石材

● 主な石材及び特徴

分類	石種	特徴
火成岩	花こう岩	緻密で圧縮強度が高く、美しく、耐久性に富むため、建築物の外部を中心に多用。硬いため加工しづらく**耐火性がやや劣る**
	安山岩	材質は硬く、色調は灰褐色が多い。光沢がなく耐久性、耐火性に優れる
堆積岩	砂岩	強度は中程度で（強度の）幅が広い。耐火性に優れ酸に強い。吸水率の高いものは外装に用いると凍害を受けることがある。汚れやコケがつきやすい
	凝灰岩	石質は軟らかく、強度が低いため、加工は容易。熱に強いが風化しやすい。吸水性が大きいため凍害を受けやすい。色調は淡灰色、灰緑色等で、光沢がなく時間が経つと変色する
変成岩	大理石	石灰岩が変性したもので、緻密で磨くと光沢が出るが、軟らかく加工が容易。**風化しやすく酸性**の雨水にさらされると、短期間でつやを失う。火熱に弱い

● 石材使用時の注意点

①強度：種類にかかわらず、圧縮強度大、引張強度小。強度はほぼ密度に比例するが、石目の方向によって差がある

②耐火性：花こう岩は500℃で強度が低下し、割れが発生。大理石は750～800℃で粉体化する。安山岩・凝灰岩・砂岩は1,000℃程度でも強度は低下しない

③耐久性：花こう岩・安山岩は耐久性が高く、砂岩・凝灰岩は低い。耐久性の低いものを外装に用いると、風化を起こすおそれがある

④吸水性：吸水性の高い砂岩や凝灰岩等は、含まれた水分が凍結し、石そのものを傷つけるおそれがあるものの、湿式工法ではモルタルとのなじみがよく、接着しやすい

3　せっこう、石灰

せっこうボードとは、せっこうを芯材として、両面及び長さ方向の側面をボード用原紙（厚さ約0.4㎜）で被覆し、板状に成型したもの。建築物の壁、天井の**下地材**として、多用されている

● せっこうボードの主な特徴

・内装の下地材として、コストが非常に安い
・加工が容易で、曲げ加工も可能である
・クロス張り、塗りなどの下地として様々な仕上げ構法に対応できる
・防火性が高い。高温になると結晶水が熱分解し、水蒸気となって放出される
・遮音性が高い。構法によるが、断熱性、気密性が得やすい
・温度、湿度の変化に影響されず、伸び縮みや歪みがほとんどない
・腐食しにくく、耐久性が高い
・吸水性が大きく、水を含むと強度が落ちる
・表面が軟らかく強い衝撃を受けるとへこむ

● せっこうボード製品の種類

・せっこうボード
・シージングせっこうボード
・強化せっこうボード
・せっこうラスボード
・化粧硬質せっこうボード
・構造用せっこうボード（A種・B種）
・吸放湿せっこうボード

● せっこうなどを使った主な内外装左官材料の特質

水硬性	せっこうプラスター	焼せっこう、ドロマイトプラスター、砂、水を練り混ぜて生成 ・上塗り用は砂を混ぜない ・硬化が早く、長時間の練り置きはできない ・ドロマイトプラスターは、凝結を遅延させるために入れる ・気硬性材料が、表面から硬化していくのに対し、水硬性なので内部も表面と同じ硬さをもつ ・収縮が小さく、ひび割れが発生しにくく、耐火性が高い ・弱酸性なので油性ペイントで塗装できる
気硬性	漆喰	消石灰、砂、糊、すさ、水を練り混ぜて生成 ・上塗り用は砂を混ぜない ・練り置きできるが、二酸化炭素と反応して表面から硬化していくため、内部での強度発現が遅い ・乾燥収縮が大きくひび割れが生じやすい ・水や湿気に弱い
	ドロマイトプラスター	ドロマイトプラスター、砂、すさ、水を練り混ぜて生成 ・上塗り用は砂を混ぜない ・漆喰と比べて粘性が高く、伸びがよいため、糊が不要 ・施工性がよく、強度発現が早いが、乾燥収縮が大きくひび割れが生じやすい ・水や湿気に弱い

● せっこう

硫酸カルシウムの一般名称のことで、結晶せっこう（二水せっこう）を170～190℃で焼成すると、焼せっこう（半水せっこう）が得られる。焼せっこうは水を加えると水和反応を起こし、硬化して二水せっこうとなる（水硬性）。焼せっこうはせっこうプラスターやせっこうボードの主原料

● せっこうラスボード

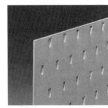

湿式（左官）壁の下地として、小舞壁に代わり、近年はよく用いられる

● 石灰

石灰石を焼成して得られる生石灰と、水を反応させて（消和）得られる消石灰の総称。消石灰は、水と混ぜて空気中に放置すると、空気中の二酸化炭素と反応して炭酸カルシウムとなり硬化する（気硬性）。この性質を利用して左官材料の主原料とする

● ドロマイト

苦灰石又は白雲石ともいい、石灰石に非常に類似した鉱石。石灰石と同じように焼成、消和するとドロマイトプラスターができ、水を混ぜることにより気硬性を示す

4 塗料・仕上塗材

● 主な塗料の性能・適応素地

| | | 性能 | | | | | 素地の種類 | | | | 特性 |
		耐摩耗性	耐水性	耐酸性	耐アルカリ性	耐候性	鉄部	亜鉛めっき	コンクリート	木部	
調合ペイント	油性調合ペイント（OP）	△	○	△	×	○	◎	○	−	◎	ボイル油に顔料を練り込んだもので、いわゆる「ペンキ」のこと。油がアルカリと反応して鹸化するため、コンクリートなどの下地のものには適さない
	合成樹脂調合ペイント（SOP）	○	○	△	×	○	◎	○	−	◎	OPの欠点を補ったものだが、油成分が多く含まれているため、アルカリには弱い。耐候性はOPより優れるも、耐久性では劣る。木部や鉄部等の外部塗装に多用されている
アルミニウムペイント（alp）		△	○	×	○	○	◎	○	−	◎	銀色のメタリックな塗膜を形成する。熱線を反射し、素地材料の温度上昇を防ぐので、鉄板屋根や設備配管などの塗装に用いられる。また、水分の浸透や水蒸気の透過を防止する特徴もある。アルミニウムペイント自体に防錆硬化はないため、鉄部に塗装する際は錆止めの下塗りが必要である
フタル酸樹脂エナメル（FE）		○	○	○	×	○	◎	○	−	◎	フタル酸樹脂ワニス（FC）に顔料を加えたもの
ワニス	フタル酸樹脂ワニス（FC）	◎	○	○	×	△	−	−	−	◎	樹脂を溶液に溶かした透明塗料。主に木材の表面を美化、保護するために塗る。表に挙げたもののほかに、天然樹脂を用いたセラックワニスや、スパーワニスがある。ニスともいう
	アクリル樹脂ワニス（AC）	○	○	○	○	△	−	−	○	◎	
	1液形ウレタン樹脂ワニス（I-UC）	○	○	○	○	○	−	−	−	◎	
	2液形ウレタン樹脂ワニス（2-UC）	◎	◎	○	○	○	−	−	−	◎	
オイルステイン（OS）		○	○	○	△	△	−	−	−	◎	木材用の油性の着色剤。塗膜をつくらない仕上げ
ラッカー	クリヤラッカー（CL）	○	△	△	△	△	−	−	−	◎	透明かつ光沢があり作業性がよく、木材の透明塗装として古くから用いられている。しかし、塗膜性能は優れていないので屋内用に限られ、屋内でも水がかりの部分には不向き
	ラッカーエナメル（LE）	○	○	○	△	○	◎	△	−	◎	クリヤラッカー（CL）に顔料を加えたもの
塩化ビニル樹脂エナメル（VE又はVP）		○	◎	○	◎	○	◎	○	◎	◎	高い耐水性をもち、防カビ性にも優れているが、溶剤の毒性が強いため、主に屋外用として使われている。耐アルカリ性に優れ、コンクリートやモルタル面のほか、自己消火性があるためガソリンスタンドの防火壁にも用いられている
合成樹脂エマルションペイント（EP）		○	○	○	○	△	−	−	◎	○	水性エマルションペイントともいう。使用に際しては水で希釈でき、硬化後は水に溶けない（耐水性はVEに劣る）塗膜が形成される。有機溶剤を含まず、安全でほぼ無臭であるため、内装の壁や天井に多用されている
2液形エポキシ樹脂エナメル（2-XE）		◎	◎	○	◎	○	◎	○	◎	◎	耐水性や耐薬品性、耐油性等優れた塗膜性能をもち広範囲での使用が可能。付着性がよくアルミやステンレスにも適し、摩耗や折曲げにも強く床にも使用される。耐久性は高いが、耐候性に劣り、外部の最終仕上げには使用しない

*凡例　「性能」◎優　○良　△可　×不可　　「素地の種類」◎最適　○適　△要素地調整　−不適

● 主な仕上塗材の塗り厚及び特徴

	塗り厚	特徴
薄付仕上塗材	3mm以下	内壁用。一般にいう「じゅらく風繊維壁」
		外壁用。一般にいう「吹付リシン」
厚付仕上塗材	4〜10mm	内外壁用。一般にいう「吹付スタッコ」
複層仕上塗材	1〜5mm	外壁用。一般にいう「吹付タイル」
軽量骨材仕上塗材	3〜5mm	内壁、天井用。コンクリート、モルタル、ALCパネル等の下地に適す

□ 建築用仕上塗材とは、骨材(砂など)、繊維材料などを主原料とし、セメント、合成樹脂等を結合材とした塗り材。工法は吹付け、ローラー塗り、こて塗りなどで、塗料と左官材料の中間的な材料

5 セメント・コンクリート製品

□ **ALC**とは、オートクレーブ(高温高圧蒸気釜)養生された**軽量気泡コンクリート**のこと。主原料は、珪石、セメント、生石灰、発泡剤のアルミ粉末で、180℃の高温かつ10気圧の高圧蒸気の中で約10時間養生し、板状に成型したものを**ALCパネル**という

□ **ECP**とは、**押出成形セメント板**のことをいう。セメント・けい酸質原料及び繊維質原料を主原料とし、中空を有する板状に押出成形したのち、オートクレーブ養生したパネルになる。主として中高層の鉄骨建築物における外壁及び間仕切壁に用いられる

□ **窯業系サイディング**は、セメント質原料及び繊維質原料を主原料として、板状に成型し、養生、硬化させたもので、様々な意匠のものがある。地震時にも脱落しにくく、防火、耐火性能に優れ、外壁通気構法が容易にできる等の特徴がある。住宅の外壁仕上げの約70%のシェアを占めている

□ **テラゾ**は、セメント系の人造石。大理石や花こう岩を粉砕して種石とし、白色セメント、顔料を合わせて練り混ぜ、硬化した後に表面を研磨し、大理石のような美しい模様に仕上げたもの

□ **繊維強化セメント板**は、セメント、石灰質原料、パーライト、けい酸質原料などを主原料とし、繊維などを加え成型したもの。スレート波板、フレキシブル板、けい酸カルシウム板が代表的な製品

●ALCパネル

使用部位に応じて、鉄筋、メタルラスなどの補強材が組み込まれているが、オートクレーブ養生の過程でセメントが中性化しているため、補強材には防錆処理が施されている。ALCパネルは、軽量(普通コンクリートの1／4程度)である割に強度が高く、耐火性、不燃性、断熱性、遮音性に優れており、鉄骨造中低層建築物の外壁、屋根、床板を中心に、木造住宅から超高層マンションまで用途が広い。しかしその反面、吸水性、吸湿性が大きいため、外壁として用いる場合は防水のために塗装を施す必要がある

●ALCとECP

ALCは、Autoclaved Lightweight aerated Concreteの略で、ECPはExtruded Cement Panelの略

●テラゾ

現場で施工される場合と、工場で成型されるものがあり、工場で製造される300〜400mm角の板状のテラゾタイルと、大判で任意寸法に加工されるテラゾブロックがある

6 接着剤

●主な接着剤の特徴

		被着材の適用性				性能						
		コンクリート	木材	金属	プラスチック	作業性	接着力	耐水性	耐熱性	耐アルカリ性	耐候性	経済性
エポキシ樹脂系		◎	◎	◎	◎	△	◎	◎	◎	◎	◎	×
酢酸ビニル樹脂系	エマルション型	△	◎	×	×	◎	△	×	×	△	△	◎
	溶剤型	△	◎	×	△	◎	○	×	×	△	○	○
合成ゴム系	ラテックス型	△	◎	×	×	◎	△	△	△	○	○	△
	溶剤型	△	◎	×	◎	◎	◎	◎	○	○	○	△

凡例 「被着材の適用性」◎優 ○良 △可 ×不可
　　　「性能」◎最適 ○適 △要素地調整 ×不適

●酢酸ビニル樹脂系接着剤

エマルション型、溶剤型ともに耐水・耐アルカリ性に劣り、コンクリート面には不向き。エマルション型は木工用接着剤のことで、乾くと乳白色から透明になる

●エポキシ樹脂系接着剤

ほとんどすべての材料と場所に適するが、高価で経済性に劣る

1　最頻出問題｜一問一答

→→→

次の記述のうち、正しいものには○、誤っているものには×をつけよ

1 ☐☐　合わせガラスは、複数枚の板ガラスを、専用スペーサーを用いて一定間隔に保ち、中空部に乾燥空気を封入したもので、断熱性が高く、ガラス表面の結露防止に有効である

1 ×｜合わせガラスは、複数枚の板ガラスを、透明で強靱な中間膜（プラスチックフィルム）で張り合わせたもの。設問記述は「複層ガラス」

2 ☐☐　強化ガラスは、2枚のフロート板ガラスを透明で強靱な中間膜で張り合わせたもので、耐貫通性に優れている

2 ×｜強化ガラスは、熱処理して、曲げ強度、衝撃強度を高めたもの。設問記述は「合わせガラス」

3 ☐☐　強化ガラスは、フロート板ガラスの約3〜5倍の強度を有し、加工後の切断により複雑な形状の開口部に適用することができる

3 ×｜強化ガラスは、強化加工後の切断はできず、設問記述のように複雑な形状の開口部への適用は難しい

4 ☐☐　大理石は、磨くと光沢が得られ、耐酸性にも優れているので、外装材としての利用に適している

4 ×｜大理石は、酸に弱く、酸性の雨水にさらされると半年から1年でつやを失う。風化しやすく、外装材には不適。主として室内の装飾用に用いられる

5 ☐☐　花こう岩は、耐火性に劣っている

5 ○｜花こう岩は、強度、耐久性に優れるが、耐火性には劣る。500℃を超えると急激に強度が下がり割れが発生

6 ☐☐　ALCは、高温・高圧のもとで養生して製造された軽量気泡コンクリートであり、防水性・防湿性に優れる

6 ×｜ALCは多孔質で、吸水・吸湿性が大。外壁で用いる場合、防水、防湿のために塗装が必要

7 ☐☐　酢酸ビニル樹脂系エマルション型接着剤は、耐アルカリ性に優れているので、コンクリート面にタイルを張るのに適している

7 ×｜いわゆる木工用接着剤。乳白色だが乾くと透明になる。耐水・耐アルカリ性に劣り、コンクリートにタイルを張るには不適

2　実践問題｜一問一答

→→→

1 ☐☐　網入り板ガラスは、フロート板ガラスの中に金属網を封入したガラスで、ガラスが割れても破片が落ちにくいので、主に防盗用のガラスとして使用されている

1 ×｜主な使用目的は防火用。防盗用には、特殊なフィルムやポリカーボネート板を挟み込んだ防犯合わせガラスを用いるか、表面に特殊なウィンドウフィルムを貼る

2 ☐☐　Low-Eガラスは、鉄やコバルトなどを微量添加して着色したガラスで、日射エネルギーを20〜60%程度吸収して、冷房効果を高めることができる

2 ×｜Low-Eガラスは、断熱性、遮熱性が高く、冷房効果が高いが、板ガラスの片面に特殊金属膜（Low-E膜）を貼って熱の輻射を抑えたもの。設問記述の材料は、「熱線吸収板ガラス」

3 □□ ガラスブロックは、内部の空気が低圧となっているため、断熱性は高いが、遮音性は低い

---

4 □□ 漆喰（しっくい）は、消石灰にすさ・糊・砂などを混ぜて水で練ったもので、水和反応によって硬化する水硬性の材料である

---

5 □□ せっこうは、火災時に結合水が蒸発することによって熱を奪うので、防火性に優れている

---

6 □□ 油性調合ペイントは、下地がコンクリートなどのアルカリ性のものには適さない

---

7 □□ クリヤラッカーは、塩化ビニル樹脂エナメル塗料に比べて、耐水性に優れているので、屋外の木部の塗装に用いられる

---

8 □□ 酢酸ビニル樹脂系の接着剤は、耐水性を必要とする箇所に用いられる

---

9 □□ パーティクルボードは、木材などの植物質繊維を加圧成形した板材で、耐火性に優れている

---

10 □□ グラスウールは、吸水しても断熱性能は低下しないので、湿度の高い場所における断熱材としても用いられる

---

11 □□ 遮音材として、ロックウールを用いた

---

12 □□ せっこうラスボードは、せっこうプラスター塗壁の下地材として用いられる

MEMO | **目で覚える！　重要ポイント**

●強化ガラス　　　●合わせガラス　　　●複層ガラス

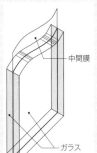
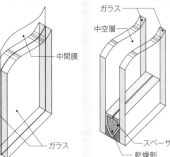

強化ガラス　　　中間膜　　　ガラス　　　ガラス　　　中空層　　　スペーサー　　　乾燥剤

---

3 ×｜内部の空気が低圧（約0.3気圧）になっており、断熱性も遮音性も高い

4 ×｜漆喰は、水を混ぜて空気中に放置すると、二酸化炭素と化学反応を起こす気硬性の材料である。セメントやせっこうは水硬性の材料である

5 ○｜硬化したせっこうは二水せっこうであり、高温にさらされると、結晶水が熱分解し、水蒸気となって徐々に放出され、温度の上昇を遅らせる働きをする

6 ○｜油成分はアルカリと反応すると鹸化する（石鹸ができる）ため、コンクリート等のアルカリの下地のものには適さない

7 ×｜塩化ビニル樹脂エナメル塗料は高い耐水性能を有し、さらに優れるものとしてはエポキシ樹脂塗料が挙げられる。クリヤラッカーは、木部用の透明塗料であるが、耐水性は劣り、屋内用で、しかも水がかりの部位は避ける

8 ×｜酢酸ビニル樹脂系の接着剤は、エマルション型、溶剤型ともに、耐水性に劣る

9 ×｜パーティクルボードについては341頁を参照。断熱性、吸音性に優れた材料であるが、耐火性はまったくない

10 ×｜グラスウールは、住宅用断熱材としては50％以上のシェアがある。グラスウールに限らず、あらゆる断熱材は吸水すると断熱性は低下する。断熱材として使用する場合は室内側の防湿層の施工が重要になってくる

11 ×｜ロックウールは人造鉱物繊維。岩綿とも呼ばれるが、石綿（アスベスト）とはまったく別のものである。断熱材、耐火被覆材、防音材として広く用いられ、一般に空気音の遮音性は、密度が高いものほど優れている。ロックウールは軽量の繊維材料であるため、吸音性は高いが、遮音性は低い

12 ○｜せっこうラスボードは、せっこうボードの表面に多数のくぼみを付けたもの

分野別・出題傾向[平成26−令和5年]

DATA

分野	H26	H27	H28	H29	H30	R1	R2	R3	R4	R5	合計
用語・単位											0.0
力のつり合い・反力											0.0
静定構造物の応力	2.0	1.0	1.0	1.0	1.0	1.0	1.0	1.0	1.0	1.0	11.0
不静定構造物の応力											0.0
トラス	1.0	1.0	1.0	1.0	1.0	1.0	1.0	1.0	1.0	1.0	10.0
ラーメン	1.0	1.0	1.0	1.0	1.0	1.0	1.0	1.0	1.0	1.0	10.0
断面性能・応力度	1.0	2.0	2.0	2.0	2.0	2.0	2.0	2.0	2.0	2.0	19.0
座屈	1.0	1.0	1.0	1.0	1.0	1.0	1.0	1.0	1.0	1.0	10.0
その他の構造力学											0.0
荷重・外力	2.0	2.0	2.0	2.0	2.0	2.0	2.0	2.0	2.0	2.0	20.0
構造計画	2.0	2.0	2.0	2.0	2.0	2.0	2.0	2.0	2.0	2.0	20.0
地盤と基礎	1.0	1.0	1.0	1.0	1.0	1.0	1.0	1.0	1.0	1.0	10.0
鉄筋コンクリート構造	3.0	2.0	3.0	3.0	3.0	3.0	2.0	3.0	3.0	2.0	27.0
鉄骨構造	2.0	2.0	2.0	2.0	2.0	2.0	2.0	2.0	2.0	2.0	20.0
木質構造	3.0	3.0	3.0	3.0	3.0	3.0	3.0	3.0	3.0	3.0	30.0
補強コンクリートブロック造		1.0					1.0		1.0		3.0
コンクリート	2.0	2.0	2.0	2.0	2.0	2.0	2.0	2.0	2.0	2.0	20.0
鋼材	1.0	1.0	1.0	1.0	1.0	1.0	1.0	1.0	1.0	1.0	10.0
木材	1.0	1.0	1.0	1.0	1.0	1.0	1.0	1.0	1.0	1.0	10.0
ガラス	1.0			1.0			1.0	1.0			4.0
その他の建築材料	1.0	2.0	2.0	1.0	2.0	2.0	1.0	1.0	2.0	2.0	16.0

ADVICE

①構造力学6問、②構造計画4問、③各種一般構造9問、④建築材料6問という出題構成は、例年全く変わりない。特に①の分野は、暗記よりも理解が要求されている。また、それぞれの各細分野からは網羅的に偏りなく出題されているので、幅広い対応が求められる。

施工

「施工」分野は、木工事、鉄筋工事、コンクリート工事などの各種工事、建築積算、請負契約についての問題、さらに、建築工事標準仕様書・建築工事共通仕様書を根拠とした問題と、非常に幅広い内容が出題されます。本章末の「分野別・出題傾向」の分析をよく読み、効率的な学習がポイントとなります。

001 請負契約

請負契約については、民間(旧四会)連合協定の「工事請負契約約款」に則して出題されている。頻出度の高い条文がみられ、その内容も含めしっかりと押さえておきたい。令和2年に条文の一部が改正されたので、変更点を確認しておくとよい

1 請負契約に関連する主体

建築工事には様々な主体が関与する。適正な施工を実現するため、建設業法は元請業者や専門工事業者が所定の業務経験者等(主任技術者)を配置するよう定めている。一方、工事請負契約約款は、工事発注者と受注者が持つ権限と果たすべき義務を定めており、この中で現場代理人の役割も定められる

※1:政令が定めた額以上の工事では、所定の有資格者(監理技術者)を配置する

※2:求められる業務経験等は主任技術者と同様

● **請負契約に関連する主体**

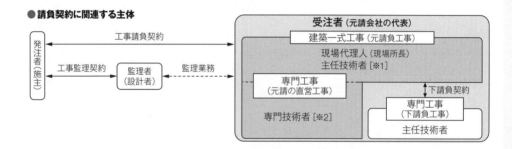

2 「工事請負契約約款」の概要

一般には、官公庁では「建設工事請負契約書」(日本建設業団体連合会)と「公共工事標準請負契約約款」(中央建設業審議会)、民間では「工事請負契約書」と「工事請負契約約款」(民間[旧四会]連合協定)が用いられる

受注者は、
①契約締結後、**請負代金内訳書**と**工程表**の**写し**を監理者に提出し、請負代金内訳書については、監理者の確認を受ける
②工事現場において施工の技術上の管理をつかさどる**主任技術者又は監理技術者**を定め、書面をもってその氏名を発注者に通知する
③工事現場に搬入した工事材料・建築設備の機器を工事現場外に持ち出すときは、発注者の承認を受ける。この承認業務が監理者に委託されている場合は、監理者の承認を受ける

● **工事請負契約約款**(民間連合協定)
青太字は複数回試験に出た条文を示す
第1条　総則
第1条の2　用語の定義
第2条　敷地、工事用地
第3条　関連工事の調整
第4条　請負代金内訳書、工程表
第5条　一括下請負、一括委任の禁止
第6条　権利、業務の譲渡などの禁止
第7条　特許権などの使用
第7条の2　秘密の保持
第8条　保証人
第9条　監理者
第10条　主任技術者・監理技術者、現場代理人など
第11条　履行報告
第12条　工事関係者についての異議
第13条　工事材料、建築設備の機器、施工用機器

□ 現場代理人は、契約履行に関し、工事現場の運営・取締りを行うほか、請負代金額や工期の変更等の権限を除き、契約に基づく受注者の一切の権限を行使できる

□ 現場代理人・主任技術者（又は監理技術者）・専門技術者は、兼任することができる

□ 検査・試験に合格しなかった工事材料や建築設備の機器は、受注者の責任において引き取る

□ 工事材料や建築設備の機器は、設計図書にその品質が明示されていない場合、**中等**の品質のものとする

□ 受注者は、図面・仕様書又は監理者の指示により施工することが適当でないと認めたときは、直ちに書面で発注者又は監理者に通知する。この場合、発注者又は受注者は、相手方に対し、必要と認められる**工期又は請求代金額**の変更を求めることができる

□ 施工について、
①工事用図書どおりに実施されていない部分があると認められるときは、監理者の指示により、受注者は費用を負担し、すみやかに修補又は改造する。この場合受注者は、工期を延長できない
②受注者が善良な管理者としての注意を払っても避けられない**騒音・振動・地盤沈下・地下水の断絶**等の事由により第三者に与えた損害を補償するときは、発注者が負担する

□ 工事中に契約の目的物の一部を発注者が使用（部分使用）する場合は、契約書・設計図書の定めによる。定めのない場合、発注者は監理者の技術的審査を受けた後、工期と請求代金額の変更に関する受注者との事前協議を経たうえ、受注者の書面による同意を得なければならない

□ 契約の目的物に基づく日照阻害・風害・電波障害その他発注者の責めに帰すべき事由により、第三者との間に紛争が生じたとき、又は損傷を第三者に与えたときは、発注者がその処理解決に当たり必要な場合、受注者は発注者に協力する。第三者に与えた損害を補償するときは、発注者が負担する

□ 受注者は、工事を完了したとき、設計図書どおりに実施されていることを確認して、発注者に検査を求め、立会いを委託された監理者は、検査に立会う

● **契約不適合責任期間**
建築設備の機器・室内装飾・家具等の契約不適合については、引渡しのときに監理者が検査し、直ちにその履行の追完を請求しなければ、受注者はその責任を負わない。ただし、一般的な注意の下で発見できなかった契約不適合については、引渡しの日より1年間の責任を負う

● **請負代金額の変更**
請負代金額の変更は、原則として、工事の減少部分については監理者の確認を受けた請求代金内訳書の単価により、増加部分については変更時の時価による

QUESTION

1　最頻出問題｜一問一答

次の記述のうち、民間(旧四会)連合協定「工事請負契約約款」に照らして正しいものには○、誤っているものには×をつけよ

1 □□　受注者は、工事請負契約を締結した後、速やかに請負代金内訳書及び工程表のそれぞれの写しを監理者に提出し、いずれも監理者の確認をうける

2 □□　現場代理人は、主任技術者を兼ねることはできない

3 □□　受注者は、工事現場における施工の技術上の管理をつかさどる監理技術者又は主任技術者を定め、書面をもってその氏名を監理者に通知する

4 □□　受注者は、工事材料・建築設備の機器の品質が設計図書に明示されていない場合は、中等の品質を有するものとすることができる

5 □□　契約書及び設計図書に、工事中における契約の目的物の部分使用についての定めがない場合、発注者は、受注者の書面による同意がなければ、部分使用をすることはできない

ANSWER

→→→

1 ×｜監理者へ提出した写しのうち確認を受けるのは請負代金内訳書の写しのみである(工事請負契約約款4条)

2 ×｜現場代理人、主任技術者(又は監理技術者)及び専門技術者は、これを兼ねることができる(工事請負契約約款10条)

3 ×｜発注者に通知する(工事請負契約約款10条)

4 ○｜工事材料及び建築設備の機器の品質については、設計図書にその品質が明示されていないものがあるときは、中等の品質のものとする(工事請負契約約款13条)

5 ○｜工事請負契約約款24条のとおり

2　実践問題①｜五肢択一

1 □□　仕様書に関する次の記述のうち、最も不適当なものはどれか

　1——仕様書は、図面で表すことのできない事項を文章等で表現している

　2——仕様書は、設計図書に含まれる

　3——仕様書には、施工方法を記載することができる

　4——仕様書には、一般に工事費の内訳明細は記載しない

　5——仕様書は、現場説明書に優先する

→→→

1 答えは5

下記から、5が最も不適当である

解法ポイント｜公共建築工事標準仕様書(建築工事編)は「すべての設計図書は、相互に補完するものとする。ただし、設計図書間に相違がある場合の優先順位は次の(1)から(5)の順番とする(1)質問回答書(下記の(2)から(5)に対するもの)、(2)現場説明書、(3)特記仕様書、(4)図面、(5)標準仕様書」としている

3 実践問題② │ 一問一答 →→→

次の記述のうち、民間(旧四会)連合協定「工事請負契約約款」に照らして正しいものには○、誤っているものには×をつけよ

1 ☐☐ 受注者は、発注者の書面による承諾を得ずに、請け負った工事を一括して第三者に請け負わせることはできない

2 ☐☐ 通常、請負工事中の出来形部分と工事現場に搬入した工事材料に、火災保険を掛ける者は受注者である

3 ☐☐ 受注者は、工事用図書又は監理者の指示によって施工することが適当でないと認めたときは、直ちに書面をもって発注者又は監理者に通知する

4 ☐☐ 受注者は、工事現場に搬入した工事材料・建築設備の機器を持ち出すときは、発注者の承認を受ける

5 ☐☐ 発注者は、受注者が正当な理由なく、着手期日を過ぎても工事に着手しないときは、書面をもって工事を中止し又はこの契約を解除することができる

6 ☐☐ 発注者が支給する工事材料に対する監理者の検査又は試験の結果について疑義のあるときは、受注者はその再検査又は再試験を求めることができる

7 ☐☐ 受注者は、監理者の処置が著しく適当でないと認められるときは、発注者に対して異議を申し立てることができる

8 ☐☐ 建築工事の請負契約書に、建設業法上、主任技術者の氏名及び資格については記載しなければならない

9 ☐☐ 受注者は、契約の履行報告につき、設計図書に定めがあるときは、その定めるところにより監理者に報告しなければならない

10 ☐☐ 現場代理人は、請負代金額の変更に関して、受注者としての権限を行使することができる

11 ☐☐ 受注者は、発注者に対して、工事内容の変更に伴う請負代金の増減案を提案することができない

1 ○ │ 工事請負契約約款5条のとおり

2 ○ │ 工事請負契約約款22条のとおり

3 ○ │ 工事請負契約約款16条のとおり

4 ○ │ 工事請負契約約款13条のとおり

5 ○ │ 工事請負契約約款31条のとおり

6 ○ │ 受注者は、検査又は試験の結果について疑義のあるときは、発注者に対して、その理由を付して再検査又は再試験を求めることができる(工事請負契約約款14条)

7 ○ │ 工事請負契約約款12条のとおり

8 × │ 建築工事の請負契約書に記載しなければならない事項は、建設業法19条に示されている。主任技術者の氏名及び資格は示されていない

9 × │ 発注者に報告する(工事請負契約約款11条)

10 × │ 工事請負契約約款10条により、現場代理人は次に定める権限を除き、この契約に基づく受注者の一切の権限を行使することができる。請負代金額の変更は除外項目である
a 請負代金額の変更／b 工期の変更／c 請負代金の請求又は受領／d 工事関係者についての発注者の異議の請求の受理／e 工事の中止、この契約の解除及び損害賠償の請求

11 × │ 工事請負契約約款第29条により、工事の変更があったときは、発注者も受注者も、相手方に対して請負代金の変更を求めることができる

002 施工計画

施工計画書とネットワーク工程表に関する出題に大別できる。前者については、基本工程表、総合施工計画書、工種別施工計画書の内容を理解する。後者については、クリティカルパスの判別が求められる

1　施工計画の立案

□　施工計画の内容は、品質・コスト・工期・安全及び周辺環境への配慮の5項目に分けられる。施工者は、設計図書を十分に検討すると共に、敷地や周辺状況の調査を行って施工計画を立案する。その際、選定した工事協力業者に対して、施工計画に必要な資料の提出を求める。また、施工計画は、各工事の毎日の作業量が、なるべく均一になるように立案する

● 施工計画書に必要な資料
施工者は、部材、部品等の工場生産に先立ち、工場生産者に、製作図、製作要領書、製品検査要領書、生産工程表、品質管理要領書等の作成を求め、提出させる

2　施工計画書の作成

□　施工者は、工事の着手に先立って施工計画書を作成し、監理者に提出する。具体的には基本工程表、総合施工計画書及び主要な工事の工事種別施工計画書を作成する。総合施工計画書には、工事期間中における工事敷地内の仮設資材や工事用機械の配置を示し、道路や近隣との取合いについても表示する。工事種別施工計画書は、工事の内容や品質に多大な影響を及ぼすと考えられる必要工事部分について、監理者と協議したうえで作成する

設計図書の内容に相違点があった場合は、「質問回答書」、「現場説明書」、「特記仕様書」、「設計図」、「標準仕様書」の順に優先するんだね

● 設計図書に指定がない工事
設計図書に指定がない工事の施工方法は、必要に応じて監理者と施工者が協議を行い、施工者の責任において決定する

□　**● 施工計画書**

総合施工計画書	工事の総合的な計画をまとめたもの	品質計画に係る部分は監理者の承認を受ける
工種別の施工計画書	1工程の施工前に総合施工計画書に基づいて定めたもの（施工要領書を含む）	個別の工事の工程表と品質計画書及びその他の記載事項から構成される

□　**工事契約書類**の構成は下記のとおり。設計図書の丸数字は、内容に相違点があった場合の優先順位

● 工事契約書類の構成と優先順位

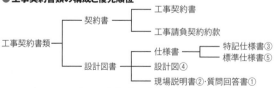

3 工程計画

□ 基本工程表は、特定の部分や職種を取り出し、それに関わる作業、順序関係、日程などを示したものである。施工者は、その土地の気候・風土・習慣等について考慮しながら基本工程表を作成する。その際、施工計画書や製作図・施工図の作成時期を考慮すると共に、監理者の承認時期も考慮する

工程短縮により、クリティカルパスが変化する可能性があるので、注意が必要だよ

□ 工程計画を表現する手法に、矢線（→）で作業を表現する「**ネットワーク工程表**」が普及している。トータルフロート（工期に影響を与える最大限の余裕）が最小のパスを**クリティカルパス**といい、この経路上は余裕が最も少ない。下図の場合はC－Gの経路がクリティカルパスであり、工程管理上、最も重要である

● **工程計画上の検討項目**
試験の時期や期間、仮設物の設置期間なども考慮し、これらの事項に関する余裕も検討する

● **最早開始時刻（EST）**
先行作業が全て完了し、当該作業を最短で着手できる日数

● **ネットワーク工程表の例**

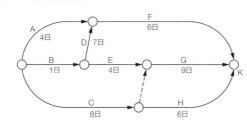

注 --▶ はダミーを示す

4 品質計画

□ 原則として**設計図書**に示された品質の建物を施工するため、設計図書をよく理解し、設計者と十分なコミュニケーションをとる必要がある

● **品質計画**
使用材料、仕上り状態及び機能・性能を定めた基本要求品質を満たすように立案する

□ 品質計画を立案するうえで**検査手順**と**方法**、**時期**を明確にする必要がある。不具合を発生させないように、一つひとつの工程の中でしっかりと品質をつくり込んでいく

● **適切な施工手順と養生期間**
適切な品質を確保するうえで、適切な施工手順と養生期間は重要である

5 安全及び環境計画

□ 建築施工において安全は最も重要な課題である。事故や公害の発生は工事に大きな影響を与える。特に人身事故は重大である

● **近隣・周辺環境を配慮した施工計画**
地域環境への配慮としては、近隣・周辺環境に配慮した施工計画を立案することが重要である

□ 地域環境だけでなく地球環境への配慮が重要になってきている。建築現場で発生する産業廃棄物は適切に処理する必要がある

● **安全な施工計画**
工事において十分かつ合理的な安全対策を施す必要がある

QUESTION

ANSWER

1 最頻出問題 | 五肢択一

→→→

1 ☐☐ 下に示すネットワーク工程表に関する次の記述のうち、最も不適当なものはどれか

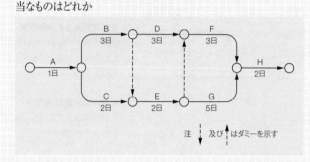

注 ↓ 及び ↑ はダミーを示す

1——この工事全体は、最短13日で終了する

2——B作業が終了しなければ、D作業及びE作業は、開始できない

3——C作業のフリーフロート(後続作業に影響せず、その作業で自由に使える余裕時間)は、1日である

4——D作業の所要日数を1日延長しても、この工事全体の作業日数は、変わらない

5——G作業の所要日数を2日短縮すると、この工事全体の作業日数は、2日の短縮となる

1 答えは5

以下に解説を示す

1 適当。この工程のクリティカルパスは、A→B→E→G→Hであり、その所要日数は13日である。工程計画を表現する手法として、矢線(→)で作業を表現する「ネットワーク工程表」がある。ネットワーク工程表においては、トータルフロート(工期に影響を与える最大限の余裕)が最小のパスをクリティカルパスといい、この経路上は余裕が最も少ない

2 適当。B作業の後続作業が、D作業とE作業となっている。ネットワーク工程表では、矢線の接続関係が作業の前後関係を示している

3 適当。C作業(2日)は、並行作業のB作業(3日)より1日の余裕(フリーフロート)がある。C作業は、B作業と並行作業の関係にある

4 適当。(D作業+F作業)は、クリティカルパス上の(E作業+G作業)と並行作業である。D作業はクリティカルパスA→B→E→G→H上の作業ではない

5 不適当。作業が2日短縮された場合、クリティカルパスはA→B→D→F→Hへ変わる。工事全体の作業日数は12日であり、1日短縮される

2 実践問題 | 一問一答

→→→

次の記述のうち、正しいものには○、誤っているものには×をつけよ

1 ☐☐ 工事の着手に先立ち、施工計画書を施工者が作成し、監理者に提出した

2 ☐☐ 施工計画において、主要部位の詳細図を作成する

1 ○ | 施工者が施工計画書を作成し、監理者に提出する

2 × | 詳細図は、設計図書をもとに施工並びに部材製作のための詳細寸法を明記したものであり、施工計画段階で作成するものではない

3 ○ | 施工計画において、品質管理及び工程管理、労務管理の点で工事協力業者の選定は重要である

3 ☐☐ 施工計画に当たり、工事協力業者の選定を行った

4 ☐☐ 施工計画書の作成に当たり、確認申請の手続を行った

5 ☐☐ 施工計画に当たり、環境保全について考慮した

6 ☐☐ 施工計画書に、実行予算に関する計画を記載した

7 ☐☐ 施工計画に当たり、各工事の毎日の作業量をなるべく均一になるようにした

8 ☐☐ 施工計画に当たり、建築資材の発注を行った

9 ☐☐ 基本工程表については、工事全体の日程を把握できるようにするとともに、施工図・見本等の承認、検査及び立会い等の日程を記載した

10 ☐☐ 総合施工計画書には、設計図書において指定された仮設物を除いた施工計画に関する事項を記載した

11 ☐☐ 総合施工計画書には、工事期間中における工事敷地内の仮設資材や工事用機械配置を示し、道路や近隣との取り合いについても表示した

12 ☐☐ 工事種別施工計画書は、監理者と協議したうえで、工事の内容及び品質に多大な影響を及ぼすと考えられる必要工事部分について作成した

13 ☐☐ 工事種別施工計画書には、工程表、品質管理計画書及びその他の必要事項を記載した

14 ☐☐ 施工計画書に含まれる基本工程表については、監理者が作成し、検査及び立会いの日程等を施工者へ指示した

15 ☐☐ 設計図書に指定がない工事の施工方法については、必要に応じて、監理者と協議したうえで、施工者の責任において決定した

4 × | 工事の着手前に、その計画が建築基準関係規定に適合するものであることについて、確認の申請書を提出して確認を受け、確認済証の交付を受けなければならない（建築基準法6条）

5 ○ | 建築の施工現場では、例えば廃棄物の発生抑制や適正な廃棄物処理は今日の重要な課題である

6 × | 施工計画書において、実行予算の編成に関する項目はない

7 ○ | 施工計画において、各工事の労務量を平準化することは工程管理並びに品質管理、安全管理のうえでも有効である

8 × | 建築資材は、施工計画に基づいて各工事の工程に合わせて発注する

9 ○ | 基本工程表における施工図・見本等の承認、検査及び立会い等の日程は重要な記載事項である。承認や検査がなければ工程を進めることができない

10 × | 総合施工計画書には、設計図書で指定された仮設物も記載しなければならない

11 ○ | 総合施工計画書の内容として、仮設資材や工事用機械、道路や近隣との取り合いは含まれる

12 ○ | 工事種別施工計画書については、監理者と協議のうえで、施工者が工事内容及び必要工事部分について作成する

13 ○ | その他の必要事項には、管理値を外れた場合の措置などが含まれる

14 × | 施工計画書に含まれる基本工程表は、監理者が作成するのではなく、施工者が作成し監理者の承認を得る

15 ○ | 設計図書に工事の施工方法について指定がない場合は、施工者の責任において決定できる。なお、選ぶべき専門工事業者の候補が記載されている場合にはその中から選ぶ

003 現場管理①安全管理・工事監理

建設現場では、一定の作業に関して、免許を取得した者又は技能講習を修了した者のうちから、各作業に応じて作業主任者を選任し、当該作業に従事する技能労働者の指揮等を行わせなければならない。また、工事現場の安全・危害防止のための措置等を整理しておく

1　安全管理

安全で快適な作業環境をつくるため、元請業者（ゼネコン）と下請業者（サブコン）が一体となって安全衛生管理体制を確立しなければならない。安全衛生管理は、現場代理人が責任者となって行い、一定の作業では、作業主任者を選任する

●作業主任者を選任すべき作業（労働安全衛生法）

作業主任者	資格	作業内容
地山の掘削作業主任者		掘削面の高さが**2m以上**となる地山の掘削作業
足場の組立等作業主任者		吊り足場（ゴンドラの吊り足場を除く）、張出し足場又は高さが**5m以上**の構造物の足場の組立・解体・変更の作業
型枠支保工の組立等作業主任者		型枠支保工の組立・解体の作業
土止め支保工作業主任者	技能講習修了者	土止め（山留め）支保工の切梁・腹起しの取付け・取外しの作業
建築物等の鉄骨の組立等作業主任者		高さ**5m以上**の建築物の骨組・塔であって、金属製の部材により構成されるものの組立・解体・変更の作業
コンクリート造の工作物の解体等作業主任者		高さ**5m以上**のコンクリート造の工作物の解体・破壊の作業
木造建築等の組立作業主任者		高さ**5m以上**の建築物の構造部材の組立、これにともなう屋根下地・外壁下地の取付けの作業
石綿作業主任者		石綿及び石綿を含有する製剤等を製造・取り扱う作業
ガス溶接作業主任者	免許者	アセチレン等のガス集合装置を用いて行う溶接等の作業

●移動式クレーン運転等の就業制限

下表のクレーン業務は、免許又は技能講習や特別教育を受けた者のみが就業できる

吊上げ荷重	就業制限
1t未満	特別教育
1t以上5t未満	技能講習又は免許
5t以上	免許

●特定元方事業者が行う主な安全衛生管理

・月1回以上の安全衛生管理に関する協議組織を開催する
・特定元方事業者と関係請負人との間、及び関係請負人相互間における連絡・調整を行う

●安全衛生管理を行う者

①統括安全衛生責任者：元方安全衛生管理を指揮する。特定元方事業者が行う安全衛生管理措置を統括管理し、作業所における技術的事項を指揮する
②元方安全衛生管理者：大学又は高等専門学校の理科系の課程を修めて、3年以上の実務経験を有する者等から選任する
③安全衛生責任者：請負人が選任し、統括安全衛生責任者と作業者との連絡を行う

●スレート等屋根上での作業

踏み抜きの危険がある時は、幅30cm以上の歩み板を設け、防網を張る等の危険防止措置を行わなければならない

☐ 工事現場の安全のため、以下の点に留意する

① 根切り・山留め工事

　a. 深さ**1.5**m以上の**根切り**工事を行う場合は、**山留め**を設置することが望ましい（右図①）

　b. 岩盤又は堅い粘土からなる地山において、掘削面の高さが**5**m未満の場合の掘削面の勾配は、**90**度とする（右図②）

② 墜落防止

　a. 高さが**2**m以上の箇所で作業を行う場合、**足場**等の**作業床・囲い**等を設けなければならない

　b. 高さ又は深さが**1.5**mを超える箇所で作業を行うときは、労働者が安全に昇降するための設備を設ける

　c. 墜落により労働者に危険を及ぼすおそれのある箇所には高さ**85**cm以上の**手すり**に加えて中桟(さん)等を設ける

　d. 架設通路等の**手すり**は、作業上やむを得ない場合、必要な部分に限って**臨時**にこれを**取り外し**、作業終了後復旧しても構わない

③ 投下設備

　a. 建設現場では、境界線から**5**m以内で**3**m以上の高さから**物体を落下させる**ときは、適当な**投下設備**を設け、**監視人**を置くなどの労働者の危険を防止するための措置を講ずる

● 根切り・山留めの工事

① 1.5m以上の場合　山留めの設置（H形鋼又はレール等）

② 5m未満の場合　90度にしてもよい

● 墜落防止

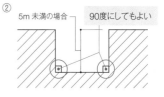

昇降設備の設置

1.5mを超える場合

● 投下設備

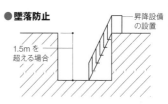

投下設備（板又は鉄板で覆う）

投下物

建築物

隣地境界線

3m以上の場合

5m以内

2 工事監理

☐ 建築士が通常行う工事監理業務は以下のとおりである

● 主な工事監理業務

着工前	①施工者の提出した**請負代金内訳書**の適否を検討する
着工後	②設計図書のとおり工事を実施するように、施工者に指示する ③設計意図を正確に伝えるため、**説明図**を作成し、施工者に説明する ④施工者の作成した**工程表**の内容を検討する（**実施工程表**の作成は、施工者が行う） ⑤施工者が作成した**施工図**を設計図書に照らして検討し、承諾する ⑥建築設備の機械器具を**設計図書**に照らして検討し、承諾する ⑦工事材料が設計図書の内容に適合しているかどうかを検討する ⑧工事が設計図書及び**請負契約書**と合致しているかどうかを確認し、建築主に報告する
施工	⑨**工事完了検査**を行い、契約条件が遂行されたことを確認する ⑩工事の完了検査終了後、**工事監理報告書**及び業務上作成した図書を建築主に提出する ⑪施工者から建築主への**工事請負契約**の**目的物**の引渡しに立ち**会う**

● その他の工事監理業務

・施工者名簿を提出する
・施工計画を検討し、助言を行う
・施工者が提出する工事金支払いの請求書を技術的に審査し、承認する

● 設計図書の種類

設計図書は以下の5つをそろえる
①設計図
②標準仕様書
③特記仕様書
④質疑応答書（質問回答書）
⑤現場説明書

● 請負契約書に記載すべき主な事項

①契約に関する紛争の解決方法
②天災その他不可抗力による損害の負担
③工事完成後における請負代金の支払いの時期と方法
④注文者が工事の完成を確認するための検査の時期と方法

現場管理①安全管理・工事監理 QUESTION & ANSWER

QUESTION

ANSWER

1 最頻出問題 | 一問一答

→→→

次の記述のうち、正しいものには○、誤っているものには×をつけよ

1 ☐☐ 建築物の工事現場において、高さが4mの枠組足場の組立作業は、労働安全衛生法上、作業主任者を選任しなければならない

2 ☐☐ 建築物の工事現場において、高さが4mの鉄骨造の建築物の組立作業は、労働安全衛生法上、作業主任者を選任しなければならない

3 ☐☐ 建築物の工事現場において、軒の高さが5mの木造の建築物における構造部材の組立作業は、労働安全衛生法上、作業主任者を選任しなければならない

4 ☐☐ 建築の工事現場における高さが4.5mのコンクリート造の工作物の型枠支保工の解体作業において、「労働安全衛生法」上、所定の作業主任者を選任しなければならない

5 ☐☐ 建築物の工事現場において、高さが3mのコンクリート造の工作物の解体作業は、労働安全衛生法上、作業主任者を選任しなければならない

1 ×｜吊り足場・張出し足場又は高さが5m以上の足場の組立・解体作業を行う場合、作業主任者を選任する

2 ×｜高さ5m以上の建築物の骨組又は塔であって、金属製の部材により構成されるものの組立、解体又は変更の作業を行う場合、作業主任者を選任する

3 ○｜軒の高さが5m以上の木造建築物の構造部材の組立又は屋根下地の取付け作業を行う際は、木造の組立等作業主任者を選任する

4 ○｜型枠支保工の組立て・解体の作業は、型枠支保工の組立て等作業主任者を選任しなければならない。この場合、高さに関係なく選任する必要がある

5 ×｜高さが5m以上のコンクリート造の工作物の解体又は破壊の作業は、作業主任者を選任しなければならない

2 実践問題 | 一問一答

→→→

1 ☐☐ 建築物の工事現場において、掘削面の高さが1.5mの地山の掘削作業は、労働安全衛生法上、作業主任者を選任しなければならない

2 ☐☐ 建築物の解体工事において、吹付けアスベストの除去処理を行う必要があったので、石綿作業主任者を選任した

3 ☐☐ 架設通路において、墜落の危険のある箇所に、高さ95cmの手すり及び高さ40cmの中桟を設けたが、作業上やむを得なかったので、必要な部分に限って臨時にこれを取り外した

1 ×｜掘削面の高さが2m以上となる地山の掘削作業は、作業主任者を選任しなければならない

2 ○｜建築物の解体工事において、吹付けアスベストの除去処理を行う必要がある場合、石綿作業主任者を選任しなければならない

3 ○｜架設通路において、手すり及び中桟を設けたものを、作業上やむを得なかったので、必要な部分に限って臨時にこれを取り外してもよい

4 ☐☐ 建築足場の登り桟橋の高さが2.1mの場合、その勾配を35度とした

4 ✕｜高さが2m以上の建築足場の登り桟橋の勾配は、30度以下とする

---

5 ☐☐ 移動はしごは、幅30㎝の丈夫な構造とし、滑り止め装置を取り付けた

5 ○｜移動はしごは、幅30㎝の丈夫な構造とし、滑り止め装置を取り付ける

---

6 ☐☐ 高さ1.5mを超える箇所における作業については、安全に昇降するための設備を設けた

6 ○｜高さ1.5mを超える箇所における作業については、安全に昇降するための設備を設ける

---

7 ☐☐ 建築士が通常行う工事監理に関する標準業務において、各工事の専門工事業者と工事請負契約を締結した

7 ✕｜各工事の専門工事業者と工事請負契約を締結するのはゼネコンや工務店等の工事施工者である

---

8 ☐☐ 建築士が通常行う工事監理に関する標準業務において、工事材料が設計図書の内容に適合しているかどうかを検討した

8 ○｜建築士が通常行う工事監理業務において、設計意図を正確に伝えるための説明図を作成し、施工者に説明することが含まれる

---

9 ☐☐ 施工者の作成した工程表の内容を検討することは、建築士が行う工事監理に関する標準業務及びその他の標準業務に該当しない

9 ✕｜建築士の標準業務には、施工者の作成した工程表の検討が含まれる

---

10 ☐☐ 施工者の提供した請負代金内訳書の適否を検討することは、建築士が行う工事監理に関する標準業務及びその他の標準業務に該当する

10 ○｜建築士の標準業務には、施工者の請負代金内訳書の適否を検討することが含まれる

---

11 ☐☐ 工事材料が設計図書の内容に適合しているかどうかを検討することは、建築士が行う工事監理に関する標準業務及びその他の標準業務に該当する

11 ○｜建築士の標準業務には、工事材料が設計図書の内容に適合しているかどうかを検討することが含まれる

---

12 ☐☐ 施工者から建築主への工事請負契約の目的物の引渡しに立ち会うことは、建築士が行う工事監理に関する標準業務及びその他の標準業務に該当しない

12 ✕｜建築士の標準業務には、施工者から建築主への工事目的物の引渡しに立ち会うことが含まれる

---

13 ☐☐ 建築士が行う工事監理に関する標準業務及びその他標準業務に、工事用資材の発注は該当する

13 ✕｜工事用資材の発注は標準業務に該当しない

---

14 ☐☐ 建築工事の請負契約書に、建設業法上、主任技術者又は監理技術者の氏名及び資格の記載を必要とする

14 ✕｜請負契約書に記載の必要はない

---

15 ☐☐ スレートで葺かれた屋根の上での作業については、踏み抜きにより労働者に危険を及ぼすおそれがあったので、幅24㎝の歩み板を敷き、防網を張った

15 ✕｜スレート等の屋根の上での作業では、踏み抜きの危険を防ぐため、作業足場は幅30㎝以上必要である

---

16 ☐☐ 事務所の解体工事に伴って取り外したPCB（ポリ塩化ビフェニル）が含まれている蛍光灯安定器は、「廃棄物の処理及び清掃に関する法律」に基づく特別管理産業廃棄物に該当する

16 ○｜特別管理産業廃棄物は、廃油、廃酸、廃アルカリ、感染性産業廃棄物、特定有害産業廃棄物（廃PCB、PCB汚染物、PCB処理物、指定下水汚泥、鉱さい、廃石綿等）である

004 現場管理②材料管理・申請

建設現場に搬入された建築材料をどのように管理しなければならないのか、躯体・仕上げのそれぞれについて確認する。また、申請の種類に対応した届出先について、きちんと整理しておく必要がある

1　材料管理

躯体工事においては、以下のように材料管理を行う

①既製**コンクリート杭**の荷積み荷卸しは、杭を**2点**で支持しながら行う

②**鉄筋**は、泥土が付かないように、**受材の上**に置き、**シート**で覆って保管する

③**打放しコンクリート**に用いる**型枠（せき板）**は、長時間直射日光にさらされないように、**シート**等で養生する

④**高力ボルト**は、**乾燥**した場所に保管し、**施工直前**に包装を解く

⑤**溶接棒**は、湿気を吸収しないように保管する。湿気を含んだ場合は、乾燥器などで乾燥してから使用する

⑥**セメント**は、出入口や窓などの開口部を**最小限**にとどめ**通風**をできるだけ**少なくする**よう保管する

仕上げ工事においては、以下のように材料管理を行う

①**ガラス**は、縦置きとし、梱包を解いた後は、**斜め縦置き**にし、柱等にロープで**固定**する

②**ALCパネル**は、反り、ねじれ等が生じないように、**台木を水平**に置き、その上に**平積み**にして保管する

③**可燃性塗料**は、周囲の建築物から**1.5m**離した不燃材料で造った**独立した**平家建の倉庫に保管する

④陶磁器質タイル型枠先付け工法に用いる**タイルユニット**は、直射日光や風雨による劣化などを防止するため、**シート養生**を行い保管する

⑤**アスファルトルーフィング**は、屋内の**乾燥**した場所に**立て置き**にして保管する

⑥**巻いたビニル壁紙**は、くせが付かないように、立てて保管する

⑦**シーリング材**は、高温多湿や凍結温度以下とならないよう、かつ、直射日光や雨露の当たらない場所に**密封**して保管する

⑧ビニル床シートは、立置きに保管する

● **鉄筋の保管**

雨露・潮風などにさらされないように、シートなどで覆う

ゴミ・土・油などが付着しない

直接地上に置かない

種類ごとに断面をペイントなどで色分け

● **鉄骨工事に使用する溶接棒**

被覆アーク溶接棒（電極）

アーク

母材

溶融池

スラグ

溶着金属

● **ALCパネルの保管**

ALCパネル

台木

1m以下

2m以下

※押出成形セメント板のパネルの積置き高さは、台木を用いて**1m以下**とする

● **ガラスの保管**

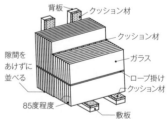

背板

クッション材

クッション材

隙間をあけずに並べる

ガラス

ロープ掛け

クッション材

85度程度

敷板

● **塗料の保管**

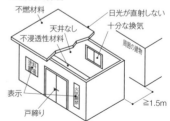

不燃材料

天井なし

不浸透性材料

日光が直射しない

十分な換気

周囲の建物

表示

戸締り

≧1.5m

2 申請

● 都道府県知事への届出

名称	提出時期
建築工事届	14日前
建築物除却届	建築物を除却する前
産業廃棄物管理票交付等状況報告	4月1日～6月30日
特定粉じん排出等作業実施届	作業開始日の14日前
消防本部及び消防署を置かない市町村区域内の危険物貯蔵所設置許可申請	およそ10日前
建築主事を置かない市町村における特定建設資材が用いられた建築物に係る解体工事届	7日前

建築主は、建築物（床面積が10㎡以下のものは除く）を新築・増築・移転する場合、定められた事項を都道府県知事に届けること

● 労働基準監督署長への届出

名称		提出時期
特定元方事業者の事業開始報告		事業開始後
工事用エレベーター設置の許可申請		設置時
機械等設置届 足場	吊り足場、張出し足場以外の足場では高さが10m以上のものに限る	
機械等設置届 架設通路	**高さ・長さがそれぞれ10m以上のものに限る**	30日前
機械等設置届 型枠支保工	支柱の高さが**3.5m**以上のものに限る	
機械等設置届 クレーン	**吊り上げ荷重3t以上のものに限る**	
機械等設置届 エレベーター	人を乗せることができる積載荷重1t以上のものに限る	
機械等設置届 建設用リフト	人を乗せることができないガイドレールの高さが18m以上かつ積載荷重が250kg以上のものに限る	
安全管理者選任報告		選任後遅滞なく

● その他の届出

名称		提出先
確認申請		建築主事
工事完了届		
高層建築物等予定工事届		総務大臣
道路使用許可申請		所轄の警察署長
道路占用許可申請		道路管理者
危険物貯蔵所設置許可申請	消防本部及び消防署を置く市町村区域内の場合	市町村長
特定建設作業実施届（騒音規制法・振動規制法）		

● 労働基準監督署長への届出

労働に関することや安全に関することは、そのほとんどが労働基準監督署長への届出となる

足場の組立・設置の際には、機械等の設置届を提出するのか

● 建設用リフト

人荷用エレベーターとは異なり、人以外の荷物の運搬に用いる

上部連台　　枠組足場

下部連台

ウィンチ

● 確認申請

建築物を建築しようとする場合、建築主は建築主事等から建築確認を受け、確認済証の交付を受けなければ建築することができない

● 道路使用許可申請

次のような場合、所轄の警察署長に提出する
①1日のある時間のみ道路を一部使用する場合
②生コンクリート打設のためのポンプ車等を道路に一時設置し、作業終了後、直ちに撤去するときなど

● 道路の占用許可申請

次のような場合、道路管理者に提出する
①長期間、道路を一部占用する場合
②仮囲いや外部足場が歩道・車道にかかるときなど

QUESTION

1　最頻出問題｜一問一答

次の記述のうち、正しいものには○、誤っているものには×をつけよ

1　□□　鉄筋は、泥土が付かないように、受材の上に置き、シートで覆って保管した

2　□□　アスファルトルーフィングは、屋内の乾燥した場所に横積みにして保管した

3　□□　打放し仕上げに用いるコンクリート型枠用合板は、直射日光に当て、十分に乾燥させてから保管した

4　□□　クレーンの設置届を、労働基準監督署長に提出した

5　□□　危険物貯蔵所設置許可申請を、消防署長に提出した

2　実践問題｜一問一答

1　□□　ALCパネルは、反り、ねじれ等が生じないように、台木を水平に置き、その上に平積みにして保管した

2　□□　巻いたビニール壁紙は、くせが付かないように、井桁積みにして保管した

3　□□　シーリング材は、高温多湿や凍結温度以下とならない、かつ、直射日光や雨露の当たらない場所に密封して保管した

4　□□　可燃性塗料は、周囲の建築物から1.5ｍ離した不燃材料で造った独立した平家建の倉庫に保管した

5　□□　高力ボルトは、乾燥した場所に保管し、施工直前に包装を解いた

6　□□　セメントは、窓などの開口部が複数ある風通しのよい倉庫に保管した

ANSWER

→→→

1　○｜鉄筋は、端太角（ばたかく）等の受材の上に置き、シートで覆って保管する

2　×｜アスファルトルーフィングは、屋内の乾燥した場所に立て置きにして保管する

3　×｜打放しコンクリートに用いる型枠は、長時間直射日光にさらすと、コンクリート表面の硬化不良の原因となるので注意する

4　○｜クレーン等の設置届は、労働基準監督署長に提出する

5　×｜市町村長又は都道府県知事に提出する

→→→

1　○｜ALCパネルの保管は、反りやねじれ等が生じないように、台木を水平に置き、その上に平積みにする

2　×｜井桁積みでは重ねた部分にくせが付くので立て掛けて保管する

3　○｜シーリング材は、高温多湿や凍結温度以下にならないように注意し、直射日光や雨露の当たらない場所に密封して保管する

4　○｜可燃性塗料は、周囲の建築物から1.5ｍ離した不燃材料で造った独立した平家建の倉庫に保管する

5　○｜高力ボルトは、乾燥した場所に保管し、梱包された箱が壊れていないかを確認し、施工直前に包装を解く

6　×｜セメントは、空気中の水分や炭酸ガスを吸収すると風化して品質が低

7 ☐☐ 陶磁器質タイル型枠先付け工法に用いるタイルユニットは、直射日光や風雨による劣化などを防止するため、シート養生を行い保管した

8 ☐☐ 板ガラスは、振動等による倒れを防止するため、屋内に平置きにして保管した

9 ☐☐ せき板に用いる木材は、コンクリート表面の硬化不良を防ぐために、直射日光を避けて保管した

10 ☐☐ 道路占用許可申請を、道路管理者に提出した

11 ☐☐ 道路使用許可申請を、所轄の警察署長に提出した

12 ☐☐ 安全管理者選任報告を、消防署長に提出した

13 ☐☐ 建築工事届を、都道府県知事に提出した

14 ☐☐ 特定粉じん排出等作業実施届を、消防署長に提出した

15 ☐☐ 工事完了届は、建築主事に提出する

16 ☐☐ 建築物除却届は、都道府県知事に提出する

17 ☐☐ 特定元方事業者の事業開始報告は、労働基準監督署長に提出する

18 ☐☐ 工作物の除去にともなって生じたコンクリートの破片は、「廃棄物の処理及び清掃に関する法律」に基づく特別管理産業廃棄物に該当しない

19 ☐☐ 木造家屋の除去にともなって生じた木くずは、「廃棄物の処理及び清掃に関する法律」に基づく特別管理産業廃棄物に該当しない

20 ☐☐ 産業廃棄物管理票交付等状況報告書は、建築主事に提出する

21 ☐☐ 建築物の除去工事にともなって生じたガラスくずは、一般廃棄物に該当する

22 ☐☐ フラッシュ戸は、立てかけて保管した

23 ☐☐ 押出成形セメント板の積置き高さを2mとした

下するため、通風をできるだけ少なくするよう保管する

7 ○｜陶磁器質タイル型枠先付け工法に用いるタイルユニットは、直射日光や風雨による劣化などを防止するために、シート養生を行い保管する

8 ×｜ガラスは、縦置きとし、梱包を解いた後は、斜め縦置きにし、柱等にロープで固定する

9 ○｜せき板に用いる木材は、コンクリート表面の硬化不良を防ぐために、直射日光を避けて保管する

10 ○｜道路管理者に提出する

11 ○｜所轄の警察署長に提出する

12 ×｜安全管理者選任報告は、労働基準監督署長に提出しなければならない

13 ○｜建築工事届は、都道府県知事に提出する

14 ×｜アスベスト等の飛散防止対策に関するので、都道府県に提出する

15 ○｜工事完了届は、建築主事に提出する

16 ○｜建築物除却届は、都道府県知事に提出する

17 ○｜設問記述のとおり

18 ○｜現場から出たコンクリートの破片は、特別管理産業廃棄物に該当しない

19 ○｜木造家屋の除去にともなって生じた木くずは、特別管理産業廃棄物に該当しない

20 ×｜都道府県知事に提出する

21 ×｜工事にともなって生じたガラス、陶磁器、コンクリート破片、繊維くず、紙くず等は、産業廃棄物である。石綿は、特別管理産業廃棄物である

22 ×｜フラッシュ戸は、平積みとする

23 ×｜ALC板の積高さは2m、押出成形セメント板は1m

005 測量・地盤調査

測量の技術と機器は極めて深くつながっているため、各種測量方法と使用機器の対応が問われている。かつての敷地測量では測量しながら現地で作図してしまう平板測量が多用されていた。実務上は見かけなくなった方法だが、出題に占める比重は現在も大きい

1 測量の種類と使用機器

3

●測量の種類

測量の種類	計測内容	使用する測量器具
三角測量	角度	トランシット(セオドライト)
多角測量 (**トラバース測量**)	角度 平面距離	トランシット+鋼製巻尺 (トータルステーション)
水準測量	高低差	レベル+標尺
平板測量	平面距離	平板測量器具一式
距離測量	平面距離	鋼製巻尺

4

三角測量とは、2つの基準点から角度を計測して長さを求める方法。長さに比べて角度を正確に測定することは容易であり、水平角を計測すれば平面的な距離、鉛直角を計測すれば高低差を測量できる

多角測量(トラバース測量)は平面的な距離を計測する方法。1960年代に光波を用いて距離を正確に計測できる器具が開発され、角度と距離を同時に計測する方法が普及した。現在は、両方の測定機能をもった**トータルステーション**が多用されるが、小規模な測量では角度を**トランシット**で、距離を**鋼製巻尺**で計測することも多い

水準測量は高低差を計測する方法。基準点や求点に**標尺**を立てて、**レベル**によって目盛りを読み込み、両点の差から高さを求める。実務上では平面情報は既知のことが多く、**水準測量**のみが行われることも多い

平板測量は測量しながら現地で平面形状を作図する簡便法である。三脚上に平板(図板)を水平に据え付け、下げ振りと**求心器**によって観測地点を平板上に定める。**アリダード**を用いて観測地点(測点)と求点を結ぶ方向を定め、計測距離に相当する位置

●三角測量

基準点の間の距離cが分かっていれば角度B・Cの計測により距離a・bが求まる

トランシット
(セオドライト)

●多角測量

三角測量とは異なり求点から次の求点を測量できる。ただし経路の始点と終点は既知の基準点とする

●水準測量の方法

a−b=高低差

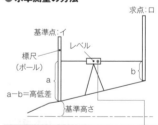

レベルとは、水準器がついた望遠鏡。現在の器具はセットすれば自動的に水平調整を行う

●標尺

目盛りがついた棒。水準測量の目標物と

に印をつけていく。この測量は高い精度は期待できないが、迅速に作業できる。ただし地形によって作業効率が大きく異なる

して用いる。伸縮するものは箱尺と呼ばれる

□ 平板測量では、地形に応じて、放射法と進測法を使い分ける。放射法は小面積かつ見通しのよい地形に、進測法は見通しの悪い地形に適している。求点に立てた標尺の目盛りを読むことによって高低差を計測することも可能(ただし平板測量を用いて高低差を計測することはまれである)

● 平板測量

● アリダード

方向合わせの器具(視準板)を取り付けた縮尺定規。平板測量器具の要となる

□ 測量図の方位にはコンパスで計測した「**磁北**」を示すことが多いが、この向きと「**真北**」にはずれ(**偏角**)がある。真北が求められた場合は磁北の向きを補正する

● プラニメーター

図形の境界線をなぞることにより面積が求まる。かつて、測量図からの面積測定に使われた

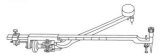

2 地 盤 調 査

□ 地盤調査の主な目的は、**地層(地盤)の構成、地下水位、地耐力**のデータを得ることで、前者2つはボーリング(試掘)によって確認できる。地耐力の調査は対象とする地層の深さや土質に応じて各種試験方法が使い分けられる。地耐力を直接測定できるのは平板載荷試験のみで、他の方法では測定値から算定する

● 各種地盤調査方法

種類＼内容	目的	測定値 (算定値)	測定対象
ボーリング		地盤構成 地下水位	
揚水試験 透水試験	地盤の透水性	水位変化	特に限定なし
電気探査	基盤の深さ	電気抵抗	
平板載荷試験	地耐力	沈下量	載荷面から深さ50cm程度まで
標準貫入試験		N値	砂質土
ベーン試験		せん断強さ	軟弱な粘性土
スクリューウエイト貫入試験			粘性土

● 平板載荷試験

基礎地盤まで掘削し、載荷板に荷重をかけてその沈下量によって地耐力を求める

● 標準貫入試験

ボーリングロッドの先端に標準貫入試験用サンプラーを取り付け、30cm打ち込む回数(N値)を測定する

● スクリューウエイト貫入試験

ロッドを回転して貫入させる。25cm貫入したときの回転数を測定する。地耐力の算定式が法規に定められてから、スウェーデン式サウンディング試験という名称で戸建住宅などでの採用が広まった

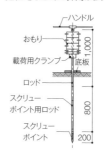

QUESTION

ANSWER

1 最頻出問題 | 一問一答

→→→

次の記述のうち、正しいものには○、誤っているものには×をつけよ

1 □□ トランシットを用いて、三角測量を行った

2 □□ 鋼製巻尺を用いて、距離測量を行った

3 □□ レベルを用いて、トラバース測量を行った

4 □□ アリダードを用いて、水準測量を行った

5 □□ 平板測量において、測点上への平板の据付けは、水平・位置・方向の各条件を満たすように行う

6 □□ 平板測量においては、現場で敷地を測量しながら、同時にその敷地の平面形状を作図する

7 □□ 平板測量は、地形によって、現場における作業能率が大きく異なる

8 □□ 放射法による平板測量は、障害物によって見通しの悪い地形に適している

9 □□ プラニメーターを用いて、測量図から面積測定を行った

10 □□ ボーリングを行って地盤構成を調査した

11 □□ サウンディング試験によって地下水位を測定した

12 □□ 平板載荷試験によって地盤の透水性を測定した

13 □□ 電気探査によって基盤の深さを測定した

14 □□ ベーン試験によって粘性土地盤のせん断強さを測定した

1 ○ | トランシットはセオドライトとも呼ばれる

2 ○ | 鋼製巻尺は200mまでJISによって定められており、こうした範囲の距離測量に用いられる

3 × | トラバース測量はトランシットと鋼製巻尺を用いて行う

4 × | 水準測量はレベルを用いて行う。アリダードは平板測量の要となる器具である

5 ○ | 設問記述のとおりである

6 ○ | 平板測量の適切な説明である

7 ○ | 進測法が必要になる敷地では作業効率が低下する(次問参照)

8 × | 放射法は見通しのよい地形で採用できる方法である

9 ○ | プラニメーターという図面上の面積を測る機器がある

10 ○ | ボーリングの目的は地盤構成と地下水位を調査することである

11 × | 地下水位はボーリングによって確認する

12 × | 地盤の透水性は揚水試験か透水試験によって測定する

13 ○ | 硬くて水分が少ない地盤ほど電気抵抗が大きい。この性質を利用したのが電気探査である

14 ○ | ベーン試験は告示に定められた地盤調査方法の一つである

2 実践問題① | 一問一答 →→→

1 ☐☐ 平面測量における基準点、隣地境界点及び主要な部分の測量は、多角測量(トラバース測量)により行った

2 ☐☐ 高低差のある敷地の測量においては、平面測量と水準測量を併用した

3 ☐☐ 敷地内の細部測量においては、支距測量(オフセット測量)、平板測量等を併用した

4 ☐☐ 平板測量で使うポール(標尺)は、直径約3cmの棒で、測点上に鉛直に立てて目標とするものであり、短い距離の略測にも用いられる

5 ☐☐ 敷地における真北の測定においては、特記がなかったので、コンパスの磁針が示す方向を真北とした

6 ☐☐ オーガーボーリングを用いて表層の地盤構成を調査した

7 ☐☐ 平板載荷試験によって地耐力を測定した

8 ☐☐ 標準貫入試験によってN値を計測し地盤の支持力を推定した

9 ☐☐ スクリューウエイト貫入試験によって粘性土地盤の支持力(地耐力)を推定した

1 ○ | 現在は角度と距離を同時に計測していく多角測量が一般化している

2 ○ | 設問記述のとおりである

3 ○ | 既知の直線から垂線を伸ばして求点の位置を定める方法を支距測量と呼び、補助的に用いる

4 ○ | 設問記述のとおりである

5 × | 真北は磁北を補正して求める

6 ○ | 設問記述のとおりである(オーガーボーリングとは手動のボーリング器具)

7 ○ | 支持地盤が地表近くの場合は平板載荷試験により地耐力を測定する

8 ○ | 標準貫入試験は地耐力の調査方法として最も多用されている。写真は、標準貫入試験の様子

9 ○ | 当該試験は戸建住宅などの地盤調査として普及している

3 実践問題② | 五肢択一 →→→

1 ☐☐ 図に示す高低測量において、A点の標高が2.0mであった場合、D点の標高として、正しいものは、次のうちどれか

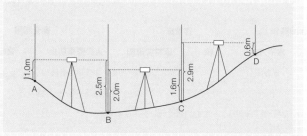

1—3.2m | 2—3.4m | 3—3.6m | 4—3.8m | 5—4.0m

1 答えは1

D点標高は、下記の式で求められる。
D点標高＝A点標高＋(後視の合計)－(前視の合計)
よって、
D点標高＝2.0m＋(1.0m＋2.0m＋2.9m)－(2.5m＋1.6m＋0.6m)＝3.2m

006 仮設工事

仮囲い・架設通路・足場の共通事項から2／3ほどが出題され、残りは足場に関する各種仕様が問われている。同様の選択肢が繰り返し出題されているが、2009年に労働安全衛生規則が改正されて足場の手すりの仕様が変更されたので注意する必要がある

1 仮囲いと架設（仮設）通路

□　危害防止のため高さ**1.8m以上**の仮囲いを設ける。高さが**1.5m**を超える場所で作業を行う場合には、安全に昇降するための設備を設置する。具体的には、①登り桟橋（さん）の勾配は**30度以下**とし、**15度**を超える場合には踏桟などの滑り止めを設け、②勾配が**30度**を超える場合には階段を設ける。③はしご道については、はしごの上端を床から**60cm以上**突出させる

● 木造建築物の仮囲い
高さ13m以上又は軒高9mを超える場合に設ける

● 登り桟橋の踊り場
高さ8m以上の登り桟橋には高さ7m以内ごとに踊り場を設ける

2 足場の種類と仕様

□　現在の足場の材料には鋼管が用いられる。単管・枠組足場（右頁図）ともに、鋼管足場の建地（垂直材）間の積載荷重は**400kg**が上限であり、その間隔は、けた行方向**1.85m**、張り間方向**1.5m**が上限である。なお鋼管足場の脚部にはベース金具を使用し、敷板に釘留めを行って滑動や沈下を防止する

● 足場の分類
2本の建地で作業布を受けて通路を設ける本足場と、1本の建地に布を抱き合わせる一側足場（ひとかわ）がある

□　**2m以上**の高さで作業を行う場合は**作業床**（右頁図）を設置し、足場の安全を確保するために次の措置を行う。地上第一の布（足場板）は**2m以下**の位置に設ける。作業者の墜落防止措置として高さ**85cm以上**の手すりを設け、中桟か下桟も設置する。さらに物の落下防止措置として幅木かメッシュシートを設けることも必要である

● 中桟と下桟・幅木
中桟は高さ35～50cmの位置に、下桟は高さ15～40cmの位置に設ける。原則として、幅木高さは10cm以上が求められる

● 壁つなぎ

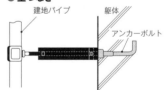

建地パイプ　躯体　アンカーボルト

□　**● 足場の種類**

種類	壁つなぎ間隔[*1]		作業床		安全措置	
	垂直方向	水平方向	幅	床材の隙間	人の墜落防止	物の落下防止
単管足場	5m	5.5m	40cm以上	3cm以下[*3]	手すり＋中桟（交差筋かい）＋下桟	幅木[*4]又はメッシュシート
枠組足場[*2]	9m	8m				

＊1:足場の倒壊防止のため、壁つなぎ（足場と建物を接続する部材）の間隔が定められている
＊2:水平材を最上階及び5層以内ごとに設ける
＊3:床材と建地（支柱）との隙間は12cm未満とする
＊4:交差筋かいの枠組足場では、下桟を兼ねる幅木は高さを15cm以上とする

□ 作業床の幅は40cm以上を確保する。床材の隙間は3cm以下とする。なお、足場板を長手方向に重ねる場合は、支点の上で重ね、その長さは20cm以上とする

□ 単管足場は、建地の最高部から測って31mを超える部分は鋼管を二本組とする

□ 高さ20mを超える枠組足場を設ける場合、主枠は高さ2m以下とする。また水平材については、**最上層及び5層**以内ごとに設ける

● 枠組足場

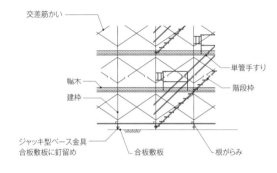

● 単管足場

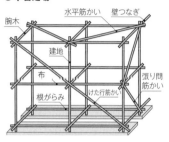

● 作業床

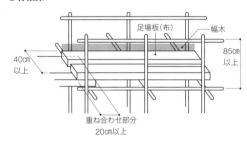

● 鋼管足場の脚部

脚部は、滑り及び沈下防止のためにベース金具で補強し、敷板を敷く

□ くさび緊結式足場は、木造住宅工事に普及している鋼製足場である。現在は住宅用とビル用の2種類があり、使用条件は基本的に単管足場と共通である。ただし住宅用については、作業床の最大積載荷重は1スパン当たり200kg以下と定められており、一側足場として使用できるのは原則として足場高さ6m以下である

● くさび緊結式足場

製品名称「ビケ足場」が広く知られている。なお労働災害の防止に向けて「手すり先行工法に関するガイドライン」が2003年に定められた（2009年改正）ことから手すり先行工法が普及しつつある

□ ベンチマークは木杭・コンクリート杭等を用いて、移動しないように設置し、周囲の養生を行う

● 遣り方とベンチマーク

● 単管足場の応用例（仮設観覧席）

QUESTION

1 最頻出問題｜一問一答

ANSWER

→→→

次の記述のうち、正しいものには○、誤っているものには×をつけよ

1 □□　軒の高さが9mを超える3階建ての木造住宅の工事現場の周囲には、危害防止のために、地盤面からの高さ1.8mの仮囲いを設けた

2 □□　架設通路を設けるに当たって、勾配が30度を超える箇所には、階段を設けた

3 □□　単管足場の建地の間隔を、けた行方向、張り間方向とも1.6mとした

4 □□　単管足場の建地の間隔が、けた行方向1.8m、張り間方向1.5mのとき、建地間の最大積載荷重は、500kgと表示した

5 □□　足場板については、長手方向に支点の上で重ね、その重ねた部分の長さを25cmとした

6 □□　足場における高さが2.5mの場所に設けた作業床において、墜落の危険がある箇所には、高さ75cmの手すりを設けた

7 □□　高さ2mの作業構台において、作業床の床材間の隙間を3cm以下となるようにした

8 □□　高さ2mの位置に設ける作業床の幅を、40cmとした

9 □□　単管足場の地上第一の布を、地面から高さ2.5mの位置に設けた

10 □□　単管足場の壁つなぎの間隔を、垂直方向、水平方向とも5.5mとした

11 □□　高さ12mの枠組足場における壁つなぎの間隔については、垂直方向を8mとし、水平方向を9mとした

---

1 ○｜仮囲いの設置条件の適切な説明

2 ○｜勾配30度以下の昇降には登り桟橋を使えるが、それより急な場合には階段を設ける

3 ×｜鋼管足場の建地間隔は、けた行方向1.85m、張り間方向1.5mが上限

4 ×｜鋼管足場の積載荷重の上限は400kg

5 ○｜足場板を長辺方向に重ねる場合20cm以上とする

6 ×｜現在は高さ85cm以上の手すり設置が必要

7 ○｜隙間3cmまでは許容されている

8 ○｜作業床の設置仕様の適切な説明

9 ×｜地上第一の布は地面から高さ2m以下の位置に設ける

10 ×｜単管足場の壁つなぎは垂直方向には5m以内に設ける

11 ×｜枠組足場の壁つなぎは垂直方向には9m以内、水平方向には8m以内に設ける

2 実践問題｜一問一答 →→→

1 □□ 高さ9mの登り桟橋において、踊り場を高さ3mごとに設けた

1 ○｜高さ8m以上の登り桟橋には高さ7m以内ごとに踊り場を設ければよい

2 □□ はしご道のはしごの上端は、床から40㎝突出させた

2 ×｜はしご道のはしごの上端は60㎝以上突出させる

3 □□ 単管足場の組立に当たって、建地の脚部にベース金具を用い、土の上に直接建てた

3 ×｜沈下防止のためにベース金具の下に敷板を設ける

4 □□ 単管足場における作業床には、作業にともなう物体の落下防止のために、両側に高さ10㎝の幅木を設けた

4 ○｜物の落下防止措置として高さ10㎝以上の幅木を設ける(交差筋かいの枠組足場では高さ15㎝以上)

5 □□ 枠組足場において、墜落防止のために、交差筋かい及び高さ30㎝の下桟を設けた

5 ○｜設問記述は適切な仕様の一つである。なお、物の落下防止のためにメッシュシートなどを別途設けることも必要

6 □□ 枠組足場は、足場の組立・解体中の転落事故防止のために、手すり先行工法とした

6 ○｜作業者の安全性確保の観点から足場は手すり先行工法が推奨されている

7 □□ 工事用シートの取り付けにおいて、足場に水平材を5.5m以下ごとに設け、隙間やたるみがないように足場に緊結した

7 ○｜工事用シートを取り付ける際は、水平材を5.5m以下の間隔、垂直材を4m以下の間隔で設置する

8 □□ 高さが12mの枠組足場における壁つなぎの間隔を、垂直方向を8m、水平方向を9mとした

8 ×｜枠組足場の場合、壁つなぎの水平方向の最大間隔は8mである

9 □□ くさび緊結式一側足場については、建地の間隔を1.8mとし、建地間の最大積載荷重を400kgと表示した

9 ×｜一般的な使用条件ではくさび緊結式足場の最大積載荷重は200kg

10 □□ 敷地境界線から4mの距離にある外壁の修繕において、工事箇所の周囲を帆布で覆った

10 ○｜敷地境界線から5m以内は帆布等で覆って落下物による危害を防止する

11 □□ 工事の進捗にともない、施工中の建築物の一部を仮設の現場事務所として使用するために、監理者の承認を受けた

11 ○｜施工中の建物を仮設現場事務所として使用するのに行政庁などへの届出は不要なので、監理者の承認を受ければよい

12 □□ 200Vの配電線の付近で移動式クレーンを使用するので、配電線からの隔離距離(安全距離)を0.5mとした

12 ×｜多動式クレーンの感電防止対策として電路の電圧に応じた隔離距離が定められている。低圧(600V以下)では1m以上が求められる

13 □□ ベンチマークは、コンクリート杭を用いて移動しないように設置し、その周囲に養生を行った

13 ○｜設問記述のとおりである。ベンチマークとは、敷地内の高低差の基準点

Chapter **4** 各部工事 重要度 ━━━━━━

007 土工事、基礎・地業工事

根切り・山留めが出題の4割を占め、残りの6割が地業である。本項目の設問がない場合も、建設機械や各種工事に関する設問の選択肢として出題されるので、実質的に毎年出題されている。工事細部までは問われない

1 山留め工法

☐ 深さ2m以上の掘削作業は、作業主任者を選任して行う。掘削にともなう山留めは**親杭横矢板工法**が基本。**鋼矢板工法**や**ソイルセメント柱列壁工法**は湧水が多い場合に用いられる

☐ ●**山留め工法**

山留め壁の工法	適用条件／目的
法付けオープンカット工法	浅い掘削
親杭横矢板工法	木製の板で土留めを行う山留め壁の基本。止水性は低い
鋼矢板工法	シートパイルで土留めを行う 止水性がある
ソイルセメント柱列壁工法[*]	剛性が高く振動・騒音も少ない 止水性がある

*：セメントミルクと土砂を攪拌したものをソイルセメントと呼ぶ

●**親杭横矢板工法の作業手順**
①山留め（親杭の施工）
②根切り（横矢板の設置）
③地業
④基礎
深掘りする場合は、切梁や地盤アンカーを用いて山留め壁を支える必要がある

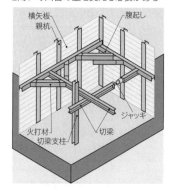

横矢板　親杭　腹起し　ジャッキ　火打材　切梁支柱　切梁

●**鋼矢板工法**
鋼矢板にバイブロハンマーによって振動を与えて打込みや引抜きを行う

2 地下水の排水工法

☐ 地下水の揚水は、敷地周辺の**井戸枯れ**や**地盤沈下等**が生じないように行う。揚水による周辺地盤の沈下を防ぐ方法として、汲み上げた地下水を別の地点に戻してやるリチャージ工法という方法もある

☐ 排水対策は、特に砂質土地盤で重要である。地下水位を適切に管理しないと、根切り底の砂が沸き立つような現象（**ボイリング**）が起こる

☐ 地下水の排水工法には、釜場工法、ディープウェル工法、ウェルポイント工法などがある

●**リチャージ工法**

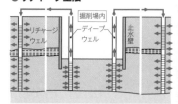

リチャージ ウェル　掘削場内　ディープ ウェル　止水壁

→ 地下水の動き

●排水工法

工法	適用条件／目的
釜場工法	地下水が少ない場合に用いる 根切りにピットを設けてポンプによって排水
ディープウェル工法	1本の井戸からポンプによって排水 掘削深さに制約はない
ウェルポイント工法	浅い掘削の砂質地盤に用いる 根切り外周に設置した何本もの集水管をヘッダーパイプでつなぎ、ポンプによって排水する

●ウェルポイント工法

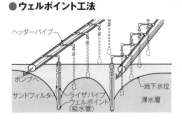

3 根切り・地業と杭地業工事

□ 基礎を造るためには地面を掘削（根切り）する必要がある。根切りには基礎の種類に応じて右図の種類がある

□ 建物を築く前に地面を整えることは地業と総称される。直接基礎では砕石（切込み砂利）や再生クラッシャランをまいて締め固め（砂利地業）、数cmのコンクリートを捨て打ちして基礎工事の作業面を確保する（捨てコンクリート地業）

□ 地表近くに適切な地盤がない場合は、杭を築いて建物荷重を支持地盤に伝える。杭工事において、騒音及び振動の測定は、作業場所の敷地境界線において行う

●杭地業工事

施工法の大別	工法の種類	代表的工法	備考
既製杭	打込工法	打撃工法	かつての主流工法
	埋込工法	セメントミルク工法（プレボーリング工法）	「本文」参照
	ケーシング工法	オールケーシング工法	「本文」参照
場所打ち杭	泥水工法	リバースサーキュレーション工法	杭孔を水で満たして保護
		アースドリル工法	

□ 現在の既製杭の施工法は、掘削した杭孔に既製杭を建込んでいく埋込工法が主流である。中でもセメントミルク工法が多用されている。なお既製杭の継手には一般にアーク溶接が用いられる

□ 場所打ち杭は、支持地盤が深いときに採用される。掘削した杭孔に鉄筋かごを建込み、コンクリートを打設して現場でRC造の杭を築いていく。代表的な工法にはオールケーシング工法とアースドリル工法がある

●根切りの種類

●捨てコンクリート地業

均しコンクリート地業と呼ぶこともある

●打込工法

杭頭を打撃する工程では雇い杭（やっとこ）を用いて地表面以下へ打ち込む

●セメントミルク工法

所定の深さまで掘削した後、根固め液（セメントミルク）を注入しながらアースオーガーを正回転させて引き上げる。孔底を広げて拡大し根固めを行うこともできる

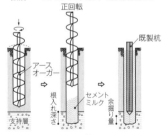

●オールケーシング工法

杭孔を保護するチューブ（ケーシング）を圧入しながらハンマーグラブによって掘削するため、泥水なしの処理が可能である

●アースドリル工法

ベントナイト液で杭孔を保護して掘削するため、必ず水中コンクリート打設になる。支持地盤への到達の確認を、「掘削深度」及び「排出される土」により判断

377

4　木造住宅の基礎

住宅金融支援機構の木造住宅工事仕様書に基づく場合、**以下の点に留意する**

①布基礎の立上りの厚さと底盤の厚さは150㎜以上を確保する。

②布基礎の底盤部分の主筋にはD10以上を用い、その間隔を300㎜以下とする。

③土間コンクリートは、厚さ120㎜以上とし、断面の中心部に、鉄線の径が4.0㎜以上で間隔が150㎜以内のワイヤーメッシュを配する。

④床下の防湿措置は、床下地面全面に対して行う。その方法には、厚さ60㎜以上のコンクリートを打設する方法と、厚さ0.1㎜以上のポリエチレンフィルムを重ね幅150㎜以上で敷き詰める方法とがある。

⑤床下空間には床下換気措置を施す。ねこ土台を用いて措置する場合には、外周部の土台の全周にわたって、1m当たり有効面積75c㎡以上の換気孔を設ける。

⑥アンカーボルトのコンクリートへの埋込み長さは、250㎜以上とする。

⑦柱脚部の短期許容耐力が25kN以下のホールダウン専用アンカーボルトのコンクリート基礎への埋込み長さは、360㎜以上とする。

● **布基礎の各部寸法と配筋**

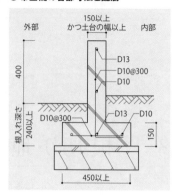

● **コンクリート打込み後の養生**

普通ポルトランドセメントを用いる場合の型枠の存置期間は次の通りとする。

①気温15℃以上では3日以上

②気温5℃以上15℃未満では5日以上

● **アンカーボルトの設置**

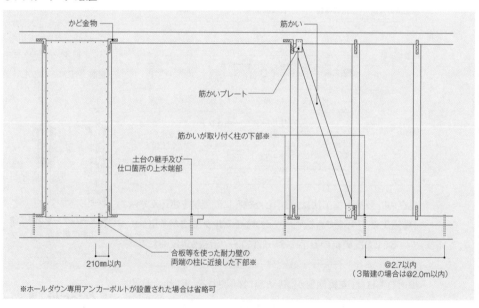

※ホールダウン専用アンカーボルトが設置された場合は省略可

QUESTION

1 　最頻出問題｜一問一答

次の記述のうち、正しいものには○、誤っているものには×をつけよ

1 ☐☐ 敷地の余裕があったので、山留め工法として、法付けオープンカット工法を採用した

2 ☐☐ 山留め工事において、鋼矢板の引抜きに、振動コンパクターを使用した

3 ☐☐ 湧水の多い地盤において、セメントミルクを用いてソイルセメント柱列山留め壁を設置した

4 ☐☐ 比較的良好な地盤に、切込み砂利を用いて砂利地業を行った

5 ☐☐ 砂利地業において、所定の品質を有する再生クラッシャランを使用した

6 ☐☐ ソイルセメントを用いて捨てコンクリート地業を行った

7 ☐☐ 地盤を強化するために、均しコンクリート地業を行った

8 ☐☐ 既製コンクリート杭の打込みに、振動コンパクターを使用した

9 ☐☐ セメントミルク工法による掘削後のアースオーガーの引抜きにおいて、アースオーガーを逆回転させながら行った

10 ☐☐ 既製コンクリート杭の継手は、特記がなかったので、アーク溶接による溶接継手とした

11 ☐☐ オールケーシング工法を用いて山留め工事を行った

12 ☐☐ アースドリル工法による掘削において、支持地盤への到達の確認を、「掘削深度」及び「排出される土」により判断した

ANSWER

→→→

1 ○｜設問記述のとおり

2 ×｜鋼矢板の打込み・引抜きにはバイブロハンマーを用いる

3 ○｜設問記述はソイルセメント柱列壁と、その適用条件の適切な説明

4 ○｜設問記述のとおり（砕石は切込み砂利とも呼ぶ）

5 ○｜再生クラッシャランとはコンクリートガラの破砕物をさす

6 ×｜捨てコンクリート地業には通常のコンクリートが用いられる

7 ×｜均しコンクリート地業はあくまで基礎工事の墨出しや作業面確保のために行われるもので、地盤強化を目的としない

8 ×｜振動コンパクターは地面の転圧を行う機械。打撃工法ではハンマー、振動工法ではバイブロハンマーを使用する

9 ×｜引抜き時も正回転させる

10 ○｜既製コンクリート杭の端部には鋼板が設置されている。一般にこの部分をアーク溶接して杭を継ぐ

11 ×｜オールケーシング工法は場所打ち杭を築く工法

12 ○｜設問記述のとおり

13 ☐☐ 杭工事において、騒音及び振動の測定は、作業場所の敷地境界線において行った

13 ○｜設問記述のとおり

14 ☐☐ 木造住宅において、布基礎の底盤部分の主筋にD10を用い、その間隔を450㎜とした

14 ×｜布基礎の底盤部分の主筋にはD10以上を間隔300㎜以下で設ける

15 ☐☐ 木造住宅において、布基礎の立上りの厚さは150㎜とし、セパレーターを用いて型枠の幅を固定した

15 ○｜木造住宅の布基礎の立上りの仕様として適切である

16 ☐☐ 木造住宅において、床下の防湿措置において、床下地面全面に厚さ0.15㎜のポリエチレンフィルムを、重ね幅100㎜として敷き詰めた

16 ×｜木造住宅の床下の防湿措置にポリエチレンフィルムを用いる場合、重ね幅は150㎜以上にする

17 ☐☐ 木造住宅において、アンカーボルトの埋込み位置は、隅角部及び土台の継手位置付近とし、その他の部分は間隔を2.0mとした

17 ○｜木造住宅のアンカーボルトの設置方法として適切である

18 ☐☐ 木造住宅において、柱脚部の短期許容耐力が25kN以下のホールダウン専用アンカーボルトのコンクリート基礎への埋込み長さを、250㎜とした

18 ×｜短期許容耐力25kN以下のホールダウン専用アンカーボルトは埋込み長さ360㎜以上とする

2 実践問題｜一問一答 →→→

1 ☐☐ 山留め壁に作用する側圧を十分に切梁に伝達させるために、腹起しを連続して設置した

1 ○｜切梁を用いる場合、腹起しを介して山留め壁を支える。現在は油圧ジャッキを設けて、切梁に軸力を導入することが多い（プレロード工法）

2 ☐☐ 杭地業工事において地盤アンカー工法を採用した

2 ×｜地盤アンカーとは山留め壁を支える支保工をさしており、杭地業には用いない

3 ☐☐ 湧水の少ない地盤において釜場工法を用いて排水を行った

3 ○｜釜場工法は雨水排水のみで済むような場合に用いる

4 ☐☐ 地盤沈下を防ぐための地下水処理の工法としてディープウェル工法を採用した

4 ×｜地盤沈下が生じるおそれのある場合は、リチャージ工法を用いる

5 ☐☐ シルト質細砂層の地盤に、真空吸引して揚排水するウェルポイント工法を採用した

5 ○｜設問記述はウェルポイント工法と、その適用条件の適切な説明

6 ☐☐ 支持力のある良好な地盤に、すき取り掘削をして地肌地業を行った

6 ○｜すき取りとは地盤面を平らに削ることをさす。地肌地業とは堅固で良質な地盤を支持面とする地業

7 ☐☐ 独立基礎を設置するために、根切りとして布掘を行った

7 ×｜布掘りは布基礎の根切り方法。独立基礎の場合は、壺掘り

8 ☐☐ 割栗地業における締固めはランマー3回突きとし、凹凸部は目つ

ぶし砂利で上ならしを行った

9 ☐☐ 砂利地業を行うに当たって、床付け面となる深さより地下水位が高かったので、排水して地下水位を下げた

10 ☐☐ 打込み工法による作業地盤面以下への既製コンクリート杭の打込みにおいて、やっとこを用いて行った

11 ☐☐ 打撃工法による既製コンクリート杭の打込みにおいて、支持地盤への到達の確認を、「打込み深さ」及び「貫入量」により判断した

12 ☐☐ 場所打ちコンクリート杭工法には、プレボーリング拡大根固め工法がある

13 ☐☐ アースドリル工法では水中コンクリート打設となるのでトレミー管を用いた

14 ☐☐ アースドリル工法において、掘削深さが所定の深度となり、排出された土によって予定の支持地盤に達したことを確認したので、スライム処理を行った

15 ☐☐ 杭の余盛りを斫り取るため地盤を掘削し、作業後に砂を用いて埋戻した

16 ☐☐ 木造住宅において、天端ならしは、遣方を基準にして陸墨を出し、調合が容積比でセメント1:砂3のモルタルを水平に塗り付けた

17 ☐☐ 木造住宅において、土間コンクリートは、厚さ120㎜とし、断面の中心部に、鉄線の径が4.0㎜で網目寸法が150㎜×150㎜のワイヤーメッシュを配した

18 ☐☐ 木造住宅において、床下換気措置において、ねこ土台を使用するので、外周部の土台の全周にわたって、1m当たり有効面積75cm²以上の換気孔を設けた

19 ☐☐ 木造住宅において、布基礎の底盤を厚さ120㎜、幅450㎜とした

20 ☐☐ 普通ポルトランドセメントを用いたコンクリートの打込み後、気温が10～12℃の日が続いたので、型枠の存置期間を3日間とした

8 ○｜割栗地業や砂利地業の主な目的は土工事で発生した地盤のゆるみを軽減することである。設問記述は標準的な締固め方法である

9 ○｜設問記述のとおりである。床付け面とは均した根切り底をさす

10 ○｜設問記述のとおり。なお「やっとこ」とは雇い杭の通称

11 ○｜設問記述のように打撃工法では、地盤到達を直接確認できる

12 ×｜プレボーリング工法とは既製杭を用いる工法である

13 ○｜トレミー管は水中コンクリート打設に用いるもので、管の先端に逆流を防ぐ仕組みがある

14 ○｜アースドリル工法は注水して掘削するので、孔底の沈殿物（スライム）を除去してからコンクリートを打設する

15 ○｜杭頭処理の際は杭周囲の深掘りを避け、埋戻しは砂質土で行う

16 ○｜木造住宅の基礎の天端ならしの方法として適切である

17 ○｜木造住宅の土間コンクリートの仕様として適切である

18 ○｜現在の木造住宅ではねこ土台（基礎パッキン）を用いて床下換気措置を行うことが一般的である。本問の記述はその仕様として適切である

19 ×｜木造住宅の布基礎の底盤の厚みは150㎜以上とする

20 ×｜コンクリート打込み後の気温が5℃以上15℃未満の場合は、型枠を5日以上存置する

008 鉄筋工事①鉄筋の加工・組立・重ね継手

鉄筋工事に関する設問は、毎年1題以上出題されている。鉄筋工事は、コンクリート構造物の構造耐力に大きく影響するため、適切な施工方法と施工管理方法を知ることが重要である。本項の範囲では、いずれの単元とも出題頻度が高いため確実に学習されたい

1　鉄筋の加工

加工においては、以下の点に留意する

①有害な曲げ、断面欠損・ひび割れ・過度な錆のある鉄筋は用いない。鉄筋表面のごく薄い赤錆は、コンクリートの付着も良好で害はないが、**粉状になる赤錆**は、コンクリートの付着を低下させるのでワイヤブラシ又はハンマーなどで取り除くのがよい

②切断は**シヤーカッター**又は**直角切断機**などによって行う

③鉄筋には、点付け溶接を行わない（公共建築工事標準仕様書）

加工寸法の測定は、突当て長さ（外側寸法）が表中の許容差に納まっていることを確認する

● **加工寸法の許容差**

	項目	符号	許容差(mm)
加工寸法 主筋	**D25以下**	a、b	±15
	D29以上 D41以下	a、b	±20
	あばら筋・帯筋・スパイラル筋	a、b	±5
加工後の全長		ℓ	±20

出典「建築工事標準仕様書・同解説 JASS5 鉄筋コンクリート工事」(社)日本建築学会

● **折曲げ加工**

折曲げ加工は、手動鉄筋折曲げ機、又は自動鉄筋折曲げ機等を用いて、常温もしくは冷間加工とする

● **鉄筋の折曲げ（フック）寸法**（SD390 およびSD490を除く）

折曲げ角度 （余長）	折曲げ内法直径（D）	
	D16以下	D19〜D41
180°（4d以上）		
135°（6d以上）	3d以上	4d以上
90°（8d以上）		

※：90°未満でも上記の数値以上が望ましい

2　鉄筋の組立

● **スラブ・梁・柱におけるバーサポート及びスペーサの設置基準**（JASS5）

部位	スラブ	梁	柱
種類［*］	鋼製・コンクリート製・モルタル製	鋼製・コンクリート製・モルタル製	鋼製・コンクリート製・モルタル製
配置	上端筋、下端筋それぞれ 間隔は0.9m程度 端部は0.1m以内	間隔は1.5m程度 端部は0.5m程度	・上段は梁下より0.5m程度 ・中段は上段より1.5m間隔程度 ・柱幅方向は　1.0m以下2個 　　　　　　　1.0m超え3個
備考		上または下のいずれかと、側面の両側へ対称に設置	同一平面に点対称となるように設置

＊：スペーサは、側面に限りプラスチック製でもよい

鉄筋のあきは、粗骨材の最大寸法の**1.25倍以上**かつ**25㎜以上**。また、丸鋼では径、異形鉄筋では呼び名の数値の**1.5倍以上**とする

● 鉄筋の間隔・あきの最小寸法

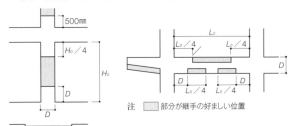

異形鉄筋（D:鉄筋の最外径）	あき	間隔
竹節など	・呼び名の数値の1.5倍 ・粗骨材最大寸法の1.25倍 ・25㎜ のうち最も大きい数値	・呼び名の数値の1.5倍＋最外径 ・粗骨材最大寸法の1.25倍＋最外径 ・25㎜＋最外径 のうち最も大きい数値
ねじ節		

注　丸鋼の場合、「呼び名の数値」を「鉄筋径」と読み替える
出典）「建築工事標準仕様書・同解説 JASS5鉄筋コンクリート工事」（社）日本建築学会

● 鉄筋の清掃

鉄筋に付着した浮きさび・油類・ごみ・土などのコンクリートとの付着を妨げるおそれのあるものは、鉄筋を組み立てる前に除去する

● 鉄筋の保護

鉄筋の組立後、スラブ・梁等には、歩み板を置き渡し、直接鉄筋の上を歩かないようにする（公共建築工事標準仕様書）

● 末端部にフックを付ける鉄筋

丸鋼、あばら筋および帯筋、柱および梁（基礎梁を除く）の出隅部、煙突

3 鉄筋の継手

鉄筋の継手は、原則、**応力**が小さく、かつ常時はコンクリートに**圧縮応力**が生じている部分に設ける。また、1か所に集中して設けない

重ね継手においては、以下の点に留意する
①異形鉄筋の重ね継手の長さは、右表の値とする
②**D35**以上の異形鉄筋には、原則として重ね継手は用いない
③直径の異なる鉄筋相互の重ね継手の長さは、細いほうの**径**による
④フック付き重ね継手の長さは、鉄筋の折曲げ開始点間の距離とし、折曲げ開始点以降のフック部は継手長さに含めない

● 継手の位置（左：柱の場合、右：梁の場合）[*1]

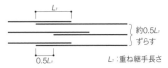

注　▨ 部分が継手の好ましい位置

● 異形鉄筋の重ね継手の長さ（JASS5）

コンクリートの設計基準強度	SD295	SD345
18N／㎟	$45d$（$35d$）	$50d$（$35d$）
21N／㎟	$40d$（$30d$）	$45d$（$30d$）
24〜27N／㎟	$35d$（$25d$）	$40d$（$30d$）
30〜36N／㎟	$35d$（$25d$）	$35d$（$25d$）
39〜45N／㎟	$30d$（$20d$）	$35d$（$25d$）
48〜60N／㎟	$30d$（$20d$）	$30d$（$20d$）

注　（　）内はフック付きの定着の長さ

● 隣接鉄筋の重ね継手のずらし方 [*2]

L_l

約0.5L_l
ずらす

0.5L_l　　L_l：重ね継手長さ

*1・2）出典）「建築工事標準仕様書・同解説 JASS5鉄筋コンクリート工事」（社）日本建築学会

4 各部配筋

柱上下の**断面寸法**が異なる場合には、上下階の柱せいの差は梁せいの範囲内（D以下）、かつ右図に示した数式の範囲とする

鉄筋の台直しをする場合には、コンクリートを斫って緩やかに鉄筋を冷間加工で曲げて行う。台直しとは、設計図書・施工図に示された位置からずれて施工された鉄筋やアンカーボルトをコンクリート硬化後に正規の位置に正すこと

● 柱上下の断面寸法が異なる接合部

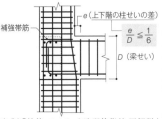

補強帯筋
e（上下階の柱せいの差）
$\dfrac{e}{D} \leqq \dfrac{1}{6}$
D（梁せい）

出典）「鉄筋コンクリート造配筋指針・同解説」（社）日本建築学会

383

鉄筋工事①鉄筋の加工・組立・重ね継手

QUESTION & ANSWER

QUESTION

ANSWER

1　最頻出問題 | 一問一答

→→→

次の記述のうち、正しいものには○、誤っているものには×をつけよ

1 □□　鉄筋の曲げ加工については、設計図書に指定された寸法・形状に合わせ、常温で行った

2 □□　D25の主筋の加工寸法の検査において、特記がなかったので、加工後の外側寸法の誤差が±25mmの範囲のものを合格とした

3 □□　梁の配筋において、特記がなかったので、鉄筋のかぶり厚さを確保するために、端部以外の部分ではスペーサの間隔を、1.5m程度とした

4 □□　粗骨材の最大寸法が20mmの普通コンクリートを用いたので、柱の主筋D19の鉄筋相互のあきを25mm程度とした

5 □□　柱の四隅の主筋において、最上階の柱頭の末端部には、必要がないのでフックを付けなかった

6 □□　重ね継手の長さの指定が40dの場合、D22とD25との継手長さは88cmとした

1 ○｜鉄筋の曲げ加工は、手動鉄筋折曲げ機又は自動鉄筋折曲げ機等を用いて、常温もしくは冷間加工とする

2 ×｜D25以下の主筋の場合は±15mmとする

3 ○｜バーサポート及びスペーサの配置は、梁の間隔は1.5m程度、端部は0.5m程度とする

4 ×｜鉄筋のあきは、粗骨材の最大寸法の1.25倍以上かつ25mm以上。また丸鋼では径、異形鉄筋では呼び名の数値の1.5倍以上とする

5 ×｜あばら筋及び帯筋、柱及び梁の出隅部の鉄筋、煙突の鉄筋の末端部にはフックを付ける

6 ○｜径の異なる鉄筋の重ね継手は細いほうの鉄筋を基準とし、40dとする

2　実践問題 | 一問一答

→→→

1 □□　鉄筋に付着した油類、浮きさび、セメントペースト類は、コンクリート打込み前に除去した

2 □□　梁の配筋後、主筋の交差部の要所において、常温の状態で、点付け溶接を行った

3 □□　D19の異形鉄筋の端部に設ける180度フックにおいて、折り曲げた余長を3dとした

4 □□　鉄筋の折曲げは、熱処理した後、自動鉄筋折曲げ機により行った

1 ○｜コンクリートとの付着を妨げるものは、事前に除去する

2 ×｜鉄筋は熱処理を行った場合は、鋼材としての性能が変わるので避けなければならない

3 ×｜180°フックの余長は、4d以上とする

4 ×｜折曲げ加工は、手動鉄筋折曲げ機又は自動鉄筋折曲げ機等を用いた冷間加工とする

5 ☐☐ 鉄筋組立の結束線は、径0.8mmのなまし鉄線を使用し、その端部は内側に折り曲げた

6 ☐☐ 梁・柱・基礎梁・壁の側面のスペーサは、特記がなかったので、プラスチック製のものを用いた

7 ☐☐ D19の異形鉄筋の端部に設ける90°フックにおいて、折曲げ内法直径を60mmとした

8 ☐☐ 帯筋のフックの位置は、直近の帯筋のフックと同じ位置にした

9 ☐☐ 柱の主筋の継手位置は、応力の大きい上下端部を除いた部分に設けた

10 ☐☐ 重ね継手の長さは、末端のフック部分の長さを含めた

11 ☐☐ 隣り合う重ね継手の継手位置は、1箇所に集中しないよう相互に継手長さの0.5倍以上ずらして設けた

12 ☐☐ 鉄筋の重ね継手において、鉄筋径が異なる異形鉄筋相互の継手の長さは、太いほうの鉄筋径により算出した

13 ☐☐ 鉄筋の組立後、直接、鉄筋の上を歩かないように、スラブや梁に歩み板を置き渡した

14 ☐☐ 柱の主筋の台直しが必要になったので、鉄筋を常温で緩やかに曲げて加工した

15 ☐☐ 柱の配筋において、鉄筋のかぶり厚さを確保するために使用するスペーサについては、特記がなかったので、同一平面に点対称となるように設置した

MEMO | **目で覚える！ 重要ポイント**

● **鉄筋の台直し**

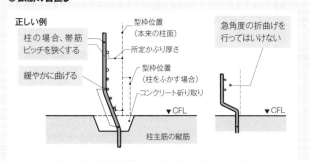

正しい例

- 柱の場合、帯筋ピッチを狭くする
- 緩やかに曲げる
- 型枠位置（本来の柱面）
- 所定かぶり厚さ
- 型枠位置（柱をふかす場合）
- コンクリート斫り取り
- ▽CFL
- 柱主筋の縦筋

急角度の折曲げを行ってはいけない
- ▽CFL

---

5 ○｜鉄筋相互の結束には、通常0.8～0.85mm程度のなまし鉄線を使用し、コンクリート表面に突出しないよう必ず部材内部へ折り曲げる（JASS5）

6 ○｜スペーサは側面に限りプラスチック製でもよい

● **バーサポートとスペーサ**

バーサポート

スラブ上端筋

スペーサ（ドーナツ型）

7 ×｜90°フックの折曲げ内法直径は4d以上とする

8 ×｜隣り合う帯筋のフックの位置は、ずらして設ける

9 ○｜鉄筋の継手は、原則として応力の小さいところで、かつ常時はコンクリートに圧縮応力が生じている部分に設ける

10 ×｜フック付き重ね継手の長さは、鉄筋の折曲げ開始点間の距離とする

11 ○｜隣接鉄筋の重ね継手は、0.5倍以上ずらし、1か所に集中して設けない

12 ×｜直径の異なる鉄筋相互の重ね継手の長さは、細いほうの径による

13 ○｜鉄筋の組立後、スラブ、梁等には、歩み板を置き渡し、直接鉄筋の上を歩かないようにする

14 ○｜鉄筋の台直しをする場合には、コンクリートを斫って緩やかに鉄筋を冷間加工で曲げて行う

15 ○｜柱の配筋では、同一平面に点対称となるようにスペーサを設置する（JASS5）

009 鉄筋工事②ガス圧接継手、鉄筋の定着、かぶり厚さ

本項の範囲では、特に「ガス圧接継手」と「かぶり厚さ」に関しての出題頻度が突出しているため、「鉄筋の定着長さ」も含め細かな数値を含めて確実に記憶しておくことが重要である

1　ガス圧接継手

□　ガス圧接継手の施工は、(公社)日本鉄筋継手協会「鉄筋継手工事標準仕様書」によって行う。以下の点に留意する。
①圧接可能な鉄筋の種類はSD490、鉄筋径はD51まで
②圧接部は、折曲がり、焼割れ、へこみ、垂下がり等がないことのほか、右図に示す条件を満たすこと
③ガス圧接の継手部分であっても鉄筋のかぶり厚さを確保する
④ガス圧接部は、原則として**400**㎜以上ずらす

●**平12建告1463号に示される、圧接継手に関する主な規定**

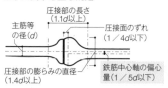

出典）「建築工事標準仕様書・同解説JASS5」(社)日本建築学会

□　外観検査で不合格となった不良ガス圧接は補正する

●**ガス圧接継手の継手部の検査**（公共建築工事標準仕様書）

検査項目	試験・検査方法	回数
外観検査	目視・ノギス・スケールなどによる	全数検査
超音波探傷法	JIS Z 3062	抜取り検査、1検査ロット[*]からランダムに30か所
引張試験法	JIS Z 3120	抜取り検査

＊：1検査ロットは、1組の作業班が1日に施工した圧接箇所の数量

●**不良ガス圧接の補正**（公共建築工事標準仕様書）

不良原因	圧接部の措置
・鉄筋中心軸の偏心量が規定値を超えた場合 ・**圧接面のずれが規定値を超えた場合** ・形状が著しく不良なもの、圧接部（内部欠陥を含む）に有害と認められる欠陥を生じた場合	圧接部を切り取って再圧接する
・**膨らみの直径又は長さが規定値に満たない場合** ・折れ曲がりの角度が規定値（2°）を超えた場合	再加熱して修正する

> ガス圧接継手の継手部の検査では、全数検査による外観検査を行い、抜取り検査による1検査ロットから無作為の30か所において超音波探傷試験を行う

2　鉄筋の定着とかぶり厚さ

□　鉄筋の定着長さは次頁の表のとおり。梁筋の外柱への定着長さは、右図に示すように通常は90度フック付き定着とし、柱せいの3／4倍以上のみ込ませて定着長さ（L_{2h}）を確保する

●**一般層の梁筋の定着**

| L_{2h} | L_0／4　15d以上 |
| 梁 |
| L_{2h} | 20d以上 |
| 柱 |

L_{2h}：フック付き定着長さ
L_0：有効スパン

出典）「建築工事標準仕様書・同解説JASS5」(社)日本建築学会

right
計画
法規
構造
施工

●鉄筋の定着長さ

コンクリートの設計基準強度（N／㎜²）	小梁・スラブの下端筋を除く直線定着の長さL_2（前頁図）		小梁・スラブの下端筋の直線定着の長さ	
	SD295A SD295B	SD345	小梁	スラブ
18	40d（30d）	40d（30d）		
21	35d（25d）	35d（25d）		
24〜27	30d（20d）	35d（25d）	20d（10d）	10dかつ150㎜以上（ー）
30〜36	30d（20d）	30d（20d）		
39〜45	25d（15d）	30d（20d）		
48〜60	25d（15d）	25d（15d）		

注　（　）内はフック付きの定着の長さL_{2h}とL_{3h}
出典「建築工事標準仕様書・同解説JASS5」(社)日本建築学会

かぶり厚さとは、ある部材の最も外側に配置された鉄筋表面からコンクリート表面までのコンクリート層の厚さのことをいう。最小かぶり厚さは、以下に示す値以上とする

●最小かぶり厚さ（普通コンクリートを用いた場合）

（単位:㎜）

部材の種類		一般劣化環境（非腐食環境）	一般劣化環境（腐食環境）計画供用期間の級		
			短期	標準・長期	超長期
構造部材	柱・梁・耐力壁	30	30	40	40
	床スラブ・屋根スラブ	20	20	30	40
非構造部材	構造部材と同等の耐久性を要求する部材	20	20	30	40
	計画供用期間中に保全を行う部材	20	20	30	30
直接土に接する柱・梁・壁・床及び布基礎の立上り部		40			
基礎		60			

注　耐久性上有効な仕上げを施す場合一般劣化環境（腐食環境）では、最小かぶり厚さを10㎜減らせる
出典「建築工事標準仕様書・同解説JASS5」(社)日本建築学会

誘発目地・施工目地などを設ける場合は、**令79条**に規定する数値を満足し、構造耐力上、**防水性上**及び**耐久性上**有効な措置を講じれば、上表及び設計かぶり厚さの規定を適用しなくてもよい。この場合のかぶり厚さは、目地底から鉄筋の外側表面までをいう（右下図）

柱及び梁の主筋に**D29**以上を使用する場合は、主筋のかぶり厚さを径の**1.5倍**以上確保するように**最小かぶり厚さ**を定める（公共建築工事標準仕様書）

柱・梁筋のかぶりは、**主筋**の外まわりを包んでいる帯筋・あばら筋の外側から算定する（建築工事監理指針）

基礎の鉄筋のかぶり厚さについては、**捨てコンクリート**の厚さを含めない

●フック付き鉄筋の定着長さの定義
フック付きは、直線定着から10d減じた値とする。フック付き鉄筋の定着長さは、定着起点から鉄筋の折曲げ開始点までの距離とし、折曲げ開始点以降のフック部は定着長さに含まない

●令79条（鉄筋のかぶり厚さ）

部位	かぶり厚さ
耐力壁以外の壁、床	20㎜以上
耐力壁、柱、梁	30㎜以上
直接土に接する壁、柱、床、梁、布基礎の立上り部分	40㎜以上
基礎（布基礎の立上り部分を除く）の捨てコンクリートの部分を除く	60㎜以上

設計かぶり厚さは、施工を考慮して、必要な最小かぶり厚さの値に10㎜を加えた値以上として、工事監理者の承認を受けよう

●打継ぎ目地部分のかぶり厚さ

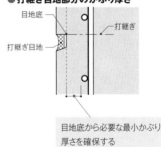

目地底から必要な最小かぶり厚さを確保する

387

鉄筋工事②ガス圧接継手、鉄筋の定着、かぶり厚さ

QUESTION

1 　最頻出問題｜一問一答

次の記述のうち、正しいものには○、誤っているものには×をつけよ

1 ☐☐ ガス圧接に先立ち、冷間直角切断機による鉄筋の端面処理を行った

2 ☐☐ 外観検査において、鉄筋のガス圧接部の鉄筋中心軸の偏心量が規定値を超えていたので、ガス圧接部を切り取って再圧接した

3 ☐☐ ガス圧接継手において、圧接部における鉄筋中心軸の偏心量は、鉄筋径の1／5d以下とした

4 ☐☐ 柱の主筋の定着長さは、鉄筋の種類、コンクリートの設計基準強度及びフックの有無により決定した

5 ☐☐ 梁主筋を柱内に定着させる部分では、柱せいの3／4の位置において、梁主筋を折り曲げた

6 ☐☐ 設計かぶり厚さは、必要な最小かぶり厚さに施工による誤差などを割増しした値とした

7 ☐☐ 梁の貫通孔に接する鉄筋のかぶり厚さは、梁の鉄筋の最小かぶり厚さと同じとした

8 ☐☐ 鉄筋径が異なるガス圧接継手において、圧接部のふくらみの直径を、細いほうの鉄筋径の1.4倍以上とした

9 ☐☐ 基礎の鉄筋の組立に当たって、鉄筋のかぶり厚さには、捨てコンクリート部分の厚さを含めなかった

10 ☐☐ 降雨時のガス圧接において、覆い等を設けたうえで作業を行った

ANSWER

→→→

1 ○｜圧接端面の鉄筋は原則、冷間直角切断機で切断する

2 ○｜鉄筋中心軸の偏心量や圧接面のずれが規定値を超えた場合や、形状が著しく不良なもの、圧接部（内部欠陥を含む）に有害と認められる欠陥を生じた場合は、圧接部を切り取って再圧接する（公共建築工事標準仕様書）

3 ○｜ガス圧接継手において、圧接部における鉄筋中心軸の偏心量は、1／5d以下とする（JASS5）

4 ○｜小梁・スラブの下端筋を除く鉄筋の定着長さは、コンクリートの設計基準強度、鉄筋の種類及びフックの有無によって定まる（JASS5）

5 ○｜一般層における梁筋の外柱への定着長さは、原則として柱せいの3／4倍以上とする（JASS5）

6 ○｜設計かぶり厚さは、鉄筋や型枠の加工・組立精度、部材の納まり、仕上げ材の割付け、コンクリート打込み時の変形・移動などを考慮して、最小かぶり厚さの値に10㎜を加えた値以上として、工事監理者の承認を受ける（JASS5）

7 ○｜部材に含まれる配筋は、最小かぶり厚さを確保する必要がある

8 ｜鉄筋径が異なる場合には、細いほうの鉄筋径の1.4倍以上とする（公共建築工事標準仕様書）

9 ○｜基礎のかぶり厚さは、捨てコンクリートの厚さを含めない（JASS5）

10 ○｜降雨、降雪又は強風の時、風除けや覆い等の設備を設置した場合には、作業を行うことができる（公共建築工事標準仕様書）

2 実践問題 | 一問一答 →→→

1 ☐☐ SD345のD22とD32との継手については、手動ガス圧接とした

2 ☐☐ 柱主筋をガス圧接継手とし、隣り合う主筋の継手は、同じ位置とならないように300㎜ずらした

3 ☐☐ ガス圧接継手の外観試験は、1日に行った圧接箇所のうち過半数について実施した

4 ☐☐ ガス圧接継手において、外観検査の結果、明らかな折れ曲がりが生じたことによって不合格となった圧接部を、再加熱して修正した

5 ☐☐ 屋根スラブの下端筋として用いた異形鉄筋の定着長さは、「鉄筋の径（呼び名の数値）の10倍以上」かつ「150㎜以上」とした

6 ☐☐ フックがある場合の梁の鉄筋の定着長さは、末端のフックの部分の長さを除いたものとした

7 ☐☐ 梁の主筋にD29を使用したので、主筋の最小かぶり厚さを、その主筋径（呼び名の数値）と同じとした

8 ☐☐ 梁の鉄筋のかぶり厚さの検査は、コンクリートの打込みに先立って行った

9 ☐☐ 普通コンクリートを用いる場合、土に接する布基礎の立上り部分については、設計かぶり厚さを50㎜とした

10 ☐☐ 柱の鉄筋のかぶり厚さは、主筋の外側表面から、これを覆うコンクリート表面までの最短距離とした

11 ☐☐ 梁の鉄筋のかぶり厚さは、あばら筋の外側から測定した

12 ☐☐ 大梁上端筋のガス圧接継手の中心位置は、梁端から梁の中央に向かって、柱の躯体表面から大梁の内法長さの1/5以内とした

1 ×｜鉄筋径又は呼び名の差が7㎜を超える場合には、原則として圧接継手を設けてはならない（公共建築工事標準仕様書）

2 ×｜隣接鉄筋のガス圧接部は、施工性を考慮し400㎜以上ずらすことを原則とする（JASS5）

3 ×｜ガス圧接継手の外観検査は、目視、ノギス、スケールなどによって全数検査しなければならない（公共建築工事標準仕様書）

4 ○｜圧接部における膨らみの直径又は長さが規定値に満たない場合、著しい曲がりを生じた場合には再加熱して修正する（JASS5）

5 ○｜小梁・スラブの下端筋における直線定着の長さは、小梁の場合には20d、スラブの場合には10dかつ150㎜確保する（JASS5）

6 ○｜フック付き鉄筋の定着長さは、定着起点から鉄筋の折曲げ開始点までの距離とし、折曲げ開始点以降のフック部は定着長さに含まない（JASS5）

7 ×｜柱及び梁の主筋に異形鉄筋を使用する場合は、主筋の最小かぶり厚さを径の1.5倍以上とする

8 ○｜かぶり厚さの検査は、原則としてコンクリートの打込み前の配筋検査時に行う（JASS5）

9 ○｜土に接する布基礎の立上り部分の最小かぶり厚さは40㎜なので、これに施工誤差を加味して10㎜加えて設計かぶり厚さとする（JASS5）

10 ×｜かぶり厚さとは、ある部材の最も外側に配置された鉄筋表面からコンクリート表面までのコンクリート層の厚さのことをいう（JASS5）

11 ○｜前問と同様

12 ×｜大梁上端筋の継手は、中央部で大梁内法寸法の1／2以内の位置とする（JASS5）

010 型枠工事

型枠工事に関する設問は、毎年1題出題されている。型枠工事は、コンクリート部材の形状・位置・寸法・表面性状を決めるほか、硬化後の構造体コンクリートの品質にまで影響するため、適切な施工方法と施工管理方法を知ることが重要である

1　せき板の種類と特徴

主なせき板（型枠の一部）の種類と特徴は次のとおり

①**コンクリート型枠用合板**：JAS（日本農林規格）に定められるコンクリート型枠用合板であり、**塗装又はオーバーレイ加工**を施したもの（表面加工コンクリート型枠用合板）が一般的には用いられる。厚さは、特記によるが、特記がなければ**12㎜**とする

②**床型枠用鋼製デッキプレート**：薄鋼板を折曲げ加工して**面外剛性を高めた**もの。支柱を大幅に減らすことができ、**施工の省力化**が可能である

③**金属製型枠パネル**：金属製の面材と枠組材を組み合わせたもので、剛性が高く、**耐久性に優れる**。仕上がりが平滑で、組立・解体が容易である。JIS A 8652「金属製型わくパネル」で規定されている

● コンクリート型枠用合板の保管

保管の際には、コンクリート表面の硬化不良等を防止するために、できるだけ直射日光にさらされないよう、シート等を用いて保護する

● せき板の再使用

再使用する場合には、コンクリートに接する面をよく清掃し、締付けボルト等の貫通孔あるいは破損箇所を修理のうえ、必要に応じて剥離剤を塗布して用いる

2　型枠支保工の設計

型枠支保工の設計時、型枠の強度及び剛性の計算は、打込み時の振動・衝撃を考慮したコンクリート施工時の**鉛直荷重**、**水平荷重**及び**コンクリートの側圧**について行う

● コンクリートの側圧

型枠設計用コンクリートの側圧は、打込み速さおよび部位にかかわらず一律で液圧（$W_0 \times H$）として計算する。

W_0：フレッシュコンクリートの単位容積重量（kN／㎥）

H　：フレッシュコンクリートのヘッド（m）（側圧を求める位置から上のコンクリートの打込み高さ）

3　型枠の加工・組立

在来の一般的な型枠工法は、せき板・支保工・締付け金物などで構成され、コンクリートの打込みに際して掛かる施工荷重によって、変形、損傷などが生じないようにしなければならない

● 締付け金物

部材	特徴
セパレータ	せき板を所定の間隔に保つために用いる主として鋼製の部品
コーン	コンクリート表面が打放し仕上げの場合に用いるもので、セパレータ端部がコンクリート表面に露出するのを防ぐための部品[*]
ターンバックル	型枠を固定するためのねじによる引締め金具

＊：コーンは、せき板を取り外した後に取り出し、穴をモルタルなどで埋める

● 締付け金物本体（通称：フォームタイ）

型枠を建てたら、外側からフォームタイ、内側からコーンを型枠の孔に取りつける

● 型枠の足場等への固定（労働安全衛生規則）

● 型枠施工の留意点

・上下階の支柱の位置は、できるだけ**同じ位置**に配置する

・型枠には清掃用の掃除口を必ず設け、打込み前に型枠内の不要物を取り除く

・所定の鉄筋かぶり厚さを確保する

・コンクリートの充填不足が予想される箇所については、空気孔を設ける等の措置を講じる

・ボックス、スリーブ等はコンクリートの打込み時の流れによって位置がずれないよう、堅固に取り付ける(労働安全衛生規則)

型枠を足場などの仮設物に連結させない

● 型枠支保工の組立に関する安全基準

(労働安全衛生規則242条より抜粋)

パイプサポートを支柱として用いる場合は、

①パイプサポートを3以上継いで用いないこと

②パイプサポートを継いで用いるときは、4以上のボルト又は専用の金具を用いて継ぐこと

③高さが3.5mを超えるときは、高さ2m以内ごとに水平つなぎを二方向に設け、かつ、水平つなぎの変位を防止すること

4 型枠支保工の存置期間

基礎・梁側・柱・壁のせき板の存置期間は、計画供用期間の級が「短期及び標準」の場合は「**5N/㎟以上**」に、コンクリートの圧縮強度が達したことが確認されるまでとする

計画供用期間の級が「短期及び標準」の場合、せき板の存置期間中の平均気温が10℃以上で、コンクリートの材齢が下表に示す日数以上経過すれば、圧縮強度試験を必要とすることなく、せき板を取り外すことができる

● せき板の取外し

スラブ下及び梁下のせき板の取外しは、原則として支保工を取り外した後とする。ただし、施工法によっては支柱を取り外すことなくせき板を取り外せる場合があり、設計基準強度の50%の強度発現を準用するか、適切な構造計算により十分安全が確かめられれば、支柱を取り外す前にせき板を取り外すことができる(昭46建告110号)

● せき板の存置期間を定めるためのコンクリートの材齢

結合材の種類 / 平均気温	コンクリートの材齢(単位:日)			
	早強ポルトランドセメント	普通ポルトランドセメント 高炉セメントA種 フライアッシュセメントA種 フライアッシュセメントA種	高炉セメントB種 シリカセメントB種 フライアッシュセメントB種 フライアッシュセメントB種相当	中庸熱ポルトランドセメント 低熱ポルトランドセメント 高炉セメントC種 高炉セメントC種相当 フライアッシュセメントC種 フライアッシュセメントC種相当
20℃以上	2	4	5	7
20℃未満 10℃以上	3	6	8	9

スラブ下及び梁下の**支保工の存置期間**(JASS5)は、構造体コンクリート強度が設計基準強度に達したこと(設計基準強度の**100%以上**)が確認されるまでとする。これより早く支保工を取り外す場合は、実際のコンクリートの圧縮強度が構造体を支持できる強度を上回ることを確認しなければならない。ただし、「**最低12N/㎟以上**」としなければならない(片持スラブおよび片持梁を除く)

● 支保工の存置期間を定めるための強度試験(JASS5)

・標準養生及び現場水中養生(平均気温20℃以上)した供試体の場合、圧縮強度が調合管理強度以上

・現場水中養生(平均気温20℃未満)及び現場風乾養生した供試体の場合、圧縮強度が品質基準強度に3N/㎟を加えた値以上

● 型枠の取外し後

・せき板の取外し後は、セメント種類ごとに所定の材齢まで継続して湿潤養生を行う(JASS5)

・型枠の取外し後、有害なひび割れ・たわみの有無を調査する

圧縮試験なしに、せき板を取り外せるのは側板のみ!

QUESTION　　　　　　　　　　　　　　　　　　　　　　　ANSWER

1　最頻出問題｜一問一答

→→→

次の記述のうち、正しいものには○、誤っているものには×をつけよ

1 □□　構造体コンクリートの圧縮強度が設計基準強度（18 N／㎟）の90％に達し、かつ、施工中の荷重及び外力について構造計算による安全が確認されたので、梁下の支柱を取り外した

1 ○｜設計基準強度に達する前にスラブ下および梁下の支保工を取り外す場合は、コンクリートの圧縮強度が12 N／㎟以上で、かつ、適切な計算方法によりその部材の安全を確認する必要がある（JASS5）

2 □□　柱及び壁のせき板は、コンクリートの圧縮強度が5 N／㎟に達したことを確認した後に、取り外した

2 ○｜基礎、梁側、柱及び壁のせき板の存置期間は、「5 N／㎟以上」に、コンクリートの圧縮強度が達したことが確認されるまでとする（JASS5）

3 □□　支柱として使用するパイプサポートは、3本継ぎとし、それぞれ4本のボルトで継いで強固に組み立てた

3 ×｜パイプサポートを3以上継いで用いない。継いで用いるときは4以上のボルトまたは専用の金具を用いる（労働安全衛生規則242条）

4 □□　梁の側面のせき板は、建築物の計画供用期間の級が「標準」であり、普通ポルトランドセメントを使用したコンクリートの打込み後5日間の平均気温が20℃以上あったので、圧縮試験を行わず取り外した

4 ○｜せき板の存置期間中の平均気温が20℃以上であれば、コンクリートの材齢が4日以上経過すれば、圧縮強度試験を必要とすることなく取り外すことができる（JASS5）

5 □□　木製のせき板には、コンクリートの硬化不良を防ぐために、長期間、直射日光で乾燥させたものを使用した

5 ×｜コンクリート表面の硬化不良などを防止するために、シートなどを用いて保護する

2　実践問題｜一問一答

→→→

1 □□　せき板の取外し後は、直ちに、所定の材齢までの期間、コンクリートの表面を湿潤状態で養生した

1 ○｜せき板を取り外した後には、継続してセメントの種類ごとに所定の材齢まで湿潤養生を行う（JASS5）

2 □□　梁下のせき板は、支保工を取り外した後に、取り外した

2 ○｜スラブ下及び梁下のせき板の取外しは、原則として支保工を取り外した後とする（JASS5）

3 □□　コンクリートの打込み後5日間の平均気温が20℃以上であったので、圧縮強度試験を行わずに柱及び壁のせき板を取り外した

3 ○｜普通ポルトランドセメントを用いたコンクリートのせき板の存置期間は、平均気温が20℃以上あれば材齢4日である（JASS5）

4 □□　コンクリート床スラブの型枠を支える支柱は、上下階で平面上の同一位置になるようにした

4 ○｜上下階の支柱はできるだけ同じ位置に支柱を配置する（JASS5）

5 □□　支柱として用いるパイプサポートの高さが3.6 mであったので、水

平つなぎを高さ2.5mの位置とし、二方向に設けるとともに、水平つなぎの変位を防止した

6 ☐☐ せき板として用いるコンクリート型枠用合板の厚さは、特記がなかったので、12mmとした

7 ☐☐ 型枠は足場等の仮設物とは連結させずに設置した

8 ☐☐ 型枠は、垂直せき板を取り外した後に、水平せき板を取り外せるように組み立てた

9 ☐☐ 型枠に掛かるコンクリートの側圧が、過大にならないようにするため、コンクリートの打込み速さを考慮した

10 ☐☐ 一度使用した型枠は、コンクリートに接する面をよく清掃し、締付けボルト等の貫通孔を修理のうえ、剥離剤を塗布し、再使用した

5 × | 高さが3.5mを超えるときは、高さ2m以内ごとに水平つなぎを二方向に設ける（労働安全衛生規則242条）

6 ○ | 厚さは、特記によるが、特記がなければ厚さ12mmとする（公共建築工事標準仕様書）

7 ○ | 型枠は足場等の仮設物に連結させない

8 ○ | スラブ下及び梁下のせき板の取外しは、原則として支保工を取り外した後とする（JASS5）ため、垂直のせき板の取外しが先行する

9 ○ | コンクリートの打込み速さが速いと、側圧が過大になる場合がある（JASS5）

10 ○ | コンクリートに接する面をよく清掃し、貫通孔あるいは破損箇所を修理のうえ、必要に応じて剥離剤を塗布して再使用する（JASS5）

MEMO | **目で覚える！ 重要ポイント**

●在来の一般的な型枠工法における組立例

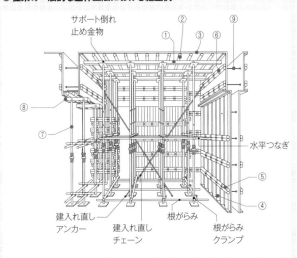

① スラブ型枠大引：スラブの型枠で根太を支持する。根太と直交して配置する
② スラブ型枠根太：スラブの型枠で、せき板を支持する
③ スラブ型枠せき板：スラブの型枠でコンクリートに直に接し、コンクリートの流出を防ぐ
④ 壁型枠内端太：壁の型枠で、せき板の破壊・変形を防ぐ
⑤ 壁型枠外端太：壁の型枠で、内端太の破壊・変形を防ぐ
⑥ 柱型枠せき板：柱の型枠でコンクリートに直に接し、コンクリートの流出を防ぐ
⑦ パイプサポート：床・梁底の型枠で、大引を支持する
⑧ 梁下受木：梁の型枠を下部で支承する
⑨ セパレーター：柱・梁側・壁の型枠で、両側のせき板の間隔を維持し、側圧による外側への変形を防ぐ

出典）「型枠の設計・施工指針」(社)日本建築学会

●支保工を建てる

根太　　パイプサポート　大引

●パイプサポートと単管

縦(内)端太　　パイプサポート　横(外)端太(単管)
　　　　　　　（支柱）

011 コンクリート工事①運搬・打込み等

コンクリート工事に関する設問は、毎年2題出題されている。出題範囲が広く、かつ詳細な数値に関する出題が多いため、確実に学習するよう心掛けたい。特に「コンクリートの運搬・打込み及び締固め」に関する問題が頻出している

1　コンクリートの種類及び品質

□　コンクリートの種類は次のように大別できる
　①気乾単位容積質量による区分：普通コンクリート、軽量コンクリート1種・2種、重量コンクリート
　②施工条件による区分：寒中コンクリート、暑中コンクリート、流動化コンクリート、鋼管充填コンクリート、プレキャスト複合コンクリート、マスコンクリート、水中コンクリート、現場練りコンクリート
　③使用材料による区分：軽量コンクリート、低収縮コンクリート、再生骨材コンクリート

□　**普通コンクリート**とは、主として普通骨材を使用し、気乾単位容積質量がおおむね**2.1～2.5t /㎥**の範囲のコンクリートである

□　**軽量コンクリート**とは、骨材の一部又は全部に人工軽量骨材を使用し、単位容積質量を普通コンクリートより**小さく**したコンクリートである。なお、人工軽量骨材は、運搬中のスランプ低下やポンプ圧送時の**圧力吸水**を少なくするため、あらかじめ十分に吸水（**プレソーキング**）させたものを使用する

□　**寒中コンクリート**とは、コンクリートの打込み後の**養生期間**で凍**結**するおそれのある場合に施工されるコンクリートである

□　**調合設計による収縮ひび割れの防止対策**として、
　①単位粗骨材量は、コンクリートに所要のワーカビリティーが得られる範囲内で、できるだけ大きく定める（これにより、細骨材率をできるだけ小さくでき、同一スランプ、水セメント比のもとでは、単位水量と単位セメント量を小さくでき、ひび割れ防止になる）
　②単位水量は、所要のワーカビリティーが得られる範囲内で、できるだけ小さく定める
　③スランプを小さくする（スランプが大きいと粗骨材とモルタルが分離しやすくなり、分離したモルタルの多い箇所では**収縮ひずみ**が大きくなる）

● **使用するコンクリートの品質**
所定または所要のワーカビリティー、気乾単位容積質量、強度、ヤング係数、乾燥収縮率、耐久性、資源循環性、低炭素性、環境安全性を有するものとする

● **構造体コンクリートの品質**
所定または所要の強度、ヤング係数、気乾単位容積質量、耐久性及び耐火性を有し、有害な欠陥部のないものとする

● **暑中コンクリート工事の適用期間**
日平均気温の平年値が25°Cを超える期間に打込むコンクリートのこと。荷卸し時のコンクリート温度は原則として35°C以下とする

● **寒中コンクリート工事の適用期間**
下記のいずれかに該当する期間を基準とする
（1）打込み日を含む旬の日平均気温が4℃以下の期間
（2）コンクリート打込み後91日までの気温に基づく積算温度M_{91}が840° D·D未満の期間

材料が主原因となるひび割れには、セメントや水、骨材の量などが大きくかかわるんだ

2 コンクリートの運搬・打込み・締固め

☐ コンクリートの運搬機器は、運搬による品質変化が少ないものを選定する。コンクリートの練混ぜから打込み終了までの時間は、外気温が**25℃未満**の場合は**120分**、**25℃以上**の場合は**90分**を限度とする

☐ **コンクリートポンプ工法**による運搬は、コンクリートの圧送に先立ち、**先送りモルタル**を圧送して配管内面の潤滑性を付与し、コンクリートの品質変化を防止する。先送りモルタルは、型枠内に打ち込まない

☐ 1回に打ち込むよう計画された区画内では、コンクリートが一体となるよう連続して打ち込む。また、**パラペット立上り・庇（ひさし）・バルコニー**等は、これを支持する構造体部分と同一の打込み区画とする

☐ コンクリートの打込み速度は、良好な**締固め**ができる範囲とする。沈みひび割れを防止するため、**鉛直部材（柱・壁**など）の**打込み**が終わったらいったん打ち止めて十分な締固めを行い、沈降のほぼ終了後、梁を打ち込み、梁のコンクリートが落ち着いたのち**スラブ**を打ち込む

☐ コンクリートの自由落下高さ及び水平移動距離は、コンクリートが分離しない範囲とする

☐ **打重ね時間の間隔**は、**コールドジョイント**が生じない範囲として定め、一般的には、外気温が**25℃未満**の場合は**150分**、**25℃以上**の場合は**120分**を目安とし、先に打ち込んだコンクリートの再振動可能時間以内を限度とする

☐ 内部振動機は、打込み各層で用い、その下層に振動機の先端が入るようほぼ鉛直に挿入する。振動機の挿入間隔は振動体の呼び径の10倍程度が目安（呼び径45㎜の場合、60㎝程度以下）

☐ 打設後のコンクリートの沈み、材料分離、**ブリーディング**及びプラスティック収縮ひび割れなどによる不具合は、コンクリートの凝結が終了する前に**タンピング**などにより処置するとともに、散水などの**湿潤養生**を行うとよい

●打設後のコンクリート

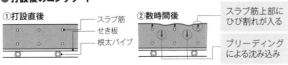

●コンクリートの運搬・打込み

生コン工場からコンクリートを運搬　　コンクリートを圧送（ポンプ工法）

生コン車　　ポンプ車

●輸送管
輸送管の配置にあたっては、型枠、配筋及びすでに打設したコンクリートに振動による有害な影響を与えないように、支持台や緩衝材を使用する。また、輸送管の呼び寸法は下表による

粗骨材の 最大寸法(㎜)	輸送管の 呼び寸法(㎜)
20	100A以上
25	
40	125A以上

●シュート
コンクリートが分離しないように原則として縦型シュートとする

●コンクリート打込み
目的の位置にできるだけ近づけ打ち込む。同一区画に2つの工場で製造されたレディーミクストコンクリートを打ち込まない。また、スラブの打込みは、遠方から手前に打ち続けるように行う。また、コンクリートの打込み中には、ワーカビリティーが安定していることを目視により確認する

圧送工

●締固め
鉄筋や埋設物などの周辺や型枠の隅々までコンクリートが充填され、密実なコンクリートが得られるように行う

●内部振動機
加振時間は、1か所5〜15秒の範囲とするのが一般的。引き抜くときは、コンクリートに穴を残さないように加振しながら徐々に引き抜く

1　最頻出問題｜一問一答

→→→

コンクリートの種類・強度に関する用語とその説明との組合せとして、正しいものには○、誤っているものには×をつけよ

1 ☐☐　普通コンクリート ─────── 普通ポルトランドセメントを用いるコンクリート

2 ☐☐　寒中コンクリート ─────── 打込み後の養生期間に、コンクリートが凍結するおそれのある時期に施工されるコンクリート

3 ☐☐　軽量コンクリート ─────── 人工軽量骨材を一部又は全部に用いるコンクリートで、単位容積質量を小さくしたコンクリート

1　× │ 普通コンクリートとは、主として普通骨材を使用し、気乾単位容積質量がおおむね2.1～2.5t／㎥の範囲のコンクリートである（JASS5）

2　○ │ 設問記述のとおり

3　○ │ 設問記述のとおり

2　実践問題｜一問一答

→→→

次の記述のうち、正しいものには○、誤っているものには×をつけよ

1 ☐☐　ポンプによるスラブの打込みは、コンクリートの分離を防ぐため、前へ進みながら行った

2 ☐☐　コンクリートの練混ぜ開始から打込み終了までの時間は、外気温が30℃であったので90分以内とした

3 ☐☐　コンクリートの圧送において、粗骨材の最大寸法が20㎜であったので、その寸法に対する輸送管の呼び寸法は100Aとした

4 ☐☐　コンクリートの打込みにおいて、同一区画の打込み継続中における打重ね時間の間隔は、外気温が20℃であったので、120分以内とした

5 ☐☐　コンクリートの締固めにおいては呼び径45㎜の内部振動機を用いて、その挿入間隔を60㎝以下として行った

1　× │ 打込みは、遠方から手前に打ち続けるように行う（建築工事監理指針）

2　○ │ コンクリートの練混ぜから打込み終了までの時間の限度は、外気温が25℃未満の場合は120分、25℃以上の場合は90分とする（JASS5）

3　○ │ 輸送管の呼び寸法は粗骨材の最大寸法による。粗骨材の最大寸法が20㎜の場合は、100A以上（JASS5）

4　○ │ 打重ね時間間隔の限度は、コールドジョイントが生じない範囲として定め、一般的には、外気温が25℃未満の場合は150分、25℃以上の場合は120分を目安とし、先に打ち込んだコンクリートの再振動可能時間以内とする（JASS5）

5　○ │ 振動機の挿入間隔は60㎝以下とし、1箇所あたり5～15秒間の加振を標準とする（JASS5）

6 ☐☐ 軽量コンクリートに用いる人工軽量骨材については、輸送によってスランプの低下等が生じないように、あらかじめ十分に吸水させたものを用いた

7 ☐☐ 階高が高い柱の打込みは、縦型シュートを用いて、コンクリートが分離しない高さから行った

8 ☐☐ 日平均気温の平年値が25°Cを超える期間のコンクリート工事において、荷卸し時のコンクリート温度は、35°C以下とした

9 ☐☐ 梁のコンクリートは、壁及び柱のコンクリートの沈みが落ち着いた後に打ち込んだ

10 ☐☐ 同一工区で大量のコンクリートを打ち込む計画となり、工場の供給能力を考慮してレディーミクストコンクリートを2つの工場から納入し、同一打込み区画に打ち込んだ

11 ☐☐ コンクリートの打込み速度は、良好な締固め作業ができる範囲を考慮して決めた

12 ☐☐ コンクリートの締固めにおいて、内部振動機は、打込み各層ごとに用い、その下層に振動機の先端が入るようにほぼ鉛直に挿入し、引き抜くときはコンクリートに穴を残さないように加振しながら徐々に行った

13 ☐☐ 内部振動機による締固めの加振は、コンクリートの上面にセメントペーストが浮くまでとした

14 ☐☐ スラブのコンクリートは、打込み後に表面の荒均しを行い、凝結が終了した後にタンピングを行った

MEMO │ 目で覚える！ 重要ポイント

●コンクリートの運搬機器

運搬機器	運搬方向	標準運搬量	スランプ
コンクリートポンプ	水平・鉛直	20～70㎥／h	8～21㎝
コンクリートバケット	水平・鉛直	15～20㎥／h	8～21㎝
カート	水平	0.05～0.1㎥／台	12～21㎝
ベルトコンベア	水平 やや勾配	5～20㎥／h	5～15㎝
シュート	鉛直・斜め	10～50㎥／h	12～21㎝

6 ○｜人工軽量骨材は、運搬中のスランプ低下やポンプ圧送時の圧力吸水を少なくするため、あらかじめ十分に吸水（プレソーキング）させたものを使用する（JASS5）

7 ○｜シュートは、コンクリートが分離しないように原則として縦型シュートとする（JASS5）

8 ○｜暑中コンクリートは、日平均気温の平年値25°C超のときに打込むコンクリートで、荷卸し時のコンクリート温度は原則35°C以下とする

9 ○｜沈みひび割れを防止するために、鉛直部材（柱、壁等）のコンクリートの打込みが終わったらいったん打止め、十分な締固めを行い、沈降がほぼ終了した後に、梁を打ち込み、梁のコンクリートが落ち着いた後に、スラブを打ち込む（JASS5）

10 ×｜同一打込み工区に2つ以上の工場のコンクリートが打ち込まれないようにする。複数工場からの納入が避けられない場合には、打込み区画を区分し、責任の所在を明確にする

11 ○｜打込み速度は、良好な締固めができる範囲とする（JASS5）

12 ○｜内部振動機は、打込み各層ごとに用い、その下層に振動機の先端が入るようほぼ鉛直に挿入し、引き抜くときはコンクリートに穴を残さないように加振しながら徐々に引き抜く（JASS5）

13 ○｜内部振動機による加振は、コンクリートの上面にセメントペーストが浮くまでとする（JASS5）

14 ×｜コンクリートの沈み、材料分離、ブリーディング及びプラスティック収縮ひび割れなどによる不具合は、コンクリートの凝結が終了する前にタンピング等により処置するとともに、散水等の湿潤養生を行うとよい（JASS5）

012 コンクリート工事②工程・品質管理

コンクリート工事に関する設問は、毎年2題出題されている。出題範囲が広く、かつ詳細な数値に関する出題が多いため、湿潤養生期間や供試体の個数、養生、試験についての数値は確実に学習するよう心掛けたい

1 コンクリートの打継ぎ

☐ 打継ぎ部の位置は、構造部材の耐力への影響の最も少ない位置に定めるものとし、①〜③を標準とする

①**梁、床スラブ**及び**屋根スラブ**の鉛直打継ぎ部は、スパンの中央又は端から**1／4**付近に設ける（右図参照）

②**柱**及び**壁の水平打継ぎ部**は、床スラブ・梁の下端、又は床スラブ・梁・基礎梁の上端に設ける

③片持ちスラブなどの**跳ね出し部**は、これを支持する**構造体部分**と一緒に打ち込み、打継ぎを設けない

☐ **打継ぎ部の形状**は、打継ぎ面が鉄筋に**直角**となり、構造**耐力の低下**が少なく、コンクリート打込み前の打継ぎ部の処理が円滑に行え、かつ新たに打ち込む**コンクリートの締固め**が容易に行えるものとする。外壁の水平打継ぎは外側下がりの勾配を付ける

☐ **打継ぎ面**は、レイタンス、脆弱なコンクリート、ゴミなどが残らないように処置する

2 養生

☐ 打込み後のコンクリートは、透水性の小さいせき板による**被覆、養生マット**又は**水密シート**による被覆、散水・噴霧、養生剤の塗布などにより**湿潤養生**を行う

☐ 外気温の低い時期はコンクリートを**寒気**から保護し、打込み後**5**日間以上コンクリート温度を**2℃**以上に保つ。ただし、早強ポルトランドセメントを用いる場合は、この期間を**3**日間以上としてよい

☐ **コンクリートの打込み後**、セメントの**水和熱**により部材断面の中心部温度が外気温より**25℃**以上高くなるおそれのある場合、温度応力の**悪影響**（温度ひび割れ）が生じない養生を行う（公共建築工事標準仕様書）

●鉛直打継ぎ位置

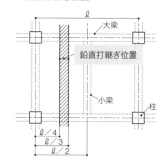

●打継ぎ部のコンクリート

打継面のレイタンスなどを取り除き、散水などにより湿潤にしておく。ただし、打継ぎ面の水は、コンクリートの打込み前に高圧空気などによって取り除く

●鉛直打継ぎ部のせき板

梁や壁の打継ぎ部は、エキスパンドメタルやメタルラスなどの金網をせき板に採用

●湿潤養生の期間

セメントの種類　計画供用期間の級	短期・標準	長期・超長期
早強ポルトランドセメント	3日以上	5日以上
普通ポルトランドセメント、各種混合セメントA種、エコセメント	5日以上	7日以上
中庸熱ポルトランドセメント、低熱ポルトランドセメント、各種混合セメントB種	7日以上	10日以上
各種混合セメントC種	9日以上	14日以上

●振動・外力からの保護

振動・外力からの保護のため、少なくとも1日間はその上で作業してはならない

3 　品質管理・検査及び措置

□ レディーミクストコンクリートの受入れ時には、コンクリートの**種類**、**品質及び容積**が発注した条件に適合していることを、**運搬車**ごとの**納入書**により確認する

□ フレッシュコンクリートの状態の確認は、**目視**により受入れ時には**運搬車**ごと、打込み時には**随時**行う

□ フレッシュコンクリートの試験に用いる試料は、コンクリートの**荷卸し**時点で採取する

□ 構造体コンクリートの仕上がりの**打込み欠陥部**（空洞、豆板、打継ぎ欠陥、コールドジョイント、気泡など）の検査は、**せき板**又は**支柱の取外し後**に**目視**（必要に応じて**斫り**）により確認する

□ 表面的に軽微であり、粗骨材をたたいても落ちない豆板の補修は、健全部分を痛めないように不良部分を斫り、水洗いしたのち、木ごて等で**1：2**の硬練りモルタルを丁寧に塗り込み、必要に応じて**打継ぎ用接着剤**を使用して行う（建築工事監理指針）

□ コンクリート構造体の有害なひび割れ及びたわみの有無の確認は、**支保工の取外し後**に行う（公共建築工事標準仕様書）。支保工の存置期間は、コンクリートの圧縮強度がその部材の**設計基準強度**に達したことが確認されるまでとする

□ コンクリート強度の検査の普通コンクリートにおける、調合管理強度、構造体コンクリート強度等の推定試験[※]は、次のとおり

●レディーミクストコンクリート

生コン工場で作られるフレッシュコンクリートのこと。施工現場までトラックアジテータで運搬される（JIS A 5308）

●レディーミクストコンクリートの種類

種類は普通コンクリート、軽量コンクリート、舗装コンクリート、高強度コンクリートに区分される（JIS A 5308）

●コンクリートの荷卸し地点における空気量（JIS A 5308）

種類	空気量	許容差
普通コンクリート	4.5%	±1.5%
軽量コンクリート	5.0%	

●コンクリートの荷卸し地点でのスランプの許容差（JIS A 5308）

スランプ（cm）	スランプの許容差（cm）
2.5	±1
5および6.5	±1.5
8以上18以下	±2.5
21	±1.5*)

*)呼び強度27以上で、高性能AE減水剤を使用する場合は、±2cmとする

●調合管理強度（Fm）判定

試験結果の判定は、下記の規定を満足しなければならない

(1)1回の試験結果は、Fmの85%以上

(2)3回の試験結果の平均値は、Fm以上

●供試体の養生方法、材齢及び試験回数（公共建築工事標準仕様書）

試験の目的	養生方法	材齢	個数／回	試験回数
調合管理強度の管理試験用	20±2℃の水中による**標準養生**	28日	3個／回[*]	打ち込み日ごと、打ち込み工区ごと、かつ、150㎡以下にほぼ均等に分割した単位ごとに1回の試験。3回の試験で1検査ロットを構成
型枠取外し時期の決定用	工事現場における**水中養生**又は**封かん養生**	必要に応じて定める		必要に応じて定める
構造体コンクリートの圧縮強度推定用	工事現場における**水中養生**	28日		打ち込み日ごと、打ち込み工区ごと、かつ、150㎡以下にほぼ均等に分割した単位ごとに1回の試験
	工事現場における**封かん養生**	28日を超え91日以内		
	20±2℃の水中による**標準養生**	28日		

*：供試体の試料採取方法
・調合管理強度の管理試験用：1台の運搬車から採取した試料で同時に3個の供試体を作製する
・構造体コンクリートの圧縮強度推定用：適切な間隔をあけた3台の運搬車からそれぞれ試料を採取して3個の供試体を作製する

※：構造体コンクリート強度の推定試験結果が不合格の場合、監理者の承認を受け、構造体からコア供試体を抜き取り必要な圧縮強度か確認する（建築工事監理指針）。採取したコア供試体は、載荷面となる両端面を平滑に仕上げてから圧縮強度試験に供する

QUESTION

ANSWER

1 最頻出問題｜一問一答

→→→

次の記述のうち、正しいものには○、誤っているものには×をつけよ

1 □□ 梁及びスラブにおける鉛直打継ぎ位置は、そのスパンの端部とした

2 □□ コンクリートの打継ぎ面は、散水後の水膜が残らないようにしてコンクリートを打ち込んだ

3 □□ 建築物の計画供用期間の級が「短期」であったので、普通ポルトランドセメントを用いたコンクリートの打込み後の、湿潤養生期間を3日間とした

4 □□ 気温が低かったので、打込み後のコンクリートが凍結しないように保温養生を行った

5 □□ フレッシュコンクリートの試験に用いる試料は、普通コンクリートを用いたので、工事現場の荷卸し地点で採取した

6 □□ 調合管理強度の管理試験用の供試体は、適切な間隔をあけた3台の運搬車を選び、それぞれ1個ずつ合計3個作製した

7 □□ コンクリートの打込み後、コンクリート表面を養生マットで覆い、湿潤養生を行った

1 × ｜ 梁、床スラブ及び屋根スラブの鉛直打継ぎ部は、スパンの中央又は端から1／4付近に設ける（JASS5）

2 ○ ｜ 打継ぎ部のコンクリートは、散水などにより湿潤にしておく。ただし、打継ぎ面の水は、コンクリートの打込み前に高圧空気等によって取り除く（JASS5）

3 × ｜ 5日間以上とする。なお、打込み後のコンクリートは、透水性の小さいせき板による被覆、養生マット又は水密シートによる被覆、散水・噴霧、膜養生剤の塗布などにより湿潤養生を行う（JASS5）

4 ○ ｜ 外気温の低下する時期においてはコンクリートを寒気から保護し、打込み後5日間以上コンクリート温度を2℃以上に保つ（JASS5）

5 ○ ｜ フレッシュコンクリートの試験に用いる試料は、コンクリートの荷卸し地点で採取する（JASS5）

6 × ｜ 1台の運搬車から採取した試料で同時に3個の供試体を作製する

7 ○ ｜ 打込み後のコンクリートは、被覆、養生マット又は水密シートなどによる養生を行う

2 実践問題｜一問一答

→→→

1 □□ 柱の水平打継ぎ位置は、スラブの上端とした

2 □□ 庇部分のコンクリートは、これを支持する構造体部分と一体となるように連続して打ち込んだ

3 □□ 外壁におけるコンクリートの水平打継ぎは、止水性を考慮し、打継ぎ面には外側下がりの勾配を付けた

1 ○ ｜ 柱及び壁の水平打継ぎ部は、床スラブ・梁の下端、又は床スラブ・梁・基礎梁の上端に設ける（JASS5）

2 ○ ｜ 片持ちスラブなどの跳ね出し部は、これを支持する構造体部分と一緒に打ち込み打継ぎを設けない（JASS5）

3 ○ ｜ 外側下がりの勾配を付けると止水性が向上する

4 ☐☐ コンクリートの打継ぎ面は、新たにコンクリートを打ち込む前に、レイ
タンスなどを取り除き、乾燥させた

5 ☐☐ コンクリート打込み後、セメントの水和熱により柱断面の中心部の
温度が外気温より25℃以上高くなるおそれがあったので、温度応
力による悪影響が生じないような養生を行った

6 ☐☐ 床スラブのコンクリート打込み後、24時間が経過したので、振動を
与えないように注意して、床スラブ上において墨出し作業を行った

7 ☐☐ レディーミクストコンクリートの受入れ時におけるコンクリートの種
類、品質等の確認は、運搬車2台に対して1台の割合で行った

8 ☐☐ フレッシュコンクリートの状態については、打込み当初及び打込み
中に随時、ワーカビリティーが安定していることを目視により確認し
た

9 ☐☐ せき板の取外し後に軽微な豆板があったので、不良部分を斫り、
水洗いの後に、木ごて等を使用して硬練りモルタルを塗り込んだ

10 ☐☐ 寒冷期のコンクリート打込み工事であったので、コンクリート打込
み後、5日間にわたってコンクリートを寒気から保護し、コンクリート
温度を2℃以上に保つ養生を行った

11 ☐☐ 高炉セメントB種を用いたコンクリートの打込み後の湿潤養生期
間を、5日間とした

12 ☐☐ 強度試験用試料は、普通コンクリートを用いたので、荷卸し場所
で採取した

13 ☐☐ 材齢28日で試験を行うための構造体コンクリートの圧縮強度推
定用供試体の標準養生は、20℃の水中養生とした

14 ☐☐ せき板を取り外した後、ジャンカ、空洞、コールドジョイント等の有無
の確認を行った

15 ☐☐ レディーミクストコンクリートの受入検査において、コンクリートに含
まれる塩化物量が塩化物イオン量として0.60kg/㎥であったの
で、合格とした

16 ☐☐ レディーミクストコンクリートの受入検査において、指定したスランプ
18cmに対して、20cmであったので許容した

4 ×｜打継ぎ面は、新たに打ち込むコン
クリートと一体となるよう、散水などに
より湿潤にしておく

5 ○｜コンクリートの打込み後、部材断
面の中心部温度が外気温より25℃以
上高くなるおそれのある場合は、温度
ひび割れが生じないような養生を行う
（建築工事監理指針）

6 ○｜コンクリートの打込み後、少なくと
も1日間はその上で作業してはならな
い（JASS5）

7 ×｜レディーミクストコンクリートの受
入れ時の確認は、運搬車ごとに納入
書により行う（JASS5）

8 ○｜フレッシュコンクリートの状態の
確認は、目視により受入れ時には運搬
車ごと、打込み時には随時行う
（JASS5）

9 ○｜表面的に軽微な豆板の補修は、
不良部分を斫り、水洗いした後、木ご
て等で硬練りモルタルを丁寧に塗り込
む（建築工事監理指針）（JASS5）

10 ○｜設問記述のとおり

11 ×｜高炉セメントB種を用いたコンク
リートの湿潤養生期間は7日以上とす
る（JASS5）

12 ○｜強度試験用の供試体に用いる試
料は荷卸し地点で採取する

13 ○｜構造体コンクリートの材齢28日
圧縮強度の推定に用いる供試体は、
工事現場における水中養生、または
20℃の水中養生とする

14 ○｜打込み欠陥部の検査は、せき板
又は支柱の取外し後に目視により確
認する（建築工事監理指針）
（JASS5）

15 ×｜コンクリート中に含まれる塩化物
量は塩化物イオン量として0.30kg/
㎥以下とする（JASS5）

16 ○｜荷卸し地点でのスランプの許容
差は、スランプが8以上18以下では
±2.5cmとする（JIS A 5308）

013 補強コンクリートブロック造工事

補強コンクリートブロック造工事に関する設問は、毎年1題出題されている。補強コンクリートブロック塀工事を含むブロックの組積方法、空洞部に充填するモルタル、かぶり厚さ及び補強筋の配筋方法を確実に押さえておきたい

1　材　料

□　使用する**メーソンリーユニット**[※]は、**JIS A 5406**（建築用コンクリートブロック）に適合する建築用コンクリートブロック又はこれと同等以上の品質を有するものとする。補強鉄筋を挿入して**コンクリートやモルタル**を充填できる空洞部を有するか、又は組積により同様の空洞部を形成できるものを用いる

● **基本形コンクリートブロックの断面形状の例**（JIS A 5406）

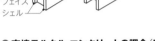

□　充填用モルタル及び充填用コンクリートの調合は、右表を標準とする。ただし、充填用及びまぐさ用のコンクリートにレディーミクストコンクリートを使用する場合は、呼び強度21、スランプ21 cmのものとする

● **充填モルタル・コンクリートの調合**（容積比）

種類	セメント	細骨材	粗骨材
充填モルタル	1	2.5	―
充填コンクリート	1	2	2

□　モルタル・コンクリートの練混ぜは機械練りを原則とし、練置き時間は充填モルタルが90分、充填コンクリートが120分を限度とする

● **ブロックの保管**
種類及び形状別に区分し、適切な覆いをして雨掛りを避ける

2　組　積

□　組積に際しては、各壁面の隅角部付近に縦やり方を設け、これを基準として水糸を張り、水糸にならって各段の高さをそろえながら、隅角部より積み始め、順次内側に積み回る。また、フェイスシェルの**厚いほうを上**に積むことを原則とする

● **ブロック面の前処理**
モルタルと接する面は、泥・ゴミなどがないようによく清掃し、下地の乾燥速度に応じた適度な水湿しを行う

□　横目地モルタルは、ブロック上端全面に、縦目地モルタルは、接合面に、それぞれ隙間なく塗り付ける

● **充填コンクリート又は充填モルタルの打継ぎ**
1日の作業終了時の縦目地空洞部への充填コンクリート又は充填モルタルの打込み高さは、メーソンリーユニットの上端から約5 cm程度下げて打ち込む

□　**1日の積上げ高さ**は、目地モルタルの硬化やメーソンリーユニットの精度の確保等を考慮して、**1.6 m以下**を原則とする

□　充填コンクリート又は充填モルタルの打込みは、原則としてメーソンリーユニットの組積2〜3段ごとに行い、横目地空胴部へは、メーソンリーユニットの上端と**同一面以上**の高さにする

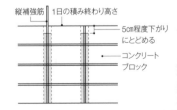

※：メーソンリーユニットとは、石やレンガ、ブロック等、単体で組積するものの総称。なお、メーソンリーとは、組積造のこと

☐ 上下水道・ガス配管は原則として、壁体内に埋め込まず**露出配管**とする。**電気配管**は壁体内に配管してもよいが、配筋に支障のないよう、なるべく**空洞部の片側に寄せて**配管するほか、配管の出入口周辺の空洞部に充填モルタル又は充填コンクリートを充填するなどの配慮が必要である

● **ボルトその他の埋込み**
ボルト、とい受金物等の埋込み箇所は、目地位置とする

3 補強筋

☐ 鉄筋の組立においては、**縦筋**は、基礎梁、臥梁のコンクリートの打込みに**先立って**配置することを原則とし、メーソンリー壁内では**重ね継手をしてはならない**

☐ **横筋**の重ね継手の長さは**45d**、定着長さは**40d**とし、かぶり厚さ確保のため、できるだけ**縦**に重ねる。また、**壁横筋**は壁端部縦筋に**180度フック**とし、**かぎ掛け**とする。直交壁がある場合は、直交壁に定着させるか、直交壁の横筋に重ね継手とする

● **かぶり厚さの取り方**
フェイスシェルの内側から最外縁の鉄筋までのあきは、充填コンクリート又は充填モルタルの骨材の最大寸法の1.25倍以上、かつ10mm以上とする。また、かぶり厚さは鉄筋表面からフェイスシェル裏面までの距離であり、フェイスシェルの厚さは含めない

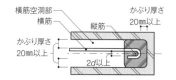

● **最小かぶり厚さ**（JASS7）

(単位：mm)

	部位		最小かぶり厚さ
土に接しない部分	屋根スラブ 床スラブ 非耐力壁	屋内	20
		屋外	30[*]
	柱 壁梁 耐力壁	屋内	30
		屋外	40[*]
土に接する部分	柱、壁梁、床スラブ、耐力壁		40
	基礎		60

＊：耐久性上有効な仕上げを用いる場合、あるいは供用期間が短い場合には、10mm減ずることができる

4 補強コンクリートブロック塀工事

☐ **ブロック塀の厚さ**は、**120mm以上**とする。ただし、高さ**2.2m以下**とし、高さ**2m**を超える場合には**150mm以上**とする

● **補強コンクリートブロック造の塀** 令62条の8

☐ 壁内では、径**9mm以上**の鉄筋を縦横に**80cm以下**の間隔で配置する。また、高さ**1.2m**を超えるブロック塀の控壁の間隔は、**3.4m以下**とする

● **ブロック塀の配筋例**

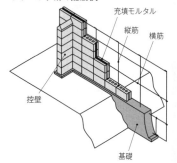

☐ **縦筋の端部**は、基礎部分には規定の定着長さを満足するように定着し、頂部では余長**4d以上**の**180度フック**又は余長**10d以上**の**90度フック**で、横筋にかぎ掛けにより結束する

☐ **横筋の端部**は、壁端部縦筋に**180度フック**によりかぎ掛けとする

QUESTION

1 最頻出問題｜一問一答

ANSWER

→→→

次の記述のうち、正しいものには○、誤っているものには×をつけよ

1 □□ 高さ1.8mの補強コンクリートブロック造の塀において、長さ4.0mごとに控壁を設けた

1 ×｜高さ1.2mを超えるブロック塀の控壁の間隔は、3.4m以下とする(令62条の8)

2 □□ 耐力壁については、ブロックの1日の積上げ高さを1.6mとした

2 ○｜1日の積上げ高さは、1.6m以下を原則とする(JASS7)

3 □□ ブロック積みは、中央部から隅角部に向かって、順次水平に積み進めた

3 ×｜組積に際しては、各段の高さをそろえながら、隅角部より積み始め、順次内側に積み回る(JASS7)

4 □□ モルタルと接するブロック面については、付着物等を取り除き、十分に乾燥させた後に、ブロック積みを行った

4 ×｜泥・ゴミなどがないようによく清掃し、下地の乾燥速度に応じた適度な水湿しを行う(JASS7)

5 □□ 耐力壁の縦筋は、ブロックの空洞部内で重ね継手とした

5 ×｜原則として、縦筋はメーソンリー壁内では重ね継手をしてはならない(JASS7)

2 実践問題｜一問一答

→→→

1 □□ ブロック塀の縦筋については、下部は基礎に定着させ、上部は90度のフック、余長4dで、最上部の横筋に定着させた

1 ×｜縦筋の端部は、基礎部分には規定の定着長さで定着し、頂部では余長4d以上の180度フック又は余長10d以上の90度フックで、横筋にかぎ掛けにより結束する(JASS7)

2 □□ 高さ1.8mの補強コンクリートブロック造の塀には、厚さ12cmの空洞ブロックを使用し、その壁内には、D10の鉄筋を縦横に80cmの間隔で配筋した

2 ○｜2m以下のブロック壁体の厚さは、120mm以上とする(JASS7)。また壁内では、径9mm以上の鉄筋を縦横に80cm以下の間隔で配置する(令62条の8)

3 □□ ブロックは、フェイスシェル幅の狭いほうを下にして積み上げた

3 ○｜ブロックは、フェイスシェル幅の厚いほうを上に積むことを原則とする(JASS7)

4 □□ 縦目地空洞部には、ブロック2段ごとにモルタルを充填した

4 ○｜充填モルタルの充填は、メーソンリーユニットの組積2～3段ごとに行う(JASS7)

5 □□ ブロックの空洞部に電気配管を行ったので、配管の出入口周辺の空洞部に、モルタルを充填した

5 ○｜配管の出入口周辺の空洞部に充填モルタルを充填するなどの配慮が

6 □□ 目地モルタルは、加水練混ぜ後、60分以内で使い切れる量とした

7 ☐☐ コンクリートブロックの空洞部の充填コンクリートの打継ぎ位置は、ブロック上端面と同一とした

8 ☐☐ 壁鉄筋のかぶり厚さの最小値は、フェイスシェルの厚さを含めずに、20mmとした

9 ☐☐ ブロックの空洞部への充填用及びまぐさ用のコンクリートは、呼び強度21、スランプ21cmのレディーミクストコンクリートとした

10 ☐☐ 直交壁のない耐力壁の横筋の端部については、180度フックとし、壁端部の縦筋にかぎ掛けとした

11 ☐☐ ブロックの保管は、種類及び形状別に区分し、雨掛りを避けるための覆いをした

12 ☐☐ 耐力壁における電気配管は、ブロックの空洞部を利用して埋め込んだ

13 ☐☐ 組積時にブロックの空洞部への目地モルタルの落下を防止するため、目地モルタルは、フェイスシェル部分のみに塗布した

必要である（JASS7）

6 ○｜充填モルタルの1回の練混ぜ量は、60分以内で使い切る量とする（JASS7）

7 ×｜1日の作業終了時の縦目地空洞部への充填コンクリートの打込み高さは、上端から約5cm程度下げる（JASS7）

8 ○｜壁鉄筋のかぶり厚さの最小値は、20mmとする。ただし、ブロックフェイスシェルは、かぶり厚さに含まない（公共建築工事標準仕様書）

9 ○｜充填用及びまぐさ用のコンクリートにレディーミクストコンクリートを使用する場合は、呼び強度21、スランプ21cmのものとする

10 ○｜壁横筋は、壁端部縦筋に180度フックとし、かぎ掛けとする（建築工事監理指針）

11 ○｜ブロックの保管は、種類及び形状別に区分し、覆いをして雨掛りを避ける（JASS7）

12 ○｜電気配管は配筋に支障のないよう、なるべく空洞部の片側に寄せて配管する（JASS7）

13 ×｜目地モルタルは、ブロック接合面全面（フェイスシェル及びウェブ部分）に隙間なく塗り付ける。なお、空洞部に目地モルタルが落下した場合は、硬化前に取り除く（JASS7）

MEMO | **目で覚える！ 重要ポイント**

● 補強コンクリートブロック造の一例

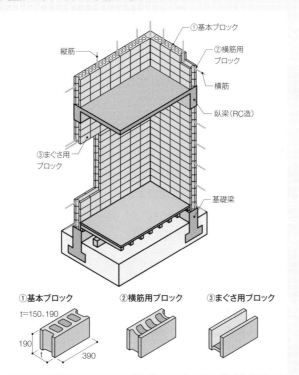

①基本ブロック
②横筋用ブロック
横筋
臥梁（RC造）
縦筋
③まぐさ用ブロック
基礎梁

①**基本ブロック**　　②**横筋用ブロック**　　③**まぐさ用ブロック**

t=150、190
190
t
390

014 鉄骨工事

鉄骨工事に関する設問は、毎年2題出題されていて、高力ボルト接合面からの出題が多い。特に、「溶接接合」、「高力ボルト接合」、「工事現場施工」に関する出題頻度が高いので確実に押さえておきたい

1　工作

☐　工作図と現寸については、以下の点に留意する

①工作図の作成に当たり、施工者は製作工程に支障のないよう時間的に余裕をもち、鉄骨製作業者に必要な指示書を出す

②現寸では、工場製作に必要な**定規（シナイ）**や**型板（フィルム）**、あるいは**NC（数値制御）**情報などを作成するものとし、工作図の情報を正確にこれらに変換する。NC加工装置を用いて**けがき・切断・孔あけ**を行う場合は、定規・型板に代わって、**加工データ**が作成される（建築工事監理指針）

● **鉄骨製作用鋼製巻尺**
あらかじめ工事現場用基準鋼製巻尺と照合して、その寸法の誤差が工事に支障のないことを確認する

● **工作図の役割**
工作図は設計図書に代わって製作・建方に対する指示書的役割を果たすものであるから、所要の情報を確実に盛り込む。床書きの現寸作業は、工作図を作成することにより、省略できる

2　溶接接合

☐　**溶接材料（溶接棒、ワイヤ、フラックス**など**）**は、湿気を吸収しないように保管する。また、吸湿の疑いがあるものは、その溶接材料の種類に応じた乾燥条件で乾燥して使用する

☐　**完全溶込み溶接**については、以下の点に留意する

①突き合わせる部材の全断面を完全に溶接しなければならない

②**突合せ継手の余盛高さは0㎜以上**とし、**T継手の余盛高さは、突き合わせる部材の厚さの1／4**とし、材の厚さが**40㎜**を超える場合は**10㎜**とする

③完全及び部分溶込み溶接の場合は、原則として、溶接部の始端及び終端部に適切な材質、形状及び長さをもった**鋼製エンドタブ**を用いる（公共建築工事標準仕様書）

④余盛は応力集中を避けるため、**滑らか**に仕上げなければならない

☐　**隅肉溶接**については、以下の点に留意する

①隅肉溶接させる相互の部材は、十分密着させる

②隅肉溶接の端部は、滑らかに回し溶接を行う

③設計図書に示す溶接長さは、有効長さに隅肉サイズの**2倍**を加えたもので、その長さを確保するよう施工する

● **溶接施工の注意点**
①溶接の姿勢は、下向きが最も無理がなく確実な施工ができるので、大きな部材でも、治具を使ってできるだけ下向きになるようにする（建築工事監理指針）

②気温が−5℃を下回る場合は、溶接を行ってはならない。気温が−5〜5℃においては接合部より100㎜の範囲の母材部分を適切に加熱すれば溶接することができる

● **エンドタブ**
溶接箇所の両端に付けることで、アークの出が不安定なため欠陥となりやすい溶接箇所の始端・終端を、エンドタブの部分に逃がすことができる

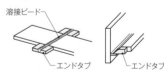

● **溶接部の清掃**
溶接の支障となる付着物（スラグ、塗料等）は除去する。ただし、固着したミルスケールや防錆用塗布剤は取り除かなくてもよい（建築工事監理指針）

□　スタッド溶接は、アークスタッド溶接とし、**下向き姿勢**で行う。また、スタッド溶接用電源は、専用電源を原則とする

□　溶接部の受入れ検査ついては、以下のとおり
①表面の欠陥及び精度の検査については、検査の対象は、**溶接部のすべて**とする。また、検査は、**目視検査**とし、目視で基準を逸脱していると思われる箇所に対してのみ適正な器具で測定する。割れの疑いのある表面欠陥には、**浸透探傷試験**又は**磁粉探傷試験**による試験を行う
②完全溶込み溶接部の内部欠陥の検査については、検査対象は、完全溶込み溶接部のすべてとする。また、検査方法は、**超音波探傷検査**による

3　高力ボルト接合

□　摩擦面の性能及び処理については、以下の点に留意する
①摩擦面は、すべり係数値が**0.45**以上確保できるようにする
②摩擦面及び座金の接する面の浮き錆（さび）・塵埃・油・塗料・溶接スパッタなどは取り除く
③ボルトの頭部又は座金の接触面に、鋼材のまくれ・ひずみ等がある場合は、**ディスクグラインダー掛け**により取り除き、平らに仕上げる（公共建築工事標準仕様書）
④組立時において、部材接合面に、1㎜を超える肌すきを生じたときは**フィラープレート**を入れる

□　高力ボルトの締付けについては、以下の点に留意する
①高力ボルトの締付け作業は、部材の密着に注意した締付け順序で、**一次締め**、**マーキング**、**本締め**の3段階で行う。一次締付け後、すべてのボルトについてボルト・ナット・座金及び部材にわたるマークを施す
②一群のボルトの締付けは、群の**中央部**より**周辺**に向かう順序で行う（公共建築工事標準仕様書）
③セットを構成する座金及びナットには、表裏があるので、ボルトを接合部に組み込むときには、**逆使い**しないようにする
④一次締めでは、**プレセット形トルクレンチ**、**電動レンチ**などを用いて所定のトルクで締め付ける
⑤**トルシア形高力ボルト**の本締めでは、専用の締付け機を用いて行い、**ピンテール**が破断するまでナットを締め付ける

● **溶接部の補修に当たっての留意点**
①アンダーカット又は余盛不足の箇所は、必要に応じて整形した後ショートビードとならないように補修溶接する。必要な場合はグラインダー仕上げを行う
②オーバーラップ、過大な余盛は、削りすぎないよう注意しながら、グラインダー仕上げを行う
③表面割れは、割れの範囲を確認したうえで、その両端から50㎜以上斫（はつ）り取って船底状に仕上げ、補修溶接する
④スラグ巻込み・溶込み不良・融合不良・ブローホールなどの内部欠陥は、エアアークガウジングにより斫り取って実際の位置を確認し、欠陥の端部より20㎜程度除去し船底状に仕上げてから再溶接する

● **高力ボルトのマーキングの例**
一次締め後、ボルト・ナット・座金・部材にわたるマークを施す。ボルトと座金が固定され、ナットだけが回るのが正常

マーキング

ピンテール
ボルト
ナット
座金

締付け後

● **トルシア形高力ボルトの締付け後の検査**
①ボルト全数についてピンテールの破断を確認する。一次締め後に付したマークのずれによって、共回り・軸回りの有無、ナット回転量及びボルトの余長の過不足を目視で検査し、いずれも異常が認められないものを合格とする
②ボルトの余長は、ナット面から突き出た長さが、ねじ1～6山の範囲にあるものを合格とする

● **勾配座金**
ボルト頭部又はナットと接合部材の面が、1／20以上傾斜している場合に使用する

4 錆止め塗装

- [ ] 塗装作業は塗装に適した環境のもとで行い、均一な塗膜が得られるように施工する

- [ ] 塗装しない部分は、工事現場溶接を行う箇所及びそれに隣接する両側100㎜以内及び超音波探傷に支障を及ぼす範囲、**高力ボルト摩擦接合部の摩擦面**、**コンクリートに埋め込まれる部分**、ピン・ローラーなど密着する部分や回転、摺動面で削り仕上げした部分、組立によって肌合せとなる部分、密閉となる内面、**耐火被覆材の接着する面**とする（公共建築工事標準仕様書）

ブラスト処理で素地調整を行った鉄面には、直ちに錆止め塗装を行う必要があるんだよ

5 工事現場施工

- [ ] アンカーボルトについては、以下の点に留意する
  ①アンカーボルトには、構造耐力を負担する**構造用アンカーボルト**と、構造耐力を負担しないで鉄骨建方時のみに使用する**建方用アンカーボルト**がある
  ②ベースプレートの支持工法は、**ベースモルタルの後詰め中心塗り工法**とする。使用するベースモルタルは、**無収縮モルタル**とする
  ③アンカーボルト頭部の出の高さは、ねじが二重ナット締めを行っても外に**3**山以上出ることを標準とする

- [ ] 建方については、以下の点に留意する
  ①建方に使用する**ワイヤロープ・シャックル・吊金物**などは、許容荷重範囲内で正しく使用する
  ②ターンバックル付き筋かいを有する構造物においては、その筋かいを用いて建入れ直しを行ってはならない
  ③架構の倒壊防止用ワイヤロープを使用する場合、このワイヤロープを建入れ直し用に兼用してよい
  ④建入れ直しは、建方がすべて完了してから行ったのでは十分に修正できない場合が多いため、建方の進行とともに、できるだけ**小区画**に区切って建入れ直しと建入れ検査を行うことが望ましい（建築工事監理指針）
  ⑤一般的な高力ボルト継手では、仮ボルトは**中ボルト**などを用い、ボルト一群に対して**1／3**程度かつ**2**本以上を**ウェブ**と**フランジ**にバランスよく配置して締め付ける
  ⑥柱などの溶接継手には、部材相互のずれをなくし、開先の精度を保持するために**エレクションピース**（仮設の鋼板）を使う。その際の仮ボルトは、**高力ボルト**を使用して**全数**締め付ける

● ベースモルタルの後詰め中心塗り工法
現在では、高強度のベースプレートと伸縮性に富むアンカーボルトを使うことによって、耐震性に特化した「露出型固定柱脚」が主流になりつつある

● 部材の吊上げ
吊上げの際に変形しやすい部材は適切な補強を行う

● 筋かいの補強作業
必ず建方当日に行うこととし、翌日に持ち越してはならない

● エレクションピースの例

● デッキプレートを貫通させてスタッド溶接を行う場合
デッキプレートを貫通させてスタッド溶接を行う場合は、事前に引張試験・曲げ試験・マクロ試験等を行って溶接部の健全性が確保できる施工条件を定める（公共建築工事標準仕様書）

QUESTION

1　最頻出問題│一問一答

ANSWER

→→→

次の記述のうち、正しいものには○、誤っているものには×をつけよ

1 ☐☐　吸湿の疑いのある溶接棒は、再乾燥させてから使用した

1　○│吸湿の疑いがある溶接材料は、その種類に応じた乾燥条件で乾燥して使用する

2 ☐☐　完全溶込み溶接において、溶接部の始端部及び終端部に鋼製のエンドタブを用いた

2　○│完全溶込み溶接及び部分溶込み溶接は、原則として、溶接部の始端及び終端部に鋼製エンドタブを用いる

3 ☐☐　高力ボルトの締付け作業において、高力ボルトを取り付け、マーキングを行った後に、一次締めと本締めを行った

3　×│高力ボルトの締付け作業は、部材の密着に注意し、一次締め、マーキング、及び本締めの3段階で行う

4 ☐☐　本締めに使用したトルシア形高力ボルトの締付け検査において、締付けの完了したボルトのピンテールが破断していないものを合格とした

4　×│トルシア形高力ボルトの本締めでは、専用のレンチを用いて、ピンテールが破断するまでナットを締め付ける

5 ☐☐　接合部に1.2mmの肌すきが生じたので、ボルトの締付けのトルク値を高めることにより修正した

5　×│接合部に1mmを超える肌すきを生じたときはフィラープレートを入れる

2　実践問題│一問一答

→→→

1 ☐☐　完全溶込み溶接において、板厚が22mmの鋼材相互の突合せ継手の溶接部の余盛の高さは、特記がなかったので、2mmとした

1　○│材の厚さが40mm以下の場合の突合せ継手の余盛高さは0mm以上とする

2 ☐☐　作業場所の気温が4℃であったので、溶接線から100mmまでの範囲の母材部分を加熱して、溶接を行った

2　○│気温が−5〜5℃では接合部より100mmの範囲の母材を加熱する

3 ☐☐　高力ボルト摩擦接合部の摩擦面には、締付けに先立つ防錆塗装を行わなかった

3　○│超音波探傷に支障を及ぼす範囲、高力ボルト摩擦接合部の摩擦面、コンクリートに埋め込まれる部分などには錆止め塗装しない

4 ☐☐　高力ボルト接合において、接合部で一群をなしているボルトを締め付ける場合、群の周辺部から中央に向かう順序で行った

4　×│一群のボルトの締付けは、群の中央部より周辺に向かう順序で行う

5 ☐☐　架構の倒壊防止用に使用するワイヤーロープを、建入れ直し用に兼用した

5　○│倒壊防止用ワイヤーロープを建入れ直し用に兼用してよい

015 木工事

出題の9割を軸組工法が占め、軸組の接合金物・下地材の配置・面材の釘打ちの3つが主な内容になる。接合金物については、特に柱材に関連する使い分けが幅広く出題されている。残りの1割は枠組壁工法や和室造作からの出題になる

1　軸組工法の接合部

☐ 今日の一般的な木造軸組工法は、伝統的な木造架構をボルト等で緊結したものと考えて差し支えない。そのため、軸組の継手・仕口には**大入れありかけや傾ぎ大入れほぞ差し**（下図参照）など伝統的な形状も併用されているが、接合部の耐力は金物で確保されている

> 接合金物の取付けは所定の釘やボルトを用いることが原則。でも現在は専用ビスで取り付ける認定品も普及しているよ

☐ ホールダウン金物やアンカーボルトは構造計算に基づいて設置する。ただし**アンカーボルト**については所定の仕様による配置も一般的。具体的には**2.7ｍ**ごとに設置し、耐力壁の両側では柱心から**200㎜**前後の位置にも設置する

●接合金物の取付け

部材	接合対象	使用する金物	参考図（次頁）
土台	基礎	アンカーボルト	
柱	基礎	ホールダウン金物	A部
	土台	山形プレート、かど金物	B部
	筋かい	筋かいプレート	C部
	胴差	かね折り金物、羽子板ボルト	D部
軒桁	小屋梁	羽子板ボルト	E部
	垂木	ひねり金物、くら金物折曲げ金物	F部

●通し柱と胴差の仕口（傾ぎ大入れほぞ差しと金物の併用）【D部】

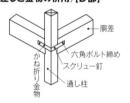

胴差
六角ボルト締め
スクリュー釘
かね折り金物
通し柱

●軒桁と小屋梁の仕口（大入れありかけと羽子板ボルトの併用）【E部】

桁と梁の天端揃えが可能

羽子板ボルト（SB）
梁

> 柱と土台の接合部を山形プレートで補強する場合は、構造用合板を最小限に切り欠き、その周辺に釘を増し打ちする

●ホールダウン金物【A部】

ボルト留め
HD金物

●筋かいプレート【C部】

> 筋かいを釘のみで接合することはできない

ビス留め（大臣認定品）

●山形プレート（左）とかど金物（右）【B部】

ビス留め（大臣認定品）

2 下地材の配置と面材の留付け

☐ 1階床は大引と根太で構成するが、現在は根太を省略して厚さ24㎜以上の厚物合板を土台等に直張りすることも多い。大引の継手は、床束心から150㎜程度持ち出した位置に設け、腰掛けあり継ぎ釘2本打ちとする【右図中G部】。根太間隔は通常は300㎜程度であるが、畳床では450㎜程度になる【H部】。継手位置は乱に配置する。一方、2階床は根太、床梁及び胴差の上端を揃えて厚さ12㎜の合板を張ることが多い。この場合も根太間隔は450㎜程度になる

☐ 壁胴縁の間隔は面材によって異なる。せっこうボード張りでは300㎜程度、せっこうラスボード張りでは450㎜程度の間隔とする。なお壁胴縁を省略し、**間柱**そのものに面材を張ることも一般的である【I部】

☐ 天井下地の野縁は床梁や小屋梁から吊り木と野縁受を介して設ける。野縁の継手には添え板を両面に当て釘打ちする。継手位置は、野縁受との交差箇所を避けて乱に配置する

☐ 内装下地の面材を取り付ける釘は、長さを板厚の**2.5倍以上**とする。例えば合板を留め付ける場合、厚さ12㎜ならば長さ32㎜、厚さ15㎜ならば長さ38㎜の釘を用いる。間隔は200㎜前後が一般的である

☐ 耐力壁の面材の留付けは、釘打ち間隔150㎜以下で行う。合板にはN50の釘、せっこうボード板にはGNF40の釘を用いる

● **軸組工法の構成**

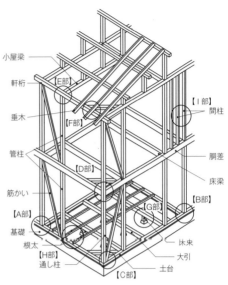

小屋梁
軒桁
垂木
管柱
筋かい
【A部】
基礎
根太
通し柱
通し柱

【E部】
【F部】
【D部】
【G部】
【H部】
【C部】

【I部】
間柱
胴差
床梁
【B部】
床束
大引
土台

● **釘**
「N50」といった記号で表され、アルファベットが種類（材質と頭部形状）、数字が長さを示している。N50は鉄丸釘の長さ50㎜を示す

● **木表と木裏**
仕上面には木表（樹皮側）を用いる

● **木材の背と腹**
木材は反りを抑えるように設置する。梁などは背（凸側）を上にする。ただし、大引は床束と隙間が生じないように腹を上にする

3 その他のよく出る項目

☐ **枠組壁工法**は「土台→床枠組→壁枠組→頭つなぎ→小屋組」の順で建方を行う（軸組工法は小屋組の後に床組）。床根太間隔が65㎝の場合、床剛性を確保するために下地張りに厚さ15㎜の構造用合板か厚さ18㎜のパーティクルボードを使用する

☐ 木材の防腐・防蟻処理には、**樹種の使い分けと薬剤塗布**の2つの方法がある。窓、出入口等の水掛り部の乾きにくい部分はヒノキの心材などを用い、土台・柱・**筋かい**の地面から**1m**以内の部分には防腐・防蟻剤を塗布する

● **枠組壁工法の枠材間隔**
65㎝が上限である

● **木材の含水率**
構造材には含水率20%以下のものを使用する（下地材や造作材では15%以下）

● **防腐・防蟻処理**
クロルピリホスを含有する薬剤の使用は、現在、禁止されている

2

QUESTION

1　最頻出問題│一問一答

次の記述のうち、正しいものには○、誤っているものには×をつけよ

3

4

1 ☐☐　大壁造において、耐力壁下部のアンカーボルトは、その耐力壁の両端の柱心から300mm程度離れた位置に埋め込んだ

2 ☐☐　ホールダウン金物と六角ボルトを用いて、柱を布基礎に緊結した

3 ☐☐　柱と土台との接合部を山形プレートで補強する箇所については、その部分の構造用合板を最小限切り欠き、切り欠いた部分の周辺に釘を増し打ちした

4 ☐☐　厚さ30mm、幅90mmの木材を筋かいとして、長さ50mmの太め鉄丸釘で柱と横架材に接合した

5 ☐☐　胴差と通し柱との仕口の補強には、羽子板ボルトを用いた

6 ☐☐　大引の継手は、その位置を床束心とし、腰掛けあり継ぎ、釘2本打ちとした

7 ☐☐　和室の畳床の根太は間隔を450mmとし、継手位置を乱に配置した

8 ☐☐　せっこうボード張り用の壁胴縁の取付け間隔は、455mmとした

9 ☐☐　野縁の継手は、野縁受桟との交差箇所を避け、継手位置を乱にし、添え板を両面に当て、釘打ちとした

10 ☐☐　厚さ12mmの構造用合板の留付けには、長さ25mmの釘を用いた

11 ☐☐　大壁造の面材耐力壁は、厚さ9mmの構造用合板を用いて、N50の釘で留付け間隔を225mmとした

12 ☐☐　根太を用いない床組（梁等の間隔が910mm）であったので、床下地材として厚さ12mmの構造用合板を用いた

ANSWER

→→→

1 ×│柱心から200mm程度の位置に設ける

2 ○│引抜きが発生する柱の措置として適切

3 ○│設問記述のとおり

4 ×│筋かいを釘のみで接合することはできない

5 ○│傾ぎ大入れほぞ差しとかね折り金物の併用が胴差と通し柱の仕口の基本仕様。近年は羽子板ボルトの併用も一般化している

6 ×│大引の継手は床束心から150mm程度持ち出した位置とする

7 ○│和室の畳床の根太間隔は450mmほど

8 ×│せっこうボード張り用の壁胴縁は300mm程度の間隔とする

9 ○│野縁の取付け方法として適切な説明

10 ×│板厚の2.5倍以上の長さの釘を用いる

11 ×│耐力壁を構成する面材は間隔150mm以内で釘打ちする

12 ×│根太を用いない床組には厚さ24mm以上の合板を用いる

13☐☐ 枠組壁工法において、床根太間隔が65㎝であったので、床材として厚さ15㎜の構造用合板を使用した

14☐☐ 敷居には、木表側に建具の溝を付けた

15☐☐ 木材の防腐処理において、防腐剤は、環境に配慮した表面処理用防腐剤を使用し、2回塗りとした

2 実践問題｜一問一答 →→→

1☐☐ 跳出しバルコニーの跳出し長さは、屋内側の床梁スパンの1／2以下かつ外壁心から概ね1m以下とし、先端部分をつなぎ梁で固定した

2☐☐ 桁に使用する木材については、継伸しの都合上、やむを得ず短材を使用する必要があったので、その長さを2mとした

3☐☐ 羽子板ボルトを用いて、軒桁と小屋梁を緊結した

4☐☐ かね折り金物を用いて、軒桁と垂木を緊結した

5☐☐ かど金物を用いて、引張を受ける柱を土台に緊結した

6☐☐ 厚さ30㎜、幅90㎜の木材による筋かいの端部の仕口において、筋かいプレートの留付けには、「長さ65㎜の太め鉄丸釘」と「径12㎜の六角ボルト」とを併用した

7☐☐ せっこうラスボード張り用の壁胴縁の間隔は、450㎜程度とした

8☐☐ 厚さ15㎜の板材の留付けには、胴部径2.15㎜、長さ38㎜のめっき鉄丸釘を使用した

9☐☐ 上下階の同位置に大壁造の耐力壁を設けるにあたり、胴差部分における構造用面材の相互間に3㎜のあきを設けた

10☐☐ 壁の木造下地材に木質系セメント板を直接張り付ける場合、留付け用小ねじの間隔は、各ボードの周辺部で200㎜程度とした

11☐☐ 枠組壁工法の建方は、土台→壁枠組→頭つなぎ→小屋組→床枠組の順で行った

12☐☐ 縁甲板張りの継手の位置は、受材の心で通りよくそろえた

13 ○｜厚さ15㎜の構造用合板は、枠組壁工法の根太間隔を65㎝としたときに用いる仕様の一つ

14 ○｜仕上面には木表を用いる

15 ○｜木材の防腐処理として適切な措置

1 ○｜設問記述のとおり

2 ○｜土台は1m程度を限度として短材使用できる。なお、その他の構造材は2m程度を限度とする

3 ○｜大入れありかけと羽子板ボルトの併用が軒桁と小屋梁の仕口の基本仕様

4 ×｜軒桁と垂木はひねり金物や折曲げ金物で緊結する。かね折り金物は通し柱と胴差の補強に用いる

5 ○｜かど金物は引張を受ける柱の基本的な補強方法

6 ○｜設問記述のとおり

7 ○｜壁胴縁の間隔はせっこうボードは300㎜ほどだが、せっこうラスボードは450㎜程度でよい

8 ○｜15㎜×2.5倍＝37.5㎜なので長さ38㎜釘は適切な選択である

9 ×｜当該部分には5～6㎜のあきが必要

10 ○｜設問記述のとおり

11 ×｜枠組壁工法の建方は小屋組より床組が先行する

12 ×｜継手位置は乱に配置することが木工事の基本的な考え方。なお、和室造作の出題として「敷居の戸溝の底には、カシ等の堅木を埋め木した」「敷居は、木表に溝を彫って取り付けた」「独立化粧柱として、心去りの四方柾材を用いた」といったものもある

016 防水・屋根工事

防水工事の出題範囲は、アスファルト防水・シート防水がほとんどである。屋根工事については、出題数が少なく、これまでは金属板・折板・粘土瓦葺き及び硬質塩ビ製雨樋等に関する内容であった

1　防水工事

□　屋根等のアスファルト防水においては、以下の点に留意する

①下地コンクリートは乾燥を十分に行う。乾燥が不十分なときにアスファルトプライマー塗りをしてはいけない

②**アスファルトプライマー**塗布の**翌日**に次の工程の施工を行う

③**アスファルトルーフィング**は、**水下側**から**水上側**に向かって張り進める。水上側のアスファルトルーフィングが、水下側の上になるように張り重ねる

④屋根のアスファルト防水層の下地の入隅部分については、通りよく45度の勾配又は半径**50㎜**の**丸面**に仕上げ、出隅は通りよく45度の面取りとする。出隅・入隅等に行う**増張り**は、一般の平場部分の張付けに**先立って**施工する

⑤平場のアスファルト防水層の保護コンクリートの中間部には、**縦横方向**いずれも**3m**ごとに**伸縮調整目地**を設ける。なお、**パラペット**に最も近い目地は、パラペットの立上りの仕上げ面から**600㎜**の位置に設ける

⑥伸縮調整目地の深さは、保護コンクリートの**下面**に達すること

⑦脱気装置は30〜100㎡ごとに1か所程度設ける

● **アスファルト防水の施工手順**

工程	施工内容・手順
1	下地コンクリート等の清掃をし、乾燥状態にしておく
2	アスファルトプライマー（0.2kg／㎡）の塗布
3	溶融釜で溶融したアスファルトを下地に流し込む（1.0kg／㎡）
4	アスファルトルーフィングの張付けは、流し張りで行い、縦横とも100㎜程度の重ね部から溶融アスファルトがはみ出す程度にルーフィングを密着させる
5	溶融釜で溶融したアスファルトをアスファルトルーフィングの上に流し込む（1.0kg／㎡）
6	ストレッチルーフィングの張付け（施工手順は4と同じ）
7	溶融釜で溶融したアスファルトをストレッチルーフィングの上に流し込む（1.0kg／㎡）
8	ストレッチルーフィングの張付け（施工手順は6と同じ）
9	アスファルト（1.0kg／㎡）の塗布（施工手順は8と同じ）

● **アスファルト防水の施工**

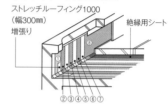

①アスファルトプライマー塗り
②溶融アスファルト塗り
③アスファルトルーフィング1500流し張り
④溶融アスファルト塗り
⑤ストレッチルーフィング1000流し張り
⑥溶融アスファルト塗り
⑦ストレッチルーフィング1000流し張り
⑧溶融アスファルト塗り

水勾配は、押さえの場合1／100以上、露出・断熱の場合1／50以上を原則とする

● **アスファルト防水施工の様子**

流し張りの様子。巻物のルーフィングの前に溶融アスファルトを流し、その上に押し広げるようにして張り付ける

左表9の工程の後、絶縁用シートを張る。写真では断熱ボードの上に絶縁シートを張っている

● **出入隅の処理**

アスファルト防水の場合① アスファルト防水の場合② シート防水・塗膜防水の場合

下地斜め45度
勾配の面取り

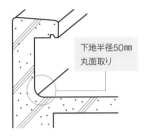

下地半径50mm
丸面取り

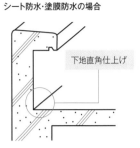

下地直角仕上げ

2 屋根工事

長尺金属板葺きの下地に使用するアスファルトルーフィングの張付けは、**野地板**の上に軒先と**平行**に敷き込み、重ね幅をシートの長手方向**200**mm、幅方向**100**mmとする

● **ルーフィングの張付け**

下地となるルーフィング

長尺金属板葺きによる屋根工事において、心木なし瓦棒葺きとした場合、葺板等の留付けに通し吊子を用いる。はぎ合わせはこはぜ掛けとし、こはぜの掛かりや折返し等の幅は、15mm程度とする

● **心木なし瓦棒葺き**

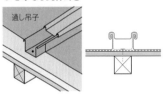

通し吊子

折板葺きの重要な事項は以下のとおり
①折板は、**波形**の鉄板を使用するため、強度が**高い**
②折板の固定に必要な**タイトフレーム**は、下地の鉄骨梁に**溶接接合**する。なお、タイトフレームの底部両側全縁と、立上り部分の縁から**10**mmを**隅肉溶接**し、溶接のサイズは、板厚と**同寸法**とする。溶接後はスラグを除去して、錆止め塗料を塗布する

● **折板葺き施工の例**

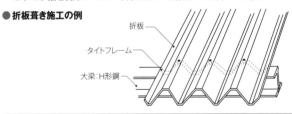

折板
タイトフレーム
大梁：H形鋼

● **こはぜの折返し幅の寸法**

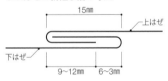

15mm
上はぜ
下はぜ
9〜12mm　6〜3mm

● **こはぜ**

木造住宅の屋根工事において、住宅屋根用化粧スレート葺きの野地板は、日本農林規格（JAS）による普通合板1類とする。大波スレート板葺き（繊維強化セメント板）では、チャンネルボルト・フックボルトにて母屋に固定する

● **住宅屋根用化粧スレート葺き**

粘土瓦葺きの瓦の留付けには、長さ50mmのステンレス製の釘を使用する

木造住宅の樋工事において、硬質塩化ビニル雨樋を用いる際は、たて樋の樋受金物の取付け間隔を**1m以下**とする

QUESTION

1　最頻出問題 | 一問一答

次の記述のうち、正しいものには○、誤っているものには×をつけよ

1 ☐☐ 屋根のアスファルト防水層の下地の入隅部分については、半径50㎜の丸面に仕上げた

2 ☐☐ 屋根のアスファルト防水工事において、一般平場部分へのストレッチルーフィングの張付けを行った後、出隅・入隅等へのストレッチルーフィングの増張りを行った

3 ☐☐ 平場のアスファルト防水層の保護コンクリートの中間部には、縦横方向いずれも4mごとに伸縮調整目地を設けた

4 ☐☐ 折板葺きのタイトフレームと下地材との接合は、隅肉溶接とした

5 ☐☐ アスファルト防水工事において、平場の保護コンクリートに設ける伸縮調整目地のパラペットに最も近い目地は、パラペットの立上りの仕上げ面から1,500㎜の位置に設けた

6 ☐☐ 木造2階建て住宅の平家部分の下葺に用いるアスファルトルーフィングは、壁面との取合い部において、その壁面に沿って150㎜立ち上げた

ANSWER

→→→

1 ○｜アスファルト防水工事では、入隅は半径約50㎜の丸面、又は45度の下地の上に施工する。出隅の場合は、45度にする

2 ×｜出隅、入隅等の増張りは、一般部分の張付けに先立って施工する

3 ×｜平場の中間部の目地は縦横間隔3.0m程度で施工する

4 ○｜折板葺きのタイトフレームと下地材との接合は、隅肉溶接とする

5 ×｜パラペットの立上りの仕上げ面から600㎜の位置に設ける

6 ×｜壁面立上げ部の巻き返し長さは、250㎜以上かつ雨押さえ上端より50㎜以上立ち上げる

2　実践問題 | 一問一答

1 ☐☐ アスファルト防水工事において、アスファルトプライマーを塗布した後、直ちにルーフィング類の張付けを行った

2 ☐☐ 屋根のアスファルト防水工事において、アスファルトルーフィングは、水下側から水上側に向かって張り進めた

3 ☐☐ アスファルト防水工事の下地コンクリートの水勾配を1／50とした

4 ☐☐ アスファルト防水層を貫通する配管のまわりは、防水層を立ち上

→→→

1 ×｜乾燥時間は8時間以上で、次工程の張付けは、原則としてプライマー塗布した翌日とし、十分乾燥させる

2 ○｜水下側のアスファルトルーフィングを下側に100㎜以上重ねて施工

3 ○｜アスファルト防水の下地コンクリートは、1／50～1／100の水勾配が必要である

4 ○｜アスファルト防水層を貫通する配管のまわりは、防水層を立ち上げ、防

げ、防水層端部をステンレス製既製バンドで締め付けて密着させた後、上部にシール材を塗り付けた

水層端部をステンレス製既製バンドで締め付けて密着させた後、上部にシール材を塗り付ける

5 ☐☐ アスファルト防水工事で、平場の保護コンクリートのひび割れを防止するため、伸縮調整目地内ごとに、溶接金網を敷き込んだ

5 ○｜アスファルト防水工事では、平場の保護コンクリートのひび割れを防止するため、伸縮調整目地内ごとに、溶接金網を敷き込む

6 ☐☐ 保護コンクリートに設ける伸縮調整目地の深さは、その保護コンクリートの厚さの1／2程度とした

6 ×｜伸縮調整目地の深さは、保護コンクリートの下面に達すること

7 ☐☐ 金属板一文字葺きの隣り合った葺板相互の継手は、一重はぜとした

7 ○｜金属板一文字葺きの隣り合った葺板相互の継手は、こはぜとしてよい

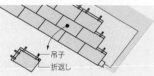

吊子
折返し

8 ☐☐ 硬質塩化ビニル製の雨樋を用いたので、軒樋の樋受金物の取付け間隔を1.8mとした

8 ×｜軒樋の樋受金物取付け間隔は、1.0m以下、縦樋及び横走り管の取付け間隔は、1.2m以下とすること

9 ☐☐ アスファルト防水を貫通する配管のまわりには、防水層の最下階及び最上層に網状アスファルトルーフィングを増張りした

9 ○｜アスファルト防水を貫通する配管のまわりには、防水層の最下階及び最上層に網状アスファルトルーフィングを増張りする

10 ☐☐ アスファルト防水工事において、下地コンクリートの乾燥が十分でなかったので、アスファルトプライマー塗りを入念に行った

10 ×｜アスファルトプライマー塗りに先立ち、下地の清掃を行い、下地が十分乾燥した後にアスファルトプライマー塗りを行う

11 ☐☐ 木造住宅の屋根用化粧スレートの葺板は、1枚ごとに専用釘を用いて垂木に直接留め付けた

11 ×｜木造住宅の屋根用化粧スレートの葺板は、野地板の上に、屋根用スレートをくぎ、ねじなどで止める

12 ☐☐ 一般平場部分の保護コンクリートの厚さは、特記がなかったので、こて仕上げとする場合、水下で100㎜以上とした

12 ×｜特記がない場合、保護コンクリートの厚さは、こて仕上げでは水下で80㎜以上とする

13 ☐☐ 平場のストレッチルーフィングの張付けの重ね幅については、長手及び幅方向ともに、80㎜とした

13 ×｜平場のストレッチルーフィングの張付けの重ね幅については、長手及び幅方向ともに、100㎜とする

14 ☐☐ 長尺金属板葺きによる屋根工事において、心木なし瓦棒葺きとしたので、葺板等の留付けに通し吊子を用いた

14 ○｜心木なし瓦棒葺きの場合は、通し吊子を用いる

15 ☐☐ シーリング工事において、バックアップ材はシーリング材と接着させないようにした

15 ○｜バックアップ材は、シーリング材と接着しないものとする

16 ☐☐ 鋼板製重ね形折板葺きでは、フックボルトを用いて梁と折板を躯体に固定する

16 ×｜鋼板製重ね形折板葺きでは、タイトフレームを用いて固定する

17 ☐☐ アスファルト防水工事において、アスファルトルーフィングの継目は、水下側のアスファルトルーフィングが水上側のルーフィングの上になるよう張り重ねた

17 ×｜水下側を水上側の下に重ねる

017 左官工事

左官工事は、共同住宅やビル等のコンクリート壁等の下地にセメントモルタルを塗り付けるものと、戸建住宅等の木造建物の外壁の耐水合板下地にラスを張り付け、その上にセメントモルタル塗り(ラスモルタル)を行うものなどがある

1　セメントモルタル塗り

セメントモルタル塗りは、**下塗り・中塗り・上塗り**の順に施工をしなければならない。1回の塗り厚は、約**6mm**又は**7mm**を標準とする

● セメントモルタルの各層の調合(コンクリート壁の下地の場合)

	下塗り	中塗り	上塗り
調合の度合い (セメント:砂)	富調合 (1:2.5)	貧調合 (1:3)	貧調合 (1:3)
ポイント	セメントモルタルの下塗り後、2週間以上放置させ、ひび割れを十分に発生させることで、下地の挙動に追随することのできる下塗り壁ができる[*]	中塗り後、乾燥が進んだ場合、上塗り前に水湿しを施して、吸水性を調整した後に行う	上塗りは、中塗りの状態を見ながら塗り付ける 一般には中塗りの後、2日程度硬化を見計らい上塗りを行う

＊：下塗り面の不陸が大きい場合、下塗り後にむら直しを行う

コンクリート壁面へのセメントモルタル塗りは下塗りから上塗りに従い貧調合とし、**下塗り・むら直し・中塗り・上塗り**の順で行う。セメントモルタル塗りの上塗りには、下塗りに比べセメントに対する**砂の割合が大きい**、セメントモルタル(貧調合)を用いる

● 富調合と貧調合

・富調合
セメントモルタルの中のセメント比率が高く、強度や接着力が大きい

・貧調合
セメントモルタルの中の骨材(砂)の比率が高く、割れが生じにくい

● 下塗り前のコンクリート下地の処理

①型枠を取り外す
②コンクリートのダレ等を取り除く
③Pコンの穴埋め等セメントモルタルで処理する
④ワイヤブラシ等で清掃、目荒しをする
⑤水湿しを行う

● 1回に練り混ぜるモルタルの量

モルタル塗りにおいて、1回に練り混ぜるモルタルの量は**60分以内**に使い切れる量とする(夏期1時間、冬期2時間以内)

● 木摺り下地の場合

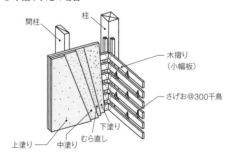

間柱　柱
木摺り(小幅板)
さげお@300千鳥
上塗り　中塗り　下塗り　むら直し

● コンクリート下地の場合

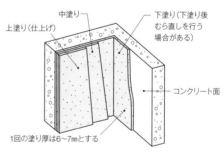

中塗り
上塗り(仕上げ)
下塗り(下塗り後むら直しを行う場合がある)
コンクリート面
1回の塗り厚は6〜7mmとする

2　セルフレベリング材塗り

屋内の床面の**セルフレベリング材塗り**は、流し込み後、硬化す

□　るまでの間は窓や出入口をふさぎ、その後、自然乾燥する

□　冬期におけるコンクリート下地床のセルフレベリング材塗りは、流し込み後、**14**日以上の養生期間を置く

□　屋内の床面のセルフレベリング材塗りにおいて、セルフレベリング材の標準塗厚は10㎜とする

3　ラス下地セメントモルタル塗り

□　木造直張りラス下地セメントモルタル塗りにおいて、**内壁**の鋼製金網（メタルラス）は**平ラス**とし、平ラスの継手は、縦横とも、**50**㎜以上重ねて留め付ける

□　木造直張りラス下地セメントモルタル塗りにおいて、**外壁**の命網ラスは**波形1号**を用い、その重ねは、**50**㎜以上とする

□　メタルラス施工前に防水紙を張り重ね合わせる場合、縦・横とも**90**㎜以上重ね合わせなければならない。また、木製のラス下地板に銅製金網を釘やステープルなどで取り付ける

● **金網ラス**（左：平ラス、右：波形ラス）

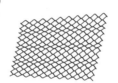

● **通気構法におけるラスセメントモルタル下地の構成**

縦胴縁
間柱
透湿防水シート
通気構法用リブラス
セメントモルタル
ネット
仕上材

4　せっこうプラスター塗りと本漆喰（しっくい）塗り

□　せっこうプラスター塗りでは、中塗りは下地の**硬化具合**を見計らい塗り付けなければならない。ラス下地面へのせっこうプラスター塗りにおいて、中塗が半乾燥の状態のうちに、上塗りを行う。加水後**90**分を目安に使い終えなければならない

□　ALCパネル下地面へのせっこうプラスター塗りに先立ち、ALCパネル下地に吸水調整材塗りを行う。せっこうプラスターのドライアウト防止に有効である

□　壁面への**本漆喰塗り**は、**下塗り・むら直し・鹿子ずり・中塗り・上塗り**に分けて行う

● **せっこうプラスター塗り**
（中塗りを省略した例）

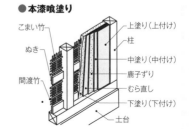

せっこうプラスター上塗り（仕上げ）
せっこうプラスター下塗り（ラスボード用プラスター）
ボード用平頭釘打ち
石膏ラスボード
胴縁

● **本漆喰塗り**

こまい竹
ぬき
間渡竹
上塗り（上付け）
柱
中塗り（中付け）
鹿子ずり
むら直し
下塗り（下付け）
土台

QUESTION

ANSWER

1　最頻出問題 | 一問一答　　　→→→

次の記述のうち、正しいものには○、誤っているものには×をつけよ

1 ☐☐　セメントモルタル塗りの上塗りには、下塗りに比べて、セメントに対して砂の割合が小さいセメントモルタルを用いた

2 ☐☐　コンクリート壁面へのモルタル塗りにおいて、下塗り→中塗り→むら直し→上塗りの順で行った

3 ☐☐　セメントモルタル塗りにおいて、1回に練り混ぜるモルタルの量は、60分以内に使い切れる量とした

1 ×｜セメントモルタルの下塗りは、セメント量が多い富調合、上塗りは、セメント量が少ない貧調合とする。上塗りは、強度を大きくするために下塗りよりも砂の割合を多くする

2 ×｜下塗り→（むら直し）→中塗り→上塗りの順で行う

3 ○｜混練したセメントモルタルは、夏期1時間、冬期2時間以内に使い切るようにする

2　実践問題 | 一問一答　　　→→→

1 ☐☐　木造直張りラスモルタル下地において、内壁の金網ラスは平ラスとし、平ラスの継手は、縦横とも、50㎜以上重ねて留め付けた

2 ☐☐　木造住宅の外壁のメタルラス張りに先立ち、防水紙を縦横とも30㎜重ね合わせてたるみのないように張った

3 ☐☐　コンクリート壁面へのモルタル塗りにおいて、むら直し部分が比較的大きかったので、塗り付け後、荒らし目を付け、7日間以上放置した

4 ☐☐　コンクリート床面へのモルタルの塗付けは、コンクリート硬化後、なるべく早い時期に行った

5 ☐☐　壁面への本漆喰塗りは、下塗り、むら直し、鹿子ずり、中塗り、上塗りに分けて行った

6 ☐☐　コンクリート壁面へのセメントモルタル塗りにおいて、各層の1回当たりの塗り厚は10㎜とし、仕上げ厚（塗り厚の合計）は30㎜とした

7 ☐☐　壁面へのセメントモルタル塗りにおいて、下塗り後14日間放置してひび割れを発生させた後に、中塗りを行った

1 ○｜内壁に使用するメタルラスはJIS A5505（メタルラス）に規定する平ラスを使用してもよい。ラス継手の重ねは50㎜以上とする。外壁に使用するラスは、波形1号を用いる

2 ×｜メタルラス施工前に防水紙を張り重ね合わせる場合、縦・横とも90㎜以上重ね合わせなければならない。外壁メタルラスは、波形1号を用い、その重ねは、50㎜以上である

3 ○｜むら直し部分が大きい場合、塗り付け後、荒らし目を付け、7日間以上放置する

4 ○｜床面へのセメントモルタルの塗付けは、コンクリート硬化後、なるべく早い時期に行う

5 ○｜本漆喰塗りは、下塗り、むら直し、鹿子ずり、中塗り、上塗りに分けて行う

6 ×｜セメントモルタル塗りの1回の塗り厚は、7㎜以下かつ仕上げ厚は25㎜以下としなければならない

8 ☐☐ コンクリート下地のセメントモルタル塗りの壁において、下塗りには、上塗りに比べて、セメントに対しての砂の割合が大きいモルタルを用いた

9 ☐☐ 屋内の床面のセルフレベリング材塗りにおいて、流し込み後、硬化するまでの間は窓や出入口をふさぎ、その後は、自然乾燥とした

10 ☐☐ 冬期におけるコンクリート下地床のセルフレベリング材塗りにおいて、流し込み後、14日間の養生期間を置いた

11 ☐☐ せっこうプラスター塗りにおいて、セメントモルタルによる下塗りが半乾燥の状態のうちに、既調合プラスターによる中塗りを行った

12 ☐☐ せっこうプラスター塗りの上塗りにおいて、プラスターは、加水後120分を目安に使い終えた

13 ☐☐ せっこうプラスター塗りにおいて、塗り作業中は、甚だしい通風は避けた

14 ☐☐ コンクリート下地に施工するセメントモルタルの上塗りは、中塗りの2日後に、硬化の程度を見計らい行った

15 ☐☐ 屋内において、下地面となるコンクリート壁の水洗いが困難だったので、デッキブラシを用いて清掃した

16 ☐☐ 下塗りに先立ち、下地の乾燥状態を見計らって、吸水調整材を全面に塗り付けた

7 ○ | 設問記述のとおり

8 × | 下塗りには、上塗りに比べて、セメントに対しての砂の割合が小さいモルタルを用いる（富調合にする）

9 ○ | 設問記述のとおり

10 ○ | セルフレベリング材塗り後の養生期間は、一般的には7日以上、冬期は14日以上とする。ただし、気象条件等によっては、これらの期間を増減することもできる

11 × | せっこうプラスター塗りでは、中塗りは下地の硬化具合を見計らい塗り付けなければならない

12 × | せっこうプラスターは、加水後90分を目安に使い終えなければならない

13 ○ | せっこうプラスター塗りにおいて、塗り作業中は、甚だしい通風は避けなければならない

14 ○ | 設問記述のとおり

15 ○ | 屋内の下地面となるコンクリート壁の水洗いでは、デッキブラシを用いて清掃してもよい

16 ○ | 下塗り時、下地の乾燥状態を見計らって、吸水調整材を全面に塗り付ける。吸水調整材は、硬化に必要な刷毛面とモルタル中の水分が下地に吸収されるのを防ぐために、下地と下塗りの界面に薄い膜を構成するものである

MEMO | 目で覚える！ 重要ポイント

●木製のラス下地板に鋼製金具を釘やステープルなどで取り付ける工法

メタルラス下地セメントモルタル塗り

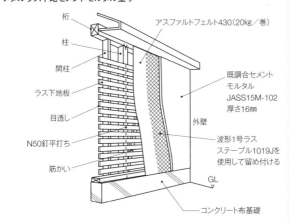

桁
柱
間柱
ラス下地板
目透し
N50釘平打ち
筋かい
アスファルトフェルト430（20kg／巻）
既調合セメントモルタル JASS15M-102 厚さ16mm
外壁
波形1号ラス ステープル1019Jを使用して留め付ける
GL
コンクリート布基礎

●ラス下地セメントモルタルの基準
（JASS15）

材料	基準品	工法
ラス下地板	厚さ12mm以上	ステープルを100mm以内で留め付けられる間隔
防水紙アスファルトフェルト	20kg／巻：430（g／㎡）	重ね90mm以上
防水テープ	75mm以上	窓まわりの雨漏り対策
ラス	波形1号	重ね50mm以上
ステープル	1019J以上	留め付け100mm以内
セメントモルタル	ラス下地用既調合セメントモルタル	厚さ16mm以上

018 タイル・張り石工事

タイル工事においては、密着張り、圧着張り、改良圧着張り、改良積上げ張り、接着剤張り等の各種施工法に関する出題が多い。それぞれの施工法の注意点を確認する。張り石工事に関しては、湿式工法と乾式工法の2つの工法の違いを理解することが重要である

1　タイル工事

□　タイルの種類には、Ⅰ類（磁器質：吸水率**3%**以下）、Ⅱ類（せっ器質：吸水率**10%**以下）、Ⅲ類（陶器質：吸水率**50%**以下）がある。陶器質のタイルは、吸水率が大きいので、外部に使うと凍害を受けて損傷することがある。そのため、外装用及び寒冷地では、磁器質か十分に焼き締めたせっ器質タイルを使用する

●タイルのきじの質による区分

きじの質	呼び名
磁器質	内装タイル、外装タイル、床タイル、モザイクタイル
せっ器質	内装タイル、外装タイル、床タイル
陶器質	内装タイル

□　タイル張りには、下表に示した施工法がある。施工後に行う外壁のタイル張りの接着力試験における**引張接着強度**は、**0.4N／㎟**以上を合格とする。また、夏期は、施工面に直射日光が当たらないように、**シート等で養生**する

●各種壁タイル張りの種類

タイル張りの種類	張付けモルタルの塗付け面	特徴
改良圧着張り	コンクリート下地面 タイルの裏面	下地側とタイル側の両方にセメントモルタルを塗るために強い接着力が得られる
改良積上げ張り	タイルの裏面	タイルを下から張り付けるので、下部のタイルが汚れやすい
密着張り	コンクリート下地面	タイルを上から下へと張り付ける。目地の通りをよくするために一段おきに水糸を使用する
モザイクタイル張り	コンクリート下地面	目地部分にセメントモルタルが盛り上がるまで、木づち等でたたき締める

□　外壁のタイル張付けに当たり次の点に注意する

①改良積上げ張り：1日の張付け高さは、**1.5m以下**

②改良圧着張り：**張付け用モルタル**の調合は、容積比でセメント**1：砂2～2.5**とする

□　内壁のタイルの張付けに当たり次の点に注意する

①密着張り

●改良圧着張り

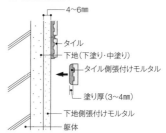

●改良積上げ張り

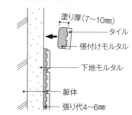

●密着張り（ヴィブラートを使用した場合）

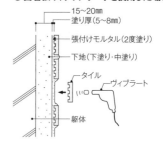

●モザイクタイル張り

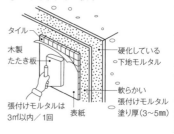

a. 上部から下部へ、**一段おき**に水糸に合わせて張る。窓・出入口まわりや隅・角等の役物を張付け後、平場の施工を行う

b. 張付けセメントモルタルの1回の塗付け面積は**3㎡以下**、かつ、2度塗りとし、その合計の塗り厚は5～8㎜として30分以内に張り終える

②接着剤張り

a. 接着剤の1回の塗付け面積は**3㎡以内**、かつ**30分**以内に張り終える面積とする

b. 接着剤は、金ごてを用いて平坦に塗布した後、所定の**くし目**ごてを用いてくし目を立てる。なお、タイル張りの際、下地面には吸水調整材を使用しない

③モザイクタイル張り

張付け用セメントモルタルは薄くても**2度塗り**、塗り厚は**3～5㎜**程度

目地の深さはタイル厚の1/2以下とし、タイル厚の1/2以上に、目地セメントモルタルを充填する。目地材は、雨水の浸入を防ぎ、タイルの下地への接着力を強める働きをする

タイルは深目地としない。目地は、タイル張付け後少なくとも1日以上経過した後、目地詰めに先立ち水湿しを行ったうえで充填する。それにより目地用セメントモルタルの水分が下地に吸水されて起こる硬化不良（ドライアウト現象）を防ぐ

タイル張りの伸縮調整目地は、張付けセメントモルタル下にある躯体及び下地セメントモルタルのひび割れ誘発目地と一致させる

● **タイルの呼び名とその大きさ**

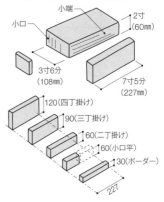

● **屋内一般床タイルの張付け**
張付けモルタルの調合は、容積比でセメント1：砂2程度

● **タイルの目地幅**

タイルの種類	目地幅（㎜）
内装タイル	2～3
モザイクタイル	4～5
床タイル	6～10
外装タイル	8～10

● **伸縮目地**
コンクリート躯体の収縮にともなう、ひび割れの影響をタイル面に及ぼさないために設ける。設置箇所はコンクリートのひび割れ誘発目地箇所、打ち継ぎ目地箇所、他部材との取り合いの箇所などである

2　張り石工事

張り石工事は湿式工事と乾式工事に分けられる。また、張り石工事に用いる引き金物、だぼ、かすがいは一般にステンレス製を用いる

湿式工法の裏込めセメントモルタル代は取付け代40㎜を標準とする

内壁空積工法の取付け代は40㎜を標準とする

乾式工法の石材の表面と躯体コンクリート面の間隔（取付け代）は、80㎜を標準とする。また、石材間の目地幅は8㎜以上とし、シーリング材を充填する

床の石張りの取付け代は、石材の厚みが50㎜以下の場合は、35㎜程度、厚さ50㎜を超える割石の場合は、60㎜程度とする

● **張り石湿式工法**

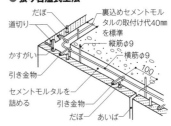

● **張り石乾式工法**

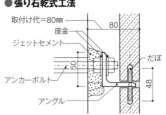

QUESTION

ANSWER

1　最頻出問題｜一問一答

→→→

次の記述のうち、正しいものには○、誤っているものには×をつけよ

1　□□　外壁のタイル張り工事において、二丁掛けタイルの目地幅の寸法を、8㎜程度とした

2　□□　外壁の二丁掛けタイルの密着張りにおいて、目地の深さがタイル厚の1／2以下となるように、目地用モルタルを充填した

3　□□　外壁の改良積上げ張りにおいて、1日の張付け高さは、1.2m程度とした

4　□□　内壁のタイルの接着剤張りにおいて、接着剤の1回の塗付け面積を、6㎡以内、かつ、60分以内に張り終える面積とした

5　□□　内壁のモザイクタイル張りにおいて、張付け用セメントモルタルは2度塗りとし、その塗り厚の合計を4㎜程度とした

6　□□　外壁の改良圧着張りにおいて、張付け用セメントモルタルの調合は、容積比でセメント1：砂5とした

1　○｜外壁のタイル張り工事のタイルの目地幅の寸法は、8～10㎜程度とする

2　○｜目地の深さはタイル厚の1／2以下とし、タイル厚の1／2以上は目地モルタルで充填する

3　○｜改良積上げ張りの1日の張付け高さは、1.5m以内とする。1.2mは正しい

4　×｜接着剤の1回の塗付け面積は、3㎡以内、かつ、30分以内に張り終える面積とする

5　○｜張付け用セメントモルタルは薄くても2度塗り、塗り厚は3～5㎜程度とする

6　×｜張付け用セメントモルタルの調合は、セメント1：砂2～2.5である

2　実践問題｜一問一答

→→→

1　□□　内壁の密着張りによるタイルの張付けに当たり、下部から上部へ、一段おきに水糸に合わせて張った後、間を埋めるように張り進めた

2　□□　夏期における外壁のタイル張り工事において、張付け後の施工面は、直射日光が当たらないように、シートで養生した

3　□□　内壁の接着剤張りにおいて、接着剤は、金ごてを用いて平坦に塗布した後、所定のくし目ごてを用いてくし目を立てた

4　□□　外壁の二丁掛けタイルの密着張りにおいて、窓や出入口まわり、隅、角等の役物を先に張り付けた

1　×｜上部から下部へ1段おきに張り、その後間を埋めるように張り付ける

2　○｜夏期の外壁のタイル張り工事は、張付け後の施工面に直射日光が当たらないよう、シート等で養生する

3　○｜内壁の接着剤張りの接着剤は、金ごてを用いて平坦に塗布した後、所定のくし目ごてを用いてくし目を立てる。その後、内壁タイルの張付けを行う

4　○｜外壁タイルの密着張りにおいて、窓や出入口まわり、隅、角等の役物を先に張り付ける

5 ☐☐ 外壁のタイル張り工事において、下地のひび割れ誘発目地の位置に、伸縮調整目地を設けた

6 ☐☐ 内壁のタイルの密着張りにおいて、張付けセメントモルタルの1回の塗付け面積は、60分以内に張り終える面積とした

7 ☐☐ 屋内の一般床タイルの張付けにおいて、張付けセメントモルタルの調合は、容積比でセメント1:砂2とした

8 ☐☐ 屋内の床の石張りにおける敷きセメントモルタルの調合については、容積比でセメント1:砂4とした

9 ☐☐ 内壁に石材を空積工法で取り付けるに当たり、石材の裏面とコンクリート躯体面との間隔を40mmとした

10 ☐☐ 外壁の二丁掛けタイルの密着張りにおいて、張付け用セメントモルタルの塗り厚は、15mmとした

11 ☐☐ 外壁の改良圧着張りにおいて、張付けセメントモルタルの1回の塗付け面積は、60分以内に張り終える面積とした

12 ☐☐ 寒冷地における外壁タイル張り工事において、凍害防止のために、陶器質タイルを用いた

13 ☐☐ 内壁の改良積上げ張りにおいて、張付けセメントモルタルの塗り厚は、5mm程度とした

14 ☐☐ 改良積上げ張りによるタイルの張付けは、下部から上部へと順に張り上げた

15 ☐☐ 玄関の床タイル選定に当たって、Ⅱ類（せっ器質に相当）ですべり抵抗性に優れたものとした

16 ☐☐ 外壁のタイル張り工事において、接着力試験機を用いて、張付け後のタイルの引張接着強度を測定した

17 ☐☐ 壁の張り石工事において、大理石の引き金物には、鉄製のものを使用した

18 ☐☐ 外壁への乾式工法による石材の取付けにおいて、石材間の目地を5mmとし、シーリング材を充填した

5 ○｜外壁のタイル張り工事では、下地のひび割れ誘発目地の位置に、伸縮調整目地を設ける

6 ×｜内壁のタイルの密着張りの1回分の塗付け面積は、3㎡以下、かつ、2層に分けて30分以内に張り終える

7 ○｜設問記述のとおり

8 ○｜床石の施工では、セメントモルタルの調合を、セメント1:砂4とする

9 ○｜石材の乾式の空積工法では、石材の裏面とコンクリート躯体面との間隔を40mmとする

10 ×｜外壁における小口以上、二丁掛けタイル以下の大きさの密着張りの張付け用セメントモルタルの塗り厚は、5～8mmとする

11 ○｜外壁の改良圧着張りでは、張付けセメントモルタルの1回の塗付け面積を60分以内に張り終える面積とする

12 ×｜寒冷地における外壁タイル張り工事では、凍害防止のために、陶器質タイルを用いてはならない。陶器質タイルは、せっ器質や磁器質のタイルよりも吸水率が大きく、寒冷地の外壁には不向きである

13 ×｜内壁の改良積上げ張りにおいて、張付けセメントモルタルの塗り厚は、7～10mm程度

14 ○｜設問記述のとおり

15 ○｜玄関の床タイル選定に当たって、Ⅱ類（せっ器質に相当）で床のすべり抵抗性に優れたものはよい

16 ○｜外壁のタイル張り工事において、接着力試験機を用いて、張付け後のタイルの引張接着強度を測定する。このとき、引張接着強度は、0.4N／㎡以上が合格である

17 ×｜大理石の引き金物には、ステンレス製のものを使用する

18 ×｜目地幅8mmでシーリングを施す

019 ガラス・建具工事

ガラスには、フロート板ガラスや型板ガラス等の一次製品と熱線反射ガラスや強化ガラス等の二次製品がある。建具には、木製建具と金属製建具があり、金属製建具には、アルミニウム製建具・鋼製建具・ステンレス製建具等がある

1 ガラス工事

□ 主なガラスは次のとおり

● 主なガラスの種類

ガラス （一次製品）	フロート板ガラス（透明板ガラス） 型板ガラス 網入り磨き板ガラス 網入り（型）板ガラス 熱線吸収板ガラス
加工ガラス （二次製品）	熱線反射ガラス 強化ガラス 倍強度ガラス 合わせガラス 複層ガラス

□ 板ガラスをアルミサッシへ固定するには、次のように不定形弾性シーリングかガスケットを使用する

①弾性シーリング構法：サッシの溝にガラスを取り付ける際、その間にシリコン等の**不定形弾性シーリング材**を充填するもの

②グレイジングガスケット構法：サッシの溝にガラスを取り付ける際、その間に**定形シーリング材**（ガスケット）を装着するもの。定形シーリング材には、グレイジングチャンネルやグレイジングビード等が用いられる

□ 施工上の注意は次のとおり

①外部に面した建具に板ガラスをはめ込むに当たり、下端のガラス溝に径6mmの水抜き孔を**2か所以上**設ける

②ガラスブロック積みにおいて、特記がない場合、平積みの目地幅の寸法を**8〜15mm**にする

③外部に面する網入り（型）板ガラスは、縦小口（下端から**1／4**の高さまで）及び下辺小口に防錆テープを用いて**防錆処置**を行う

④グレイジングチャンネルを厚さ6mmのフロート板ガラスに巻き付けるに当たって、継目は上辺中央とし、かつ、隙間が生じないようにする

● 弾性シーリング構法

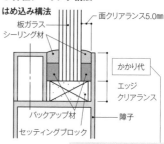

はめ込み構法

● グレイジングガスケット構法

グレイジングチャンネル構法

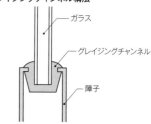

グレイジングビード構法

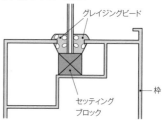

● 構造ガスケット構法［※］

Y型ガスケットによるサッシ溝とガラスの取合い

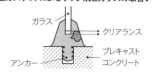

※：構内に水が滞留するのを許容するためのもの

2 建具工事

□ 建具等の保管では、一般に、アルミサッシ、格子戸、襖、障子、ガラス戸は、立てて保管し、木製フラッシュ戸は、平積みにして保管する

□ 建具は金属製と木製に大別できる。建具は、材料管理上、以下を原則とする
①建具の障子・襖は立てかけ、フラッシュ戸は枕木などを敷き込み水平に平積みとする
②工事現場におけるアルミサッシの仮置きは、変形を防ぐために、立てかける

□ アルミサッシの取付けにおいて、部材の寸法を切り詰めた場合、モルタルに接する部分に、ウレタン樹脂系の塗料を用いて**絶縁処理**を行う

□ 単板ガラスの金属製建具へのはめ込みにおけるかかり代は、**6.5**㎜以上とする。複層ガラスの場合のかかり代は**13**㎜以上とする

□ アルミサッシと鋼材とが接する部分には、電気的絶縁のために、**塗膜処理**を行う

□ 室内に用いる木製建具材において、加工・組立時の含水率が天然乾燥材では**18%**以下、人工乾燥材では**15%**以下としなければならない

□ 一般的な木製建具の丁番の数は、建具の高さが2,000㎜未満の場合は**2枚**

□ ガラス扉、框扉等の重量の大きな木製扉の丁番の数は、扉丈が2,000㎜以下の場合は2枚以上、2,000㎜超～2,400㎜までの場合は**3枚**吊りとする。**丁番**の長さは125～127㎜（5インチ）、厚さは2.3㎜以上とする

●引戸用金物の主な種類

一般

上吊り

ドアハンドル
引手

ドアハンガー

締まり金物
レール
戸車

●建具金物

ドアクローザー　　フランス落し

箱錠

デッドボルト
ラッチボルト
レバーハンドル

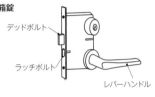

戸当たり(左：幅木付き、右：引戸用)

●建具と建具金物

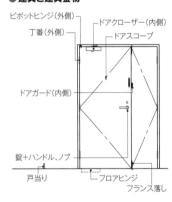

ピボットヒンジ(外側)　ドアクローザー(内側)
丁番(外側)　ドアスコープ
ドアガード(内側)
錠＋ハンドル、ノブ
戸当り
フロアヒンジ
フランス落し

●木製フラッシュ戸の構成例

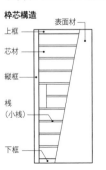

枠芯構造
表面材
上框
芯材
縦框
桟
(小桟)
下框

QUESTION

ANSWER

1 最頻出問題│一問一答

→→→

次の記述のうち、正しいものには○、誤っているものには×をつけよ

1 □□ アルミサッシの取付けにおいて、部材の寸法を切り詰めたので、モルタルに接する部分に、ウレタン樹脂系の塗料を用いて絶縁処理を行った

1 ○│セメントやコンクリートはアルカリ性なので、アルミサッシとセメントモルタルに接する部分は、耐アルカリ性塗料等で絶縁処理を行わなければならない

2 □□ ガラスブロック積みにおいて、特記がなかったので、平積みの目地幅の寸法を5mm以下にした

2 ×│ガラスブロックの目地幅は、8〜15mmにしなければならない

3 □□ 外部に面した建具に複層ガラスをはめ込むに当たり、下端のガラス溝に径3mmの水抜き孔を3か所設けた

3 ×│金属製建具に、外部に面する複層ガラス、合わせガラス、網入りガラス等をはめ込む際は、下端のガラス溝に径6mmの水抜き孔を2か所以上設けなければならない

4 □□ 板ガラスをアルミサッシへ固定させるために、ガスケットを使用した

4 ○│板ガラスをアルミサッシへ固定させるためには、ガスケットやシーリングを使用する

2 実践問題│一問一答

→→→

1 □□ 工事現場におけるアルミサッシの仮置きは、変形を防ぐために、立てかけとした

1 ○│アルミサッシの仮置きは、平積みにしてはいけない

2 □□ 厚さ8mmのフロート板ガラスのステンレス製建具へのはめ込みにおいて、建具枠のガラス溝のかかり代を10mmとした

2 ○│厚さ8mmのフロート板ガラスの金属製建具へのはめ込みにおけるかかり代は、10mm以上とする。複層ガラスの場合のかかり代は、15mm以上とする

3 □□ コンクリート躯体に取り付けるアルミサッシ枠まわりのシーリング材の施工に当たって、バックアップ材を省略し、三面接着とした

3 ○│サッシ枠まわりのシーリング材の施工では、バックアップ材を省略して、三面接着としてもよい

4 □□ 鉄骨造において、アルミサッシ枠まわりのシーリング材の施工には、プライマー及びバックアップ材を用いて、三面接着とした

4 ×│アルミサッシ枠を鉄骨造に取り付ける場合のシーリング材の施工は、プライマー及びバックアップ材を用い、二面接着とする

5 □□ アルミサッシと鋼材とが接する部分には、電気的絶縁のために、塗膜処理を行った

5 ○│アルミサッシと鋼材とが接する部分は、電気的絶縁のために、塗膜処理を行う

6 ☐☐ 建具の保管に当たって、障子・襖は平積みとし、フラッシュ戸は立てかけとした

6 ✕ 障子・襖は立てかけ、フラッシュ戸は枕木などを敷き込み水平に平積みとする

---

7 ☐☐ 外部に面する網入り板ガラスは、縦小口(下端から1／4の高さまで)及び下辺小口に防錆テープを用いて防錆処置を行った

7 ○ 網入り板ガラスは、縦小口(下端から1／4の高さまで)及び下辺小口に防錆処置を行う

---

8 ☐☐ 防煙垂れ壁に、フロート板ガラスを使用した

8 ✕ 防煙垂れ壁は、耐震や火災時の損傷を考慮して網入りや線入り板ガラスにしなければならない

---

9 ☐☐ グレイジングチャンネルを厚さ6㎜のフロート板ガラスに巻き付けるに当たって、継目は上辺中央とし、かつ、隙間が生じないようにした

9 ○ グレイジングチャンネルは、上部中央でつながなければならない

---

10 ☐☐ 室内に用いる木製建具材には、加工・組立時の含水率(質量百分率)が20%の人工乾燥材を使用した

10 ✕ 室内に用いる木製建具材において、含水率が天然乾燥材では18%以下、人工乾燥材では15%以下とする

---

11 ☐☐ 高さが1.9mの一般的な木製開き戸の取付けに当たって、木製建具用丁番を2枚使用した

11 ○ 一般的な木製建具の丁番の数は、建具の高さが2,000㎜未満の場合、2枚とする。2,000㎜以上は3枚

---

12 ☐☐ アルミニウム製建具の建具枠の中に用いる補強材には、亜鉛めっき処理した鋼材を使用した

12 ○ 金属製建具枠の中に用いる補強材には、亜鉛めっき処理した鋼材を使用する

---

13 ☐☐ アルミニウム製建具の加工・組立において、隅部の突付け小ねじ締め部分には、シーリング材を充填した

13 ○ 突付け小ねじ部分には、漏水防止のためシーリング材を充填する

---

14 ☐☐ アルミニウム製建具取付け用のアンカーは、枠の隅より250㎜を端とし、中間は600㎜内外の間隔とした

14 ✕ アルミニウム製建具取付け用のアンカーは、枠の隅から150㎜内外を端とし、中間部は500㎜内外の間隔とする

---

15 ☐☐ 鉄筋コンクリート造の建築物の外部に面するアルミニウム製建具枠の取付けにおいて、仮留め用のくさびを残し、モルタルを充填した

15 ✕ 取付けの際、くさびを除去してから、セメントモルタルを充填する

---

16 ☐☐ 木製建具のフラッシュ戸において、框及び中骨に用いる木材は、加工及び組立時の含水率を15%とした

16 ○ 框及び中骨に用いる木材の含水率は、15%としている

---

17 ☐☐ 木製建具のフラッシュ戸の膨らみを防止するため、上・下框及び横骨に空気穴を設けた

17 ○ 膨らみ防止のため、上・下框及び横骨の水平部分に3㎜程度の空気穴を設ける

---

18 ☐☐ 木製建具のフラッシュ戸の縦框と上・下框は、3枚はぎとした

18 ○ 框に使用する木材は、反りや変形防止のため、3枚はぎのものを使用する

---

19 ☐☐ 木製建具のフラッシュ戸の高さが2,100㎜の扉の心材を中骨式としたので、横骨を4か所入れた

19 ✕ 扉心材を中骨式とした場合、横骨の間隔は、中骨が横方向のときは、100㎜程度、中骨が縦方向のときは150㎜程度であるので、高さが2,100㎜の扉では横骨が4か所では不足である

020 内装・断熱工事

床・壁・天井を対象とした「内装工事」からはエポキシ系接着剤・せっこうボードが、住宅等の室内温熱環境が外部の影響を受けにくくする「断熱工事」からは防湿・通気層の設け方が、多く出題されている。ここでは、代表的な内装・断熱工事について解説する

1　内装工事

□　フローリングは、単層と複層フローリングに大別され、単層フローリングには、フローリングボードとフローリングブロックがある。フローリングブロックの施工には、厚さ40 ～ 50㎜のセメントモルタルの中にカナ足を埋め込んで施工する「湿式方式」とコンクリート床に接着剤を用いて張り付ける「乾式方式」がある

□　フローリングの床張り時には、以下の点に注意する
①割付けは室の**中心**から行い、寸法調整は出入口部分を避け、壁際で行う
②フローリングボードの継手位置は乱にし、隣接するボードの継手位置から150㎜程度離して施工する
③接着工法で張り付ける場合は、エポキシ樹脂系2液形の接着剤を使用することが多い

● 単層フローリングの施工

フローリングボード

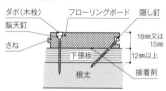

フローリングブロック

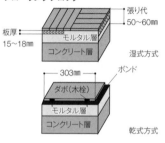

● フローリングの種類

種類		用途		摘要
		根太張用	直張用	
単層フローリング	フローリングボード	○	○	一般にフローリングボードは、1枚の板を基材としたムクの床材をさす。しかし、最近は基材の表面に厚さ1.2㎜未満の薄い単板を張り合わせたものや、集成材を使ったものも単層フローリングとして扱っている
	フローリングブロック	―	○	ムクの板を2枚以上並べて接合した正方形のブロックで、素地床の上に直接張る
複合フローリング[*]	複合一種フローリング	○	○	合板のみを基材としたフローリング
	複合二種フローリング	○	○	集成材又は単板積層材のみを基材とした複合フローリング

*：表面に天然木のヒノキ板又は単板を化粧張りした「天然木化粧」又は天然木以外の加工を施した「特殊加工化粧」のものがある

単層フローリング（フローリングボード）　　単層フローリング（フローリングブロック）

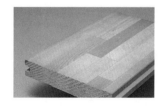

湿式工法例

乾式工法例

□ タイルカーペットの張付けは、以下の点に注意する
①全面接着工法でタイルカーペットを張り付けるときは、粘着剥離形接着剤を用いてもよい。また、張付けは基準線に沿って方向をそろえ、中央部から行う
②フリーアクセスフロア下地のタイルカーペットを張り付けるには、下地面の段違い及び床パネルの隙間を1mm以内に調整する

□ ビニル床シートの張付けに先立ち、下地表面の傷、へこみ等を補修するためには、**ポリマーセメントモルタル**を用いる。また、洗面脱衣室にビニル床シートを張り付ける場合は、**エポキシ樹脂系又はウレタン系接着剤**を用いる

□ ビニル床シートの張付けにおいて、モルタル塗り下地を施工後14日以上、コンクリート下地は28日以上放置して乾燥させる

□ コンクリート下地にせっこうボードを**直張り**（**GL工法**）するに当たって、下記の点に注意する
①せっこう系直張り用接着剤の間隔は、各ボードの周辺部では**150〜200mm**程度とする
②直張りは、接着剤を十分に乾燥させたうえで行う。直張り用接着剤の乾燥期間は、せっこうボード表面への仕上材に通気性がある場合は、**7日**以上、通気性がない場合は、カビ等の発生を防ぐために**20日**以上放置する

□ 壁・天井の仕上げに用いる化粧合板の切断・穴あけの加工は、**化粧表面**から行い切断面にまくれ等が生じないようにする。また、せっこうボードを洗面所内の天井に張り付けるに当たっては、ステンレス鋼製の小ねじを使用する

□ 断熱材は、屋内側に防湿シートを入念に施工し、屋外側は透湿防水シートを施工する。また、上下部が外気等に通じるよう厚さ15mm以上の通気層を設け、開口部まわりの胴縁は30mm程度の隙間をとれば、空気の流れがスムーズになる（通気構法）

2　断熱工事

□ 木造住宅の屋根の垂木間に断熱材をはめ込むに当たって、断熱層の室外側に**通気層**を設ける

□ 壁の配管部は管の**防露措置**を行うとともに、断熱材は配管の室外側に施工する

● 通気構法の仕組み

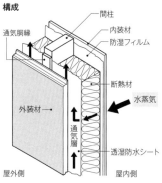
構成

● 断熱材打込み工法
断熱材打込み工法による外壁コンクリートの工事を行うに当たって、押出法ポリスチレンフォーム保温板を使用する

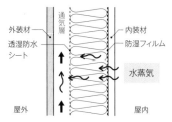
効果① 屋内の湿気を屋外に放出

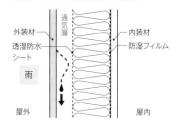
効果② 浸入した雨水を屋外に排出

020 **内装・断熱工事**　　　　　　　　　　　QUESTION & ANSWER

1 最頻出問題｜一問一答

→→→

次の記述のうち、正しいものには○、誤っているものには×をつけよ

1 □□ 全面接着工法によりタイルカーペットを張り付けるに当たって、粘着剥離形接着剤を用いた

2 □□ 洗面脱衣室にビニル床シートを張り付けるに当たって、エポキシ樹脂系の接着剤を用いた

3 □□ 床仕上げに用いるフローリングの施工に先立ち、割付けは室の中心から行い、寸法の調整は出入口の部分を避けて、壁際で行った

4 □□ 木造住宅の屋根の垂木間に断熱材をはめ込むに当たって、断熱層の室内側に通気層を設けた

1 ○｜粘着剥離形接着剤は、全面接着工法によりタイルカーペットを張り付ける際に使用する

2 ○｜エポキシ樹脂系の接着剤は、湿気の多い場所や水がかりの箇所のビニル床シートを張り付ける際に使用する

3 ○｜フローリングの施工では、割付けは室の中心から行い、寸法の調整は出入口の部分を避けて、壁際で行う

4 ×｜断熱層の室外側に通気層を設ける

2 実践問題｜一問一答

→→→

1 □□ コンクリート下地にせっこうボードを直張りするに当たって、せっこう系直張り用接着剤の間隔は、各ボードの周辺部では150 ～ 200㎜程度とした

2 □□ 天井仕上げに用いる化粧合板の切断は、化粧裏面から行った

3 □□ フローリングボードの床張りにおいて、ボードの継手位置を乱にし、隣接するボードの継手位置から150㎜程度離した

4 □□ 接着工法によりフローリングを張り付けるに当たって、エポキシ樹脂系2液形の接着剤を使用した

5 □□ 全面接着工法によるタイルカーペットの張付けは、基準線に沿って方向をそろえ、中央部から行った

6 □□ 木造住宅において、外壁内における配管部の断熱材は、配管の室内側に設けた

1 ○｜コンクリート下地にせっこうボードを直張りする工法（GL工法）では、せっこう系直張り用接着剤の間隔は、各ボードの周辺部では150 ～ 200㎜程度とする

2 ×｜壁・天井の仕上げに用いる化粧合板の切断・穴あけの加工は、化粧表面から行い切断面にまくれ等が生じないようにする

3 ○｜フローリングボードの床張りでは、ボードの継手位置を乱にし、隣接するボードの継手位置から150㎜程度離して施工する

4 ○｜接着工法におけるフローリングの張付けでは、エポキシ樹脂系2液形の接着剤を使用してもよい

5 ○｜全面接着工法によるタイルカーペットの張付けは、基準線に沿って方向をそろえ、中央部から行う

7 ☐☐ 木造住宅において、外壁内に設ける通気層は、厚さを25mmとし、その上下端部は外気に開放した

8 ☐☐ フリーアクセスフロア下地のタイルカーペットを張り付けるに先立ち、その下地面の段違い及び床パネルの隙間をそれぞれ3mmに調整した

9 ☐☐ コンクリート下地にせっこうボードを直張りする場合、直張り用接着剤の乾燥期間は、せっこうボード表面への仕上材に通気性があったので、10日間とした

10 ☐☐ 弾性ウレタン塗床の防滑仕上げにおいて、プライマーを塗り付けた直後に、トップコートを塗布した

11 ☐☐ 壁の下地材に木質系セメント板を直接張り付けるに当たって、留付け用小ねじの間隔は、各板の周辺部で200mm程度とした

12 ☐☐ せっこうボードを洗面所内の天井に張り付けるに当たって、ステンレス鋼製の小ねじを使用した

13 ☐☐ 天井の木造下地材に、せっこうボードを直張りする場合、留付け用釘の間隔は、各せっこうボードの周辺部で90mm程度とした

14 ☐☐ 内装工事において、せっこうボードの壁面を目地のない塗装仕上げとするために、テーパー付きせっこうボードを用いた

15 ☐☐ 内装工事において、木造下地に仕上げ用のボードを張り付けるに当たって、接着剤を主とし、タッカーによるステープルを併用した

16 ☐☐ 洗面脱衣室などの断続的に湿潤状態となる壁の下地材料として、JAS(日本農林規格)による普通合板の1類を使用した

17 ☐☐ 湿気のおそれのある洗面所におけるビニル床タイルの張付けには、アクリル樹脂系接着剤を用いた

MEMO | **目で覚える! 重要ポイント**

● せっこうボードのジョイント

①スクエアエッジ	②ベベルエッジ	③テーパーエッジ
目透し工法 (敷目地材併用)	突付け工法 (化粧せっこうボード)	目地なし (継目処理工法)

---

6 × | 壁の配管部分は、管の防露措置を行いかつ、断熱材は、配管の室外側に設けること

7 ○ | 木造住宅の外壁内に設ける通気層は、断熱層の外側に厚さを18mm以上25mm前後とし、その上下端部は外気に開放させる

8 × | タイルカーペット張付けの際の下地パネルの隙間は、1mm以下にする

9 ○ | せっこうボード表面への仕上材に通気性がない場合は、20日以上放置後に行う

10 × | 弾性ウレタン塗床の施工では、プライマー塗り、下地調整、ウレタン塗り、床塗りの順に施工する

11 ○ | 壁の下地材に木質系セメント板を直接張り付ける場合、留付け用小ねじの間隔は、各板の周辺部で200mm程度とする

12 ○ | せっこうボードを湿気のある洗面所内の天井に張り付ける場合は、ステンレス鋼製の小ねじを使用する

13 ○ | 天井の木造下地材に、せっこうボードを直張りする場合、留付け用釘の間隔は、各せっこうボードの周辺部で90mm程度とする

14 ○ | せっこうボードの壁面を目地のない塗装仕上げとするためには、一般的にテーパー付きせっこうボードを用いる

15 ○ | 木造下地に仕上げ用のボードを張り付ける際、主として接着剤を使用し、タッカーによるステープルを併用する

16 ○ | 湿潤状態となる室の壁の合板下地材料としては、JAS(日本農林規格)による普通合板の1類(耐水合板)を使用する

17 × | 一般の床の場合は、アクリル樹脂系接着剤や酢酸ビニル系の接着剤を使用するが、湿気のおそれのある室のビニル床タイルの張付けには、エポキシ樹脂系やウレタン樹脂系の接着剤を用いる

021 塗装工事

塗装工事では、素地ごしらえと呼ばれる下地となる部分（素地）を適切に調整することが重要である。塗膜は、一般に薄く、下地の平滑さがそのまま仕上げ表面に現れるので、塗装を施工する時期、養生等の内容や方法の適切な管理が、品質管理上大切である

1 塗装材料

☐ 各塗装材料に対応した適応素地をまとめたのが以下の表である。特にセメントモルタル・コンクリート等といったアルカリ性の素地に対応できる**合成樹脂エマルションペイント**と、対応できない**合成樹脂調合ペイント**を押さえておく

● 塗料と適用素地

塗装の種類	素地面 セメントモルタル面 コンクリート面	木面	鉄面
オイルステイン塗り	×	○	×
ウレタン樹脂ワニス塗り	×	○	×
クリヤラッカー塗り	×	○	×
アクリル樹脂エナメル塗り	○	×	×
アクリル樹脂系非水分散形塗料塗り	○	×	×
合成樹脂エマルションペイント塗り	○	△	×
塩化ビニル樹脂エナメル塗り	○	○	○
マスチック塗り	○	×	×
合成樹脂調合ペイント塗り	×	○	○
フタル酸樹脂エナメル塗り	×	○	○
アクリルシリコン樹脂エナメル塗り	×	×	○

凡例　○：適　△：やや適　×：不適

☐ 屋内の壁下地にせっこうボードを使用する場合は、その仕上げに**合成樹脂エマルション模様塗料塗り**が適する

☐ 建物の塗装は、仕上げの美観だけでなく、雨、二酸化炭素、経年劣化等から建物等の被壁物を保護し、建築物の耐久性を向上させることができる

● 塗料の種類

塗料	ペイント	油性	合成樹脂調合ペイント 油性調合ペイント
		水性	合成樹脂エマルションペイント
	エナメル系		ラッカーエナメル 合成樹脂エナメル 油性エナメル
	ワニス		クリヤラッカー 合成樹脂ワニス ラック 油性ワニス

● 合成樹脂ワニスの種類

合成樹脂ワニス	アクリル樹脂ワニス ウレタン樹脂ワニス フタル酸樹脂ワニス

● 合成樹脂エナメルの種類

合成樹脂エナメル	アクリル樹脂エナメル 塩化ビニル樹脂エナメル ポリウレタン樹脂エナメル エポキシ樹脂エナメル 塩化ゴム系エナメル フッ素酸樹脂エナメル フタル酸樹脂エナメル

2　素地調整(素地ごしらえ)と塗装

塗装前に行う素地調整では、以下の点に気を配る必要がある

● 素地調整の注意点

素地面	注意点
木面	きれいな布等を用いて汚れや付着物を除去する
セメントモルタル面 **コンクリート面**	下地の吸込みが多い場合は、ドライアウトを防ぐために、吸水調整材(シーラー)を塗布する
鉄面	溶液又は溶剤洗浄で油類を除去。錆などはペーパーやサンドブラスト法で適切に処理する
アルミニウム面	酸化被膜処理を施す
亜鉛めっき鋼面	きれいな布等を用いて汚れや付着物を除去後、化成皮膜処理又はエッチングプライマー処理を行う

素地面の状況に応じて「パテかい」を行い、面のくぼみや隙間、目違い等の部分を平滑にする。セメントモルタル面の素地ごしらえに使用するパテは、**JIS A 6916仕上塗材用下地調整材**を使用

屋内の**木部**の素地ごしらえには、合成樹脂エマルジョンパテを使用する。セメントモルタル面には、これを使用してはいけない

塗装方法には、はけ塗り、ローラー塗り、吹付け(スプレー)の3つの方法がある。吹付けは、素地面に対して**直角**に保ち、1回の吹付け幅の**1／3**を重ねながら吹き付ける

重ね塗りをする場合は、下層が十分に乾燥してから行う(**各層の色を変える**ことにより、重ね塗りをしたことを目視確認できる)

塗装の注意点は以下のとおりである
①塗装用材料は、開封しないで現場に搬入する
②気温5℃未満、又は湿度85%以上、強風時の場合は作業を中止する
③素地に水や油が付着しているときは「はじき」が生じやすい
④塗膜から急激に溶剤が蒸発すると、湿度が高い場合は塗面が冷えて水が凝縮して「白化」が生じやすい
⑤下塗りの乾燥が不十分なまま上塗りすると「しわ」が生じやすい
⑥過度に厚塗りすると「だれ」が生じやすい
⑦混合が不十分だと「色分かれ」が生じやすい

● スプレーガン使用の留意点

①塗装する面に対して、常に直角に向ける。塗料を吹き付ける角度が傾いていると、部分的にザラついたり、塗料のタレが起きるなど、ムラが生じる原因となる

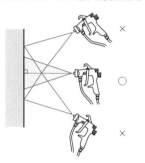

②スプレーガンを横にスライドさせながら塗装する場合、一定の太さ(パターン幅)の帯状に塗り重ねていく。この帯と帯とを**重ねる幅**は、(その帯の太さの)**1／3**が標準

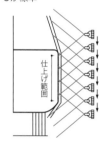

③スプレーガンを動かす速度も、常に一定に保つようにする

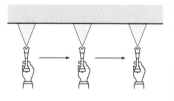

コンクリート面が、塗装可能になるまでの期間は、**夏期3週(21日)以上、冬期4週(28日)以上**必要である

QUESTION

ANSWER

1 最頻出問題 | 一問一答

→→→

次の記述のうち、正しいものには○、誤っているものには×をつけよ

1 □□ 内壁の中塗り及び上塗りは、各層において塗料の色を変えて塗った

2 □□ 夏期におけるコンクリート面への塗装に当たり、コンクリート素地の乾燥期間の目安を3週間とした

3 □□ 屋外のモルタル面の素地ごしらえにおいて、合成樹脂エマルションパテを使用した

4 □□ 屋外の鉄鋼面における中塗り及び上塗りは、アクリルシリコン樹脂エナメル塗りとした

5 □□ 屋内の亜鉛めっき鋼面は、合成樹脂調合ペイント塗りとした

6 □□ 鉄骨面の塗装には、合成樹脂エマルションペイントを使用した

1 ○ | 中塗りと上塗りの区別をつけるため、色を変えて塗る

2 ○ | 夏期のコンクリート素地の乾燥期間の目安は、3週間程度とする

3 × | セメントモルタル面の素地ごしらえに使用するパテは、JIS A 6916仕上塗材用下地調整材を用いる。合成樹脂エマルションパテは素地ごしらえには使用しない

4 ○ | 鉄鋼面の塗装は、アクリルシリコン樹脂エナメル塗りやフタル酸樹脂エナメル塗り等が使用される。アクリル樹脂エナメル塗りは、コンクリート面やセメントモルタル面に適する

5 ○ | 亜鉛めっき鋼面は、エッチングプライマー処理後→合成樹脂調合ペイント塗りとする

6 × | 合成樹脂エマルションペイントは、セメントモルタル、コンクリート面に適する

2 実践問題 | 一問一答

→→→

1 □□ 屋内のせっこうボード面は、合成樹脂エマルション模様塗料塗りとした

2 □□ 冬期におけるコンクリート面への塗装において、素地の乾燥期間の目安を3週間とした

3 □□ 屋内のモルタル面は、アクリル樹脂系非水分散形塗料塗りとした

4 □□ 木部の素地ごしらえにおいて、穴埋めとして、合成樹脂エマルションパテを使用した

5 □□ 鉄骨の製作工場で行う錆止め塗装において、一般に、錆止め塗

1 ○ | せっこうボードは、セメントモルタルと同様のアルカリ性なので合成樹脂エマルションペイントとの相性がよい

2 × | 冬期の場合は、4週間以上必要

3 ○ | 設問記述のとおり

4 ○ | 木部の素地ごしらえでは、穴埋めに合成樹脂エマルションパテを使用

5 ○ | 鉄骨鉄筋コンクリート造の鋼製スリーブの内面は、コンクリートに埋まらないので、錆止めできる

装を行う箇所は、鉄骨鉄筋コンクリート造の鋼製スリーブで、鉄骨に溶接されたものの内面である

6 ☐☐ 外壁の吹付け塗装において、スプレーガンを素地面に対して直角に保ち、1回ごとの吹付け幅が重ならないように吹き付けた
────────────────────────
7 ☐☐ 屋内の木部は、合成樹脂調合ペイント塗りとした
────────────────────────
8 ☐☐ 室内の木部は、オイルステイン塗りとした
────────────────────────
9 ☐☐ 屋内のコンクリート面は、アクリルシリコン樹脂エナメル塗りとした
────────────────────────
10 ☐☐ 外壁のモルタル面は、アクリル樹脂エナメル塗りとした
────────────────────────
11 ☐☐ 鉄鋼面に付着したセメントペーストは、スクレーパー等で除去する
────────────────────────
12 ☐☐ 鉄鋼面に付着した機械油などの鉱物油は、石灰水で洗浄して除去する
────────────────────────
13 ☐☐ 鉄鋼面の赤錆は、ワイヤブラシ等で除去する
────────────────────────
14 ☐☐ 鉄鋼面にりん酸塩化成皮膜処理をした場合、処理後直ちに錆止め塗料を塗り付ける
────────────────────────
15 ☐☐ 室内木部に行う合成樹脂調合ペイント塗りの素地ごしらえでは、節止めにセラックニスを用いた
────────────────────────
16 ☐☐ 室内木部に行う合成樹脂調合ペイント塗りの下塗りは、木部下塗り用調合ペイントを用い、下塗後24時間放置した
────────────────────────
17 ☐☐ 室内木部に行う合成樹脂調合ペイント塗りのパテかいは、オイルパテを用い、直ちに研磨した
────────────────────────
18 ☐☐ 室内木部に行う中塗りの合成樹脂調合ペイント塗りの希釈には、油性塗料用シンナーを用いた
────────────────────────
19 ☐☐ 下塗りの乾燥が不十分なまま上塗りすると、「白化」が生じやすい
────────────────────────
20 ☐☐ シーリング面の塗装仕上げにおいて、シーリング材を充填した後、直ちに塗装を行った

6 × 吹付け幅が、1／3程度重なるように吹き付ける

7 ○ 設問記述のとおり

8 ○ 設問記述のとおり

9 × アクリルシリコン樹脂エナメルが適するのは鉄面のみである

10 ○ 設問記述のとおり

11 ○ 鉄鋼面に付着した汚れ、付着物は、スクレーパー、ワイヤブラシ等で除去する

12 × 機械油などの鉱物油は、ウェス（布きれ）等に溶剤（シンナー）を十分に浸してぬぐい取るなどの処置をする

13 ○ 鉄鋼面の赤錆は、ディスクサンダー、ワイヤブラシ、スクレーパー、研磨紙等で取り除く

14 ○ りん酸塩化成皮膜処理をした場合、処理面が空気中の水分等により塗装に有害な酸化被膜を生じやすいため、処理後直ちに錆止め塗料を塗り付けなければならない

15 ○ 木部の素地ごしらえで、節まわりや樹脂の出るおそれのある部分にセラックニスを塗布することは有効である

16 ○ 木部下塗り用調合ペイントは、下地への吸込み防止の目的で用い、放置時間は24時間以上必要である

17 × 木部下塗り後のパテかいに用いるオイルパテは、放置時間48時間以上とされており、十分に乾燥してから研磨する

18 ○ 中塗りの合成樹脂調合ペイントは、油成分が約60％以上なので、希釈には油性塗装用シンナーを用いる

19 × 下塗りの乾燥が不十分なまま上塗りをすると、「しわ」が生じやすい。白化は、塗膜から急激に溶剤が蒸発すると、湿度が高いときは塗面が冷えて水が凝縮して生じやすい

20 × シーリング面の塗装仕上げにおいては、シーリング材を充填した後、十分に硬化してから塗装を行う

022 設備工事

建築設備工事には、**給水設備、排水設備、衛生設備、空気調和設備、換気設備、電気設備、ガス設備、消防設備、エレベーター**を主とする建築設備等がある。ここでは、給排水設備工事、空気調和・換気設備工事、電気設備工事を取り上げて説明する

1　給排水設備工事

□　給水管の地中埋設深さは、特記がなければ、一般敷地では土かぶり**300**㎜以上（寒冷地では**凍結深度**以上）とする。また、給水管と排水管を平行に地中に埋設する際には、両配管の水平実間隔を**500**㎜以上とし、給水管が排水管の**上方**になるようにする

□　給水管の横走り管は、上向き給水の場合には**先上がり**勾配、下向き給水の場合は**先下がり**勾配とする

□　排水管の勾配は右表のとおり

□　木造住宅の給湯管には、**架橋ポリエチレン管、ポリブテン管、耐熱塩化ビニルライニング鋼管**、ステンレス管及び**銅管**等を使用。給湯管中に空気だまりができないように配管する

□　屋内給水管の防露・保温材には、特記がない場合、厚さ**20**㎜程度の保温筒を使用

□　トラップは、排水管の途中に排水を溜め、悪臭や害虫の室内への侵入を防ぐためのもの。手洗器の排水管には、封水深さが**50**㎜以上**100**㎜以下の**Pトラップ**や**Sトラップ**、**Uトラップ**を設ける

□　雨水ます（排水ます）は、その底に泥たまりを設け、掃除ができるようになっており、底部に深さ**150**㎜以上の泥だめを設けること

□　インバートは、汚水ますや雑排水ますの点検用に用いられ、汚物等が停滞しないようにセメントモルタルで半円形溝にしたもの

□　雨水立て管は、汚水排水管や通気立て管と**兼用**したり連結してはいけない

● 給排水管の地中埋設

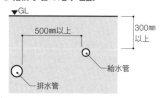

● 排水管の勾配

種類		最小勾配
屋内横走り排水管	管径＜75㎜	1／50
	75㎜≦管径	1／100
屋外排水管の主管		1／100

● 給湯用配管

管の伸縮を妨げないように伸縮継手を設ける

● トラップ

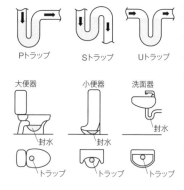

● 雨水ます

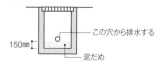

2 空気調和・換気設備工事

☐ 空気調和とは、室内や特定の場所の空気を適切な状態にすること。塵埃や臭気を除去し、空気を浄化するために、温度、湿度、気流等を調整する。また、換気とは室内で発生する熱、水分、臭気、有害ガス等を含む空気を除去して、新鮮な空気を取り込むことである

☐ 換気設備のダクトは、住戸内から住戸外に向かって、**先下がり勾配**となるようにする。ダクトは空気を通す経路に用いられ、内部の空気圧力に対して変形が少ないこと、空気の流れに対する抵抗が小さいこと、空気の漏れがないことが重要

☐ ダクトが防火区画を貫通する箇所には防火ダンパーを取り付け、そのまわりの隙間にはセメントモルタルやロックウールを詰める

☐ 給気用ダクトの断熱被覆は、**グラスウール保温材**を用いて、ダクトの**全長**にわたって行う

☐ 防火区画を貫通する暖房設備の風道に設けるダンパーの材料は、厚さ**1.5**㎜以上の鉄製とする。また、火災や誤作動の際、その復旧のため、450㎜角以上の天井点検口を設ける

● 空気調和の方式

全空気式	単一ダクト方式
	二重ダクト方式
水・空気式	誘引ユニット方式
	ファインコイルユニット方式
冷媒式	パッケージユニット方式

● 警報設備の検知器

プロパンガスのガス漏れ警報設備の検知器は、ガスが床面に溜まるため、その下端が床面上30㎝以内で、ガス栓から4m以内としなければならない

● 機械換気と用途

①第1種換気：給気・排気ともに給気機及び排気機で行い、映画館、集会場など、直接外気に給気・排気口を開放できない場所、②第2種換気：給気のみを給気機で行い、排気は排気口や開口部から屋外に排出。病院の手術室等の無菌室など、③第3種換気：排気のみを排気機で行い、給気は給気口や開口部から外気を流入。台所、便所など、有害ガス、臭気、湿気、熱を発生する室に必要である

3 電気設備工事

☐ 電気設備の工事は、発電から送配電、変電を経て、建物内への電力消費の機械器具に至る一連の施設の電気工作物が必要。電気工作物には電気事業用、一般用、自家用の3種類がある

☐ 木造住宅の**メタルラス**張りの壁にスイッチボックスを設ける場合、スイッチボックス周辺のメタルラスを切り取ってもよい

☐ 天井が低い居室においては、光電式スポット型煙感知器を入口付近に設置する

☐ 高さ20mを超える建築物には、避雷設備を設けること

☐ 誘導灯の常用電源からの配線方法は、分電盤からの専用回路で配線する。通路誘導灯は、床面の高さが1.0m以下の箇所に設ける

● 受変電設備（キュービクル）

中小規模程度（50〜100kWの契約層）の建物では、屋外に変圧器やブレーカーが付いたキュービクルを設けることが多い

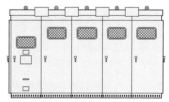

受電用の機器をこの中に配線しコンパクトに納めている。このタイプで幅4m程度

QUESTION

ANSWER

1 最頻出問題 | 一問一答

→→→

次の記述のうち、正しいものには○、誤っているものには×をつけよ

1 □□ 給水管と排水管を平行に地中に埋設するに当たり、両配管の水平実間隔を500㎜以上とし、排水管が給水管の上方になるようにした

2 □□ 管径75㎜の屋外排水管の主管の勾配は、1／200とした

3 □□ 木造住宅の給湯管には、架橋ポリエチレン管を使用した

4 □□ 手洗器の排水管にPトラップを設け、封水深さを80㎜とした

5 □□ 換気設備のダクトは、住戸内から住戸外に向かって、先下がり勾配となるようにした

6 □□ 屋内排水横管の配管において、管径が50㎜であったので、勾配を1／100とした

1 × | 給水管が、排水管の上方になくてはならない

2 × | 1／100以上の勾配とする

3 ○ | このほかに、ポリブテン管、耐熱塩ビライニング鋼管、銅管等を使用することがある

4 ○ | 手洗器の排水管には、封水深さが50㎜以上100㎜以下のPトラップを設ける

5 ○ | 換気設備のダクトは、住戸内から住戸外に向かって、先下がり勾配となるようにする

6 × | 屋内では、管径75mm以下の場合、1／50以上の勾配とする

2 実践問題 | 一問一答

→→→

1 □□ 寒冷地以外の一般敷地内において、特記がなかったので、給水管の地中埋設深さは、土かぶりを250㎜とした

2 □□ 給湯管には、水道用耐熱性硬質塩化ビニルライニング鋼管を使用した

3 □□ 屋内給水管の防露・保温材には、特記がなかったので、厚さ20㎜の保温筒を使用した

4 □□ 雨水用の排水ますには、インバートますを使用した

5 □□ 雨水用の排水ますには、ますの底部に深さ10㎝の泥だめを有するものを使用した

1 × | 給水管の地中埋設深さは、特記がなければ、一般敷地では土かぶり300㎜以上とする

2 ○ | 給湯管には、水道用耐熱性硬質塩化ビニルライニング鋼管を使用してもよい

3 ○ | 屋内給水管の防露・保温材は、特記がない場合、厚さ20㎜の保温筒を使用する

4 × | インバートは、汚水に限り、汚物等が停滞しないようにセメントモルタルで半円形溝にしたものである

5 × | 雨水ます(排水ます)は、底部に深さ150㎜以上の泥だめを設ける

6 ☐☐ 管径100㎜の屋外排水管の勾配は1／200とした

6 ×｜屋内の排水横管の勾配は、管径75㎜未満は1／50、管径75㎜以上は1／100を標準とする。また、屋外排水管の主管の勾配は、1／100以上とする

7 ☐☐ 排水横管は、管径が細いものほど急勾配とした

7 ○｜上記6の解説を参照

8 ☐☐ 手洗器の排水管には、臭気防止のために、封水深さが6㎝のPトラップを設けた

8 ○｜手洗器の排水管には、臭気防止のために、封水深さが50㎜以上100㎜以下のPトラップを設ける

9 ☐☐ 浴室の洗い場の排水管には、封水深さが5㎝のベルトラップ（わんトラップ）を設けた

9 ○｜浴室の洗い場の排水管には、封水深さが50㎜以上100㎜以下のベルトラップを設ける

10 ☐☐ 給気用ダクトの断熱被覆については、グラスウール保温材を用いて、ダクトの全長にわたって行った

10 ○｜給気用ダクトの断熱被覆は、グラスウール保温材を用いて、ダクトの全長にわたって行う

11 ☐☐ 雨水立て管と通気立て管とを連結した

11 ×｜雨水立て管は、汚水排水管や通気立て管と連結してはいけない

12 ☐☐ LPガス（プロパンガス）のガス漏れ警報設備の検知器は、その下端が天井面から下方30㎝の位置となるように取り付けた

12 ×｜プロパンガスのガス漏れ警報設備の検知器は、ガスが床面に溜まるため、その下端が床面上30㎝以内で、ガス栓から4m以内とすること

13 ☐☐ 空気よりも軽い都市ガスのガス漏れ警報設備の検知器は、その下端が天井面から下方50㎝の位置になるように取り付けた

13 ×｜都市ガスの場合は、天井面から下方30㎝以内で、コンロから8m以内とする

14 ☐☐ 寒冷地における給水管の配管の勾配は、水抜きが容易にできるように先上がりとした

14 ○｜寒冷地における給水管の配管の勾配は、水抜きが容易にできるように先上がりとする

15 ☐☐ 給水管には、耐熱性硬質塩化ビニル管を使用した

15 ○｜耐熱性硬質塩化ビニル管使用可

16 ☐☐ 給水管は、断面が変形しないように、管軸に対して直角に切断した

16 ○｜給水管は、断面が変形しないように、管軸に対して直角に切断する

17 ☐☐ 湿気のある場所に施設するケーブル相互の接続箇所には、黒色粘着性ポリエチレン絶縁テープを使用した

17 ○｜湿気のある場所に施設するケーブル相互の接続箇所には、黒色粘着性ポリエチレン絶縁テープを使用する

18 ☐☐ 台所のレンジフードファンには、グリースフィルター付きのものを使用した

18 ○｜台所のレンジフードファンには、グリースフィルター付きの使用も可

19 ☐☐ 換気用の硬質塩化ビニル製ダクトにおいて、外壁から1m以内の距離にある部分は、グラスウール保温材を用いて断熱被覆をした

19 ○｜ダクトが外壁から1m以内の距離にある部分は、グラスウール保温材を用いて断熱被覆を行う

20 ☐☐ 給湯管には、ポリエチレン管を使用した

20 ×｜給湯管には架橋ポリエチレン管、ポリブデン管、耐熱塩ビライニング鋼管、銅管、ステンレス管等を用いる

023 改修工事

平成24年からは改修工事が設問として出題されるようになった。出題内容は、外装と内装が概ね半分ずつである。主に前者はRC外壁やサッシの改修工法、後者は床や天井の改修工法が出題されている

1　鉄筋コンクリートの劣化診断

耐震改修に先立って行われる**耐震診断**には、コンクリートの圧縮強度データが必要である。コアの抜取り位置は、鉄筋を切断しないよう、図面と鉄筋探査器を用いて鉄筋の位置を推定する

●劣化診断の方法

対象	測定内容	診断方法
コンクリート打放し仕上げ（モルタル塗り仕上げ）	ひび割れ幅	クラックスケール
	中性化の深さ	フェノールフタレイン噴霧
	圧縮強度	コア抜き→圧縮試験
タイル張り仕上げ	タイルの浮き	赤外線法、打診法

●フェノールフタレイン噴霧
コンクリートがアルカリ性を保っていれば赤紫に変色する

2　RC外装の劣化改修

コンクリート打放しやモルタル塗り仕上げの場合、**ひび割れ幅**に応じて改修方法を選択する。鉄筋やアンカー金物が露出している場合は、健全部が露出するまでコンクリートを斫（はつ）り、錆（さび）を除去してから鉄筋コンクリート用防錆剤（せい）を塗布する

●RCの劣化改修方法

ひび割れ幅	0.2㎜未満	0.2～1.0㎜	1.0㎜以上
改修方法	シール工法	エポキシ樹脂注入工法	Uカットシール充填工法

コンクリートやモルタルの欠損部には、エポキシ樹脂モルタルかポリマーセメントモルタルを充填する。後者は比較的浅い欠損（充填厚さ30㎜程度以下）に用い、1層7㎜以下の塗り厚で施工する

タイルの張替えを行う場合、下地面の水湿しをしてからポリマーセメントモルタルによって行う。タイル張りの撤去に当たっては、ひび割れ周辺をタイル目地に沿ってダイヤモンドカッター等で切り込みを入れ、ひび割れ部と健全部の縁を切る

●耐震改修工法
耐震改修の基本は耐震壁の増設である。具体的には、あと施工アンカーを活用してRC壁や枠付き鉄骨ブレースを設置することが多い。柱の補強が必要な場合には、炭素繊維巻付け工法や鋼板巻立て工法などによる改修工事も行われる

●Uカットシール充填工法の適用範囲
被着体が5℃以下または50℃以上になるおそれがある場合、作業を中止する

●充填工法の適用範囲
モルタル欠損部に充填工法を適用できるのは、欠損部の面積が1箇所当たり0.25㎡程度以下の場合に限られる

●防水改修の既存下地の処理
コンクリート下面等のひび割れは、ゴムアスファルト系シール材で補修する。幅2㎜以上のひび割れは、Uカットのうえポリウレタン系シール材を充填する。欠損部はポリマーセメントモルタルで補修する

- [ ] 劣化の著しい塗膜や下地コンクリートの脆弱部分は、サンダー工法や高圧水洗工法で除去する。前者は部分的除去、後者は全体的除去に適している

● 弾性タイプ塗膜の除去
防水形複層塗材のような弾性タイプの塗膜は塗膜剥離剤工法を用い、硬質タイプの塗膜はサンダー工法で除去する

3 外部建具やシールの改修

- [ ] 既存建具に著しい腐食が生じていない場合には、既存建具の外周枠を残して新規のアルミニウム製建具を取り付けることが多い。こうしたかぶせ工法では、新規建具の両端を小ねじで留め付けるとともに中間も400mm以下の間隔で留め付ける

- [ ] シーリングを再充填する際には、既存のシーリング材をできる限り除去する。目地部の軽微な欠損部は、ポリマーセメントモルタルで補修する

● かぶせ工法による改修の例

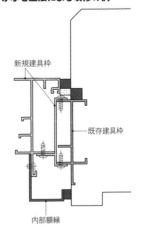

新規建具枠
既存建具枠
内部額縁

4 内装の改修

- [ ] 床材の張付けには様々な接着剤を使い分ける。例えばタイルカーペットの接着剤には、部分的に簡単に剥がせて張り替えができるように粘着はく離形接着剤を用いる

- [ ] 床、壁、天井を撤去した場合には取り合い部の改修が必要であり、その範囲を特記で定める。特記がない場合、間仕切壁に取り合う天井や床は壁厚程度を改修する。ただし天井内の壁を撤去した場合には、壁面の両側600mm程度について天井を改修する

- [ ] 新設の照明器具を新設するために天井の野縁を切断した場合には、野縁または野縁受けと同材で補強する

- [ ] 特定天井を改修する場合には、その技術基準を満たすように改修する

- [ ] アスベスト含有吹付け材を除去した場合には、作業所内でセメント固化を行うことが多い。セメント固化したアスベストについても、密封処理をして搬出する

● 天井開口回りの下地の補強

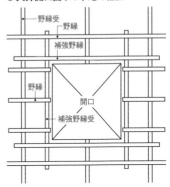

野縁受
野縁
補強野縁
野縁
開口
補強野縁受

● 特定天井
平成25年から次の条件を満たす天井には、所定数の斜め部材（斜め補強）を設けることなどが求められるようになった。
①天井の単位面積質量2kg超
②天井高さ6m超
③天井の水平投影面積200㎡超

QUESTION

1 最頻出問題│一問一答

ANSWER

→→→

次の記述のうち、正しいものには○、誤っているものには×をつけよ

1 ☐☐ コンクリートの外壁改修工事において、0.3mm程度のひび割れ部分に、エポキシ樹脂を注入した

2 ☐☐ モルタル塗り仕上げのコンクリート外壁の冬季における改修工事において、既存モルタルを撤去した後、躯体に著しい不陸があったので、下地処理として、その箇所を目荒し、水洗いのうえ、モルタルで補修し、14日間放置した

3 ☐☐ 高分子系ルーフィングシート防水の既存防水層撤去後のコンクリート面において、幅2mm以上のひび割れに対しては、ポリマーセメントモルタルで補修した

4 ☐☐ かぶせ工法によるアルミニウム製建具の改修工事において、既存枠へ新規に建具を取り付けるに当たって、小ねじの留付け間隔は、中間部で500mmとした

5 ☐☐ シーリングの再充塡を行うに当たって、既存のシーリング材をできる限り除去するとともに、コンクリートの目地部の軽微な欠損部は、ポリマーセメントモルタルで補修した

6 ☐☐ 床の改修工事において、タイルカーペットの張付けに、粘着はく離形接着剤を使用した

7 ☐☐ 内装の改修において、せっこうボードを用いた壁面の目地を見せる目透し工法とするために、テーパー付きせっこうボードを用いた

8 ☐☐ 天井の改修工事において、天井のふところが1.5mであったので、軽量鉄骨天井下地の吊りボルトの水平補強と斜め補強を省略した

1 ○│コンクリートに生じた幅0.2mm以上1mm未満のひび割れには、エポキシ樹脂注入工法を適用する

2 ○│設問記述のとおり

3 ×│防水下地コンクリートの幅2mm以上のひび割れには、Uカットのうえシール材を充塡する

4 ×│中間部は400mm以下の間隔で留付ける

5 ○│コンクリートの軽微な欠損部は、ポリマーセメントモルタルで補修する

6 ○│設問記述のとおり

7 ×│テーパー付きせっこうボードは目地のない継目処理を行う場合に用いる

8 ×│特定天井以外でも、天井ふところが1.5m以上の場合には水平補強と斜め補強を設置する（公共建築改修工事監理指針）

2 実践問題 | 一問一答 →→→

1 ☐☐ タイル張り仕上げの外壁のひび割れ部を改修するに当たって、健全な部分に損傷が拡大しないように、ひび割れ周辺のタイル目地に沿ってダイヤモンドカッターで切り込みを入れた

2 ☐☐ コンクリート・モルタル面の塗替えにおいて、合成樹脂調合ペイントを塗布した

3 ☐☐ 外壁改修工事の高圧水洗工法による既存塗膜の除去において、高圧水洗機の加圧力は、試験施工を行い決定した

4 ☐☐ アルミニウム建具の改修工事において、既存建具の枠に著しい腐食がなかったので、既存建具の外周枠を残し、その枠に新規のアルミニウム製建具を取り付けた

5 ☐☐ 天井内の既存壁の撤去に伴い、取り合う天井の改修範囲は、特記がなかったので、壁面より両側600mmとした

6 ☐☐ 天井の改修工事において、新設の照明器具の開口のために野縁を切断したので、野縁受けと同材で補強した

7 ☐☐ 階段の改修工事において、階段の金属製の滑止めを、エポキシ樹脂系接着剤及び小ねじを使用して取り付けた

8 ☐☐ コンクリート間仕切壁の開口部等小規模な取壊しは、所定の位置に両面よりダイヤモンドカッターで切り込み、他の構造体及び仕上げに損傷を与えないように行った

9 ☐☐ アスベスト含有吹付け材の除去工事において、除去した吹付け材は、作業所内においてセメント固化を行い、密封処理をして搬出した

10 ☐☐ 排煙シャッター更新工事において、スラットの形状は、インターロッキング形とした

11 ☐☐ とい工事において、硬質塩化ビニル雨どいを用いたので、たてどいのとい受金物の取付け間隔を900mmとした

1 ○ | 設問記述のとおり

2 × | コンクリート・モルタル面はアルカリ性のため、合成樹脂調合ペイントでなく、合成樹脂エマルションペイントを用いる（「021塗装工事」参照）

3 ○ | 設問記述のとおり

4 ○ | 既存建具枠に腐食がない場合には、その枠に新規建具を取付ける工法が広く採用されている

5 ○ | 設問記述のとおり

6 ○ | 天井の野縁を切断した場合には、野縁または野縁受けと同材で補強する（公共建築改修工事監理指針）

7 ○ | 設問記述のとおり

8 ○ | 設問記述のとおり

9 ○ | アスベスト含有吹付け材を除去する場合には、セメント固化したアスベストも密封処理する

10 × | 防煙シャッターのスラットはオーバーラッピング形になる

11 ○ | 硬質塩化ビニルのたてどいの取付け間隔は1.2m以下とする（公共建築改修工事標準仕様書）

024 各種工事、用語、廃棄物

各種工事に採用される工法や各施工機械・器具の名称と用途を中心に解説する。仮設工事、土工事、杭工事、鉄筋工事、鉄骨工事、木工事、内装工事等の中から出題されることが多いので、これまで学んだ各施工項目の復習が重要となる

1 工事現場から排出される廃棄物

☐ 建設現場では、廃棄物の処理及び清掃に関する法律に基づき
以下の対応を行う

・**現場事務所から排出された書類**は、**一般廃棄物**である
・建築物の新築に伴って生じた**廃発泡スチロール・壁紙くず・梱
包用段ボール等**は、**産業廃棄物**である
・建築物の解体に伴って生じた**木くず**は、産業廃棄物である
・建築物の解体に伴って生じた**ひ素を含む汚泥**は、特別管理産
業廃棄物である

2 地業・基礎工事(仮設工事・土工事・杭工事等)

☐ ●**土工事に用いられる施工機械**

名称	用途
①**クラムシェル**	土砂の掘削に使用。最大掘削深さは約40m
②**パワーショベル**	地盤面よりも高いところを掘削するのに適している。山の切り崩し等に使用することが多い
③**グレーダー**	整地転圧をする機械
④**スクレーパー**	自走式とけん引式があり、土砂を掘削し積み込む作業、運搬する作業、土をまき均す作業、これらの3つの作業を1台の機械で行う
⑤**ドラッグライン**	機械の接地面より下方の掘削土を手前に引き寄せながら土砂をかき取る掘削機械
⑥**ブルドーザー**	トラクターの前面にブレードを取り付けて、前進することによって土砂を削り、整地や盛土、運搬等の作業に使用
⑦**バックホウ**	地盤面よりも低い部分の掘削や、水中における掘削に適した機械
⑧**振動コンパクター**	転圧輪の代わりに起振装置を取り付けた打撃板によって地面を振動打撃して締め固める機械

①**クラムシェル**　　②**パワーショベル**　　③**グレーダー**　　④**スクレーパー**

⑤**ドラッグライン**　　⑥**ブルドーザー**　　⑦**バックホウ**　　⑧**振動コンパクター**

●杭工事(場所打ちコンクリート杭)において採用される代表的な工法

種類	工法	内容
場所打ちコンクリート杭	①オールケーシング工法	ベノト工法ともいい、場所打ちコンクリート杭の一工法である。ケーシングチューブを建て込み、その上部からハンマーグラブを落下させて掘削し、掘削後、鉄筋かご及び生コンクリートを打設し、杭を築造する工法
	②アースドリル工法	回転バケット(ドリリングバケット)による掘削に当たり、孔壁保護のため安定液としてベントナイト溶液を使用し、杭を築造する工法
	③リバース工法	リバースサーキュレーション工法ともいい、回転ビットの先端から清水を出しながら回転させて掘削し、排土は水に混じった掘削孔底部の土砂と一緒に吸い上げる。その後鉄筋かご及び生コンクリートを打設し、杭を築造する工法
既成コンクリート杭	④プレボーリング工法	アースオーガーによってあらかじめ杭径よりも＋100mm程度大きく支持層まで掘削された孔に、工場で製作された既成コンクリート杭を打込む工法。打込みには、アースオーガー杭打ち機とクローラークレーンを用いる
	⑤打撃工法	油圧パイルハンマーやドロップハンマーを使用して、杭頭部を打撃し、強制的に杭を打込む工法

3 躯体工事

鉄筋工事においては、以下の用語を押さえておく

①**グリップジョイント**：重ね継手や圧接によらない継手の工法。油圧機械で継手用鋼管の両端部分を冷間で締め付けることで間に挟んだ鉄筋を**接続**する工法

②**グラインダー**：鉄筋の圧接において、鉄筋の圧接端面を**平滑**にするために使用。通称ベビーサンダー

③**バーベンダー**：鉄筋の**曲げ加工**に使用

鉄骨工事においてボルトの接合を行う際、軸力を導入しないで、単なる締付けを行う場合は、**ラチェット**を用いてもよい

ノンスカラップ工法は、鉄骨の部材同士の溶接の**交差を避ける**ための切欠き(スカラップ)を設けずに溶接するもの

4 仕上工事(木工事・内装工事)

木工事において、**サンダー**は木材の表面を**平滑**に仕上げるために使用

●エアタッカー

●内装工事において用いられる器具

名称	用途
タッカー	木造下地に仕上げ用のボードを張り付けるに当たって、接着剤を主とし、タッカーによるステープルを併用する
ステープル	エアタッカー等に装着するU字形の釘。内外装工事を行う際や左官工事ではメタルラスを留め付ける際、大工工事では防水シートを留め付ける際に使用

●ステープル

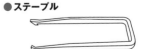

QUESTION

1 最頻出問題 | 一問一答

次の記述のうち、正しいものには○、誤っているものには×をつけよ

1 ☐☐ 杭地業工事に、トーチ工法を採用した

2 ☐☐ 鉄筋の継手に、グリップジョイント工法を採用した

3 ☐☐ 土砂の掘削に、クラムシェルを使用した

4 ☐☐ ボルトの締付けに、ラチェットを用いた

5 ☐☐ 既製コンクリート杭の打込みに、振動コンパクターを使用した

ANSWER

→→→

1 ×｜トーチ工法は、改質アスファルトシート防水の施工法のことである

2 ○｜重ね継手や圧接によらない継手の工法には、グリップジョイントがある

3 ○｜地盤より下部の深い位置での掘削にはクラムシェルが用いられる

4 ○｜軸力を導入しないで、単なる締付けを行う場合、ラチェットを用いる

5 ×｜既製コンクリート杭の打込みは、杭打機としてアースオーガーを用い、振動コンパクターは、地盤の締め固め等に用いる

2 実践問題 | 一問一答

1 ☐☐ 鉄筋のガス圧接において、鉄筋の圧接端面の処理に、グラインダーを使用した

2 ☐☐ 鉄筋の曲げ加工に、バーベンダーを使用した

3 ☐☐ バックホウを用いて、当該接地面よりも下方の掘削を行った

4 ☐☐ 2階建ての建築物の鉄骨建方に、トラッククレーンを使用した

5 ☐☐ 土工事において、掘削機械が置かれている地面よりも低い位置の土砂の掘削に、パワーショベルを使用した

6 ☐☐ グレーダーは、整地転圧をする機械である

7 ☐☐ スクレーパーは、鉄筋の切断を行う機械である

8 ☐☐ ドラグラインは、機械の接地面より上方の掘削に適しており、機体を中心とした掘削半径が小さい

→→→

1 ○｜圧接面を平滑にするには、グラインダー（通称：ベビーサンダー）を使用

2 ○｜バーベンダーは、鉄筋の曲げに用いる機械

3 ○｜地盤よりも下方の掘削はバックホウが有効

4 ○｜トラッククレーン又はラフタークレーンを用いる

5 ×｜掘削機械が置かれている地面よりも高い位置の土砂の掘削に使用

6 ○｜設問記述のとおり

7 ×｜鉄筋の切断は、シャーカッター又は電動鋸を使用する。スクレーパーは、整地用土工機械である

8 ×｜ドラグラインは、機械の接地面より下方の掘削土を手前に引き寄せながら土砂をかき取る掘削機械である

9 □□ 高い天井の作業に、ローリングタワーを使用した

10 □□ 木工事において、木材の表面を平滑に仕上げるために、ルーターを使用した

11 □□ 内装工事において、木造下地に仕上げ用のボードを張り付けるに当たって、接着剤を主とし、タッカーによるステープルを併用した

12 □□ 山留め工事において、鋼矢板の引抜きに、振動コンパクターを使用した

13 □□ 山留め工事において、オールケーシング工法を用いて施工した

14 □□ トルクレンチは、高力ボルトの締付け作業に使用される

15 □□ リバウンドハンマーは、コンクリートの強度確認作業に使用される

16 □□ 杭工事において、地盤が軟弱な場合は地盤アンカー工法が有効である

17 □□ 土砂の搬出入に、ベルトコンベヤーを使用した

18 □□ 型枠のフォームタイをインパクトレンチで締め付けた

19 □□ 杭地業工事で、リバース工法を用いた

20 □□ 杭地業工事で、地盤アンカー工法を用いた

21 □□ 鉄筋工事でリチャージ工法を用いた

22 □□ 型枠工事でスライディングフォーム工法を用いた

23 □□ 建築物の新築に伴って生じた廃発泡スチロールは、一般廃棄物に該当する

9 ○｜ローリングタワーは移動が可能で、高い位置での作業を行うときに使用する仮設作業床

10 ×｜ルーターは、木材の面取りやホゾづくり、溝切り等をするための木工用電動工具である。設問は、ほう（鉋）削機械、すなわち、手押しかんな盤や自動かんな盤等のことである

11 ○｜内装仕上げに使用するボードは、タッカーによるステープル打ちと接着剤を併用する

12 ×｜鋼矢板の引抜きには打込みと同じ機械のバイブロハンマーを用いる。振動コンパクターは土工事の転圧等に使用する機械である

13 ×｜オールケーシング工法は、場所打ちコンクリート杭の施工法である

14 ○｜高力ボルトの締付け作業に使用する器械は、トルクレンチである

15 ○｜コンクリートの強度確認作業には、リバウンドハンマーが使用される

16 ×｜地盤アンカー工法は山留め工事である

17 ○｜ベルトコンベヤーは、土砂の搬出入に使用する

18 ×｜型枠のフォームタイは、フォームタイ回しで締め付ける。インパクトレンチは、トルシア型の高力ボルトを締め付ける際に使用するもの

19 ○｜支持地盤が深い場合、場所打ちコンクリート杭工事では、リバース工法を採用する

20 ×｜地盤アンカー工法は、山留め工事の一つ

21 ×｜リチャージ工法は、排水工法の一つ。汲み上げた地下水を建設現場周囲の地盤下に戻すことで、地盤沈下や井戸枯れを防げる

22 ○｜スライディングフォームは、型枠工事で使用する

23 ×｜新築に伴って生じた廃発泡スチロール等は、産業廃棄物である

025 建築積算

建築積算の目的は、建築工事費の算定。数量積算による細目別の数量をもとに単価を設定する。また、数量に単価を掛けて工事費を予測したり、完成に要した工事費を計算したりする。2級では工事費の構成と数量算出方法の基本的な考え方が重要

1　工事費の構成

□　工事費は、以下のように構成される

● **工事費の構成**

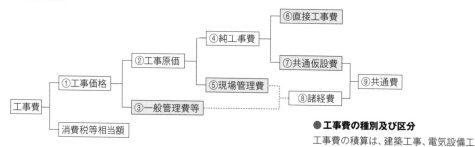

● **工事費の種別及び区分**
工事費の積算は、建築工事、電気設備工事、機械設備工事及び昇降機設備工事等の工事種別ごとに行う

● **工事費の内訳と費用（価格）対象**

内訳	費用（価格）対象
①**工事価格**	工事原価と一般管理費等を合わせたもの。これに、消費税等相当額を合算して工事費となる
②**工事原価**	純工事費と現場管理費を合わせたもの
③**一般管理費等**	施工会社の本社などの経費。直接建築現場でかかる費用ではないが、会社を維持運営していくために、一定の割合の金額を工事価格に配賦している。本社などの経費には、本社で働く人の人件費や経費をはじめ、工事を受注するための営業費用などがある
④**純工事費**	直接工事費と共通仮設費を合わせたもの
⑤**現場管理費**	建築現場の運営管理にかかわる費用であり、現場管理にかかわる人の人件費や経費など
⑥**直接工事費**	建築物の施工に直接必要となる費用。工事費の基本となる重要な費用であり、設計図書の表示に従って各工事種目ごとに区分して計算する。例えば、建築工事では直接仮設、土工、コンクリート、木、建具、内外装などの工事種目ごとに内訳書を作成し計算する
⑦**共通仮設費**	複数の工事種目に対して共通に使用する仮設（仮囲い、工事用道路等）に必要な費用
⑧**諸経費**	現場管理費と一般管理費等を合わせたもの
⑨**共通費**	諸経費と共通仮設費を合わせたもの

□　建築工事における単価とは、労務費や材料費の基本となる価格であり、土工・大工・鳶・左官等の賃金や、砂・セメント・木材等の原材料費である。単価は建築コストを構成する最小の細目単価であり、建設資材についていえば、卸し問屋等で扱われるものである

● **直接仮設と専用仮設**
直接仮設の典型は、遣方・墨出し、足場（複数の工事科目に共通使用）。一方、専用仮設の典型は、山留め（特定の工事科目で単独使用）

● 単価の種類

単価種別		対象
単価	複合単価	材料、副資材、労務、機械、経費などの費用をまとめた単価のこと。材料と労務が一緒になっていることを材工共（ざいこうとも）という
	合成単価	いくつかの複合単価をまとめた単価のこと。例えば、床タイル張りの単価は、はじめに下地にモルタルを塗り、次に仕上げとしてタイルを張る。そこで、下地モルタル塗りの複合単価と仕上げのタイル張りの複合単価の合成となる。合成単価は床や壁などの部別にコストを求めるときに使われる

2 数量の定義と算出方法

建築積算では、設計数量を原則とする。計画数量や所要数量を必要とする場合は、「建築数量積算基準［※］」に基づいて計算し、計画数量又は所要数量であることを明記する

● 数量の定義

設計数量	設計図書に表示されている個数や設計寸法から求めた**長さ、面積、体積等の数量**
計画数量	設計図書に基づいた施工計画により求めた数量。仮設、土工等の数量が該当する
所要数量	**定尺寸法による切り無駄や、施工上やむを得ない損耗を含んだ数量。**鉄筋、鉄骨、木材等の数量が該当する

● 各材料の数量算出

材料	数量算出の方法
コンクリート	・鉄筋や小口径管類によるコンクリートの欠除はないものとして算出する ・鉄骨によるコンクリートの欠除は、鉄骨の設計数量について7.85tを1.0㎥として換算した体積とする ・開口部による欠除は、開口部の内法の見付面積が1か所当たり0.5㎡以下の場合、原則としてないものとする
型枠	・原則として、その側面・底面面積から接続部の面積を差し引いて算出する ・窓、出入口等の開口部による型枠の欠除は、原則として建具類等開口部の内法寸法とする。なお、開口部の内法の見付面積が1か所当たり0.5㎡以下の場合、原則として型枠の欠除はないものとする。また、開口部の見込部分の型枠は計測の対象としない
鉄筋	・原則として、コンクリートの設計寸法に基づいた設計長さを、JISに定める単位質量を乗じて算出する ・所要数量を求めるときは、その設計数量の4%割増を標準とする
土砂量	掘削による増加や締固めによる減少を考慮しない地山数量とする
根切り土量	施工上の余裕や法勾配を見込んだ計画数量とする
砂利敷等	設計数量とする
鉄骨	所要数量を求めるときは、設計数量に次の割増をすることを標準とする ①形鋼・鋼管・平鋼：5%、②デッキプレート：5%、③ボルト類：4%、④広幅平鋼・鋼板（切板）：3%、⑤アンカーボルト類：0%

● 建築数量積算基準の構成

第1編「総則」、第2編「仮設」、第3編「土木・地業」、第4編「躯体」、第5編「仕上」、第6編「屋外施設等」、第7編「改修」、第8編「発生材処理」、参考資料

● 建築積算

建築工事費の算定のために、細目別に数量を算出し、設定した単価を掛けて工事費を予測したり、完成までに要した工事費を計算したりする

	発注者	設計者	施工者
企画	企画時概算		
基本設計		基本設計時概算	
実施設計		実施設計時概算	
発注・契約	明細積算		
施工			実施予算
完成			

● 足場の数量算出

外部本足場の数量は、足場の中心（外壁面から1.0mの位置）の水平長さと構造物の上部までの高さによる面積とする

※：「建築数量積算基準」（建築工事建築数量積算研究会）とは、コンクリートや鉄筋のほか、床・壁・天井の仕上材を計測・計算するルールを定めたもの

建築積算

QUESTION

ANSWER

1 最頻出問題 | 五肢択一

→→→

1 □□ 工事費における工事価格の構成中の□□に当てはまる用語の組合せとして、最も適当なものは次のうちどれか

1 答えは3

一般管理費等とは、施工会社の本社などの経費であり、直接建築現場でかかる費用ではないが、会社を維持運営していくために、一定の割合の金額を工事価格に配賦しているものである。本社などの経費には、本社で働く人の人件費や経費をはじめ、工事を受注するための営業費用などがある

純工事費とは、直接工事費と共通仮設費を合わせたものである

直接工事費とは、建築物の施工に直接、必要となる費用をいう。直接工事費は工事費の基本となる重要な費用であり、設計図書の表示に従って各工事種目ごとに分けて計算する。例えば、建築工事費は直接仮設、土工、コンクリート、木工、建具、内外装などの工事種別ごとに内訳書を作成し、計算する

	A	B	C
1	直接工事費	純工事費	一般管理費等
2	直接工事費	一般管理費等	純工事費
3	一般管理費等	純工事費	直接工事費
4	一般管理費等	直接工事費	純工事費
5	純工事費	一般管理費等	直接工事費

2 実践問題① | 一問一答

→→→

次の記述のうち、正しいものには○、誤っているものには×をつけよ

1 □□ コンクリートブロックの積算上の単位は㎡である

1 × | コンクリートブロックの積算上の単位は㎡である

2 □□ 複合単価は材料費と労務費を加えたものなど、2種類以上の費用を合わせたものの単価である

2 ○ |「複合単価」とは、材料、副資材、労務、機械、経費などの費用をまとめた単価

3 □□ 所要数量は、定尺寸法による切り無駄や施工上やむを得ない損耗を含んだ数量である

3 ○ |「所要数量」とは、定尺寸法による切り無駄や、施工上やむを得ない損耗を含んだ数量をいい、鉄筋、鉄骨、木材等の数量がこれに該当する

4 □□ 計画数量は、設計図書に基づいた施工計画等により求めた数量である

4 ○ | 設問記述のとおり

3 実践問題② | 一問一答　→→→

次の記述のうち、建築工事建築数量積算研究会「建築数量積算基準」に照らして、正しいものには○、誤っているものには×をつけよ

1 ☐☐ 直接仮設は、工事種目ごとの工事科目で単独に使用する仮設をいう

2 ☐☐ 仮囲いの数量は、種別、高さ等により区別し、仮囲いの外周面の長さにより算出した

3 ☐☐ 遣り方の数量は、建築物の延べ面積(延床面積)により算出した

4 ☐☐ 土工事における土砂量は地山数量とし、掘削による増加や締固めによる減少は考慮しないで算出した

5 ☐☐ 根切り土量は、施工上必要な余裕や法勾配を見込んだ寸法により算出した

6 ☐☐ 鉄筋コンクリート造のコンクリート数量は、鉄筋及び小口径管類によるコンクリートの欠除はないものとして算出した

7 ☐☐ 型枠の数量は、各部材の接続部の面積が1㎡を超える場合、型枠不要部分としてその面積を差し引いて算出した

8 ☐☐ 鉄筋コンクリート壁の型枠の数量は、1か所当たりの内法の見付面積が0.5㎡以下の開口部の型枠の欠如については、ないものとして計算した

9 ☐☐ 鉄骨の溶接数量は、溶接の種類に区分し、溶接断面形状ごとに長さを求め、隅肉溶接脚長6㎜に換算した延べ長さによって算出した

10 ☐☐ 複雑な形状の鋼板の数量は、その面積に近似する長方形として算出した

11 ☐☐ 鉄骨材量の所要数量の積算において、アンカーボルトは設計数量に割増を必要とする

12 ☐☐ シート防水の数量は、シートの重ね代の面積を加えて算出した

1 ×｜直接仮設とは、工事種目ごとの複数の工事科目に共通して使用する仮設である。一方、複数の工事種目に共通して使用するものを共通仮設という

2 ○｜設問記述のとおりである

3 ×｜遣り方の数量は、建築面積とする

4 ○｜設問記述のとおりである

5 ○｜根切りとは、基礎、地下構築物等を施工するための土の掘削をいい、その数量は根切り面積×根切り深さによる体積とする。山留めがあるときは躯体外周に余幅1.0mを見込んだ面積で計算する

6 ○｜設問記述のとおりである

7 ○｜梁と床板、基礎梁等と底盤、同一幅の梁等及び壁式構造における壁と床板接続部は、先の部分の接続部の型枠を差し引く

8 ○｜設問記述のとおりである。なお、型枠の数量はその種類・材料・工法・コンクリートの打設面等によって区別して求める

9 ○｜設問記述のとおりである

10 ○｜鋼板は原則として設計寸法による面積を計測・計算する。ただし、複雑な形状のものはその面積に近似する長方形として計測・計算することができる

11 ×｜鉄骨材料について、所要数量を求めるときは、設計数量に次の割増をすることを標準とする
　・形鋼・鋼管及び平鋼―――5%
　・広幅平鋼及び鋼板(切板)―3%
　・ボルト類――――――――4%
　・アンカーボルト類―――――0%
　・デッキプレート―――――5%

12 ×｜シート防水等の重ね代は計測の対象としない

分野別・出題傾向 [平成26-令和5年]

DATA

分野	H26	H27	H28	H29	H30	R1	R2	R3	R4	R5	合計
請負契約	1.0	1.0	1.0	1.0	1.0	1.0	1.0	1.0	1.0	1.0	10.0
施工計画	1.0	1.0	1.0	1.0	1.0	1.0	1.0	1.0	1.0	1.0	10.0
現場管理	2.0	3.0	2.0	2.0	2.0	2.0	1.0	3.0	2.0	2.0	21.0
申請・届出	1.0		1.0	1.0			1.0		1.0		5.0
調査・測量		1.0		1.0	1.0		2.0		1.0		6.0
仮設工事	1.0	1.0	1.0	1.0	1.0	1.0	1.0	1.0	1.0	1.0	10.0
土工事・山留工事	1.0		1.0			1.0			0.5		3.5
杭・基礎・地業工事	1.0	1.0	1.0	1.0	2.0	1.0	1.0	1.0	0.5	2.0	11.5
鉄筋工事	1.0	2.0	1.0	1.0	1.0	1.0	1.0	1.0	1.0	1.0	11.0
型枠工事	1.0	1.0	1.0	1.0	1.0	1.0	1.0	1.0	1.0	1.0	10.0
コンクリート工事	2.0	1.0	2.0	2.0	2.0	2.0	2.0	2.0	2.0	2.0	19.0
鉄骨工事	2.0	2.0	2.0	2.0	1.0	2.0	2.0	2.0	2.0	2.0	19.0
外装工事・ALC工事				1.0				1.0		1.0	3.0
補強コンクリートブロック造等工事	1.0	1.0	1.0	1.0		1.0	1.0		1.0		7.0
木工事・木造工事	2.0	2.0	1.0	2.0	2.0	2.0	2.0	3.0	3.0	2.0	21.0
防水・屋根工事	1.0	1.0	1.0	1.0	1.0	1.0	1.0	1.0	1.0	1.0	10.0
左官・タイル・張り石工事	1.0	1.0	1.0	1.0	1.0	1.0	1.0	1.0	1.0	1.0	10.0
ガラス・建具工事	0.5	1.0	1.0	0.5	1.0	1.0	0.5	1.0	0.5	0.5	7.5
内装・断熱工事	0.5			0.5			0.5		0.5	0.5	2.5
塗装工事	1.0	1.0	1.0	1.0	1.0	1.0	1.0	1.0	1.0	1.0	10.0
設備工事	2.0	2.0	2.0	2.0	2.0	1.0	1.0	1.0	1.0	1.0	15.0
改修工事						1.0	1.0	1.0	1.0	1.0	5.0
各種工事・用語・廃棄物等	1.0	1.0	2.0	2.0		2.0	1.0	1.0		2.0	12.0
積算	1.0	1.0	1.0		1.0	1.0	1.0	1.0	1.0	1.0	10.0

ADVICE

学科Ⅳ施工では、例年通りの分野が出題されました。難易度は例年よりやや難しい内容でした。また、過去問題の正誤を入れ替えた内容が出題されることが多くなり、受検者にとっては問題内容を良く読み取ることが重要といえます。過去問題をしっかりと理解しておけば、正答を導き出すことができる問題がほとんどであり、新規問題が出題されても、消去法で対応することが可能です。今後は、過去問題に関連した施工技術や用語等を中心に学習しておくと合格につながります。

執筆者一覧［五十音順］

荒巻卓見｜あらまき・たくみ｜Chapter4 施工
専門は、建築材料・施工。ものつくり大学技能工芸学部建設学科卒業、同大学院修士課程修了。日本大学大学院理工学研究科博士後期課程建築学専攻修了。日本大学生産工学部PD、日本大学理工学部まちづくり工学科助手を経て、現在、ものつくり大学技能工芸学部建設学科助教。博士（工学）。

伊藤教子｜いとう・のりこ｜Chapter 1 計画
ZO設計室代表取締役。設備設計一級建築士。博士（工学）。首都大学東京大学院都市環境科学研究科建築学域博士課程修了。環境設備設計を専門とする。著書に共著にて『設備設計スタンダード図集』、『新しい環境文化のかたち／クリマデザイン』などがある。

大島博明｜おおしま・ひろあき｜Chapter 1 計画
千葉大学大学院工学研究科修了。坂倉建築研究所東京事務所入所。前橋市庁舎、世田谷区健康村、加須青年の家等を担当。1990年より大島博明建築研究所主宰。改革派船橋高根教会、とねの会はすだ保育園等を担当。2007年よりものつくり大学建設学科都市建築デザイン研究室主宰、現在名誉教授・特別客員教授。主要研究は、市町村合併における庁舎建築に関する研究、認定こども園に関する研究等。現在は自治体アドバイザーとして活動しながら、地域の活性化問題に取り組み、「まちづくり」を実践している。一級建築士。

栗田紀之｜くりた・のりゆき｜Chapter 3 構造
専門は、建築構法、木造建築。東京大学工学部建築学科卒業。博士（工学）。現在は、建築環境ワークス協同組合専務理事、きがまえ研究室代表。東京理科大学非常勤講師。一級建築士。主な著書、『図解 建築工事の進め方 木造住宅』（市ヶ谷出版社、共著）、『よくわかる！ 建築』（PHP研究所、共著）ほか。

佐藤考一｜さとう・こういち｜Chapter 4 施工
専門は、構法計画・建築生産。東京大学大学院博士課程修了。博士（工学）。現在、金沢工業大学建築学科教授。主な著書（すべて共著）、『初学者の建築講座 建築計画』（市ヶ谷出版社）、『コンバージョンが都市を再生する、地域を変える』（日刊建設通信新聞社）、『建築再生の進め方』（市ヶ谷出版社）ほか。

築比地正｜ついひじ・ただし｜Chapter 2 法規
大手前建築基準法事務所株式会社東京事務所長。元東京都職員。主な著書、『建築法規用教材』（（一社）日本建築学会、共著）ほか。

服部宏己｜はっとり・ひろき｜Chapter 3 構造
三重大学大学院工学研究科建築学専攻修士課程修了。東急建設（株）、三重大学大学院工学研究科システム工学専攻博士後期課程を修了し、現在、岐阜市立女子短期大学デザイン環境学科教授・博士（工学）。一級建築士。

北條哲男｜ほうじょう・てつお｜Chapter 3 構造
北海道大学工学部土木工学科卒業。新日本製鐵（株）にてケーブル構造の研究開発および吊形式橋梁の設計・施工に従事。ものつくり大学技能工芸学部建設学科教授を経て、現在は、ものつくり大学名誉教授・特別客員教授。博士（工学）、技術士（建設部門）、コンクリート診断士、一級土木施工管理技士、測量士。主な著書、『一級建築施工管理技士（学科）』彰国社、共著）ほか。

松岡大介｜まつおか・だいすけ｜Chapter 1 計画
専門は、建築環境工学の主に温熱環境。現在、ものつくり大学技能工芸学部建設学科准教授。東洋大学工学部建築学科卒業、同大大学院博士前期課程修了。（株）ポラス暮し科学研究所勤務を経て現職。その間に東洋大学非常勤講師、京都大学大学院博士後期課程修了。博士（工学）、一級建築士。

三原 斉｜みはら・ひとし｜Chapter 4 施工
専門は、建築生産、建築構法、建築施工。近畿大学理工学部建築学科卒業。工学院大学大学院工学研究科建築学専攻博士後期課程修了。村本建設株式会社東京本社建築部工事事務所長、同購買課長、同建築工務課長を歴任。現在、ものつくり大学技能工芸学部建設学科教授・博士（工学）、一級建築士、一級建築施工管理技士、一級土木施工管理技士、一級建築図面製作技能士（CAD、手書き）、レディング大学客員研究員（英国）、法政大学大学院特任研究員。主な著書、『施工がわかるイラスト建築生産入門』（（一社）日本建設業連合会・共著、彰国社）ほか。

山本貴正｜やまもと・たかまさ｜Chapter 3 構造
愛知工業大学工学部建築学科卒業。三重大学大学院工学研究科博士課程終了。小山工業高等専門学校講師・助教、現在、豊田工業高等専門学校講師・准教授を経て、現在、愛知工業大学工学部建築学科准教授。博士（工学）。主な著書、『建築材料を学ぶ－その選択から施工まで－』（理工図書、共著）、『やさしい構造材料実験』（森北出版、共著）ほか。

DTP　　　TKクリエイト　竹下隆雄
デザイン　neucitora
イラスト　DONGURI　ミナベエミコ
　　　　　坪内俊英（59頁）

執筆者

三原斉　　[chapter4 施工]

大島博明　[chapter1 計画]

伊藤教子　[chapter1 計画]

松岡大介　[chapter1 計画]

築比地正　[chapter2 法規]

栗田紀之　[chapter3 構造]

服部宏己　[chapter3 構造]

北條哲男　[chapter3 構造]

山本貴正　[chapter3 構造]

荒巻卓見　[chapter4 施工]

佐藤考一　[chapter4 施工]

お問い合わせ

本書の記述に関するお問い合わせ、正誤表については、
下記のWebサイトをご参照ください。
https://www.xknowledge.co.jp/
info@xknowledge.co.jp
―
インターネットをご利用でない場合は、
書籍名と発行年月日を明記の上、
文書(ファクスまたは郵便)にて下記宛先にお寄せ下さい。
〒106-0032
東京都港区六本木7-2-26
株式会社エクスナレッジ
Fax 03-3403-1345
＊電話によるお問い合わせはお受けしておりません。
―
お寄せ頂きましたご質問等への回答は、
若干お時間をいただく場合もございますので、あらかじめご了承ください。
なお、本書の範囲を超えるご質問への回答・受験指導等は行っておりませんので、
何卒ご了承のほどお願い致します。

ラクラク突破の2級建築士スピード学習帳 2024

2023年12月18日 初版第1刷発行
―
発行者
三輪浩之
―
発行所
株式会社エクスナレッジ
〒106-0032 東京都港区六本木7-2-26
https://www.xknowledge.co.jp/
―
販売問合せ先
Tel 03-3403-1321／Fax 03-3403-1829